CORBEIL. — Typ. et stér. de CRETÉ FILS.

EXPLORATIONS

DANS L'INTÉRIEUR

DE

L'AFRIQUE AUSTRALE

ET

VOYAGES A TRAVERS LE CONTINENT

DE SAINT-PAUL DE LOANDA A L'EMBOUCHURE DU ZAMBÈZE

DE 1840 A 1856

PAR

LE R^D DR DAVID LIVINGSTONE

OUVRAGE TRADUIT DE L'ANGLAIS

AVEC L'AUTORISATION DE L'AUTEUR

PAR Mme H. LOREAU

NOUVELLE ÉDITION

PARIS

LIBRAIRIE HACHETTE ET CIE

79, BOULEVARD SAINT-GERMAIN, 79

1877

Tous droits réservés.

A SIR

RODERICK IMPEY MURCHISON

PRÉSIDENT DE LA SOCIÉTÉ ROYALE DE GÉOGRAPHIE
MEMBRE CORRESPONDANT DE L'INSTITUT DE FRANCE, MEMBRE DES ACADÉMIES
DE SAINT-PÉTERSBOURG, BERLIN, STOCKHOLM, BRUXELLES
COPENHAGUE, ETC.

Ce livre est affectueusement dédié en reconnaissance du bienveillant intérêt qu'il a toujours pris aux travaux de l'auteur, et comme témoignage d'admiration pour son savoir éminent, dont l'étendue ne s'est jamais révélée d'une manière plus frappante que par la théorie de la structure du continent africain, exposée, en 1852, dans son discours présidentiel à la Société royale de Géographie, et confirmée trois ans plus tard par l'auteur de ces voyages.

DAVID LIVINGSTONE.

Londres, octobre 1857.

EXPLORATIONS

FAITES DANS

L'AFRIQUE AUSTRALE

INTRODUCTION

Quelques mots sur ma personne. — Ancêtres highlandais. — Traditions de famille. — Mon grand-père vient habiter les Lowlands. — Mes parents. — Premiers travaux, premiers efforts. — École du soir. — Amour de la lecture. — Impressions religieuses. — Études médicales. — Premières excursions. — Géologie. — Discipline mentale. — Études à Glascow. — Société des missions de Londres. — Mon village natal. — Diplôme de médecin. — Études théologiques. — Départ pour l'Afrique. — L'auteur n'a aucune prétention littéraire.

Je serais, par nature, peu disposé à parler de moi ; mais plusieurs de mes amis, dont le jugement m'inspire la plus grande confiance, m'ont fait entendre que le public aime à savoir quelque chose de l'auteur dont il lit les ouvrages, et qu'un récit abrégé des premières années de ma vie, joint à quelques lignes sur ma famille, donnerait à ce volume un peu plus d'intérêt : telle est mon excuse à la personnalité des pages suivantes ; et, si l'on a tort d'écrire sa généalogie, je me disculpe en disant que la mienne n'est pas longue et ne renferme qu'un seul trait dont je puisse m'enorgueillir.

Mon arrière-grand-père fut tué à la bataille de Culloden en combattant pour les Stuarts. Mon grand-père était fermier dans l'île d'Ulva, où naquit mon père ; cette île fait partie des Hébrides, auxquelles Walter Scott a fait allusion dans le passage suivant :

« La sombre Ulva, Colonsay, et tout ce groupe d'îles riantes qui entourent et qui gardent la célèbre Staffa. »

Mon grand-père connaissait parfaitement toutes les légendes traditionnelles dont cet illustre écrivain s'est servi pour composer la plupart de ses ouvrages. Tout enfant, je me rappelle que je l'écoutais avec délices ; il possédait un fonds inépuisable d'aventures dont un grand nombre ressemblaient d'une manière surprenante à celles que, plus tard, j'ai entendu raconter en Afrique autour des feux du soir. Ma grand'mère, à son tour, chantait des vers gaéliques dont quelques-uns avaient été composés, disait-elle, par des insulaires captifs chez les Turcs, où ils languissaient dans l'abattement et la douleur.

Mon grand-père pouvait fournir sur sa famille des détails précis en remontant jusqu'à la sixième génération. A l'époque où, suivant Macaulay, les Highlanders ressemblaient aux Cafres, et où celui qui avait volé du bétail pouvait, en donnant à son chef une part du butin, éluder le châtiment qu'il avait encouru, l'un de mes aïeux jouissait dans le pays d'une grande réputation de sagesse et de probité ; on raconte que, lorsqu'il fut à sa dernière heure, il rassembla tous ses enfants et leur dit ces paroles : « J'ai pendant ma vie recherché avec le plus grand soin toutes les traditions qui se rattachaient à notre famille, et je n'ai jamais découvert que, parmi nos ancêtres, il y ait eu un malhonnête homme. Si donc un jour quelqu'un d'entre vous ou l'un de vos descendants venait à faire quelque mauvaise action, cela ne serait pas parce que le germe en était dans son sang, et ses torts n'appartiendraient point à la famille. Soyez honnêtes, c'est le précepte que je vous lègue. » C'est pourquoi, si, dans les pages suivantes, il m'est arrivé de commettre quelques méprises, j'espère que l'on voudra bien les considérer comme une erreur involontaire, et non pas comme une preuve que j'ai oublié la recommandation de mon aïeul.

Ma famille était autrefois catholique ; elle fut convertie au protestantisme par le laird qui vint un jour avec un homme portant un bâton jaune ; probablement que cet insigne captiva beaucoup plus l'attention des néophytes que ne le faisait la parole du prêtre, car la nouvelle religion fut connue pendant longtemps (peut-être l'est-elle encore aujourd'hui) sous la rubrique de *religion du bâton jaune*.

Trouvant sa ferme d'Ulva insuffisante pour élever une nombreuse famille, mon grand-père vint se fixer à Blantyre-Works, importante filature de coton, située sur les belles rives de la Clyde, un peu au-dessus de Glascow ; ses fils, ayant eu la meilleure éducation qu'on pût recevoir aux Hébrides, entrèrent en qualité de commis chez les propriétaires de la filature Monteith et Cie, qui les prirent avec joie. Mon grand-père lui-même, dont la probité inflexible était vivement appréciée, fut employé au transport des sommes considérables que l'on envoyait de Glascow à Blantyre, et reçut dans sa vieillesse, d'après la coutume de la société Monteith, une pension qui lui permit de terminer ses jours dans l'aisance.

Pendant la guerre continentale, mes oncles prirent tous du service, les uns dans l'armée, les autres dans la marine ; mais mon père resta au pays, où il faisait un petit commerce de thé ; et, bien qu'il eût trop de conscience pour pouvoir s'enrichir, ses enfants ont eu pour lui autant d'amour que s'il avait eu à leur léguer tous les avantages de ce monde. Il nous éleva dans les principes du kirk d'Écosse, établissement religieux qui a fait dans le pays un bien incalculable ; plus tard il se sépara de cette communion, et remplit, pendant les vingt dernières années de son existence, l'office de diacre à l'Église indépendante d'Hamilton. Mon éternelle gratitude et mon respect lui sont acquis pour m'avoir donné depuis mon enfance l'exemple constant de cette piété ferme, dont Burns a tracé l'idéal dans *Cottar's saturday night.* Mon père mourut au mois de février 1856, comptant avec sérénité sur cette miséricorde dont nous pouvons tous espérer les effets par les mérites de la mort de Notre-Seigneur Jésus-Christ. A cette époque je descendais le Zambèse, ne me promettant pas de plus grand plaisir que de m'asseoir au coin du feu de notre maisonnette et de lui raconter mes voyages. Il n'est plus ; mais je révère sa mémoire.

Les premiers souvenirs que j'aie gardés de ma mère me retracent un tableau qu'on voit bien souvent, en Écosse, dans l'intérieur des pauvres, celui d'une ménagère remplie de sollicitude, s'efforçant de mettre les deux bouts ensemble. A l'âge de dix ans, je fus envoyé à la manufacture en qualité de rattacheur, afin d'aider par mon salaire à l'entretien de la famille, et de diminuer d'autant les soucis de ma pauvre mère. J'achetai un rudiment avec une partie de ce que je gagnai dans la première semaine ; et pendant plusieurs années je poursuivis l'étude du latin avec une ardeur constante, me rendant, pour cela, tous les jours, à une école du soir, qui se tenait de huit à dix heures ; je travaillais ensuite avec mon dictionnaire jusqu'à minuit, plus tard encore, si ma mère ne l'empêchait pas en venant m'ôter mes livres. Il fallait que je fusse à la manufacture le lendemain matin à six heures, et j'y restais jusqu'à huit heures du soir, sans autre interruption que le temps nécessaire pour le déjeuner et le dîner. J'étudiai de cette façon la plupart des auteurs classiques, et à seize ans je possédais mieux qu'aujourd'hui mon Virgile et mon Horace. Notre professeur, qui heureusement vit toujours, recevait une partie de son traitement des propriétaires de la fabrique. C'était un homme attentif, plein de douceur et de bienveillance, et qui se faisait si peu payer, que tous ceux qui désiraient s'instruire le pouvaient aisément. Un grand nombre d'enfants profitaient de ce privilége ; et quelques-uns de mes camarades de classe occupent aujourd'hui une position bien supérieure à celle qu'ils paraissaient devoir atteindre lorsqu'ils venaient à l'école. Si un pareil système était établi en Angleterre, ce serait pour le pauvre un bienfait inappréciable.

En fait de lecture, je dévorais tout ce qui me tombait sous la main, excepté les romans ; je n'aimais pas les fictions ; mais les livres de science, et surtout les voyages, faisaient mes délices. Mon père, qui pensait, avec beaucoup de ses contemporains, que les ouvrages scientifiques étaient contraires à la religion, aurait voulu me voir préférer la *Nuée de témoignages* ou le *Quadruple état*, de Boston ; notre dissidence en pareille matière alla, de mon côté, jusqu'à la révolte, et la dernière fois que je reçus des coups de verge, ce fut pour avoir nettement refusé de lire la *Pratique chrétienne*, de Wilberforce. Le dégoût que m'inspirait la lecture des ouvrages religieux de toute espèce dura plusieurs années ; mais, un jour, étant tombé sur la *Philosophie de la religion et de la vie future*, par Thomas Dick, je fus heureux de voir confirmer par cette œuvre admirable l'idée que j'avais toujours eue que la religion et la science, loin d'être hostiles l'une à l'autre, se soutiennent mutuellement.

Mon père et ma mère n'avaient rien négligé pour faire pénétrer la doctrine chrétienne dans mon esprit, et je comprenais sans difficulté la théorie de la rédemption par la mort de notre Sauveur ; mais ce n'est qu'après avoir lu les ouvrages dont je viens de parler, que je sentis la nécessité de me faire à moi-même l'application des mérites expiatoires de cette mort rédemptrice. Le changement qui en résulta dans mes idées fut analogue à celui qui s'opérerait chez un aveugle à qui l'on rendrait la lumière. La parfaite liberté avec laquelle le pardon de nos offenses nous est offert, tel que nous le présente le livre divin, fit surgir dans mon cœur un sincère amour pour celui qui nous a rachetés de son sang ; et depuis lors un profond sentiment de reconnaissance pour tant de miséricorde n'a pas cessé d'influer sur ma conduite. Je ne parlerai plus néanmoins de la vie spirituelle qui commençait dès cette époque à s'éveiller en moi ; je ne ferai pas davantage ressortir les labeurs religieux auxquels j'ai été poussé par l'amour du Christ ; il sera bien moins question dans ce volume de ce qui a été fait, que de tout ce qui reste à faire avant qu'on puisse dire que l'Évangile a été prêché à tous les peuples. Dans la ferveur de cette ardente charité qu'inspire le christianisme, je résolus bientôt de vouer mon existence au soulagement des misères humaines ; à force d'y penser, il me vint à l'esprit que, si je me faisais pionnier de la foi chrétienne et si j'en allais répandre les principes en Chine, cela pourrait avoir des résultats féconds pour quelques parties de cet immense empire ; et je m'appliquai à étudier la médecine, afin de me mettre en état de réaliser cette entreprise.

La flore du Lanarkshire de Patrick me servit à reconnaître les plantes désignées dans le traité de botanique de Culpeper, ce vieux livre où l'astrologie a tant de part, et qui fut mon premier ouvrage de médecine. Quelque borné que fût le temps dont je pouvais disposer, je n'en trouvai pas moins l'occasion de parcourir toute la frontière pour recueillir des simples. Je n'étudiai pas avec moins de zèle, et surtout de perplexité, les mystères de l'astrologie, et je crois que je pénétrai aussi avant dans cet abîme que mon auteur, suivant son expression, avait l'audace de me conduire. Il me semblait périlleux d'aller au delà : car cette science qui m'attirait dans l'ombre, paraissait à mon jeune esprit devoir mener l'adepte à vendre son corps et son âme au démon.

Les herborisations que je faisais avec mes frères, dont l'un est aujourd'hui au Canada, l'autre aux États-Unis, où il professe l'état ecclésiastique, développaient encore mon ardent amour pour la nature, et, bien que nous revinssions tellement accablés de fatigue et de faim, que le futur pasteur en versait des larmes, nous découvrions tant de choses intéressantes, qu'il n'en était pas moins ardent à nous accompagner la première fois que nous retournions herboriser.

Dans l'une de ces tournées d'exploration, nous entrâmes dans une carrière de pierre à chaux, longtemps avant que l'étude de la géologie se fût vulgarisée comme elle l'a été depuis lors ; il est impossible d'exprimer avec quelle joie et quel étonnement je me mis à ramasser les coquilles que l'on trouve dans la chaux carbonifère de High Blantyre et de Cambuslang. Un carrier me regardait avec cet air de compassion que prend un homme bienveillant à la vue d'un insensé. « Comment ces coquilles sont-elles venues dans ces rochers? lui demandai-je. — Quand Dieu a créé les roches, il a fait les coquilles et les y a placées, » me répondit l'ouvrier. Que de peine les géologues se seraient épargnée en adoptant la philosophie ottomane de cet Écossais !

Je continuais mes études pendant les heures que je passais à la filature, en plaçant mon livre sur le métier, de manière à saisir les phrases les unes après les autres, tout en marchant pour faire ma besogne; j'étudiais ainsi constamment sans être troublé par le bruit des machines; c'est à cela que je dois la faculté de m'abstraire complétement du bruit que l'on fait à côté de moi, et de pouvoir lire et écrire tout à mon aise au milieu d'enfants qui jouent, ou bien dans une réunion de sauvages qui dansent et qui hurlent. A dix-neuf ans je devins fileur et j'eus un métier à conduire ; c'est un travail excessivement pénible pour un jeune homme élancé, dont les membres sont grêles, les articulations pleines de mollesse; mais j'étais payé en conséquence de la peine que j'avais, et cela me mit à même de passer l'hiver à Glascow. de m'y suffire et d'y poursuivre mes études médicales, d'y apprendre le grec et d'assister au cours de théologie du docteur Wardlaw. Je n'ai jamais reçu un denier de personne ; et j'aurais, avec le temps et par mes seuls efforts, accompli mon projet d'aller en Chine comme médecin-missionnaire, si l'on ne m'avait conseillé de faire partie de la société des missions de Londres, qui m'était recommandée à ce point de vue qu'elle est complétement dégagée de tout esprit de secte. « La société n'envoie aux idolâtres, me disait-on, ni Épiscopaux, ni Presbytériens, ni Indépendants, mais l'Évangile du Christ. » Cela répondait parfaitement à ce que devait être, suivant moi, une pareille institution ; mais ce ne fut pas sans un effort douloureux que je me présentai comme aspirant à faire partie de la société : il est toujours désagréable, lorsqu'on est habitué à ne suivre que son propre mouvement, de se mettre en quelque sorte sous la dépendance des autres ; et je n'aurais pas été fâché d'éprouver un échec.

Lorsque je jette un regard en arrière sur cette époque de pénible labeur, j'éprouve un sentiment de gratitude et je me réjouis de ce qu'elle a constitué une partie importante de ma première éducation ; me fût-il permis de recommencer l'existence, que je voudrais partir d'aussi bas et me former de nouveau à cette rude école.

Le temps et les voyages n'ont pas effacé le respect dont j'étais pénétré pour les humbles habitants de mon village ; ils offraient en général d'heureux types de l'intelligence et de la moralité qu'on trouve ordinairement chez les pauvres écossais. Dans une population de plus de deux mille âmes, il y avait certainement des personnes de valeur diverse ; mais au-dessus du commun des martyrs, nous avions quelques individualités d'une élévation, d'une pureté de caractère et d'une capacité qui exerçaient la plus heureuse influence sur la jeunesse du pays, en étant pour elle une source d'instruction constante et gratuite [1]. Ces villageois suivaient avec infiniment d'intelligence les questions d'intérêt général, et prouvaient ainsi que la faculté qu'ils avaient eue de s'instruire n'en avait pas fait des hommes dangereux pour la sûreté publique. Ils étaient bons les uns pour les autres, et respectaient les gentlemen du voisinage qui, ainsi que le dernier lord Douglas, avaient confiance dans leur bon sens et dans leur honneur. Grâce à la bienveillance de ce gentilhomme, le plus pauvre d'entre nous pouvait parcourir, lorsque bon lui semblait, tous les anciens domaines de Bothwell et autres lieux consacrés par les souvenirs que la tradition locale et nos livres de classe nous avaient fait connaître ; et ces précieux monuments du passé, que l'on conservait avec soin, nous paraissaient une propriété commune à tous. En Écosse, les ouvriers ont lu l'histoire de leur pays et n'en sont pas pour cela des niveleurs révolutionnaires ; ils chérissent la mémoire de Wallace, de Bruce et de tant d'autres, qu'ils révèrent comme les premiers champions de la liberté, et ce n'est pas, comme les étrangers se l'imaginent, parce que nous manquons de force et de courage, que nous ne détruisons point l'aristocratie et le capital ; c'est parce que nous respectons nos lois jusqu'à ce que nous puissions les changer, et que nous avons horreur de ces révolutions aveugles qui balayent indistinctement toutes les institutions que le temps a consacrées.

Ayant fini mes études médicales et choisi pour sujet de ma thèse une maladie dont le diagnostic exigeait l'emploi du stéthoscope, je m'attirai, sans le vouloir, un examen plus sévère et plus prolongé qu'il n'arrive ordinairement en pareil cas. Nous n'étions point d'accord, mes examinateurs et moi, sur la réalité des services qu'on attribue au stéthoscope, dont ces messieurs discutaient la

---

[1]. Que le lecteur me permette de citer les noms de deux de ces hommes excellents entre tous. « Fais-toi de la religion une préoccupation de tous les jours, me disait David Hogg à son lit de mort, et non pas une pensée qui t'arrive par accès ; lorsqu'on n'y songe que par intervalles, la tentation est plus forte et finit par vous dominer. » Et Thomas Burke, un vieux soldat qui, pendant quarante ans, ne s'est pas lassé de faire continuellement des bonnes œuvres, j'ai été bien heureux de le retrouver ; de pareils hommes honorent leur pays et la profession à laquelle ils appartiennent.

valeur ; il aurait été beaucoup plus sage de ma part de taire une opinion qui m'était personnelle. Toutefois je n'en reçus pas moins le diplôme de docteur en médecine et en chirurgie ; et ce fut avec une joie non déguisée que je me sentis appartenir à une profession qui est vouée entre toutes à la pratique de la bienfaisance, et qui, avec une énergie infatigable, continue de siècle en siècle à faire de nouveaux efforts pour amoindrir les souffrances qui affligent l'humanité.

J'étais maintenant en mesure d'exécuter mes projets ; cependant la guerre à propos de l'opium était dans toute sa fureur, et l'on pensa que le moment n'était pas favorable pour que j'allasse en Chine. J'avais caressé l'espoir de me frayer, au moyen de l'art de guérir, l'entrée de ce vaste pays fermé aux Européens ; mais, comme on ne prévoyait pas que la paix dût être prochaine, et qu'un autre champ m'était ouvert par les travaux de M. Moffat, mes pensées se dirigèrent vers l'Afrique ; je complétai donc mes études théologiques en Angleterre ; je m'embarquai en 1840, et après un voyage qui dura trois mois, j'abordai à la ville du Cap où je restai fort peu de temps ; du Cap je me rendis à la baie d'Algoa, et je m'avançai dans l'intérieur de l'Afrique, où j'ai passé les seize années qui s'écoulèrent de 1840 à 1856, exerçant la médecine et prêchant la foi chrétienne, sans avoir rien coûté aux indigènes.

Quant aux qualités littéraires, que l'on ne peut acquérir que par le travail et qui sont si importantes pour un auteur, la vie que j'ai menée en Afrique s'est complétement opposée à ce que j'y puisse jamais y prétendre ; loin de là, elle m'a rendu l'obligation d'écrire fastidieuse et pénible ; je crois que j'aimerais mieux traverser de nouveau le continent africain que de publier un second volume : il est bien plus facile de faire un voyage que d'en écrire les détails. En partant pour l'Afrique, j'avais bien l'intention de continuer mes études ; mais, comme je n'aurais pas pu me résoudre à profiter du labeur des autres sans y avoir contribué de tous mes efforts, j'ajoutai aux fatigues de l'enseignement les travaux manuels de toute espèce ; et, quand arrivait le soir, j'étais beaucoup moins propre à l'étude qu'à l'époque où je passais mes jours à la filature de Blantyre. J'aurais épargné beaucoup de temps et le style de l'ouvrage aurait été bien meilleur, si j'avais pu faire faire ce volume par un autre ; mais personne n'aurait compris mes notes, que j'avais écrites pour moi seul : d'ailleurs il était impossible à un Européen de saisir toutes les nuances des diverses positions où je me suis trouvé en Afrique. Néanmoins, ceux qui n'ont jamais fait imprimer un livre ne peuvent pas s'imaginer toute la somme de travail qu'exige une pareille œuvre ; et la peine que m'a donnée celui-ci a rendu mille fois plus grand le respect que j'ai toujours eu pour les écrivains des deux sexes.

L'impossibilité où le manque de loisirs me mettait de cultiver mon esprit est l'unique regret que j'aie éprouvé pendant mon séjour en Afrique ; le lecteur, en se rappelant ce regret sincère, voudra bien accueillir avec indulgence les tâtonnements d'un homme qui cherche la lumière et qui a la vanité de croire qu'il n'est pas trop vieux pour apprendre.

Il était impossible, dans un ouvrage écrit pour tout le monde comme l'a été celui-ci, de donner des détails plus positifs sur différents objets ; mais j'espère les fournir ailleurs au savant qui peut les désirer.

CHAPITRE PREMIER

Pays des Bakouains. — Étude de la langue. — Idées des naturels sur les comètes. — Station de Mabotsa. — Rencontre d'un lion. — Virus de la dent des lions. — Noms des différentes tribus de Béchuanas. — Séchélé, ses ancêtres, son mariage et son gouvernement. — La kotla. — Service divin. — Questions de Séchélé. — Séchélé apprend à lire. — Nouveau système pour convertir la tribu. — Indifférence des naturels pour la Bible. — Polygamie. — Baptême de Séchélé. — Opposition des indigènes. — Achat de terrain à Chonuané. — Relations avec les habitants. — Leur intelligence. — Sécheresse prolongée. — Souffrances qui en résultent. — Médication de la pluie. — Raisonnement des naturels. — Discussion entre le docteur ès pluie et le docteur en médecine. — Chasse au Hopo. — Nécessité du sel ou d'une nourriture animale. — Devoirs d'un missionnaire.

D'après les instructions que m'avaient données les directeurs de la société des missions de Londres, je devais tourner mon attention vers le nord, dès que je serais arrivé à Kuruman ou Lattakou, qui était à cette époque, ainsi qu'il l'est encore aujourd'hui, leur station la plus éloignée du Cap en s'avançant dans l'intérieur. Je ne passai à Kuruman que le temps nécessaire pour reposer mes bœufs, très-fatigués par le voyage d'Algoa ; puis, accompagné d'un autre missionnaire, je me dirigeai vers le pays des Bakouénas ou Bakouains, et je trouvai Séchélé et sa tribu installés à Shokuané. Peu de temps après, nous revînmes à Kuruman ; toutefois, comme dans une excursion aussi rapide nous n'avions pas pu atteindre le but que nous nous proposions, je résolus de repartir pour l'intérieur aussitôt que ce serait possible. Après trois mois de séjour à Kuruman, qui est une espèce de chef-lieu des missions du pays, j'allai donc m'installer dans un endroit situé à quinze milles environ de Shokuané, et qui s'appelait alors Lépélolé (aujourd'hui Litoubarouba). Une fois arrivé là, je me retranchai complétement de la société des Européens pendant six mois ; j'acquis de cette façon la connaissance des habitudes, de la manière de voir, des lois et du langage de cette partie des Béchuanas qui forme la tribu des Bakouains, connaissance qui m'a été d'un avantage incalculable dans les relations que depuis lors j'eus avec ces peuplades.

Dans ce second voyage à Lépélolé, qui tire son nom d'une caverne que l'on appelle ainsi, je commençai les préparatifs d'un établissement, et je fis, pour arroser les jardins, un canal que devait alimenter un cours d'eau alors très-abondant, et qui aujourd'hui est complétement à sec. Lorsque ces préparatifs furent assez avancés, je me dirigeai vers le nord pour aller chez les Bakaas, les Bamangouatos et les Bakalakas, dont le pays est situé entre le 22° et le 23° de latitude méridionale. Les montagnes des Bakaas avaient déjà été visitées par un marchand ; mais il y était mort de la fièvre, ainsi que tous les gens de son escorte. En parcourant la partie septentrionale de ces monts basaltiques, dans les environs de Letloché, je n'étais qu'à dix jours de marche du cours inférieur de la Zouga, appelée Ngami [1] par les naturels de cette contrée, et j'aurais pu découvrir le lac du même nom dès 1842, si les découvertes avaient été le seul objet de mon voyage. Tous mes bœufs étant malades, je fis à pied la plus grande partie de la route au delà de Shokuané ; quelques-uns des naturels, qui s'étaient joints récemment à nous, ignorant que je comprenais leur langage, discutèrent ma force physique sans se douter que j'entendais leurs paroles : « Il est mince et faible, se disaient-ils ; ce qui le fait paraître assez gros, c'est parce qu'il se met dans des sacs (désignant ainsi mon large pantalon), mais il sera bientôt rendu. » Ce langage fit bouillir mon sang highlandais ; et, au mépris de la fatigue, je les contraignis pendant plusieurs jours à forcer le pas pour me suivre, jusqu'à ce qu'ils fussent obligés de reconnaître et d'avouer que j'étais un bon marcheur.

A mon arrivée à Kuruman, où j'étais allé prendre mes bagages afin de revenir m'installer à l'endroit que j'avais choisi pour résidence, j'appris que la tribu des Bakouains qui s'étaient montrés si affectueux pour moi avait été chassée de Lépélolé par les Barolongs ; ainsi, mes projets d'établissement se trouvaient anéantis. Une de ces guerres qui, de temps immémorial, semblent éclater périodiquement à propos de la possession du bétail, venait de se

---

1. Plusieurs mots, dans les différents langages de ces peuplades, commencent par une vibration qui se rapproche du son terminal de *guigne*; pour prononcer correctement le nom du lac Ngami, par exemple, il faut supposer qu'il y a un *i* avant l'*n* (Ignami) et appuyer le moins possible sur cet *i*. L'ñ espagnol est employé pour indiquer cette prononciation, et l'on écrit *ñgami*. Naka veut dire une défense d'éléphant, ñaka un docteur. Chaque voyelle se prononce dans ces différents idiomes; et l'accent tombe sur la pénultième.

déclarer dans le pays, et avait tellement changé les relations entre les diverses tribus, que je fus obligé de repartir pour chercher de nouveau une localité qui convînt à l'établissement d'une mission.

Comme je retournai au nord, une comète vint à paraître et causa une vive inquiétude aux tribus que je visitais. Celle de 1816 avait été suivie de l'invasion des Matébélès, les plus cruels ennemis des Béchuanas ; et, suivant ces derniers, celle-ci devait présager un affreux malheur, annoncer tout au moins la mort de quelque chef puissant. Je n'en savais pas beaucoup plus long que les Béchuanas au sujet des comètes ; mais j'avais en une Providence infiniment bonne et sage cette foi profonde qui établit une si grande différence entre les chrétiens et les païens de tous les siècles.

Étant venu à Kuruman avec plusieurs Bamangouatos, j'étais obligé de les ramener avec leurs marchandises à leur chef Sékomi ; je partis afin de me rendre avec eux à la résidence de ce dernier, et, pour la première fois, je fis à dos de bœuf un voyage de plusieurs centaines de milles.

En venant à Kuruman, j'avais choisi la belle vallée de Mabotsa [1] pour y établir le siége d'une mission, et je m'y rendis en 1843. C'est là que m'est arrivé un accident sur lequel j'ai été souvent questionné depuis mon retour en Angleterre, et dont, sans les importunités de mes amis, j'avais l'intention de conserver les détails pour les raconter à mes enfants lorsque la vieillesse m'aurait fait radoter. Des lions inquiétaient vivement la population de Mabotsa ; ils pénétraient la nuit dans l'endroit où les bestiaux étaient enfermés, et dévoraient les vaches. Ils attaquaient même les troupeaux en plein jour ; ce qui est tellement éloigné de leurs habitudes, que les Bakatlas [2] s'imaginèrent qu'on leur avait jeté un sort et qu'ils avaient été, suivant leurs propres termes, « livrés au pouvoir des lions par une tribu voisine ». Ils avaient bien essayé une fois de se délivrer de ces animaux en les détruisant ; mais beaucoup moins braves que les Béchuanas ne le sont généralement en pareille occurrence, ils étaient rentrés chez eux sans avoir attaqué un seul de leurs ennemis.

Il est avéré que, si l'on tue l'un des lions qui font partie d'une bande, les autres, profitant de l'avis qui leur est donné, abandonnent les lieux où ils ont été chassés. Lors donc que le bétail des Bakatlas fut attaqué de nouveau, j'allai avec les hommes de la tribu,

---

1. 25° 14' lat. sud. 26° 30' long. est.
2. Habitants de Mabotsa.

afin de les encourager à se débarrasser des maraudeurs. Nous trouvâmes les lions sur la colline boisée, ayant à peu près un quart de mille de longueur ; mes compagnons se disposèrent en cercle, et gravirent la colline en se rapprochant de plus en plus les uns des autres. Resté dans la plaine avec un indigène appelé Mébalué, qui était maître d'école et le plus excellent des hommes, je vis un des lions posé sur un quartier de roche qu'entourait le cercle des chasseurs, actuellement fermé de toute part ; Mébalué tira son coup de fusil avant moi, et la balle atteignit le rocher où l'animal était assis. Le lion mordit l'endroit que le projectile avait frappé, comme un chien mord la pierre ou le bâton qui lui est jeté ; puis, s'enfuyant d'un bond, il franchit le cercle d'hommes qui s'ouvrit à son approche, et il s'échappa sans blessure ; les chasseurs n'avaient pas osé l'attaquer, peut-être à cause de leur foi dans le sortilége dont ils se croyaient victimes. Le cercle fut bientôt reformé ; deux autres lions y apparurent ; mais cette fois nous n'osâmes pas tirer dans la crainte de frapper l'un des hommes qui les entouraient, et qui leur permirent encore de s'enfuir sains et saufs. Si les Bakatlas avaient agi suivant la coutume de leur pays, les lions auraient été tués à coups de lance au moment où ils essayaient de s'échapper ; mais nos chasseurs ne firent pas même usage de leurs armes. Voyant que nous ne pouvions pas les décider à l'attaque, nous reprenions le chemin du village, lorsqu'en tournant la colline j'aperçus l'un des lions posé sur un quartier de roche comme le premier que j'avais vu, mais cette fois tapi derrière un buisson ; j'étais environ à trente pas de l'animal, je le visai attentivement au corps à travers les broussailles, et je déchargeai mes deux coups. « Il est touché, il est touché ! » s'écrièrent les Bakatlas. « Un autre l'a frappé également, allons à lui, » répondirent quelques-uns des chasseurs. Je n'avais vu personne tirer en même temps que moi ; mais derrière le hallier j'apercevais la queue du lion qu'il dressait avec colère ; et, me retournant vers ceux qui accouraient, je leur dis d'attendre au moins que j'eusse rechargé mon fusil. Pendant que j'enfonçais les balles, j'entendis pousser un cri de terreur ; je tressaillis et, levant les yeux, je vis le lion qui s'élançait sur moi. J'étais sur une petite éminence : il me saisit à l'épaule, et nous roulâmes ensemble jusqu'au bas du coteau. Rugissant à mon oreille d'une horrible façon, il m'agita vivement comme un basset le fait d'un rat ; cette secousse me plongea dans la stupeur que la souris paraît ressentir après avoir été secouée par un chat, sorte d'engourdissement où l'on n'éprouve ni le sentiment de l'effroi ni celui de la douleur, bien qu'on ait parfaitement conscience de tout ce qui vous arrive ; un état pareil à celui des patients qui, sous l'influence du chloroforme, voient tous les détails de l'opération, mais ne sentent pas l'instrument du chirurgien. Ceci n'est le résultat d'aucun effet moral ; la secousse anéantit la crainte et paralyse tout sentiment d'horreur, tandis qu'on regarde l'animal en face. Cette condition particulière est sans doute produite chez tous les animaux qui servent de proie aux carnivores ; et c'est une preuve de la bonté généreuse du Créateur, qui a voulu leur rendre moins affreuses les angoisses de la mort. Le lion avait l'une de ses pattes sur le derrière de ma tête ; en cherchant à me dégager de cette pression, je me retournai, et je vis le regard de l'animal dirigé vers Mébalué, qui le visait à une distance de quinze pas ; le fusil du maître d'école, un fusil à pierre, rata des deux côtés ; le lion me quitta immédiatement, se jeta sur Mébalué, et le mordit à la cuisse. Un individu, à qui j'avais sauvé la vie dans une rencontre avec un buffle qui l'avait jeté en l'air, essaya de donner un coup de lance au lion pendant que celui-ci attaquait Mébalué ; l'animal, abandonnant alors le maître d'école, saisit cet homme par l'épaule ; mais au même instant, les balles qu'il avait reçues produisant leur effet, il tomba frappé de mort. Tout cela n'avait duré qu'un moment et devait avoir eu lieu pendant le paroxysme de rage qu'avait causé l'agonie, Le lendemain, les Bakatlas, pour faire sortir du corps de l'animal le charme dont ils s'imaginaient qu'il avait été doué, firent un immense feu de joie sur le cadavre du lion, l'un des plus gros, disaient-ils, qu'ils eussent jamais rencontrés. Non-seulement j'avais eu l'humérus complétement écrasé, mais encore j'avais été mordu onze fois à la partie supérieure du bras.

La blessure que fait la dent du lion est analogue à celle d'une arme à feu ; elle est généralement suivie d'une abondante suppuration, d'un grand nombre d'escarres, et laisse une douleur qui se fait sentir périodiquement dans la partie blessée. Je portais ce jour-là une veste de laine épaisse qui, je le suppose, essuya tout le virus des dents qui me traversèrent le bras, car j'échappai aux souffrances particulières que subirent mes deux compagnons d'infortune, et j'en fus quitte pour une fausse articulation dans le bras gauche. Celui de nous trois qui avait été mordu à l'épaule me montra sa blessure l'année suivante ; elle venait de se rouvrir, précisément dans le même mois où elle lui avait été faite. Ce curieux incident mérite l'attention des hommes de science.

Les diverses tribus des Béchuanas se désignent entre elles par le nom de différents animaux ; usage qui semblerait prouver qu'autrefois ceux-ci étaient adorés chez elles, comme certains autres parmi les Égyptiens. Le mot Bakatla signifie textuellement : *ceux* (les gens) du singe ; Bakuéna, ceux de l'Alligator ; Batlapi, ceux du poisson ; et chacune de ces tribus ressent une crainte superstitieuse de l'animal dont elle porte le nom. Elles se servent aussi du mot *bina* (danser), relativement à la désignation qui leur a été donnée ; de manière que si vous voulez savoir à quelle tribu appartient un Béchuana, vous lui dites : « Que dansez-vous ? » Il est probable que la danse faisait partie de leur ancien culte. Jamais ils ne mangent l'animal qui a donné son nom à leur tribu, et ils répondent par le mot *ila* (haine ou terreur), lorsqu'il est question de le tuer. On trouve, dans le pays, des traces d'anciennes tribus éteintes que représentent encore quelques individus, comme par exemple les Bataous, ceux du lion ; les Banogas, ceux du serpent. L'emploi du pronom *ceux* ou *ils*, bama, wa, va, ova amki, etc., se retrouve dans presque tous les noms des tribus africaines. Mo ou lé désigne une seule personne ; ainsi mokouain signifie un seul membre de la tribu des Bakouains ; et lékoa un seul homme blanc ou un Anglais, makoa plusieurs Anglais [1].

Je m'attachai à la tribu des Bakouénas ou Bakouains, dont le chef, nommé Séchélé, habitait Shokuané. J'avais été frappé tout d'abord de son intelligence et de la profonde sympathie qui nous attirait l'un vers l'autre ; cet homme remarquable a non-seulement embrassé la foi chrétienne, mais encore il s'est fait le missionnaire de son peuple.

Son grand-père, Mochoasélé, qui avait beaucoup voyagé, avait été le premier qui révéla aux Bakouains l'existence des hommes blancs. En 1808, deux Européens, qui probablement étaient le docteur Cowan et le capitaine Donovan, traversèrent le pays, descendirent le Limpopo et furent enlevés par la fièvre, ainsi que tous les individus qui les accompagnaient. Les docteurs ès pluie de l'endroit où ils moururent, craignant que les wagons de ces étrangers n'eussent le pouvoir de dissiper les nuages, les firent jeter dans la rivière, ainsi que me le raconta le fils de celui qui

---

1. L'*s* ajouté à la fin du mot pour désigner le pluriel constitue dès lors un pléonasme ; nous l'emploierons néanmoins pour nous conformer à l'usage ; le docteur Livingstone met un *s* à Bakouains, à Baralongs, etc. ; il n'en met point à Makololo, à Makalaka. Nous avons cru devoir l'ajouter partout, excepté à Bushmen, où le pluriel est rendu sensible par le changement de terminaison. (*Note du traducteur.*)

commandait la bourgade où périrent ces voyageurs ; il se souvenait d'avoir mangé de l'un des chevaux qu'avaient amenés les blancs, et il avait trouvé à la viande de cheval le même goût qu'à celle du zèbre. Ces voyageurs ne furent donc pas mis à mort, ainsi qu'on l'avait dit, par les Bangouaketsès, puisqu'ils étaient arrivés sains et saufs dans le pays des Bakouains. A cette époque, ces derniers étaient riches en bestiaux, et, parmi les preuves nombreuses que l'on a du dessèchement de la contrée, on montre des rivières où venaient boire autrefois des milliers de têtes de bétail, et qui, aujourd'hui, n'ont plus même assez d'eau pour désaltérer quelques vaches.

Séchélé était encore enfant, lorsque son père, appelé aussi Mochoasélé, fut assassiné par ses sujets, pour avoir enlevé les femmes des chefs qui lui étaient soumis. Ses enfants avaient été épargnés, et leurs amis prièrent Sébitouané, chef des Makololos, qui se trouvait alors dans ces parages, de les réintégrer dans la position qu'ils devaient occuper. Sébitouané entoura la ville des Bakouains pendant la nuit ; au moment où le jour commençait à paraître, il fit proclamer par son héraut qu'il était venu pour venger la mort de Mochoasélé, et ordonna immédiatement à ses hommes de frapper à grands coups sur leurs boucliers de peau. La panique fut extrême du côté des assiégés, qui s'enfuirent de la ville, comme on s'enfuit d'un théâtre où le feu vient d'éclater ; pendant ce temps-là les Makololos, avec une adresse qui n'appartient qu'à eux, décochèrent leurs javelines sur cette foule terrifiée. L'usurpateur fut mis à mort : et Séchélé, réintégré dans ses fonctions héréditaires, conserva pour Sébitouané un profond attachement. Les faits que je viens de rapporter me conduisirent plus tard, comme on le verra, à visiter la région nouvelle et fertile que ce même Sébitouané avait parcourue bien longtemps avant moi.

Séchélé épousa les filles de trois de ses chefs subalternes, qui, en raison du lien de parenté qu'ils avaient avec lui, ne l'avaient point abandonné pendant les mauvais jours. Cet usage est l'un de ceux qu'on emploie pour cimenter l'union de la tribu, dont le patriarcat est la forme gouvernementale ; chaque homme, en vertu de sa paternité, est le chef de ses enfants ; ceux-ci bâtissent leurs cases autour de la sienne, et, plus sa famille est nombreuse, plus son importance est grande ; d'où il résulte que l'on considère les enfants comme de véritables bienfaits et qu'on les traite avec bonté. Au centre de chaque cercle de huttes se trouve une place, ayant un foyer, et qui s'appelle la *kotla* : c'est dans cet endroit que tous les membres de la famille se rassemblent, qu'ils travaillent, qu'ils prennent leurs repas, et que se racontent toutes les nouvelles du jour. Un pauvre s'attache à la kotla d'un riche ; il est dès lors considéré comme faisant partie de la famille. Un sous-chef a un certain nombre de kotlas autour de la sienne ; et la réunion de toutes ces kotlas, dont celle du chef principal forme le centre, constitue la cité. Le cercle de huttes qui entoure immédiatement la kotla du chef est occupé par ses femmes et par tous ceux qui ont avec lui quelque lien de parenté ; il attache les sous-chefs à sa personne et à son gouvernement par des alliances avec leurs filles, qu'il épouse, comme le fit Séchélé, ou qu'il fait épouser à ses frères. Les gens riches du pays tiennent beaucoup à être alliés à de grandes familles ; si vous rencontrez des étrangers et que les serviteurs de l'homme principal de la bande n'aient pas tout d'abord proclamé la parenté de celui-ci avec l'oncle de tel ou tel chef, vous entendez le maître leur dire tout bas : « Apprenez-lui qui nous sommes. » Le serviteur commence alors, en comptant sur ses doigts, l'explication de l'arbre généalogique de son maître, explication qui se termine par cette nouvelle importante, que l'individu qui conduit la caravane est le demi-cousin de tel ou tel personnage illustre.

A l'époque où je le connus, Séchélé était donc à la tête des Bakouains. La première fois que je tentai d'officier en public, il me dit qu'il était d'usage parmi les gens de sa tribu, lorsqu'un nouvel objet leur était présenté, de questionner à cet égard celui qui apportait la chose nouvelle, et qu'il me demandait la permission d'en agir de même avec moi. Comme je lui dis que je répondrais très-volontiers à toutes les questions qu'il m'adresserait, il me demanda si mes ancêtres croyaient être jugés après leur mort ; je répondis affirmativement et je lui fis la description du « Trône où siégera dans toute sa gloire celui devant qui fuiront le ciel et la terre, etc. » « Vous m'épouvantez, me dit-il ; vos paroles ébranlent tous mes os, et la force m'abandonne. Mes ancêtres vivaient cependant à la même époque que les vôtres ; pourquoi vos pères n'ont-ils pas envoyé dire aux miens ces effroyables choses ? Mes aïeux ont ainsi quitté la terre et ont passé dans les ténèbres sans savoir où ils allaient. » Je lui expliquai les obstacles que l'on rencontre au nord de son pays ; comment il avait fallu que la science, se développant peu à peu, nous permît d'arriver par le sud, où nous abordions au moyen de nos vaisseaux ; et je lui exprimai la confiance où j'étais que, suivant la parole du Christ, l'Évangile serait un jour connu du monde entier.

« Vous ne pourrez jamais franchir cette région, reprit-il en désignant le Kalahari ; vous ne parviendrez pas chez les tribus qui demeurent au delà du désert ; c'est complétement impossible, même pour nous autres noirs, excepté quand la pluie a été plus abondante qu'à l'ordinaire et qu'il en résulte une énorme quantité de melons d'eau ; nous qui connaissons la contrée, nous péririons certainement sans eux. » Je lui répétai que j'avais foi dans la parole du Christ, et nous nous séparâmes. On verra plus loin que Séchélé me prêta son assistance, et m'aida à traverser ce désert qui avait opposé à tant d'autres voyageurs une limite infranchissable.

Dès que l'occasion d'apprendre à lire lui fut donnée, Séchélé s'y appliqua avec tant de zèle, que, d'une maigreur relative qu'il devait à sa passion pour la chasse, le défaut d'exercice le fit passer en peu de temps à un véritable embonpoint. M. Oswell lui apprit à connaître les chiffres, et il sut l'alphabet le premier jour de ma résidence à Chonuané. Je ne vins jamais à la ville sans qu'il me pressât de lui lire quelques chapitres de la Bible ; il aimait beaucoup Isaïe et se servait, pour exprimer son admiration, de la phrase que mon professeur de grec, sir D. K. Sandford, employa une fois à l'égard de l'apôtre Paul, dont il lisait les épîtres : « C'était un fameux homme que cet apôtre Paul ! » « Un fameux homme que cet Isaïe ! » disait le chef des Bakouains.

Voyant combien j'avais à cœur de faire accepter la parole du Christ au peuple de sa tribu, il me dit une fois : « Vous imaginez-vous qu'il suffit de parler à ces gens-là pour leur faire croire ce que vous leur dites ? Moi je ne peux rien en obtenir qu'en les battant ; si vous voulez, j'appellerai mes chefs, et, au moyen de nos litupas [1], nous aurons bientôt fait de les décider à croire. » L'idée d'employer la persuasion pour convertir ses sujets, qu'il n'aurait pas daigné consulter sur quelque matière que ce fût, lui paraissait bouffonne ; il trouvait qu'ils devaient s'estimer trop heureux d'embrasser le christianisme, dès l'instant qu'il le leur ordonnait. Séchélé ne cessait pas de déclarer à son peuple qu'il était pleinement convaincu de la vérité de l'Évangile, et ne manquait jamais, dans toutes les discussions qui s'élevaient à cet égard, de professer la foi chrétienne ; du reste, il agissait avec la même droiture dans tous les actes de la vie. Il sentit longtemps avant moi les difficultés de sa position et me disait souvent : « Combien je regrette que vous ne soyez pas venu dans ce pays-ci avant que nos coutumes

---

1. Fouets faits avec de la peau de rhinocéros.

m'aient enlacé de leurs filets ! » Effectivement, il ne pouvait pas renvoyer ses femmes sans faire preuve d'ingratitude envers leurs parents, qui avaient tout fait pour lui pendant ses jours d'adversité.

Dans l'espoir d'entraîner les autres à partager son attachement à la religion chrétienne, il m'invita à venir chez lui pour prier en famille ; je n'y manquai pas, et je fus surpris de la façon dont il formulait sa prière dans un style à la fois simple et élevé qui lui appartenait, car il possédait admirablement sa langue.

Nous souffrions beaucoup, à cette époque, d'une sécheresse dont on verra plus loin les détails ; et, à l'exception des membres de sa famille, dont il exigeait la présence, personne ne se rendait à ces réunions pieuses. « Autrefois, me disait-il, quand un chef aimait la chasse, tout le monde se procurait des chiens et chassait avec passion ; préférait-il la danse ou la musique, chacun manifestait un goût particulier pour ces divertissements ; et, s'il buvait beaucoup de bière, c'était à qui s'adonnerait à la boisson. Mais quelle différence dans cette occasion-ci ! j'aime la parole de Dieu, et pas un de mes frères ne l'écoute avec moi. » La famine qui résultait de la sécheresse et qui, dans l'esprit des habitants, s'associait à l'importation de la foi chrétienne, était surtout la raison qui éloignait les faux dévots ; une croyance qui, loin de remplir l'estomac, paraît nous condamner à souffrir de la faim, ne produit guère d'hypocrites.

Il y avait trois ans que Séchélé faisait profession de croire au christianisme et d'y être sincèrement attaché. M'apercevant néanmoins des difficultés de sa situation et compatissant d'ailleurs au sort de ses pauvres femmes, qui étaient de beaucoup les sujets les plus distingués de notre école, je ne désirais pas qu'il se pressât de les renvoyer et de recevoir le baptême ; d'autant plus que sa principale épouse, la seule qu'il dût garder, était bien la plus stupidement attachée aux vieux principes de la tribu. J'ai entendu dire que depuis lors elle s'était amendée ; mais que de fois je lui ai vu faire la moue et témoigner, par l'expression de sa figure, du mépris que lui inspiraient les idées nouvelles de son mari, qui, chaque fois qu'on célébrait l'office, était obligé de la renvoyer de l'église pour aller mettre sa robe !

Lorsqu'enfin il vint me prier de le baptiser, je lui demandai simplement de quelle façon il croyait devoir agir, maintenant qu'il avait la Bible entre les mains et qu'il pouvait en faire la lecture. Il retourna chez lui, donna des vêtements neufs à ses femmes, ainsi que tous les objets qui garnissaient leurs cases, et les renvoya chez leurs parents avec la déclaration expresse qu'il n'avait rien à leur reprocher, et qu'il ne se séparait d'elles que pour se conformer à la volonté de Dieu.

Le jour où il se fit baptiser, avec ses enfants, un grand nombre de personnes assistèrent à la cérémonie ; quelques-unes croyaient, d'après une calomnie qu'avaient répandue dans le Sud les ennemis du christianisme, qu'en pareil cas on faisait boire aux convertis une infusion de cervelles d'hommes morts : elles furent très-étonnées de voir que l'eau seule était employée dans le baptême. Ayant vu des vieillards verser des larmes pendant tout le service, je leur demandai en sortant, quelle avait été la cause de leur chagrin ; ils pleuraient de voir leur père *s'abandonner lui-même,* comme disent les Écossais à propos d'un suicide, et paraissaient croire que j'avais usé de magie à son égard pour m'emparer de son esprit et de son cœur. C'est alors que commença une opposition que nous n'avions jamais éprouvée ; tous les amis des femmes divorcées protestèrent contre la nouvelle religion, et l'on ne vit plus à l'église que les membres de la famille du chef et quelques autres personnes. Les habitants continuaient à nous traiter avec une bienveillance respectueuse ; mais Séchélé m'avouait qu'ils lui disaient de ces choses qui, autrefois, si on avait osé les lui faire entendre, auraient coûté la vie à leurs auteurs. Après tout ce que nous avions fait, il était dur de voir nos travaux obtenir aussi peu de résultats ; mais nous avions semé le bon grain et nous savions qu'il germerait un jour, quoique nous pussions mourir avant d'en recueillir les fruits.

Dès notre arrivée chez les Bakouains, nous avions acheté une pièce de terre, bien que cette formalité fût superflue dans un pays où l'acquisition du sol était une chose complétement neuve. Il nous aurait suffi, pour nous conformer à l'usage, de faire la demande d'un terrain convenable et de nous y établir, ainsi qu'aurait pu le faire tout autre membre de la tribu ; mais nous expliquâmes aux habitants que nous voulions éviter les motifs de dispute qui pourraient naître un jour, à l'époque où la terre acquerrait de la valeur, ou si par hasard il prenait fantaisie à un chef peu raisonnable de réclamer notre terrain, lorsque nous aurions fait de grandes dépenses pour y bâtir une maison. Ce raisonnement ayant paru très-juste, nous donnâmes des marchandises pour une valeur de cinq livres [1], en échange du terrain qui nous fut accordé ; nous con-

---

[1]. Cent vingt-cinq francs.

vînmes, en outre, qu'une pièce de terre pareille serait concédée à tout autre missionnaire, quel que fût l'endroit où la tribu allât se fixer. Tous les Bakouains écoutèrent avec surprise les conditions de cette vente, qui sonnaient singulièrement à leurs oreilles, et que cependant ils s'empressèrent d'accepter.

Nous nous étions posés dans nos relations avec les membres de la tribu comme de simples étrangers, n'ayant aucun contrôle à exercer sur eux ; c'était par la persuasion que nous cherchions à influer sur leur esprit ; et, après les avoir instruits en causant, non moins que par des leçons publiques, je les laissais agir suivant leur propre conscience ; jamais nous n'avons désiré qu'ils fissent le bien simplement pour nous plaire, ni songé à nous croire responsables de leurs mauvaises actions. Notre enseignement améliorait l'esprit général ; nous en avions la preuve dans les nouveaux mobiles qui agissaient sur la conduite du peuple ; cinq fois nous avons empêché la guerre par notre seule influence sur l'opinion publique ; et dans les affaires individuelles, où notre voix était méconnue, les parties ne se comportaient pas plus mal qu'avant notre arrivée. Comme toutes les peuplades africaines dont il sera parlé dans cet ouvrage, les Bakouains sont lents à se prononcer en fait de matières religieuses ; mais, dans tout ce qui a rapport à leurs affaires, ils ont l'esprit pénétrant et la compréhension vive.

On peut les croire stupides quand la chose dont il s'agit est en dehors de leur sphère ; mais, dans tout le reste, ils montrent plus d'intelligence qu'on n'en rencontre chez ceux de nos paysans qui n'ont pas reçu d'éducation. Ils ont tous des idées très-exactes sur les bœufs, les vaches, les moutons et les chèvres ; ils savent parfaitement quelle est la nature des pâturages qui conviennent à chacune de ces espèces d'animaux, et ils choisissent avec beaucoup de discernement les différents terrains qui sont le mieux appropriés aux diverses plantes qu'ils cultivent.

Les habitudes des animaux sauvages ne leur sont pas moins familières, et généralement ils possèdent bien les maximes qui formulent leurs idées morales et politiques.

L'endroit où nous nous étions établis d'abord, chez les Bakouains, s'appelle Chonuané, et fut visité la première année de notre séjour par une de ces sécheresses qui ont lieu de temps en temps, même dans les régions les plus favorisées de l'Afrique.

La croyance à la faculté de *faire pleuvoir* est l'un des articles de foi le plus profondément enracinés chez ces peuplades ; le chef Séchélé était lui-même un docteur célèbre dans cet art, et il croyait implicitement à son pouvoir. Il m'a souvent avoué qu'il lui était plus difficile de renoncer à cette croyance qu'à toutes celles dont le christianisme lui commandait l'abjuration.

Je lui expliquai que la seule manière possible d'arroser les jardins était de choisir quelque rivière ne tarissant jamais, de creuser un canal et d'irriguer les terrains adjacents. Il adopta immédiatement cette idée, et bientôt la tribu tout entière se dirigea vers le Kolobeng, cours d'eau situé environ à quarante milles [1] de Chonuané. L'expérience réussit admirablement pendant la première saison. Les naturels creusèrent le canal, firent le barrage en échange de l'assistance que je leur avais prêtée pour construire une habitation carrée à leur chef; c'est également sous ma direction qu'ils bâtirent leur école. Notre maison, située sur les rives de Kolobeng, qui donna son nom à l'établissement, était la troisième que j'avais élevée de mes propres mains. Un indigène m'avait appris à forger le fer; et m'étant perfectionné dans cet art par les conseils de M. Moffat, qui m'enseigna en outre à charpenter et à jardiner, je devins assez habile dans presque tous les métiers; comme, de son côté, ma femme savait faire les vêtements, le savon et la chandelle, nous réunissions à peu près tous les talents indispensables à une famille de missionnaire établie au centre de l'Afrique; position où le mari doit être un Jean-fait-tout au dehors, et la femme une servante à tout faire dans l'intérieur du ménage.

Mais il plut encore moins pendant la seconde et la troisième année; c'est à peine si, pendant ces deux ans, il tomba dix pouces d'eau, et le Kolobeng finit par se dessécher. Tant de poissons périrent par suite de cette circonstance, que toutes les hyènes du voisinage accoururent au festin et ne vinrent pas à bout de dévorer complétement ces masses putrides. Un vieil alligator, dont jamais on n'avait eu à se plaindre, fut également au nombre des victimes; on le trouva dans la vase, où il avait échoué.

La quatrième année ne fut pas plus favorable; il ne tomba pas assez d'eau pour que les grains pussent parvenir à leur maturité. Rien n'était plus désolant. Nous creusions le lit de la rivière de plus en plus à mesure que l'eau tarissait, nous efforçant, mais en vain, d'en puiser quelques gouttes pour empêcher les arbres fruitiers de mourir. Les aiguilles qu'on laissa dehors pendant plusieurs mois ne se rouillèrent pas; et toute la partie aqueuse d'un mélange

---

1. Soixante-quatre kilomètres et demi.

d'acide sulfurique et d'eau, qui servait pour une pile électrique, s'évapora complétement, au lieu de s'accroître comme elle aurait fait en Angleterre. Les feuilles des arbres étaient ridées et amollies, bien qu'elles ne fussent pas mortes ; et celles du mimosa restaient fermées en plein jour comme elles le sont pendant la nuit.

Au milieu de cette effroyable sécheresse, rien n'était plus étonnant que de voir les fourmis aller et venir avec leur vivacité habituelle. J'enfonçai à midi la boule d'un thermomètre à trois pouces dans la terre, le mercure marqua de 132 à 134 degrés Farenheit [1] ; si je plaçais à la surface du sol différents scarabées, ils expiraient au bout de quelques secondes ; mais cet effroyable chaleur ne faisait qu'augmenter l'activité des fourmis noirs à longues jambes. Elles ne sont jamais lasses ; il faut que leurs membres soient doués de la puissance que les physiologistes attribuent aux muscles du cœur de l'homme, et qui sera le partage de tous nos autres organes dans cette sphère supérieure où notre plus cher espoir est d'arriver un jour. Où ces fourmis pouvaient-elles prendre l'humidité qui leur est nécessaire ? Notre maison avait été bâtie sur une espèce de poudingue ferrugineux très-dur, afin d'empêcher les fourmis blanches d'y pénétrer ; celles-ci n'y vinrent pas moins, en dépit de la précaution ; et non-seulement elles purent, malgré cette chaleur desséchante, délayer le sol pour y former les galeries où elles vont et viennent à l'abri des oiseaux, mais lorsque nous ouvrîmes leurs chambres souterraines, nous y trouvâmes une humidité surprenante. Il n'y avait cependant pas de rosée ; et la maison étant située sur le roc, elles ne pouvaient pas communiquer avec la rivière qui coulait au pied de la colline, environ à trois cents mètres plus bas. Auraient-elles, par une faculté qui leur serait propre, le moyen de créer de l'eau en combinant l'oxygène avec l'hydrogène des végétaux qui forment leur nourriture [2] ?

Cependant la pluie n'arrivait pas. Les Bakouains s'imaginèrent que j'avais lié Séchélé par un charme quelconque ; et je reçus plusieurs députations des anciens de la tribu qui venaient me supplier de lui permettre de produire seulement quelques ondées. « Si vous refusez, disaient-ils, le blé mourra et nous serons dispersés ; laissez-le faire pleuvoir encore une fois ; et nous tous, hommes, femmes et enfants, nous irons à l'école et nous chanterons des prières aussi longtemps que vous voudrez. » C'est en vain que je leur affirmais

---

1. De 55 à 56° centigrades.
2. Je parlerai plus loin d'un insecte qui, dans les environs d'Angola, distille chaque nuit une quantité d'eau considérable.

que tout mon désir était de voir Séchélé faire en toutes choses ce que lui dictait sa conscience ; et je souffrais vivement de leur paraître insensible.

Parfois des nuages s'amoncelaient au-dessus de nous, faisant naître l'espoir ; le grondement du tonnerre semblait présager une averse abondante ; mais c'était encore plus rare que les beaux jours à Londres, et le lendemain matin le soleil se levait dans un ciel d'une pureté qui nous désespérait.

Les indigènes, trouvant fort pénible d'attendre dans l'inaction que Dieu voulût bien leur envoyer de la pluie, entretenaient l'idée consolante qu'ils pouvaient l'attirer par différentes préparations telles que des chauves-souris carbonisées, l'urine épaissie du daman de montagne (*Hyrax capensis*), qu'ils prennent aussi en pilules comme antispasmodique, sous le nom de sueur en pierre [1] ; ils employaient également certaines parties intérieures de divers animaux, telles que le foie du chacal, le cœur du babouin et du lion, certains calculs formés de poils qu'on trouve dans les entrailles des vieilles vaches, des peaux et des vertèbres de serpents et toute espèce de plantes, de bulbes, de tubercules et de racines que l'on peut rencontrer dans le pays.

Quelle que soit votre incrédulité dans la puissance des Bakouains à obtenir que les nuages répandent leurs ondées bienfaisantes, la politesse étant nécessaire partout, vous leur dites avec douceur qu'ils s'abusent relativement au pouvoir qu'ils s'attribuent sur l'atmosphère ; le docteur ès pluie choisit alors une certaine racine bulbeuse, la pèse et administre une infusion froide à un mouton qui expire cinq minutes après ; une partie de cette même racine est convertie en fumée et s'élève vers le ciel ; le surlendemain il vient à pleuvoir, et la conséquence que l'on en tire est facile à comprendre. De nos jours même, cette logique serait tout aussi triomphante en Angleterre, si nous avions subi une aussi longue sécheresse.

Comme les Bakouains supposaient qu'il devait y avoir une relation quelconque entre l'annonce de la parole divine dans leur village et ces années désastreuses, ils regardaient la cloche de l'église d'un assez mauvais œil ; mais le respect et la bienveillance qu'ils nous témoignaient ne se démentirent pas un instant. Je n'ai jamais eu, du moins que je sache, un seul ennemi dans la tribu ; le seul reproche qu'on m'y ait adressé sortit de la bouche d'un homme i-

---

[1]. Cette urine, qui est toujours déposée au même endroit par le daman, ainsi que le pratiquent certains autres pachydermes, se transforme sous l'action du soleil en une substance noire et poisseuse, d'où lui est venue cette dénomination.

fluent et plein de sens, qui était l'oncle de Séchélé. « Nous vous aimons autant que si vous étiez l'un des nôtres, me dit-il ; vous êtes le seul homme blanc avec qui nous puissions devenir familiers (thoaëla) ; mais nous voudrions v us voir abandonner ces prédications et ces prières continuelles ; nous ne pouvons pas nous habituer à cela ; vous le voyez vous-même, il nous est impossible d'obtenir de la pluie, tandis que les tribus qui ne prient jamais en ont abondamment. » Le fait était vrai ; nous voyions souvent pleuvoir sur des collines situées à peine à dix milles de Kolobeng, et nous n'avions pas une goutte d'eau. Je crains, s'il en était innocent, d'avoir plus d'une fois maudit le prince qui dirige l'atmosphère.

Quant aux docteurs ès pluie, ils avaient toutes les sympathies du peuple, et non pas sans motifs. Pour bien comprendre la force de leurs arguments, que je vais citer plus bas, il faut se placer à leur point de vue, et se persuader, comme ils le font tous, que les médicaments agissent par une sorte de magie ; c'est même par le mot *charme* que l'on doit traduire celui qui, dans leur langue, désigne un remède quelconque.

LE DOCTEUR EN MÉDECINE. Bonjour, ami ! que de drogues autour de vous ! Ce pays-ci produit donc toute espèce de médicaments ?

LE DOCTEUR ÈS PLUIE. Oui, mon ami, et je vais en faire bon emploi, car toute la contrée a bien besoin de la pluie que je suis en train de faire venir.

LE DOCTEUR EN MÉDECINE. Ainsi, vous croyez réellement que vous pouvez commander aux nuages ? Quant à moi, je crois que Dieu seul en a la faculté.

LE DOCTEUR ÈS PLUIE. Nous avons tous les deux la même croyance : c'est Dieu qui fait la pluie ; mais, au moyen de ces philtres, je le conjure de nous l'envoyer ; et, la pluie survenant, il est clair que c'est à moi qu'elle est due. Je m'en suis chargé pendant bien longtemps pour les Bakouains lorsqu'ils étaient à Shokuané ; interrogez-les, ils vous diront tous la même chose.

LE DOCTEUR EN MÉDECINE. Mais Notre-Seigneur nous a dit nettement, par ses dernières paroles, que c'est en son nom seul que nous pouvons prier Dieu d'une manière efficace.

LE DOCTEUR ÈS PLUIE. Il vous l'a dit ; mais Dieu nous a parlé différemment. Il nous a créés les premiers, et il nous aime bien moins que les blancs. Il vous a donné la beauté, des vêtements, des fusils, de la poudre, des chevaux, des chariots, et beaucoup d'autres choses qui nous sont inconnues. Pour nous, il est sans amour et ne nous a donné que le bétail, l'asségaï[1] et la faculté de faire pleuvoir. Il ne nous a pas même fait un cœur pareil à celui des blancs; nous ne nous aimons pas les uns les autres. Les tribus voisines mettent des talismans autour de notre pays afin d'empêcher qu'il n'y pleuve, pour que nous soyons dispersés par la faim et que nous allions augmenter leur puissance en nous réfugiant dans leurs villages ; il faut bien que nous détruisions leurs charmes par les nôtres. Dieu nous a donné une seule chose que vous ne connaissez pas, c'est la science de faire pleuvoir. Malgré notre ignorance, nous ne méprisons pas les dons que vous possédez ; nous ne comprenons rien à votre livre, et pourtant nous le respectons ; vous ne devez pas mépriser notre petit savoir, bien qu'il se rapporte à ce qui vous est caché.

LE DOCTEUR EN MÉDECINE. Je ne méprise pas ce que j'ignore ; je crois seulement que vous vous trompez quand vous dites que vos préparations peuvent avoir de l'influence sur les nuages.

LE DOCTEUR ÈS PLUIE. C'est justement là ce que disent tous les gens qui parlent d'une chose qu'ils ne savent pas. Lorsque nos yeux se sont ouverts, nous avons trouvé nos anciens qui savaient faire pleuvoir, et nous marchons sur leurs traces. Vous qui envoyez chercher du maïs à Kuruman et qui arrosez vos jardins, vous pouvez vous passer de pluie, mais nous, c'est impossible ; et, si nous n'avons pas d'eau, le bétail sera sans pâture, les vaches n'auront pas de lait, nos enfants périront, nos femmes s'enfuiront chez ceux qui font pleuvoir et qui ont du maïs ; notre tribu sera dispersée et notre feu s'éteindra.

LE DOCTEUR EN MÉDECINE. Je suis complétement de votre opinion, quant à l'importance de la pluie ; mais vos philtres n'agissent pas sur les nuages. Vous attendez jusqu'au moment où vous voyez le ciel se couvrir, vous vous servez alors de vos médicaments, et vous vous attribuez la puissance qui n'appartient qu'à Dieu.

LE DOCTEUR ÈS PLUIE. J'emploie mes drogues comme vous employez les vôtres ; nous sommes docteurs tous les deux, et les docteurs ne sont pas des imposteurs. Vous droguez un malade ; quelquefois il plaît à Dieu de le guérir au moyen de votre médicament, quelquefois cela ne lui plaît pas et le malade n'en meurt pas moins ; mais, s'il guérit, vous vous attribuez la gloire de ce que Dieu a bien voulu faire : c'est absolument comme moi. Quelquefois Dieu nous accorde la pluie, quelquefois il la refuse ; quand il la donne, nous croyons à la puissance du philtre qui nous l'a fait obtenir. Lors-

---

1. Espèce de lance.

qu'un de vos malades vient à mourir, vous n'en conservez pas moins la foi que vous avez dans vos médicaments, ainsi que moi dans les miens, lorsque la pluie n'arrive pas. Si vous voulez que je renonce à mes philtres, pourquoi continuez-vous d'administrer les vôtres ?

LE DOCTEUR EN MÉDECINE. Je donne mes médicaments à des créatures qui sont à ma portée, je puis juger de leurs effets alors même qu'il n'y a pas de guérison ; mais comment charmeriez-vous les nuages, qui sont trop éloignés pour que vos drogues puissent jamais les atteindre ? Ils vont en général dans une direction contraire à celle que prend votre fumée. C'est à Dieu seul qu'ils obéissent. Attendez patiemment, essayez ; Dieu vous donnera de la pluie sans le secours de vos philtres.

LE DOCTEUR ÈS PLUIE. Mahala-ma-Kapa-a-a !.... J'avais toujours cru jusqu'à cette heure que les blancs étaient pleins de sagesse et de raison. Qui jamais a eu l'idée d'essayer de mourir de faim ! La mort est donc une chose agréable ?

LE DOCTEUR EN MÉDECINE. Pouvez-vous faire pleuvoir dans un endroit et non pas dans un autre ?

LE DOCTEUR ÈS PLUIE. Je ne voudrais pas même l'essayer ; j'aimerais tant à voir le pays tout entier bien vert et tout le monde bien heureux, les femmes battre des mains, chanter de joie, et me donner par reconnaissance les ornements qu'elles portent !

LE DOCTEUR EN MÉDECINE. Vous les trompez en vous trompant vous-même.

LE DOCTEUR ÈS PLUIE. Dans ce cas-là nous faisons la paire (voulant dire par ces mots que lui et moi nous étions deux coquins).

Ceci est un spécimen de leur manière de raisonner ; lorsque l'on comprend bien leur langue, on est frappé de la finesse remarquable et de la vivacité qu'ils apportent dans la discussion. Les arguments qu'on vient de lire sont généralement employés ; et, malgré tous mes efforts, je n'ai jamais pu convaincre un seul individu de l'erreur que renfermait ce raisonnement. Ils ont dans leurs philtres une confiance illimitée ; la seule impression que leur produisent vos paroles, quand vous essayez de discuter avec eux, c'est que vous n'avez pas le moindre désir de voir arriver la pluie ; impression malheureuse, car il est très-fâcheux de laisser répandre cette idée que leur bien-être vous est indifférent. Celui qui, dans une tribu, nierait avec violence la faculté de faire pleuvoir, serait regardé d'un aussi mauvais œil que certains marchands grecs l'ont été en Angleterre pendant la guerre de Russie.

La conduite des Bakouains, pendant cette longue sécheresse, fut vraiment excellente ; les femmes se dépouillèrent de leurs parures afin qu'on pût acheter du maïs aux tribus plus heureuses ; les enfants se mirent en quête des nombreux tubercules et des racines comestibles que fournit la contrée, et les hommes passèrent leur temps à la chasse. Un grand nombre de buffles, de zèbres, de girafes, de gnous, de rhinocéros, d'antilopes de toute espèce, venaient en foule boire à quelques fontaines voisines de Kolobeng, et l'on construisit dans les terres environnantes un piége qui, dans le pays, porte le nom de *hopo*. Ce piége consiste en deux haies, se rapprochant l'une de l'autre comme pour former un V; très-épaisses et très-hautes, au sommet de l'angle qu'elles produisent, au lieu de se rejoindre complétement, elles se prolongent en droite ligne, de manière à former une allée d'environ cinquante pas de longueur, aboutissant à une fosse qui peut avoir quatre ou cinq yards[1] carrés et six ou huit pieds de profondeur. Des troncs d'arbres sont placés en travers sur les bords de cette fosse, principalement sur le côté par où les animaux doivent arriver, et sur celui qui est en face et par où ils cherchent à s'échapper. Ces arbres forment au-dessus de la fosse un rebord avancé, qui rend la fuite presque impossible, et le tout est soigneusement recouvert de joncs qui dissimulent le piége, et qui le font ressembler à un trébuchet posé dans l'herbe. Comme les deux haies ont souvent un mille[2] de longueur, et que la base du triangle qu'elles décrivent est à peu près de la même dimension, une tribu, qui forme autour du hopo un cercle de trois ou quatre milles de circonférence, se resserrant peu à peu, est certaine d'englober une grande quantité de gibier. Les chasseurs dirigent par leurs cris les animaux qu'ils entourent et les font arriver au sommet du hopo ; des hommes cachés en cet endroit jettent leurs javelines au milieu de cette troupe effrayée qui, se précipitant par la seule ouverture qu'elle rencontre, s'engage dans l'étroite allée qui conduit à la fosse ; les animaux y tombent l'un après l'autre, jusqu'à ce que le piége soit rempli d'une masse vivante qui permet aux derniers de s'enfuir en passant sur le corps des victimes. C'est un spectacle effroyable ; les chasseurs, enivrés par la poursuite et ne se possédant plus, frappent ces gracieux animaux avec une joie délirante, tandis que les pauvres créatures, entraînées au fond de l'abîme par le poids des morts et des mourants, soulèvent de temps à autre cette masse de

1. Le yard, mesure anglaise, équivaut à quatre-vingt-onze centimètres.
2. Un peu plus de seize cent neuf mètres.

cadavres, en se débattant au milieu de leur agonie contre le fardeau qui les étouffe.

Les Bakouains tuaient jusqu'à soixante-dix têtes de gros gibier par semaine ; et comme chacun, riche ou pauvre, a sa part du butin, cette abondance de venaison neutralisait les inconvénients d'un régime qui eût été, sans cela, complétement végétal.

Lorsque les pauvres, qui n'avaient pas de sel, étaient forcés de vivre entièrement de racines, pendant un certain laps de temps, ils avaient de fréquentes indigestions. Nous eûmes souvent l'occasion de l'observer : car, le district manquant de sel, les riches avaient seuls le moyen de s'en procurer. Les médecins du pays, sachant bien quelle était la cause du mal, prescrivaient ordinairement un peu de sel avec les drogues dont ils faisaient usage ; mais, comme ils n'en avaient pas à leur donner, c'était à nous que les pauvres s'adressaient lorsqu'ils étaient malades ; nous fîmes notre profit de cette méthode ; depuis lors nous avons traité l'indigestion en administrant une cuillerée à café de sel, et nous avons restreint l'emploi que nous faisions des autres médicaments. Le lait et la viande produisent le même effet, bien qu'ils n'agissent pas d'une manière aussi rapide. Il m'arriva plus tard, après avoir été privé de sel pendant quatre mois, de n'éprouver aucun désir d'en goûter, mais de souffrir cruellement du besoin de manger de la viande ou tout au moins de boire du lait. Ce besoin impérieux se faisait sentir aussi longtemps que je restais au régime végétal ; dès que je pouvais avoir de la viande, bien qu'elle eût bouilli dans de l'eau de pluie parfaitement insipide, elle avait pour moi un goût de sel très-agréable, comme si elle avait été légèrement assaisonnée.

Le lait ou la chair, en quelque petite quantité que ce fût, éteignait complétement le désir excessif dont j'étais tourmenté, et faisait disparaître les côtes de bœuf rôties et les calebasses de lait froid que je voyais dans mes rêves ; je ne m'étonnais plus alors des remercîments que de pauvres Bakouaines enceintes adressaient à mistress Livingstone pour une petite bouchée de viande ou pour une goutte de lait qu'elle leur avait donnée.

Ajoutées à d'autres influences contraires, l'incertitude de savoir si l'on aurait de quoi manger, et la nécessité de s'absenter continuellement pour aller à la chasse ou pour recueillir des fruits et des racines, élevaient de sérieux obstacles à l'instruction des Bakouains. En Angleterre, notre éducation ne se fait pas moins à une table abondamment servie et au coin d'un bon feu, qu'à l'église ou à l'école. Peu d'Anglais se tiendraient mieux à l'office ayant l'estomac vide que quand ils ont trop mangé. Les écoles des pauvres n'auraient pas eu le moindre succès, si les professeurs n'avaient sagement pourvu à la nourriture du corps en même temps qu'à celle de l'esprit; et non-seulement, en bons chrétiens, nous devons nous intéresser au bien-être matériel des gens que nous cherchons à instruire, mais, n'importe sous quelle latitude, nous ne pouvons pas plus compter sur de bons sentiments chez les malheureux, si nous ne les nourrissons tout d'abord, que nous ne pouvons espérer de voir une abeille commune s'élever à la dignité de mère en lui donnant la pâture habituelle des ouvrières de la ruche.

Il ne suffit pas, pour prêcher l'Évangile aux idolâtres, de répondre à l'idée qu'on se fait en général d'un missionnaire et de se promener simplement avec une Bible sous le bras; on doit, si je ne me trompe, chercher surtout à créer des relations commerciales; ce serait le moyen le plus rapide de faire cesser l'isolement que le paganisme engendre, d'amener les tribus à sentir qu'elles dépendent les unes des autres et qu'elles ont tout à gagner à n'avoir que de bons rapports entre elles. C'est pour atteindre ce but que les missionnaires de Kuruman prièrent l'autorité gouvernementale de permettre à un marchand de résider à la station; il en est résulté un commerce important, et le marchand y a gagné des rentes qui lui ont permis de se retirer des affaires. Les lois qui restreignent la liberté commerciale entre les nations civilisées ne sont pas autre chose que les derniers vestiges de notre ancienne barbarie. Toutes les observations que j'ai faites à cet égard me font désirer plus que jamais de faire produire en Afrique les produits les plus grossiers des manufactures européennes; non-seulement nous détruirions ainsi le commerce des esclaves, mais nous ferions rentrer les nègres dans le corps de l'humanité, dont l'un des membres ne peut souffrir sans que tous les autres souffrent avec lui. Les succès commerciaux qu'on pourrait obtenir dans l'est et dans l'ouest de l'Afrique répandraient avec le temps les avantages de la civilisation, sur une bien plus vaste échelle que les efforts exclusivement religieux et intellectuels restreints à quelque petite peuplade. Il faudrait toutefois s'occuper également de l'instruction des indigènes en établissant de grandes stations centrales dans les lieux dont la salubrité serait reconnue : car la civilisation et le christianisme ne peuvent pas se propager l'un sans l'autre; en fait, ils sont inséparables.

CHAPITRE II

Les Boërs. — Traitement des naturels. — Marchands anglais. — Alarme des Boërs. — Espionnage. — Le conte du canon. — Les Boërs menacent Séchélé. — Ils arrêtent les marchands anglais et chassent les missionnaires au mépris des traités. — Les Bakouains sont attaqués par les Boërs. — Manière de combattre de ceux-ci. — Les indigènes sont tués et les enfants sont emmenés comme esclaves. — Manière de bâtir et intérieur des Africains. — Façon dont ils passent la journée. — Pénurie d'aliments. — Sauterelles. — Grenouilles comestibles. — Bousier. — Les Boërs continuent les hostilités. — Voyage vers le Nord. — Préparatifs. — Compagnons de route. — Le désert Kalakari. — Végétation. — Melons d'eau. — Habitants du désert. — Les Bushmen. — Leur genre de vie, leur aspect. — Les Bakalaharis. — Leur amour pour l'agriculture et pour les animaux domestiques. — Leur caractère. — Façon dont ils s'y prennent pour se procurer de l'eau. — Le désert. — Eau cachée.

Un autre obstacle aux succès de la mission était le voisinage des Boërs des monts Cashan ou Magaliesberg, qu'il ne faut pas confondre avec les colons du Cap, désignés parfois sous le même nom. Le mot Boër signifie simplement fermier et n'est pas synonyme du mot anglais *boor* [1], qui serait très-mal appliqué aux cultivateurs de la colonie, car ce sont bien les paysans les plus sobres, les plus industrieux et les plus hospitaliers qu'il soit possibles de voir. Toutefois les individus qui parmi eux n'ont pas voulu se soumettre à l'autorité anglaise et qui ont fui dans des lieux éloignés, où ils ont été rejoints par les déserteurs et par d'autres gens de mauvaise espèce, sont malheureusement d'une nature bien différente. Le grand reproche qu'ils faisaient et qu'ils font encore à la loi anglaise, c'est de n'admettre aucune distinction entre les noirs et les blancs. Ils ressentirent vivement la perte qu'ils croyaient avoir éprouvée par l'émancipation des esclaves, et résolurent de former une république où ils pourraient librement continuer de traiter les Hottentots comme il convient de le faire ; il est inutile

---

1. *Boor*, rustre.

d'ajouter que cette façon convenable de traiter les gens renferme l'élément essentiel de l'esclavage, à savoir : le travail obligatoire et sans aucun salaire.

Sous la direction de M. Hendrick Potgeiter, une partie de ces rebelles pénétra dans l'intérieur jusqu'aux montagnes Cashan, d'où Mosilikatsé, chef cafre ou zoulou, avait été banni par le Cafre Dingaan, qui porte un nom bien connu des Anglais. Dans leur joie d'avoir échappé à la domination de Mosilikatsé, les Béchuanas accueillirent parfaitement les Boërs, qui se présentaient chez eux avec le double prestige de libérateurs et d'hommes blancs ; mais ils reconnurent bientôt que, si Mosilikatsé était cruel pour ses ennemis, il était bon pour les individus qu'il s'était attachés, tandis que les Boërs tuaient sans pitié ceux qui les combattaient et réduisaient à l'esclavage ceux qui les avaient servis. Les tribus qui paraissent avoir conservé leur indépendance n'en sont pas moins obligées de fumer les terres, de sarcler les champs, de faire la moisson, de construire les bâtiments, de creuser les canaux, d'établir les écluses de ces prétendus libérateurs et en même temps de pourvoir à leurs propres besoins. J'ai vu moi-même des Boërs venir dans un village, y demander, suivant leur habitude, vingt ou trente femmes pour arracher les mauvaises herbes de leur jardin, et ces pauvres femmes se rendre sur les lieux en portant leur nourriture sur leur tête, leurs enfants sur leur dos, leurs instruments de travail sur leurs épaules, et tout cela sans rémunération. Les Boërs ne cherchent pas à dissimuler la bassesse de leur conduite ; depuis les premiers jusqu'aux derniers, ils se vantent de la justice et de l'humanité d'un pareil arrangement. « Nous les faisons travailler pour nous, disent-ils ; mais, en retour du travail qu'ils nous donnent, nous leur permettons d'habiter notre pays. »

J'en appelle au commandant Krieger, afin qu'il dise si l'opinion que je viens d'émettre n'est pas la sienne et celle de tous les hommes qu'il a dirigés ; personnellement j'ai la certitude de n'obéir à aucune impulsion ni pour ni contre les Boërs ; toutes les fois que j'ai visité les pauvres tribus esclaves, je n'ai jamais fui les blancs ; j'ai même essayé de les guérir, et j'ai donné des médicaments à leurs malades, sans demander ni recevoir le prix d'aucun service. Je dois dire qu'ils m'ont toujours traité avec respect ; mais il est bien malheureux que l'Église à laquelle ils appartiennent les ait laissés depuis si longtemps se dégrader et tomber au niveau des noirs, qu'un stupide préjugé contre les hommes de couleur les porte à détester.

Les Boërs ne se servent du genre d'esclavage dont il vient d'être question que pour faire exécuter les travaux agricoles. C'est par des expéditions à main armée chez les tribus qui ont un grand nombre de bestiaux, qu'ils se procurent les serviteurs qui leur sont nécessaires.

Les Portugais peuvent citer certaines circonstances où la passion des liqueurs fortes a poussé les noirs à se vendre eux-mêmes comme esclaves ; mais de mémoire d'homme il n'y a pas d'exemple qu'un chef béchuana, ou un père de cette race, ait livré l'un de ses sujets ou l'un des siens ; d'où résulte la nécessité d'une invasion pour quiconque veut enlever leurs enfants. Ceux qui parmi les Boërs ne feraient pas partie de ces expéditions, s'il ne s'agissait que de se procurer des esclaves, ne résistent pas à ce double motif, qu'on leur présente adroitement, à savoir : la prétendue révolte de la peuplade que l'on veut envahir, et la perspective d'une part avantageuse dans la répartition des bestiaux capturés.

Il est difficile, pour une personne qui habite un pays civilisé, de comprendre comment des hommes doués de sensibilité (car ces Boërs ne sont nullement dépourvus de cœur) peuvent, d'un commun accord, partir de chez eux après avoir comblé de caresses leurs femmes et leurs enfants, pour aller tirer de sang-froid sur des gens inoffensifs, d'une couleur différente il est vrai, mais qui possèdent des affections et des sentiments domestiques tout à fait pareils aux leurs. J'ai causé chez des Boërs, avec des enfants qui, de leur aveu et de celui de leurs maîtres, avaient été capturés ; et j'ai pu dans plusieurs circonstances retrouver les parents de ces malheureux, bien qu'en général on prenne les enfants si jeunes qu'ils ne tardent pas à oublier leur famille et leur langue maternelle. Il s'est passé bien du temps avant que je pusse admettre les sanglants récits que des témoins indigènes me faisaient de cette chasse inqualifiable ; je douterais encore de leur témoignage, si les paroles de leurs ennemis n'étaient venues corroborer les leurs ; mais lorsque j'entendis quelques Boërs dénoncer, en les regrettant, les scènes de carnage auxquelles ils avaient assisté, pendant que certains autres se glorifiaient d'y avoir pris part, je fus bien obligé de croire ce qu'on m'avait raconté et de tâcher d'expliquer cette cruelle anomalie.

Ils sont tous religieux par tradition, et font remonter leur origine à quelques-uns des hommes les plus justes et les meilleurs qui aient jamais existé. Descendants, comme ils l'assurent, de Huguenots et de Hollandais, ils réclament le titre de chrétiens ; mais pour eux tous les hommes de couleur ne sont que des créatures, « une propriété noire ». Étant, disent-ils, le peuple de Dieu, les idolâtres leur ont été donnés par héritage, et ils sont l'instrument de la vengeance divine sur les nègres, comme autrefois les Juifs sur les païens de leur époque. En outre, comme ils vivent au milieu d'une population beaucoup plus considérable que la leur et qu'ils sont à plusieurs milles de distance les uns des autres, ils ont, comme les Américains des États du Sud, le sentiment du danger qui les menace; la première parole qu'ils vous adressent, lorsque vous arrivez, est toujours relative à la disposition des esprits; et, lorsqu'ils reçoivent de quelque naturel envieux ou mécontent le moindre rapport contre l'une ou l'autre des peuplades qui les entourent, la chose prend tout de suite à leurs yeux les proportions d'une révolte organisée; les mesures les plus sévères paraissent alors impérieusement commandées, même aux plus humains d'entre eux, et, quelle que soit la quantité de sang répandu, ils n'en éprouvent ni remords ni défaillance : la nécessité de maintenir la paix leur avait imposé, disent-ils, cette cruelle obligation; et M. Hendrick Potgeiter se croyait fermement un grand pacificateur.

Mais comment se fait-il que les indigènes, qui sont par le nombre tellement supérieurs aux Boërs, ne se lèvent pas pour les anéantir? C'est qu'ils ne sont point des Cafres, mais seulement des Béchuanas (bien qu'un Boër ne consente pas à faire cette distinction), et l'histoire n'offre pas un seul exemple de Béchuanas qui aient jamais attaqué les Boërs ou les Anglais, même parmi ceux qui ont des mousquets et des fusils; je suis certain, si pareil fait s'est présenté, qu'il est complètement inconnu au delà du Cap et même au centre de la colonie; on les a vus se défendre en cas d'attaque, mais jamais ils n'ont déclaré la guerre à des Européens. La chose est bien différente quand il s'agit des Cafres; et les Boërs le savent si bien que depuis l'époque où, suivant les termes d'un journal de la colonie, « ces magnifiques sauvages » possèdent des armes à feu, pas un Boër n'a tenté de s'établir en Cafrerie, ou même de rencontrer les Cafres sur le champ de bataille.

Les Boërs ont généralement une préférence marquée pour se battre avec des armes qui portent fort loin; et se dirigeant, dans leurs émigrations, du côté des timides Béchuanas, ils ont laissé aux Anglais le soin de régler leurs querelles avec les Cafres et de payer les frais de la guerre.

Dans les environs de Kolobeng, les Bakatlas, les Batlokouas, les Bahukengs, les Bamotsélas et divers autres Bakouains, vivaient dans l'esclavage et subissaient le poids d'un travail non payé. Cette corvée n'aurait pas encore été par elle-même jugée trop douloureuse, si les jeunes gens de ces tribus qui n'ont pas d'autre ambition que d'arriver à posséder quelques têtes de bétail, seul moyen d'acquérir de l'importance parmi leurs compatriotes, n'avaient l'habitude, pour atteindre ce but, d'aller dans la colonie du Cap et d'y chercher de l'ouvrage, comme le font chez nous les moissonneurs irlandais et ceux des Highlands. Après avoir fait, pendant trois ou quatre ans, des fossés et des vannes pour les fermiers hollandais, ils s'estiment fort heureux s'ils peuvent revenir avec autant de vaches qu'ils ont passé d'années au dehors ; à leur retour, ils en donnent une à leur chef et se trouvent dès lors classés parmi les personnages honorables de la tribu. Ces volontaires du travail sont extrêmement estimés des Hollandais, qui les appellent Mantatises ; on les paye sur le pied d'un schelling [1] par jour et on leur donne un gros pain pour six personnes. Beaucoup de ces braves gens, qui m'avaient vu autrefois à douze cent milles [2] dans les terres, et que je retrouvai à quelques journées du Cap, en traversant le Roggefelt et le Bokkefelt, me saluèrent d'un joyeux rire lorsque je passai devant l'endroit où ils étaient ; je causai avec eux et avec les anciens de l'Eglise hollandaise pour lesquels ils travaillaient, et j'acquis la certitude qu'ils étaient contents les uns des autres et de l'arrangement qu'ils avaient fait ensemble. Je ne crois pas néanmoins qu'il existe un seul Boër, dans tout le pays de Cashan, qui trouvât mauvais qu'on dépouillât ces travailleurs du bétail qu'ils gagnent d'une manière si pénible, en s'appuyant de cette raison péremptoire : « S'ils ont envie de travailler, qu'ils travaillent, mais pour nous, qui sommes leurs maîtres. »

Je ne saurais témoigner assez de reconnaissance envers Dieu de ce qu'il ne m'a pas fait naître dans un pays où l'esclavage existe : personne ne peut comprendre l'effet démoralisateur que produit un pareil système sur l'esprit de ceux qui l'adoptent et qu'un singulier travers empêche de sentir ce qu'il y a de dégradant à ne pas payer les services que l'on nous a rendus ; la fraude leur devient aussi naturelle que le payement des dettes le paraît aux autres hommes.

Dès que les missionnaires s'établissent dans un endroit, on est sûr que les marchands y viendront ; ils dépendent les uns des

---

[1]. Un franc vingt-cinq centimes.
[2]. Dix-neuf cents kilomètres.

autres et se soutiennent mutuellement ; toutefois l'expérience a prouvé que les deux fonctions ne pouvaient être exercées par le même individu. Ce n'est pas que la chose soit immorale : qu'y aurait-il de plus légitime que de voir un homme qui se dévoue au bien-être spirituel d'une peuplade, retirer un avantage temporel d'un commerce honnête, lorsque des négociants, qui n'ont d'autre but que leur propre intérêt, s'imaginent modestement qu'à eux seuls appartient le privilége de s'enrichir ? Mais, bien que ce soit un droit pour les missionnaires que de faire du trafic, le système de missions actuellement en vigueur s'oppose à ce qu'ils puissent y consacrer leur temps. Aucun des missionnaires avec lesquels je me suis trouvé en relation ne se livrait au commerce, et, tandis que les marchands que nous avions introduits dans le pays, et dont nous garantissions la sécurité, faisaient fortune, tous les missionnaires sans exception vivaient dans une pauvreté réelle. Les jésuites, au moins en Afrique, étaient plus sages autrefois que nous le sommes aujourd'hui ; leurs communautés étaient riches et influentes, et ils fondaient leur prospérité sur le soin qu'on avait d'appliquer l'esprit de chacun des frères aux fonctions pour lesquelles il était né : l'un était passionné pour l'histoire naturelle, et suivait son penchant ; l'autre pour la littérature, il avait des loisirs ; pendant que celui-ci, qui était doué d'une vive intelligence commerciale, était envoyé à la recherche de l'ivoire ou de la poudre d'or ; de manière que, tout en accomplissant les actes de sa mission, il trouvait le moyen de seconder efficacement les frères qu'il avait laissés à la maison centrale [1]. Nous autres protestants, qui envoyons au loin des missionnaires pourvus de la consolante persuasion de leur supériorité et d'un traitement qui suffit à peine à leur subsistance, nous n'épargnons pas nos éloges à ceux qui oublient complétement leurs intérêts matériels et que notre parcimonie oblige de vivre comme le fit jadis l'Enfant prodigue après sa ruine. Je ne parle pas pour moi, à qui ces paroles ne sont pas applicables ; mais c'est une raison pour que je sois plus libre de dire quelques mots en faveur de mes collègues. « Allez par toute la terre et prêchez l'Évangile à tous les hommes, » c'est un con-

---

1. Le clergé hollandais est également doué de sagesse pour les intérêts de ce monde ; il fait ici l'acquisition d'une fontaine, divise les terres que cette source peut arroser, et les afferme aux villageois. A mesure que le nombre de ces derniers augmente, les revenus s'élèvent et l'église s'enrichit ; avec deux cents livres par an que le gouvernement y ajoute, le salaire de ces prêtres monte à quatre ou cinq cents livres chaque année. L'ecclésiastique recommande alors qu'on s'abstienne de politique, et fait de cette abstention un devoir religieux ; il est certain qu'avec quatre cents livres par an (dix mille francs), on n'éprouve guère que des besoins spirituels.

mandement auquel doivent obéir tous les chrétiens, soit par eux-mêmes, soit par leurs délégués. On trouve assurément des individus qui, par charité pour les idolâtres et par dévouement à l'œuvre qu'ils entreprennent, sont prêts à partir pour aller enseigner leur foi religieuse, alors même qu'on ne leur donne que le strict nécessaire ; mais que penser de la justice des chrétiens (pour ne pas parler de leur générosité), qui non-seulement donnent le moins possible à leurs délégués, mais considèrent ce qu'ils leur donnent comme une aumône ? La chose est d'autant plus grave à l'égard d'un missionnaire protestant qu'il peut avoir une famille. Il est certainement très-digne d'éloges de sacrifier ses intérêts en vue d'un but élevé ; mais si l'individu qui fait ce sacrifice accomplit une bonne œuvre, ceux qui l'acceptent ou qui le souffrent, lorsqu'ils peuvent l'empêcher, font une mauvaise action, surtout quand leur intérêt est le même que l'intérêt de celui qui s'est dévoué.

Les marchands européens qui vinrent à Kolobeng vendirent aux indigènes les objets dont les Boërs ont la plus grande terreur, à savoir : des armes et des munitions ; lorsque les fusils vendus furent au nombre de cinq, il en résulta une si grande alarme parmi nos voisins, qu'une expédition, composée de plusieurs centaines de Boërs, fut sérieusement projetée pour aller dépouiller les Bakouains de leurs mousquets. Je savais que ces derniers s'enfuiraient au désert plutôt que d'abandonner leurs armes et de devenir esclaves ; j'allai donc trouver le commandant, M. Gert Krieger, et lui représentant les maux qui résultent de semblables expéditions, j'obtins qu'il renonçât, pour le moment, à celle qui avait été résolue ; mais, ayant cédé sur ce point, il voulut à son tour obtenir quelque chose et me demanda d'espionner les Bakouains pour son compte.

Alors même que mes principes ne m'auraient pas empêché d'accéder à son désir, je lui expliquai l'impossibilité où j'étais d'y répondre, en lui citant une circonstance où Séchélé s'était mis en campagne avec toute son armée pour aller punir l'un des chefs qui étaient sous ses ordres, sans que j'en eusse connaissance. C'était à propos d'un nommé Kâké, gendre de l'un des assassins du dernier chef, et que son beau-père avait poussé à la révolte ; plusieurs individus qui étaient restés fidèles au père de Séchélé, se rendant au désert pour y chercher des pelleteries, avaient été maltraités par Kâké ; à cette époque nous arrivions chez les Bakouains, et Séchélé me demanda mon avis ; je lui conseillai des mesures pleines de douceur ; mais Kâké répondit aux messages qui lui furent envoyés : « Séchélé veut, dit-il, suivre les conseils du maître : c'est tout bonnement un prétexte pour couvrir sa lâcheté ; il viendrait me combattre s'il n'avait pas peur. » La première fois que l'occasion s'en présenta, l'injure fut répétée. Séchélé me dit alors qu'il partait pour chasser l'éléphant. Comme je savais que l'espionnage est en vigueur chez ces peuplades, je ne faisais jamais de questions qui pussent faire supposer que je me défiais de quelque chose, et j'accordai créance aux paroles de Séchélé ; il me demanda de lui prêter une marmite de fonte pour faire la cuisine, n'ayant à son service que des vases trop cassants. Je lui donnai la marmite, de plus une poignée de sel, et je le priai de me rapporter le pied de devant et la trompe de l'éléphant, qui sont deux morceaux très-délicats. Il partit, et je n'en sus pas davantage jusqu'au moment où nous vîmes les Bakouains ramener leurs blessés, et où nous entendîmes se mêler aux cris de victoire les gémissements funèbres qu'on accorde aux morts. Il était clair que Séchélé avait attaqué le rebelle et qu'il l'avait chassé de la tribu,

Je racontai donc ce fait au commandant pour lui prouver qu'il m'était impossible de consentir à sa demande, et j'eus bientôt un exemple de la rapidité avec laquelle une histoire, bien simple en elle-même, acquiert des proportions fabuleuses en circulant de bouche en bouche. Un mois après, les cinq fusils des Bakouains arrivaient à cinq cents, et la marmite, qui figure maintenant au musée de la ville du Cap, était devenue un canon que « j'avais, *de mon propre aveu*, prêté à Séchélé. » Il était facile de deviner d'où provenaient les cinq cents fusils. Dès que je me servais d'un sextant, mes relations avec le gouvernement étaient aussi claires que le jour ; et comme je devais connaître les décisions des conseils de S. Majesté, on m'interrogea au sujet des bruits qui étaient parvenus jusque dans ces régions, relativement au télescospe de lord Rosse. « De quel droit, me disait-on, votre gouvernement a-t-il établi au Cap cette grosse lunette pour regarder ce que nous faisons derrière les monts Cashan ? »

Plus tard, nous reçûmes à Kolobeng la visite d'un certain nombre de Boërs qui venaient me consulter comme médecin, ou trafiquer des articles dont la vente est défendue par leurs propres lois et par leur politique. Lorsqu'il m'arrivait dans la ville de rencontrer l'un d'entre eux chargé de mousquets et de poudre, il s'excusait aussitôt en alléguant qu'il était un pauvre homme, etc. ; ce à quoi je répondais franchement que je n'avais rien à démêler avec les Boërs, et que je m'inquiétais fort peu des lois qui les régissaient.

Néanmoins l'histoire du canon et des cinq cents fusils revenait fréquemment dans ces visites, et, ne sachant pas qu'ils étaient espionnés, les Boërs profitaient de leur séjour à Kolobeng pour adresser à l'égard de ces armes, des questions à ceux des indigènes qui pouvaient écorcher quelques mots de hollandais. Il est à remarquer que la délation, qui est une preuve de barbarie, est tout aussi en vigueur chez les sauvages qu'en Autriche et en Russie. Chaque membre de la tribu se sent obligé de rapporter au chef les moindres choses dont il a connaissance, et ne fait aux étrangers qui l'interrogent que des réponses évasives, ou qu'il sait devoir être agréables à celui qui possède le pouvoir. C'est probablement cette feinte ignorance qui a donné lieu à cette assertion que les Béchuanas, par exemple, ne pouvaient compter que jusqu'à dix, à une époque où le père de Séchélé comptait fort bien les mille têtes de bétail qui formaient le commencement de la fortune de son fils.

Sachant donc parfaitement toutes les questions que les Boërs faisaient à ses sujets, Séchélé me demanda à son tour ce qu'il devait répondre : « La vérité, » lui dis-je. Les Bakouains déclarèrent alors que le canon dont on leur parlait n'avait jamais existé ; et ceux qui les questionnaient, jugeant de la réponse qui leur était faite par ce qu'ils auraient dit eux-mêmes en pareille circonstance, furent confirmés dans leur opinion et en conclurent que les Bakouains possédaient de l'artillerie. Toutefois, cette erreur nous fut profitable, par la crainte qu'elle inspira aux Boërs et qui nous mit, pendant huit ans, à l'abri de leurs attaques. Mais pas d'hiver qu'une ou deux tribus de l'Est ne fussent dépouillées de leur bétail et de leurs enfants par ces audacieux maraudeurs. L'expédition s'exécute de la manière suivante : dès que le froid permet de se servir des chevaux sans courir le danger de les voir mourir de pneumonie, plusieurs tribus alliées sont contraintes d'accompagner une troupe de cavaliers boërs ; lorsque ceux-ci arrivent chez la peuplade qu'ils ont l'intention d'attaquer, ils disposent leurs amis indigènes en rangs serrés, de manière à former ce qu'ils appellent un bouclier, et tirent froidement par-dessus leurs têtes jusqu'à ce que les malheureux assaillis prennent la fuite, abandonnant aux ravisseurs leurs bestiaux, leurs femmes et leurs enfants. Ce fait odieux se reproduisit neuf fois pendant mon séjour dans l'intérieur ; jamais, dans aucune de ces circonstances, les Boërs n'ont même été blessés.

A plusieurs reprises, les Bakouains furent sommés par ces insolents agresseurs de venir se joindre à eux en qualité de vassaux, et d'empêcher les trafiquants de parcourir le pays pour y vendre des armes ; mais la découverte du lac Ngami, dont il sera question un peu plus tard, appela dans la contrée cinq fois plus de marchands qu'il n'y en avait jamais eu, et Séchélé répondit aux Boërs : « C'est Dieu, et non pas vous, qui a fait de moi un chef indépendant ; c'est lui qui m'a donné le pouvoir. Je n'ai jamais été vaincu par Mosilikatsé, comme les peuplades que vous dominez actuellement ; les Anglais sont mes amis, et je ne peux pas les empêcher d'aller où bon leur semble. »

Il est impossible, à qui n'est pas assez vieux pour se souvenir des projets d'invasion qui menacèrent la Grande-Bretagne, de se figurer l'effet produit sur les Bakouains par le danger constant d'une razzia de Boërs et par les messages impérieux qu'ils recevaient continuellement de ces puissants maraudeurs ; aussi, malgré tout le regret que nous pûmes en éprouver, nous fut-il aisé de comprendre le peu de dispositions qu'ils avaient à s'instruire, quand surtout la sécheresse vint ajouter la famine à ces tribulations incessantes.

La fable de la marmite continuait à se répandre et acquérait une sérieuse importance. Voulant faire participer aux bienfaits de l'instruction les diverses tribus qui habitent la région du Magaliesberg, j'essayai d'établir des instituteurs indigènes sur différents points de la contrée. « Il faut enseigner aux noirs qu'ils ne sont pas nos égaux, me dit alors le commandant en chef des Boërs. — Il serait aussi facile de montrer à lire aux babouins, » ajoutèrent quelques notables ; mais aucun d'eux ne voulut accepter la proposition que je leur faisais d'examiner qui, de ces messieurs ou de mes serviteurs indigènes, lisait le plus couramment. Sur ces entrefaites, deux ecclésiastiques de la religion des Boërs étant venus pour baptiser les enfants de ces derniers, je supposai qu'ils voudraient bien m'aider à vaincre la répugnance que leurs ouailles témoignaient pour l'éducation des nègres, et je me rendis auprès d'eux afin de leur en parler ; mais ma visite se termina par une manœuvre du commandant qui, avec les plus grandes protestations d'amitié, m'obligea de retourner à Kolobeng, tandis qu'une lettre, envoyée par une autre voie aux missionnaires du Sud, demandait avec instances mon rappel immédiat, « parce que j'avais prêté un canon à leurs ennemis. » Le gouvernement colonial fut en même temps informé que ce rapport était vrai, d'où il résulta que je fus considéré comme un homme suspect.

Ce n'est pas pour railler les Boërs de leur ignorance que je raconte ces détails, mais pour exciter la compassion de leurs amis ; ils parlent continuellement des lois qui les régissent, et la loi du plus fort est la seule qu'ils reconnaissent.

Les changements qui s'opéraient parmi leurs commandants surprenaient les Béchuanas, qui ne pouvaient les comprendre. « On ne sait jamais, disaient ceux-ci, quel est le chef de ces Boërs ; de même que les Bushmen, ils n'ont pas de roi qui les gouverne : il faut qu'ils soient les Bushmen des Anglais. » L'idée qu'une nation fût assez insensée pour n'avoir pas à sa tête de chef héréditaire, paraissait tellement absurde à ces peuplades, que j'en vins à leur dire que dans mon pays nous nous étions montrés si jaloux de conserver le trône au sang royal, que nous avions donné le pouvoir suprême à une jeune fille dont nous avions fait notre chef. Ce trait de sagesse leur parut être la preuve la plus convaincante du bon sens des Anglais. On verra plus loin quelle confiance en nous leur inspirèrent les détails que je leur donnai sur la reine Victoria.

Les Boërs, encouragés par la nomination de M. Prétorius au commandement, résolurent d'empêcher, une fois pour toutes, les marchands anglais de pénétrer au delà de Kolobeng, en dispersant la tribu des Bakouains et en chassant tous les missionnaires du pays. Sir Georges Cathcart proclama l'indépendance des Boërs, mesure excellente s'ils avaient été placés entre nous et les Cafres ; un traité fut conclu avec eux, où, d'après les vues expresses du gouvernement de Sa Majesté Britannique, le libre passage des Anglais fut garanti et l'esclavage formellement prohibé sur toute la surface du territoire indépendant. « Et relativement aux missionnaires ? demanda l'agent de M. Prétorius. — Vous agirez envers eux comme bon vous semblera. » Telle fut, dit-on, la réponse du commissaire anglais. Cette phrase, si jamais elle a été prononcée, n'a probablement été dite que sous forme de plaisanterie ; certaines gens néanmoins la firent circuler avec intention ; elle se répandit bientôt dans la contrée, s'y accrédita partout, et détermina sans aucun doute l'anéantissement des trois missions qui furent détruites peu de temps après.

En 1852, quatre cents Boërs, envoyés par M. Prétorius, vinrent attaquer les Bakouains ; les Anglais, disaient-ils, leur avaient donné plein pouvoir sur les nègres et avaient voulu, en interdisant la vente de la poudre et des armes à feu dans le pays des Béchuanas, permettre à leurs alliés de subjuguer plus aisément toutes les tribus de cette région ; c'est en justifiant ainsi leur conduite, qu'ils assaillirent les Bakouains, et qu'ils emmenèrent en esclavage deux cents enfants de notre école, après avoir tué un nombre considérable d'adultes. Les indigènes, sous la conduite de Séchélé, se défendirent jusqu'au moment où l'ombre du soir leur permit de s'enfuir dans les montagnes ; et comme, dans le jour, ils avaient tué une certaine quantité de leurs ennemis, carnage qui se voyait pour la première fois de la part des Béchuanas, je passai pour leur avoir appris à se battre et à tuer les Boërs. Ma maison qui, sous la protection des naturels, avait été respectée pendant plusieurs années, fut complétement pillée ; des gentlemen anglais, qui, sur les traces de M. Cumming, étaient allés chasser au delà de Kolobeng, et avaient laissé dans cette ville non-seulement des provisions, mais quatre-vingts bœufs pour leur retour, ne trouvèrent plus, quand ils revinrent, que le squelette des gardiens de leur troupeau. Les livres d'une bonne bibliothèque qui faisait ma consolation dans la solitude n'avaient pas été emportés, mais les feuillets, arrachés par poignées, gisaient épars sur le sol ; tout était brisé dans ma petite pharmacie ; les meubles de la maison ainsi que les vêtements qu'on y avait trouvés avaient été saisis et vendus à l'enchère pour couvrir les dépenses de cette expédition.

Mon but, en rapportant cette catastrophe, n'est pas de gémir sur la perte que je fis alors, ni d'exciter la commisération, bien que je regrettasse vivement les dictionnaires et les livres qui avaient été les compagnons de ma jeunesse ; je me trouvais, maintenant que je ne possédais plus rien au monde, complétement libre de me diriger vers le Nord, et désormais à l'abri de toute préoccupation relativement aux objets qu'avant le pillage je laissais derrière moi. Les Boërs avaient résolu de fermer l'intérieur du pays, j'étais déterminé à l'ouvrir ; nous verrons plus tard laquelle de ces deux résolutions devait être couronnée de succès.

Peut-être ne lira-t-on pas sans intérêt l'esquisse rapide d'un ménage africain. L'absence complète de commerce et d'industrie dans la contrée vous oblige forcément à demander aux matières premières toutes les choses dont vous avez besoin. Vous voulez avoir une maison, il vous faut des murailles, d'où la nécessité d'aller abattre un arbre et de le débiter pour faire un moule à briques ; les matériaux des portes et des fenêtres sont également dans la forêt ; et si vous tenez à obtenir le respect des indigènes, il devient nécessaire de construire une habitation d'une certaine importance qui exige un labeur d'autant plus grand que vous ne pouvez guère compter sur l'assistance des naturels : non pas qu'ils soient paresseux; les Bakouains travailleraient avec joie pour qui voudrait les payer; mais il leur est impossible de rien faire carrément; ils ont à cet égard une singulière inaptitude, et ne construisent jamais que des habitations rondes, ainsi que tous les Béchuanas. Des trois grandes maisons que j'ai bâties à différentes époques, il m'a fallu poser moi-même toutes les briques et toutes les pièces de bois, pour qu'elles fussent placées d'équerre.

Lorsque le blé est réduit en farine, la femme procède à la fabrication du pain. Il arrive souvent que l'on improvise un four en creusant un trou dans une fourmilière, que l'on ferme avec une pierre plate en guise de porte; on emploie aussi une autre méthode que les Australiens pourraient substituer avec avantage à leurs *dampers*, et qui consiste à faire un bon feu sur un terrain battu; quand il est suffisamment échauffé on y pose la pâte, soit dans une poêle à courte queue, soit tout simplement par terre; on la couvre d'un vase de métal renversé; on ramène les cendres tout autour, et l'on fait du feu sur le vase. Au moyen de ce procédé, la pâte, mêlée avec un peu de levain d'une cuisson antérieure, et qu'on a exposée une heure ou deux au soleil, fait un excellent pain. Nous faisions notre beurre au moyen d'une jarre qui nous servait de baratte; nos chandelles avec des moules de notre fabrique, et du savon à l'aide des cendres que nous retirions de la soude ou quelquefois des arbres; mais, dans cette région, les cendres de bois contiennent si peu de matières alcalines, qu'il fallait faire bouillir notre lessive, dont on renouvelait plusieurs fois les cendres, pendant un mois ou six semaines, avant qu'elle pût saponifier la graisse. Il n'est pas très-pénible d'être obligé de suffire à soi-même; on éprouve une satisfaction réelle de tout devoir à sa propre industrie, et le mariage n'en a que plus de charme quand toutes les douceurs de la vie émanent directement des efforts d'une ménagère intelligente et laborieuse.

Cette existence peut même, aux yeux de quelques personnes avoir un certain attrait romanesque; elle a d'ailleurs pour objet cette bienfaisance active que les bons cœurs se réjouissent de pratiquer. Citons pour exemple la manière dont s'employait notre temps : quelle qu'ait été la chaleur du jour, la soirée, la nuit et la matinée, sont à Kolobeng d'une température délicieuse; on peut rester dehors jusqu'à minuit, assis où l'on voudra, sans qu'il y ait à craindre de s'enrhumer ou de prendre des rhumatismes. Nous nous levions de grand matin pour jouir de la fraîcheur; après avoir fait la prière en famille et déjeuné entre six et sept heures, nous nous dirigions vers l'école pour y donner des leçons à qui voulait s'instruire ; la classe finissait à onze heures : ma femme s'occupait alors du ménage. Pendant ce temps-là je me livrais à quelque travail manuel, soit comme forgeron, soit comme charpentier ou laboureur, suivant les besoins de ma famille ou ceux des habitants qui en échange travaillaient pour nous au jardin ou à toute autre chose. Après le dîner, toujours suivi d'une heure de repos, ma femme tenait sa classe de jeunes enfants, qui, très-gâtés par leurs parents, n'en venaient pas moins à l'école avec un plaisir infini, et qui s'y rassemblaient en général au nombre d'une centaine. Parfois la maîtresse variait les études par un peu de couture qu'elle enseignait aux jeunes filles, ce dont celles-ci paraissaient enchantées. Il fallait en outre surveiller tous les travaux, et le missionnaire et sa femme étaient occupés jusqu'au déclin du jour. Après le coucher du soleil, j'allais à la ville pour causer de choses et d'autres avec tus ceux qui s'y montraient disposés. Trois fois par semaine, un peu avant la nuit, aussitôt qu'on avait trait les vaches, nous avions des prières publiques et une instruction générale sur différents sujets, avec exhibition de tableaux et de spécimens pour mieux faire comprendre les faits dont il était parlé. A ces différentes œuvres il faut ajouter les soins à donner aux malades, et les aliments qu'on distribuait aux pauvres ; nous nous efforcions de gagner la confiance des gens que nous cherchions à instruire, en songeant d'abord à satisfaire leurs besoins matériels. Les actes de charité les plus minces, un mot obligeant, un regard affectueux, sont, comme le disait saint François-Xavier, des armes importantes aux mains du missionnaire ; pourquoi négligerait-on de gagner l'affection du plus humble, quand il suffit pour se la concilier d'une simple politesse ? Les bonnes paroles qu'on inspire forment, en se réunissant, une réputation avantageuse, qui peut être employée avec succès au service de l'Évangile. Témoignez de la bonté aux adversaires insouciants du christianisme, soignez-les quand ils sont malades, secourez-les dans leur infortune, et ils ne seront jamais vos ennemis personnels ; c'est ici plus que partout ailleurs que l'affection engendre l'affection.

Pendant la sécheresse qui désola Kolobeng, nous étions obligés de tirer notre blé de Kuruman, et nous fûmes réduits plus d'une fois à vivre de son qu'il nous fallait moudre à trois reprises différentes avant de pouvoir l'employer. Nous souffrions beaucoup de l'absence de viande, qui est infiniment plus nécessaire à la vie que ne se le figurent les partisans du système végétal ; éloignés de la ville, nous ne pouvions pas compter sur une part régulière dans les produits de la chasse, qui eux-mêmes étaient une chose éventuelle. Séchélé avait, par droit de souveraineté, la poitrine de tous les animaux qui étaient tués par ses sujets, et ne manquait pas de nous en envoyer une portion ; mais tout cela était nécessairement fort précaire, et nous fûmes quelquefois très-heureux d'accepter un plat de sauterelles, qui sont pour les habitants de cette contrée une véritable manne : c'est au point que les docteurs ès pluie font usage de leurs incantations pour les attirer dans le pays. Elles ont un goût végétal fortement prononcé, qui varie suivant la plante dont elles ont fait leur nourriture ; il y a une raison de physiologie pour qu'on les mange avec du miel ; grillées et réduites en poudre, elles se conservent pendant plusieurs mois ; préparées de la sorte et légèrement salées, on ne peut pas dire qu'elles soient mauvaises ; bouillies, elles sont détestables ; grillées, je les préfère aux crevettes ; néanmoins j'éviterai d'en manger toutes les fois que ce sera possible.

Mes enfants souffraient encore plus que nous de la privation de viande, et les indigènes, émus d'une compassion affectueuse, leur apportaient de grosses chenilles que les pauvres petits mangeaient avec plaisir ; il faut que ces insectes ne soient pas malsains, car les naturels en dévorent des quantités considérables.

Mes enfants mangeaient aussi avec avidité une énorme grenouille appelée Matlametlo[1], et qui, lorsqu'elle est cuite, ressemble à un poulet.

On croit dans le pays que ces grenouilles tombent des nues, parce qu'après les pluies d'orage, les étangs qui conservent l'eau pendant plusieurs jours sont immédiatement remplis de cette engeance querelleuse et coassante, phénomène qui se produit dans les endroits les plus arides du désert, où l'on n'aurait pas soupçonné qu'elle existât. Un soir que nous avions été surpris par les ténèbres dans un endroit du Kalahari où nous n'avions pas l'espérance de trouver de l'eau avant un jour ou deux, je fus étonné d'entendre le coassement des grenouilles ; je marchai pendant quelques instants pour découvrir la mare où ces batraciens pouvaient être ; et, lorsque je me fus assuré qu'elles se trouvaient entre moi et mon feu, je compris qu'elles n'avaient d'autre

---

1. *Pyxicephabus adspersés* du docteur Smith. Longueur de la tête et du corps, cent trente-huit millimètres ; pattes de devant, soixante-quinze millimètres ; pattes de derrière, cent cinquante-cinquante millimètres ; largeur de la postérieure de la tête, soixante-quinze millimètres ; largeur du corps, cent treize millimètres.

motif de se montrer aussi joyeuses que la perspective de la pluie. J'appris plus tard des Bushmen que le matlametlo fait un trou au pied de certains buissons, où il reste caché pendant les mois de sécheresse; comme il sort rarement de sa retraite, une grosse araignée profite du terrier qu'il a fait pour y établir sa toile qui en ferme l'entrée, ce qui le pourvoit gratuitement d'une fenêtre et d'un store. Il n'y a qu'un bushman pour chercher une grenouille derrière une toile d'araignée. Quant à moi, il me fut impossible, dans la circonstance dont je viens de parler, de découvrir celles qui frappaient mon oreille; et, comme elles n'attendent pas la fin de l'orage pour se précipiter dans les creux subitement remplis d'eau, les Béchuanas cachés sous leurs karosses pour se préserver de la pluie, frappés des coassements qui soudain retentissent de tous côtés, ont dû croire en effet que les grenouilles qui les produisent venaient de tomber du ciel.

La présence de ces batraciens dans le Kalahari, à une époque de sécheresse, me causa une déception assez vive; car j'avais toujours pensé que les grenouilles ne faisaient retentir leur note bruyante que lorsqu'elles avaient de l'eau jusqu'au menton. Pour quiconque a traversé le désert, leur voix est considérée comme le plus agréable de tous les sons qui puissent être entendus; et je comprends parfaitement la sympathie qu'Ésope (un Africain) a témoignée pour ces animaux dans l'une de ses fables intitulée : *les Enfants et les Grenouilles*.

Il est étonnant qu'on n'ait pas essayé d'acclimater en Angleterre quelques-unes des belles espèces d'animaux que l'on rencontre en Afrique. L'élan du Cap, la plus remarquable de toutes les antilopes, ornerait mieux que le daim les parcs de nos lords, et conviendrait spécialement à la Grande-Bretagne par l'excellence de sa chair.

Parmi les insectes, l'un des plus utiles est sans contredit le bousier, qui remplit parfaitement les fonctions qui l'ont fait nommer ainsi; dans les lieux où il abonde, comme par exemple, à Kuruman, les villages sont d'une extrême propreté; à peine un animal a-t-il déposé sa fiente, que les bousiers arrivent bourdonnant, forment avec les matières qui les attirent une pelote de la dimension d'une grosse bille de billard, qu'ils roulent jusqu'à ce qu'ils aient rencontré un endroit à l'abri de tout danger; ils s'y arrêtent, creusent le sol au-dessous de la balle de fiente qu'ils enfouissent et qu'ils recouvrent de terre après y avoir pondu leurs œufs. A mesure que les larves se développent, elles dévorent la boule qui leur sert d'asile, et se transforment ensuite pour venir à leur tour accomplir leur carrière. Ces scarabées chargés de leurs sphères gigantesques rappellent l'antique Atlas portant le monde sur ses épaules ; seulement ils marchent à reculons, la tête baissée, poussant leur charge avec leurs pattes de derrière, comme un gamin qui, s'appuyant sur la tête, roulerait une pelote de neige avec ses jambes. Nous avons indiqué l'élan du Cap à John Bull ; nous pouvons avec la même confiance recommander aux Français le matlametlo, cette énorme grenouille africaine ; et le bousier aux villes d'Italie, voir à notre Comité de salubrité publique.

Voulant faire participer aux bienfaits de l'instruction chrétienne les tribus qui vivent sous la domination des Boërs, j'avais, à deux reprises différentes, fait un voyage dans leurs pays, à trois cents milles environ à l'est de Kolobeng. Séchélé, malgré tout le désir qu'il avait eu de m'accompagner, n'avait point osé pénétrer chez ces maraudeurs, qui lui en voulaient horriblement : non pas qu'ils eussent à lui reprocher de leur avoir enlevé des bestiaux, crime très-fréquent de la part des Cafres, mais inconnu chez les Béchuanas, excepté pendant la guerre ; son indépendance et l'amour qu'il portait aux Anglais étaient les seules fautes dont il se fût rendu coupable. Lors de mon dernier voyage aux monts Cashan, Séchélé vint avec moi jusqu'à la rivière Marikoué ; au moment de nous séparer, il m'exprima tous ses regrets d'être obligé de me quitter et me donna deux de ses hommes, « qui seraient, disait-il, ses bras pour me servir. » « Et si j'allais au nord, lui demandai-je, viendriez-vous avec moi ? — Oh ! oui, » répondit-il. Me racontant alors l'histoire de Sébitouané, qui lui avait sauvé la vie et rendu la puissance, il me vanta le cœur généreux de cet homme véritablement grand, dont la renommée s'étendait chez les tribus lointaines. C'est la première fois que je songeai à traverser le désert pour pénétrer jusqu'aux bords du lac Ngami.

Après avoir quitté Séchélé, je poursuivis ma route vers le pays des Boërs, qui, on s'en souvient, avaient demandé mon rappel, et dont la politique se dévoila en cette occasion plus complétement qu'elle ne l'avait fait jusqu'ici. Lorque je parlai à M. Hendrick Potgeiter du tort qu'il y avait à empêcher l'Évangile d'arriver chez ces pauvres sauvages, il s'irrita vivement, appela quelqu'un pour me répondre, et menaça d'attaquer les tribus qui recevraient un instituteur indigène ; il promit néanmoins d'user de son influence pour prévenir les obstacles que ses subordonnés pourraient faire naître sur ma route. Comprenant tout de suite que je n'obtiendrais rien de ce côté, je commençai immédiatement à recueillir toutes les informations que je pus me procurer sur le désert, afin de le franchir, si la chose était possible. Sékomi, le chef des Bamangouatos, connaissait un chemin dont il gardait le secret, parce que, disait-on, la région du lac abondait en ivoire qu'il se procurait à peu de frais et d'une façon régulière.

Séchélé, qui prisait énormément les articles d'Europe et que l'intérêt tenait toujours en éveil, désirait naturellement participer aux produits de cette région favorisée ; il avait en outre le plus grand désir d'aller voir Sébitouané, peut-être pour montrer à son bienfaiteur la science qu'il avait acquise ; mais plutôt, j'imagine, pour tirer profit de la générosité de ce chef célèbre, dont il espérait de grands bénéfices.

Quant à Sékomi, à l'époque où la tribu originaire s'était séparée en Bangouaketzès, en Bamangouatos et en Bakouains, ceux-ci avaient conservé le siège du pouvoir héréditaire, et leur chef possédait certains avantages qui établissaient sa supériorité sur celui des Bamangouatos ; par exemple, lorsqu'ils voyageaient ou qu'ils chassaient ensemble, Séchélé, qui de plus était l'aîné des deux, prenait de droit la tête des animaux qu'avait tués Sékomi.

Certains priviléges témoignent en outre d'anciennes distinctions seigneuriales conservées dans la tribu : ainsi l'oncle de Séchélé, étant devenu aveugle, abandonna le pouvoir à son frère ; mais ses descendants, quoique déchus du rang suprême, ne payent aucune redevance, et bien qu'à tous égards Séchélé soit au-dessus d'eux, il n'en donne pas moins le nom de kosi[1] au chef de cette famille. Les autres peuplades ne toucheraient pas aux premières citrouilles, avant que les Bahurutzés y aient mordu, et l'on fait à cette occasion une cérémonie publique, dans laquelle le fils du chef doit être le premier à goûter du fruit nouveau.

Séchélé, d'après mon conseil, envoya demander pour moi à Sékomi la permission de passer dans le sentier qui conduisait au lac, et lui fit présent d'un bœuf pour appuyer sa requête. La mère de Sékomi, très-influente sur l'esprit de son fils, refusa la permission demandée, parce qu'on avait oublié de se la rendre favorable. Ce fut l'occasion d'un second message ; et cette fois, le plus illustre des Bakouains fut dépêché avec deux bœufs, l'un pour Sékomi, l'autre pour la mère de ce dernier ; un nouveau refus accueillit cette seconde ambassade : « Les Matébélés, ennemis mortels des Béchuanas, répondit Sékomi, sont dans la direction

---

1. Chef.

du lac; et, s'ils venaient à faire périr l'homme blanc, toute la nation de celui-ci aurait le droit de nous blâmer. »

Depuis cinquante ans au moins, la situation exacte du lac Ngami avait été désignée par les indigènes qui s'y rendaient chaque année, à cette époque où la pluie était moins rare dans le désert qu'elle ne l'est actuellement; plusieurs fois on avait tenté d'y arriver en traversant le Kalahari dans la direction indiquée; mais ces tentatives avaient toujours échoué, même de la part des Griquas, qui, ayant dans les veines un peu du sang des Bushmen, devaient, croyait-on, mieux supporter la soif que les Européens. Il devenait évident que la seule chance de réussir était de tourner le désert au lieu de le traverser. Le meilleur moment pour tenter l'entreprise aurait été en mars ou en avril, époque à se termine la saison des pluies, et où il était probable que nous trouverions de l'eau dans les étangs, qui sont desséchés pendant l'hiver. Je communiquai mes intentions au colonel Steele, aide de camp du marquis de Tweedale, en ce moment à Madras, et qui, lui-même, avait exploré une partie du continent africain; il fit part de mon projet au major Vardon et à M. Oswell, que nous avions eu l'occasion de voir dans leurs précédents voyages et dont l'amitié nous était acquise. Ces trois gentlemen étaient si passionnés pour la chasse africaine et pour les découvertes, que les deux premiers ont dû envier à M. Oswell la bonne fortune qui lui permettait de quitter l'Inde pour se livrer encore une fois aux plaisirs et aux souffrances de la vie du désert. Ce fut au prix d'un sacrifice d'argent considérable que M. Oswell abandonna la position élevée qu'il occupait, et cela sans autre ambition que de concourir aux progrès des connaissances géographiques. Avant d'être averti de l'arrivée de ce gentleman, il était convenu, avec Séchélé, qu'en payement des guides qui me seraient fournis, je lui prêterais mon chariot pour rapporter l'ivoire qu'il pourrait se procurer aux environs du lac; mais M. Oswell, qui amenait avec lui M. Murray, se chargea de toute la dépense des guides et s'acquitta fidèlement de ses promesses généreuses.

Séchélé aurait voulu venir avec nous; je crus devoir m'y opposer; craignant que l'attaque des Boërs, dont tout le monde parlait comme imminente, n'arrivât pendant notre absence, et qu'on ne me reprochât plus tard d'avoir enlevé Séchélé à ses sujets au moment où il leur était indispensable, je le dissuadai de m'accompagner, en lui disant qu'il savait que M. Oswell était tout aussi déterminé que lui-même à traverser le désert.

Avant de raconter les incidents de ce voyage, donnons quelques détails sur le Kalahari, afin que le lecteur puisse comprendre, jusqu'à un certain point, la nature des difficultés que nous allions avoir à combattre.

L'espace qui s'étend depuis la rivière d'Orange jusqu'au lac Ngami, c'est-à-dire entre le 29° et le 20° degré de latitude sud, et depuis la côte occidentale jusqu'au 24° degré de longitude ouest, a reçu le nom de désert simplement parce que l'on n'y trouve pas d'eau courante, et que l'eau de source y est très-rare ; mais il n'en renferme pas moins une végétation abondante et de nombreux habitants ; l'herbe y couvre le sol, qui produit une grande variété de plantes, et l'on y rencontre de vastes fourrés composés non-seulement d'arbustes et de broussailles, mais encore de grands arbres. C'est une plaine immense remarquablement unie, coupée en différents endroits par le lit desséché d'anciennes rivières, et parcourue dans tous les sens par de prodigieux troupeaux de certains genres d'antilopes dont l'organisme exige peu ou point d'eau. Le gibier, les rongeurs sans nombre que l'on trouve dans cette région, et les petites espèces de félins qui font leur proie de ces derniers, forment la nourriture des Bushmen et des Bakalaharis, habitants de la contrée. Le sol est composé en général d'un sable doux, légèrement coloré, c'est-à-dire de silice presque à l'état de pureté. On trouve dans les anciens lits des rivières desséchées beaucoup de terrains d'alluvion qui, durcis par le soleil, forment de grands réservoirs où l'eau de pluie se conserve pendant plusieurs mois de l'année.

La quantité d'herbe qui pousse dans cette région remarquable est surprenante, même pour ceux qui ont vécu dans l'Inde. Elle croît ordinairement par touffes épaisses, entremêlées d'espaces où la terre est nue ou bien occupée par des plantes à tiges rampantes ; ces plantes, profondément enracinées dans le sol, ressentent peu les effets de la chaleur qui est excessive. La plupart d'entre elles ont des racines tuberculeuses et sont conformées de manière à fournir à la fois un aliment et un liquide pendant les longues sécheresses, époque où l'on chercherait vainement ailleurs quelque chose qui pût apaiser et la faim et la soif. L'une des plantes que l'on rencontre dans ce pays offre même ce caractère singulier que, pourvue de racines fibreuses dans son état normal, elle acquiert des tubercules toutes les fois qu'un réservoir lui devient indispensable ; elle appartient à la famille des cucurbitacées, et donne un petit concombre écarlate qui peut servir d'aliment. La même particularité se remarque dans la province d'Angola, chez une espèce de vigne portant du raisin, et qui, à l'occasion, devient tubéreuse pour lutter contre la sécheresse. Une autre plante, qu'on appelle léroshua, est un véritable bienfait pour les habitants de cette contrée : sa tige, un peu moins grosse qu'une plume de corbeau, porte des feuilles linéaires; en creusant le sol environ à dix-huit pouces de profondeur, on trouve un tubercule fréquemment aussi gros que la tête d'un jeune enfant; ce tubercule présente sous l'écorce une masse de tissu celluleux rempli d'un liquide analogue à celui que renferme un navet non encore parvenu à sa maturité, et qui, grâce à la profondeur où il gisait sous terre, est en général d'une fraîcheur délicieuse. Dans une autre partie de cette région, dont le sol est brûlé par des chaleurs prolongées, on rencontre une autre plante qui a la même propriété et qu'on appelle mokouri ; herbacée et rampante, elle produit un certain nombre de tubercules dont quelques-uns sont aussi gros que la tête d'un homme, et qui gisent horizontalement sous terre, où ils forment un cercle ayant parfois plus d'un mètre de tour. Les indigènes frappent le sol avec une pierre, découvrent, par la différence du son qu'ils obtiennent, l'endroit où reposent les tubercules, et, creusant la terre à un pied de profondeur, ils arrivent à coup sûr à l'objet de leurs recherches.

Mais le plus étonnant de tous les produits du désert est, sans contredit, le melon d'eau [1], qui porte dans le pays le nom de kengoué ou kêmé. Dans les années où la pluie est un peu plus abondante que d'habitude, des terrains d'une immense étendue sont littéralement couverts de cette espèce de melons; ce fait avait lieu tous les ans, à l'époque où la pluie était moins rare que de nos jours, et les Bakouains envoyaient chaque année des caravanes au lac Ngami pour acheter de ces melons aux tribus de la contrée. Aujourd'hui cette abondance ne se produit plus que tous les dix ou onze ans; c'est alors une véritable fête, non-seulement pour les habitants du pays, mais encore pour les animaux de toute espèce. L'éléphant, véritable seigneur de la forêt, mange ces melons avec délices, de même que les rhinocéros, bien que naturellement il diffère beaucoup de ces derniers dans le choix de sa nourriture. Toutes les antilopes, à quelque genre qu'elles appartiennent, dévorent le melon d'eau avec une égale avidité; les lions, les hyènes, les chacals, les souris, tous enfin semblent apprécier le bienfait de cette manne qui satisfait les goûts les plus divers. Ces melons, néanmoins, ne sont pas tous comestibles; il y en a qui ont tant d'amertume que les Boërs ont donné à la plante le nom générique de melon d'eau amer. Les naturels frappent chacun de ces fruits l'un après l'autre d'un

1. Cucumis Caffer.

coup de hache, et mettent la langue à l'ouverture qu'ils ont faite, ce qui leur permet de distinguer immédiatement les bons fruits des mauvais. Les melons amers sont malsains; les autres sont extrêmement salubres. Il suffit qu'il y ait dans le voisinage quelques melons d'eau amers, pour que les melons cultivés contractent cette amertume, parce que les abeilles communiquent le pollen d'une espèce à l'autre.

Cette particularité de fruits doux et de fruits amers portés par la même plante, se reproduit également dans une espèce de concombre à fruits rouges et mangeables, que l'on trouve fréquemment dans le pays. Ce concombre, d'un brillant écarlate à l'époque de sa maturité, a environ un pouce et demi de diamètre et quatre pouces de longueur; il est souvent d'une grande amertume, et parfois complétement doux.

Les tribus qui habitent cette région sont composées de Bushmen et de Bakalaharis. Les premiers sont probablement les Aborigènes de la partie méridionale du continent, et les secondes proviennent, sans doute, de la première émigration des Béchuanas. C'est par goût que les Bushmen vivent au désert, les Bakalaharis parce qu'ils y sont contraints; mais un profond amour de la liberté anime également les deux races. Les Bushmen se distinguent par leur langage, leurs habitudes et leur aspect; ce sont les seuls vrais nomades que l'on trouve dans la contrée; ils ne cultivent jamais la terre et n'ont point d'animaux domestiques, à l'exception de quelques chiens d'une misérable espèce; en revanche, ils connaissent tellement bien les habitudes des animaux sauvages, qu'ils les suivent pendant leurs migrations, les surprennent, s'en nourrissent à l'endroit même où la chasse a eu lieu, et n'empêchent pas moins leur multiplication désordonnée que les autres carnivores. A la chair du gibier, qui forme leur principale nourriture, ils ajoutent les racines, les fèves et les fruits sauvages que les femmes vont chercher. Ceux qui habitent les plaines sablonneuses et brûlantes du désert sont généralement secs et nerveux, capables de supporter de grandes fatigues et de subir des privations excessives. Beaucoup d'entre eux sont d'une taille peu élevée, sans avoir toutefois la difformité des nains. Ceux qu'on amène en Europe ont été choisis pour leur extrême laideur, comme les chiens des marchands de pommes, et l'idée qu'en Angleterre on a des Bushmen est tout aussi exacte que celle qu'on aurait des Anglais, si les plus affreux d'entre nous étaient exhibés en Afrique et donnés comme spécimen de la nation. On a dit qu'ils ressemblaient à des babouins, et c'est vrai jusqu'à un certain degré ; ceux-ci et quelques autres singes n'ont-ils pas avec l'homme des points de ressemblance d'une vérité effrayante ?

Suivant la tradition, les Bakalaharis seraient les plus anciens de tous les Béchuanas ; ils auraient possédé de nombreux troupeaux de l'espèce bovine à grandes cornes mentionnée par Bruce, jusqu'à l'époque où ils furent dépouillés de leurs biens et refoulés dans le désert par une immigration de leur propre race. Depuis lors, habitant la même contrée que les Bushmen, subissant les influences du même climat, endurant comme eux la soif et se nourrissant depuis des siècles des mêmes aliments, ils prouvent d'une manière évidente que l'influence des lieux ne suffit pas toujours pour expliquer la différence des races. Les Bakalaharis ont conservé dans toute sa vigueur la passion que les Béchuanas ont pour l'agriculture et les animaux domestiques. Ils donnent chaque année à leurs jardins plusieurs façons à la houe, quoiqu'ils n'aient souvent à espérer pour toute récompense de leur travail qu'une faible récolte de melons et de citrouilles ; et ils élèvent avec soin de petits troupeaux de chèvres, bien que je les aie vus puiser de l'eau pour eux-mêmes au lit des sources peu profondes, avec un morceau de coquille d'œuf d'autruche, et seulement par cuillerées.

En général, ils s'attachent à quelques hommes influents des tribus de Béchuanas qui avoisinent leur désert, afin d'en obtenir des lances, des couteaux, du tabac et des chiens, en échange de la dépouille de petits carnivores de l'espèce féline et de deux espèces de chacal, le brun et le doré, qu'ils chassent pour en avoir la peau. Celle du motlosé (*fenec du Cap*) est la fourrure la plus chaude que l'on trouve dans le pays. Celle des poukouyés (*canis mesomelas et C. aureas*) est charmante, employée en manteaux nommés karosses. Viennent ensuite, comme valeur, celle du tsipa ou petit ocelot (*felis nigripes*), du touané ou lynx, du chat sauvage, du chat tacheté et d'autres petits animaux. Les Béchuanas chassent encore, pour en avoir la peau, outre les lions, les léopards, les panthères et les hyènes, les poutis (*duikers*[1]) et les pourourhous (*steinbock*[2]), qu'ils détruisent en grand nombre. Pendant que j'étais chez eux, de vingt à trente mille peaux furent converties en karosses, dont une partie était destinée aux indigènes ; les autres furent livrés au commerce ; la plupart de ces derniers allèrent, je crois, en Chine.

Les Bakouains achètent du tabac aux tribus orientales ; ils viennent le troquer chez les Bakalaharis contre des peaux qu'ils pré-

---

1. Antilopes mergens, chèvre plongeante du Cap.
2. Antilopes Ibex, A. Pediotragus.

parent, et dont ils confectionnent des manteaux qu'ils vont porter dans le Sud, où ils les échangent contre des génisses, les vaches étant pour eux la plus haute expression de la richesse ; ils m'ont souvent demandé si la reine Victoria possédait un grand troupeau.

Chacune de ces peuplades trouve à ces échanges un bénéfice réel ; malheureusement la justice n'y préside pas toujours; les Béchuanas emploient fréquemment la violence auprès des Bakalaharis d'une tribu qui leur est étrangère, afin d'en obtenir les peaux que ceux-ci voulaient garder pour leurs trafiquants habituels. Quant aux Bakalaharis, c'est une race timide, qui ressemble pour le développement physique aux Australiens aborigènes. Ils ont les membres grêles et le ventre énorme, à cause des aliments grossiers et indigestes dont ils se nourrissent. Les enfants ont les yeux ternes, et jamais je n'ai vu jouer aucun d'eux. Il suffit à quelques Béchuanas de le vouloir pour se rendre maîtres d'un village de Bakalaharis et pour y dominer en toute sécurité; mais lorsque ces mêmes aventuriers rencontrent des Bushmen, ils s'empressent de changer de manières, et deviennent alors de mielleux sycophantes. Ils savent bien que, s'ils refusaient à ceux-ci le tabac qui leur est demandé, ces libres enfants du désert ne manqueraient pas d'établir leur droit de possession par une flèche empoisonnée.

La crainte que leur inspire la visite des Béchuanas étrangers pousse les Bakalaharis à fixer leur résidence loin du voisinage de l'eau, souvent même à cacher l'endroit où ils la puisent, en remplissant avec du sable les fosses qui la leur fournissent et en faisant du feu à la place même où ils ont fait cette espèce de citerne. Lorsqu'ils veulent tirer de l'eau pour leur usage, les femmes mettent dans un sac ou dans un filet, qu'elles portent sur leur dos, vingt ou trente coquilles d'œufs d'autruche, percées d'une ouverture assez grande pour y introduire le doigt, et qui leur servent de vases. Elles fixent au bout d'un roseau, qui peut avoir deux pieds de long, une touffe d'herbe qu'elles enfoncent dans un trou de la profondeur du bras, et l'y assujettissent au moyen du sable mouillé qu'elles foulent à l'entour ; appliquant ensuite leurs lèvres à l'extrémité libre du roseau, elles opèrent le vide dans la touffe d'herbe : l'eau y arrive et ne tarde pas à monter dans leur bouche. A mesure que le liquide est aspiré du sol, gorgée par gorgée, il descend dans la coquille d'œuf posée par terre à côté du roseau, à quelques pouces des lèvres de la femme qui l'attire ; il y est guidé par un brin de paille dont il suit l'extérieur, mais où il n'entre pas. Si quelqu'un veut remplir une bouteille placée à quelque distance du vase d'où l'eau s'échappe, et qu'il se serve pour cela du brin de paille qu'emploient les femmes des Bushmen, il reconnaîtra bientôt l'excellence de cette méthode.

La provision d'eau après avir passé, comme dans une pompe, à travers la bouche des femmes, est emportée à la maison et enterrée avec soin. Je me suis arrêté parfois dans des villages dont nous aurions pu fouiller et mettre à sac toutes les huttes sans y trouver une goutte d'eau. Nous nous asseyions alors tranquillement, et, quand notre patience avait donné le temps aux villageois de concevoir une bonne opinion de nous, une femme nous apportait une coquille d'œuf remplie du liquide précieux, qu'elle avait été prendre je ne sais dans quel endroit.

Cette vaste région qui, jusqu'à présent, a porté le nom de Désert, est bien loin d'être sans utilité. Non-seulement elle nourrit d'innombrables multitudes d'animaux de toute espèce, mais encore elle fournit quelque chose au commerce du monde, et elle est devenue l'asile de maintes tribus fugitives. Les Bakalaharis d'abord y ont trouvé un refuge, puis à leur tour d'autres peuplades de Béchuanas, dont les terres avaient été envahies par les Cafres de la tribu des Matébélés. Les Bakouains, les Bangouaketzès, les Bamangouatos, y accoururent dans leur fuite, et les Matébélés, habitants d'un pays bien arrosé, périrent par centaines lorsqu'ils essayèrent de les y poursuivre. L'un des chefs Bangouaketzès, ayant plus de finesse que les autres, envoya aux Matébélés de faux guides, avec la mission de leur faire traverser un espace de plusieurs centaines de milles où ils périrent de soif. Un grand nombre de Bakouains moururent également dans leur fuite, et parmi eux les vieillards qui auraient pu nous apprendre l'histire de la tribu.

Des Bakouains, brûlés par une soif dévorante, me raconta l'un des hommes intelligents de cette peuplade, arrivèrent un jour dans un village de Bushmen ; convaincus, poursuivit le narrateur, qu'on ne peut pas vivre sans boire, ils demandèrent qu'on leur donnât un peu d'eau ; mais les Bushmen répondirent froidement qu'ils ne buvaient jamais et qu'ils n'en avaient pas. Les Bakouains, supposant qu'on les trompait, résolurent de découvrir la fraude et guettèrent nuit et jour, torturés par la soif et croyant bien qu'à la fin l'eau sortirait de sa cachette ; mais quelle que fût leur persévérance, ils finirent par s'écrier après quelques jours d'attente : « Yak ! yak ! allons-nous-en ! ces gens-là ne sont pas des hommes ! »

Les Bushmen avaient réussi à tromper la vigilance de leurs visiteurs, en s'abreuvant à la provision d'eau qu'ils tiennent cachée sous terre.

CHAPITRE III

Départ de Kolobeng le 1ᵉʳ juin 1849. — Compagnons de voyage. — Route suivie. — Herbe en abondance. — Une fontaine dans le désert. — Manière de creuser les puits. — L'élan du Cap. — Animaux du Kalari. — L'hyène. — Le chef Sékomi. — Dangers. — Le guide errant. — Lenteur de la marche. — Manque d'eau. — Capture d'une femme des Bushmen. — Salines de Nchokotsa. — Mirage. — Arrivée sur les bords de la Zouga. — Les Quakers d'Afrique. — Découverte du lac Ngami le 1ᵉʳ août 1849. — Son étendue. — Son peu de profondeur. — Sa position comme déversoir d'un grand système fluvial. — Les Bamangouatos et leur chef. — Désir de visiter Sébitouané, chef des Makololos. — Léchulatébé nous refuse des guides. — Résolution de revenir au Cap. — Rives de la Zouga. — Fosses pour prendre le gibier. — Arbres du district. — Éléphants. — Nouvelle espèce d'antilopes. — Poissons de la Zouga.

Tel était le désert que nous nous préparions à traverser, désert qui faisait jadis la terreur des Béchuanas, non-seulement à cause de la quantité de serpents dont il est infesté, mais encore parce qu'ils y avaient souvent enduré les tortures de la soif.

Immédiatement avant l'arrivée de mes compagnons, il vint à Kolobeng une caravane formée d'habitants des bords du lac, envoyés, disaient-ils, par Léchulatébé, leur chef, pour me prier de venir visiter leur contrée. Ils faisaient des récits tellement brillants de la quantité d'ivoire dont regorgeait leur pays, où l'on trouvait, d'après eux, des parcs à bestiaux formés d'énormes défenses d'éléphant, etc., etc., que les Bakouains désignés pour nous servir de guides se montraient aussi désireux que nous d'atteindre le but de notre voyage. Ces étrangers nous rendirent de plus un éminent service, en nous faisant connaître que la route qu'ils avaient suivie était impraticable aux wagons.

MM. Oswell et Murray étant arrivés à la fin du mois de mai, nous partîmes le 1ᵉʳ juin 1849 pour la région inconnue qu'il s'agissait de franchir. Après nous être dirigés vers le nord et avoir traversé une chaîne de montagnes boisées, nous arrivâmes à Shokouané, ancienne résidence des Bakouains ; de là, nous prîmes la grande route du pays des Bamangouatos, formée généralement du lit desséché d'une rivière qui autrefois devait couler du nord au sud. La contrée que nous traversions alors est plate, et couverte de forêts et de broussailles; l'herbe y est, en outre, excessivement abondante. Les arbres appartiennent, pour la plupart, à une espèce d'acacia que les indigènes appellent *monato*, et que l'on commence à rencontrer un peu plus au sud, elle est ensuite très-commune jusqu'au pays d'Angola. De grosses chenilles appelées *natos* passent la nuit sur les feuilles de cet acacia, dont elles font leur nourriture, et en descendent pendant le jour pour s'enterrer dans le sable, afin d'échapper à l'ardeur du soleil. Les indigènes fouillent au pied des monatos pour y trouver ces insectes, qu'ils font griller et dont ils aiment infiniment la saveur végétale. Quand cette chenille est sur le point de se transformer en chrysalide, elle s'enfonce dans la terre, où elle est encore recherchée comme aliment; si elle n'est pas troublée dans sa retraite, elle reparaît sous la forme d'un magnifique papillon, métamorphose que j'ai citée plus d'une fois aux naturels, et toujours avec succès, pour leur faire comprendre la résurrection qui nous attend.

Le terrain est sablonneux, et l'on rencontre çà et là des lits de fontaines desséchées, près desquelles le bétail s'arrêtait autrefois.

Boatlanama, la première station à laquelle nous arrivâmes, est un endroit charmant au milieu de cette région, où l'eau manque partout ailleurs. Il nous fallait puiser profondément celle dont nous avions besoin pour abreuver nos bœufs, mais nous l'y trouvions en quantité suffisante. Les Bakalaharis ont élevé quelques villages auprès de ces sources, et nous vîmes dans les environs une grande quantité de pallahs [1], de springboks [2], de pintades et de petits singes.

Lopêpé, qui est la station qu'on trouve ensuite, fournit une nouvelle preuve du desséchement de la contrée. La première fois que j'y étais venu, c'était un vaste étang d'où s'échappait un ruisseau qui coulait vers le sud; aujourd'hui, c'est à grand'peine que nous pûmes désaltérer nos bêtes en creusant au fond d'une source.

A Mashoué, où nous trouvâmes, dans un bassin formé de grès, une fontaine d'eau pure qui n'est jamais à sec, nous quittâmes la route qui conduit aux montagnes des Bamangouatos, et continuant à marcher vers le nord, nous entrâmes dans le désert.

Après avoir abreuvé nos bœufs à une source nommée Lobotâni, située un peu au nord-ouest des Bamangouatos, nous nous diri-

---

1. Antilopes melampus.
2. Antilopes sauteuses.

geâmes vers une fontaine appelée Sérotli, et qui est bien réellement une fontaine du désert; le terrain qui l'environne est couvert de buissons et d'arbres à fleurs lilas qui appartiennent à la famille des légumineuses; le sol est composé d'un sable fin et blanc, où nos roues enfonçaient jusqu'au-dessus des jantes, ce qui rendait le travail des bœufs excessivement pénible. Nous trouvâmes à Sérotli quelques-uns de ces trous que font les buffles et les rhinocéros en se roulant dans la vase; l'un de ces trous renfermait de l'eau, mais en si petite quantité que nos chiens l'auraient eu bientôt lappée si nous les avions laissé faire; c'était la seule que nous vissions autour de nous pour désaltérer quatre-vingts bœufs, vingt chevaux et autant d'hommes. Cependant Ramotobi, notre guide, dont la jeunesse s'était écoulée au désert, affirma qu'en dépit des apparences l'eau abondait dans le voisinage. Les bêches furent aussitôt produites, mais nos Bakouains, méprisant ces outils qui pour eux étaient de forme nouvelle, se mirent de tout leur cœur à gratter le sable avec leurs mains. Si l'eau que nous cherchions ne se trouvait pas en cet endroit, il nous fallait faire soixante-dix milles [1], c'est-à-dire voyager pendant trois jours, avant d'arriver à la première source. Nous eûmes bientôt nettoyé deux trous du sable qui les remplissait, de manière à leur donner environ deux mètres de large et autant de profondeur. Nos guides nous recommandaient surtout de ne pas percer la couche assez dure qui formait le fond du trou : car, une fois cette couche brisée, l'eau s'échapperait immédiatement. Un Anglais, dont l'intelligence n'était pas des plus brillantes, avait donné la preuve du fait en creusant, au mépris du conseil de ses guides, le fond des sources de Mohotluâni; l'eau avait fui complétement par l'ouverture qu'il avait faite, et depuis lors elle n'avait jamais reparu. Lorsque nous arrivâmes à la couche résistante, que Ramotobi nous avait enjoint de respecter, l'eau arriva de tous les côtés de la fosse, et, quand nous lui eûmes donné le temps de s'amasser, il y en eut suffisamment pour abreuver nos chevaux; quant aux bœufs, nous les renvoyâmes à Lobotâni, où, après être restés quatre jours sans boire, ils purent enfin se désaltérer. Le lendemain matin, l'eau arrivait à la source beaucoup plus vite que la veille, ce qui a toujours lieu en pareille occurrence, attendu qu'elle élargit naturellement les trouées qu'elle s'est faites; et, au bout de quelques jours, la quantité d'eau, qui d'abord avait à peine suffi aux besoins de quelques hommes, s'était accrue au point qu'elle pouvait amplement désaltérer toute la bande, y compris même les

---

1. Un peu plus de cent douze kilomètres et demi.

bœufs. C'est au moyen de ces citernes que les Bakalaharis se procurent leur provision d'eau; les puits souterrains qui permettent de les établir sont en général dans les creux des anciens lits de rivières, où la pluie s'est probablement déposée en traversant les terrains d'alentour; peut-être, en certains cas, cette eau vient-elle d'une source qui s'infiltre dans le sable et qui s'y perd avant d'arriver à la surface du sol.

De nombreux troupeaux d'élans paissaient autour de nous, et, bien qu'il leur fût complétement impossible d'atteindre aux sources cachées qui alimentaient nos réservoirs, il se trouvait une quantité d'eau considérable dans l'estomac de ceux que nous avons tués à cette époque.

J'examinai avec soin tout le canal alimentaire, afin d'y découvrir par quel moyen cet animal peut vivre sans boire pendant plusieurs mois de suite; je n'ai rien vu qui pût expliquer ce phénomène. D'autres animaux, tels que le düiker ou pouti des Béchuanas (*cephalopus mergens*), le steinbock (*tragulus rupestris*) ou pourourhou, le gemsbock ou kukuma (*oryx Capensis*), et le porc-épic (*hysirix cristata*), ont tous la faculté de rester sans boire pendant plusieurs mois, à une certaine époque de l'année, où ils se nourrissent de bulbes et de tubercules dont la séve est fort abondante. Ils ont des sabots aigus qui leur permettent de creuser la terre, et l'on comprend aisément leur manière de subsister. Certains animaux, d'autre part, ne se rencontrent jamais que dans le voisinage de l'eau : la présence du rhinocéros, du buffle, du gnou (*catoblepas gnu*), de la girafe, du zèbre, du pallah (*antilope melampus*), indique toujours que l'eau est prochaine, à une distance de sept ou huit milles tout au plus; mais on peut rencontrer des centaines d'élans (*boselaphus oreas*), de gemsbocks, de tolos ou koodoos (*strep iceros capensis*), de springbocks (*gazella euchore*) et d'autruches, et se trouver à quarante ou cinquante milles de la moindre source; la belle apparence de l'élan, son embonpoint, sa robe fine et lustrée, ne sauraient éloigner de l'esprit des naturels la crainte de mourir de soif. Je crois néanmoins que ces animaux ne peuvent subsister que lorsqu'ils rencontrent, dans les végétaux qu'ils mangent, une certaine quantité de liquide. J'ai vu, dans une année de sécheresse inaccoutumée, les élans et les autruches se rassembler en foule sur les bords de la Zouga, où un grand nombre de ces dernières furent tuées dans les trappes que les indigènes creusent à l'endroit où les animaux vont boire.

Dans la soirée du second jour que nous passâmes à Sérotli, une hyène, apparaissant tout à coup dans l'herbe, répandit l'effroi parmi nos bœufs. C'est presque toujours par une feinte que cet animal procède; l'hyène est lâche : son courage est semblable à celui du dindon ; elle mord l'animal qui s'enfuit et respecte celui qui n'a pas peur. Sous l'empire de cette panique, soixante-dix de nos bœufs s'échappèrent et coururent chez Sékomi, dont on se rappelle les dispositions peu favorables à notre égard, et que nous ne désirions pas visiter. Le vol des bestiaux, tel qu'il est pratiqué chez les Cafres, est inconnu dans cette région; Sékomi nous renvoya donc nos bœufs, et profita de la circonstance pour chercher à nous dissuader de poursuivre notre entreprise. « La chaleur et la soif vous feront périr, disait-il, et tous les blancs me reprocheront de ne pas vous avoir sauvés. » Ces paroles étaient accompagnées d'un message particulier de sa mère : « Pourquoi ne vous arrêtez-vous pas? disait celle-ci. Qu'ai-je fait pour que vous passiez près de moi sans me regarder? » Nous répondîmes aux messagers que les blancs n'attribueraient notre mort qu'à notre propre folie, à notre endurcissement (*tlogo et thata*), car nous ne permettrions point à nos compagnons et à nos guides de retourner sur leurs pas avant de nous avoir couchés dans la tombe. Nous envoyâmes à Sékomi un présent d'une certaine valeur, en lui promettant de lui en faire un pareil à notre retour, s'il permettait aux Bakalaharis de ne pas nous cacher l'eau.

Après avoir épuisé toute son éloquence pour nous détourner de nos projets, le sous-chef qui était à la tête des messagers de Sékomi nous demanda quel était celui qui conduisait notre caravane : « Ramotobi! » s'écria-t-il en jetant les yeux autour de lui sans chercher à dissimuler son dégoût. Notre guide appartenait à la tribu de Sékomi et l'avait abandonnée pour aller chez les Bakouains. Mais dans cette contrée les fugitifs sont toujours bien reçus; ils peuvent même plus tard visiter les lieux qu'ils ont quittés, et Ramotobi ne courait aucun danger, bien qu'il fît sciemment une chose en opposition directe avec les intérêts de son chef et de ses compatriotes.

La fontaine de Sérotli est située dans un pays plat, dont le sol est composé d'un sable fin et blanc que le soleil, brillant au milieu d'un ciel sans nuage, revêt d'un éclat particulier ; sous cette lumière étincelante, chaque buisson, chaque bouquet d'arbres est tellement pareil aux autres, que, si vous quittez la fontaine et que vous vous en éloigniez seulement d'un quart de mille, vous avez beaucoup de peine à la retrouver. Une fois, Oswell et Murray, accompagnés d'un Bakalahari, nous avaient quittés pour chasser un élan ; cette parfaite ressemblance de tous les points de la contrée empêcha même l'enfant du désert de reconnaître sa route ; il s'ensuivit entre les chasseurs et leur guide un propos interrompu extrêmement embarrassant. L'une des phrases les plus communes chez les habitants de cette contrée est celle-ci : *Kia ituméla*, qui veut dire : « Je vous remercie, » ou bien encore : « Je suis content. » Les deux gentlemen savaient cela et connaissaient en outre le mot *metsé*, qui signifie de l'eau ; mais il y a dans cette langue deux paronymes dont le sens est tout différent : *Kia timéla*, je m'égare, et *Kia timetsé*, je suis égaré. Les trois chasseurs, complétement perdus, errèrent jusqu'au coucher du soleil, et, prenant un mot pour l'autre, entamèrent le colloque suivant qui revint pendant toute la nuit à différentes reprises :

« Où sont donc les wagons?

— (*Réponse réelle.*) Je ne sais pas ; je m'égare de plus en plus ; jamais je ne m'étais égaré ; je suis tout à fait perdu.

— (*Réponse supposée*). Je ne sais pas ; j'ai besoin d'eau ; je suis content, très-content ; je vous remercie.

— Conduisez-nous près des wagons et vous aurez de l'eau en abondance.

— (*Réponse réelle, en regardant autour de soi d'un air surpris et confus.*) Comment ai-je pu m'égarer ? Le puits est peut-être là-bas ; je n'en sais rien ; je suis perdu. »

— (*Réponse supposée.*) Quelques vagues remercîments ; le guide assure de nouveau qu'il est satisfait et dit une ou deux paroles au sujet de l'eau qu'il désire. Les deux gentlemen attribuent à son imbécillité les regards distraits qu'il jette autour de lui pendant qu'il interroge ses souvenirs, et s'imagine qu'il cherche à calmer leur colère par ses remercîments réitérés.

« Livingstone nous a fait là un joli tour en nous confiant à un idiot ; qu'il nous reprenne à l'écouter quand il nous recommandera quelqu'un ! Mais que veut dire cet imbécile avec ses remercîments interminables, et qu'a-t-il besoin d'eau ? Si de le battre pouvait lui rendre l'esprit ? — Non, non ! il s'enfuirait, et nous n'en serions qu'un peu plus embarrassés. »

Le lendemain les chasseurs regagnèrent les chariots à force de sagacité, faculté que le séjour au désert développe merveilleusement, et ils rirent avec nous, et de bon cœur en entendant l'explication de leur entretien de la nuit. De pareilles méprises ne sont pas rares ; vous ordonnez à votre interprète de dire que vous êtes membre de la famille du chef des blancs. « Vous parlez comme un chef, » vous est-il répondu ; ce qui signifie, d'après eux, qu'un chef peut exprimer une sottise sans qu'on ose le contredire. Probablement qu'ils ont appris par ledit interprète que son membre de la famille royale n'a presque rien dans son chariot et qu'il est des plus pauvres.

J'étais parfois vexé du peu d'estime que les indigènes faisaient de mes deux amis. Persuadé qu'à lutter avec les bêtes sauvages on acquiert à un degré éminent cette bravoure et cette noblesse de caractère, ce calme dans le péril, cette présence d'esprit que nous admirons tous, je désirais naturellement voir apprécier mes compatriotes à leur juste valeur. « Mais, disaient les gens du pays, ces chasseurs qui viennent de si loin et qui travaillent si dur, n'ont donc pas de viande chez eux ?

— Au contraire ; ils sont riches et pourraient tuer un bœuf tous les jours de l'année, répondais-je.

— Et ils viennent ici mourir de soif pour l'amour de cette viande séchée qui est si loin de valoir le bœuf ?

— Oui ; mais c'est pour avoir le plaisir de chasser.

— Vous ne dites pas la vérité, ou bien vos amis sont des fous, » répondaient-ils en riant.

Quand ils peuvent trouver un homme qui se charge d'aller pour eux à la chasse et qui leur rapporte beaucoup de gibier, quelle que soit l'opinion que le chasseur puisse avoir de lui-même, ce sont eux qui s'enorgueillissent d'avoir tourné à leur avantage la folie de ce boucher ambulant.

Les fosses que nous avions creusées donnant enfin assez d'eau pour que toutes nos bêtes fussent complétement désaltérées, nous quittâmes Sérotli vers deux heures ; mais, comme le soleil a beaucoup de force, même en hiver, époque à laquelle nous étions, les bœufs traînaient lentement les chariots sur le sable profond, et nous ne fîmes que six milles jusqu'au coucher du soleil ; nous étions obligés de nous arrêter dès que la chaleur se faisait sentir, car il aurait suffi d'un seul jour de marche pour exténuer les bœufs.

Le lendemain, nous dépassâmes Pépachéou, dont le nom signifie *tuf blanc*, et qui est une fosse creusée dans le tuf, où parfois l'eau séjourne ; pour le moment elle était à sec. Lorsque la nuit arriva, nous vîmes par le *trocheamer*[1] que nous n'avions fait que vingt-cinq milles depuis notre départ de Sérotli.

---

1. Instrument qui marque le nombre de tours qui ont été faits par la roue de la voiture à laquelle il est fixé. En multipliant le chiffre qu'il donne par la circonférence, de la roue, on connaît d'une manière certaine la distance que l'on a parcourue.

La lenteur de notre marche exaspérait nos guides. « L'eau est à trois journées de l'endroit où nous sommes, disait Ramotobi ; nous n'y arriverons jamais, si nous n'avançons pas. » Tous les efforts de nos gens, qui criaient, faisaient claquer leurs fouets et en frappaient les bœufs, ne purent obtenir que dix-neuf milles des pauvres bêtes. Nous n'en avions fait que quarante-quatre depuis Sérotli, et nos bœufs étaient plus fatigués par la nature du sol et par la soif que s'ils avaient eu à franchir le double de chemin sur une autre route, quand même elle eût été rocailleuse, et surtout s'ils avaient eu à boire. Autant que nous pouvions en juger, trente milles nous séparaient encore de l'eau ; ajoutez à cela que, dans cette saison, l'herbe est tellement sèche qu'elle tombe en poussière quand on la froisse entre les mains ; nos pauvres bêtes ruminaient péniblement, sans trouver une bouchée d'herbe fraîche, et mugissaient d'un air abattu en flairant l'eau renfermée dans les vases que contenaient les wagons. Jaloux que nous étions tous du succès de notre voyage, nous essayâmes de sauver nos chevaux en les envoyant en avant sous la conduite de Ramotobi, pour tenter avec eux un effort désespéré dans le cas où nos bœufs viendraient à succomber. Murray les accompagna, tandis qu'Oswell et moi nous restâmes en arrière avec l'intention de mener les wagons jusqu'où il serait possible de les traîner, et d'envoyer ensuite les bêtes à cornes rejoindre les chevaux.

Ces derniers s'éloignèrent d'un pas rapide ; mais le lendemain du troisième jour, au moment où nous les supposions dans le voisinage de la fontaine, nous les retrouvâmes à côté des chariots. Le guide, ayant trouvé sur sa route l'empreinte récente des pas de quelques Bushmen venus du point opposé à celui vers lequel nous nous dirigions, s'était détourné pour les suivre ; Murray, à son tour, avait suivi Ramotobi avec la plus entière confiance ; une antilope avait été prise dans l'une des trappes que les Bushmen avaient établies ; notre chasseur s'était arrêté pour voir la manière dont les sauvages allaient tuer, dépouiller et couper leur antilope ; il avait ensuite marché péniblement pendant tout un jour, et avait fini par se retrouver auprès de nous. La sagacité avec laquelle Ramotobi s'était reconnu au milieu de cette lande uniforme, que ne traversait aucun sentier, nous parut tenir du prodige ; rien ne varie l'aspect des lieux où, pendant soixante-dix milles à partir de Sérotli, pas un buisson ne se distingue de tous les autres ; malgré cela, tandis que le matin nous marchions tous ensemble, Ramotobi, nous désignant un point de l'horizon, nous dit sans hésiter : « Quand nous aurons gagné cette ravine, nous arriverons à la grande route de Sékomi ; et nous trouverons un peu plus loin la rivière Mokoko ; » rivière dont je ne pus pas même apercevoir le lit en en longeant les bords.

Après le déjeuner, quelques hommes, ayant suivi la piste d'animaux sauvages qui ne peuvent se passer d'eau, revinrent en criant avec joie : *Metsé, metsé*[1] ! et pour confirmer cette bonne nouvelle, ils nous montrèrent la vase qui leur couvrait les genoux. Ce fut un vrai bonheur que de voir les bœufs altérés se précipiter dans cette mare d'eau de pluie délicieuse : ils y avancèrent jusqu'à ce qu'ils en eussent à la hauteur du cou, et puisèrent lentement de longues gorgées rafraîchissantes, jusqu'au moment où leurs flancs distendus semblèrent près d'éclater. Ils avalèrent tant d'eau qu'il s'en échappa de leur bouche dans l'effort qu'ils firent pour remonter sur la berge ; et ils commencèrent bientôt à paître l'herbe qu'on trouve partout en abondance. On appelle Mathuluâni cet étang où nous venions de trouver l'eau qui nous était si précieuse, et qui nous fit rendre au ciel de bien vives actions de grâces.

Après avoir donné un peu de repos à nos bœufs, nous descendîmes le lit desséché de la rivière Mokoko ; il y reste encore, en certains endroits, une quantité d'eau suffisante pour alimenter des puits permanents, et Ramotobi nous assura que désormais nous n'aurions plus à souffrir de la soif. Nous y trouvâmes deux fois des eaux pluviales avant d'arriver à Mokokonyâni, où l'eau, généralement souterraine ailleurs, surgit au milieu d'une couche de tuf. Les bords du Mokoko sont couverts d'herbe et de buissons épineux et rabougris, parmi lesquels on distingue çà et là des bouquets d'*acacia detinens*, vulgairement nommé « attends un peu. » C'est à Lothlakâni, fontaine située à trois milles de Mokokonyâni, et dont le nom veut dire littéralement « petit roseau », que nous avons rencontré les premiers palmyras que nous ayons vus dans le midi de l'Afrique ; ils étaient au nombre de vingt-six.

Plusieurs affluents devaient autrefois se jeter dans le Mokoko, un peu au-dessous de Lotlakâni, car il devient très-large et forme plus bas un grand lac dont celui que nous cherchions n'est qu'une très-petite partie. Nous observâmes que, dans un endroit où un fourmilier avait fait son trou, il avait, en creusant la terre, ramené des coquilles tout à fait identiques à celles qui vivent actuellement dans les eaux du lac.

Après avoir quitté le Mokoko, Ramotobi hésita pour la première fois, et parut ne pas savoir la direction qu'il devait prendre. Il

1. De l'eau.

avait passé toute son enfance dans la contrée que nous venions de traverser; mais il ne lui était arrivé qu'une seule fois d'aller à l'ouest du Mokoko. Sur ces entrefaites, M. Oswell, qui était à cheval en tête de nos wagons, apercevant une femme des Bushmen, qui fuyait accroupie dans l'herbe pour échapper à nos regards, la prit pour un lion et galopa vers elle; la malheureuse, s'imaginant qu'elle allait être capturée, offrit pour sa rançon quelques piéges fabriqués avec des cordes et qui formaient tout son avoir; mais, lorsque je lui eus fait entendre que nous avions seulement besoin d'eau et que nous la payerions si elle voulait nous conduire où l'on pouvait en trouver, elle ne demanda pas mieux que de nous servir de guide, et, bien que l'après-midi fût avancée, elle franchit avant la fin du jour les huit milles qui nous séparaient de la fontaine de Nchokotsa. Quand elle nous eut montré la source, elle manifesta le désir de retourner chez elle, si toutefois la pauvre femme avait un abri. Elle s'était séparée d'une bande de ses compatriotes, et depuis lors elle vivait avec son mari dans un isolement absolu. Comme la nuit approchait, nous insistâmes pour la faire rester avec nous; mais elle se croyait toujours captive; et, dans la crainte qu'elle ne s'échappât durant notre sommeil, ne voulant pas surtout qu'elle pût partir en emportant de nous une impression défavorable, nous lui donnâmes de la viande et une certaine quantité de verroteries, dont la vue excita sa joie et dissipa complétement ses soupçons.

Nchokotsa est la première d'un grand nombre de salines qui sont recouvertes d'une efflorescence calcaire, probablement du nitrate de chaux. Une ceinture épaisse de bauhinias, appelés dans le pays mopanés, dérobe entièrement cette saline, qui a vingt milles de circonférence, aux yeux du voyageur arrivant du sud-est. Lorsque nous l'aperçûmes tout à coup, les rayons du soleil couchant donnaient à sa surface une belle teinte azurée qui la faisait ressembler à un lac. A cette vue, Oswell jeta son chapeau en l'air et poussa des hourras qui firent croire aux Bakouains et à la pauvre Bushwoman[1] qu'il était devenu fou. J'étais un peu derrière lui et je partageais complètement son illusion et sa joie; cependant, comme nous étions convenus de découvrir le lac ensemble et de le contempler pour la première fois, au même instant je ne pus m'empêcher de regretter qu'il eut, sans le vouloir, jeté ses regards avant moi sur les eaux du lac Ngami. Nous étions bien loin de

---

1. Féminin de *bushman*, qui signifie littéralement homme des buissons.

nous douter que ce lac, objet de notre ambition et de nos recherches, était encore à plus de trois cents milles de distance. Il nous était d'autant plus facile de nous tromper à cet égard, que nous avions entendu souvent donner à la Zouga le nom sous lequel le lac est également désigné à savoir « Noka en Batletli », c'est-à-dire rivière des Batletlis.

Le mirage produit par ces salines est vraiment merveilleux ; je ne crois pas qu'ailleurs l'illusion ait jamais été aussi complète, à moins que ce ne soit dans les mêmes circonstances. Il n'est pas besoin ici de la moindre dose d'imagination pour être persuadé qu'on a sous les yeux un lac d'une immense étendue ; la surface en est agitée par les vagues, l'ombre des arbres s'y réfléchit de la manière la plus vive ; en un mot, l'apparence est tellement trompeuse que les bœufs, dont la soif n'avait pas été complétement apaisée par l'eau saumâtre de Nchokotsa, coururent, ainsi que les chiens, les chevaux et même les Hottentots, vers ce lac illusoire. Un troupeau de zèbres aperçu dans le mirage y ressemblait si bien à des éléphants, qu'Oswell se disposait à monter à cheval pour les aller chasser, quand une sorte de déchirure dans la brume transparente dissipa son erreur.

A l'ouest et au nord-ouest de Nchokotsa, nous apercevions des colonnes de fumée noire, semblables à celles qui s'élèvent de la cheminée d'une machine à vapeur ; elles montaient jusqu'aux nuages, et nous pensâmes qu'elles étaient produites par l'incendie des roseaux de la rivière des Batletlis.

Le 4 juillet, nous nous dirigeâmes à cheval du côté de la saline et plus nous avancions, plus nous étions persuadés que nous approchions du lac ; mais, à la fin, nous arrivâmes au bord de la Zouga, dont les eaux se dirigent vers le nord-est. Sur la rive opposée s'élevait un village de Bakurutsés, dont les habitants vivent au milieu des Batletlis, peuplade qui a dans son langage un claquement aigu particulier, et chez laquelle Sébituoané rencontra de nombreux troupeaux de l'espèce bovine à grandes cornes. Les membres de cette tribu ont quelques points de ressemblance avec les Hottentots.

M. Oswell, en essayant de traverser la rivière, enfonça avec son cheval dans la vase qui se trouvait sur la rive. Deux Bakouains et moi, nous essayâmes d'aller à son secours en traversant à gué un réservoir disposé pour la pêche. Les indigènes, qui nous témoignaient de la bienveillance, nous informèrent que cette eau provenait du lac Ngami ; nouvelle qui nous transporta de joie ; car elle nous donnait l'assurance d'arriver à notre but. Il nous fallait, disaient-ils, marcher encore pendant une lune ; mais la Zouga était à nos pieds et en suivant ses rives, nous étions bien sûrs d'atteindre la nappe d'eau.

Le lendemain matin, deux des Bamangouatos, qui avaient été envoyés par Sékomi pour nous précéder et pour éloigner les Bushmen et les Bakalaharis de notre chemin, afin de les empêcher de nous servir de guides, vinrent s'asseoir à notre feu, et nous trouvèrent dans cette situation d'esprit où l'on se sent disposé à être l'ami de tout le monde. Ils avaient épié nos mouvements, et, voyant la lenteur de notre marche, ils ne comprenaient pas comment nous avions pu nous procurer de l'eau sans le secours des Bushmen. « Vous avez enfin gagné la rivière, » dirent-ils à Ramotobi, qu'ils voyaient pour la première fois ; et nous tous de leur parler gaiement, car nous étions trop heureux pour en vouloir à personne. Ils ne paraissaient pas, de leur côté, mal disposés à notre égard ; toutefois, après une conversation amicale en apparence, ils s'éloignèrent pour remplir jusqu'au bout les instructions de leur chef, nous précédant toujours et faisant courir le bruit que nous n'avions d'autre intention que de piller les tribus sur notre passage ; mais, à moitié chemin, celui qui conduisait la bande tomba malade, revint sur ses pas et mourut presque aussitôt ; sa mort produisit un bon effet sur l'esprit des habitants, qui l'attribuèrent au préjudice qu'il essayait de nous causer. Ils comprenaient à merveille les raisons qui faisaient souhaiter à Sékomi de nous voir échouer dans notre entreprise, et, bien que tout d'abord ils se fussent armés pour venir au-devant de nous, quelques bontés de notre part et la franchise de nos manières les eurent bientôt rassurés.

Nous continuâmes de remonter la Zouga en suivant ses bords, et nous fîmes environ quatre-vingt-seize milles à partir du point où nous avions rencontré cette belle rivière. Arrivés à Ngabisâné, comprenant que nous étions encore très-loin du lac Ngami, nous y laissâmes nos chariots et nos bœufs, dans l'espoir de retrouver ceux-ci en bon état pour effectuer notre retour, et nous poursuivîmes notre marche, ne prenant avec nous qu'un seul attelage et le wagon de M. Oswell, qui était moins grand que les nôtres. Le chef béchuana de la région du lac, celui qui avait envoyé une ambassade à Séchélé, fit donner l'ordre aux habitants des bords de la rivière de nous prêter leur assistance, et nous fûmes bien accueillis par les membres d'une tribu dont le langage prouve clairement leur affinité avec les habitants du Nord. Ils se donnent le nom de Bayéyès, qui veut dire hommes ; mais les Béchuanas leur appliquent celui de Bakobas, dont le sens se rapproche du mot esclave. On ne se souvient pas de les avoir vus combattre en aucune circonstance ; leur tradition même rapporte que leurs ancêtres, dans leurs premières tentatives de guerre, ayant fait leurs arcs de bois de Palma-Christi, leurs armes furent bientôt rompues, et que désormais ils renoncèrent aux combats. Ils se sont invariablement soumis à chaque horde qui est venue envahir les bords des rivières où ils aiment à fixer leur demeure. On peut donc à bon droit les considérer comme les quakers du centre de l'Afrique.

Un jour le chef du lac, songeant à en faire des soldats, eut l'attention de leur envoyer des boucliers. « Ah ! s'écrièrent-ils, c'est parce que nous n'en avions pas que nous avons toujours été vaincus ; à présent, c'est autre chose, et nous nous défendrons. » Mais une bande de maraudeurs Makololos étant venue les assaillir, nos amis gagnèrent la Zouga, et, ramant nuit et jour, sans oser regarder derrière eux, ils ne s'arrêtèrent qu'à l'endroit où nous les avons trouvés.

Leurs canots sont tout à fait primitifs : ils les creusent tout simplement dans un tronc d'arbre avec une doloire en fer ; et, si l'arbre est courbé, la pirogue affecte la même forme. Attirés par les manières pleines de franchise de ces mariniers paisibles, je préférai, au lieu de monter dans notre wagon, aller m'asseoir à bord de leurs canots. Ils ont pour ces barques grossières la même affection que l'Arabe pour ses chameaux ; ils y entretiennent du feu nuit et jour, et aiment mieux y dormir que d'aller coucher sur le rivage. « A terre, disent-ils, vous avez des lions, des serpents, des hyènes, et surtout vos ennemis ; dans notre pirogue, abrités par les roseaux qui croissent sur la rive, aucun danger ne peut nous atteindre. » La facilité avec laquelle ils cèdent aux exigences qu'on leur témoigne, leur amène nécessairement un grand nombre d'affamés. Aussi, connaissant leur faiblesse, ont-ils constamment quelque chose sur le feu ; dès qu'on approche de leur bourgade, ils avalent bien vite ce qu'ils font cuire, et attendant les importuns avec calme, ils leurs disent qu'ils viennent de tout manger et montrent leur écuelle vide à l'appui de leurs paroles.

Descendant toujours entre ces bords admirablement boisés, nous arrivâmes à l'embouchure d'une grande rivière qui tombe dans la Zouga, et qu'on appelle le Tamunak'le. Je m'informai de quel endroit elle venait : « D'un pays couvert d'arbres et où il y a tant de rivières, me répondit-on, que personne ne pourrait en dire le nombre. » Ces paroles confirmaient ce que j'avais appris des Bakouains qui avaient accompagné Sébitouané ; la région qui se déployait devant nous n'était donc pas l'immense plateau sablonneux des géographes. La pensée de trouver un fleuve navigable, qui pût permettre d'arriver à cette contrée populeuse et entièrement inconnue, vint dès lors s'emparer de mon esprit où elle grandit de jour en jour, au point que, lorsque je fus arrivé au but de notre voyage, la découverte du lac ne me sembla plus avoir qu'une médiocre importance. « Peut-être, écrivais-je, dominé par l'émotion que j'éprouvais à cette pensée, peut-être m'accuserez-vous d'enthousiasme ; j'accepte cette accusation, que je désire mériter : car il ne s'est rien accompli, dans le monde, de grand et d'utile que sous l'empire de ce sentiment [1]. » Douze jours après notre départ de Ngabisané, où étaient restés nos chariots, nous atteignîmes l'extrémité nord-est du lac de Ngami ; le 1er août 1849 nous nous dirigeâmes tous ensemble vers la partie la plus large du lac, et, pour la première fois, cette belle nappe d'eau fut contemplée par des Européens. Sa direction nous parut être nord-nord-est et sud-sud-ouest, ainsi que nous pûmes le constater à l'aide de la boussole. D'après les renseignements qui nous ont été donnés, la partie méridionale s'arrondit à l'ouest, et reçoit au nord-ouest le Téoughé, cours d'eau qui vient du nord. De l'endroit où nous étions placés (sud-sud-ouest), les eaux du lac formaient notre seul horizon ; il nous fut impossible d'en mesurer l'étendue ; mais, comme les habitants de ce district prétendaient qu'il leur fallait trois journées de marche pour en faire le tour, nous évaluâmes qu'il pouvait avoir soixante-cinq milles géographiques de circonférence ; d'autres conjectures ont fait porter ce chiffre de soixante-dix à cent milles ; l'étendue réelle doit probablement se trouver entre les deux.

Le lac a malheureusement peu de profondeur, ce qui l'empêchera toujours d'acquérir beaucoup d'importance comme voie de communication. J'ai vu un indigène manœuvrer sa pirogue au moyen d'une perche, n'ayant pas assez d'eau pour employer ses rames, bien qu'il se trouvât à sept ou huit milles de la rive ; et, pendant quelques mois qui précèdent l'arrivée des eaux du nord, le bétail a, pour se désaltérer, beaucoup de peine à franchir la vase et la ceinture de roseaux que la sécheresse a mise à découvert. Les bords du lac sont partout peu élevés ; à l'ouest se trouve un espace dépourvu d'arbres, qui montre que les eaux se sont retirées depuis peu en cet endroit : c'est l'une des preuves de desséchement que l'on rencontre partout. Une quantité d'arbres morts gisent au bord

---

1. Lettres publiées par la Société royale de géographie; lues le 11 février et le 2 avril 1850.

de l'eau, où quelques-uns sont enfoncés dans la vase. Les Bayéyès qui vivent sur les bords du lac, nous dirent à ce propos que, non-seulement des arbres de grande taille, mais encore des antilopes, telles que des springbocks et des tsessébés (*acronatus lunata*), sont entraînés par les eaux lors de l'inondation annuelle.

L'eau du lac est très-douce pendant tout le temps qu'elle est haute ; elle devient saumâtre aussitôt qu'elle est basse. Nous trouvâmes celle du Tamunak'le si transparente, si fraîche et si douce, surtout en remontant cette rivière, que nous pensâmes qu'elle provenait de la fonte des neiges. Cette région, dont le point le plus bas est le lac Kumadau, est beaucoup moins élevée que le pays d'où nous venions ; l'ébullition de l'eau se produit entre 206° et 207° 1/2′, ce qui n'indique pas beaucoup plus de six cents mètres au-dessus du niveau de la mer ; c'était donc plus de six cents mètres qu'il nous avait fallu descendre depuis Kolobeng jusqu'ici. Nous étions à la partie la plus méridionale et la plus basse du grand système fluvial que nous allons décrire et qui, plus au nord, couvre de vastes régions inondées tous les ans par les pluies des tropiques. Une quantité minime de cette eau descend jusqu'au 20° 20′ latitude sud, où, rencontrant l'extrémité supérieure du lac, elle s'y déverse au lieu d'inonder la contrée. Les eaux qui constituent les rivières dont nous allons parler, s'écoulent d'abord dans l'Embarrach, qui se divise en deux branches : le Tzô et le Téoughé ; le Tzô forme le Malabé et le Tamunak'le, qui va se jeter dans la Zouga, et le Téoughé dans le lac. C'est en mars et en avril que l'inondation commence ; les eaux, en descendant, trouvent le lit de ces rivières complétement desséché, à l'exception de quelques mares qu'on y rencontre de loin en loin ; le lac lui-même est très-bas à cette époque. La Zouga n'est qu'une prolongation du Tamunak'le ; un bras du lac Ngami vient aboutir à l'endroit où l'un finit et où l'autre commence ; il est étroit et contient peu d'eau, tandis que la Zouga est large et profonde. Ce canal, que sur la carte on prendrait pour la continuation de la Zouga, n'a pas le moindre courant ; l'eau y est aussi stagnante que celle du lac elle-même.

Le Tamunak'le et le Téoughé, étant essentiellement la même rivière et s'alimentant à la même source (l'Embarrach), ne peuvent avoir qu'une vitesse égale dans leur cours. S'il en était autrement ou si le Téoughé pouvait remplir le lac, chose qui n'est jamais arrivée dans les temps modernes, ce canal servirait de déversoir et

---

1. Quatre-vingt-seize et quatre-vingt-dix-sept centigrades.

préviendrait l'inondation. Si jamais le niveau du lac descend au-dessous du lit de la Zouga, une partie des eaux du Tamunak'le s'y verseront au lieu de tomber dans la Zouga, et le Tamunak'le présentera le phénomène d'une rivière coulant à la fois dans deux directions opposées ; mais il est douteux que ce fait, non encore observé dans ce district, puisse jamais s'y produire. Au moment où elle quitte le Tamunak'le, la Zouga est large et profonde, puis elle se rétrécit graduellement pendant un cours d'environ deux cents milles [1] et va tomber dans le Kumapau, petit lac de trois à quatre milles de large sur douze de longueur. L'inondation qui, beaucoup plus haut, commence au mois d'avril, produit peu d'effet sur ce petit lac jusqu'à la fin de juin ; au mois de septembre la rivière cesse de couler. Quand il arrive plus d'eau qu'à l'ordinaire, une petite partie s'échappe du Kumadau et va tomber dans le canal que nous vîmes pour la première fois le 4 juillet. S'il y en a plus encore, elle se déverse plus loin dans le lit rocailleux et desséché de la Zouga, que nous trouvâmes par la suite en allant plus à l'est. Toutes les rivières de cette région prennent leur cours entre des rives destinées à contenir un volume d'eau bien plus considérable que celui qu'elles présentent ; on se croirait en Orient, dans un jardin abandonné, où tous les canaux d'irrigation existent encore, mais où les écluses ne laissent plus arriver qu'un filet d'eau. Le lit de la Zouga est parfaitement conservé, seulement il ne contient jamais assez d'eau pour qu'elle puisse arriver jusqu'à l'embouchure de la rivière ; elle cesse de couler à peu de distance au delà du Kumadau, et le reste s'évapore. L'eau est moins absorbée par les terres que perdue entre des rives trop écartées, où l'air et le soleil la vaporisent. Je suis persuadé qu'il n'y a pas dans tout le pays une seule rivière qui se perde au milieu des sables ; ce phénomène, si commode pour les géographes, obséda mon esprit pendant plusieurs années ; mais je n'ai rien découvert qui justifiât cette opinion, si ce n'est un fait des plus insignifiants qui pouvait en approcher.

Mon but principal en me rendant au lac était d'aller voir Sébitouané, le grand chef des Makololos, qui demeurait, disait-on, à quelque deux cents milles plus loin. Nous étions actuellement chez les Batouanas, dont le sang est mêlé à celui des Bamangouatos. Ils avaient pour chef un jeune homme appelé Léchulatébé, dont le père, Morémi, avait autrefois été vaincu par Sébitouané ;

---

1. Trois cent vingt-deux kilomètres.

fait prisonnier à cette époque, Léchulatébé avait passé une partie de sa jeunesse chez les Bayéyès ; mais son oncle, plein d'honneur et de générosité, après avoir payé sa rançon et réuni un certain nombre de familles, avait abdiqué en sa faveur. A peine fut-il arrivé au pouvoir, que Léchulatébé s'imagina faire preuve de capacité en agissant en opposition avec les conseils de son oncle : celui-ci par exemple, lui ayant recommandé de nous traiter d'une façon généreuse, il nous fit présent d'une chèvre ; c'était un bœuf qu'il aurait dû nous envoyer. Je proposai à mes compagnons de détacher l'animal et de le laisser partir, pour faire comprendre que nous étions mécontents ; ils n'osèrent pas, dans la crainte de déplaire au chef ; quant à moi, j'étais plus qu'un indigène, et, connaissant leurs habitudes, je savais que ce misérable cadeau était une insulte à notre égard. Nous demandâmes à acheter des chèvres et des bœufs. Léchulatébé nous fit offrir des défenses d'éléphant ; nous lui répondîmes que nous ne pouvions pas manger de l'ivoire et que nous avions besoin de viande pour remplir notre estomac. « Je ne peux pas vous donner autre chose, répliqua-t-il ; j'ai entendu dire que les blancs aimaient beaucoup ces os-là, et je veux bien vous les vendre ; quant aux chèvres et aux bœufs, j'en ai besoin moi-même pour mon propre estomac... » Un marchand qui nous accompagnait acheta dans cette occasion dix grosses défenses d'éléphant pour un mousquet valant 13 schellings (16 fr. 25 c.). Les habitants du pays appelaient alors ces dents précieuses tout simplement des *os*, et il m'est arrivé, dans huit circonstances, de trouver de ces os qui pourrissaient avec les autres parties du squelette, à la place où était tombé l'éléphant. A cette époque, le commerce n'avait pas encore pénétré chez les Batouanas ; mais deux ans après notre découverte, il n'y avait pas un homme parmi eux qui n'eût appris que l'ivoire avait une grande valeur.

Le lendemain de notre arrivée au lac, je fis demander à Léchulatébé de nous procurer des guides afin que nous puissions nous rendre chez Sébitouané. Il avait grand'peur du chef des Makololos, et, dans la crainte que des blancs ne vinssent ensuite à lui porter des armes, il ne voulut pas qu'on nous montrât la route qui conduisait chez son ennemi. « Si les marchands, disait-il, ne peuvent pas les vendre ailleurs, les fusils que je leur achèterai me donneront une si grande puissance que ce sera Sébitouané qui tremblera devant moi. » J'essayai vainement de lui faire comprendre que j'établirais la paix entre eux, que Sébitouané avait été pour lui un père ainsi que pour Séchélé, et qu'il avait de ma visite un désir aussi grand que lui-même avait pu le ressentir. Il me proposa autant d'ivoire que je voudrais pour me faire renoncer à ce voyage, et, lorsque j'eus refusé d'en prendre un seul morceau, il consentit de mauvaise grâce à nous procurer des guides ; mais le lendemain, au moment où nous étions prêts à partir, seulement avec les chevaux, il refusa d'accomplir sa promesse, et, de même que Sékomi avait semé des obstacles sur notre passage, il envoya des ordres aux Bayéyès pour qu'ils nous empêchassent de traverser la rivière. Dès lors il nous fallait construire un radeau, et j'y travaillai de toutes mes forces ; malheureusement, le bois que nous avions se trouvait tellement vermoulu que la pesanteur d'une seule personne aurait suffi pour le briser. J'étais resté pendant longtemps dans l'eau, ne me doutant pas du grand nombre d'alligators qui se trouvent dans la Zouga ; je n'y pense jamais sans rendre grâce au ciel d'avoir échappé à leur voracité.

La saison était maintenant fort avancée ; et, comme M. Oswell, avec sa générosité ordinaire, offrait d'aller au Cap et de rapporter un bateau nous résolûmes de retourner vers le sud.

En descendant la Zouga, nous pûmes à loisir examiner ses rives ; elles sont d'une grande beauté et rappellent d'une manière frappante certaines parties des bords de la Clyde, au-dessus de la ville de Glascow. Formées d'un tuf calcaire qui constitue le fond du bassin tout entier, elles sont à pic du côté où porte le courant, inclinées et couvertes d'herbes sur le bord opposé. Les Bayéyès choisissent les endroits où la pente est la plus douce pour creuser des pièges où les animaux tombent en allant boire. Ces trappes ont environ sept ou huit pieds de profondeur, trois ou quatre de largeur à l'ouverture, et un pied seulement au fond. L'entrée présente un parallélogramme (la seule chose carrée que les Béchuanas aient jamais faite : ils n'emploient partout ailleurs que la forme circulaire). Le grand diamètre de cette entrée égale environ la profondeur qui est donnée à la fosse, dont le rétrécissement a pour but de forcer l'animal à s'engager plus étroitement, par son propre poids, à chacun des efforts qu'il fait pour s'échapper. Ces pièges sont ordinairement disposés deux à deux, et séparés vers le fond par un mur qui peut avoir un pied d'épaisseur, d'où il résulte que si l'animal sentant ses pieds de devant descendre malgré lui au fond du piège, essaye de se racheter à l'aide de ses jambes de derrière, il se trouve lancé avec force dans la seconde trappe, et reste enclavé dans l'étroit espace d'où il ne peut s'enfuir. Non-seulement les

Bayéyès étendent sur l'ouverture de ces fosses de l'herbe et des roseaux qu'ils dissimulent avec une couche de sable mouillé, de manière à ne présenter aucune différence avec le terrain environnant, mais encore ils transportent à une certaine distance la terre qui provient du trou qu'ils ont creusé, afin de ne pas éveiller de soupçons dans l'esprit des animaux. Les hommes qui m'accompagnaient tombèrent plus d'une fois dans ces fosses, qu'ils cherchaient précisément à découvrir, afin de les démasquer et de prévenir ainsi la perte de notre bétail. Lorsqu'un bœuf aperçoit un creux quelconque, il l'évite avec soin, et l'on a connu de vieux éléphants qui, à la tête de leur bande, enlevaient la couverture des fosses établies de chaque côté du chemin qui conduisait au bord de l'eau; nous avons vu de ces animaux intelligents sortir de ces trappes les jeunes de leur espèce qui n'avaient pas su éviter le piége.

Des arbres magnifiques ornent les rives de la Zouga. Près du confluent de cette rivière avec le lac Ngami, à l'endroit où nous avons pris le degré de latitude[1], il y a deux baobabs ou mowanas (*adansonia digitata*), dont le plus gros avait alors 76 pieds anglais (23 mètres) de circonférence. Le palmyra s'y rencontre çà et là, mêlé à des arbres que l'on ne trouve pas dans le Sud. Le Mokuchong ou moshoma, dont on fait des pirogues, porte un fruit d'une qualité insignifiante, mais il serait partout l'un des plus beaux arbres qu'il soit possible de voir. Le motsouri, qui donne une espèce de prune rose d'une acidité agréable, ressemble au cyprès pour la forme, et à l'oranger par son feuillage d'un vert sombre; quant aux fleurs, nous étions en hiver et nous n'en vîmes aucune. Les plantes et les buissons étaient desséchés; mais l'indigo sauvage, que les enfants du pays, qui s'en servent pour colorer leurs ornements de paille, appellent *méhétolo* ou changeur, abondait, comme il arrive fréquemment en Afrique sur de vastes régions. Les Mashonas l'emploient pour teindre les étoffes qu'ils fabriquent avec les deux espèces de coton qui croissent dans la contrée.

Nous trouvâmes des éléphants en nombre prodigieux sur la rive méridionale; ils venaient boire pendant la nuit, se jetaient sur le corps une grande quantité d'eau en poussant des cris joyeux, et s'éloignaient après avoir apaisé leur soif, marchant en ligne droite afin d'éviter les trappes, et n'en déviant pas jusqu'à ce qu'ils fussent à sept ou huit milles de la rivière. Ils sont moins grands

---

1. 20° 20′ sud. Il nous a été impossible de relever la longitude d'une manière certaine, nos montres ne pouvant pas nous servir; elle peut se trouver entre 22° et 23° longit. est.

dans cette région que dans les contrées plus méridionales ; à Limpopo, ils ont souvent plus de douze pieds de hauteur ; ceux d'ici n'en ont que onze, et plus au nord je ne leur en ai trouvé que neuf. Les coudous, nommés aussi tolos, nous parurent également plus petits que ceux que nous avions l'habitude de voir. Nous rencontrâmes plusieurs kuabaôbas ou rhinocéros à corne droite (*R. Oswellii*), dont l'espèce est une variété du rhinocéros blanc (*R. simus*). Nous observâmes que la corne, étant dirigée vers la terre, n'obstruait pas la ligne visuelle, et que, par conséquent, cette espèce devait être plus avisée que les autres membres de sa famille.

Nous découvrîmes une espèce d'antilope complétement nouvelle, que les indigènes nomment *léché* ou *léchoui*; c'est une belle antilope aquatique, d'un jaune brunâtre clair ; ses cornes, exactement pareilles à celles de l'*œgoceros ellipsiprimus* (*waterbock* ou *tumoga* des Béchuanas), s'élèvent en s'inclinant d'abord légèrement en arrière, puis, vers la pointe, elles se courbent en avant ; l'abdomen, le tour des yeux et la poitrine sont blanchâtres ; le devant des jambes et les chevilles sont d'un brun foncé. Le mâle porte sur la nuque, depuis les cornes jusqu'au garrot, une petite crinière jaunâtre comme le reste du corps ; la queue est terminée par une petite touffe de poils noirs. Le léché ne s'éloigne jamais de l'eau, même à la distance d'un mille ; les îlots des marais et des rivières sont les lieux qu'il habite de préférence ; il est complétement inconnu partout ailleurs que dans le bassin humide du centre de l'Afrique. Doué d'une vive curiosité, il présente un noble aspect lorsque debout et la tête levée, il regarde fixement l'étranger qui approche. Quand ensuite il se décide à partir, il baisse la tête, met ses cornes sur la même ligne que le garrot, commence par trotter en se dandinant, et finit par galoper et par franchir les halliers en sautant comme les pallahs. Il se dirige toujours du côté de la rivière ou d'un étang qu'il traverse par des bonds successifs, et paraît à chaque fois prendre pied au fond de l'eau. Nous nous fatiguâmes bientôt de sa chair, qui d'abord nous avait semblé bonne.

De grands bancs d'excellents poissons, parmi lesquels abonde surtout le mulet (*Mugil africanus*), descendent chaque année avec la crue des eaux. Les naturels se servent de filets pour les prendre.

Le *Glanis siluris*, un poisson à grosse tête, sans écailles et barbu que les indigènes appellent *mosala*, est excessivement gras et devient d'une si belle taille que, porté sur l'épaule d'un homme, sa queue touche la terre. Il se nourrit de végétaux, et ses habitudes se rapprochent beaucoup de celles de l'anguille. Comme la plupart des ophidiens, il possède la faculté de retenir une assez grande quantité d'eau dans l'une des parties de son énorme tête, ce qui lui permet de quitter la rivière et même de s'enterrer dans la vase des étangs desséchés sans avoir à en souffrir. Une autre espèce, que le docteur Smith a nommée *Clarias capensis*, et qui offre une très-grande ressemblance avec la précédente, est largement répandue dans tout l'intérieur de la contrée ; ces poissons abandonnent souvent les rivières pour aller chercher leur pâture dans les étangs, où ils sont pêchés en grand nombre lorsque vient la sécheresse.

On voit souvent nager, la tête au-dessus de l'eau, un serpent brun foncé, tacheté de jaune, dont la chair est très-estimée des naturels. Les Bayéyès comptent dix espèces de poissons dans leur rivière, et l'on remarque ces paroles dans les strophes qu'ils chantent en l'honneur de la Zouga : « Le messager envoyé en toute hâte est bien obligé de s'arrêter le soir dans sa route, à cause de la nourriture abondante que vous placez devant lui. »

Les Bayéyès mangent beaucoup de poisson, aliment qui est au contraire pour les Béchuanas du Sud un objet de répugnance invincible ; ils le prennent au moyen de filets absolument pareils aux nôtres quant à la maille, et fabriqués avec des fibres d'un hibiscus dont les lieux humides sont couverts. Les cordes dont ils se servent pour construire leurs radeaux sont faites avec l'ifé (*sansevière angolensis*), plante qui ressemble à l'iris ; on la trouve en abondance depuis Kolobeng jusqu'à Angola, et elle a des fibres très-fortes ; les radeaux sont eux-mêmes composés d'une plante aquatique, ayant à chaque nœud des valves qui retiennent l'air dans des cellules d'environ un pouce de longueur.

Les Bayéyès pêchent aussi à la lance et emploient pour cet usage des javelines armées d'une poignée légère qui flotte à la surface de l'eau. Ils sont également fort adroits pour harponner l'hippopotame ; le fer barbelé de la lance dont ils se servent dans cette occasion étant retenu par une corde faite avec de jeunes feuilles de palmier, l'animal ne peut se débarrasser du canot auquel il se trouve attaché, qu'en l'écrasant avec ses dents, ou avec ses pieds de derrière ce qui lui arrive fréquemment.

A notre retour chez les Bakurutsés, nous vîmes que les canots de pêche de cette peuplade sont tout bonnement composés de gros paquets de roseaux liés ensemble, ce qui formerait d'excellents pontons improvisés pour franchir n'importe quelle rivière dont les rives seraient couvertes de roseaux.

CHAPITRE IV

Nouveau départ de Kolobeng pour le pays de Sébitouané. — Arrivée à la Zouga. — La mouche tsetsé. — Une compagnie d'Anglais. — Mort de M. Rider. — Guides obtenus. — Les enfants prennent la fièvre. — Les voyageurs renoncent au projet d'aller voir Sébitouané. — Retour à Kolobeng. — Troisième départ de cette ville. — Arrivée à Nchokotsa. — Salines. — Sources. — Bushmen. — Le guide Shobo. — Les Banajoas. — Un chef très-laid. — Encore la mouche tsetsé, fatale aux animaux domestiques, inoffensive pour l'homme et pour les animaux sauvages. — Action de son poison. — Pertes causées par cet insecte. — Les Makololos. — Entrevue avec Sébitouané. — Résumé de son histoire. — Manœuvre des Batokas. — Sébitouané les déjoue. — Guerres de ce chef avec les Matébélés. — Prédictions d'un prophète indigène. — Succès des Makololos. — Nouvelles attaques des Matébélés. — L'île de Loyélo. — Défaite des Matébélés. — Politique de Sébitouané. — Sa bonté pour les étrangers et pour les pauvres. — Sa maladie et sa mort. — Il est remplacé par sa fille. — Bonté affectueuse de celle-ci pour le docteur. — Découverte en juin 1851 du Zambèse au centre de l'Afrique. — Son étendue. — Les Mambaris. — Traite des nègres. — Le docteur envoie sa famille en Angleterre. — Retour au Cap en avril 1852. — Passage au milieu des Cafres pendant les hostilités. — Besoin d'un correspondant particulier. — Bonté de la Société des missions de Londres.

De retour à Kolobeng, j'y restai jusqu'au mois d'avril 1850; à cette époque j'en repartis, accompagné de mistress Livingstone, de nos trois enfants et de Séchélé, qui possédait maintenant un chariot. Nous devions traverser la Zouga auprès de son embouchure, longer sa rive septentrionale jusqu'au Tamunak'le, et remonter cette rivière pour aller voir Sébitouané. Les puits que nous avions creusés avec tant de peine à Sérotli ayant été comblés par les ordres de Sékomi, nous allâmes prendre, un peu plus à l'est, le chemin qui traverse la ville des Bamangouatos; le chef de ceux-ci, nommé Letloché, me demanda pourquoi je l'avais évité lors de mes précédents voyages. « Je savais, lui répondis-je, que vous étiez opposé à mon départ pour le lac, et je désirais ne pas me quereller avec vous. — Fort bien, répliqua-t-il, vous m'avez battu et j'en suis content. »

Après avoir traversé la Zouga auprès de son embouchure, endroit où on la passe à gué, Séchélé nous quittta pour aller faire une visite à Léchulatébé, et nous poursuivîmes notre voyage sur le bord septentrional de la rivière ; nous n'avancions qu'à grand peine sur cette rive boisée, obligés que nous étions d'abattre continuellement des arbres pour ouvrir un passage aux wagons, et nous perdîmes beaucoup de bœufs qui tombèrent dans les trappes. Les Bayéyès ne manquaient pas de découvrir ces piéges lorsqu'ils étaient avertis de notre arrivée ; mais ils l'ignoraient souvent, et nous n'avions pas le droit de nous plaindre de cette coutume établie, quelque nuisible qu'elle pût être à nos intérêts. Comme nous approchions du Tamunak'le, on nous informa que la Tsetsé [2] abondait sur ses rives ; c'était un obstacle auquel nous n'avions pas songé ; mais il pouvait arrêter nos wagons au milieu du désert, où les enfants n'auraient eu ni boisson ni aliments, et nous fûmes obligés, bien qu'à regret, de repasser la Zouga.

Nous apprîmes alors par les Bayéyès que des Anglais s'étaient rendus au lac pour y chercher de l'ivoire, et avaient été saisis par la fièvre, dont ils étaient fort malades ; voyageant donc aussi vite que possible, nous nous empressâmes de franchir les soixante milles qui nous séparaient de nos malheureux compatriotes, afin de leur donner tous les secours dont nous pouvions disposer ; malheureusement nous vînmes trop tard pour sauver M. Alfred Rider ; ce jeune artiste plein de courage et d'initiative, qui avait pris différentes vues de cette région, venait de mourir lorsque nous arrivâmes ; mais grâce aux médicaments que nous leur fîmes prendre, et surtout aux bons soins que leur prodigua la seule Anglaise qui ait jamais visité le lac, tous les autres guérirent heureusement. Le dernier dessin qu'avait fait M. Rider était celui du lac Ngami, qu'il n'a pas eu le temps de finir ; la gravure que nous donnons dans cet ouvrage a été faite d'après son esquisse, que sa malheureuse mère a bien voulu nous confier.

Séchélé déploya toute son éloquence auprès de Léchulatébé, pour obtenir de celui-ci qu'il me procurât des guides afin que je pusse me rendre auprès de Sébitouané. Léchulatébé céda enfin, et il fut décidé que je ferais le chemin à dos de bœuf, tandis que mistress Livingstone et les enfants resteraient au lac Ngami. J'avais un fusil de qualité supérieure, qui avait été fait à Londres, et que m'avait donné le lieutenant Arkwright ; j'y tenais double-

---

1. *Glossina morsitans*. Les premiers spécimens de cette mouche ont été apportés en Angleterre, en 1848, par le major Vardon, mon ami, qui les avaient trouvés sur les bords du Limpopo.

ment, en souvenir du donateur et par l'impossibilité où je me trouvais de le remplacer. Léchulatébé conçut une violente passion pour cette arme de choix, et me proposa en échange autant d'ivoire que je voudrais en demander.

J'étais moi-même très-épris de Sébitouané ; et comme, en outre de mes guides il promettait de fournir à mistress Livingstone toute la viande dont elle aurait besoin pendant mon absence, il finit par me séduire et je me séparai de mon fusil.

Tous les préparatifs étant faits pour notre départ, je conduisis mistress Livingstone à six milles environ de la résidence de Léchulatébé, pour qu'elle pût jeter un coup d'œil sur la partie la plus vaste du lac. Mais le lendemain matin j'avais autre chose à faire que de me séparer de ma famille ; notre petit garçon et notre petite fille étaient pris par la fièvre, et le jour suivant tous les gens de notre escorte avaient la même maladie ; comme en pareil cas le meilleur remède est le changement d'air, je remis à une autre époque ma visite à Sébitouané, je laissai mon fusil pour payer les guides, que je viendrais réclamer l'année suivante, et je partis pour le désert avec ma famille et ma suite.

M. Oswell, que nous rencontrâmes à notre retour sur les bords de la Zouga, passa la fin de la saison à chasser l'éléphant. C'était, d'après l'opinion unanime des indigènes, le plus habile de tous les chasseurs qui étaient venus dans le pays. Il chassait l'éléphant sans chiens : or, il faut savoir que ce puissant animal est tellement ahuri par la présence de quelques roquets aboyants, qu'il en devient incapable de se défendre contre l'homme ; il essaye bêtement d'écraser les aboyeurs en se mettant à genoux, le front contre un arbre de huit à dix pouces de diamètre, qu'il cherche à faire tomber, comme s'il espérait en l'abattant se défaire de ses ennemis ; le seul danger que le chasseur ait à craindre, c'est que la meute, en revenant auprès de lui, ne ramène l'éléphant de son côté. On a vu M. Oswell tuer en un jour quatre vieux éléphants mâles. La valeur de l'ivoire est, dans ce cas-là, d'environ cent guinées [1]. Ses succès nous rendaient fiers et non pas sans motif ; les habitants eux-mêmes en conçurent la plus haute idée du courage des Anglais, et quand ils voulaient me flatter : « Si vous n'étiez pas missionnaire, me disaient-ils, vous feriez comme M. Oswell, vous chasseriez sans chiens.

Lorsqu'en 1852 je revins au Cap, sans avoir à toucher le moindre salaire, et avec un habit qui datait de onze années, je trouvai,

1. Deux mille cinq cents francs.

pour mes enfants à demi nus, un trousseau complet du prix de deux cents guinées, qu'avait commandé M. Oswell, et que ce dernier nous offrit en disant que mistress Livingstone avait droit au gibier qu'il avait tué sur ses terres.

Trompés une seconde fois dans notre espoir d'arriver jusqu'à Sébitouané, nous rentrâmes de nouveau à Kolobeng, où nous fûmes bientôt suivis par de nombreux émissaires que nous envoyait ce grand chef des Makololos. Dès qu'il avait appris les tentatives que nous avions faites pour aller le visiter, il avait envoyé treize vaches brunes à Léchulatébé, treize blanches à Sékomi, treize noires à Séchélé, requérant de chacun d'eux qu'ils voulussent bien prêter leur assistance à l'homme blanc, afin que ce dernier pût arriver jusqu'à lui. Leur politique, néanmoins, s'y opposait formellement ; c'est du reste une politique suivie dans toute l'Afrique ; les peuplades qui occupent le centre de ce continent, que pas un bras de mer ne découpe et n'entame, ont été privées de relations avec les Européens, précisément par l'importance que ces relations ont prises chez les tribus des côtes.

Avant de partir une troisième fois pour aller chez Sébitouané, nous étions obligés d'aller à Kuruman. Sékomi fut pour nous d'une affabilité plus qu'ordinaire et nous donna même des guides ; mais pas un de ceux qui nous accompagnaient ne connaissait, au delà de Nchokotsa, la route que nous avions l'intention de prendre : heureusement qu'arrivés à cette fontaine, nous y rencontrâmes un autre Bamangouato, dont la détente du fusil venait précisément de casser. Je n'ai jamais raccommodé de fusil avec plus d'ardeur que celui-là : car, en échange de ce service, le propriétaire de l'arme brisée consentait à nous conduire, et cela nous permettait d'aller droit au nord, au lieu de nous écarter vers l'ouest. Quant aux autres guides, ils furent tous payés par M. Oswell de la manière la plus généreuse.

Nous traversâmes rapidement une contrée plate, au sol durci, dont la couche de terre peu épaisse, reposant sur un lit de tuf calcaire, est couverte, dans une étendue de plusieurs centaines de milles, d'une herbe fine et douce, de mopanés et de baobabs ; nous y trouvâmes, en divers endroits, de vastes salines, dont l'une appelée N'twé-twé, a quinze milles de large sur cent milles de longueur ; on aurait pu tout aussi bien observer la latitude sur son horizon que sur celui de la mer.

Bien que les différentes parties de cette région curieuse semblent être parfaitement de niveau, elles s'inclinent légèrement au nord-est, où quelques-unes des terres conservent l'eau de pluie qui s'y écoule par cette pente insensible ; rappelons-nous que c'est la direction de la Zouga. Le sel que la pluie a dissous est transporté de la sorte à une saline appelée Chouantsa, où nous vîmes, à la surface, une croûte de sel et de chaux d'un pouce et demi d'épaisseur, toutes les autres sont couvertes d'une efflorescence composée uniquement de nitrate de chaux ; quelques-unes sont remplies de coquilles tout à fait semblables à celles des mollusques du lac Ngami et de la Zouga : elles appartiennent aux trois genres des hélices, des univalves et des bivalves.

On rencontre toujours une source à l'un des côtés de chacune de ces salines ; je ne me rappelle pas d'exception à cette règle ; l'eau en est saumâtre et contient du nitrate de soude ; une fois j'y ai trouvé deux sources : l'une était plus salée que l'autre. Si l'eau qui les alimente traversait des couches de sel gemme, elle ne serait pas potable, et généralement on peut la boire. D'ailleurs, dans tous les endroits où l'industrie humaine a enlevé la croûte saline qui s'était déposée à la surface de ces étangs, elle ne s'est pas formée de nouveau, d'où l'on peut conclure que ces dépôts de sel proviennent d'anciens lacs salés dont la plus grande portion a disparu à la suite du desséchement général de la contrée. Le lac Ngami, dont les eaux deviennent saumâtres pendant la sécheresse, nous en offre un exemple ; c'est en outre dans les creux les plus profonds, dans les vallées les plus basses n'ayant aucune issue, qu'on a trouvé la plus grande quantité de sel. Enfin, il existe, à trente milles environ du pays des Bamangouatos, une fontaine dont la température s'élève à plus de 100 degrés[1], et qui, fortement imprégnée de sel pur, mais située au milieu d'un terrain plat, ne forme aucun dépôt salin, fait qui confirme l'opinion que nous avons émise plus haut.

Lorsque ces salines se trouvent dans une plaine à sous-sol de tuf, comme dans la contrée dont il s'agit, le terrain qui les entoure est frappé de stérilité sur une vaste étendue, par l'effet des nitrates qui, en dissolvant le tuf, s'opposent à la végétation.

Nous avons trouvé dans cette couche de tuf un grand nombre de puits ; un endroit appelé Matlomagan-Yana, ce qui signifie « les Anneaux », est effectivement une chaîne de sources qui ne tarissent jamais. Comme il arrive parfois qu'elles grossissent en été, saison où pourtant il ne pleut pas, phénomène qui leur donne quelque ressemblance avec les rivières que nous avons citées plus

---

[1]. Trente-huit centigrades.

haut, il est probable qu'elles sont le résultat d'une infiltration, et qu'elles proviennent du réseau fluvial qui arrose la contrée supérieure. Nous avons trouvé sur le bord de ces sources beaucoup de familles de Bushmen, qui, loin d'être rabougris et d'un teint jaune comme ceux qui habitent les plaines du Kalabari, sont au contraire de grande taille, bien découplés et presque noirs; la chaleur seule ne suffit pas pour noircir la peau : c'est unie à l'humidité qu'elle produit la teinte la plus sombre.

L'un de ces Bushmen, qui s'appelait Shobo, consentit à nous servir de guide pour traverser l'espace compris entre ces sources et le pays de Sébitouané. D'après lui, nous ne devions pas espérer de trouver de l'eau avant un mois ; par un bonheur providentiel, nous atteignîmes plus tôt que nous ne l'espérions une série de petits étangs où l'eau de pluie s'était conservée jusqu'alors : mais il est impossible de décrire l'effroyable contrée où il fallut nous engager ensuite : pour unique végétation, quelques plantes rabougries s'étiolant sur une épaisse couche de sable ; pas un oiseau, pas un insecte pour animer ces lieux désolés ; jamais je n'ai contemplé d'endroit plus morne, d'horizon plus sinistre. Pour comble de malheur, Shobo, dès le second jour, courut à l'aventure ; le soir, nous essayâmes par tous les moyens imaginables, de le retenir et de le faire marcher droit au but, il n'en suivait pas moins, aux quatre points cardinaux, la piste de tous les éléphants qui étaient venus en cet endroit pendant la saison des pluies ; il revenait ensuite, et, s'asseyant dans le sentier, il nous disait en mauvais sichuana : « Pas d'eau, seulement de la terre... Shobo s'endort... il n'en peut plus... rien que de la terre ! » Et, se roulant sur lui-même, il commençait à dormir. Le matin du quatrième jour, il affirma qu'il ne connaissait pas le chemin, disparut et ne revint pas. Nous suivîmes la direction qu'il avait prise ; vers onze heures, nous aperçûmes quelques oiseaux, et la piste d'un rhinocéros ; à cette vue nous dételâmes les bœufs, qui souffraient horriblement de la fatigue et de la soif ; les pauvres bêtes, nous comprenant sans doute, coururent immédiatement au Mababé, rivière qui vient du Tamunak'le et qui se trouvait à l'ouest de l'endroit où nous étions. Notre provision d'eau avait été gaspillée par l'un de nos serviteurs, et il n'en restait plus qu'une bien faible portion qu'on réservait pour les enfants. Nous passâmes la nuit dans une amère inquiétude ; le lendemain arriva ; moins nous avions d'eau, plus la soif des enfants augmentait. La pensée de les voir mourir sous nos yeux était horrible ; j'aurais éprouvé une sorte de soulagement à m'entendre reprocher d'avoir été la cause de leur mort ; mais pas une plainte n'était proférée par leur mère, dont les yeux remplis de larmes disaient assez l'agonie intérieure. Enfin le cinquième jour, dans l'après-midi, quelques-uns de nos gens rapportèrent une certaine quantité du liquide précieux dont jusqu'alors nous n'avions jamais connu la véritable valeur.

Les bœufs, en se précipitant vers le Mababé, passèrent probablement au milieu de quelques arbres contenant des tsetsés, insectes qui devaient avant peu nous devenir si nuisibles. Shobo s'était rendu chez les Bayéyès et apparut à la tête d'une bande de ces sauvages, au moment où nous arrivions au bord de la rivière. Voulant montrer à ses amis combien il avait d'importance, il vint à nous d'un air impérieux, enjoignit à notre cavalcade de s'arrêter, puis, s'asseyant et prenant sa pipe, il nous ordonna de lui apporter du feu et du tabac. Il exécuta cette parade avec tant de naturel, que nous nous arrêtâmes pour l'admirer : c'était un beau type des Bushmen, de cette race étonnante qui vit au désert, et nous l'aimions tous, malgré la conduite qu'il avait eue à notre égard. Le lendemain, nous arrivâmes à un village de Banajoas, tribu qui s'étend assez loin du côté de l'est. Ceux chez qui nous nous trouvions habitaient alors les confins d'un marais où le Mababé termine son cours ; ils avaient perdu tout leur sorgho, et se nourrissaient actuellement d'une racine appelée tsitla, espèce d'aroïdée qui contient une grande quantité de fécule ; séchée, et réduite en poudre qu'ensuite on laisse fermenter, cette racine constitue un aliment agréable.

Les Banajoas construisent leurs cabanes sur des poteaux et font du feu dessous pendant la nuit pour que la fumée chasse les moustiques, odieuse engeance beaucoup plus abondante que partout ailleurs sur les rives du Tamunak'le et sur celle du Mababé. Le chef de ce village, appelé Majané, ne paraissait pas avoir beaucoup de capacité ; mais il avait eu l'esprit de déléguer le pouvoir à l'un des jeunes membres de sa famille, appelé Moroa Majané, ce qui veut dire fils de Majané. Moroa, de tous les nègres que j'ai rencontrés, celui qui se rapproche le plus du type affreux que l'on voit chez les marchands de tabac, se chargea de nous faire traverser la Sonta et de nous conduire sur les rives du Chobé, dans le pays de Sébitouané. Les femmes des Banajoas se rasent complétement la tête et ont la peau plus noire que celle des Béchuanas.

Nous nous étions engagés pendant la nuit dans un endroit qu'infestait la mouche tsetsé, que nous nous empressâmes de fuir dès le matin en passant sur l'autre rive. Donnons sur cet insecte quelques détails qui ne seront pas inutiles. La mouche tsetsé n'est pas beaucoup plus grosse que la mouche commune ; elle est brune, à peu près de la même nuance que l'abeille ordinaire, et porte sur la région postérieure de l'abdomen trois ou quatre raies jaunes et transversales ; d'une vivacité remarquable (ses ailes sont plus longues que son corps), il est très-difficile de la saisir avec la main pendant le milieu du jour[1] ; le soir et le matin, la fraîcheur de la température lui enlève une partie de son agilité. Quiconque voyage avec des animaux domestiques n'oublie jamais le bourdonnement particulier de la mouche tsetsé quand une fois il lui est arrivé de l'entendre, car la piqûre de cet insecte venimeux est une cause de mort certaine pour le chien, le bœuf et le cheval. Nous perdîmes ainsi, pendant ce voyage, quarante-trois bœufs magnifiques, sans nous être doutés du nombre de ces insectes qui les avaient attaqués ; nous les avions surveillés avec soin et nous étions persuadés qu'une vingtaine de tsetsés, tout au plus, s'étaient posées sur eux.

L'un des caractères les plus remarquables de la piqûre de cette mouche est d'être complétement inoffensive pour l'homme et pour les animaux sauvages, même pour les veaux tant qu'ils sont encore à la mamelle. Nous n'en avons jamais souffert personnellement, bien que nous ayons vécu deux mois au milieu de ces insectes, dont l'habitat est parfaitement déterminé. La rive méridionale du Chobé en était envahie, et sur l'autre bord de la rivière, où nous avions conduit nos bœufs, qui, à cinquante pas de ces mouches, auraient dû les attirer, il n'en existait pas une seule, fait d'autant plus étrange que nous vîmes souvent des indigènes transporter sur cette rive des morceaux de viande crue qui étaient couverts de tsetsés.

Lorsqu'on a sur la main un de ces insectes et qu'on le laisse agir sans le troubler, on voit sa trompe se diviser en trois parties, dont celle du milieu s'insère assez profondément dans votre peau ; l'insecte retire cette tarière, l'éloigne un peu et se sert alors de ses mandibules qui, sous leur action rapide, font contracter à la piqûre une teinte cramoisie ; l'abdomen de la mouche, flasque et aplati auparavant, se gonfle peu à peu, et, si l'insecte n'est pas

---

1. « Rapide comme la flèche, écrit M. Ludovic de Castelnau, elle s'élance du haut d'un buisson sur le point qu'elle veut attaquer, et semble posséder une vue perçante ; M. Chapman, l'un des voyageurs qui ont pénétré le plus loin dans le centre de l'Afrique méridionale, raconte qu'ayant à son vêtement un trou presque imperceptible fait par une épine, il voyait souvent la tsetsé, qui paraissait savoir qu'elle ne pouvait traverser le drap qui le couvrait, s'élancer et venir, sans jamais manquer son but, le piquer dans le petit espace qui n'était pas protégé. » (*Note du traducteur.*)

tourmenté, il s'envole tranquillement aussitôt qu'il est gorgé de sang. Une légère démangeaison succède à cette piqûre, mais n'est pas plus sérieuse que celle qui est causée par un moustique. Chez le bœuf, l'effet immédiat ne semble pas avoir plus de gravité que chez l'homme, et ne trouble pas l'animal ; mais, quelques jours après, il s'écoule des yeux et du mufle de la pauvre bête un mucus abondant, la peau tressaille et frissonne comme sous l'impression du froid, le dessous de la mâchoire inférieure commence à enfler, symptôme qui parfois se manifeste également au nombril ; le bœuf s'émacie de jour en jour, bien qu'il continue à paître, l'amaigrissement s'accompagne d'une flaccidité des muscles de plus en plus prononcée, la diarrhée survient, l'animal ne mange plus et meurt bientôt dans un état d'épuisement complet. Les bœufs qui ont un certain embonpoint à l'époque de la piqûre sont pris de vertige, comme si chez eux le cerveau était attaqué ; ils deviennent aveugles, et périssent peu de temps après. Les changements subits de température, amenés par la pluie, semblent hâter les progrès du mal ; toutefois, l'appauvrissement graduel met généralement plusieurs jours pour arriver à son terme, et, quels que soient vos efforts, les pauvres bêtes finissent toujours par mourir.

L'autopsie donne les résultats suivants : le tissu cellulaire placé immédiatement sous la peau est boursouflé comme s'il était formé d'une quantité de bulles de savon, ou qu'un boucher maladroit et déshonnête eût voulu lui donner une apparence de graisse ; le suif, de consistance huileuse, est d'un jaune verdâtre ; toutes les chairs sont molles, et le cœur est d'une telle flaccidité que les doigts qui le saisissent se rencontrent en le pressant ; les poumons et le foie sont malades comme tous les autres organes ; l'estomac et les intestins sont pâles et vides, et la vésicule du fiel est distendue par la bile.

Ces symptômes indiquent un empoisonnement du sang, qui existe en effet, et dont le germe est déposé par la trompe de l'insecte ; le venin qui le produit est contenu dans une glande située à la base de cette trompe, et il est probable qu'il a la faculté de se multiplier, car on trouve si peu de sang chez l'animal qui vient de mourir par la piqûre de la mouche tsetsé, qu'à peine si les mains en sont tachées par la dissection.

L'âne, le mulet et la chèvre, jouissent du même privilége que l'homme et les animaux sauvages à l'égard de cet insecte. Il en résulte que la chèvre est le seul animal domestique de beaucoup de peuplades nombreuses qui habitent les bords du Zambèse, où la mouche tsetsé devient un véritable fléau. Nos enfants étaient souvent piqués par cette mouche, ils n'en éprouvaient aucun mal ; et nous étions entourés d'antilopes, de buffles, de zèbres, de cochons, qui paissaient impunément au milieu des tsetsés, bien que, entre la nature du cheval et du zèbre, du bœuf et du buffle, du mouton et de l'antilope, il y ait trop peu de différence pour qu'il soit possible d'expliquer ce phénomène d'une manière satisfaisante : l'homme n'est-il pas lui-même un animal domestique, tout aussi bien que le chien ? Les veaux sont à l'abri des effets de cette piqûre aussi longtemps qu'ils tettent leurs mères, et les chiens nourris de lait n'en succombent pas moins au mal qui en résulte [1] ; cette singularité nous fit croire tout d'abord que ces ravages étaient produits par quelque plante et non par l'insecte ; mais le major Vardon, appartenant à l'armée de Madras, trancha la question en allant à cheval sur une petite colline infestée de tsetsés ; il ne permit pas à sa bête de manger un brin d'herbe, ne resta dans cet endroit que le temps nécessaire pour regarder le pays et pour saisir quelques-unes des mouches qui piquaient sa monture : dix jours après, le malheureux cheval était mort.

Le dégoût avéré qu'inspirent aux tsetsés les excréments des animaux, dégoût dont on peut s'assurer dans les villages qui se trouvent placés au milieu de ces insectes, a été mis à profit par les docteurs indigènes ; ils font un mélange de fiente et de lait de femme auquel ils ajoutent quelques drogues, et en barbouillent les bœufs qui doivent traverser les cantons envahis par la tsetsé ; mais ce préservatif, qui réussit pendant quelque temps, est bientôt inefficace ; une fois la maladie déclarée, on n'y connaît pas de remède. On a vu un bouvier négligent perdre un nombre considérable de bœufs pour les avoir laissés courir dans un endroit où il y avait des tsetsés ; il n'y eut que les veaux de sauvés. Une imprudence involontaire fit périr presque tout le bétail de la tribu de Sébitouané, qui, sans le savoir, était venu s'établir dans un district fréquenté par ces mouches redoutables. Des animaux légèrement piqués n'en meurent pas moins l'année suivante, sous l'influence de piqûres plus nombreuses, ce qui prouve que l'inoculation resterait sans effet ; mais il est probable que la destruction des bêtes sauvages par la multiplication des armes à feu, ainsi qu'il est arrivé dans le Sud, entraînera celle de la mouche tsetsé, qui, privée de nourriture, disparaîtra nécessairement.

---

1. Les chiens nourris exclusivement de venaison acquièrent, suivant M. de Castelnau, l'immunité des animaux sauvages à l'égard de cette piqûre. (*Note du traducteur.*)

Les Makololos, que nous rencontrâmes sur les rives du Chobé, furent enchantés de nous voir. Sébitouané, leur chef, se trouvait à vingt milles plus bas, sur les bords de la rivière, et M. Oswell et moi nous nous dirigeâmes par eau vers le lieu qu'il occupait. Aussitôt qu'il avait appris que les blancs cherchaient à pénétrer jusqu'à lui, il était parti de Naliélé, ville des Barotsés, pour se rendre à Seshéké, d'où il avait fait cent milles afin de nous souhaiter la bienvenue dans son propre pays. Nous le trouvâmes dans une île avec ses principaux dignitaires; il chantait au moment de notre arrivée, et continua pendant quelques secondes après que nous nous fûmes approchés de lui ; son chant avait beaucoup plus de rapport avec la musique d'Église que la psalmodie monotone ê ê ê œ œ œ des Béchuanas. Nous lui dîmes toutes les difficultés que nous avions eues pour arriver jusqu'à lui, et combien nous nous trouvions heureux d'être enfin en sa présence ; il nous témoigna la joie qu'il en ressentait lui-même, et ajouta : « Vos bœufs mourront certainement, car ils ont tous été piqués par la tsetsé ; mais ne vous en inquiétez pas ; j'ai des troupeaux et je vous donnerai autant de bêtes que vous en aurez besoin. » Nous pensions alors, dans notre ignorance, que, nos bœufs n'ayant reçu qu'un petit nombre de piqûres, il n'en résulterait pas de grands dommages. Sébitouané nous offrit immédiatement un bœuf et une jatte de miel ; puis il nous confia aux soins de Mahalé, celui qui conduisait l'ambassade qu'il nous avait envoyée à Kolobeng et à qui, dans sa joie, il attribuait notre arrivée. Il nous fit donner, pour nous couvrir pendant la nuit, des peaux de bœuf qui, préparées d'une certaine façon, étaient aussi souples que du drap, et qui devinrent la propriété de Mahalé, car aucun des articles prêtés par le chef ne lui retourne jamais.

Longtemps avant le jour, Sébitouané vint s'asseoir auprès du feu qu'on avait allumé pour nous, derrière la haie près de laquelle nous nous étions couchés, et il nous raconta les difficultés qu'il avait rencontrées lui-même dans sa jeunesse en traversant le désert, dont nous venions à notre tour de vaincre les obstacles. Comme il fut incontestablement le plus grand homme de toute cette région, une esquisse rapide de son histoire ne sera pas sans intérêt pour le lecteur.

A l'époque où nous le vîmes pour la première fois, Sébitouané pouvait avoir quarante-cinq ans ; c'était un homme de grande taille, aux membres nerveux, ayant la tête légèrement chauve et la peau café au lait. Plein de réserve et de dignité dans ses manières, il n'en mettait pas moins beaucoup de franchise dans ses réponses. C'est le plus grand capitaine dont on ait jamais parlé au nord de la colonie du Cap. Loin de suivre l'exemple des autres chefs qui déclaraient la guerre sans en affronter les périls, Sébitouané conduisait toujours lui-même son armée au combat ; tâtant du doigt sa hache d'armes lorsqu'il apercevait l'ennemi : « Elle est coupante, disait-il, et quiconque tentera de s'enfuir en sentira le tranchant. » On savait qu'il aurait frappé sans merci l'homme assez lâche pour déserter le champ de bataille, et il était si rapide à la course, que le poltron n'avait pas d'espoir de lui échapper par la fuite. Quelques-uns de ses hommes s'étant cachés pendant le combat, il leur avait permis de rentrer dans leurs foyers ; mais à son retour, les faisant comparaître devant lui : « Vous avez mieux aimé mourir ici que de vous faire tuer en combattant l'ennemi, leur dit-il, vous serez servis selon votre désir. » Et ces paroles furent le signal de leur exécution.

Il était né près des sources de la Likoua et du Namagari, c'est-à-dire à huit ou neuf cents milles [1] au sud de l'endroit où nous le rencontrions. Ce n'était pas le fils d'un chef, bien qu'il fût allié de très-près à la famille régnante des Basoutous ; lorsque la tribu à laquelle il appartenait fut vaincue et dispersée par Sikonyèlé, Sébitouané faisait partie de cette horde immense de sauvages que les Griquas chassèrent de Kuruman en 1824 [2]. Il s'enfuit vers le nord avec une petite bande de ses compatriotes et quelques bêtes à cornes. Lorsqu'ils furent arrivés à Mélita, les Bangouaketsés rassemblèrent les Bakouains, les Bakàtlas et les Bahurutsés, afin de s'emparer des fugitifs et de les manger. Mais Sébitouané plaça ses hommes en avant, mit les femmes qui l'accompagnaient derrière ses bœufs et ses vaches, renversa du premier choc ses ennemis qui prirent la fuite, et s'empara immédiatement de la ville et de tous les biens de Makàbé, le chef des Bangouaketsés.

Plus tard, il alla s'établir à Litoubarouba (qui est aujourd'hui la résidence de Séchélé), où son peuple eut cruellement à souffrir dans l'une de ces attaques dont l'histoire ne parle pas, mais où les blancs chargent leur conscience de crimes affreux dont un jour ils auront à répondre.

De grandes vicissitudes le suivirent dans la partie septentrionale du pays des Béchuanas. Deux fois il perdit tout son bétail que

---

1. Douze ou quatorze cents kilomètres.
2. Voy. pour les détails de cette affaire l'ouvrage de M. Moffat intitulé : *Missionary enterprise in Africa.*

lui enlevèrent les Matébélés ; mais il conserva toujours ses guerriers autour de lui et parvint à reprendre plus de bestiaux qu'il n'en avait perdu. A cette époque il traversa le désert presque au même endroit où nous venions de passer. Il avait alors pour guide un Béchuana qu'il avait fait prisonnier ; comme il était indispensable de marcher pendant la nuit afin d'arriver à une source, le guide en profita pour s'enfuir, et le lendemain matin, au moment où il croyait avoir gagné la fontaine, Sébitouané se retrouva au point qu'il avait quitté la veille. Dévorés par la soif, la plupart de ses bœufs retournèrent à Sérotli, qui était alors une grande pièce d'eau, ou revinrent à Mashué et à Lopépé chez leurs anciens propriétaires. Sébitouané les remplaça chez les Batletlis, dont les bêtes bovines étaient de l'espèce à grandes cornes [1]. Après s'être rendu maître des bords du lac Kumadau, le chef intrépide de cette poignée de fugitifs entendit parler des Européens qui habitaient la côte occidentale ; poussé par le désir de nouer des relations avec les blancs, désir qui paraissait avoir toujours été son rêve, il se dirigea vers le sud-ouest et atteignit la contrée qui vient d'être récemment découverte par MM. Galton et Anderson. Horriblement éprouvé par la soif, il arriva au bord d'une petite citerne, et décida que les hommes boiraient seuls, leur vie étant plus précieuse que celle du bétail, puisqu'ils pouvaient combattre et s'en procurer d'autre, en supposant que celui-ci dût périr ; le lendemain matin il ne retrouva plus ni ses vaches ni ses bœufs, qui tous avaient fui chez les Damaras.

Retournant vers le nord plus pauvre qu'il n'en était parti, Sébitouané remonta le Téoughé jusqu'au mont Sorila, et traversa un pays marécageux pour aller du côté de l'est. Il poursuivit sa course jusqu'à la basse vallée du Liambye, trouva que le pays ne convenait pas à l'établissement d'une tribu pastorale comme la sienne, descendit le fleuve et arriva chez les Batokas et les Bashoubias, qui à cette époque étaient dans toute leur gloire. Son récit avait une étroite ressemblance avec les Commentaires de César et avec l'histoire des Anglais dans les Indes. Il avait toujours eu à combattre les différentes tribus qu'il avait rencontrées, et n'avait jamais rien fait que son peuple n'eût trouvé parfaitement juste, parfaitement raisonnable. Les Batokas vivaient alors dans les grandes îles du Zam-

---

1. Lors de notre découverte du lac Ngami, nous trouvâmes cette race chez les Béchuanas ; l'une des cornes appartenant à une bête de cette espèce, et que M. Vardon rapporta en Angleterre, ne contient pas moins de vingt et une pintes impériales, et la paire, qui appartient aujourd'hui au colonel Steele, et qui fut rapportée par M. Oswell, mesure huit pieds et demi (2 mètres 59 centimètres) d'une extrémité à l'autre.

bèse, où, protégés par cette position exceptionnelle, ils attiraient les peuplades errantes ou fugitives, et, sous prétexte de leur faire traverser le fleuve, ils les déposaient sur des îlots écartés de la rive, où ils les dépouillaient complétement et les abandonnaient à leur misère. Sékomi, le chef des Bamangouatos, avait failli périr dans son enfance, victime d'une trahison semblable ; mais un homme, qui vit encore, avait pendant la nuit donné à sa mère le moyen de s'échapper et de l'emmener avec elle. Le Zambèse est tellement large, que vous ne distinguez pas si c'est le bord d'une île ou celui du rivage que vous avez en face de vous ; mais Sébitouané, avec sa prudence habituelle, exigea que le chef qui lui offrait de le conduire sur l'autre rive vînt s'asseoir dans le canot où il se trouvait, et il le retint auprès de lui jusqu'à ce que ses gens et ses bestiaux fussent déposés sains et saufs de l'autre côté du fleuve. Les Batokas formaient alors une population compacte et se plaisaient à orner leurs villages avec les crânes des étrangers ; lorsque Sébitouané parut auprès des grandes chutes, une armée nombreuse se rassembla pour couper les têtes des Makololos dont ils voulaient faire un trophée ; mais ils ne parvinrent qu'à fournir à Sébitouané un prétexte pour les combattre ; et celui-ci, les ayant vaincus, leur enleva tant de bestiaux, qu'il fut impossible à son peuple de faire le dénombrement de moutons et des chèvres qu'il avait capturés. Il parcourut ensuite les terrains qui s'étendent vers le Kafoué et choisit, pour s'y établir, un pays de plaines légèrement ondulées, couvertes d'une herbe fine et courte et renfermant peu de forêts. Les Makololos n'ont pas cessé d'aimer cette région à la fois saine et fertile.

Mais les Matébélés, une tribu cafre ou zoulou, traversèrent le Lyambye sous la conduite de Mosilikatsé, attaquèrent Sébitouané dans ce lieu de prédilection, et lui enlevèrent son bétail et ses femmes ; toutefois il rallia ses hommes, poursuivit les ravisseurs et reprit à l'ennemi tout ce qu'il avait perdu ; mais après avoir repoussé une nouvelle attaque des Matébélés, il songea de nouveau à descendre le Zambèze et à venir visiter les blancs ; il se figurait, je n'ai jamais pu savoir d'où lui était venue cette idée, que s'il avait un canon, il pourrait vivre en paix. Sébitouané avait fait la guerre toute sa vie, et plus que personne il paraissait désirer une existence paisible. Un prophète le poussa de nouveau à se diriger vers l'ouest ; cet homme, qui se nommait Tlapané et que le peuple désignait sous le nom de Sénoga, c'est-à-dire « qui s'entretient avec les dieux, » avait le cerveau malade ; il se retirait on ne sait où, probablement dans une caverne, et y restait dans un état de somnambulisme, jusqu'au retour de la pleine lune ; reparaissant alors au milieu de la tribu, il s'exaltait progressivement jusqu'à ce qu'il fût arrivé à l'extase, ainsi que le font du reste tous ceux qui disent recevoir le souffle inspirateur. C'est par une action violente sur les muscles soumis à la volonté, que ces prétendus prophètes commencent leurs opérations ; ils sautent, frappent du pied, trépignent vivement, en poussant des cris, ou battent la terre avec un bâton, et parviennent ainsi à se donner des convulsions pendant lesquelles ces illuminés affirment ne pas avoir connaissance des paroles qu'ils profèrent. « Sébitouané, s'écria Tlapané en montrant l'orient, j'aperçois une flamme ; aie soin de l'éviter, car cette flamme te brûlerait ; qu'il n'y aille pas, me disent les dieux. » Puis se tournant à l'ouest il ajouta : « Je vois une ville et un peuple d'hommes noirs qui vivent au bord de l'eau, et dont le bétail est rouge. La tribu dépérit et s'éteindra, Sébitouané ; mais tu gouverneras les hommes noirs, et, quand tes guerriers auront pris le bétail rouge, ne laisse pas tuer les vaincus ; ce sont eux qui formeront ton peuple et leur ville sera la tienne. Épargne-les pour qu'ils t'obligent à bâtir une ville nouvelle. Quant à toi, Ramosinii, ton village sera complétement détruit ; si Mokari s'éloigne, il périra le premier, et c'est toi qui mourras le dernier de tous. Les dieux ont voulu que les autres hommes eussent de l'eau pour se désaltérer, mais ils ne m'ont donné que le breuvage amer du choukourou[1]. Ils m'appellent, et je ne peux pas rester plus longtemps. »

J'ai cité cette prédiction, qui perd beaucoup à être traduite, parce qu'elle prouve un esprit observateur. La politique recommandée par Tlapané était remplie de sagesse ; et la mort du prophète, celle des deux hommes qu'il avait nommés, ainsi que la destruction de leur village, étant arrivées peu de temps après, il n'est pas étonnant que Sébitouané suivît implicitement les conseils de la voix prophétique de Sénoga. Le feu que Tlapané avait signalé était évidemment celui des armes des Portugais, dont il avait dû entendre parler. Ces hommes noirs qu'il apercevait à l'ouest, c'étaient les Barotsés ou Baloianas, comme ils s'appellent eux-mêmes, et Sébitouané, bien qu'il fût attaqué le premier, n'en épargna pas moins leurs chefs ; il se trouvait alors dans la vallée Barotsé, où il fut poursuivi par les Matébélés, qui, ne pouvant oublier leurs défaites, composèrent une armée considérable et remontèrent le Zambèse pour attendre l'ennemi. Sébitouané déposa, comme appât, quelques chèvres dans l'une des plus grandes îles du fleuve,

---

1. Rhinocéros.

et mit à la disposition des Matébélés plusieurs canots dirigés par des hommes qui lui étaient dévoués. Quand tout le monde fut arrivé dans l'île, les canots s'éloignèrent et les Matébélés se trouvèrent pris au piège, aucun ne sachant nager ; ils vécurent de racines après avoir mangé les chèvres, et s'affaiblirent au point que, lorsque les Makololos abordèrent à leur tour, ceux-ci n'eurent qu'à les égorger ; les vainqueurs adoptèrent les enfants et les femmes, qui désormais firent partie de leur tribu. En apprenant cette nouvelle, les guerriers de Mosilikatsé obtinrent de leur chef la promesse de tirer vengeance des Makololos. Cette fois l'armée emporta des pirogues afin d'être à l'abri d'un pareil sort ; mais pendant ce temps-là Sébitouané avait subjugué les Barotsés, et les jeunes gens de sa tribu avaient appris à gouverner des canots ; il en profita pour descendre le fleuve, s'arrêtant d'île en île et surveillant de si près tous les mouvements de l'ennemi, qu'il était impossible aux Matébélés de faire usage de leurs pirogues sans diviser leurs forces. A la fin tous les Makololos se trouvèrent rassemblés avec leur bétail dans l'île de Loyélo et continuèrent à épier jour et nuit ceux qui étaient venus avec l'intention de les combattre. Après avoir attendu quelque temps, Sébitouané traversa la partie du fleuve qui le séparait des Matébélés, et allant droit à eux : « Pourquoi voulez-vous me tuer ? leur dit-il ; je ne vous ai jamais attaqués, jamais je n'ai fait aucun mal à votre chef, Aou ! le crime est de votre côté. » Les Matébélés ne lui répondirent pas ; mais le lendemain ils avaient disparu, et les canots qu'ils avaient apportés de si loin gisaient brisés sur la rive. De cette armée nombreuse, cinq hommes seulement revinrent dans leurs foyers ; la fièvre, la faim et les Batokas avaient fait périr tous les autres.

Sébitouané se trouvait alors chef suprême de toutes les tribus, qui occupaient un espace immense, et de plus, il en était arrivé à se faire craindre du terrible Mosilikatsé ; toutefois il se défiait de ce chef cruel, et, comme les Batokas des îles avaient secondé les Matébélés en leur faisant traverser le Zambèze, il fit une descente rapide chez ces insulaires et les chassa de leurs retraites, que ceux-ci croyaient inexpugnables. Il rendit par là, sans s'en douter, un service éminent au pays, en détruisant l'obstacle qui jusqu'alors avait empêché le commerce de pénétrer dans la grande vallée du centre.

Après avoir remporté cette dernière victoire, Sébitouané répondit, à l'égard des chefs qui avaient échappé à la mort : « Ils aiment Mosilikatsé, qu'ils aillent vivre auprès de lui ; le Zambèze est ma ligne de défense. » Et il plaça des hommes sur le bord du fleuve pour garder sa frontière. Lorsqu'il eut appris que nous avions le désir de le voir, il fit tous ses efforts pour faciliter notre accès auprès de lui ; Séchélé, Sékomi et Léchulatébé, lui devaient leur pouvoir, et ce dernier aurait pu payer cher les entraves qu'il avait mises à notre voyage.

Sébitouané était au courant des moindres choses qui arrivaient dans le pays, car il savait gagner l'affection de tout le monde, des étrangers aussi bien que de son peuple ; de pauvres gens venaient-ils chez lui vendre des peaux et des houes, il allait s'asseoir auprès d'eux, quelle que fût leur chétive apparence, et leur demandant s'ils avaient faim, il ordonnait à l'un de ses serviteurs d'apporter du miel, de la farine et du lait, y goûtait devant eux pour éloigner tout soupçon de leur esprit, et leur faisait faire un bon repas, peut-être pour la première fois depuis qu'ils étaient au monde ; ravis au delà de toute expression de ses manières affables et de sa conduite généreuse, ces étrangers sentaient leur cœur s'émouvoir et s'ouvrir, et non-seulement ils donnaient au chef qui les accueillait ainsi, toutes les informations qu'ils avaient pu se procurer, mais encore ils chantaient ses louanges et les répandaient au loin : « Il a du cœur et il est sage, » nous disait-on partout, lorsqu'il nous arrivait de parler de Sébitouané.

Très-heureux de ce que nous n'avions pas craint de lui amener nos enfants, il se montrait profondément touché de cette marque de confiance, et promit de nous faire visiter toutes les parties de son territoire, afin que nous pussions y choisir un endroit pour y fixer notre demeure. Je devais, d'après le plan que nous avions formé, rester dans le pays, où je me livrerais à l'instruction des indigènes, pendant que M. Oswell descendrait le Zambèse afin d'en explorer les bords. Mais au moment de voir se réaliser le plus ardent de ses désirs, Sébitouané tomba malade d'une inflammation de poitrine qui s'aggrava d'une ancienne blessure qu'il avait reçue à Mélita. Je vis le danger de sa position et je n'osai pas prendre sur moi la responsabilité du traitement, dans la crainte que son peuple ne me reprochât sa mort ; j'en parlai à ses médecins qui approuvèrent ma conduite : « Vous êtes prudent et sage, me dirent-ils, chacun vous blâmerait s'il venait à mourir. » L'année précédente les Barotsés l'avaient guéri de la même affection en lui scarifiant largement la poitrine, mais à peine si les docteurs Makololos lui incisèrent l'épiderme. Le dimanche suivant, j'allai le voir après l'office, avec Robert, l'aîné de mes trois enfants : « Approchez, me dit-il, et voyez dans quel état je me trouve ; maintenant tout est fini. » Comprenant qu'il connaissait la gravité de sa position, je ne crus pas nécessaire de le contredire et j'ajoutai quelques paroles au sujet de la vie future et l'espoir qui nous attendait après la mort. « Pourquoi parlez-vous de cela ? répondit l'un des docteurs qui se trouvaient auprès de lui. Sébitouané ne mourra jamais ! » Si j'avais insisté, le bruit se serait répandu que j'avais souhaité sa mort. Après avoir recommandé son âme à la miséricorde divine, je me levais pour partir, lorsque, se mettant à son séant, il appela un serviteur et lui dit : « Conduisez Robert à Maounkou (l'une de ses femmes) pour qu'elle lui donne un peu de lait. » Ce furent les dernières paroles que Sébitouané prononça.

L'usage des Béchuanas est d'enterrer leur chef dans l'endroit où sont renfermés ses bestiaux, et de conduire ceux-ci, pendant une heure ou deux, sur sa tombe, afin qu'elle soit complétement effacée. J'assistai aux funérailles et, m'adressant aux membres de la tribu, je leur donnai le conseil de ne pas se désunir et de se rattacher à l'héritier de Sébitouané ; ils prirent cet avis en bonne part, et nous dirent à leur tour de ne pas nous alarmer, qu'ils étaient loin de nous attribuer la mort de leur chef ; que Sébitouané avait été rejoindre ses ancêtres, mais qu'il laissait des enfants, et que chacun espérait que nous serions aussi bons pour ceux-ci que nous l'aurions été pour leur père.

Sébitouané était sans contredit le plus grand et le meilleur de tous les chefs de tribus que j'aie jamais rencontrés. Sa perte nous inspira de vifs regrets. Il était impossible de ne pas songer au sort qui lui était réservé dans cet autre monde dont il n'avait entendu parler qu'au moment de quitter celui-ci, et nous comprenions les sentiments de ceux qui prient pour les morts.

Ce fut Ma-Mochisané, l'une des filles de Sébitouané, qui hérita du pouvoir, d'après le désir qu'en avait exprimé son père. Celui-ci, comme nous l'avons dit plus haut, nous avait fait la promesse de nous laisser visiter le pays, afin que nous pussions y choisir notre résidence : c'était maintenant à sa fille que nous devions nous adresser. Ma-Mochisané habitait, à douze lieues plus au nord, une ville appelée Naliélé, ce qui nous obligea d'attendre qu'elle eût répondu au message que nous lui avions envoyé. Elle nous laissa complétement libres de parcourir la contrée et de nous fixer où bon nous semblerait. Nous en profitâmes, M. Oswell et moi, pour nous rendre à Séshéké, environ à cent trente milles au nord-est de l'endroit où nous étions ; et vers la fin de juin 1851 nous fûmes amplement dédommagés de nos fatigues par la découverte du Zambèse, au centre du continent ; découverte d'autant plus importante que jusqu'alors on ignorait complétement que ce fleuve existât dans ces lieux. Toutes les cartes portugaises nous le représentent comme prenant sa source beaucoup plus à l'est. Si le commerce avait pénétré dans la région comprise entre les 12e et 18e degrés de latitude sud, et qu'il y eût fondé quelques établissements, on connaîtrait depuis longtemps cette partie magnifique du Zambèse. Nous y arrivâmes à la fin de la saison sèche, époque où le niveau des rivières est au plus bas, et cependant le lit du fleuve renfermait un cours d'eau profond et rapide qui n'avait pas moins de trois cents à six cents mètres de large. M. Oswell n'avait jamais vu d'aussi beau fleuve, lui qui arrivait des Indes. A l'époque de son débordement annuel, le Zambèse s'élève perpendiculairement à plus de six mètres et s'étend sur une largeur d'environ quinze à vingt milles.

Le pays que nous avions traversé depuis les rives du Chobé, pour venir jusqu'au Zambèse est absolument plat ; d'énormes fourmilières constituent les seules éminences que l'on y aperçoive ; elles sont généralement couvertes de dattiers sauvages et de palmyras. On trouve dans quelques parties de la plaine des forêts de mimosas et de mopanés (*bauhinias*). Cette région présente çà et là des terrains où l'eau séjourne, et il existe sur les rives du Chobé ou dans son voisinage de grands marais habités par les Makololos, qui s'y trouvent protégés contre leurs ennemis par de profondes rivières dont les bords sont garnis d'une végétation impénétrable. Je ne pouvais pas, en conscience, les prier d'abandonner leur retraite, parce qu'il me convenait d'y établir ma demeure. D'un autre côté, cette région est si malsaine que les Basoutos, qui en avaient été les premiers habitants, avaient presque entièrement disparu, décimés par la fièvre ; je reculai donc devant la crainte que cette maladie m'inspirait pour ma famille, et cependant les districts où l'on respirait un air pur étaient si découverts et offraient si peu de sécurité contre une attaque possible qu'on n'osait pas davantage y fixer sa résidence.

Comme nous étions les premiers hommes blancs qui fussent jamais venus dans le pays, nous recevions chaque jour un grand nombre de visiteurs ; l'un des premiers personnages qui vinrent nous voir était vêtu d'une robe de chambre d'indienne de couleur éclatante ; beaucoup de Makololos portaient des vêtements de serge bleue, verte, rouge ou de coton imprimés. Aux questions que n us fîmes à cet égard, on nous répondit que ces vêtements avaient été apportés par des Mambaris qui les avaient échangés contre des petits garçons. Les Mambaris forment une tribu qui habite auprès de Bihé. C'est en 1850 seulement qu'elle fit pour la première fois le commerce d'esclaves avec les Makololos, et. sans les difficultés que nous opposa Léchulatébé, nous serions arrivés à temps pour empêcher Sébitouané de consentir à cet odieux trafic. Les Mambaris avaient autrefois visité le chef des Barotsés, qui n'avait pas voulu permettre qu'on leur vendît un seul enfant; ils étaient restés longtemps sans revenir; et lorsqu'ils reparurent, en 1850, les Barotsés étaient alors sous la domination de Sébitouané. Les traitants avaient une cargaison de vieux fusils portugais, marqués *Legitimo de Braga*, qui séduisirent Sébitouané. C'était, pensait-il, un excellent moyen de vaincre les Matébélés, et il offrit d'acheter ces armes en donnant, en échange, de l'ivoire ou des bœufs; mais les Mambaris ne consentirent à les céder que pour des enfants mâles de treize à quatorze ans. Les Makololos n'avaient jamais entendu dire que l'on achetât des enfants ou des hommes, et cette proposition leur déplut singulièrement; toutefois le désir de posséder les armes qu'on leur offrait l'emporta, et huit garçons furent échangés pour autant de vieux fusils. Ce n'était pas du reste leurs propres enfants que les Makololos donnaient aux Mambaris, mais des captifs qu'ils avaient enlevés aux races conquises. Je n'ai pas connu en Afrique un seul exemple de parents qui aient vendu leurs enfants. Plus tard, les Mambaris poussèrent les Makololos à faire une razzia, de compte à demi avec eux, chez quelques tribus de l'est. Les premiers devaient avoir les captifs, et les seconds s'emparer des bestiaux. Deux cents esclaves furent emmenés du pays cette année-là. Pendant l'expédition, les Makololos rencontrèrent quelques Arabes de Zanzibar; ceux-ci leur offrirent trois mousquets de fabrique anglaise et reçurent trente captifs en échange.

Après avoir causé longtemps sur ce sujet avec mes compagnons, l'idée me vint que, si le commerce d'objets fabriqués en Europe faisait concurrence à la vente des esclaves, celle-ci disparaîtrait bientôt, remplacée par un trafic honnête. Il me paraît beaucoup plus facile de porter à ces peuplades, en payement de l'ivoire et des autres productions de leurs pays, les marchandises qu'ils achètent aujourd'hui en échange de leurs captifs, et de prévenir ainsi la traite des nègres, que d'essayer de la réprimer une fois que la vente a eu lieu. Il faut seulement, pour que ce projet soit réalisable, établir un grand chemin qui mette la côte en communication avec le centre de l'Afrique.

Ne pouvant espérer que les Boërs consentissent à laisser les naturels de Kolobeng s'instruire paisiblement, je résolus de ne pas exposer plus longtemps ma famille aux dangers qu'elle courait dans cette région malsaine, de la renvoyer en Europe et de revenir seul explorer la contrée afin d'y trouver un endroit salubre qui pût devenir un centre de civilisation ; enfin d'ouvrir l'intérieur de l'Afrique par une voie qui permît d'y pénétrer, soit de la côte occidentale, soit de la côte opposée. Cette résolution me fit prendre le chemin du Cap, où j'arrivai en avril 1852 ; c'était la première fois depuis onze ans que je visitais des lieux civilisés. Il nous fallut traverser toute la colonie pour arriver au Cap ; on était alors au douzième mois de la guerre avec les Cafres. Si les personnes qui versent périodiquement des sommes énormes pour subvenir aux frais de cette guerre sans gloire veulent comprendre comment il se fait que notre petite caravane pût, sans escorte, voyager au cœur de la colonie tout aussi paisiblement qu'en Angleterre, elles n'ont qu'à prendre un correspondant qui, lors des prochaines hostilités, leur expliquera où va l'argent qu'elles donnent et à qui profitent le sang et les trésors répandus.

J'installai ma famille à bord d'un vaisseau qui partait pour l'Angleterre, et je promis d'aller la rejoindre au bout de deux ans ; mais je devais être près de cinq années sans la revoir. Les directeurs des missions de Londres manifestèrent l'approbation qu'ils donnaient à mon projet, en me laissant complétement libre de l'exécuter ; je me fais un devoir de reconnaître que ces messieurs ont toujours suivi à mon égard les inspirations d'un esprit éclairé et qu'ils se m ntrèrent aussi généreux envers moi que pouvait le permettre leur constitution.

C'est avec le même plaisir que j'exprime ici toute ma gratitude à l'écuyer Thomas Maclear, astronome royal au Cap, pour m'avoir fourni les moyens d'acquérir de nouveau la faible somme de connaissances astronomiques qu'un travail manuel constant et les devoirs du missionnaire avaient effacé de mon esprit ; je dois à la promesse qu'il me fit à mon départ de reviser mes calculs, la persévérance que j'ai mise à vaincre les difficultés que rencontre un observateur solitaire. On peut donc s'en rapporter complétement aux situations géographiques que j'ai déterminées, et dont il faut attribuer l'exactitude à la collaboration de l'excellent et laborieux directeur de l'observatoire du Cap.

7

CHAPITRE V

Départ de la ville du Cap en juin 1852. — Compagnons de voyage. — Divisions naturelles du midi de l'Afrique. — Le désert Kalahari. — Flore du désert. — Colonisation des districts du centre. — Boërs hollandais. — Leurs habitudes. — Apparence de stérilité. — Manque d'herbe. — Nouvelles plantes. — Animaux du désert. — Maladie des chevaux. — Son effet sur les animaux sauvages. — Les Boërs envisagés comme fermiers. — Migration des Springbocks. — Ruse des animaux. — La rivière d'Orange. — Territoire des Griquas et des Béchuanas. — Les Griquas. — Le chef Waterboer. — Mauvaises mesures du gouvernement colonial au sujet de la fraude. — Succès des missionnaires chez les Griquas et les Béchuanas. — Amélioration des indigènes. — Leurs vêtements. — Définition des naturels par un de leurs compatriotes. — Articles de commerce du pays des Béchuanas.

Je partis du Cap au commencement de juin 1852 pour me rendre à Saint-Paul de Loanda, capitale de la province d'Angole, sur la côte occidentale; et, traversant ensuite obliquement tout le centre de l'Afrique australe, j'arrivai à Quilimané, sur la côte opposée. Le wagon massif, traîné par dix bœufs, moyen de transport habituel de la contrée, fut celui que j'employai à mon départ du Cap. J'avais avec moi deux Béchuanas chrétiens de Kuruman (je n'ai vu nulle part de meilleurs domestiques), deux Bakouains et deux jeunes filles qui avaient servi de bonnes à mes enfants et qui retournaient à Kolobeng, leur ville natale. On a tant de fois décrit cette manière de voyager en Afrique au moyen de chariots attelés de bœufs, qu'il est inutile d'en parler; c'est une longue série de pique-niques, régime excellent pour la santé et fort agréable pour ceux qui n'attachent pas trop d'importance aux petites choses et qui aiment à vivre en plein air.

La route que nous suivions passé à peu près au milieu de cette partie du continent qui constitue le promontoire du Cap; si nous supposons cette masse conique divisée en trois bandes longitudinales, chacune d'elles nous offrira une différence très-marquée de température, d'aspect et de population, surtout lorsqu'on a franchi les limites de la colonie. En certains endroits, ces régions distinctes paraissent empiéter l'une sur l'autre, s'engréner pour ainsi dire ; mais l'ensemble n'en conserve pas moins son caractère différentiel, qui laisse subsister la division préétablie. La zone orientale est montagneuse, bien boisée d'arbres verts (strelitzia, portulacaria afra, schotia speciosa, euphorbias, aloës arborescens et zamia horrida), sur lesquels ni la chaleur ni la sécheresse ne produisent le moindre effet ; les gorges qui avoisinent la mer sont couvertes de bois de construction gigantesque. Cette partie est bien arrosée comparativement aux deux autres et reçoit tous les ans une quantité de pluie considérable. Les habitants, connus sous le nom de Cafres et de Zoulous, sont grands, bien faits et vigoureux, d'une intelligence pleine de ruse, d'un caractère énergique et brave ; ils méritent de tout point la qualification de *magnifiques sauvages*, qui leur a été donnée par les autorités militaires chargées dernièrement de les combattre ; leur admirable organisation, le développement et la beauté de leur corps, la forme de leur crâne, les placeraient à côté des races européennes les plus parfaites, n'étaient leur peau noire et la toison qui leur couvre la tête.

La zone voisine est tout au plus montueuse ; elle se compose en grande partie de vastes plaines légèrement ondulées ; elle renferme peu de ruisseaux, encore moins de rivières navigables ; il y pleut rarement, et les années d'extrême sécheresse y reparaissent à de fréquents intervalles ; aucune céréale d'Europe n'y peut venir sans le secours des irrigations ; et les habitants, qui sont des Béchuanas, ayant évidemment la même origine que ceux dont nous avons déjà parlé, sont beaucoup moins braves que les Cafres et bien inférieurs à ces derniers sous le rapport du développement physique.

La partie de l'ouest, encore moins accidentée que la région du centre, n'offre d'ondulations que dans le voisinage de l'Océan ; elle contient le désert Kalahari, plaine immense, remarquable par sa végétation luxuriante, malgré le peu d'eau qu'on y rencontre.

Il est probable que la rareté de la pluie dans cette vaste région provient de ce que le vent d'est y domine, avec une légère inclinaison vers le sud ; les vapeurs qu'il entraîne de l'océan Pacifique se déposent sur les montagnes de l'est ; quand la masse d'air atteint sa plus grande élévation, elle arrive au bord de la grande vallée qui renferme le Kalahari ; comme elle se trouve alors en contact avec l'air raréfié du désert, la colonne ascendante de cet air embrasé lui permet de tenir en suspension l'humidité qu'elle contient encore et empêche la pluie de tomber sur cette région, dont l'atmosphère a une puissance hygrométrique assez grande pour prévenir la formation des nuages.

C'est, sur une échelle gigantesque, le même phénomène que celui qu'on observe au Cap, sur la montagne de la Table, et qu'on appelle *la Nappe ;* le vent du sud-est fait monter tout à coup une masse d'air égale au diamètre de la montagne, à une hauteur d'environ mille mètres ; le froid, que l'air dilaté rencontre subitement, produit la formation immédiate d'un nuage au sommet de la montagne ; l'eau contenue dans l'atmosphère devient visible ; des masses d'air s'élèvent successivement, et les nuages s'accumulent ; la partie supérieure de la masse vaporeuse est unie et paraît immobile, c'est la nappe ; sous le vent, au contraire, l'amas de vapeurs tourbillonne et descend ; mais, quand il arrive au point où la chaleur permet à l'air de transporter, en la divisant, une quantité d'eau plus considérable, il disparaît entièrement.

Supposons maintenant qu'au lieu d'une ville à l'ouest de la Table, il se trouve une plaine brûlante dont le niveau soit très-élevé, les nuages qui se forment aujourd'hui lorsque le vent est du sud-est, pourront bien déposer quelques ondées sur le versant oriental et sur le sommet de la montagne ; mais la chaleur du plateau opposé dissipera immédiatement ces nuages, qui ne se dispersent maintenant qu'après s'être abaissés vers la plaine ; et à la place des disa grandiflora, des glaïeuls, des lichens et des joncs qui composent la flore de la montagne de la Table, nous aurons les plantes robustes qui triomphent de l'aridité du désert.

Quant au Kalahari, on peut expliquer la richesse de sa végétation par sa structure géologique : une enceinte de rochers enferme cette grande vallée centrale, y prolonge son versant intérieur et forme un bassin dont le fond est composé des plus anciennes roches siluriennes ; ce bassin a été brisé et rempli en maint endroit par des basaltes et des brèches, où l'on trouve un assez grand nombre de fragments angulaires appartenant à des roches de la plus ancienne formation ; malgré les bouleversements qui ont brisé la ceinture de la vallée, au point d'en effacer presque entièrement la forme primitive, il est probable que cette enceinte existe encore sur un assez grand espace, d'où il résulte que, dans les lieux où la pluie est abondante, le versant des collines dirige vers le centre du bassin qu'elles entourent les eaux pluviales qui s'infiltrent et se déposent sous la surface du sol. Les citernes que l'on obtient en creusant dans le sable, comme nous l'avons dit ailleurs et qui proviennent de cours d'eau souterrains, viennent confirmer cette opinion ; il n'est même pas impossible que le réseau fluvial que l'on rencontre au nord, et dont les crues annuelles augmentent considérablement, au dire des indigènes, l'eau des sources appelées Matlomagan-yana, n'étende son influence fertilisante au-dessous du Kalahari.

Cette formation géologique particulière expliquerait l'énorme différence qui existe entre la végétation du midi de l'Afrique et celle de l'Australie centrale, bien que ces deux régions soient situées sous la même latitude, c'est-à-dire entre les 20e et 30e degrés au sud de l'équateur. L'explication que nous avons donnée de cette différence entre la fertilité des deux continents fait présumer qu'on réussirait facilement en Afrique à établir des puits artésiens, dans de vastes régions que le manque d'eau seul empêche d'être habitées. Qu'on nous permette d'examiner combien la différence de végétation que présentent ces deux parties du monde, quelle qu'en soit l'origine, promet au midi de l'Afrique un avenir plus brillant que celui qu'on peut espérer pour l'Australie centrale. Les districts intérieurs de la colonie du Cap non-seulement acquièrent chaque jour une valeur nouvelle qui garantit de beaux bénéfices au travailleur honnête, mais possèdent en outre un climat dont la salubrité n'a pas d'égale pour les personnes qui sont attaquées de la poitrine ; je recommande sincèrement aux cultivateurs qui redoutent cette maladie pour quelque membre de leur famille d'essayer de la colonie africaine ; les moyens d'éducation qu'on y trouve dès aujourd'hui, et le mouvement incessant de la population du Cap, doivent lui ôter toute inquiétude de voir ses enfants tomber dans la barbarie.

La route que nous suivions alors traverse la partie centrale du promontoire, ainsi que nous l'avons dit au commencement de ce chapitre, ou bien elle côtoie la zone occidentale jusqu'à la hauteur du lac Ngami, où commence une région totalement différente.

Nous avions passé, avant de sortir de la colonie, au milieu des districts habités autrefois par les réfugiés français et hollandais, qui, à l'époque des persécutions religieuses, s'établirent au nord de la ville du Cap. Nous avons retrouvé les descendants de ces proscrits dans les lieux qu'avaient choisis leurs ancêtres ; ils ressemblent aux individus qui, en Angleterre, composent la classe moyenne, et se distinguent par leur attachement à la chose publique et par leur intelligence des affaires générales. Ceux dont la résidence est plus éloignée de la capitale sont moins au courant des intérêts coloniaux, mais ils n'en forment pas moins une classe de paysans laborieux, sobres et hospitaliers. Un excellent système d'instruction publique, ayant pour base les idées de sir John Herschel, fut établi dans le pays par sir Georges Napier, à l'époque où il gouvernait la colonie du Cap.

Il ne faut pas confondre la population dont nous parlons maintenant avec les Boërs, qui se sont séparés du gouvernement colonial dès qu'ils se virent obligés, pour obéir à la loi anglaise, d'émanciper leurs esclaves; peut-être cette confusion n'aurait-elle jamais eu lieu, si de temps en temps quelque Rip van Winkle [1] n'arrivait au Cap et n'essayait de justifier, dans les journaux, la chasse aux esclaves et les actes sanguinaires qui ont lieu dans l'intérieur, actes monstrueux qui ont attiré indistinctement sur toute la race des Boërs le mépris et la haine de ceux qui ne connaissent pas les éléments dont se compose la colonie.

L'accroissement de la population est rapide chez les Boërs; ils se marient de bonne heure, les femmes y sont rarement stériles, et presque toutes ont des enfants jusqu'à un âge avancé. J'ai rencontré parmi elles une digne matrone dont le mari avait cru devoir imiter la conduite d'Abraham avec Agar; elle approuvait évidemment cette mesure, car elle prenait plaisir à s'entendre appeler ma mère par les fils de l'esclave qui lui avait été préférée. Jamais un orphelin n'est resté sans appui chez ces braves cultivateurs; et il n'est pas rare de voir un fermier non-seulement recueillir le pauvre petit qui n'a plus de père, mais encore lui donner une dot égale à celle de ses propres enfants.

Le climat du midi de l'Afrique n'a pas beaucoup influé sur la race des Boërs; ils ont seulement la peau plus brune, ou, pour mieux dire, plus rouge que celle de leurs ancêtres, et ils sont loin d'offrir cet aspect cadavéreux que présentent, dit-on, ailleurs les colons d'origine européenne. On trouve chez eux une tendance au développement de la stéatopyga qui caractérise les Arabes, ainsi que d'autres peuplades africaines, et il est probable que dans cent ans les Boërs de l'intérieur seront de la même teinte qu'Adam et Ève, ou du moins de celle que les érudits ont attribuée à nos premiers parents.

---

1. Personnage d'un conte populaire de Washington Irving, qui dormit pendant tout le temps de la guerre de l'Indépendance, et qui ne se réveilla qu'après la constitution des États-Unis. (*Note du traducteur.*)

Les parties de la colonie que nous avions à traverser nous apparurent dans toute leur nudité ; l'extrême sécheresse de l'été précédent avait fait périr les deux tiers du bétail ; le paysage n'avait rien d'attrayant ; les teintes sombres des collines dénudées, et la végétation maladive et clair-semée des plaines, me firent trouver que le nom de désert conviendrait bien mieux à cette région qu'à la vallée du Kalahari. On assure qu'à l'époque où les Européens s'en emparèrent, elle était couverte d'une herbe épaisse qui a disparu avec les antilopes qu'elle nourrissait alors ; aujourd'hui cette herbe est remplacée par des crassules et par de nombreuses ficoïdes. Il est curieux d'observer combien, dans la nature, les êtres qui diffèrent le plus par leur organisation, dépendent mutuellement les uns des autres : ici l'herbe, pour se perpétuer, avait besoin des animaux, qui, en la paissant, en disséminaient les graines ; lorsque, après la destruction des antilopes, de nouvelles semences ne furent plus confiées à la terre, le sol ne parvint pas à triompher de la sécheresse, qui s'opposait à ce que cette forme de végétation y reparût spontanément.

Mais le Créateur, dont l'omniscience a tout prévu, tenait en réserve des plantes d'une autre famille, qui combattent l'aridité du sol. Les graines de certaines ficoïdes sont contenues dans une enveloppe capsulaire qui reste fermée tant que le terrain est brûlant, et qui, bien loin de ressembler à celle des autres plantes que la chaleur fait éclater, ne s'ouvre au contraire qu'après la pluie, au moment où l'embryon renfermé dans la graine trouve le sol dans les conditions voulues pour qu'il puisse se développer.

L'une des plantes de cette famille est comestible (*mesembryanthemum edule*) ; une autre espèce a une racine tubéreuse, que l'on peut manger crue. Toutes ces plantes ont des feuilles épaisses et charnues, dont les pores aspirent l'humidité de l'atmosphère et du sol, et qui contiennent une sève abondante, même à l'époque de la plus grande sécheresse. On les retrouve beaucoup plus au nord ; mais l'immense quantité d'herbe qui les environne empêche qu'on ne les distingue : elles n'en existent pas moins dans ces lieux, où elles remplissent les moindres vides qui se produisent autour d'elles. Le mésembryanthémum turbiniforme est de la même couleur que le terrain où il pousse et que les pierres qui l'entourent. Il se confond avec eux et nourrit un grillon de la même nuance que ses feuilles et sa tige : c'est pour l'insecte un moyen d'échapper à l'attention des oiseaux, que la lenteur de ses mouvements ne lui permettrait pas d'éviter. Quant à la plante, la nature, en la revêtant de la livrée du milieu où elle se trouve, a eu le double but d'en conserver l'espèce et de pourvoir ainsi, par son développement futur, à l'alimentation des animaux qui s'en nourrissent.

Comme, dans les contrées arides, cette plante offre plus de ressources que l'herbe pour les moutons et pour les chèvres, les Boërs la multiplient dans les lieux qu'ils habitent, et ils se servent pour cela du moyen par lequel les antilopes répandent les semences des graminées qu'elles broutent : quelques charretées de mésembryanthémums dont la graine est mûre sont rapportées à la ferme, recouvertes d'une couche d'herbe grossière, et placées dans un endroit où les moutons reviennent le soir ; ceux-ci en mangent une petite quantité chaque nuit, et le lendemain toutes les graines qu'ils ont avalées sont déposées sur le terrain où ils vont pâturer, manière bien simple de semer, et de semer avec une régularité qu'on ne pourrait obtenir que par beaucoup de travail. Au bout de quelques années, le sol ainsi ensemencé nourrit des troupeaux de moutons considérables, qui prospèrent à merveille sur ce genre de pâturage.

Quelques-unes de ces ficoïdées sont pourvues, comme certaines plantes dont j'ai parlé plus haut, de tubercules oblongs qui, profondément enterrés, leur servent de réservoirs pendant ces longues sécheresses qui reviennent souvent en Afrique, même dans les régions les plus favorisées. Pourquoi les fermiers du Cap ne mettraient-ils pas à profit cette particularité que j'ai observée dans les plantes du désert ? On trouve en abondance, au nord du 18e degré de latitude méridionale, trois variétés de vignes fructifères, dont l'une porte des tubercules oblongs, espacés de trois à quatre pouces le long de sa racine horizontale, et qui ont beaucoup de ressemblance avec les griffes de l'asperge ; ces appendices tuberculeux, qui permettent à la plante de résister aux effets d'un climat dévorant, pourraient être d'une grande valeur dans les parties arides de la colonie, et fournir le moyen d'y propager une espèce de vigne beaucoup plus en rapport avec la nature du sol, que toutes les variétés étrangères que l'on y cultive aujourd'hui. Les Américains tirent de certaines vignes de leur pays un vin préférable, disent-ils, à celui des meilleurs crus de Portugal et de France. Quel bienfait un pareil vin n'eût-il pas été pour un missionnaire des provinces rhénanes, M. Ébenezer, que j'ai rencontré dans l'ouest de la colonie du Cap, et dont les enfants n'avaient jamais vu de fleurs, bien qu'ils fussent assez grands pour le dire !

La lenteur avec laquelle nous voyagions nous faisait prendre de l'intérêt aux moindres choses. Les noms de différents endroits attirèrent notre attention, parce qu'ils indiquaient l'existence d'élans, de buffles, d'éléphants, qui ne se rencontrent plus aujourd'hui qu'à des centaines de milles de ces lieux qu'ils habitaient jadis. L'autruche et un petit nombre de gnous, de blesbocks [1], de bluebocks [2], de steinbocks, continuent, comme les bushmen, à traîner une vie précaire dans cette région d'où se sont éloignés les animaux qui s'y trouvaient autrefois avec elles. L'éléphant, le plus sagace de tous, a fui le premier le voisinage des armes à feu ; le gnou et l'autruche, les plus circonspects et les moins intelligents, sont restés les derniers. Lorsque les Européens vinrent s'établir au Cap, les Hottentots possédaient une quantité prodigieuse de bêtes bovines de belle race, mais ils n'avaient ni chevaux, ni ânes, ni chameaux ; la race des bœufs qu'ils élevaient alors, et qui existe toujours dans quelques endroits situés près de la frontière, venait probablement du nord-est, point du continent d'où les naturels font tous partir la première émigration de leurs ancêtres. Ils avaient des bœufs, des moutons, des chèvres et des chiens ; pourquoi le cheval, que les hordes sauvages aiment avec passion, leur manquait-il ? Les chevaux qui d'Europe ont été amenés au Cap y ont parfaitement prospéré. Certaines chaînes de montagnes, au dire des naturels, limitent l'habitation de certaines classes d'animaux, qui ne peuvent pas les franchir ; mais en Afrique il n'y a pas de Cordillières, pas d'obstacle matériel qui ait séparé jadis les Arabes des Hottentots, sortis également du nord-est, et qui ait pu empêcher les hordes émigrant vers le sud d'emmener avec elles le noble animal qui faisait leur orgueil.

Une barrière invisible, plus puissante que les montagnes, et qui n'existait pas pour les bœufs, les moutons et les chèvres, a dû s'opposer à l'acclimatation de la race chevaline parmi les Hottentots : ce n'est pas seulement la mouche tsetsé, dont l'habitat, bien circonscrit, peut être facilement évité, mais la péripneumonie, connue dans le pays sous le nom de *maladie des chevaux ;* elle sévit avec une telle violence sur un espace qui comprend environ sept degrés de latitude, du 20ᵉ au 27ᵉ parallèles, que c'est tout au plus si, à force de soins, on peut en garantir ces animaux pendant l'été. Ce n'est qu'en hiver, saison qui là-bas commence en avril, que les Anglais peuvent chasser à cheval ; au mois de sep-

1. A. Pygarga.
2. A. Cerulea.

tembre ou d'octobre, ils courent le danger de voir la maladie attaquer leur monture, et cette maladie est mortelle dans la plupart des cas ; cependant, si l'animal résiste une première fois, il est presque toujours à l'abri d'une nouvelle atteinte. Les bœufs et les vaches sont également sujets à cette affection ; mais elle ne les frappe qu'à des intervalles plus ou moins longs ; quelquefois il se passe bien des années sans que l'épizootie les atteigne, et jamais elle n'emporte la totalité des bestiaux d'un village comme elle le fait de tous les chevaux qui s'y trouvent. C'est à cette maladie meurtrière, dont jusqu'à présent rien n'a pu triompher[1], qu'il faut attribuer l'absence du cheval dans le pays des Hottentots.

La chair des animaux qui sont morts de cette affection donne le charbon à celui qui en mange, et le malade est rapidement enlevé si le charbon se déclare sur un organe important : c'est au creux de l'estomac qu'il est surtout dangereux. Des missionnaires ont éprouvé les effets de ce poison en mangeant, convenablement assaisonnée, la viande d'un mouton qui était mort de cette maladie sans qu'on en eût eu connaissance ; aucun genre de cuisson ne détruit le virus que renferme la chair de l'animal ; ce fait, dont nous avons de nombreux exemples, démontre le peu de valeur des expériences de laboratoire en matière d'alimentation, quelle que soit la capacité du savant qui les a faites : car un célèbre médecin de Paris, après une étude sérieuse de la question, déclarait que le virus en pareille circonstance était neutralisé complétement lorsque la viande avait bouilli.

La maladie des chevaux attaque également les animaux sauvages. Pendant notre séjour à Chonuané, la récolte de sorgho ne donnant aucune espérance, les Bakouains abandonnèrent leurs champs à l'époque de la moisson ; les tolos ou koudous, très-friands de la tige verte de cette espèce de millet, accoururent dans les champs désertés, s'y engraissèrent rapidement, et leur embonpoint les prédisposant à la maladie, un grand nombre ne tardèrent pas à mourir ; nous trouvâmes jusqu'à vingt-cinq de leurs cadavres sur la colline qui était en face de notre maison. Une grande quantité de zèbres et de gnous eurent le même sort ; toutefois, cette mortalité ne parut pas plus diminuer la masse des

---

1. Il existe dans le pays des Namaquas une montagne appelée Tans, où, d'après M. Anderson, les chevaux peuvent pâturer pendant toute l'année sans avoir à craindre la maladie qui les emporte dans les régions voisines ; presque tous les Namaquas du nord, ajoute ce voyageur, ont l'habitude d'y envoyer leurs chevaux pour y passer la saison de l'épidémie. Peut-être arriverait-on, par la comparaison des lieux, à découvrir la source du mal et à en connaître le remède. (*Note du traducteur.*)

animaux sauvages que la mort de nombreux indigènes qui, en dépit de toutes nos observations, avaient mangé de la chair des bêtes malades, ne sembla porter atteinte à la puissance de leur tribu.

Les fermes des Boërs se composent, en général, de quelques champs cultivés au milieu des pâturages ayant plusieurs milles d'étendue; ces fermiers sont donc plutôt des pasteurs que des agriculteurs. Chaque ferme doit avoir sa fontaine; dans tous les endroits où cette condition n'est pas remplie, les terres du gouvernement ne trouvent personne qui veuille les acquérir.

Le mille carré [1], en Afrique, a moins de valeur qu'un acre [2] de terrain n'en a généralement en Angleterre; mais le pays est en voie de prospérité, il est susceptible d'une grande amélioration, et la nature industrieuse des Boërs permet d'espérer, dans un avenir prochain, l'établissement d'un système d'irrigation dont on ne saurait mettre en doute les excellents résultats.

Les colons trouvent d'ailleurs dans leurs troupeaux les éléments d'une fortune assurée; des quantités de laine de plus en plus considérables sont produites chaque année, et la valeur de leur ferme s'augmente en proportion. Mais le système pastoral exige un territoire immense; et, malgré l'étendue de celui de la colonie, dont la population est peu nombreuse, les fermiers le considèrent comme trop étroit et s'étendent graduellement vers le nord. Cette disposition est fâcheuse pour la région du sud; elle éloigne de la colonie des travailleurs dont les bras lui seraient nécessaires, et qui vont dépenser leur force dans un genre de vie où l'activité humaine ne trouve pas à s'employer. Mais a-t-on le droit de s'en plaindre? Est-il permis de trouver mauvais que des agriculteurs veuillent, afin de les labourer, s'approprier des terres où les autres ne font que chasser, lorsque par hasard ils les traversent? L'idée de possession n'a-t-elle pas dû primitivement s'appuyer sur la culture du sol, qui en est la véritable conquête? Ce principe, quelque peu chartiste, ne saurait néanmoins s'accepter sans réserve, car son admission en Angleterre conduirait nécessairement à la saisie des vastes domaines des landlords par tous ceux qui ont le désir de les cultiver. En Afrique, l'usurpation a soumis à la charrue moins de terrain que n'en cultive la houe des indigènes; c'est un fait constant que les Basoutos et les Cafres de Natal font de l'agriculture sur une vaste échelle, et peuvent donner leurs produits à meilleur marché que les colons, toutes les fois

1. Seize cent neuf mètres carrés.
2. Quarante ares quarante-six centiares.

que la faveur ne rétablit pas la balance au profit de ces derniers.

Aux environs de la rivière d'Orange, nous vîmes la dernière partie d'une migration de tsépés ou springbocks[1] (*gazella euchore*). Elles viennent du désert, et, lorsqu'on les rencontre immédiatement après qu'elles ont franchi les limites de la colonie, leur nombre, dit-on, est souvent au-dessus de quarante mille. Je ne saurais estimer la quantité de celles que nous avions sous les yeux; elles couvraient une étendue considérable et ne cessaient de remuer et d'agiter leurs cornes gracieuses. Nous étions à l'époque où l'herbe, qui fait leur principale nourriture, abonde le plus dans la région qu'elles venaient de quitter; ce n'est donc pas la faim qui les poussait à émigrer; pas davantage le manque d'eau, car cette espèce d'antilopes est l'une de celles qui boivent le moins : mais elles recherchent par goût les plaines découvertes, où elles sont à l'abri de toute surprise; les Bakalaharis, profitant de cette disposition naturelle, mettent le feu aux grandes herbes de leurs pays, non-seulement pour attirer le gibier par la nouvelle pousse qui ne tarde pas à paraître, mais encore pour former de larges espaces dénudés où viennent se réunir les springbocks.

Ces animaux ne sont pas les seuls qui témoignent de la prédilection pour les lieux découverts : les bœufs qui traversent les jungles sont toujours prêts à s'enfuir; le sentiment qu'ils ont du danger s'accroît de la facilité qu'un ennemi trouverait à se cacher dans les grandes herbes ; et la moindre chose, la forme indécise de l'un d'eux, suffit pour les alarmer et pour leur faire prendre la fuite.

A mesure que l'herbe grandit au désert, les springbocks, naturellement craintives, s'inquiètent de plus en plus, et, comme la végétation est moins puissante dans le sud, elles se dirigent de ce côté; leur nombre s'accroît chaque jour des troupeaux qu'elles rencontrent; l'herbe, en même temps, devient de plus en plus rare, jusqu'au moment où les émigrantes sont obligées, pour trouver pâture, de franchir la rivière d'Orange; c'est alors un fléau pour les colons chez qui elles passent : une nuée de sauterelles ne feraient pas mieux table rase d'un champ de blé que cette masse pressée d'antilopes. On se demande si elles reviennent au désert; personne n'a jamais surpris leur retour. Beaucoup d'entre elles meurent de faim ; le reste s'éparpille sur le territoire de la colonie, assez vaste pour les contenir, et où il est probable qu'elles continueront d'habiter longtemps encore, malgré la guerre active que leur font les chasseurs.

1. Antilopes sauteuses.

En traversant la rivière d'Orange, nous entrâmes sur le territoire indépendant des Griquas et des Béchuanas; on appelle Griquas toutes les races de sang mêlé provenant des Européens et des femmes indigènes; ceux dont nous parlons sont issus des Hollandais et ont eu pour mères des Hottentotes et des Bushwomen; les métis de la première génération se considèrent comme supérieurs à ceux de la seconde; ils possèdent tous, à un degré quelconque, les traits caractéristiques de leur père et de leur mère. A l'époque où nous traversâmes leur territoire, ils étaient gouvernés par un chef appelé Waterboer. Celui-ci, nommé à l'élection, recevait, en vertu d'un traité, une petite somme du gouvernement colonial pour entretenir des écoles dans son pays, et il fut un zélé défenseur de notre frontière du nord-ouest. Il sut empêcher l'enlèvement du bétail pendant toute la durée de son pouvoir, et, bien qu'il soit privé d'une main, il a repoussé dernièrement une armée considérable de maraudeurs Mantatis qui menaçaient d'envahir la colonie[1]. Sans cet homme aussi ferme que brave, il est probable que les colons n'auraient pas moins été inquiétés par les habitants du nord-ouest que par ceux de la frontière orientale; un grand nombre de Griquas ne se seraient pas fait plus de scrupule que les Cafres de dépouiller les fermiers de leurs bestiaux; mais Waterboer, aussitôt qu'il fut au pouvoir, avait déclaré qu'il ne permettrait à personne de se livrer au maraudage. Quelques-uns des principaux membres de la tribu, ayant, malgré cela, pillé plusieurs villages de Corannas situés au sud de la rivière d'Orange, il fit saisir immédiatement six individus qui étaient les chefs de cette entreprise, et, bien que ce fût compromettre sa position, il assembla son conseil, jugea les coupables, les condamna à mort et les fit exécuter publiquement tous les six. Cet acte de rigueur donna lieu à une insurrection; deux fois les révoltés attaquèrent la capitale, avec l'intention de déposer le chef audacieux qui essayait de réprimer leurs habitudes de pillage : mais ils furent vaincus; et, depuis lors jusqu'à la fin du règne de Waterboer, qui dura trente ans, pas une bande de maraudeurs ne se forma sur le territoire des Griquas. Ayant remarqué les effets désastreux de l'introduction des liqueurs fortes dans le pays, Waterboer, avec l'énergie qui le caractérisait, décréta que tous les spiritueux apportés sur son territoire seraient confisqués et répandus sans considération aucune pour le propriétaire. Les chefs griquas de l'Est n'ayant pas eu,

---

[1]. Pour les détails de cette affaire, voyez l'ouvrage de M. Moffat : *Scenes and labours in South Africa*.

comme lui, la force de faire exécuter cette loi, virent bientôt leurs sujets céder leurs fermes aux Boërs avec une facilité désespérante.

Dix ans après son arrivée au pouvoir, Waterboer conclut un traité avec le gouvernement colonial, et, durant les vingt années qui suivirent, pas une seule plainte ne fut portée ni contre lui, ni contre ses sujets; loin de là, sa fidélité à remplir ses engagements lui attira de nombreux témoignages d'approbation de la part des différents gouverneurs qui se succédèrent au Cap. L'un d'eux, néanmoins, voulant rallier un certain nombre de Boërs, sujets de la colonie, qui étaient alors en pleine révolte, et qui avaient tué l'honorable capitaine Murray, proclama leur indépendance, abrogea le traité conclu avec les Griquas, demanda non-seulement que la provision de poudre qu'on donnait à ceux-ci pour la défense de la frontière leur fût retirée, mais encore qu'il leur fût interdit d'en acheter pour leur propre défense.

Si vraiment il était nécessaire d'empêcher les munitions de pénétrer dans le pays, ce n'est pas en faveur des Cafres et des Boërs, nos ennemis déclarés, que cette nécessité devait fléchir; c'est pourtant ce qui a été fait, et l'exception continue au profit des Boërs, tandis que les Béchuanas et les Griquas, nos amis dévoués et constants, n'ont pas le droit de se procurer une once de poudre. L'ignorance de nos relations avec les tribus de la frontière est si grande au Cap, même chez les autorités, que, malgré tout leur désir de seconder mes efforts, les magistrats n'osèrent pas me permettre d'acheter plus de dix livres de poudre, dans la crainte que les Béchuanas ne me les prissent de vive force. J'en ai laissé davantage à Linyanti, pendant plus de deux ans, dans une boîte qui ne fermait pas et qui était dans mon chariot, sans que personne y ait touché.

Sir Georges Cathcart, ne se doutant probablement pas de ce qu'il faisait, entra en négociation avec les Boërs Transwaal. Il fut stipulé que le chemin du nord serait ouvert aux marchands anglais, et que l'esclavage serait complètement prohibé dans le nouvel État libre; c'est alors que le décret sur la poudre fut rendu : il en résulta que les Béchuanas, les seuls de leurs voisins que les Boërs osassent réduire en esclavage, furent mis dans l'impossibilité de se défendre. Nous continuons à respecter le traité; mais les Boërs ne l'ont jamais observé, ils n'en ont même jamais eu l'intention. A peine leur indépendance était-elle proclamée, qu'une chasse aux esclaves était organisée contre les Béchuanas de Séchélé par quatre cents Boërs, sous la conduite de M. Peit Scholz. C'est ainsi qu'un homme capable et rempli de bonnes intentions, mais ne connaissant pas malheureusement la situation du pays qu'il devait gouverner, adopta une politique diamétralement contraire aux intérêts qu'il se proposait de soutenir. Pareille méprise ne serait pas arrivée de la part d'un administrateur né sur les lieux qu'il s'agissait de connaître. Ce n'est pas sir Andries Stockenstrom qui aurait pris les amis des colons pour leurs ennemis et qui les aurait sacrifiés avec l'intention de faire le bien. Il faut espérer que de pareils exemples feront concéder à la colonie le droit de choisir elle-même ses gouverneurs. Si l'on joint à cette mesure, toute de sagesse et d'équité, la représentation au Parlement, je ne doute pas que la colonie du Cap ne soit unie pour toujours à la couronne d'Angleterre.

Des centaines de Griquas et de Béchuanas ont été convertis au christianisme, et en partie civilisés par les missionnaires anglais. Ma première impression fut qu'on avait exagéré les effets de l'Évangile sur leur caractère et sur leurs habitudes. Je m'attendais à trouver chez eux plus de simplicité chrétienne et de pureté qu'il n'en existe parmi nous; je croyais y rencontrer de ces individus pleins de foi naïve et de grandeur, tels que nous nous représentons les premiers chrétiens, et je fus désappointé[1]. Mais lorsque, traversant les régions où l'influence des missionnaires n'a pas encore pénétré, je me trouvai au milieu de véritables idolâtres, et que je les comparai avec les indigènes convertis, j'en vins à me dire que, sérieusement examiné sous le rapport moral et scientifique, le mouvement opéré par les missionnaires est d'une importance incontestable.

Il serait injuste de juger ces pauvres gens d'après nous, qui vivons au milieu d'une atmosphère chrétienne, et dont l'opinion publique, formée des lumières de tous les siècles, influence né-

---

1. Peut-être l'idée que nous nous formons en général de l'Eglise primitive n'est-elle pas très-exacte. Ces réunions, composées pour la plupart de Gentils qui avaient adopté la foi nouvelle, mais qui n'en étaient pas moins imbus des vices et de l'immoralité du paganisme, n'étaient certainement rien moins que pures; en dépit de leur conversion, quelques-uns des nouveaux chrétiens devaient avoir conservé les souillures de leur premier état; si donc le Grec instruit et civilisé ne put pas tout à coup dépouiller le vieil homme et réaliser l'idéal de sa nouvelle religion, nous ne devons pas juger les sauvages avec trop de sévérité, ni demander aux efforts des missionnaires ce qu'n'a pas obtenu la parole des apôtres. Si l'on en croit ce que Lucien nous rapporte de l'imposteur Pérégrinus, l'Eglise qui avait choisi pour chef cet homme corrompu faisait preuve de moins d'intelligence que celles des moindres missions modernes. Une assemblée de chrétiens avait élu ce Pérégrinus, et des prêtres catholiques, soutenus par la France, n'ont jamais pu se faire accepter dans les missions de Taïti et de Madagascar.

cessairement les actes. Qu'on examine sans prévention et d'un point de vue convenable la moralité publique de Griqua-Town, de Kuruman, de Likatlong et de bien d'autres villages, et qu'on se rappelle ce qu'était Londres il y a cent ans, on se prononcera certainement en faveur des cités africaines.

Autrefois les Griquas et les Béchuanas s'habillaient à peu près comme les Cafres, si toutefois l'on peut employer cette expression à propos de gens qui sont à peine vêtus : un petit tablier formé de courroies en cuir de dix-huit pouces de longueur, et une peau de mouton ou d'antilope jetée sur les épaules, composaient toute la toilette des femmes, dont la poitrine et l'abdomen restaient à découvert. Les hommes portaient par décence un morceau de cuir de la grandeur d'une assiette ; un manteau exactement pareil à celui des femmes complétait leur costume. Les uns et les autres se barbouillaient le corps d'un mélange de graisse et d'ocre, pour protéger leur épiderme contre l'influence du soleil pendant le jour, et contre celle du froid pendant la nuit. Une pommade, faite avec de la graisse et du micaschiste bleu en poudre, leur servait pour la tête, et les parcelles brillantes du mica, dont la poitrine, les bras, les anneaux et les colliers des fashionables étaient saupoudrés, constituaient la suprême élégance. Aujourd'hui ces mêmes individus se rendent à l'église pauvrement habillés, mais décemment couverts, et s'y comportent beaucoup mieux assurément qu'on ne le faisait à Londres à l'époque où vivait M. Samuel Pepys. Ils ne manquent jamais à l'observance du dimanche ; dans les localités où il n'y a pas de missionnaires, un meeting religieux est régulièrement tenu chaque semaine ; les plus instruits de la paroisse donnent des leçons de lecture aux autres ; et personne n'est admis à recevoir le baptême à moins de savoir lire et de comprendre le caractère de la religion chrétienne.

Les missionnaires ont tellement transformé les Béchuanas, que, toutes les fois que nous sommes revenus de l'intérieur, nous avons senti, en arrivant à Kuruman, que nous rentrions dans la vie civilisée ; je ne veux pas dire pour cela que les Béchuanas soient des chrétiens modèles ; nous sommes nous-mêmes bien loin de pouvoir y prétendre, et je ne vois pas qu'il y en ait beaucoup en Angleterre. Ici les indigènes sont plus intéressés, plus avides que les pauvres de la Grande-Bretagne, mais ils leur ressemblent complétement sous tous les autres rapports. Je demandais un jour à un chef intelligent ce qu'il pensait des habitants de son pays : « Vous autres blancs, me répondit-il, vous n'avez pas d'idée combien nous sommes mauvais ; quelques-uns parmi nous feignent de se convertir pour se mettre dans les bonnes grâces des missionnaires ; quelques autres prennent la religion chrétienne parce qu'elle donne de l'importance aux pauvres, et qu'ils ne sont pas riches ; le reste, assez nombreux, il est vrai, professe la foi nouvelle parce qu'il y croit sincèrement. » Cette réponse est d'une grande exactitude.

Excepté la laine, qu'elle fournit en quantité considérable, cette région ne paraît pas destinée à jamais produire beaucoup d'articles de commerce. Les principaux objets qu'elle vend aujourd'hui sont des karsses, manteaux fabriqués avec les pelleteries qui viennent du désert ; de l'ivoire, dont la quantité ne saurait être abondante, puisque la prohibition de la poudre empêche de tuer les éléphants ; quelques dépouilles d'animaux, des cornes et des bestiaux en petit nombre, complètent le détail de son exportation. Elle reçoit en échange des tissus fabriqués en Angleterre, du sucre, du thé et du café, pour lequel tous les indigènes ont un goût très-prononcé. Le comble de la *respectabilité* chez les Béchuanas consiste dans la possession de bétail et d'un chariot. Il est étonnant que, malgré les fréquentes réparations qu'exige ce véhicule, pas un des individus qui ont pour lui tant d'estime ne sache le remettre en état. Des outils et des forges ont été mis à leur service, on a offert de leur montrer comment il faut s'y prendre, des ateliers ont été créés dans cette intention, mais ils n'ont pas fait le moindre effort pour acquérir l'habileté qui leur manque. Ils suivent avec beaucoup d'intérêt l'œuvre d'un missionnaire qui met une bande à la roue d'un chariot ; ils comprennent à merveille si la besogne est bien faite, ils se prononcent avec emphase sur le plus ou moins de mérite de la chose ; mais c'est à cela que se borne leur ambition, comme, du reste, nous agissons nous-mêmes à propos d'un livre, où nous excellons à découvrir une faute, sans avoir le talent de publier une seule page. C'est en vain que j'essayai de persuader aux Béchuanas qu'il ne suffit pas de critiquer un ouvrage pour être à la hauteur de celui qui l'a fait ; ils n'en conservèrent pas moins leur mépris ou leur indifférence pour le métier qu'il s'agissait d'apprendre.

CHAPITRE VI

Kuruman. — Sa belle fontaine. — Végétation du pays. — Restes d'anciennes forêts. — Poison végétal. — Traduction de la Bible par M. Moffat. — Ressources du langage des indigènes. — Les missionnaires doivent étendre leurs efforts au delà des frontières de la colonie du Cap. — Chrétiens modèles. — Attaque des Bakouains par les Boërs. — Lettre de Séchélé. — Détails de la défaite des Bakouains. — Destruction de la maison du docteur à Kolobeng. — Les Boërs promettent de se venger du docteur. — Difficultés que ce dernier éprouve à se procurer des gens qui l'accompagnent dans son voyage. — Départ en novembre 1852. — Le docteur rencontre Séchélé, qui est en route pour l'Angleterre où il va demander justice à la reine. — Rencontre de M. Macabé à son retour du lac Ngami. — Vent brûlant du désert. — État électrique de l'atmosphère. — Bandes nombreuses de martinets. — Arrivée à Litoubarouba. — La caverne Lépélolé. — Appauvrissement des Bakouains. — Ils se vengent des Boërs. — Esclavage. — Attachement des Bakouains pour leurs enfants. — L'hydrophobie est inconnue. — Petit nombre des maladies chez les Bakouains. — Épidémies annuelles. — Inhumations précipitées — Ophthalmie. — Docteurs indigènes. — Enfance de la chirurgie. — Peu de soins donnés aux femmes en couches. — Salubrité du climat.

On doit la permanence de la station de Kuruman à la beauté de sa fontaine, dont la source ne tarit jamais. L'eau vient de la couche qui est inférieure à la roche de trapp, dont je parlerai plus tard, lorsque je décrirai la formation géologique de la contrée. Comme sa température, au lieu de son émersion, est ordinairement de 72° Fahrenheit (22° centigrades), il est probable qu'elle vient des anciens schistes siluriens qui formaient le fond de la grande vallée primitive du continent. Je n'ai pas, durant mon séjour dans le pays, constaté de diminution dans la quantité d'eau fournie par cette fontaine ; mais il y a vingt-cinq ans, lorsque M. Moffat essaya de fonder ici un établissement, il posa une vanne à six ou sept milles de la fontaine actuelle, et employa, pour irriguer son jardin, un cours d'eau qu'alimentait cette source, et qui aujourd'hui est complétement à sec. On désigne en outre, à quatorze milles au-dessous de Kuruman, certains endroits où, de mémoire d'homme, se trouvaient des hippopotames et où il existait des étangs assez

considérables pour y attirer les bestiaux et leurs propriétaires.
On doit nécessairement attribuer ce desséchement partiel à la
cause qui a produit celui de toute la contrée ; mais il faut aussi
faire entrer en ligne de compte les irrigations qui ont été faites
par les missionnaires sur les deux bords du ruisseau, fait qui aurait plus d'importance, s'il ne coïncidait pas avec la disparition
des fontaines dans un cercle d'une immense étendue.

Sans entrer, quant à présent, dans plus de détails à cet égard,
nous ferons observer que le district de Kuruman a dû être, à une
époque rapprochée, tout aussi bien arrosé que l'est de nos jours la
région située au nord du lac Ngami. D'anciens lits de rivières et
de ruisseaux y abondent, et l'on y voit des bassins desséchés, où
la *fente*, qui formait dans le principe l'orifice de la source, a été
usée par l'écoulement séculaire de l'eau, qui en a fait un ovale
et qui a déposé sur ses bords une quantité considérable de tuf.
Beaucoup de ces fontaines ne donnent plus d'eau maintenant,
parce que le bord de la source est devenu trop élevé ; faites une
tranchée à la hauteur de la surface de l'eau, et vous retrouverez la
fontaine qui avait disparu. Les Béchuanas l'ont fait plus d'une fois
avec succès dans les environs de Kuruman ; il leur arrive de temps
à autre de prouver l'estime qu'ils font d'eux-mêmes en travaillant
pendant des mois entiers à des terrassements que leur amour-pro-
pre les empêche d'abandonner, alors même que vous leur dites
qu'ils ne peuvent pas obliger l'eau à remonter la colline.

J'ai vu dans ces parages des Boërs creuser de longs canaux en
remontant d'un bas-fond jusqu'à certains endroits où il n'existait
d'autre indication d'eau souterraine qu'un peu d'herbe rougeâtre
et quelques joncs qui croissaient dans un bassin actuellement
rempli de tuf, mais où jadis il devait y avoir une source. Dans
d'autres circonstances, les joncs, qui témoignent de la présence de
l'eau, se trouvent sur un banc de sable qui peut avoir jusqu'à
deux pieds de hauteur ; en faisant un fossé transversal et profond dans la partie la plus élevée de ce banc de sable, on voit
ses efforts récompensés par un ruisseau d'eau vive. Le vent transporte une grande quantité de sable fin, qui est arrêté par les arbres,
les buissons et les haies ; sur le bord des ruisseaux, les joncs produisent le même résultat ; l'humidité qui s'élève pendant la nuit
fixe le sable que le vent a déposé dans le jour, et le banc dont
nous avons parlé se forme peu à peu. Tandis que nous nous occupons de ce sujet, disons tout de suite qu'il n'y a de source permanente dans cette région que celles qui se produisent sous le trapp

quartzeux dont l'ancienne vallée s'est remplie ; la nappe d'eau qui les alimente reposant sur l'ancien schiste silurien, il est probable qu'en beaucoup d'endroits, les puits artésiens rempliraient le même office que ces profondes tranchées qu'on pratique aujourd'hui.

Pendant la plus grande partie de l'année, l'ensemble du pays est d'un jaune clair ; il prend une jolie teinte verte, mêlée de jaune, pendant les quelques mois que dure la saison pluvieuse. Des montagnes bornent à l'ouest une plaine immense qui se déploie vers l'orient sur une étendue de plusieurs centaines de milles ; cette plaine est parsemée de larges espaces couverts de tuf calcaire, gisant sur une couche de trapp horizontale et où croît une herbe fine et tendre au milieu des buissons peu élevés de l'*acacia detinens*. Dans les endroits où le tuf n'apparaît pas à la surface, le sol est composé de sable jaune et porte de grandes herbes entremêlées de buissons baccifères appelés Moretloa (*grewia flava*) et Mohatla (*tarchonantus*), dont le bois, renfermant une matière aromatique et résineuse, donne une flamme vive et brillante même à l'instant où il vient d'être coupé. Dans les lieux plus abrités, on rencontre des bouquets de Mimosa blanche-épine (*acacia horrida* ou *atomiphylla*), une grande quantité de sauge (*salvia africana*), diverses légumineuses, des ixias, l'amaryllis brunsvigia multiflore, et l'amaryllis toxicaria, dont la racine bulbeuse est un poison ; ces deux dernières plantes fournissent un duvet soyeux qui est excellent pour remplir des matelas.

On trouve encore dans quelques endroits de cette contrée les restes d'anciennes forêts d'oliviers sauvages (*olea similis*) et d'acacias de la girafe. Lorsque ces bouquets d'arbres ont été abattus dans les environs d'un village béchuana, de jeunes pousses ne viennent pas remplacer la futaie qu'on a détruite ; on pourrait supposer, d'après l'excessive dureté de leur bois, que ces arbres poussent avec trop de lenteur pour que l'on s'aperçoive de leur croissance ; mais cela n'est pas ; j'ai mesuré l'un de ces acacias qui poussait au bord de l'eau, dans un coin du jardin de M. Moffat, et j'ai trouvé qu'il grossissait en diamètre d'un quart de pouce chaque année ; d'ailleurs les plus gros arbres de cette espèce que l'on voit aujourd'hui ne peuvent guère avoir plus de deux ou trois siècles, en supposant que la pluie fût moins rare dans leur jeunesse qu'elle ne l'est actuellement.

Il est probable que c'est avec le bois de cet acacia que l'arche d'alliance et le tabernacle furent construits par les Juifs ; on sait qu'il existait dans les lieux où les Israélites se trouvaient à l'époque de cette construction; le bois de l'acacia de la girafe est d'ailleurs incorruptible, tandis que l'acacia nilotica, désigné jusqu'à présent comme étant le *shittim* des Hébreux, pourrit très-vite et n'a pas la même beauté.

Nous avons toujours observé auprès de l'acacia de la girafe une plante curieuse que les indigènes appellent Ngotuané; elle est couverte d'une profusion de belles fleurs jaunes qui remplissent l'atmosphère de leur parfum, et qu'on remarque d'autant plus que, dans toutes les parties arides de l'Afrique, presque toutes les plantes sont dépourvues d'odeur ou en ont une désagréable. Un Français ayant pris une ou deux gorgées d'une infusion de Ngotuané se trouva perclus de tous ses membres; le vinaigre a la propriété de neutraliser les effets de ce poison, soit qu'on l'emploie à l'intérieur ou à l'extérieur du corps. Avalée isolément, l'infusion de Ngotuané fait éprouver à la gorge une sensation de brûlure qui n'existe pas si l'on y a mélangé du vinaigre; le voyageur français que ce poison avait rendu impotent assimile l'effet du vinaigre qu'on lui fit prendre alors à celui d'un courant électrique dont tous ses membres auraient été parcourus; il n'eut besoin d'avaler qu'un seul verre de cet acide, pour que sa guérison fût immédiate et complète. Je regrette vivement de n'avoir pas eu l'occasion d'expérimenter la puissance de cet agent sur le système nerveux, puissance dont jusqu'à nouvel ordre on peut contester les effets. Il est possible que la girafe qui se nourrit de l'acacia, auprès duquel se trouve ordinairement le Ngotuané, fasse usage de cette plante pour se préserver ou se guérir de quelque maladie.

Pendant mon séjour à Kuruman, M. Moffat, qui était missionnaire en Afrique depuis plus de quarante ans et qui s'est déjà fait connaître par son intéressant ouvrage intitulé: *Scenes and labours in the south Africa*, s'occupait très-activement de la publication de la Bible qu'il avait traduite en sichuana [1] et qu'il faisait imprimer par les presses dont sa station est pourvue. Il lui avait fallu travailler énormément pour accomplir cette œuvre, que mieux que personne il était capable de conduire à bonne fin, car depuis trente ans il étudiait le langage des Béchuanas qu'il a été le premier à écrire. On peut se faire une idée de la richesse de cette langue par ce fait, que M. Moffat ne passait pas une semaine sans découvrir quelques mots nouveaux, et qu'il a pu traduire le *Pentateuque* en sichuana d'une façon plus concise qu'il n'est rendu en grec et infiniment plus brève que dans la version anglaise. Tou-

---

1. Langue des Béchuanas.

tefois, la construction de la phrase est tellement simple dans cette langue, que l'abondance des mots qu'elle renferme ne prouve nullement que les peuples qui la parlent soient déchus d'une civilisation supérieure à l'état social où ils vivent aujourd'hui. La parole est un attribut de l'esprit humain, et la variété des inflexions qui composent les langues les plus barbares, comme celle des Bushmen par exemple, prouve seulement que la race dont elles forment le langage est humaine et douée de la faculté de penser. Il est heureux qu'on ait pu traduire la Bible avant que des expressions étrangères aient corrompu le sichuana et pendant que vivent encore les personnes qui ont assisté aux assemblées délibératives et qui ont pu juger de l'éloquence des indigènes : car les enfants élevés dans nos écoles possèdent moins bien leur langue maternelle que les missionnaires eux-mêmes ; et les Européens nés dans le pays, bien qu'ils parlent le sichuana avec facilité, ne pourraient pas définir les mots d'un usage peu fréquent. L'interprète de sir Georges Cathcart disait un jour à celui-ci que la langue des Basoutos ne permettait pas d'exprimer la substance d'une pièce diplomatique ; et il n'est pas une personne au contraire, parmi celles qui ont connu Moshesh, celui qui précisément envoyait la pièce en question, qui ne sût à merveille qu'il pouvait de prime abord en donner trois ou quatre versions différentes dans son propre langage, ce que l'interprète n'aurait peut-être pas été capable de faire en bon anglais.

Les riches et les pauvres parlent également bien leur langue ; il n'y a pas chez eux de style vulgaire ; les enfants ont bien un patois qu'ils ont créé à leur usage, mais que les hommes ne voudraient pas employer. Les Bamapélas ont introduit dans leur dialecte un claquement particulier qui, joint à la répétition fréquente du son *yn*, paraît avoir pour but d'empêcher les autres peuplades de les comprendre.

On se demande naturellement à propos de cette traduction de la Bible, imprimée dans l'intérieur des terres à sept cents milles [1] au nord du Cap, si l'utilité d'un pareil travail est bien réelle, et si le christianisme, tel que les missions modernes l'ont introduit en Afrique, pourra s'y maintenir sans le concours permanent des missionnaires. Il n'y aurait certainement pas lieu de se féliciter de l'œuvre de M. Moffat, si la Bible béchuana devait avoir le même sort que la traduction choctaw de M. Elliot, dont on voit un exemplaire dans la bibliothèque de l'un des collèges de l'A-

1. Onze cent vingt-sept kilomètres.

mérique du Nord, et qui est écrite dans une langue que personne aujourd'hui ne peut parler ni comprendre ; mais la bible africaine aura probablement une meilleure destinée ; on parle maintenant le sichuana dans toute la contrée qui est au nord du lac Ngami ; c'est le langage de la cour ; et, sur un territoire qui est plus vaste que la France, il n'est pas un individu qui tout au moins ne le comprenne ; les Béchuanas, d'ailleurs, sont doués de cette vitalité qui forme l'un des traits les plus remarquables de toute la race africaine.

Il devient intéressant d'examiner si la foi des nouveaux convertis possède les éléments nécessaires pour se maintenir et se propager, ou si elle n'est qu'un produit exotique destiné à s'éteindre lorsqu'on lui aura retiré les soins qui l'ont fait naître. Si l'on ne développe pas chez les néophytes le sentiment de la responsabilité humaine, si on ne leur fournit pas l'occasion de pratiquer cette vertu, ceux même qui donnent le plus d'espérances les tromperont comme tous les enfants gâtés. Mais on a laissé à Madagascar un petit nombre de chrétiens sans autre appui que la Bible ; et, malgré les persécutions, malgré la mort dont ils étaient menacés comme adhérents à la foi nouvelle, ils se sont décuplés, et leur croyance est plus ferme qu'elle ne l'était à l'époque où la reine malgache a forcé les missionnaires d'interrompre leur enseignement.

Les convertis de l'Afrique australe ne donneraient certainement pas un pareil exemple de fermeté : à peine sont-ils abandonnés à eux-mêmes, que l'une des sectes nombreuses qui ont marché sur les traces de la société des Missions de Londres s'en empare avec ardeur, et ils perdent à cela beaucoup plus qu'ils ne gagnent sous le rapport des vertus chrétiennes et de la solidité des principes.

Un autre élément d'insuccès, c'est la persuasion où est la société directrice de Londres, que la colonie du Cap est l'endroit que ses membres doivent choisir comme siége principal de leurs opérations. On y trouve, déjà, non-seulement des écoles soutenues par le gouvernement, et une église réformée hollandaise établie depuis longtemps et bien organisée, mais encore, dans chaque village, des missionnaires de toutes les sectes, wesleyens, épiscopaux ou moraves, travaillant avec zèle à la vigne du Seigneur, et prodiguant leur activité dans une région où elle devient inutile. Lorsque j'entends un propagateur d'une secte quelconque prier ses coreligionnaires de lui envoyer rapidement les moyens d'occuper un point sans importance, parce que, s'il le laissait échapper, « il ne saurait plus où mettre les pieds, » je ne puis m'empêcher de souhaiter qu'il dirige ses efforts vers les régions qui les réclament, et qu'il cesse de convertir l'extrémité de l'Afrique en un abîme où vont s'engloutir sans profit les sommes versées pour la propagation de la foi.

Je recommande vivement aux jeunes missionnaires de se rendre tout d'abord chez de véritables idolâtres, et de ne pas se contenter de la besogne toute faite que leur ont laissée de courageux prédécesseurs ; l'idée de perfectionner les nouveaux convertis et d'en faire des chrétiens modèles ne doit pas être caressée par celui qui a la conscience de sa propre faiblesse et de la distance qui le sépare d'un chrétien accompli. Malgré les miracles qui se passaient sous leurs yeux, les Israélites, dirigés par Moïse, instruits par Dieu même, n'en furent pas moins infidèles ; notre propre élévation a été l'ouvrage des siècles : pourquoi voudrions-nous que les malheureux héritiers d'une dégradation séculaire parvinssent à nous égaler tout d'abord ?

La vie d'un missionnaire doit amplement suffire à l'enseignement d'une tribu, dans une contrée où la population est peu nombreuse ; d'autant plus que, s'il y a des endroits où l'Évangile est complétement repoussé, il y en a d'autres où, dès qu'on a implanté la foi chrétienne, elle se propage avec la plus grande facilité. Les indigènes savent bientôt qu'un missionnaire est soutenu par ses compatriotes ; bien que ses émoluments lui permettent tout au plus de se procurer l'indispensable, le chiffre en paraît énorme aux Africains ; ils s'imaginent pouvoir demander aux missionnaires différents services plus ou moins onéreux, et se croient volés quand on ne les leur rend pas. Cette opinion acquiert d'autant plus de force, quand un jeune homme, au lieu d'aller hardiment trouver les idolâtres, vient s'établir dans une maison confortable et prendre possession d'un jardin, résultat du travail de ceux qui l'ont précédé. On pourrait remédier à cet inconvénient en laissant aux familles des missionnaires les maisons et les jardins que ceux-ci ont créés à la sueur de leur front. Il est ridicule d'appeler Kuruman, par exemple, *propriété de la Société des missions*. Ce bel établissement n'a pas été fondé avec l'argent anglais, mais par les propres mains d'hommes courageux, dont les enfants n'ont pas sur terre de foyer qui leur appartienne. La société peut transférer le siége de ses opérations, aller s'établir plus au nord, et la mission de Kuruman deviendra la résidence d'un Boër qui se servira de l'église pour y mettre ses bestiaux. Kuruman est, aujourdhui, ce que les monastères ont été dans l'origine ; à cette époque, les moines ne dédaignaient pas de se servir de la charrue ; à l'instruction religieuse qu'ils répandaient autour d'eux, ils joignaient la culture des arbres à fruits, celle des légumes et des fleurs, dont ils introduisaient les graines dans le pays ; leurs couvents ressemblaient à nos stations de missionnaires; les malades y trouvaient, comme chez nous des soins et des médicaments, les pauvres des aumônes, et les enfants des écoles. Ne verrons-nous dans leur histoire que les vices qui signalèrent leur décadence, et ne pouvons-nous puiser dans leur exemple un enseignement fécond ? Pourquoi les premiers monastères, ces missions du moyen âge, étaient-ils florissants, tandis que nos missions modernes sont incapables de se suffire à elles-mêmes? Les religieux d'autrefois ont été les pionniers de la civilisation ; nous recueillons aujourd'hui le fruit de leurs travaux et de leurs efforts, et nos établissements n'ont pas même la permanence qui permet de tenter quelque chose de durable.

Les missionnaires protestants, quel que soit le nom de la secte à laquelle ils appartiennent, sont tous d'accord sur ce point, qu'il ne suffit pas que les convertis soient baptisés pour mériter le nom de chrétiens ; ils comprennent tous qu'il faut s'occuper de leur instruction, leur apprendre à lire et leur remettre la Bible. Nous croyons à la divinité du christianisme, nous ne doutons pas de sa destinée future ; si le bon grain est semé avec abondance, la moisson ne peut manquer d'être glorieuse. Il ne faudrait pas conclure de mes paroles que je suis l'ennemi d'une secte quelconque ; mon désir le plus ardent est de voir les missionnaires, qui ont à cœur les intérêts des idolâtres, aller se fixer parmi eux ; ils seront assurément récompensés de leurs travaux; jamais, du moins en Afrique, les véritables païens n'ont manqué de reconnaître le dévouement et les efforts dont ils étaient l'objet.

Lorsque Séchélé eut compris que nous ne pouvions plus rester à Kolobeng, il envoya ses enfants à M. Moffat pour que celui-ci les initiât aux connaissances que possèdent les hommes blancs. La famille de M. Moffat se trouva ainsi augmentée tout à coup de cinq membres qui avaient chacun leurs serviteurs.

Retenu à Kuruman, pendant environ quinze jours, par la rupture de la roue d'un de mes chariots, j'eus le bonheur de ne pas assister à l'invasion des Boërs, dont Masébélé, femme de Séchélé, nous apporta la nouvelle. C'est en se cachant dans la fente d'un rocher, sur lequel tiraient un certain nombre de Boërs, qu'elle avait elle-même échappé aux vainqueurs, dont elle n'avait trompé la vigilance que par son courage et sa présence d'esprit ; effrayée des pleurs de son enfant, qui pouvaient révéler sa retraite aux ennemis dont elle voyait les armes briller au-dessus de sa tête, elle avait détaché ses bracelets pour en distraire le marmot, qu'elle avait réussi à calmer. Elle apportait à M. Moffat une lettre de Séchélé qui rendait compte de l'attaque des Boërs, et dont voici la traduction littérale :

« Ami de mon cœur et de ma confiance, c'est moi, Séchélé, qui t'écris. Je suis vaincu par les Boërs qui m'ont attaqué, bien que jamais je ne leur aie fait le moindre tort. Ils m'ont prié de venir dans leur royaume, et j'ai refusé de m'y rendre. Ils m'ont demandé d'empêcher les Anglais et les Griquas de traverser mon pays pour aller vers le nord ; j'ai répondu que les Griquas et les Anglais sont mes amis et que je ne pouvais pas m'opposer à leurs désirs. Ils sont arrivés samedi ; je les ai suppliés de ne pas combattre le dimanche ; ils me l'ont accordé. Ils ont commencé l'attaque mardi matin au point du jour, ont tiré un grand nombre de coups de fusil, mis le feu à la ville et nous ont dispersés. Ils ont tué soixante de mes sujets, et capturé les femmes, les enfants et des hommes ; la mère de Balérilling (l'une des anciennes femmes de Séchélé) est parmi les prisonnières. Ils ont pris tous les bestiaux, tous les objets que possédaient les Bakouains ; la maison de Livingstone a été pillée et dévastée. Ils avaient quatre-vingt-cinq chariots et un canon ; lorsqu'ils eurent volé mon unique chariot et celui de Macabé, ils en eurent quatre-vingt-huit en comptant leur canon. Tout ce que possédaient les chasseurs [1] dans la ville a été brûlé. Les Bakouains ont tué vingt-huit Boërs. Ami bien-aimé, je t'envoie ma femme qui va voir les enfants, c'est Kobous Haé qui la conduit près de toi.   « Je suis Séchélé,
« Fils de Mochoasélé. »

L'exposé des faits qu'on vient de lire est parfaitement d'accord avec le récit de Mébaloué, maître d'école indigène ; il est également conforme aux détails que les Boërs eux-mêmes ont donnés de cette expédition dans les journaux de la colonie. Jamais on n'a reproché aux Bakouains d'avoir enlevé les bestiaux des tribus voisines, inculpation dont les Cafres ont eu souvent à répondre. « Séchélé devenait trop insolent, » écrivirent les Boërs pour motiver leur attaque ; mais ils ne dirent pas un mot de la demande qu'ils lui avaient faite d'empêcher les Anglais de traverser son territoire.

Peu de temps après la destruction de Kolobeng, Prétorius fut

[1]. Quelques gentlemen anglais qui étaient venus chasser et qui avaient dirigé leurs explorations vers le nord.

appelé au tribunal suprême de la justice divine. Les Boërs justifièrent sa politique en citant les instructions qui furent données aux Juifs dans le chapitre xx du *Deutéronome*, et l'article nécrologique dont on honora sa mémoire se termina par ces mots : « Bienheureux celui qui est mort dans l'esprit du Seigneur ! » J'aurais voulu que Prétorius ne nous empêchât pas d'annoncer aux gentils qu'ils pouvaient être sauvés.

La nouvelle de la défaite des Bakouains et le bruit qu'on répandait en même temps que je leur avais enseigné à tuer les Boërs, produisirent une si grande terreur dans le pays, que je ne pouvais pas trouver un seul indigène qui voulût m'accompagner dans mon voyage. Dans toutes les invasions des Boërs, il n'y avait jamais eu de morts que du côté des noirs ; une tribu où vivait un gentleman anglais avait, pour la première fois, répandu le sang des vainqueurs : il était évident que c'était ce gentleman qui en avait fourni les moyens. Des cris de vengeance furent donc proférés contre moi par les ennemis des Bakouains, et je fus menacé d'être poursuivi par une troupe de cavaliers, si j'osais venir sur le territoire des Boërs ou seulement me diriger vers le nord. Comme on déclarait, par la même occasion, que le gouvernement anglais avait donné aux Boërs plein pouvoir sur toutes les tribus indigènes, et qu'elle leur facilitait les moyens d'établir leur autorité en empêchant la poudre et les armes à feu de pénétrer chez les peuplades qui devaient leur être soumises, il n'est pas étonnant que je sois resté plusieurs mois sans pouvoir trouver personne pour conduire mes chariots. Le nom anglais, respecté jusqu'alors dans tout le pays, commença à devenir suspect aux indigènes. Il leur était impossible de comprendre comment un gouvernement qu'ils avaient toujours honoré, toujours considéré comme leur ami, et qui était pour eux un modèle de justice, pouvait leur interdire les moyens de se défendre contre leurs ennemis et de tuer les animaux dont les dépouilles formaient tout leur commerce.

Je pus enfin décider trois serviteurs à courir avec moi les risques du voyage ; un homme de couleur, nommé Georges Fleming, à qui M. H. E. Rutherford, négociant au Cap, avait généreusement fourni les moyens d'essayer d'établir des relations commerciales avec les Makololos, était parvenu à se procurer un nombre égal de domestiques ; nous partîmes de Kuruman le 20 novembre, et nous nous dirigeâmes vers le nord. Les six individus qui nous accompagnaient étaient bien les plus mauvais de ces indigènes qui s'assimilent les vices des Européens sans en prendre les qualités ; mais, n'ayant pas à choisir, nous avions été fort contents de les trouver et de pouvoir enfin commencer notre voyage.

Nous arrivions à Motito, bourgade située à quarante milles de Kuruman, lorsque nous rencontrâmes Séchélé, qui allait, à ce qu'il nous dit, « trouver la reine d'Angleterre ». Deux de ses enfants et leur mère avaient été faits prisonniers à Kolobeng, et, persuadé qu'il était alors, comme tous ses compatriotes, de la justice et de la générosité du gouvernement britannique, il allait se plaindre à la reine de la violation des traités. Il déploya toute son éloquence pour me persuader de l'accompagner ; je m'excusai en lui répondant que toutes mes dispositions étaient prises pour aller vers le nord, et je m'efforçai à mon tour de le détourner de son projet en lui montrant les difficultés du voyage et en lui exposant la politique du gouverneur : « Croyez-vous donc, me demanda-t-il, que la reine ne m'écoutera pas, si je peux parvenir jusqu'à elle ? — Mais la difficulté, lui répondis-je, est précisément d'arriver jusque-là. — C'est bien, me dit-il, j'y arriverai. » D'autres personnes essayèrent également de lui expliquer les obstacles qu'il rencontrerait sur sa route ; mais sa résolution n'en fut pas moins inébranlable. Arrivé à Bloemfontein, il rencontra l'armée anglaise qui venait de se battre avec les Basoutos ; les deux partis réclamaient la victoire, et chacun se félicitait d'avoir su éviter un nouvel engagement. Les officiers anglais invitèrent Séchélé à dîner avec eux, et, après avoir écouté le récit de ses infortunes, ils recueillirent une somme assez ronde qu'ils lui donnèrent pour continuer son voyage. Le gouverneur se garda bien de prêter la moindre attention au chef des Bakouains et de rien faire qui pût lui être utile ; le moindre mot en faveur des enfants de Séchélé aurait été la condamnation de sa propre politique et l'aveu du mépris qu'en faisaient les Boërs. Aussi, arrivé au Cap, Séchélé, qui n'avait plus d'argent, fut-il obligé d'abandonner son projet et de revenir dans son pays.

De retour à Kolobeng, il adopta un système de châtiment qu'il avait vu appliqué dans la colonie, et qui consiste à employer les criminels aux travaux des chemins publics. J'ai appris que depuis lors il s'est fait le missionnaire de ses propres sujets. C'est un homme un peu gras, d'une taille assez élevée, dont la figure se rapproche beaucoup plus du type nègre qu'on ne le voit d'ordinaire, mais il a de fort grands yeux ; la couleur de sa peau est très-foncée, d'où est venu le serment des gens de sa tribu, qui jurent « par le noir Séchélé ». Doué d'une vive intelligence, il sait très-bien lire et parle avec une extrême facilité. Un grand nombre de peuplades, qui vivaient autrefois sous la domination des Boërs, sont venues se réfugier dans sa tribu, et il est aujourd'hui beaucoup plus puissant qu'il ne l'était à l'époque de la prise de Kolobeng.

Après avoir quitté Séchélé, nous longeâmes le désert Kalahari, dont nous franchîmes plus d'une fois les limites, afin de dérouter les Boërs, dans le cas où leur intention aurait été de nous poursuivre. Une quantité de pluie considérable était tombée en 1852. Elle avait été rare depuis 1841, et son retour, après onze ans de sécheresse, confirmait la régularité dont ce phénomène faisait preuve depuis vingt et quelques années. C'était la troisième fois qu'il reparaissait à onze ou douze ans d'intervalle, et, comme à l'ordinaire, une énorme quantité de melons d'eau en était la conséquence. M. J. Macabé, que nous rencontrâmes revenant du lac Ngami, où, partant d'un point un peu au sud de Kolobeng, il était arrivé en traversant le désert en droite ligne, nous certifia cette abondance miraculeuse. Pendant vingt et un jours ses bœufs n'avaient pas eu d'autre breuvage que le liquide renfermé dans ces melons ; et, lorsqu'après trois semaines ils arrivèrent auprès d'une source, ils ne témoignèrent pas beaucoup d'empressement à s'y désaltérer. M. Macabé était arrivé au lac Ngami par le sud-est ; il avait traversé le Téoughé, suivi le bord septentrional du lac, dont il avait fait le tour, et il est, jusqu'à présent, l'unique Européen qui l'ait vu dans son entier. L'estimation qu'il fait de l'étendue de cette nappe d'eau est plus considérable que celle que nous en avons donnée, M. Oswell et moi : il évalue qu'elle peut avoir de quatre-vingt-dix à cent milles de circonférence. Avant la découverte que nous en avons faite, M. Macabé avait écrit, dans les journaux du Cap, une lettre où il indiquait une certaine route qui, selon toute probabilité, devait conduire au lac Ngami. Les Boërs Transvaal le condamnèrent à une amende de cinquante dollars pour s'être permis d'écrire sur *leur* pays, et le mirent en prison jusqu'au moment où il eut payé la somme. J'ai entendu de sa propre bouche la confirmation de ce fait odieux. M. Mahar, qui accompagnait M. Macabé, fut pris pour un Boër par une tribu de Barolongs, et fut tué d'un coup de fusil comme il approchait de leur village. Lorsque M. Macabé leur eut expliqué leur erreur, ils exprimèrent les regrets les plus profonds, et concoururent pieusement aux funérailles du gentleman. C'était la première fois qu'un Anglais était tué par les Béchuanas. Nous apprîmes plus tard qu'il y avait eu plusieurs combats entre ces Barolongs et les Boërs, et qu'on s'était pris des bestiaux de part et d'autre. Si la chose est vraie, je puis affirmer que c'est également la première fois que j'ai entendu dire que les Béchuanas aient volé du bétail. C'est là ce qu'on appelle la guerre cafre au second degré ; il faut, pour qu'elle arrive au troisième, que les deux partis soient aussi bien armés l'un que l'autre, et qu'ils se redoutent mutuellement. Elle est au quatrième degré lorsque les Anglais prennent la défense d'intérêts qui leur sont étrangers, et que les Boërs se sont retirés de la querelle.

A peu près à la même époque, deux autres gentlemen anglais franchirent le désert, et presque dans la même direction. A son retour, l'un d'eux, le capitaine Shelley, qui voyageait à cheval, s'égara et fut obligé de revenir tout seul à Kuruman, dont il était alors à quelques centaines de milles. Lorsqu'il atteignit la station, il était sans chemise et tellement bruni par le soleil, que mistress Moffat, le prenant pour un Griqua, lui adressa la parole en hollandais. Ses tortures ont dû être bien plus grandes que toutes celles que nous avons eu à supporter. Il résulte des explications de MM. Shelley et Macabé, que les renseignements généraux donnés par les naturels sur le désert Kalahari ont toujours été fort exacts.

Pendant l'extrême sécheresse qui succède à l'hiver et qui précède la saison des pluies, un vent brûlant, qui paraît sortir d'une fournaise, traverse quelquefois le désert dans la direction du nord au sud ; il est rare qu'il souffle pendant plus de trois jours de suite, et il produit les mêmes effets que l'harmattan du nord de l'Afrique [1]. A l'époque où les premiers missionnaires s'établirent dans le pays, c'est-à-dire il y a trente-cinq ans, il était accompagné d'un sable rouge excessivement fin, qu'il ne transporte plus aujourd'hui ; il est tellement desséchant, que le bois des meubles se retire et se contourne sous son influence, et que les baguettes de fusil qui viennent d'Angleterre sortent de leur garniture, qu'elles remplissent de nouveau quand on les rapporte en Europe. Ce vent est chargé d'une telle quantité d'électricité, qu'un faisceau de plumes d'autruche, que l'on y expose pendant quelques secondes, se charge lui-même comme s'il eût été mis en contact avec une puissante machine électrique, et produit une vive commotion, accompagnée de craquements, lorsqu'on en approche la main.

Toutes les fois que ce vent règne dans le pays, et même en temps de calme, l'électricité de l'atmosphère est tellement abondante, que

---

1. Vent des côtes de Guinée qui souffle pendant trois ou quatre jours, en décembre, janvier ou février ; il est desséchant, brûlant, et il arrête néanmoins le cours des épidémies qui sévissaient avant son apparition. (*Note du traducteur.*)

tous les mouvements des indigènes font dégager de leurs karosses une gerbe d'étincelles ; j'étais dans mon chariot lorsque je le remarquai pour la première fois ; un chef s'y trouvait assis à mon côté ; voyant la fourrure de son manteau devenir lumineuse par son frottement contre la paroi du wagon, j'y passai vivement la main et j'en fis sortir de brillantes étincelles, accompagnées de craquements distincts. « Ne voyez-vous pas? lui dis-je. — Ce n'est point l'homme blanc qui me le fait voir, répondit-il ; nous l'avions vu, moi et mes ancêtres, longtemps avant que ses pareils fussent venus dans la contrée. » Malheureusement je n'ai jamais demandé quel était le nom qu'ils donnaient à ce phénomène, qui, je n'en doute pas, en a eu un dans leur langage. Otton von Guerrik, nous dit le baron de Humboldt, est le premier qui l'ait observé en Europe ; il y a des centaines d'années qu'il est familier aux Béchuanas ; mais il n'est rien résulté de cette observation séculaire, car ils ont regardé ce phénomène avec les yeux de la brute. L'esprit humain est resté ici dans un état de stagnation complète à l'égard des opérations de la nature, comme il le fut autrefois en Angleterre ; aucune question n'a jamais occupé l'intelligence de ces peuplades, excepté celles qui ont un rapport intime avec les besoins de l'estomac.

Des troupes nombreuses de martinets (*cypselus apus*) volaient au-dessus des plaines situées au nord de Kuruman ; l'une de ces bandes, à en juger par le temps qu'elle mit à effleurer les roseaux de la vallée, pouvait compter plus de quatre mille individus. Il n'y a probablement qu'un petit nombre de ces martinets qui fassent leur nid dans cette contrée. Je les ai souvent observés, et je n'ai jamais surpris parmi eux aucune apparence d'amour, aucune poursuite de l'un à l'autre, aucune partie joyeuse, pas le moindre signe d'une recherche quelconque.

D'autres oiseaux de différentes espèces, qui vivent également rassemblés par troupes nombreuses, vont et viennent dans ce pays-ci, comme des bohémiens errants, même à l'époque de la saison des amours, c'est-à-dire entre l'hiver et l'été, le froid ayant dans cette région la même influence que le printemps sous nos climats du Nord. Ces bandes vagabondes sont-elles formées des oiseaux voyageurs qui retournent en Europe pour y aimer et pour élever leurs petits?

Nous arrivâmes le 31 décembre 1852 à Litoubarouba, la ville de Séchélé, nommée ainsi de la partie des montagnes où elle se trouve située. Il existe dans son voisinage une excavation qu'on appelle Lépélolé, et qui témoigne de l'existence d'une fontaine qui s'est desséchée comme tant d'autres. Cette caverne passait dans le pays pour servir d'habitation à la divinité, et personne n'osait s'y introduire ; c'était un motif de plus pour me donner l'envie d'y pénétrer. Je choisis l'un des jours de la semaine où j'avais le moins d'occupation, et je résolus d'explorer la caverne, afin précisément de voir le dieu des Bakouains. Les vieillards affirmaient que pas un de ceux qui avaient tenté cette entreprise n'avait reparu sur la terre. « Si le docteur est assez fou, ajoutaient-ils, pour vouloir sa propre mort, qu'il aille mourir tout seul ; personne, au moins, ne pourra nous en blâmer. » Toutefois Séchélé déclara qu'il me suivrait partout, ce qui produisit dans le pays la plus grande consternation. Il est étrange que les Béchuanas se soient toujours figuré la divinité boiteuse, comme le dieu Thau des Égyptiens. Supposant que les visiteurs de la caverne qui, disait-on, n'avaient jamais reparu, avaient pu tomber dans quelque précipice, nous fîmes provision de lumières, et, pourvus d'une échelle, de perches et de cordes, nous nous dirigeâmes vers le but de notre expédition. Nous trouvâmes tout simplement une cave ayant environ dix pieds carrés d'ouverture, et qui ne présentait plus ensuite que les deux lits creusés jadis par les deux branches du ruisseau qui provenait de la fontaine. Il est probable que Lépélolé n'a jamais eu d'autres habitants que les babouins. J'ai laissé à l'extrémité de la branche supérieure de l'ancien ruisseau l'un des billets de plomb de la société de tempérance fondée par le père Mathew.

Je n'ai jamais vu les Bakouains aussi décharnés qu'à cette époque. La plupart de leurs bestiaux, dont quatre-vingts bœufs de trait magnifiques, leur avaient été enlevés par les Boërs, qui avaient également fait main basse sur les provisions que les capitaines Webb et Codrington avaient laissées. Tout le blé qui se trouvait dans la ville avait été la proie des flammes, ainsi que les vêtements et les meubles des habitants, qui, lors de notre passage, mouraient littéralement de faim.

Séchélé, en partant pour aller voir Sa Majesté Britannique, avait recommandé à ses sujets de ne commettre aucun acte de vengeance contre leurs ennemis avant qu'il fût de retour ; mais de jeunes Bakouains s'en furent à la rencontre d'une troupe de Boërs qui étaient allés à la chasse, ils les effrayèrent par cette attaque imprévue, les mirent en fuite, et ramenèrent à Litoubarouba les chariots des chasseurs, que ceux-ci avaient abandonnés. L'idée vint aux Boërs que les Bakouains avaient l'intention d'organiser contre eux des guérillas ; mais l'époque n'était pas encore venue où les naturels devaient comprendre que la guerre incessante au milieu des buissons était la seule qui pût leur être avantageuse.

Les Boërs, que cette pensée alarmait, envoyèrent quatre des leurs pour demander la paix ; j'ai assisté à cette entrevue, et j'entendis mettre parmi les conditions qu'on rendrait les enfants de Séchélé. Je n'ai jamais vu d'hommes aussi complétement pris au piége que l'étaient ces quatre Boërs, qui ne s'en doutaient même pas. Tous les passages des environs, toutes les issues de la montagne, étaient gardés par des Bakouains bien armés ; et si les plénipotentiaires, outre-passant leurs pouvoirs, n'avaient pas promis tout ce qu'on leur demandait, leur dernier jour était certainement arrivé. Le commandant s'était approprié les enfants de Séchélé, dont il avait fait ses esclaves. J'étais présent lorsque l'un d'eux, nommé Khari, fut rendu à sa famille. On l'avait laissé rouler dans le feu, et il revenait avec trois larges plaies sur le corps, plaies profondes qui n'avaient pas même été soignées ; sa mère et les femmes dont celle-ci était entourée le reçurent en versant des torrents de larmes silencieuses.

On dit qu'en certains endroits l'esclavage est doux et bienfaisant ; les Boërs affirment qu'ils sont les meilleurs de tous les maîtres, et que, si les Anglais avaient eu des Hottentots pour esclaves, ils les auraient beaucoup moins bien traités qu'eux : il serait difficile d'imaginer comment ils auraient pu les faire souffrir davantage. J'ai pris les noms de plusieurs vingtaines d'enfants des deux sexes dont la plupart étaient venus à notre école ; mais je n'ai pu consoler leurs mères éplorées en leur donnant l'espoir qu'ils reviendraient un jour.

Tous les Béchuanas aiment beaucoup les enfants ; un bambin qui, chancelant sur ses jambes, s'approche d'un cercle d'hommes occupés à manger, est bien sûr de revenir les mains pleines. Cet amour pour l'enfance est dû en grande partie au système patriarcal en vigueur chez ces peuples ; chaque enfant est considéré comme accroissant la force de la tribu, et le petit étranger est soigneusement apporté au chef qui devient son père adoptif ; les garçons, toutefois, sont préférés aux filles. Les parents prennent le nom de leur fils aîné auquel on ajoute *ra* qui veut dire père, et *ma* qui signifie mère. Le nôtre s'appelait Robert, et mistress Livingstone ne fut plus désignée, après la naissance du cher petit, que sous le nom de Ma-Robert, au lieu de celui de Mary, qui avait toujours été le sien.

J'ai vu plusieurs exemples de grand'mères qui ont allaité leurs petits-enfants. Masina de Kuruman n'avait jamais eu qu'une fille et n'avait plus de lait à l'époque où celle-ci, nommée Sina, avait été sevrée, à l'âge de deux ou trois ans ; Sina fut mariée à dix-sept ou dix-huit ans, et, l'année d'après, elle accoucha de deux jumeaux ; sa mère, Massina, qui depuis quinze ans au moins n'avait pas donné à teter, s'empara de l'un de ses petits-fils, lui présenta le sein, et eut immédiatement assez de lait pour se charger toute seule de la nourriture du poupon ; elle avait alors une quarantaine d'années. Une femme du même âge, peut-être un peu plus jeune, car les femmes de cette contrée paraissent vieilles de très-bonne heure, étant seule avec son petit-fils et l'entendant pleurer, lui donna sa mamelle flétrie, d'où s'échappa bientôt du lait ; parfois il arrive que l'enfant est nourri simultanément par sa mère et par sa grand'mère, ainsi que Ma-Bogonsig, la principale femme de Mahuré, m'en a fourni l'exemple. J'ai été si souvent témoin de la production du lait par le seul fait de la succion de l'enfant, que je n'ai pas été surpris d'entendre dire par les Portugais de la côte orientale, qu'un docteur indigène ramenait la sécrétion laiteuse chez la femme en lui appliquant sur la poitrine un cataplasme de larves de frelons, aidé en même temps des efforts de l'enfant qu'elle nourrit. Dès lors ne serait-il pas possible que cette histoire, racontée dans la Nuée de témoignages, et où il est dit que, pendant les guerres religieuses d'Écosse, un homme aurait allaité son enfant de son propre lait, ne serait-il pas possible, dis-je, que cette histoire fût rigoureusement exacte ? On l'a citée comme un miracle ; mais le sentiment d'un père pour l'enfant de celle qu'il aimait, et qu'on vient d'assassiner sous ses yeux, ne peut-il pas se rapprocher d'un sentiment maternel ? L'anatomie ne constate aucune différence entre la poitrine de l'homme et celle de la femme ; le phénomène que nous venons de rapporter n'a donc physiquement rien d'impossible. M. de Humboldt cite également l'exemple d'un père qui allaita son enfant ; et, bien que je ne sois pas d'une crédulité naïve, les observations que j'ai été à même de faire chez certaines femmes d'Afrique me font croire à l'assertion de cet illustre savant.

Les Boërs savent par expérience qu'il est impossible de conserver des adultes en captivité dans un pays sauvage, où la fuite est trop facile pour qu'on ait le moyen de la prévenir ; c'est pour cela qu'ils ne s'emparent que d'enfants assez jeunes pour oublier leurs parents et pour accepter un esclavage perpétuel ; j'ai vu souvent dans leurs maisons de véritables bambins qu'ils avaient capturés ; autrefois ils niaient le fait ; aujourd'hui la déclaration de leur indépendance permet aux Boërs transvaal de ne plus dissimuler qu'ils font la guerre aux esclaves.

En causant ici avec quelques-uns de mes amis, j'ai appris que

Maléké, un ancien chef des Bakouains, qui demeurait autrefois sur le mont Litouparouba, avait été mordu par un chien enragé et qu'il en était mort ; la rage est tellement rare dans dans ce pays-i, que le fait m'intéressa vivement ; c'est la seule fois que j'aie entendu parler d'hydrophobie dans cette région, encore n'est-il pas certain qu'elle fût bien constatée. Pendant mon séjour à Mabotsa, plusieurs chiens furent affectés d'une maladie qui les faisait vaguer çà et là et courir comme des fous ; mais c'était simplement une affection du cerveau : leur morsure n'eut aucun résultat fâcheux pour les personnnes qu'ils attaquèrent, et l'inoculation ne nuisit à aucun animal ; d'après tous les renseignements que j'ai pu recueillir, l'idée reçue que la rage n'existe pas dans la région des tropiques semblerait être exacte.

Les Bakouains ignorent la plupart des maladies ; les poitrinaires, les fous, les scrofuleux et les hydrocéphales sont excessivement rares parmi eux ; le cancer et le choléra leur sont totalement inconnus. Il y a vingt ans la rougeole et la petite vérole exercèrent de grands ravages dans leur tribu ; mais depuis lors aucune maladie ne les a frappés, bien que la petite vérole se soit représentée fréquemment sur la côte. Dans quelques endroits les indigènes ont recours au vaccin de la vache qu'ils s'inoculent sur le front ; ailleurs ils emploient la matière de la maladie même ; dans l'un des villages où cette méthode avait été suivie, presque tous les habitants périrent par l'effet de cette opération qui leur donna la petite vérole la plus confluente. D'où connaissent-ils la vaccine et comment l'idée leur en est-elle venue ? Les Bakouains la pratiquaient bien avant l'époque où ils eurent des relations, même indirectes, avec les missionnaires. Ils préfèrent le vaccin animal toutes les fois qu'ils peuvent s'en procurer.

L'affection dégoûtante qui décime les Indiens de l'Amérique du Nord et qui menace d'emporter tous les habitants des îles de la mer du Sud, guérit d'elle-même dans l'intérieur de l'Afrique, sans qu'il y ait besoin de s'en occuper ; les Bangouaketsés, qui l'apportèrent de la côte occidentale, en furent délivrés aussitôt qu'ils arrivèrent dans leur pays, au sud-est de Kolobeng. Ce mal affreux ne persiste jamais sous aucune forme dans l'intérieur de l'Afrique, chez les indigènes dont la race n'a pas été croisée ; il en est autrement pour les individus de sang mêlé ; chez tous les mulâtres que j'ai été appelé à soigner, la virulence des symptômes secondaires a toujours été en proportion de la quantité de sang européen qui coulait dans les veines du malade ; chez les Coronas et les Griquas, où les deux races se mêlent à peu près également, l'horrible affection produit les mêmes ravages qu'en Europe ; elle est également désastreuse pour les métis portugais. J'ai trouvé parmi les Barotsés une maladie qu'ils appellent manassah, et qui ressemble énormément au *fœda mulier* de l'histoire.

La pierre et la gravelle n'existent pas chez les Bakouains ; je n'en ai jamais rencontré un seul cas, bien que les eaux du pays soient tellement chargées de sulfate de chaux que l'intérieur des bouilloires en est bientôt incrusté ; quelques naturels, qui me consultèrent pour des indigestions, s'imaginaient que leur estomac était doublé intérieurement d'une couche pareille à celle de leur marmite. Cette immunité des noirs à l'égard des calculs de la vessie, existe même chez ceux des États-Unis, où il est très-rare que les plus célèbres lithotriteurs aient eu l'occasion d'opérer un nègre.

Les maladies les plus communes chez les Béchuanas sont la pneumonie, qui résulte des changements subits de température ; les inflammations de la plèvre, des entrailles, de l'estomac ; les rhumatismes, les affections du cœur : mais toutes ces maladies deviennent de plus en plus rares depuis que les naturels adoptent les vêtements européens. La coqueluche, les différentes formes d'indigestion et d'ophthalmie sont fréquentes, et chaque année, la période qui précède la saison des pluies est marquée par une épidémie : quelquefois c'est une ophthalmie générale qui ressemble beaucoup à celle des Égyptiens ; l'année suivante ce sera une diarrhée que rien ne pourra guérir et qui disparaîtra comme par enchantement aux premières gouttes de pluie. Une fois la période épidémique fut signalée par une espèce de pneumonie dont le symptôme particulier était une vive douleur dans la septième apophyse cervicale ; il y eut un grand nombre de personnes qui en moururent, après avoir été pendant plusieurs heures, et même pendant plusieurs jours, dans un état de prostration absolue ; comme l'inspection des morts est interdite chez les Béchuanas, et que l'endroit de leur sépulture est soigneusement caché, il me fut impossible d'étudier cette curieuse affection comme je l'aurais désiré. Il arrive souvent aux Bakouains d'enterrer les morts dans la hutte où ils expirèrent, de peur que les sorciers, qu'ils appellent *baloï*, ne viennent déterrer les cadavres afin d'en prendre certaines parties dont ils font usage pour opérer leurs maléfices. A peine a-t-il rendu le dernier soupir, que le défunt est emporté précipitamment et qu'on se hâte de le mettre en terre ; on va même souvent jusqu'à le fourrer dans le trou d'un fourmilier pour s'éviter de creuser une fosse. A deux reprises différentes, j'ai vu ces funérailles précipitées, suivies, au grand effroi des parents, du retour des prétendus morts, qui s'étaien réveillés dans leur tombe d'un évanouissement prolongé.

Dans les cas d'ophthalmie, les docteurs indigènes appliquent des ventouses sur les tempes, et dirigent sur les yeux la fumée piquante de certaines racines, que le patient respire en même temps à plein nez. La solution de nitrate d'argent (deux ou trois grains pour une once d'eau de pluie), dont nous nous servions pour les malades qui s'adressaient à nous, l'emporta tellement, comme efficacité, sur la médication des indigènes, que notre maison était assaillie chaque matin par les malades qui venaient réclamer quelques gouttes de notre collyre. Lorsqu'on en verse plusieurs gouttes dans les yeux au début de la maladie, on empêche l'ophthalmie de devenir grave; les voyageurs y trouveront un moyen précieux d'échapper à cette affection.

Les docteurs indigènes emploient, pour pratiquer leurs ventouses, une corne de chèvre ou d'antilope dont l'extrémité supérieure est percée d'un trou; un petit morceau de cire est fixé à l'extrémité de la corne, et la cire est trouée; quand, en aspirant l'air, on a fait le vide dans l'intérieur de la corne, on mâche la cire avec les dents pour en fermer l'ouverture, et le sang monte dans la corne que l'on a placée sur la partie scarifiée. Les bords de la corne, que l'on applique sur la peau, sont mouillés préalablement et la ventouse est bien mise; le docteur, après avoir séparé la fibrine du sang, la montre à l'assistance pour lui prouver qu'il a extrait de la veine le principe de la maladie et que la guérison ne peut manquer d'arriver; cette démonstration *de visu* est toujours vivement appréciée.

Ces docteurs indigènes ne manquent pas d'un certain fonds de connaissances qui résultent d'une longue pratique et d'une observation attentive; ils se succèdent généralement de père en fils; le médecin qui ne peut pas prouver que l'art médical était exercé avant lui dans sa famille, est considéré comme charlatan. Je suis toujours resté en fort bons termes avec les praticiens réguliers en m'abstenant de paraître douter de leur science lorsque nous nous trouvions en face de leurs malades; ils recevaient avec empressement toutes les observations que je leur faisais plus tard; ils substituaient même de bon cœur un traitement plus rationnel à celui qu'ils avaient toujours employé, pourvu que personne ne fût présent à la conversation. Nos médicaments avaient un succès merveilleux, et j'ai toujours trouvé dans mes connaissances médicales un excellent moyen pour convaincre les naturels que je leur portais un intérêt sincère ; nous ne pouvons pas, du reste, les accuser d'ingratitude, et nous nous rappellerons jusqu'à notre dernière heure la bonté des Bakouains.

Les docteurs africains sont beaucoup moins habiles en chirurgie qu'en médecine ; aucun d'eux n'a jamais essayé d'extirper une tumeur, si ce n'est par l'application d'un médicament externe. Celles que l'on rencontre le plus souvent dans le pays sont d'une nature fibro-adipeuse ; et comme chez tous les indigènes le *vis medicatrix naturæ* a une activité remarquable, j'ai enlevé un très-grand nombre de ces tumeurs sans qu'il en soit résulté le plus léger inconvénient. Citons un exemple du peu d'habileté des chirurgiens du pays : Un homme avait sur la nuque une tumeur grosse comme la tête d'un enfant, et qui l'empêchait de se redresser ; il alla trouver son chef, dont il réclama les secours. Celui-ci fit venir, pour le soigner, un médecin fameux de la côte orientale, qui essaya de dissoudre la tumeur en brûlant dessus de petits morceaux de racines médicinales. La tumeur persista, je l'enlevai quelque temps après, et l'opéré marcha depuis cette époque la tête beaucoup plus haute qu'il n'était nécessaire. Hommes et femmes se soumettent aux opérations sans la moindre résistance et ne poussent jamais de ces cris perçants qui, avant la découverte du chloroforme, faisaient défaillir les étudiants novices. Les femmes elles-mêmes se font un point d'honneur de supporter la douleur physique ; une mère dont la petite fille a dans le pied une épine qu'il faudra lui enlever, ne manquera pas de lui dire : « Allons, Ma, tu es une femme, et une femme ne doit pas crier ! » Les hommes ne pleurent jamais. Un jour que dans le Kalahari nous passions auprès d'une citerne profonde, nous vîmes un vieillard dont le petit garçon était tombé dans l'eau en jouant sur le bord, et s'y était noyé ; lorsque tout espoir de le sauver fut perdu, le chagrin du vieillard éclata dans un sanglot déchirant ; c'était le cri involontaire d'un cœur désespéré, et c'est la seule fois que j'aie vu, dans ce pays-ci, un homme verser des larmes.

La science médicale, chez les Bakouains, ne s'occupe pas des accouchements ; un docteur auprès d'une femme en couches leur paraissait tout aussi déplacé qu'une jeune fille le serait chez nous dans une salle de dissection ; néanmoins des accidents assez graves s'étant présentés à propos d'une couche double, et tous les onguents des docteurs de la ville n'ayant pu produire l'effet que la pratique anglaise obtint en une seconde, le préjugé s'évanouit immédiatement. Je ne devins pas l'accoucheur ordinaire des Bakouains; mais je ne manquai pas d'offrir mes services toutes les fois qu'ils étaient nécessaires, et j'eus la satisfaction de concourir souvent à l'heureuse délivrance de ces pauvres femmes et de les soulager au moment de cette rude épreuve. La plupart du temps ces pauvres créatures sont placées dans une cabane destinée à les recevoir et où on les abandonne à elles-mêmes, sans leur donner le moindre secours; il en résulte un nombre considérable de hernies ombilicales. Toutefois elles souffrent moins après leurs couches que dans les pays civilisés; peut-être cela vient-il de ce que la chose est considérée non pas comme une maladie, mais comme une simple opération de la nature, qui n'exige d'autres soins que beaucoup d'air, et une nourriture succulente. En pareille occasion le mari est obligé de tuer un bœuf pour sa femme, ou tout au moins une chèvre ou un mouton, s'il ne peut pas faire davantage.

Bien que je ne puisse me vanter d'être un médecin de grand mérite, mes connaissances médicales m'avaient fait une réputation qui ne tarda pas à se répandre. Une femme, atteinte d'une affection qui avait déjoué les efforts de tous les docteurs de sa tribu, franchit une distance d'environ cent milles pour venir me consulter; non-seulement sa guérison fut complète, mais elle accoucha d'un fils, un an après qu'elle fut retournée dans son pays; elle n'avait jamais eu d'enfant, bien qu'elle fût mariée depuis déjà plusieurs années, et c'était de la part de son mari un grand sujet de reproche; dans sa joie, elle m'envoya un présent d'une certaine importance, et proclama partout que je possédais un remède contre la stérilité. Je fus dès lors assailli par toutes les femmes et par tous les maris qui n'avaient pas d'enfants. Il y en eut qui firent deux cents milles pour venir acheter la drogue précieuse qu'ils supposaient en ma possession. J'essayai vainement de leur faire comprendre que j'avais guéri l'autre femme d'une maladie fort simple qui s'opposait à ce qu'elle devînt mère; mais que ce n'était pas mon traitement qui lui en avait donné la faculté. Plus je disais que je n'avais pas de médicaments pour cet usage, et plus leurs offres s'élevaient; ils auraient tout donné pour avoir de la *drogue à enfant*. Cela me déchirait le cœur d'entendre les supplications ardentes et de voir les yeux pleins de larmes de ces malheureuses : « Je vieillis, me disaient-elles; vous voyez des cheveux blancs mêlés à mes cheveux noirs, et je n'ai pas un seul enfant. Vous savez que les maris béchuanas renvoient leurs vieilles femmes quand elles ne sont pas mères; et que deviendrai-je, alors? Je n'aurai personne pour aller me chercher de l'eau si je viens à être malade... » etc., etc.

Tout le pays limitrophe du désert, depuis Kuruman jusqu'à Litoubarouba, ou Kolobeng, ainsi que toute la région qui s'étend au nord du lac Ngami, est d'une salubrité remarquable ; non-seulement les naturels, mais les Européens dont la constitution a été affaiblie par le climat des Indes, y retrouvent des forces et y réparent leur santé. Celle des missionnaires y a toujours été bonne, et leur vie s'y prolonge malgré les fatigues de leur profession. On a vu des malades, qui sur la côte passaient pour être poitrinaires, s'y rétablir complétement par la seule influence du climat ; il faut bien se figurer que la température des côtes, dont nous recevons en Angleterre des rapports si favorables quant à la santé des troupes, ne vaut pas, pour les individus attaqués de la poitrine, le climat des régions qui sont éloignées de la mer. Je n'ai jamais été témoin du bénéfice que les personnes d'une constitution délabrée retiraient de leur séjour dans l'intérieur de l'Afrique, sans désirer que les effets du climat fortifiant fussent plus connus en Angleterre. Pas un des voyageurs qui ont parcouru cette région ne se rappelle pas sans plaisir la vie saine et libre d'une excursion en chariot dans ces contrées sauvages.

La viande est un aliment nécessaire dans ce pays-ci, même en assez grande quantité. Nous en mangions tous les jours autant qu'en Angleterre, sans en éprouver la moindre indisposition du côté du foie, comme il arrive en pareil cas dans les autres pays chauds ; un régime végétal cause ici des aigreurs et nuit à l'estomac.

M. Oswell prétend que le climat de cette partie de l'Afrique est supérieur à celui du Pérou ; malheureusement je n'avais pas les instruments nécessaires pour fournir à cet égard des données positives; mais je n'hésiterai pas, n'était la dépense d'un pareil voyage, à recommander les frontières du Kalahari aux individus attaqués de la poitrine ; ce sont les antipodes de notre température froide et humide ; il ne tombe pas une goutte de pluie pendant tout l'hiver, qui dure depuis le commencement de mai jusqu'à la fin du mois d'août; jamais le froid et l'humidité ne se combinent dans cette région. Quelle que soit la chaleur du jour à Kolobeng, et le thermomètre s'est élevé parfois, au moment où il allait pleuvoir, à 96° degrés (35° centigrades $^5/_9$) dans l'endroit le plus frais de notre maison; jamais on ne respire ces vapeurs débilitantes si communes dans les Indes et même sur les côtes d'Afrique. Les soirées sont délicieuses, et la nuit la plus fraîche succède au jour le plus brûlant. L'excessive chaleur n'y est jamais étouffante, et la grande évaporation qui succède à une averse fait que la saison des pluies est le moment le plus agréable de l'année pour les voyages. Rien ne surpasse la douceur balsamique des matinées et des soirées dans n'importe quelle saison. Vous ne désirez ni plus de fraîcheur ni plus de chaleur dans l'air ; vous pouvez rester à votre porte jusqu'à minuit sans redouter même un rhume ; vous pouvez coucher dehors, regarder la lune jusqu'au moment où vous vous endormez, sans que vos yeux s'affaiblissent ; et la plupart du temps c'est à peine s'il y a quelques gouttes de rosée.

CHAPITRE VII

Départ du pays des Bakouains. — Grosses fourmis noires. — Tortues terrestres. — Maladies des animaux sauvages. — Habitudes des vieux lions. — Couardise du lion. — Note du major Vardon. — Buffles et lions. — Souris. — Serpents. — Variétés venimeuses et inoffensives. — Fascination. — Idées de Sékomi sur l'honnêteté. — Cérémonie du séchou pour les garçons. — La boyalé pour les jeunes filles. — Montagnes Bamangouatos. — Passage de la licorne. — Rareté de l'eau. — Conduite honorable de gentlemen anglais. — Aventures de chasse de Gordon Cumming. — Avis aux jeunes sportsmen. Bushwomen tirant de l'eau. — Autruche. — Ses habitudes. — Sa piste. — Ses œufs. — Sa nourriture.

Après être restés cinq jours avec les malheureux Bakouains et avoir jugé des effets désastreux de la guerre dont on ne peut se faire une idée quand on ne les a pas vus, nous partîmes de Litoubarouba le 15 janvier 1853. Une bande de chiens, beaucoup plus gras que pas un des habitants, avaient établi leur domicile au bord de la rivière ; personne ne voulait les reconnaître ; ils étaient restés à Kolobeng longtemps après que tout le monde en avait été parti ; évidemment ils avaient festoyé la chair des morts, et c'est de là qu'était venu le dégoût qu'ils inspiraient.

En suivant l'ancien lit de rivière qui forme le chemin de Khopong à Boatlanama, je trouvai une espèce de cactus ; c'était la troisième que je rencontrais dans le pays, à savoir : l'une à fleurs d'un rouge éclatant, que j'avais vue dans la colonie ; la seconde à fleurs grenat, que j'avais trouvée au bord du lac, et cette dernière, qui n'était pas fleurie. Cette plante est si peu commune dans cette région, que les Bakouains éprouvent une grande difficulté à la reconnaître, et s'imaginent qu'elle a le pouvoir de changer de localité.

Le 21 janvier nous arrivâmes aux puits de Boatlanama, qui, pour la première fois, étaient à sec. Le cours d'eau de Lopépé, que j'ai vu, il y a quelques années, s'échapper d'un large étang couvert de roseaux, était également desséché. L'eau chaude et saline de la source de Sérinané, qui se trouve à l'est de Lopépé, n'étant pas potable, nous nous dirigeâmes vers Mashüé, dont l'eau est délicieuse. Une grosse fourmi noire d'environ un pouce de longueur (25 millim.), et qu'on appelle *léshonya*, répand dans cette contrée une odeur pénétrante et désagréable que l'on respire fréquemment; cette odeur provient d'un fluide que cette fourmi répand à la façon de la mouffette, lorsqu'elle est alarmée, et qui doit être aussi volatil que l'éther, car en irritant l'insecte avec une baguette de six pieds, on en est immédiatement affecté.

Il nous arrivait de temps à autre de trouver des tortues; c'était, avec leurs œufs, un mets fort agréable. Elles venaient de très-loin à la fontaine Sérinané, chercher le sel qui leur est nécessaire; quand elles ne peuvent pas s'en procurer, elles avalent les cendres de bois qu'elles rencontrent. On est surpris du nombre de ces chélidiens qui devraient devenir de plus en plus rares et qui ne semblent pas diminuer; pourtant ils n'échappent jamais à celui qui les voit: on prend les jeunes pour leur écaille, dont les naturels font des boîtes que les femmes remplissent de racines odorantes, et qu'elles se suspendent autour du corps; les adultes sont recherchés comme aliment, et leur carapace est employée en guise de vase. Ce n'est pas à leur vitesse, encore moins à leur intelligence, que ces tortues doivent leur conservation; mais la couleur jaune et le brun sombre de leur écaille se confondent avec l'herbe et les buissons qui les environnent, et empêchent souvent qu'on ne les distingue. Bien qu'elles essayent parfois d'échapper à l'homme en s'enfuyant, leur véritable défense est dans la couverture osseuse qui les abrite, et que la dent d'une hyène ne peut pas entamer. Au moment de la ponte, cette tortue s'enfonce dans le sol en accumulant de la terre autour d'elle jusqu'à ce que l'on ne voie plus que la partie la plus élevée de son dos; lorsqu'elle a pondu, elle recouvre ses œufs, qu'elle abandonne à la nature; les petits éclosent à l'époque où la pluie tombe et où l'herbe nouvelle apparaît, et, pourvus d'une écaille molle qui durcira plus tard, ils commencent leur carrière sans l'assistance de leurs parents; ils mangent de l'herbe tendre, une certaine plante nommée thotona, et se rendent fréquemment dans les endroits où il y a des cendres et des nitrates, par amour pour les sels que contiennent ces substances.

D'après ce que m'ont dit les Bakalaharis et les Bushmen, les animaux sauvages sont sujets à une foule de maladies. J'ai vu le gnou, appelé aussi kokong, le kama ou hartebeest (*bubale*), le tsessébé, le kukama et la girafe, tellement galeux, qu'ils n'en étaient pas mangeables, même pour les naturels. J'ai parlé ailleurs de la pneumonie qui tue les chevaux et les tolos ou koudous. On rencontre souvent des zèbres morts qui ont de l'écume aux narines, ainsi qu'il arrive dans la maladie des chevaux ; le charbon, appelé par les indigènes kuatsi ou sélonda, et qui se produit également chez ceux qui ont mangé de la chair de ces zèbres, est une nouvelle preuve de l'identité du mal chez les deux espèces de la race chevaline. J'ai trouvé une fois, auprès de la fontaine Otsé, un buffle qu'une ophthalmie avait rendu aveugle. On voit souvent des vers sur la conjonctive du rhinocéros ; ce n'est pas là, néanmoins, ce qui lui trouble la vue au point de lui faire prendre un arbre pour le chasseur qui l'attaque. Il est probable que cela tient à la corne qu'il porte sur le nez et qui se trouve placée précisément dans la direction de la ligne visuelle ; car la variété nommée kuabaoba, dont la corne droite s'abaisse de manière à ne pas gêner la vision, a l'œil beaucoup plus juste et montre beaucoup plus de discernement.

Tous les animaux sauvages sont, en outre, sujets aux vers intestinaux. J'ai trouvé, chez les rhinocéros, des paquets de vers semblables à de gros fil, en même temps que de très-courts, qui étaient beaucoup plus volumineux. Il est rare que le zèbre et l'éléphant n'en aient pas ; on voit souvent un ver filiforme sous le péritoine de ces animaux ; des larves courtes et rouges, qui produisent des picotements quand on les pose sur la main, entourent chez l'éléphant l'orifice de la trachée ; d'autres larves se trouvent dans les sinus frontaux des antilopes, et l'on rencontre dans l'estomac des léchés certains vers plats qui ont des yeux noirs et qui ressemblent à des sangsues. En outre, la perte de leurs dents réduit parfois le zèbre, l'élan, le kukama et la girafe à l'état de squelette, ainsi bien que la maladie.

Les carnassiers n'évitent pas les affections qui atteignent les herbivores.

Quand un lion est trop vieux pour s'emparer du gibier qu'il chasse, il en vient fréquemment à tuer les chèvres dans les villages mêmes ; si alors une femme ou un enfant sort le soir, il en fait également sa proie ; et comme désormais il n'a plus d'autre moyen de subsistance, il continue à se nourrir de cette manière.

C'est là ce qui a fait dire que, quand un lion a goûté de la chair humaine, il la préfère à toute autre. Les lions qui attaquent l'homme sont toujours de vieux lions ; quand l'un d'eux surmonte la crainte que l'homme lui inspire, au point de s'approcher d'un village et

de s'emparer des chèvres, les habitants ne manquent pas de dire
« que ses dents sont usées, qu'il tuera bientôt quelqu'un, » et,
sentant la nécessité de se défendre, ils le chassent immédiatement.

Lorsque le lion vit dans un pays complétement inhabité, ou qu'il
éprouve, comme en certains endroits, une crainte salutaire des
Bushmen et des Bakalaharis, il se met, aussitôt qu'il est malade
ou que la vieillesse lui arrive, à chasser des souris et d'autres petits rongeurs, parfois même à manger de l'herbe, ce qu'il ne fait
peut-être qu'avec l'intention de se purger, ainsi qu'on l'observe
chez les chiens. Toujours est-il que les indigènes, remarquant alors
dans sa fiente des matières végétales non digérées, suivent sa trace
avec la certitude de le trouver sous un arbre, où il lui est presque
impossible de se mouvoir, et où ils le tuent sans la moindre difficulté.

Quant à la crainte que l'homme inspire aux carnivores, rien ne
prouve mieux sa puissance que ce fait bien avéré : on sait que
des lionnes, se trouvant aux environs de certaines ville, d'où l'usage des armes à feu avait subitement éloigné les animaux dont
elles font leur proie ordinaire, assouvirent leur faim violente en
dévorant leurs lionceaux. On a vu des chiennes en venir également à cette action dénaturée, poussées qu'elles étaient à cette extrémité par le besoin de nourriture animale, besoin impérieux que
les indigènes éprouvent ainsi que les carnivores.

Il faut cependant ajouter que, si les effluves que l'homme répand sur ses pas suffisent, en général, pour déterminer les lions
à fuir les endroits habités, il y a, néanmoins, des exceptions à
cette règle. Tandis que je m'occupais de transférer notre demeure
à Kolobeng, il en vint un si grand nombre à Chonuané autour
de nos maisons à demi désertes, que les naturels qui restaient
avec mistress Livingstone n'auraient pas osé sortir de chez eux,
pour rien au monde, une fois la nuit arrivée.

Lorsque vous rencontrez un lion en plein jour, circonstance
assez fréquente dans ces parages, si, échappant à des idées préconçues, vous ne croyez pas avoir sous les yeux quelque chose
de très-majestueux, vous voyez tout simplement un animal un peu
plus fort que le plus gros dogue que vous ayez jamais vu, et dont
les traits se rapprochent beaucoup de ceux que présente la race
canine ; la face du lion ne ressemble guère à celle que la gravure
nous offre ordinairement ; le nez se prolonge comme le museau
d'un chien [1] et a fort peu de rapport avec celui dont les peintres

---

1. Le lion à museau de chien, plus petit que les autres, est spécial à l'Afrique du

conservent la tradition. Ces messieurs expriment en général l'idée qu'ils se font de la majesté féline en donnant aux lions qu'ils nous représentent la figure d'une vieille femme coiffée d'un bonnet de nuit; il leur serait pourtant facile de se renseigner d'une manière plus exacte en allant étudier la nature dans les jardins zoologiques.

En plein jour, le lion s'arrête une ou deux secondes pour regarder la personne qui le rencontre; il tourne ensuite lentement autour d'elle, s'éloigne de quelques pas, toujours avec lenteur et en regardant derrière lui par-dessus son épaule; puis il commence à trotter, et s'enfuit en bondissant comme un lévrier, aussitôt qu'il suppose qu'on ne peut plus l'apercevoir. A la clarté du soleil, on ne court pas le moindre danger d'être attaqué par un lion qu'on laisse tranquille, et pas même la nuit quand il fait clair de lune, à moins que ce ne soit à l'époque où ces animaux sont possédés de l'amour de leur progéniture, sentiment qui leur fait braver toute espèce de danger. Si alors un homme vient à passer et que le vent souffle de manière à les en avertir, le lion et la lionne se précipitent sur lui à la façon d'une chienne lorsque celle-ci a des petits. Néanmoins ce fait est rare, j'en ai connu seulement deux ou trois exemples, ce qui prouve qu'il n'est pas très-commun; et la sécurité que nous éprouvions la nuit même, lorsqu'il y avait de la lune, était si grande, que nous attachions rarement nos bœufs, qui couchaient en liberté près des wagons; tandis que par les nuits sombres et pluvieuses, s'il se trouvait un lion dans le voisinage, on pouvait être certain qu'il chercherait à dévorer l'un d'eux.

Le lion s'approche toujours d'un pas furtif, excepté lorsqu'il a été blessé; la vue d'un piége ne suffit même point, dans ce dernier cas, à l'empêcher de bondir une dernière fois. La prudence qu'en général la vue d'une trappe suggère au lion, caractérise, à ce qu'il paraît, tous les individus de la race féline. Dans l'Inde, si la chèvre que l'on attache à un piquet, afin de servir d'amorce au tigre, est placée en rase campagne, celui-ci, d'un coup de griffe, s'empare si rapidement de sa proie, que le chasseur qui est à l'affût n'a pas le temps de le viser; pour remédier à cela, on creuse une fosse au fond de laquelle la chèvre est attachée, et l'on met une petite pierre dans l'oreille de la pauvre bête pour la faire crier toute la nuit; le tigre ne manque pas d'arriver, mais lorsqu'il aperçoit le

---

Sud; on croit qu'il existait autrefois en Chine, mais on ne saurait en faire le type de l'espèce léonine. (*Note du traducteur.*)

piège, il en fait plusieurs fois le tour, et permet ainsi au chasseur de le tirer à coup sûr.

Lorsqu'un lion affamé est à l'affût, s'il voit un animal quelconque, il ne l'attend pas et le traque immédiatement. Une fois il arriva qu'un homme se traînait dans l'herbe en rampant vers un rhinocéros, il jeta un regard en arrière et se vit avec horreur poursuivi par un lion; il ne dut son salut qu'à un arbre sur lequel il monta. A Lopépé, une lionne s'élança d'un bond à la cuisse du cheval de M. Oswel; le cheval bondit à son tour en fuyant de toutes ses forces; le cavalier, saisi dans sa course par une de ces plantes épineuses, appelées vulgairement *Attends-un-peu*, fut jeté par terre où il resta sans connaissance, et fut sauvé par ses chiens. Un autre Anglais, M. Codrington, fut surpris de la même manière, bien qu'il ne chassât pas dans le moemnt où il fut attaqué; mais il se retourna et l'animal fut tué a bout portant. Une fois, un de ses chevaux s'était échappé et fut arrêté par le tronc brisé d'un arbre où sa bride s'emmêla; on le retrouva quarante-huit heures après, toujours au même endroit. Autour de lui, sur un espace d'une assez grande étendue, on remarquait l'empreinte de nombreux pas de lions; ceux-ci, évidemment, n'avaient point osé l'attaquer, dans la crainte qu'il ne fût là pour les attirer dans un piège. Deux lions s'avancèrent une nuit jusqu'à trois pas d'un mouton lié à un arbre et de plusieurs bœufs attachés à un chariot; ils poussèrent des rugissements affreux, mais ils n'osèrent pas toucher à cette proie, dont ils croyaient avoir à se défier.

A Masbüe, dans une autre circonstance, l'un de nous dormait profondément derrière un buisson entre deux indigènes; accablés de fatigue, ceux-ci avaient oublié d'entretenir le feu qui était à leurs pieds; un lion s'approcha du brasier presque éteint et se mit à rugir, mais il ne sauta point sur l'un des hommes qui se trouvaient à quelques pas de lui; un bœuf attaché aux broussailles fut la seule chose qui empêcha le lion d'obéir à son instinct et de se jeter sur sa proie. Il se retira sur un monticule, situé environ à trois cents mètres, où il continua de rugir et de gronder jusqu'au moment où le lendemain matin, au point du jour, la petite bande s'éloigna.

Rien de ce que j'ai été à même d'apprendre sur le lion ne m'engagerait à reconnaître la férocité ou la grandeur de caractère qui lui sont attribuées. Il n'a pas la noblesse du chien de Terre-Neuve ou de celui du mont Saint-Bernard. On ne peut nier, il est vrai, sa force prodigieuse; la masse énorme de muscles qui entourent ses mâchoires, ses épaules, ses avant-bras, expliquent suffisamment son effroyable puissance: toutefois elle paraît être inférieure à celle du tigre indien. Le lion n'emporte pas le bœuf qu'il a tué, il le traîne sur la terre, du moins c'est ce que j'ai toujours vu. Il lui arrive en certaines circonstances de sauter sur la croupe d'un cheval; mais personne ne l'a jamais trouvé sur le garrot d'une girafe; il ne monte pas même sur la croupe de l'élan, qu'il fait tomber en le déchirant de ses griffes. M. Oswell et M. Vardon virent une fois trois lions s'efforcer d'abattre un buffle qui leur opposa une longue résistance, bien que celui-ci eût déjà été frappé d'une balle qui l'avait blessé mortellement. Citons les lignes où M. Vardon raconte ce curieux épisode :

« 15 septembre 1846, Oswell et moi, nous longions cette après-midi les rives du Limpopo, lorsqu'un waterbock[1] partit en face de nous; je descendis de cheval pour le suivre à travers les jungles. Trois buffles se levèrent à mon approche et s'arrêtèrent après avoir fait quelques pas; celui qui était le plus près de moi se retourna pour me regarder; je lui envoyai dans l'épaule une balle de deux onces, et les trois buffles s'enfuirent. Nous les suivîmes aussitôt que j'eus rechargé mon fusil; au moment où nous aperçûmes de nouveau le buffle que j'avais blessé, gagnant sur lui du terrain à chaque pas, trois lions bondirent et attaquèrent la malheureuse bête; elle mugit avec fureur et continua pendant quelques instants à courir tout en se défendant contre ceux qui l'assaillaient, mais elle ne tarda pas à s'arrêter et à fléchir sur ses jambes; la lutte nous offrit alors un spectacle magnifique; les lions, appuyés sur leurs pattes de derrière, déchiraient le buffle avec rage, de leurs dents et de leurs griffes. Nous nous approchâmes en rampant; et nous mettant à genoux lorsque nous ne fûmes plus qu'à une trentaine de pas, nous tirâmes sur les lions; mon rifle[2] était à un seul coup, et je n'avais pas de fusil de réserve; l'un des lions n'eut que le temps de se retourner et de saisir avec les dents l'une des branches d'un buisson qui se trouvait auprès de lui, et tomba mort aussitôt, ayant la branche dans la gueule. Le second s'enfuit au plus vite; quant au troisième, il releva la tête, nous regarda froidement et se mit à déchirer de plus belle le cadavre du buffle. Nous nous éloignâmes pour recharger nos armes, et nous étant rapprochés, nous tirâmes de nouveau. Le lion partit; mais une balle qui lui traversa l'épaule le força bientôt de s'arrêter : nous le poursuivîmes, et il fut tué après s'être retourné plusieurs fois contre nous; c'était un mâle, comme celui qui était mort le premier. Il arrive bien ra-

1. Ægoceros ellipsiprimus.
2. Long fusil rayé intérieurement comme une carabine.

rement qu'on puisse mettre dans sa carnassière en moins de dix minutes un vieux buffle et deux lions. Je n'oublierai jamais cette aventure qui nous avait singulièrement exaltés. »

Le buffle, évidemment, s'était approché de l'endroit où les lions étaient couchés ; et ceux-ci, le voyant boiteux et sanglant, pensèrent que c'était une trop bonne occasion pour ne pas en profiter.

Le lion saisit généralement l'animal qu'il attaque par le flanc, près de la jambe de derrière, ou à la gorge au-dessous de la mâchoire inférieure ; il est douteux qu'il essaye jamais de le saisir au garrot. Le flanc est son point d'attaque habituel, et c'est la partie qu'il commence à dévorer la première. Les indigènes sont du même avis à cet égard, et partagent complètement les goûts du lion, quant aux morceaux qu'ils préfèrent. On rencontre parfois un élan dont tout l'intérieur a été dévoré par un lion, sans que le corps ait été presque touché. Les entrailles et les parties graisseuses fournissent un repas complet, même au plus gros des lions ; le chacal vient rôder en reniflant autour de la curée ; mais son audace est parfois châtiée d'un coup de griffe qui le tue immédiatement.

Aussitôt qu'il est repu, le lion s'endort, et il est, dans ce cas-là, bien facile de l'expédier. La chasse au lion avec des chiens est d'ailleurs fort peu dangereuse, comparativement à celle du tigre de l'Inde ; car dans cette circonstance le lion est lancé par la meute qui, le réduisant aux abois, donne au chasseur le temps nécessaire pour le viser avec calme et pour le tirer à loisir.

Il faut s'attendre à trouver les lions en grand nombre dans tous les endroits où le gibier est abondant ; ils ne se réunissent jamais en troupeau, mais par bandes de six ou huit individus, probablement une famille qui se rassemble à l'occasion pour aller chercher pâture[1]. On est toutefois beaucoup plus en danger d'être écrasé dans les rues de Londres, qu'en Afrique d'être dévoré par les lions, à moins qu'on ne se mette à les chasser ; rien en vérité de ce que j'ai vu ou de ce que j'ai entendu raconter à leur égard ne saurait faire obstacle aux desseins d'un homme courageux et l'arrêter dans sa course.

1. « En hiver, écrit Adolphe Delegorgue, qui chassa longtemps dans l'Afrique australe, en hiver, pendant le jour, on voit fréquemment des bandes de lions qui se réunissent pour cerner et pour rabattre le gibier vers les gorges, les passages boisés d'un accès difficile, où sont postés quelques-uns de leurs acolytes ; ce sont des battues faites en règle, mais sans bruit, où les émanations des lions suffisent pour contraindre au départ les herbivores à qui elles arrivent. Une fois, à deux reprises, à quelques minutes d'intervalle, nous sommes tombés au centre d'une ligne de ces traqueurs : ils étaient vingt d'abord, trente ensuite ; un rhinocéros paraissait être surtout l'objet de leur convoitise. » Cette manœuvre, qui se rapproche des habitudes de la race canine, prouve à la fois l'énorme quantité de gibier qui existe dans ces parages et la faiblesse relative du lion à museau de chien. (*Note du traducteur.*)

La même idée qui a poussé les peintres modernes à représenter le lion sous des traits de fantaisie, a conduit les sentimentalistes à regarder son rugissement comme le plus terrible de tous les cris de la terre. Nous avons entendu ce « rugissement majestueux du roi des animaux; cette voix est bien faite, en effet, pour inspirer la crainte lorsqu'elle se mêle au bruit effroyable du tonnerre de cette contrée, quand la nuit est si noire qu'après chaque éclair aussi brillant que rapide, vous êtes comme frappé d'une cécité complète, alors que la pluie tombe avec une telle violence que votre feu s'éteint et vous laisse sans protection, n'ayant pas même celle d'un arbre ou de votre fusil, qui, tout mouillé, peut rater au premier coup. Mais lorsque vous êtes dans un chariot ou dans une bonne maison, la chose est différente, et vous écoutez le rugissement du lion sans respect ni terreur.

Le cri de l'autruche est tout aussi retentissant et n'a jamais effrayé l'homme. Cette assertion que j'ai émise il y a quelques années ayant été révoquée en doute, je me suis depuis lors soigneusement enquis de l'opinion des Européens qui ont entendu l'un et l'autre; je leur ai demandé s'ils pouvaient découvrir la moindre différence entre le rugissement d'un lion et celui d'une autruche. Ils m'ont tous répondu qu'ils n'en trouvaient aucune, à quelque distance que l'animal fût placé [1]. Les indigènes affirment toutefois qu'ils reconnaissent au commencement des deux cris quelque chose qui les distingue.

Nous admettons, il est vrai, qu'il y a une énorme différence entre le *fredonnement* d'un lion rassasié et le grognement significatif de celui qui est à jeun. La voix du lion est en général plus profonde que celle de l'autruche; mais je n'ai pu jusqu'à présent la distinguer avec certitude que parce qu'elle se fait entendre pendant la nuit, et celle de l'autruche pendant le jour.

Le lion d'Afrique est d'une couleur tannée comme celle de quelques mâtins; la crinière est grande et fait naître l'idée d'une force énorme; chez quelques-uns elle est noire à l'extrémité des poils, d'où il résulte qu'on les appelle à crinière noire bien que dans son ensemble cette crinière soit jaune comme le reste du corps.

A l'époque de la découverte du lac Ngami, MM. Oswel et Wilson tuèrent un spécimen de chacune des deux variétés : l'un était un vieux lion dont les dents n'étaient plus que des chicots, et dont

---

[1]. « Le cri de l'autruche ressemble tellement à la voix du lion, dit M. Anderson, dans le récit de son voyage au lac Ngami, qu'il arrive parfois aux naturels de s'y tromper eux-mêmes. »   (*Note du traducteur.*)

les griffes étaient complétement émoussées; l'autre, dans toute la plénitude de sa force, avait les dents blanches et acérées; mais tous les deux étaient dépourvus de crinière.

Sur les bords du lac Ngami et dans toute la contrée qui l'environne, les lions donnent moins de voix que dans la partie qui est plus au sud; c'est à peine si nous en avons entendu rugir pendant le séjour que nous y avons fait.

L'homme n'est pas le seul être que le lion ait à redouter et qui l'empêche de se multiplier outre mesure; rarement, il est vrai, le lion attaque un animal parvenu au terme de sa croissance; mais il lui arrive souvent, lorsqu'il s'empare du petit d'un buffle, de voir la mère fondre sur lui, d'être enlevé par les cornes de la bête furieuse et de retomber mort sur le coup. Nous en avons trouvé plusieurs qui avaient péri de la sorte. Il est douteux qu'un lion seul attaque jamais un buffle adulte; le nombre et la force des rugissements qui se font entendre lorsqu'un buffle est tué la nuit, semblent annoncer qu'il y a plus d'un lion qui prend part à l'assaut.

Dans la plaine qui est au sud du gué de Sébitouané, nous avons vu un troupeau de buffles se défendre contre un certain nombre de lions en présentant les cornes à l'ennemi; les mâles étaient en avant, les femelles et les jeunes placés à l'arrière-garde. Il suffit à un taureau de cette espèce de lancer une fois en l'air le plus vigoureux des lions pour le tuer sur le coup. On m'a rapporté que, dans une certaine partie des Indes, les buffles domestiques eux-mêmes avaient conscience de leur supériorité sur quelques animaux sauvages, et qu'on les avait vus poursuivre un tigre en mugissant de manière à indiquer le plaisir qu'ils prenaient à cette chasse.

Les lions ne s'approchent jamais des éléphants, si ce n'est des jeunes, qu'ils déchirent quelquefois.

Toute créature vivante, excepté l'homme, se retire devant le noble éléphant; et pourtant ce serait encore une proie plus facile que le rhinocéros, dont la simple vue suffit pour mettre le lion en fuite.

Il existe, dans les environs de Mashoué, une si grande quantité de souris de différentes espèces, que l'on enfonce à chaque pas dans leurs terriers. Une variété de ces rongeurs forme de petites meules de foin d'environ deux pieds de haut sur deux de large; on a vu pareille chose dans les régions où, en hiver, le sol est couvert de neige, et cela se comprend; mais il est difficile d'en deviner la raison sous le climat africain [1].

Les serpents faisant leur proie des souris, on en trouve nécessairement dans tous les endroits où ces dernières pullulent ; d'où il résulte qu'un chat est un préservatif contre ces reptiles dangereux ; malgré cela, on en rencontre de temps en temps chez soi ; mais les serpents, même des espèces les plus venimeuses, ne mordent que quand on les effraye, lorsqu'on marche sur eux ou qu'ils sont accouplés. Il m'est arrivé d'en voir plusieurs qui étaient enroulés les uns avec les autres de la manière qui jadis a été décrite par les Druides. Lorsqu'on est dans le pays, on n'éprouve pas à leur égard ce dégoût et cet effroi qu'ils inspirent à celui qui, installé dans un bon fauteuil en Angleterre ou ailleurs, les rencontre dans son livre ; toutefois j'éprouve une répugnance instinctive pour ces êtres rampants. J'avais laissé un petit trou au bas de la porte de notre maison de Mabotsa ; pendant la nuit un serpent pénétra par cette petite ouverture ; au point du jour un homme vint chercher un objet que je lui avais promis ; je courus pour lui ouvrir la porte et je mis le pied sur le serpent que je ne voyais pas dans l'ombre ; en sentant le froid particulier de cette peau écailleuse qui s'enroulait autour de ma jambe, je sautai plus haut que je ne l'avais jamais fait, et la violence de la secousse détacha le serpent et le rejeta loin de moi ; je lui avais probablement posé le pied auprès de la tête, ce qui l'empêcha de me mordre ; mais je n'ai pas pris le temps de m'en assurer.

On tua un jour à Kolobeng l'un de ces reptiles qui était d'un brun sombre, tirant sur le noir et qui mesurait deux mètres cinquante-cinq centimètres de longueur. Il appartenait à une espèce nommée *picakholou*, chez laquelle le poison est en si grande abondance, que lorsqu'une bande de chiens attaque l'un des individus de cette famille, le premier qui est mordu meurt presque immédiatement, le second, cinq minutes après, le troisième au bout d'une heure, et le quatrième après une agonie plus ou moins longue. Un grand nombre de bestiaux sont détruits chaque année par les picakholous ; les crochets de celui que nous tuâmes à Kolobeng distillèrent du venin pendant plusieurs heures, après que nous eûmes détaché la tête du corps. C'est probablement cette sécrétion abondante que les indigènes appellent le

---

[1] L'Euryotis unisulgatus (F. Cuvier), le Mus pumelio (Spar), et le Mus lehocla (Smith), possèdent tous les trois cette habitude à un degré plus ou moins grand. Lorsque la femelle de l'Euryotis est menacée de quelque danger, elle se sauve en emportant ses souriceaux, qui se cramponnent à la partie postérieure de son corps.

crachat du serpent et qui leur fait supposer que le picakholou est doué de la puissance d'injecter ce poison dans les yeux de ses ennemis, lorsque le vent le favorise. Tous ces reptiles ont besoin d'eau et viennent de très-loin se désaltérer dans les étangs et dans les rivières. Il existe encore dans le pays d'autres espèces venimeuses, dont plusieurs sortes de vipères, entre autres le Puff-adder (*Vipera inflata*). Celle que les indigènes appellent *Noga poutsané*, ou serpent du chevreau, profère pendant la nuit un bêlement tout pareil à celui de cet animal ; il n'y avait certainement pas de chèvres dans un endroit où il m'est arrivé de l'entendre ; les naturels supposent qu'il bêle ainsi pour tromper les voyageurs et pour les attirer. Quelques espèces émettent, lorsqu'elles sont effrayées, une odeur particulière, assez forte pour dénoncer leur présence quand elles s'introduisent dans les cabanes. Nous avons aussi trouvé dans ces parages plusieurs variétés de Cobras ou Naia haje de Smith. Lorsqu'on les tourmente, ils redressent la tête à un pied du sol, leur cou s'aplatit d'une manière menaçante, ils dardent la langue avec une extrême rapidité, et la colère brille dans leur regard vitreux et fixe. Différents serpents du genre *Dendrophis*, par exemple le grimpeur vert (*Bucephalus viridis*), escaladent les arbres pour y chercher des oiseaux et des œufs dont ils sont très-friands ; toutefois ils sont bientôt aperçus par toute la gent ailée du voisinage, qui se rassemble en poussant de cris d'alarme [1].

---

1. « Comme, dans notre opinion, le Bucephalus capensis n'a pas de fluide empoisonné qu'il puisse inoculer par sa morsure, il faut nécessairement que les crochets dont il est pourvu aient une autre destination que chez les serpents venimeux. L'usage de ces crochets doit être d'empêcher la rétrogression des animaux dont une partie seulement est engagée entre les mâchoires du reptile ; dirigés d'avant en arrière, et n'ayant pas la faculté de se redresser, ils servent de crampons efficaces pour retenir la proie à demi avalée, qui sans cela échapperait fréquemment au monstre qui l'a prise. »

« Les naturels de l'Afrique australe considèrent les Bucéphalus capensis comme venimeux ; mais il nous est impossible d'être du même avis ; nous n'avons jamais pu découvrir chez lui l'existence d'une glande qui fût manifestement organisée pour la sécrétion du poison. Les crochets sont renfermés dans un étui pulpeux dont la surface intérieure est doublée en général d'une sécrétion glaireuse ; cette sécrétion peut avoir une certaine âcreté qui occasionne de la douleur et du gonflement dans la partie mordue, mais qui ne détermine aucun accident sérieux.

« C'est généralement sur les arbres, où il va chercher des oiseaux dont il est très-friand, que se rencontre le Bucéphale du Cap. Sa présence est bientôt découverte par les oiseaux du voisinage qui se rassemblent et voltigent çà et là autour de l'arbre en jetant des cris perçants, jusqu'au moment où l'un d'eux, plus terrifié que les autres, aperçoive les mâchoires béantes du serpent et devienne, presque sans résistance, la proie de l'odieux reptile. Pendant que les oiseaux l'environnent, le serpent dresse la tête de huit ou dix pouces au-dessus de la branche, qu'il enlace de ses anneaux ; sa gueule est ouverte, son col aplati, et l'on dirait qu'il s'efforce d'augmenter la terreur qu'il inspire et qui ne tardera pas à faire tomber entre ses mâchoires la victime qu'il attend.

Chez le *Dasypeltis inornatus*, les dents sont petites et permettent aux œufs, dont la coquille est mince, de couler sans se briser dans la gueule du reptile ; ce n'est qu'à deux pouces environ derrière la tête, que l'œuf est écrasé par les dents qui se trouvent placées dans la gorge, et qui produisent cet effet sans que le précieux liquide soit lancé au dehors, ce qui ne manquerait pas d'arriver si l'opération avait été faite par le devant de la mâchoire ; la coquille de l'œuf est rejetée immédiatement.

Il y a des serpents inoffensifs, quelques-uns même sont comestibles, les pythons, par exemple, que les indigènes appellent *metsé pallah* ou *tari*. Les plus grands ont de quatre à six mètres [1] ; ils sont d'une parfaite innocuité et vivent de petits animaux, principalement de rongeurs. Néanmoins, de temps à autre, ils font leur proie du steinbock et du pallah, qu'ils avalent après les avoir broyés à l'instar du boa constrictor. Nous en avons tué un qui avait trois mètres soixante centimètres de longueur et qui était aussi gros que la jambe d'un homme. Après avoir eu l'épine dorsale brisée d'un coup de fusil, le python se dressa d'environ deux mètres et ouvrit les mâchoires d'une manière menaçante, mais le pauvre animal songeait à s'enfuir bien plutôt qu'à se défendre. La chair de ce serpent est très-estimée des Bakalaharis et des Bushmen, qui en prennent chacun un morceau quand ils en ont l'occasion et qui l'emportent sur leur épaule comme si c'était une pièce de bois.

Quelques-uns des Bayéyés que nous rencontrâmes au gué de Sébitouané se disaient invulnérables à la morsure des serpents ; pour le prouver, ils se lacéraient les bras avec les dents des espèces

« Quel que soit le ridicule que l'on ait essayé de répandre sur l'idée de fascination, il n'en est pas moins vrai qu'en certaines occasions, les oiseaux et même les quadrupèdes sont dans l'impossibilité de fuir la présence de leurs ennemis, et, ce qu'il y a de plus extraordinaire, incapables de résister à l'attraction du danger qui les menace ; les oiseaux, vis-à-vis des serpents, m'en ont donné de fréquents exemples, et j'ai entendu parler plus d'une fois d'antilopes et d'autres quadrupèdes, terrifiés par la subite apparition d'un crocodile, et qui, fascinés par les mouvements et les grimaces du monstre, se laissaient approcher et saisir sans avoir pu quitter l'endroit où ils avaient été surpris. » *Doctor Andrew Smith's reptilia.*)

J'ajouterai aux faits racontés par le célèbre naturaliste à qui j'ai emprunté la note précédente, que le feu exerce une fascination réelle sur plusieurs espèces de crapauds. On les voit se précipiter le soir vers la flamme et ne pas même reculer sous l'impression de la douleur ; le contact des charbons ardents augmente au contraire l'énergie qu'ils mettent à gagner le centre du brasier, et leurs efforts pour l'atteindre ne s'arrêtent que quand leurs fluides sont coagulés et leurs membres roidis par la cuisson. La flamme produit le même effet sur différents insectes ; mais les scorpions s'écartent du feu avec horreur, et sa vue les irrite au point que c'est au moment où ils s'en éloignent que leur piqûre est le plus dangereuse.

1. Le docteur Smith a mesuré une dépouille de python qui avait 6 mètres 30 centimètres, bien que l'extrémité postérieure en eût été enlevée.

(*Note du traducteur.*)

qui ne sont nullement dangereuses, et avalaient du poison de ces reptiles ; mais le docteur Smith, voulant mettre à l'épreuve la sincérité de pareils fanfarons, leur présenta les crochets d'une espèce véritablement venimeuse, et ils refusèrent de s'en égratigner.

A notre arrivée chez les Bamangouatos, nous fûmes reçus de la manière la plus amicale par Sékomi leur chef; il rassembla ses sujets, les fit assister à l'office et m'expliqua les raisons qu'il avait eues pour obliger quelques Anglais à lui faire un cadeau. « Ces blancs, me dit-il, avaient une grande quantité de poudre et ne voulaient pas m'en vendre ; je les ai contraints à me la donner et à y joindre un cheval. » Il consentait à m'avouer que c'était une extorsion, mais non pas une escroquerie ; l'extorsion lui paraissait beaucoup moins répréhensible. Je n'ai jamais pu saisir la différence qu'il établissait entre les deux choses ; mais les principes de Sékomi, en fait de moralité, sont les moins purs de tous ceux que j'ai trouvés parmi les chefs Béchuanas. Si j'ai mentionné ce fait, c'est parce que c'est la seule fois que j'ai rencontré dans le Sud quelque chose qui approchât d'un droit de passage prélevé sur les voyageurs.

Les seules difficultés que nous ayons éprouvées de la part des autres chefs n'ont jamais été qu'au sujet des hommes que nous leur demandions pour nous montrer le chemin, et nous n'avons pas eu autre chose à leur donner que le salaire de nos guides. Les Anglais ont toujours évité avec soin de faire naître dans l'esprit des naturels cette idée fâcheuse, qu'on doit payer pour traverser un pays ; nous verrons plus tard les embarras que ce principe déplorable nous a suscités dans le voisinage des Portugais.

Tous les Béchuanas et tous les Cafres qui vivent au midi du Zambèse pratiquent la circoncision, qu'ils appellent *boguéra;* ils cachent soigneusement aux étrangers les rites qu'ils observent en pareille circonstance, et personne, excepté les initiés, n'est présent à cette opération. Cependant j'eus l'occasion d'assister chez les Bamangouatos à la seconde partie de la cérémonie, qui porte le nom de *séchou*. Au point du jour, une troupe de jeunes garçons ayant à peu près quatorze ans furent rangés en ligne dans la kotla ; ils étaient nus et avaient aux mains une paire de sandales qu'ils portaient comme un bouclier. En face d'eux, sur une ligne parallèle, se trouvaient les hommes de la ville, également nus et armés de longues baguettes de moretloa (*grewia flava*), qui sont à la fois solides et flexibles. Ils commencèrent une espèce de danse appelée *koha*, et, s'adressant aux jeunes gens, ils leur demandèrent s'ils défendraient bien leur chef et le bétail de la tribu. A chaque réponse affirmative qu'ils reçurent, les hommes fondirent en avant et administrèrent un coup de leurs baguettes sur le dos des jeunes gens ; ceux-ci élevaient leurs sandales pour se protéger la tête, mais la baguette retombait sur le corps et faisait jaillir le sang d'une blessure qui pouvait avoir cinquante centimètres de longueur. A la fin de la danse, le dos des jeunes gens fut couvert d'un lacis d'entailles profondes dont les marques ne s'effaceront jamais. Cette épreuve a pour but de former les jeunes gens au métier des armes, de les endurcir et de les préparer à une existence virile. Quand, après cela, ils ont tué un rhinocéros, il leur est permis de se marier.

Le respect que ces peuplades témoignent pour le droit d'aînesse est rigoureusement observé dans la kotla ; tout jeune homme qui se précipite hors les rangs pour frapper avant son tour, est immédiatement châtié par son aîné ; Sékomi reçut lui-même, en pareille occasion, une cruelle blessure à la jambe de l'un de ses sujets dont les cheveux étaient gris. Comme je plaisantais quelques jeunes Bamangouatos sur leur manque de courage, en dépit des coups dont ils portaient les marques, leur disant que nos soldats étaient braves sans avoir besoin d'être flagellés pour apprendre à l'être, l'un d'eux se leva, et prenant la parole : « Demandez-lui, dit-il en parlant de moi, si, toutes les fois qu'un lion nous a forcés de nous arrêter et d'allumer un feu, je n'ai pas dormi d'un sommeil aussi profond que le sien. » Ailleurs, on voit des hommes se défier à la course et des gens d'un âge mûr chercher à prouver ainsi leur supériorité, comme les enfants de tous les pays.

La séchou est pratiquée seulement par trois peuplades. Tous les Béchuanas et les Cafres observent la boguéra, mais elle n'existe pas chez les nègres qui habitent au nord du vingtième degré de latitude ; c'est une cérémonie plutôt civile que religieuse. Tous les garçons de dix à quatorze ou quinze ans sont choisis pour être, pendant toute leur vie, les compagnons de l'un des fils du ciel ; on les emmène dans quelque endroit retiré de la forêt, où des huttes ont été construites pour leur usage ; les hommes d'un âge mûr vont leur apprendre à danser et les initier en même temps à tous les mystères de l'administration et de la politique africaine. Chacun de ces jeunes gens doit composer à sa propre louange un hymne, qu'on appelle *léina*, c'est-à-dire un nom, et qu'il est obligé de débiter avec une certaine éloquence. Un grand nombre de coups est jugé nécessaire pour leur faire acquérir les talents qu'on essaye de leur donner ; aussi ont-ils en général plus ou moins de cicatrices à montrer quand ils sortent de leur retraite. Ces bandes ou régiments, qui portent le nom de *mopato* dont le pluriel est *mépato*, reçoivent en outre des appellations particulières, telles que les Matsatsis (les soleils), les Mabousas (les gouverneurs), qui équivalent à nos Coldstreams ou à nos Enniskillens, et, bien qu'ils habitent différentes parties du village, ils se rendent tous à l'appel et agissent sous les ordres du fils du chef qui est leur commandant. Il règne entre eux une sorte d'égalité, de communauté partielle qui se conserve même après leur séparation, et ils s'appellent molékané, c'est-à-dire camarade. Lorsqu'ils transgressent les règlements qui leur sont imposés, par exemple s'il leur arrive de manger seuls quand ils ont dans le voisinage l'un ou l'autre de leurs camarades, s'il y a contre eux preuve de lâcheté, en un mot s'ils ont commis une faute quelconque, le délinquant peut être battu par ses compagnons ; il est permis également de frapper les membres d'un mopato plus jeune, mais jamais celui qui appartient à une bande plus âgée. En temps de guerre, lorsqu'il existe plusieurs de ces compagnies, la plus ancienne ne paraît pas sur le champ de bataille, elle reste au village pour protéger les femmes et les enfants. Si un fugitif vient se donner à une peuplade, il est incorporé dans le mopato correspondant à celui dont il faisait partie dans la tribu qu'il a quittée.

Aucun des indigènes ne sait quel est son âge ; si on le leur demande, ils vous répondent par la question suivante : « Un homme se rappelle-t-il l'époque où il est né ? » Ils comptent d'après le nombre de mépato qu'ils ont vu instituer ; quand ils sont les aînés de quatre ou cinq de ces bandes, ils peuvent se dispenser de porter les armes. Le plus âgé des vieillards que j'ai rencontrés dans le pays se vantait d'avoir vu soumettre onze séries de jeunes garçons à la boguéra ; en supposant qu'il ait eu quinze ans lorsqu'il y passa lui-même et que la cérémonie se fût renouvelée tous les six ou sept ans, il pouvait avoir de soixante-quinze à quatre-vingts-ans, ce qui n'a rien d'extraodinaire. L'institution du mopato est ingénieuse, en ce sens qu'elle attache les membres de la tribu à la famille du chef, et les soumet à une discipline qui les rend plus faciles à gouverner. Lorsque les jeunes gens reviennent à la ville après avoir fini leurs études, un prix est donné à celui qui est le plus rapide à la course, et qui va le saisir dans un endroit où chacun peut voir le vainqueur. Les membres du mopato sont alors classés parmi les hommes (*banona, viri*) et peuvent siéger dans la kotla au milieu des anciens. Avant cette époque ils étaient désignés sous le nom de garçons (*basimane, pueri*). Les premiers missionnaires blâmèrent la boguéra comme entachée de paganisme, et comme étant une école dangereuse où la jeunesse apprenait à désobéir à ses parents. D'après la conduite que nous avons vu tenir aux camarades du mopato, il serait peut-être à désirer que les jeunes missionnaires pussent marcher sur leurs traces.

La boguéra n'a jamais été probablement qu'une mesure politique et sanitaire; elle n'est pas suivie sans interruption par les peuplades qui séparent les Arabes des Béchuanas ou des Cafres; et comme ce n'est point une cérémonie religieuse, il est difficile d'admettre l'origine mahométane qu'on lui a souvent attribuée.

Quelque chose d'analogue a lieu pour les jeunes filles, qui, sous la surveillance d'une vieille femme, sont dressées à aller chercher de l'eau. Toutes celles qui font partie de cette corporation féminine ont pour vêtements des cordes formées de graines de citrouille enfilées alternativement avec des fragments de roseaux et qui leur entourent le corps en figurant un 8. Le but de cette institution est d'habituer les jeunes filles à la fatigue; on leur fait porter, sous la conduite de la duègne qui les dirige, de grands vases remplis d'eau, et leurs avant-bras conservent les cicatrices des brûlures qu'on leur a faites pour les accoutumer à supporter la douleur.

La chaîne de montagnes que l'on appelle Bakaas renferme les monts Bamangouatos, ce qui, malgré le voisinage des Bamangouatos de Sékomi, n'a pas empêché la tribu des Bakaas d'aller se fixer à Kolobeng et de se réunir à Séchélé. Ces montagnes peuvent s'élever à environ deux cent cinquante mètres au-dessus du niveau de la plaine; elles se composent de grandes masses de basalte noir, et sont probablement la dernière série des roches volcaniques de la partie méridionale du continent africain; à leur extrémité, du côté de l'est, elles présentent des excavations en forme de coupe, dont la dimension fait penser qu'elles ont pu être des cratères, et contiennent des roches disposées en colonnes, ainsi qu'il appartient à la formation des basaltes; le sommet de ces colonnes est complétement distinct, il est hexagonal de même que les cellules d'abeilles, mais les colonnes ne sont point écartées les unes des autres comme on le remarque dans la grotte de Fingal. On reconnaît facilement la place où les torrents de lave se sont écoulés autrefois, car ils ont laissé dans le roc de profondes déchirures dont rien n'a comblé les interstices. Après une journée brûlante, il nous est arrivé bien souvent d'entendre, au soir, résonner ces masses de basalte; les fragments, en se heurtant les uns contre les autres, produisent un bruit métallique prononcé, qui a fait croire aux naturels que ces roches contiennent du fer. Plusieurs de ces fragments énormes, après s'être détachés ainsi par l'action du froid succédant tout à coup à la chaleur qui les avait dilatés, ont glissé sur le flanc de la montagne, et, s'appuyant les uns contre les autres, ont formé des cavernes où les Bakaas trouvent un refuge lorsqu'ils sont poursuivis ; le grand nombre d'issues que laissent entre eux ces débris gigantesques ne permet pas d'enfumer ceux qu'ils abritent, ainsi que les Boërs l'ont fait à l'égard des sujets de Mankopané.

Cette masse de basalte, d'une longueur d'environ six milles, a soulevé à l'est et à l'ouest le vieux schiste silurien qui composait le fond de la grande vallée primitive ; et, comme toutes les roches volcaniques de formation récente que l'on trouve dans cette contrée, les roches basaltiques renferment dans leur voisinage une source chaude qui est celle de Sérinané.

En traversant ces montagnes dans la direction du nord, nous entrâmes dans un défilé nommé Manakalongoué, c'est-à-dire passage de la Licorne. Il s'agit tout simplement ici d'une grosse chenille comestible, dont la queue, dressée verticalement, est semblable à une corne. Ce défilé porte encore le nom de Porapora (eau bouillante) à cause d'un ruisseau qui la traverse. L'aspect des lieux doit avoir été jadis très-différent de ce qu'il est aujourd'hui. Le passage de la Licorne est une portion de la rivière Mahalapi, rivière qui n'a pas plus de droits à cette qualification que les prairies d'Édimbourg au titre de lac du Nord. Les monts Bakaas sont les derniers que nous rencontrerons d'ici à quelques mois.

La région qui se déploie sous nos yeux est composée d'immenses plaines sablonneuses, où l'herbe est abondante, et qui renferment de grands espaces de terrain à sous-sol de trapp couvert de tuf, ayant peu de terre végétale et parsemés de touffes d'herbe et d'acacia detinens.

Ces plaines herbues, aux teintes fauves, hérissées de buissons de moretloa et de mahatla, forment l'un des traits qui caractérisent le pays des Bamangouatos. La chaîne des Bakouains se distingue au contraire par sa végétation et par sa verdure ; les forêts y couvrent les montagnes jusqu'à la cime, les vallées y sont presque toujours verdoyantes, et les arbres, plus gros qu'ailleurs, y descendent jusque dans la plaine, où ils remplacent les buissons. Au nord des monts Bakaas, le paysage est également boisé ; à première vue on croit avoir devant soi une forêt épaisse, ayant en moyenne de huit à dix mètres de hauteur, et quand vous y pénétrez, c'est une plaine, couverte d'arbres, il est vrai, mais assez éloignés les uns des autres pour qu'un wagon puisse facilement passer. L'herbe s'y montre par touffes de la grosseur d'un chapeau, et laisse apparaître le sable nu qui les entoure. On ne voit nulle part dans ce pays-ci rien qui approche de nos clairières ou qui rappelle nos pelouses.

Dans aucune partie de cette contrée il n'est possible de cultiver les céréales d'Europe qu'au moyen des irrigations ; les naturels font venir du sorgho qu'ils appellent *dourrha*, du maïs, des citrouilles, des melons, des concombres et des haricots : c'est la pluie qu'ils chargent d'arroser toutes ces plantes. Ils labourent la terre au moyen d'une houe, et la partie principale du travail agricole est exécutée par un certain nombre des femmes de la tribu, ainsi qu'on le voit également chez les Cafres. Les hommes vont chasser, ils traient les vaches, s'occupent de tout ce qui a rapport au bétail, et ce sont eux qui préparent les peaux et qui font les vêtements ; les Béchuanas, à cet égard, peuvent être considérés comme une nation de tailleurs.

Lorsque nous étions chez les Bamangouatos, nous entendions en général au point du jour un homme crier de toute la force de ses poumons l'hymne que Sékomi avait composé lorsqu'il fit partie de la boguéra. Cette répétition de son œuvre est si agréable à un chef, qu'il envoie presque toujours un cadeau à celui qui s'en acquitte.

28 Janvier. — Nous avons trouvé, en arrivant à Letloché, situé à vingt milles à peu près du pays des Bamangouatos, une quantité d'eau excellente. Cette question est tellement intéressante dans le pays, que, lorsque nous rencontrons quelqu'un, la première chose que nous lui demandons est celle-ci : « Avez-vous eu de l'eau ? » En pareil cas, les indigènes s'accostent par cette phrase : « Où est la pluie ? » et, bien que le mensonge soit fort rare parmi eux, ils répondent en général à celui qui leur adresse ces mots : « Je ne sais pas, elle manque absolument, nous mourons de faim et le soleil nous a tués. » Si on leur demande ce qui se passe : « Je ne connais aucune nouvelle, répondent-ils ; j'ai seulement appris quelques mensonges, » et malgré cela ils vous disent immédiatement tout ce qu'ils savent.

Letloché fut, au nord, la dernière station de M. Gordon Cumming. A Kolobeng, nous nous trouvions en plein pays de chasse ; les rhinocéros passaient devant notre maison, et il m'est arrivé deux fois de tuer des buffles du seuil de ma porte. Aussi avions-nous tous les ans la visite de M. Cumming. Beaucoup d'Anglais, suivant son exemple, vinrent également dans ces parages ; ils payaient si bien tous ceux qui leur rendaient quelque service, que c'était à qui s'offrirait pour leur servir de guide ; et les naturels avaient tant de confiance en leur parole, qu'ils s'engageaient à les accompagner pendant cinq ou six mois, enduraient sans se plaindre toutes les privations, toutes les fatigues de ce genre de vie, et consentaient volontiers à faire encore sept ou huit cents milles pour se rendre à Graham's Town, tout cela dans l'espoir de gagner un mousquet d'une valeur de quinze schellings (18 francs 75 centimes).

Les gentlemen ne les trompèrent jamais, à l'exception d'un seul, qui me parut affligé de monomanie avaricieuse, et dont je payai les dettes, pour que l'honneur du nom anglais n'eût pas à souffrir de sa folie.

Comme c'était à moi que M. Cumming s'adressait pour avoir des guides, et qu'au moment de leur départ je ne manquais jamais de faire à ceux-ci mainte et mainte recommandation relativement à la conduite qu'ils devaient tenir, ils avaient pour moi un respect tout filial et ne manquaient pas, aussitôt leur retour, de venir me rendre compte de leur voyage et de la manière dont ils avaient fait leur service ; ils me parlaient alors de ces merveilleuses aventures de chasse que M. Cumming nous racontait ensuite et qui, depuis cette époque, ont été publiées. Je n'hésite pas à recommander aux sportsmen le livre de M. Cumming, dont l'exactitude est rigoureuse ; ils y trouveront les notions les plus précises et les plus justes sur la chasse dans le midi de l'Afrique. Il y a bien dans ce volume quelques points qu'il serait nécessaire d'expliquer ; mais le nombre des animaux que l'auteur dit avoir tués ou rencontrés n'a rien que de très-probable, si l'on considère la quantité de gros gibier qui existe dans le pays. Deux autres chasseurs ont tué en une saison et dans les mêmes lieux soixante-dix-huit rhinocéros. Toutefois les sportsmen ne trouveraient plus aujourd'hui à faire une pareille curée ; depuis l'introduction des armes à feu chez les indigènes, toutes ces bandes d'animaux sauvages ont disparu comme la neige au printemps ; mais dans les districts où le fusil n'a pas pénétré, le gibier, à l'exception du rhinocéros, est beaucoup plus abondant que M. Cumming ne l'a jamais vu nulle part ; malheureusement la mouche tsetsé empêche qu'on ne puisse aller à cheval dans ces régions, et les Européens ne peuvent pas chasser à pied. L'éléphant qui revient sur le chasseur, bien qu'il ne paraisse pas marcher très-vite, n'en avance pas moins aussi rapidement qu'un bon cheval au galop. Un jeune sportsman, quelle que puisse être la réputation qu'il ait acquise à la chasse au renard et au faisan, fera bien d'y regarder à deux fois avant de se résoudre à braver la fièvre pour le plaisir de s'exposer à une pareille attaque. Le cri de guerre de l'éléphant en fureur sonne à l'oreille de son ennemi comme le sifflet d'une locomotive française à celle d'un homme qui est surpris par le train sur un chemin de fer sans issue. Le cheval qui n'y est pas accoutumé s'arrête en frémissant au lieu de fuir le péril, ou bien, chancelant sur ses jambes, va tomber à quelques pas, exposant son cavalier à être broyé sous les pieds de l'éléphant. Il arrive parfois que le chasseur perd sa présence d'esprit, dirige mal sa monture, et va se fracasser la tête contre une branche d'arbre qu'il n'a pas aperçue. Nous conseillons aux Nemrods en herbe, qui veulent tenter cette chasse périlleuse, de s'y aguerrir en se plaçant sur un chemin de fer et en y restant jusqu'à ce que le train qui s'approche ne soit plus qu'à une faible distance. Il n'est pas moins dangereux de chasser l'éléphant à pied[1], à moins qu'on ne le tue d'un seul coup de fusil, comme on le fait à Ceylan, méthode que l'on n'a jamais essayée en Afrique.

Nous nous étions dirigés, en quittant Letloché, vers des puits que l'on rencontre dans un endroit appelé Kanné ; les Bakalaharis d'un village des environs les avaient soigneusement entourés de palissades, et nous avions soixante milles à faire avant d'arriver à une autre fontaine, soixante milles dans un sable profond et mouvant qui rendait la marche des bœufs excessivement pénible. Il y avait dans cet endroit l'un de ces puits souterrains dont les femmes du désert aspirent le contenu au moyen d'un roseau ; un grand nombre de bushwomen y étaient rassemblées et remplissaient leurs coquilles d'œuf suivant la méthode que nous avons décrite ailleurs. Ne trouvant pas d'eau à Mathoulouané, et très-peu à Motlatsa, nous envoyâmes nos bœufs à travers champs à la source profonde de Nkaouané ; la moitié s'égara, et quand nous les retrouvâmes, après les avoir longtemps cherchés, il y avait cinq jours que les pauvres bêtes n'avaient bu.

Nous rencontrons, comme à l'ordinaire, de nombreux troupeaux d'élans, bien qu'il leur soit difficile de se procurer une gorgée d'eau ; on trouve ici de grandes plaines tapissées d'herbes, où il n'y a pas un seul arbre ; mais il est rare que l'horizon soit complétement déboisé. L'autruche paît tranquillement dans ces plaines découvertes, où il est impossible de l'approcher sans qu'elle vous aperçoive. Notre chariot passe loin d'elle, nous marchons contre le vent, elle s'imagine que notre intention est de la cerner, et se précipite à un mille environ, du côté où nous sommes, afin de croiser notre convoi

---

1. La mort de M. Valhberg, qui fut tué en chassant à pied l'éléphant dans le voisinage du lac Ngami, a confirmé cette assertion depuis l'époque où j'ai écrit ces lignes.

et de se trouver en dehors de la ligne qu'elle suppose que nous voulons décrire ; par cette manœuvre, elle se rapproche tellement des bœufs placés en tête de nos wagons, qu'elle se trouve souvent à portée du fusil. J'ai vu exploiter cette fausse combinaison de l'autruche, quand on la rencontre pâturant dans une vallée dont les deux extrémités sont ouvertes. Un certain nombre d'hommes font semblant de vouloir lui fermer le passage du côté d'où vient le vent ; elle pourrait s'enfuir dans la direction opposée, où des centaines de milles se déploient à ses yeux, et la folle se précipite au-devant des chasseurs, qui lui lancent leurs javelines. Quand l'autruche se met à courir, tous les animaux qui peuvent l'apercevoir en font autant ; jamais elle ne se détourne de la ligne qu'elle adopte, et elle n'essaye d'échapper au danger qu'en précipitant sa course.

L'écartement du pas de l'autruche est de cinquante à cinquante-cinq centimètres, lorsque cet oiseau pâture ; de soixante-cinq environ quand il marche sans paître ; et de trois à quatre mètres, voire de quatre mètres trente centimètres lorsqu'il s'enfuit. Je n'ai été à même qu'une seule fois d'évaluer la rapidité de la course de l'autruche ; je l'ai fait au moyen d'une montre à secondes fixes, et j'ai compté, sauf erreur, trente pas en dix secondes. L'œil, en général, ne distingue pas plus les jambes de l'autruche, quand elle court à toute vitesse, qu'il ne saisit les rayons d'une roue de carrosse entraînée par un galop rapide. Si nous acceptons les trente pas en dix secondes, et que nous prenions quatre mètres comme terme moyen de chacun d'eux, nous aurons une vitesse d'environ quarante-trois kilomètres à l'heure. Ce chiffre ne doit pas être beaucoup au-dessous de la vérité ; on voit donc que l'autruche est moins rapide que le chemin de fer. Elle est tirée quelquefois par un chasseur qui, à cheval, coupe la ligne de sa course directe ; mais peu d'Anglais sont heureux à la chasse de ce bipède.

L'autruche commence à pondre avant d'avoir choisi l'endroit où elle veut faire son nid, qui est tout bonnement formé d'un trou creusé dans le sable ; elle donne à ce trou quelques centimètres de profondeur sur un mètre de large. On rencontre ainsi, dans la plaine, des œufs solitaires que les Béchuanas appellent *lésetla*, et qui deviennent la proie des chacals. L'autruche semble choisir avec défiance l'endroit où elle creusera son nid ; et il lui arrive souvent de pondre dans celui d'une autre femelle de son espèce, où l'on trouve alors quarante et quelques œufs ; plusieurs de ces œufs renferment de petites concrétions de la même matière que celle qui forme la coquille, ainsi qu'on en trouve parfois dans ceux de la poule commune, ce qui a fait naître l'idée qu'ils contenaient de petites pierres. Le mâle partage les soins de l'incubation ; mais le nombre des femelles étant plus grand que celui des coqs, il est probable qu'il leur arrive souvent de couver toutes seules. Un certain nombre d'œufs est laissé hors du nid ; on pense qu'ils servent à la nourriture des premiers-nés, afin de leur permettre d'attendre que les autres soient éclos et qu'ils puissent aller tous ensemble chercher pâture ailleurs. J'ai trouvé plusieurs fois de jeunes couvées sous la conduite d'un mâle qui s'efforçait de paraître boiteux à la manière du pluvier, afin de détourner l'attention des chasseurs. Quand les petits sont trop jeunes pour s'éloigner rapidement, ils s'accroupissent sur la terre, où ils conservent une immobilité complète ; mais à peine sont-ils arrivés à la taille de nos poules, qu'ils acquièrent une vitesse prodigieuse. L'autruche paraît être polygame ; il n'a pas été possible de s'assurer du fait [1]. Elle s'apprivoise facilement en captivité ; mais elle n'est d'aucun usage à l'état domestique.

Les œufs d'autruche possèdent une grande force vitale ; une fois, on en garda un pendant plus de trois mois dans une chambre dont la température était d'environ 60 degrsé (15° centigrades 1/2) ; quand il fut brisé, on y trouva un petit non entièrement développé, mais qui vivait encore.

Lorsque les Bushmen ont trouvé un nid d'autruche, il sévitent soigneusement de toucher aux œufs qu'il renferme, ou de laisser autour du nid la marque de leurs pas ; ils reviennent plus tard, en ayant soin de se placer au-dessus du vent, et à l'aide d'un grand bâton ils attirent de temps à autre quelques-uns des œufs ; en n'éveillant pas les soupçons de la mère, ils parviennent ainsi à lui faire prolonger sa ponte pendant plusieurs mois, comme nous le faisons pour nos poules. Les œufs d'autruche ont un goût désagréable ; il faut l'appétit qui vous tourmente au désert pour les manger avec plaisir.

Les Hottentots mettent dans leur pantalon, pour les rapporter dans leur case, tous les œufs du nid qu'ils ont trouvé, et qui en général en contient vingt ou vingt-cinq. Un gentleman anglais, ayant employé cette méthode, arriva au chariot les jambes couvertes d'ampoules ; il monta dans le wagon, et les œufs, qui lui servirent de siége, ne furent plus du tout mangeables.

---

1. La polygamie de l'autruche est un fait reconnu ; on prête aux mâles de deux à cinq femelles ; l'erreur que ce chiffre peut présenter en plus ou en moins n'infirmerait nullement l'affirmation précédente.   (*Note du traducteur.*)

L'autruche se nourrit des siliques et des graines de différentes légumineuses, des feuilles de diverses plantes, et avale, pour broyer ces aliments, presque toujours secs et durs, une grande quantité de cailloux dont la plupart sont aussi gros que des billes. Elle mange aussi de petites racines bulbeuses, à cause de l'humidité que celles-ci renferment ; nous avons trouvé une fois l'un de ces animaux qui s'était étranglé avec un melon sauvage trop volumineux pour avoir pu passer dans son gosier. Les Bushmen font souvent plusieurs milles en rampant sur le ventre pour surprendre les autruches, manœuvre qui exige infiniment d'adresse ; il faut néanmoins qu'ils en tuent considérablement, car chacun de ces oiseaux n'a qu'un petit nombre de plumes à la queue et aux ailes. Le mâle est d'un noir de jais lustré, à l'exception des plumes alaires et caudales qui sont blanches. Rien n'est mieux approprié que ces plumes légères au climat du Kalahari, sous lequel les autruches abondent. Elles forment un vêtement qui préserve le corps du soleil, et qui en même temps permet à l'air de circuler. La femelle est d'un gris foncé lavé de brun ; les jeunes mâles sont de la même teinte que leur mère jusqu'à l'âge où ils ont atteint la moitié de leur croissance.

L'autruche a les yeux placés très-haut, ce qui lui donne la faculté d'apercevoir les objets à une très-grande distance et d'échapper ainsi à ses ennemis ; quelquefois, néanmoins, elle devient la proie du lion. Sa chair est blanche et dure ; mais, lorsque la bête dont elle provient est en bon état de graisse, elle ressemble jusqu'à un certain point à celle d'une dinde coriace. En général, l'autruche ne se défend pas ; c'est dans la fuite qu'elle cherche et qu'elle trouve son salut ; cependant, quand elle est poursuivie par des chiens, il lui arrive de se retourner et de briser d'un coup de pied vigoureux l'échine de l'assaillant.

CHAPITRE VIII

Résultat des efforts des missionnaires. — Croyance à la Divinité. — Idées religieuses des Bakouains. — Départ de leur pays. — Salines. — Lait caillé. — Nchokotsa. — Eaux amères. — Soif endurée par les animaux sauvages. — Cruauté des chasseurs. — Ntouétoué. — Baobabs. — Leur prodigieuse vitalité. — Bauhinias. — Moralas. — Les Bushmen. — Leurs superstitions. — Chasse à l'éléphant. — Supériorité des chasseurs civilisés sur ceux des pays sauvages. — Le chef Kaisa. — Beauté du pays à Ounkou. — Le Mohonono. — Difficultés à se frayer un passage. — Individus saisis de la fièvre. — Nos bœufs s'échappent. — Manière employée par les Bakouains pour les reprendre. — Découverte de vignes fructifères. — Un fourmilier. — Difficulté de traverser la forêt. — Maladie de mes compagnons. — Les Bushmen. — Leur manière de détruire les lions. — Poisons. — Montagne isolée. — Vallée pittoresque. — Beauté du pays. — Arrivée à la rivière du Sanshurch. — Prairies inondées. — Une nuit de bivouac. — Le Chobé. — Arrivée au village de Morémi. — Surprise des Makololos en nous voyant apparaître. — Traversée du Chobé pour nous rendre à Linyanti.

Les Bakalaharis qui habitent les environs des puits de Matlatsa nous ont toujours fait bon accueil, et ont prêté une oreille attentive à l'enseignement que nous leur avons donné ; mais il est difficile de faire comprendre à un Européen le peu d'effet que produit l'instruction religieuse sur ces peuplades sauvages ; on ne peut pas se figurer le degré d'abaissement où est restée leur intelligence au milieu de la lutte incessante à laquelle ils sont condamnés pour subvenir aux premiers besoins de la vie. Ils écoutent nos paroles avec attention, avec respect ; mais quand nous nous mettons à genoux pour prier un être invisible, nous leur paraissons tellement ridicules, tellement insensés, qu'ils sont saisis d'un rire inextinguible. Néanmoins, lorsqu'ils sont allés plusieurs fois à l'office, ils parviennent à garder leur sérieux et à s'y tenir avec décence. J'étais présent, lorsqu'un missionnaire essaya de chanter au milieu d'une réunion de Béchuanas, chez qui la musique était une chose inconnue ; l'hilarité de l'auditoire fut si grande que chaque visage en était baigné de larmes. Toutes leurs facultés sont absorbées par les besoins du corps ; et il en est ainsi depuis que cette race existe. Je ne saurais pas répondre à ceux qui me demanderaient quel effet la prédication de l'Évangile peut produire, au début, sur de pareilles créatures. Il en est pourtant qui m'ont avoué, plus tard, que dès l'origine ils avaient prié en secret. On ne peut pas douter des résultats obtenus par une prédication continuée avec persévérance. La profession de foi pure et simple n'est pas considérée par les missionnaires comme une véritable conversion, et les changements réels qui ont été opérés dans le pays par les missions nous donnent lieu d'espérer pour l'avenir. J'ai entendu souvent les natifs implorer Jésus, lorsqu'ils étaient malades, et je crois qu'ils le priaient en secret dans leurs jours d'afflictions. Le Rédempteur cherche à sauver le plus d'âmes possibles, et nous devons espérer que ces pauvres gens ont trouvé grâce devant Dieu par les mérites du sang de Jésus-Christ, bien qu'ils ne soient pas capables d'apprécier le sacrifice de notre divin Sauveur.

Néanmoins, quelque dégradées que soient ces populations, il n'est pas besoin de les entretenir de l'existence de Dieu, ni de leur parler de la vie future ; ces deux vérités sont universellement admises en Afrique. Tous les phénomènes que les indigènes ne peuvent pas expliquer par une cause ordinaire, tels que la création, la mort, etc., sont attribués à la Divinité. « Comme toutes ces choses ont été faites singulièrement par Dieu, » ou bien encore : « Ce n'est pas la maladie, c'est Dieu qui l'a tué, » sont des phrases qui tombent souvent de la bouche des naturels. Si vous leur parlez d'un mort : « Il est allé près de Dieu, » vous répondent-ils ; ce qui est la traduction de la phrase latine : *Abiit ad plures.*

Chaque fois que j'ai questionné des Bakouains intelligents sur les notions qu'ils avaient avant mon arrivée, à l'égard du bien et du mal, de l'existence de Dieu et de la vie future, ils m'ont affirmé qu'ils avaient toujours eu des idées assez précises sur ces différents points, qu'ils blâmaient également tout ce que nous appelons un péché, si ce n'est pourtant d'avoir plusieurs femmes, ce qui, à leurs yeux, ne constitue pas la moindre faute. Ils ajoutaient qu'ils avaient toujours pensé comme aujourd'hui relativement aux prières que les docteurs ès pluie adressent à Dieu, qui peut seul faire tomber l'eau des nuages et délivrer les hommes du danger qui les menace. Toutefois l'absence d'idoles, de culte public, de sacrifice quelconque chez les Cafres et chez les Béchuanas, fait croire tout d'abord que ces peuplades professent l'athéisme le plus absolu.

Nous avons rencontré à Lotlakani un vieux Bushman qui semblait n'avoir aucune notion de moralité quelconque. Lorsque nous eûmes gagné son cœur par le don que nous lui fîmes d'un morceau de viande, il s'assit auprès de notre feu et nous raconta sa jeunesse ; il avait tué cinq personnes de sa race. « Deux étaient des *femelles*, nous dit-il, en comptant sur ses doigts ; le troisième était un *mâle* et les deux autres des *veaux*. — Il faut, lui dis-je, que vous soyez bien endurci pour vous vanter d'avoir tué des femmes et des enfants, surtout de votre propre nation ; qu'est-ce que Dieu vous dira, lorsque vous paraîtrez devant lui ? — Que je suis un homme adroit, » répondit ce vieillard qui me parut n'avoir pas la moindre conscience, et qui, par conséquent, ne songeait point à la responsabilité de ses œuvres ; mais, en cherchant à l'éclairer, je découvris que le mot que j'avais employé, et qui, chez les Bakouains, désigne la Divinité, ne s'appliquait dans son esprit qu'à un chef de tribu ; c'est à Sékomi qu'il avait fait allusion, et ses victimes appartenaient à une bande de Bushmen révoltés, contre lesquels on l'avait envoyé. Si j'avais su comment on disait Dieu dans le langage des Bushmen, cette méprise ne serait pas arrivée ; mais ajoutons que je ne me suis jamais entretenu dans leur propre langue avec les Cafres et les Bushmen ; et que plus on s'avance vers le nord, plus les idées religieuses des naturels sont développées.

En quittant Motlatsa, le 8 février 1853, nous descendîmes le Mokoko, ancien lit desséché d'une rivière, que des personnes qui vivent encore ont vue couler autrefois. Nous-mêmes, après une pluie d'orage abondante, nous lui avons vu reprendre un instant son ancien cours vers le nord. Entre Lotlakani et Ntchokotsa, nous avons passé auprès du petit puits d'Orapa, laissant un peu sur la droite le puits de Thoutsa, dont l'eau salée est purgative ; la saline Chouantsa, couverte d'une croûte de sel d'un pouce et demi d'épaisseur, est environ à dix milles au nord-est d'Orapa. Le dépôt qu'elle contient renferme un sel amer, probablement du nitrate de chaux. Les naturels le mêlent au suc d'une plante gommeuse, font un trou dans le sable, y mettent ce mélange qu'ils recouvrent et sur lequel ils font du feu ; par cette opération, la chaux devient insoluble, et dès lors elle n'a plus de goût.

Les Bamangouatos entretiennent en différents endroits, de ce côté du Kalahari, de grands troupeaux de chèvres et de moutons qui prospèrent merveilleusement dans les lieux où ils trouvent des buissons et du sel. Pour obtenir la coagulation du lait de chèvre, qui caille moins facilement que le lait de vache, les naturels font infuser le fruit d'une solanée qu'ils appellent Tolouané; quelques gouttes de cette infusion produisent rapidement l'effet qu'ils en attendent. Les Béchuanas mettent leur lait dans des sacs de peau non tannée, dont ils ont enlevé les poils, et qu'ils suspendent au soleil; la coagulation ne tarde pas à s'opérer, ils font égoutter le petit-lait par un trou pratiqué au fond du sac, et remettent du lait jusqu'au moment où le sac est entièrement rempli d'un épais caillé, que l'on finit par trouver délicieux; les gens riches le mêlent à leur bouillie, qu'il rend nutritive et fortifiante, et qui, dans leur menu, tient la place de notre rosbif; de là cette expression de mépris qu'ils emploient à l'égard des faibles et des pauvres : « Ce sont des mangeurs de bouillie à l'eau claire. »

L'époque de la saison des pluies était arrivée, mais la sécheresse continuait à Ntchokotsa; pendant le jour le thermomètre montait, à l'ombre et dans l'endroit le plus frais que nous pussions rencontrer, à 96 degrés (35° centigrades 1/2); cette élévation, à Kolobeng, présageait toujours de la pluie; à Kuruman, il suffisait que le mercure dépassât 84 degrés (29° centigrades) pour que l'on pût espérer de l'eau; mais plus au nord, il arrive à 100 degrés (38° centigrades), avant qu'on puisse compter sur la fin de la sécheresse. Aujourd'hui, lorsque nous enfonçons la boule du thermomètre à deux pouces dans la terre, le mercure se fixe à 128 degrés (53° centigrades 3/9). Tout le pays est brûlé autour de nous, et le vif éclat des efflorescences qui recouvrent les vastes salines que l'on voit de tous les côtés est blessant pour les yeux. L'eau de Ntchokotsa est amère et ammoniacale; il est certain qu'elle a traversé des gisements de débris animaux. Toutes ces fontaines renferment des nitrates qui stimulent la sécrétion des reins et qui augmentent la soif. On reproche au cuisinier d'avoir mis trop de sel dans le bouillon, et le pauvre homme n'a rien ajouté à l'eau claire dont il a rempli son pot-au-feu. Il m'est arrivé plus d'une fois de n'avoir, pour me désaltérer, que ce breuvage d'une amertume nauséabonde. On essaye alors de faire bouillir cette eau dégoûtante, de la purifier avec de l'alun, du vitriol, etc., etc.; mais l'ammoniaque et les autres sels n'en persistent pas moins; et la seule chose que vous ayez à faire est de partir immédiatement et de gagner le Nord aussi vite que possible.

Nous avons été obligés de creuser plusieurs citernes; chaque fois, il faut attendre qu'elles se remplissent, que nos bêtes aient mangé tranquillement pendant un jour ou deux, qu'elles se soient complétement désaltérées avant de se remettre en route; et nous n'avançons qu'avec beaucoup de lenteur. A Koubé, les rhinocéros ont fait de la mare un tel mortier, en s'y vautrant dans la fange, que c'est à grand'peine que nous pouvons y ouvrir une tranchée où l'eau se dépose et où nos bœufs vont la boire ; si les rhinocéros étaient revenus, tout notre travail aurait été détruit par une seule de leurs immersions dans la vase : aussi montons-nous la garde toute la nuit pour protéger nos travaux. Sur les grandes plaines qui nous entourent et qu'embrase cette atmosphère étouffante, nous voyons des troupeaux de zèbres, de gnous, quelquefois même de buffles, qui, pendant des journées entières, regardent tristement du côté de cette eau vaseuse dont nous défendons les abords. C'est être cruel à plaisir que de tuer ces pauvres animaux, sans avoir l'intention de faire le moindre usage de leur chair ou de leur dépouille.

On tue rarement ceux qu'on tire pendant la nuit, mais on les blesse ; ils ont d'autant plus soif qu'ils ont perdu plus de sang, et ils se dirigent du côté de l'eau, en dépit du danger. L'autruche, malgré toute sa prudence, même quand elle n'est pas blessée, ne résiste point au désir de satisfaire sa soif. Les Bushmen profitent de cette impérieuse nécessité pour occire la pauvre bête ; c'est en pareille occasion qu'ils récoltent la plus grande partie des plumes qu'ils se procurent ; mais ils mangent la chair de l'autruche, et cela justifie leur conduite.

Je ne pouvais pas commander à mes hommes de faire une chose à laquelle il m'était impossible de me résoudre ; et, quels que soient les motifs que j'aie voulu me donner pour justifier cette manière de chasser, je n'ai jamais pu l'adopter. Qu'un individu cherche des échantillons pour les galeries scientifiques, c'est une tout autre affaire ; mais tirer indistinctement et sans rime ni raison de pauvres bêtes inoffensives pour les abandonner ensuite aux hyènes et aux vautours, il est évident que c'est pousser l'amour du carnage jusqu'à la monomanie. Mes hommes tuèrent de cette façon un rhinocéros noir, et je quittai avec plaisir le seul endroit où j'aie eu l'occasion de prendre part à l'une de ces chasses nocturnes.

Nous suivions les bords d'une saline immense appelée Ntouétoué, sur laquelle on peut prendre la latitude aussi bien que sur la mer. Le sol d'une grande partie de cette région est composé de tuf calcaire, revêtu d'une faible couche de terre végétale, où abondent les bauhinias et les baobabs. Nous avons dételé nos bœufs à deux milles environ au nord de la saline, et nous nous sommes arrêtés sous un de ces arbres gigantesques : il était composé de six branches réunies en un seul tronc et mesurait vingt-six mètres de tour.

Le baobab, que les Béchuanas appellent *moivana*, possède une vitalité prodigieuse, et c'est avec surprise qu'un peu plus loin, à Tlomtla, nous avons trouvé l'un de ces géants qui était mort. Suivant Adanson et quelques autres, les baobabs qu'ils rencontrèrent sur la côte occidentale de l'Afrique étaient plus anciens que le déluge, d'où ils concluaient, avec cet aveuglement qui alors était commun en France, « que le déluge n'avait jamais existé. » Je garantirais un baobab contre une douzaine de déluges, pourvu qu'on ne le fît pas bouillir dans l'eau de mer; mais je ne crois pas que ceux qui vivent aujourd'hui aient eu l'occasion d'en fournir la preuve à l'époque de Noé. Les indigènes font, avec les fibres de l'écorce du baobab, des cordes très-solides; en conséquence, ils le dépouillent jusqu'à la hauteur qu'ils peuvent atteindre; cette opération qui ferait mourir la plupart des arbres d'une espèce différente, n'a d'autre résultat, pour le baobab, que de le forcer à produire une nouvelle écorce qu'il forme par voie de granulation. Il résulte, de cette pratique fréquemment répétée, que le diamètre de la partie inférieure du tronc de l'arbre est de trois ou quatre centimètres moins gros qu'à deux mètres de terre. Les morceaux d'écorce qui ont été brisés pendant l'opération et qui adhèrent encore au baobab, continuent de végéter et de s'accroître, et ressemblent beaucoup à ces lanières que les Cafres et les habitants de l'île de Mull détachent du col de leurs bœufs et qu'ils laissent flottter librement. Aucune blessure extérieure ne fait périr le baobab; les atteintes du feu même ne produisent pas d'effet sur sa végétation; il ne souffre point davantage des dégâts intérieurs que les siècles, ou toute autre cause, ont pu lui faire subir, car on en trouve souvent de profondément creusés. J'en ai vu un dans lequel vingt ou trente hommes pouvaient se coucher et dormir tout aussi bien que dans une hutte. Il ne suffit même pas de l'abattre pour le faire périr; nous en avons trouvé plusieurs dans les environs d'Angola qui *grandissaient* encore après avoir été coupés. Les arbres que l'on nomme *exogènes* s'accroissent au moyen des couches successives qui se déposent entre l'écorce et le bois; on peut en enlever l'intérieur sans affecter leur existence; la plupart des arbres de notre climat présentent ce phénomène. Ceux d'une autre classe, que l'on nomme *endogènes*, suivent une marche opposée; l'application des couches annuelles se fait à l'intérieur; lorsque le vide est rempli, la croissance est achevée et l'arbre doit mourir. On peut, comme nous l'avons dit plus haut, enlever l'intérieur des premiers et l'écorce des autres sans nuire sérieusement à leur végétation; mais elle est compromise chez les endogènes par les blessures qu'ils reçoivent au cœur, et chez les exogènes par les entailles profondes qui détruisent une partie de leur écorce. Le baobab résiste également à ces deux causes de mort; la raison en est que chacune des lames dont il est composé possède une vitalité qui lui est propre ; à vrai dire, il est plutôt le développement gigantesque d'une plante bulbeuse, qu'un arbre dans toute l'acception du mot.

Chez l'un des baobabs que nous avons trouvés gisant par terre dans les environs d'Angola, quatre-vingt-quatre anneaux concentriques augmentèrent chacun d'un pouce après que cet arbre eut été abattu. Les racines qui s'étendent à la surface du sol et qui s'éloignent souvent du tronc à quarante ou cinquante mètres de distance, conservent également leur vitalité après que le corps de l'arbre en a été séparé.

Le bois du baobab est tellement tendre et spongieux que d'un seul coup on y enfonce la cognée assez profondément pour qu'il soit difficile de l'en retirer. Quand l'arbre est mort, on distingue facilement les anneaux concentriques dont il est formé ; nous avons compté ces anneaux à trois places différentes ; il s'en trouvait, terme moyen, quatre-vingt-un et demi dans trente centimètres d'épaisseur. Chaque lame est composée de deux à quatre couches de tubes ligneux. En supposant que chacun des anneaux soit le produit de la végétation annuelle, si nous prenons le rayon d'un baobab ayant trente-un mètres de circonférence, c'est-à-dire un peu plus de cinq mètres de rayon, nous trouverons un total de 1,400 anneaux. L'origine de l'arbre ne remontera donc pas même aux premières années de l'ère chrétienne ; et, malgré l'étonnante vitalité du baobab, il est difficile de croire qu'il en existe maintenant d'aussi vieux que les pyramides.

Le bauhinia, ou le mopané des naturels, est remarquable par le peu d'ombre que ses feuilles répandent ; elles se replient pendant la chaleur du jour, et n'opposent que leur tranche aux rayons du soleil. On trouve sur ces feuilles les larves d'un insecte ailé qui sont recouvertes d'une matière sucrée et mucilagineuse ; les indigènes les recueillent et les mangent[1], ainsi qu'ils font des lopanés, grosses

---

1. Je dois à l'obligeance de M. Westwood les lignes suivantes sur cet insecte :

« Taylor institution, Oxford, juillet 1857.

« Les larves que l'on trouve sur les feuilles du bauhinia, et que mangent les Africains, appartiennent à un psylle, homoptère de fort petite taille, mais d'une grande activité, dont une espèce, très-commune en Angleterre, dépose sa larve sur le buis, avec cette différence que celle-ci émet la sécrétion qui la protège, sous forme de filaments blancs, cotonneux et très-longs. Une espèce de psylle, que l'on trouve dans la Nouvelle-Hollande sur les feuilles de l'Eucalyptus, produit une sécrétion pareille à celle que le docteur Livingstone a rencontrée en Afrique. Les Australiens appellent cette matière gommeuse, et l'insecte qui la produit, Wo-mé-la. C'est également pour eux une

chenilles de sept à huit centimètres de longueur, qui vivent en société et qui se nourrissent également des feuilles du bauhinia.

Partout, sur notre passage, la végétation manifeste sa puissance en brisant la couche de tuf qui l'emprisonne. Un bauhinia pousse dans la fente d'un rocher et fait éclater la pierre, dont il soulève des fragments considérables qu'il soumet à l'influence désagrégeante de l'atmosphère. Le bois de cet arbre, qui est d'un beau rouge, est assez dur pour que les Portugais l'aient surnommé bois de fer. Les indi-

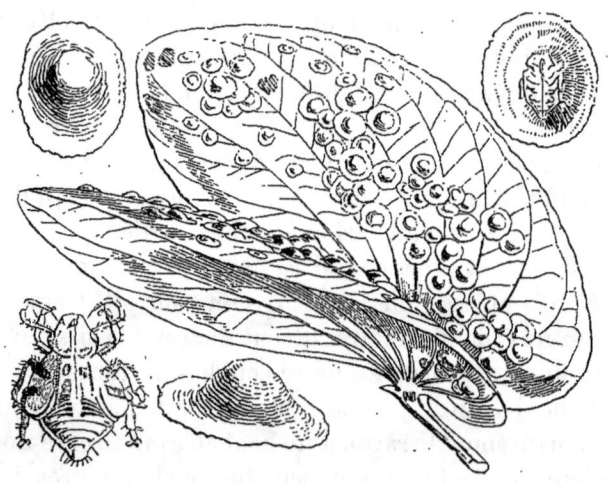

Feuilles de bauhinia et insecte qui produit les sécrétions dont ces feuilles sont couvertes.

gènes ont observé que le bauhinia est plus souvent frappé de la foudre que les autres arbres, et ils vous avertissent de ne pas rechercher son abri pendant l'orage, « parce que, disent-ils, les éclairs le détestent. » Par contre, ils n'ont jamais vu le tonnerre tomber sur lemorala, qui porte sur ses branches trois épines opposées ; la confiance que cet arbre inspire dans le pays, comme préservatif contre la foudre, s'étend jusqu'à la province d'Angole, où les Portugais mettent sur leurs maisons des branches de morala en guise de paratonnerres. Les naturels vont plus loin et sont persuadés que l'ombre du morala vous protége contre les attaques d'un éléphant

---

friandise qu'ils ne manquent pas de recueillir. Les larves que l'on a trouvées sous les sécrétions rapportés en Angleterre par le docteur Livingstone étaient passées à l'état de nymphes, et présentaient une chrysalide aplatie, ayant deux larges écailles sur les côtés, sous lesquelles sont renfermées les ailes de l'insecte futur ; le corps est d'un blanc jaunâtre, tacheté de brun foncé. Il est impossible de désigner l'espèce d'une manière précise avant d'avoir examiné l'insecte parfait. La sécrétion produite par cette larve est plate et circulaire ; elle paraît avoir été déposée par anneaux concentriques ; le plus grand de ces anneaux peut avoir un quart ou un tiers de pouce de diamètre (6 ou 8 millimètres). « Ino. O. Westwood. »

enragé ; peut-être ceci n'est-il pas exact, mais il y a presque toujours un certain fond de vérité dans leurs observations.

Nous avons retrouvé à Rapesh nos anciens amis les Bushmen ; Horoyé, leur chef, son fils Mokantsa et quelques autres, présentent de magnifiques échantillons de cette tribu ; ils ont au moins six pieds de haut (1 mètre 83 centimètres) ; leur couleur est plus noire que celle des Bushmen du Sud. Vivant en société avec le gibier, qu'ils suivent partout et qu'ils accompagnent sur les bords de la Zouga, ils sont toujours abondamment pourvus de nourriture, ils ne souffrent jamais de la soif, et la vie qu'ils mènent est bien différente de celle des autres habitants du désert. La chèvre est le seul animal qu'ils auraient pu domestiquer ; mais sa viande leur inspire une répugnance superstitieuse, et ils s'abstiennent complétement d'en manger. C'est une peuplade joyeuse, au franc rire, et chez qui le mensonge est très-rare. Elle a, dans ses usages, quelques traces d'un culte religieux qui ne se rencontre pas chez les Béchuanas. J'ai assisté un jour, sur les bords de la Zouga, aux funérailles d'un Bushman ; il était évident que ses amis considéraient le trépassé comme vivant dans un autre monde, car ils l'invoquaient et le priaient de ne pas s'offenser du désir qu'ils éprouvaient de rester encore un peu de temps ici-bas.

Les Bushmen que nous avons trouvés à Rapesh tuent beaucoup d'éléphants. Ils choisissent pour cela l'époque de la pleine lune, à cause de la fraîcheur des nuits, et frappent l'animal du fer de leur lance au moment où celui-ci vient de les charger et s'arrête hors d'haleine ; cette chasse est la plus grande preuve de bravoure que l'on puisse donner dans le pays. Dans cette occasion les sauvages l'emportent sur nous ; mais je crois que, si les Anglais avaient été pendant quelque temps à leur école, ils battraient les Bushmen. La civilisation n'efféminé pas nécessairement les hommes, et accroît incontestablement leur beauté, leur courage et toutes leurs facultés physiques. Lorsque j'étais à Kolobeng, voulant me faire une idée approximative du nombre d'éléphants qu'on détruisait chaque année, j'ai fait le relevé de tous ceux qui furent tués, pendant une saison, par les différentes bandes de chasseurs qui passèrent devant ma porte. C'étaient des Griquas, des Béchuanas, des Anglais et des Boërs. Tous étaient jaloux de se distinguer, et le succès dépend surtout du courage du chasseur, qui lui permet d'approcher le plus possible de l'animal. Voici le résultat que les chiffres m'ont donné : terme moyen, les naturels et les Griquas avaient tué un éléphant par homme ; les Boërs deux ; et les officiers anglais vingt chacun ;

différence d'autant plus remarquable en faveur de ces derniers, que les Griquas, les Boërs et les Béchuanas s'étaient servis de chiens et s'étaient fait assister par les indigènes; les Anglais au contraire n'avaient généralement employé ni les uns ni les autres; mais ils s'approchaient à trente mètres de l'animal, tandis que les Africains s'arrêtaient à une distance de cent mètres et plus, perdant ainsi toute la force de leurs coups. M. Oswell trouva un éléphant qui avait le côté rempli de balles, tirées évidemment de trop loin, et qui n'avaient pas pénétré jusqu'aux organes vitaux.

Il paraîtrait donc que les voisins barbares de la colonie du Cap n'ont pas la moitié du courage des sportsmen civilisés. Il est probable qu'à cet égard nous sommes supérieurs à nos ancêtres aussi bien que par notre développement physique. Les cottes de mailles et les jambières des chevaliers de Malte, ainsi que l'armure de la Tour, qui ont été exhibées au tournoi d'Églinton, prouvent suffisamment que les civilisés d'aujourd'hui sont d'une taille plus élevée que ne l'étaient leurs aïeux.

A Maïla nous passâmes un dimanche avec Kaïsa, chef d'un village de Mashonas, qui avait fui le joug de fer de Mosilikatsé, dont le pays est à l'est de l'endroit où nous sommes. Je voulais lui confier un paquet de lettres pour l'Angleterre, afin qu'il les remît aux Béchuanas qui viennent ici, comme les Bamangouatos, chercher des pelleteries et de la viande auprès des Bushmen; mais il me fut impossible de lui faire comprendre qu'il n'avait rien à craindre de la commission que je lui donnais. Il craignait d'être accusé de négligence ou de n'importe quelle faute, s'il arrivait malheur à mes dépêches, et il ne voulut jamais assumer cette responsabilité. Je fus donc obligé de renoncer à l'espoir de donner de mes nouvelles à ma famille jusqu'au moment où j'atteindrais la côte occidentale.

Nous trouvâmes, en arrivant à Ounkou, la plaine humectée depuis longtemps par des pluies bienfaisantes. L'herbe y couvrait la terre, elle s'inclinait sous le poids de ses graines, et toutes les plantes de la forêt étaient en fleurs.

Au lieu du pays aride qui entoure Ntchokotsa et Koubé, une scène ravissante se déployait à nos regards; les étangs avaient de l'eau à plein bord et les oiseaux gazouillaient avec joie. Quant au gibier, maintenant qu'il trouvait à se désaltérer partout, il se montrait farouche et ne se rencontrait plus dans les lieux qu'il fréquente ordinairement.

1er mars. Le thermomètre, d'une heure à trois de l'après-midi, marque généralement à l'ombre 98 degrés (36° centigrades 6/9), mais comme le soir il tombe à 65 degrés (18° centigrades 3/9), on n'est pas épuisé par la chaleur. A la surface de la terre et au soleil, le thermomètre s'élève à 125 degrés (51° centigrades 6/9) ; quand on l'enfonce de trois pouces au-dessous du sol, il en marque 138 (59° centigrades). On ne peut pas tenir la main sur la terre, et les indigènes sont obligés de porter des sandales de peau, bien que la plante de leurs pieds soit passée à l'état de corne. Les fourmis n'en travaillent pas moins avec activité. A sa surface, l'eau est à 100 degrés (38° centigrades) ; mais, comme elle n'est pas bonne conductrice de la chaleur, on peut s'en procurer de très-fraîche en s'avançant au milieu de l'étang et en la puisant au fond avec les mains.

Au nord de Kama-Kama, nous entrons dans un épais fourré de mohononos qui oblige trois de nos hommes à travailler constamment pendant deux jours afin de nous y ouvrir un passage. Le mohonono croît en buisson, il a de charmantes feuilles argentées et une écorce d'une saveur très-douce, que l'éléphant recherche avec avidité. En rentrant dans la plaine, nous avons trouvé des Bushmen qui, plus tard, nous ont rendu de grands services. La pluie avait été abondante ; mais déjà beaucoup d'étangs commençaient à se dessécher ; ils renfermaient une énorme quantité de lotus, et leurs bords étaient recouverts d'une plante à basse tige qui répandait une douce odeur. La brise passait au-dessus des étangs et nous apportait le parfum de cette plante, qui, chaque fois, nous faisait tous éternuer. Le 10 mars, par 9° 16′ 11″ latitude sud, et 24° 24′ longitude est, nous fûmes obligés de nous arrêter, quatre individus de ma suite ayant été pris de la fièvre. J'avais déjà rencontré cette maladie, mais je ne la reconnus pas tout d'abord pour la fièvre africaine ; je me figurai que c'était une affection bilieuse produite par une nourriture trop substantielle, car la venaison avait été abondante et l'on avait mangé beaucoup de viande ; mais au lieu de la prompte convalescence que j'attendais, tous nos hommes furent bientôt saisis de la même maladie, à l'exception d'un jeune Bakouain. Il s'occupait des bœufs pendant que je soignais les malades, et de temps en temps il allait chasser avec les Bushmen, afin de leur persuader de ne pas s'éloigner de nous.

C'est ici que j'ai pu suivre, pour la première fois, les instructions de mon excellent professeur, M. Maclear, et calculer plusieurs longitudes d'après les distances lunaires.

L'herbe est tellement grande autour de nous que les bœufs en ont conçu de l'inquiétude ; et la vue d'une hyène, pendant la nuit, leur a fait prendre la fuite et se réfugier dans la forêt qui est à l'est de l'endroit que nous occupons ; le 19 mars, lorsque je me levai, non-seulement ils s'étaient échappés, mais le Bakouain s'était enfui avec eux. J'ai vu faire souvent la même chose aux membres de sa tribu, alors même que c'était un lion qui mettait le bétail en fuite ; ils s'élancent sur ses traces et le suivent pendant plusieurs milles à travers les broussailles et les herbes, jusqu'au moment où ils supposent que la panique est apaisée ; ils commencent alors à siffler comme ils le font pendant qu'ils traient les vaches ; quand ils ont ainsi calmé les pauvres bêtes, ils les gardent, jusqu'au jour, dans l'endroit où elles se trouvent, et les ramènent ensuite. Le bouvier ne revient guère, dans ce cas-là, sans avoir les jambes lacérées par les épines. Tous les camarades du Mopato sont tenus d'agir ainsi ; aucun n'y manque, et ils le font sans autre récompense qu'un mot approbateur de la part de leur chef. Notre jeune Kibopéchoé avait donc suivi les bœufs, et les avait perdus de vue au milieu de la forêt ; il n'en resta pas moins sur leurs traces toute la journée et toute la nuit suivante ; le dimanche matin, comme j'allais partir pour aller à sa recherche, je l'aperçus à côté de nos chariots : c'était dans la soirée du samedi qu'il avait rejoint les bœufs, et il avait été obligé de les garder jusqu'au lendemain matin. On ne peut pas comprendre qu'il ait pu retrouver son chemin sans boussole dans une pareille contrée, ayant en outre quarante bœufs à ramener avec lui.

Lorsque les Béchuanas sont malades, ils gardent le lit aussi longtemps qu'ils éprouvent de la faiblesse ; ne voulant pas attendre jusque-là, je commençai à leur faire prendre un peu d'exercice et à nous remettre en route pour continuer notre voyage ; mais l'un d'eux s'étant écarté du chariot, tomba sans qu'on s'en aperçût et resta toute la nuit sans connaissance, malgré la pluie qui n'avait pas cessé ; un autre s'évanouissait fréquemment ; toutefois, avec l'aide de mon Bakouain et des Bushmen, nous fîmes des lits pour eux dans les chariots et nous poursuivîmes notre chemin avec lenteur. Il nous fallait soigner nos malades comme on soigne des enfants ; et, de même que chez ces derniers, leur impudence croissait en raison des forces qu'ils reprenaient chaque jour ; les ordres qu'ils nous donnaient d'une voix perçante devenaient de plus en plus impérieux, et les rires avec lesquels j'accueillais leur emportement, bien qu'ils me fussent inspirés par la joie que me causait leur guérison, non moins que par le spectacle que me donnait leur fureur, augmentaient leur irritation.

Le manque d'adresse de celui qui conduisait les deux premiers bœufs accroissait la difficulté que nous avions à passer entre les arbres; il fallait continuellement en abattre, travailler plus que jamais; néanmoins je conservai ma santé en dépit de la fatigue.

Afin d'éviter la mouche tsetsé, que nous avions rencontrée à notre précédent voyage, nous prîmes, en quittant Lourilopépé, la direction du méridien magnétique; et la nécessité d'ouvrir un nouveau sentier nous donna un surcroît de travail; mais vers le dix-huitième degré de latitude nous fûmes dédommagés de la peine que nous avions prise, par de nombreux ceps de vigne chargés de raisin, que nous n'avions pas rencontrés l'année précédente. Ils étaient sous mes yeux, je les voyais, et cette vue était tellement inespérée que je regardais ces grappes abondantes comme en rêve, et sans avoir la pensée de les cueillir.

Les Bushmen connaissent le raisin et le mangent avec plaisir; mais celui-ci n'est pas d'un goût agréable: il doit à ses pepins, qui ont la forme et la dimension d'un poids fendu par la moitié, une saveur beaucoup trop astringente. L'éléphant recherche non-seulement le fruit de la vigne, mais encore le cep et la racine.

J'ai trouvé ici un insecte d'environ trois centimètres de longueur, de la grosseur d'une plume de corbeau, et couvert de poils noirs; il fait sa proie des fourmis qu'il attire en mettant la tête dans la terre et en remuant la queue avec rapidité; les fourmis s'approchent pour examiner l'objet qui s'agite, et sont saisies par cette queue armée de pinces. J'ai cru d'abord que ces pinces étaient placées sur la tête de l'insecte, mais j'ai reconnu plus tard leur véritable position, et je me demande comment cette larve peut atteindre sa proie sans la voir, puisqu'elle a la tête enfoncée dans son trou; c'était sans doute une nouvelle espèce de fourmi-lion (*myrmileon* ou *formica-leo*), insecte que l'on trouve en grand nombre dans cette contrée. Sous chaque arbre la terre est criblée des pièges ingénieux où les myrmiléons attendent les fourmis. L'insecte parfait, dont la forme est celle de la libellule, se voit partout dans l'air, agitant sa queue de la même manière que cette larve dont je parlais tout à l'heure. On en rencontre souvent d'accouplés dans leur vol, l'un tenant l'autre par le cou au moyen de ses pinces caudales.

La forêt que nous traversions avec tant de peine devenait chaque jour plus compacte, et nous n'avancions qu'en nous frayant un chemin à l'aide de la cognée. Le feuillage est ici beaucoup plus épais que dans le midi; la plupart des feuilles sont pinnées ou bipinnées, et produisent un effet admirable en se découpant sur le ciel. On trouve dans cette région une grande variété de plantes appartenant à la famille des papilionacées.

Jusqu'à présent Fleming avait toujours aidé ses hommes à conduire son chariot ; mais à la fin de mars, lui et ses gens se trouvèrent au bout de leurs forces. Comme il m'était impossible de diriger deux wagons, je partageai avec lui la provision d'eau qui nous restait, et je continuai ma route avec l'intention de revenir le chercher aussitôt que nous aurions gagné quelque citerne. La saison des pluies commençait ; j'abattais des arbres toute la journée, et à chaque coup de cognée je me faisais tomber sur la tête une averse qui descendait jusque dans mes souliers. Des Bushmen que nous rencontrâmes le soir nous offrirent de nous montrer le chemin qui conduisait à un étang ; je dételai nos bœufs et je suivis les Bushmen. La nuit était venue ; ceux qui nous conduisaient nous témoignaient leur politesse (qualité qui est loin d'être restreinte à la civilisation) en cassant les branches qui se trouvaient sur notre passage et en nous indiquant les arbres qui gisaient par terre. Lorsque nous fûmes revenus au chariot, nous y trouvâmes Fleming, dont l'isolement avait réveillé l'énergie, et qui venait d'arriver.

L'étang n'avait presque plus d'eau, et nous fûmes bientôt obligés de repartir. L'un des Bushmen interrogea ses dés et conclut, d'après le point qu'il amena, que Dieu lui ordonnait d'aller rejoindre sa tribu. Il recommença pour m'en donner la preuve ; mais ayant amené un résultat contraire, il consentit à nous accompagner et nous fut très-utile, nos bœufs ayant fui de nouveau à une très-grande distance, sous l'empire de l'effroi que leur avait causé un lion. Il est rare que dans ce pays-ci les lions fassent parler d'eux ; ils semblent éprouver une crainte salutaire des Bushmen, qui sont, il est vrai, fort habiles à les détruire. Lorsqu'un lion s'est complètement repu, les Bushmen, qui l'ont observé, suivent sa piste sans faire le moindre bruit, et le surprennent au milieu de son sommeil ; l'un d'eux s'arrête à quelques pas et lui décoche une flèche empoisonnée, tandis qu'en même temps son compagnon jette son manteau sur la tête de l'animal, qui, surpris et terrifié, s'enfuit en bondissant. J'ai vu le poison dont les Bushmen se servent en pareille circonstance : ce sont les entrailles d'une chenille de 12 millimètres de longueur, et qu'ils appellent *n'goua;* ils les écrasent, en entourent la partie inférieure du fer de leur flèche, et le font sécher au soleil. Ils ne manquent jamais, après cette opération, de se nettoyer les ongles avec le plus grand soin, car un atome de cette matière vénéneuse, lorsqu'il est en contact avec la plus légère égratignure, agit comme la substance empoisonnée des blessures que l'on se fait en disséquant. La douleur qu'elle produit est si vive, que le malheureux qui l'éprouve se roule et se déchire en demandant le sein de sa mère, comme s'il se croyait revenu aux jours de son enfance ; ou bien, fou de rage, il s'enfuit loin de toute résidence humaine. Le lion n'en éprouve pas des effets moins terribles : on l'entend alors rugir avec désespoir, il devient furieux et il mord les arbres et la terre avec une frénésie convulsive.

Les Bushmen ont la réputation de guérir cet affreux empoisonnement. Je leur ai demandé comment ils opèrent ; ils m'ont répondu qu'ils administrent la chenille elle-même, écrasée et mélangée avec de la graisse, dont ils introduisent également une certaine quantité dans la blessure. « La n'goua a besoin de graisse, disent-ils ; quand elle n'en trouve pas dans le corps de l'homme, elle le tue ; nous lui donnons ce qu'elle désire, elle est contente et ne fait plus de mal. » Je recommande cet argument aux plus éclairés d'entre nous.

Le suc laiteux de l'euphorbe en arbre (*euphorbia arborescens*) est néanmoins le poison le plus généralement employé ; il est fatal surtout à la race chevaline : un troupeau de zèbres qui va boire à un étang dont l'eau contient une certaine quantité de ce suc vénéneux, est frappé de mort avant d'avoir fait deux milles. Le poison, toutefois, n'est pas mortel pour les hommes et pour les bœufs, qu'il purge violemment. On en fait usage dans toute la contrée. En certains endroits on y ajoute du venin de serpent et le suc de l'amaryllis toxique, afin d'en augmenter la violence.

Un jésuite, le P. Pedro, qui demeurait à Zambo, avait composé, avec des simples et de l'huile de castor, un baume qu'il employait, dit-on, avec succès pour guérir les blessures causées par les flèches empoisonnées. Il est probable qu'il en avait emprunté la recette aux indigènes, et que ce baume devait son efficacité au corps gras qui en faisait la base.

Lorsqu'on est mordu par un serpent, il faut appliquer l'orifice d'une petite clef sur la blessure, et l'y presser avec force jusqu'au moment où l'on peut obtenir que la plaie soit sucée par un indigène, qui fait l'office de ventouse. Une clef de montre, fortement appuyée sur la piqûre d'un scorpion, en extrait le venin : il suffit après cela d'un mélange de graisse ou d'huile et d'ipécacuanha pour faire cesser la douleur.

Les Bushmen de ces parages sont en général de beaux hommes, bien taillés et d'une indépendance individuelle à peu près absolue. Ils recherchent, comme aliment, une espèce de tubercule qui ressemble un peu à la pomme de terre, et ils se montrent friands d'une noix que Fleming croit être une sorte de bétel : cette noix est produite par un bel arbre dont les branches couvrent un large espace, et dont les feuilles sont palmées. L'abondance de fruits sauvages et de venaison que l'on rencontre dans cette partie de la contrée, préserve les Bushmen des atteintes de la faim. Je trouvais facilement à les nourrir de viande ; et, comme je désirais les garder avec nous, je leur proposai d'aller chercher leurs femmes, pour donner à celles-ci leur part de nourriture ; mais ils me répondirent que les femmes savaient toujours pourvoir à leurs propres besoins.

Aucun de nos hommes n'était mort ; toutefois il y en avait deux qui ne se rétablissaient pas ; de plus, Kibopéchoé, mon excellent Mokouain, fut affligé d'un certain nombre de clous qui lui donnèrent la fièvre. Pensant que le changement d'air hâterait la guérison de nos malades, je pressai la marche le plus possible, et nous atteignîmes le mont N'goua, par 18° 27′ 20″ latitude sud, et 24° 13′ 63″ longitude est. C'était la seule montagne que nous eussions rencontrée depuis que nous avions quitté la chaîne des Bamangouatos, et nous éprouvions le besoin de la saluer avec respect. Elle est couverte d'arbres, et sa hauteur est de cent trente mètres. Sa position géographique est établie d'une manière assez exacte par l'occultation. La vallée Kandéhy ou Kandéhaï, qui se déploie au nord de la montagne, est l'un des endroits les plus pittoresques de cette partie de l'Afrique. Des arbres forestiers aux feuillages divers en garnissent les deux rives ; un ruisseau limpide serpente au milieu de la prairie ; des antilopes rougeâtres sont arrêtées sur le bord de ce ruisseau, près d'un énorme baobab ; elles nous regardent et sont prêtes à gravir la colline : des gnous, des tsessébés, des zèbres, nous contemplent d'un air surpris ; quelques-uns continuent de paître avec insouciance, les autres se redressent avec cet air de mécontentement particulier qu'ils prennent au moment où ils vont s'enfuir ; un énorme rhinocéros blanc traverse la vallée, en flânant, sans nous apercevoir, et semble jouir d'avance du bain de vase qu'il se promet ; plusieurs buffles, au sombre visage, se tiennent sous les arbres, de l'autre côté des antilopes. C'est aujourd'hui dimanche, nous nous reposons ; tout est paisible autour de nous, et l'on ne peut s'empêcher de réfléchir à cette existence future, où nous vivrons au milieu de scènes d'une beauté accomplie. Si nous sommes entièrement libérés de nos péchés, suivant la promesse que nous en avons reçue, la mort est belle et glorieuse ; mais s'il nous faut attendre le jour du jugement, sans avoir autre chose à faire qu'à penser à des fautes que nous voudrions oublier, c'est une perspective peu consolante.

Nos Bushmen témoignèrent le désir de s'en aller ; et, comme on ne peut obtenir de ces gentlemen indépendants que ce qu'ils veulent bien accorder, je m'acquittai envers eux et je les laissai partir. Toutefois, le payement que je leur donnai séduisit quelques étrangers qui se trouvaient là, et ces derniers nous offrirent leurs services.

Les animaux de ces parages ne sont nullement farouches ; les koudous et les girafes me regardent comme une apparition étrange. Un lion est venu au point du jour, il a rôdé longtemps autour des bœufs ; je le voyais parfois de l'intérieur du chariot ; mais il me fut impossible de le tirer, bien qu'à peine à trente pas. Il se mit à rugir de sa voix la plus aiguë ; les bœufs n'en bougèrent pas davantage ; et, découragé, il s'éloigna, en continuant ses rugissements. Je ne lui ai pas vu de crinière ; si je ne me suis pas trompé, le lion chauve donnerait donc de la voix tout aussi bien que l'espèce chevelue. D'autres lions ont également rugi dans le voisinage ; et quand ils ont vu qu'ils ne parvenaient pas à effrayer les bœufs, ils sont partis comme le premier, en éprouvant un dépit qu'il était facile de reconnaître à leur voix irritée.

A mesure que nous avançons vers le nord, la contrée devient de plus en plus belle ; le pays est boisé ; l'herbe est verte, et souvent plus haute que les chariots ; des festons de vigne courent au milieu des arbres, parmi lesquels se trouvent le figuier de l'Inde avec ses rejetons pendants, le palmyra [1], le dattier sauvage, et plusieurs autres qui me sont inconnus. Les creux du terrain contiennent de l'eau ; nous rencontrons un peu plus loin de petites rivières de six mètres de large et de plus d'un mètre de profondeur ; plus nous avançons, plus elles sont grandes et profondes. Les éléphants y ont fait d'énormes trous en allant d'un bord à l'autre ; nos bœufs enfoncent, ils cherchent à en sortir par un effort désespéré, et cassent le timon de notre chariot ; cela nous oblige à nous mettre dans l'eau jusqu'à la poitrine, et à y travailler pendant trois heures et demie ; toutefois je n'en éprouve aucun mal.

Nous arrivons enfin au Sanshureh, qui nous oppose une barrière infranchissable. Nous nous retirons sous un magnifique baobab, et nous nous décidons à explorer la rivière pour y chercher un gué ; nous sommes à 18° 4′ 27″ latitude sud et 24° 6′ 20″ longitude est. La grande quantité d'eau que nous avons traversée provient du Chobé ; et cette rivière qui nous arrête, qui paraît large et profonde, et qui contient des hippopotames, n'est que l'une des branches par lesquelles il envoie au sud-est la surabondance de ses eaux. Un pli de

---

1. *Borassus flagelliformis*, palmier dont le fruit atteint, dans l'Inde, la grosseur de la tête d'un enfant, et dont la séve fournit une liqueur mousseuse analogue au vin de Champagne.   (*Note du traducteur.*)

terrain, dont la rampe se déploie vers le nord-est, en partant du mont N'goua, imprime cette direction au Sanshureh; malheureusement nous l'ignorions, étant dans la vallée, seul endroit du pays où la tsetsé n'existe pas. Je remontai la rive occidentale du Sanshureh en compagnie des Bushmen, jusqu'à un point où nous trouvâmes cette redoutable tsetsé. Nous marchâmes longtemps dans la rivière au milieu des roseaux, baignés jusqu'au-dessus de la ceinture; mais nous longions toujours un large espace où l'eau était vive et impossible à traverser; dans les endroits où elle est stagnante, un lichen particulier, qui croît à la surface du sol, et qui est entraîné par les pluies et les inondations, flotte sur cette eau et répand une odeur extrêmement désagréable d'hydrogène sulfuré.

Nous avions fait tant d'efforts inutiles pour franchir le Sanshureh dans l'espoir de rencontrer quelques Makololos, que mes amis les Bushmen finirent par se lasser. Je parvins à les retenir encore pendant quelques jours; mais ils s'échappèrent une belle nuit, et je fus obligé de prendre avec moi l'un des moins affaiblis de mes fiévreux, et de traverser la rivière sur un ponton que m'avaient donné les capitaines Webb et Codrington. Nous emportâmes chacun des provisions, une couverture, et nous avançâmes environ à vingt milles du côté de l'ouest, avec l'espérance d'atteindre le Chobé; nous en aurions été plus près en marchant vers le nord; mais nous ne le savions pas. Durant tout le premier jour il fallut barboter au milieu d'une herbe épaisse qui nous montait jusqu'aux genoux. Le soir nous nous arrêtâmes devant une immense muraille de roseaux ayant deux ou trois mètres de hauteur, et ne présentant pas le moindre passage où l'on pût s'engager. Nous essayâmes pourtant d'y pénétrer; mais l'eau devenait si profonde que nous fûmes obligés de renoncer à l'entreprise. J'en conclus que nous étions arrivés sur les bords de la rivière que nous cherchions, et je dirigeai mes pas vers des arbres que j'apercevais au sud, afin de nous y établir pour la nuit et de pouvoir le lendemain matin examiner les lieux en grimpant à leur sommet. Nous avions tué un léché (variété d'antilope), nous fîmes un feu brillant, nous bûmes une tasse de thé, et la nuit fut excellente. J'ai trouvé ce soir-là, en ramassant du bois, un nid d'oiseau composé de cinq feuilles vertes cousues ensemble avec des fils de toile d'araignée; il est impossible de rien imaginer de plus délicat, de plus léger que cette barcelonnette aérienne; les fils étaient passés dans des trous imperceptibles, et roulés de manière à produire l'effet d'un nœud. Malheureusement j'ai perdu ce petit chef-d'œuvre ; c'était la seconde fois que je voyais un nid qui rappelât celui de la fauvette tailleuse des Indes.

Lorsque le lendemain, au point du jour, nous eûmes grimpé sur les arbres les plus élevés, nous découvrîmes une belle et grande nappe d'eau, entourée de tous les côtés par l'impénétrable ceinture qui nous avait arrêtés la veille. C'était la partie la plus large du Chobé. qui, en cet endroit, porte le nom de Zabésa. Deux îles, couvertes d'arbres, semblaient être beaucoup moins éloignées du centre de l'eau que le rivage sur lequel nous nous trouvions ; nous essayâmes de parvenir jusqu'à ces îles ; mais ce n'étaient pas seulement des roseaux qui nous barraient le passage, c'était une herbe particulière. dentelée comme une scie et tranchante comme un rasoir, que la tige grimpante des convulvulus, résistante comme de la corde à fouet, reliait aux roseaux, de manière à composer une masse inextricable. Nous nous sentions des pygmées en face de cette barrière que nous ne pouvions briser ; nous n'avions d'autre moyen pour avancer que de nous appuyer tous les deux contre cette palissade flexible, de la faire ployer jusqu'à ce que nous pussions y monter, et ainsi de suite, gagnant à chaque effort quelques pouces de terrain. La sueur ruisselait de tous nos membres ; le soleil darda ses rayons sur cette masse compacte où l'air ne pénétrait pas, et la chaleur devint étouffante ; heureusement que nous étions rafraîchis par l'eau qui nous montait jusqu'aux genoux. Enfin, après quelques heures de ce travail fatigant, nous atteignîmes l'une de ces îles, où nous trouvâmes des ronces que je saluai comme un vieil ami. Celui qui m'accompagnait avait sa culotte de peau tout en pièces et les jambes tout en sang. Mes épais moleskins étaient troués à l'endroit des genoux ; j'essayai d'en maintenir les fragments avec mon mouchoir que je déchirai, et nous continuâmes notre traversée ; mais l'eau vive était encore à cinquante pas de l'endroit où nous nous trouvions ; et entre elle et nous se dressait un massif de papyrus, c'est-à-dire de palmiers minuscules, de douze centimètres de circonférence et de deux ou trois mètres de haut, reliés ensemble par un lacis de convulvulus d'une telle résistance, qu'il nous fut impossible de le faire céder sous notre poids augmenté de nos efforts. A la fin, cependant, nous trouvâmes un passage qui avait été fait par un hippopotame ; nous fûmes bientôt sur le bord de cette eau vive que nous avions eu tant de peine à gagner ; j'y descendis, et au premier pas j'en eus jusqu'au menton.

Harassés de fatigue et revenus à notre point de départ, nous remontâmes le Chobé jusqu'à l'endroit où il se divise pour former le Sanshurch ; là, prenant la direction opposée, nous descendîmes la rivière, bien qu'en montant sur les branches les plus hautes, nous ne pussions voir autre chose qu'une vaste plaine de roseaux, parsemée çà et là de quelques arbres, et où il se trouvait une île. Ce fut une journée accablante; le soir, nous arrivâmes à une cabane déserte que des Bayéyés avaient bâtie sur une fourmilière; nous n'avions pas d'autre bois pour faire notre feu que l'herbe et les baguettes dont la cabane était construite. Je redoutais les *tampans*[1], si communs dans les vieilles huttes; mais au dehors nous étions assaillis par des milliers de moustiques; la rosée était froide, et nous rentrâmes dans la cabane. Elle se trouvait à côté des roseaux, et toute la nuit des sons étranges vinrent frapper nos oreilles. J'avais vu pendant le jour des serpents aquatiques nager la tête au-dessus de l'eau; j'avais observé de nombreux sentiers qu'en allant chercher du poisson, les loutres[2], qui abondent dans ces parages, avaient tracés au milieu des grandes herbes; elles les suivaient maintenant, et, comme elles, de singuliers oiseaux pénétraient et s'agitaient dans le fourré qui borde la rivière; nous entendions des sons pareils à ceux de la voix humaine et des voix qui n'avaient rien de terrestre; quelque chose approcha de nous, la rivière fut battue comme par le plongeon d'un hippopotame, ou par un canot lancé tout à coup; cela pouvait être celui d'un Makololo, nous nous levâmes immédiatement : j'écoutai, je criai à diverses reprises, je déchargeai mon fusil plusieurs fois; mais le bruit que j'avais entendu me répondit seul et continua pendant une heure sans la moindre interruption. Après une nuit froide et humide, nous reprîmes le lendemain matin nos travaux d'exploration; mais nous laissâmes le ponton afin de nous alléger.

Les fourmilières ont ici jusqu'à neuf mètres de haut, et sont tellement larges que des arbres croissent à leur base, tandis que l'herbe seule couvre les terres, qui sont inondées tous les ans. Du sommet de l'une de ces fourmilières, nous découvrîmes une issue qui conduisait au Chobé; revenant alors sur nos pas, nous revînmes chercher le ponton et nous nous lançâmes bientôt sur une rivière profonde, de quatre-vingts à cent mètres de large. Je recommandai expressément à mon compagnon de s'attacher au ponton, dans le cas où un hippopotame viendrait à nous apercevoir, recommandation qui n'était pas inutile, car l'un de ces animaux se dressa bientôt à côté de nous et s'éloigna en plongeant avec force; la vague qu'il souleva repoussa vivement le ponton à une certaine distance.

---

1. Insectes appelés jusqu'à présent puces pénétrantes, mais qui sont de véritables tiquets et n'ont aucun rapport avec les puces. (*Note du traducteur.*)
2. *Lutra inunguis*, de F. Cuvier.

Nous avions ramé depuis midi jusqu'au coucher du soleil ; sur les deux rives s'élevait une muraille de roseaux, et nous paraissions destinés à passer la nuit sur notre ponton, sans avoir pu souper, lorsque, au moment où commençait le crépuscule, nous aperçûmes le village de Morémi [1], l'un des Makololos dont j'avais fait la connaissance lors de ma première visite et qui était maintenant établi dans l'île Mahonta, par 17° 58' latitude sud et 24° 6' longitude est. Les habitants nous regardèrent comme on le ferait d'un revenant et s'écrièrent dans leur langage figuré : « Il est tombé des nuages et nous arrive sur le dos d'un hippopotame. Nous pensions qu'il était impossible à personne de traverser le Chobé sans que nous en fussions avertis ; mais il a volé comme l'oiseau pour venir parmi nous. »

Le lendemain nous traversâmes en canot la plaine inondée, afin de rejoindre notre campement ; les hommes avaient, pendant que j'étais absent, permis à nos bêtes d'aller dans un bouquet de bois qui se trouvait à l'ouest des chariots et où était la mouche tsétsé ; négligence qui me coûta dix bœufs de trait superbes. Quelques jours après, plusieurs notables des Makololos descendirent de Linyanti, accompagnés d'une bande nombreuse de Barotsés, pour nous prendre et nous transporter sur l'autre rive, ce dont ils s'acquittèrent de la meilleure grâce du monde, nageant et plongeant au milieu des bœufs, plutôt comme des alligators que comme des hommes ; puis ils revinrent démonter les chariots, qu'ils passèrent au moyen de plusieurs pirogues attachées les unes avec les autres. Nous étions actuellement chez des amis ; et faisant vers le nord un détour d'environ trente milles pour éviter les plaines inondées par le Chobé, nous nous dirigeâmes vers l'ouest du côté de Linyanti, capitale des Makololos, située par 18° 17' 20" latitude sud et 23° 50' 9" longitude est. Nous arrivâmes le 23 mai 1853. Nous étions alors à peu de distance de la place où nous avions campé, en 1851, par 18° 20' latitude sud et 23° 50' longitude est.

---

1. Disons, une fois pour toutes, qu'en général, les villes et les villages de ces peuplades portent le nom du chef qui les gouverne ; le village de Morémi ne signifie pas une bourgade s'appelant Morémi, mais un lieu habité par Morémi qui en gouverne les habitants. *(Note du traducteur.)*

CHAPITRE IX

Arrivée à Linyanti. — Le héraut de la cour. — La sœur de Sékélétou lui cède le pouvoir. — Complot de Mpépé. — Commerce d'esclaves fait par les Mambaris. — Fuite de ces derniers. — Tentatives d'assassinat contre Sékélétou. — Exécution de Mpépé. — Cour de justice. — Motifs de Sékélétou pour ne pas apprendre à lire la Bible. — Dispositions prises à l'égard des veuves d'un chef décédé. — Femmes makololos. — Leurs occupations. — Leurs serviteurs. — Leur boisson, leur costume et leurs ornements. — Service religieux dans la Kotla. — Docteurs indigènes. — Présents offerts par Sékélétou. — Motif qui le fait accepter. — Commerce d'ivoire. — Feu accidentel. — Présents pour Sékélétou. — Deux races de bétail indigène. — Ornementation des bœufs. — Les femmes et le miroir du docteur. — Manière de préparer les peaux de bœufs pour en faire des boucliers et des manteaux. — Jet de la lance.

Tous les habitants de Linyanti, au nombre de six à sept mille âmes, vinrent en masse à notre rencontre afin de voir marcher nos wagons, phénomène complètement nouveau pour eux : car lors de notre première visite nous étions partis pendant la nuit.

Sékélétou, le chef actuel des Makololos, nous fit une réception qui, dans le pays, est considérée comme royale. Au moment de notre arrivée, un grand nombre de femmes déposèrent devant nous chacune un pot de boyaloa, qui est la bière de cette peuplade, et en burent à pleines gorgées, pour nous donner la preuve que ce n'était pas du poison.

Le héraut de la cour, un vieillard qui remplissait déjà les mêmes fonctions du temps de Sébitouané, après s'être livré à des gambades sans nombre, se mit à crier de toute la force de ses poumons quelques phrases en notre honneur, telles que celles-ci par exemple : « Ne voyez-vous pas l'homme blanc? Ne voyez-vous pas le camarade de Sébitouané? Ne voyez-vous pas le père de Sékélétou? Nous avons besoin de dormir, Seigneur, donnez le sommeil à votre fils, etc., etc. » Les émoluments de cet homme se composent des têtes de tous les bestiaux qui sont tués par le chef, et d'une part du tribut qu'il prélève tout d'abord ; en échange de ce salaire, il est obligé de prononcer toutes les proclamations, de réunir les membres des assemblées, de nettoyer la kotla, d'entretenir le feu tous les soirs, et d'enlever le corps des suppliciés du lieu de l'exécution.

Sékélétou, que je voyais pour la première fois, était alors un jeune homme de dix-huit ans ; il est de cette couleur café au lait qui fait l'orgueil des Makololos, parce qu'elle établit une distinction remarquable entre eux et les nègres qui habitent les bords des rivières. Sa taille est peu élevée ; c'est tout au plus s'il a un mètre cinquante centimètres ; il est loin d'avoir un physique aussi avantageux et d'être aussi capable que son père, mais il est également l'ami dévoué des Anglais. Sébitouané, longtemps avant sa mort, avait appelé au pouvoir sa fille Mamochisané ; d'après le désir de ce grand chef, c'était elle qui devait lui succéder, résolution qu'il avait probablement puisée chez quelque tribu nègre où les femmes sont admises à gouverner la peuplade : mais, d'origine béchuana, il lui était impossible de ne pas considérer le mari comme seigneur et maître de sa femme ; et, ne voulant pas que sa fille devînt l'esclave du sien, il lui avait dit que tous les hommes de la tribu lui appartenaient, qu'elle pouvait les prendre, mais qu'elle ne devait en conserver aucun ; il avait pensé qu'elle pourrait se conduire à l'égard des hommes de la même façon qu'il agissait envers les femmes : il se trompait complétement ; les hommes avaient d'autres épouses qui ne manquèrent pas de jaser. « On ne gouverne point la langue des femmes, » dit un proverbe du pays, et la fille de Sébitouané fut accablée des propos de ses rivales. Un homme, qu'elle avait choisi, fut appelé sa femme, et leur fils, l'enfant de la femme de Mamochisané. Enfin la pauvre reine éprouva tant de dégoûts, qu'après la mort de son père, elle s'empressa d'abdiquer et de remettre le pouvoir entre les mains de son frère. Celui-ci, qui redoutait l'ambition de Mpépé, l'un des membres de sa famille, insista auprès de sa sœur pour qu'elle conservât le rang suprême, lui offrant de la soutenir en se mettant à la tête des Makololos si la guerre venait à éclater. La question fut discutée publiquement pendant trois jours. Mpépé insinuait que Sékélétou n'était pas le fils légitime de Sébitouané, sa mère ayant été d'abord la femme d'un autre chef ; mais alors Mamochisané prit la parole, et s'adressant à son frère, elle lui dit en versant des larmes toutes féminines : « Je n'ai pris le pouvoir que parce que mon père l'a voulu ; mais j'aurais préféré me marier comme les autres femmes et avoir une famille. C'est toi, Sékélétou, qui dois être le chef et agrandir la maison de ton père, » Ce discours porta un coup mortel aux espérances de Mpépé.

Quelques détails sur ce dernier feront comprendre au lecteur l'état politique et social de ces peuplades. N'ayant pas de fils de l'âge de sa fille qui pût être mis à la tête du Mopato, Sébitouané avait choisi Mpépé comme étant le plus proche de ses parents qui réunît les conditions voulues. Plus tard, supposant que le chef du Mopato lui était tout dévoué, ainsi qu'à ses enfants, il le chargea de surveiller son bétail. Mpépé alla s'établir à Naliélé, ancienne capitale des Barotsés, et prit si bien possession de la charge qui lui était confiée, que Sébitouané ne tarda pas à comprendre qu'il n'avait d'autre moyen de rentrer dans ses droits qu'en faisant mettre à mort son audacieux parent. Mais, d'une part, cette extrémité lui répugnait et, de l'autre, il n'était pas sans inquiétude au sujet des procédés de magie dont Mpépé faisait usage avec le concours de certains docteurs, et qu'il préparait au fond d'une hutte bâtie à cette intention. C'est alors que Sébitouané apprit avec joie notre arrivée dans ses parages et qu'il descendit la rivière jusqu'à Séshéké pour venir à notre rencontre. D'après les rapports des nombreux étrangers qu'il avait vus, il avait compris que les blancs possédaient un *pot* [1], c'est-à-dire un canon, qui leur permettait de défendre leurs villes contre les attaques de leurs ennemis et de foudroyer les assaillants. Il se disait qu'une arme aussi puissante lui permettrait de dormir paisiblement jusqu'à la fin de ses jours, et tout son espoir était d'obtenir des blancs cette arme protectrice. Voilà pourquoi nous avions été salués en arrivant de cette parole du héraut : « Seigneur, donnez-nous le sommeil ! » Sébitouané avait fait la guerre pendant trente ans et ne soupirait qu'après une vie tranquille; on ne saurait croire quel désir de la paix ont tous ceux dont la vie s'est passée à combattre.

Le bruit courait dans le pays que les incantations de Mpépé n'étaient pas étrangères à la mort de Sébitouané : « Cette hutte enchantée où la magie s'exerce, avait dit le grand chef à son fils, nous sera funeste à l'un ou à l'autre. » Et, depuis qu'il était au pouvoir, Sékélétou croyait sentir sa position menacée.

Les Mambaris, avaient, en 1850, rapporté chez eux des nouvelles favorables de ce nouveau marché qui était ouvert aux gens de l'Ouest, et des métis portugais, qui faisaient le commerce d'esclaves,

---

1. Cette dénomination de *pot*, appliquée à un canon, et qui provient de la fable inventée par les Boërs au sujet de la *marmite* que le docteur avait prêtée à Séchélé, prouve combien le moindre fait se propage et a de retentissement parmi ces peuplades, alors même qu'elles semblent privées de toute relation avec l'endroit où le fait s'est passé. (*Note du traducteur.*)

vinrent en 1853 chez les Makololos. J'étais à Linyanti lorsque l'un d'eux y arriva. Cet homme, que les Makololos avaient surnommé le *Père-au-Sac*, parce qu'il se faisait porter dans un hamac suspendu entre deux perches et qui formait une poche, ressemblait complétement à un Portugais ; il n'avait aucune marchandise, et prétendait qu'il était venu pour s'enquérir des objets dont on avait besoin dans le pays ; toutefois, il parut très-contrarié de ma présence. Sékélétou lui donna un bœuf et une défense d'éléphant, et il partit peu de temps après ; mais lorsqu'il fut à 50 milles du côté de l'ouest, il emmena tout un village de Bakalaris qui appartenait aux Makololos ; on apprit plus tard qu'il avait avec lui un certain nombre d'esclaves bien armés ; les femmes, les enfants et les hommes du village en question l'avaient suivi, et, comme il se passa beaucoup de temps avant que la nouvelle en parvînt à Sékélétou, il n'a jamais pu savoir si les Bakalaharis avaient cédé à la violence ou s'ils s'étaient laissé entraîner par les promesses du métis ; dans tous les cas, l'esclavage était leur destinée.

Mpépé favorisait tous ces marchands d'esclaves ; ceux-ci, à leur tour, ne demandaient pas mieux que de le seconder dans ses projets de rébellion, dont le succès devait augmenter leur influence. Mon arrivée leur portait un préjudice énorme, et détruisait leur espoir. Un certain nombre de ces traitants étaient à Linyanti pendant que je parcourais la plaine qui est au midi du Chobé ; en apprenant que j'étais dans les environs, ils commencèrent à porter l'oreille basse, et quand les indigènes qui nous avaient fait passer la rivière, revinrent coiffés des chapeaux que je leur avais donnés, les Mambaris se tinrent pour avertis et s'enfuirent précipitamment. Il est d'usage, lorsqu'on est venu voir un chef, de lui demander la permission de le quitter ; mais la vue des chapeaux leur avait fait faire leurs paquets en toute hâte. Aux questions des Makololos, qui leur demandaient le motif de cette précipitation, ils répondirent que, si je les trouvais dans la ville, je leur prendrais leurs marchandises et leurs esclaves ; et, bien que Sékélétou leur assurât que je n'étais pas un voleur, mais au contraire un homme de paix, j'étais encore à soixante milles de Linyanti, qu'ils s'étaient sauvés sans attendre qu'il fût jour. Ils allèrent s'établir au nord où, sous la protection de Mpépé, ils érigèrent une estacade d'une épaisseur et d'une élévation considérables. Abrités derrière ce rempart, ils poursuivirent leur trafic, sous la direction d'un mulâtre portugais, sans même en avertir le chef dont ils occupaient le territoire, tandis que Mpépé les nourrissait du bétail de Sékélétou, espérant bien profiter de leurs fusils pour détrôner son cousin et devenir à son tour le chef des Makololos. Tous les marchands d'esclaves cherchent à s'insinuer dans les affaires politiques de ces peuplades; ils se mettent du côté du plus fort, et se payent eux-mêmes de leurs soins officieux par les nombreuses captures qu'ils font chez les vaincus. En conséquence, après en avoir conféré longtemps avec les Mambaris, il fut décidé que Mpépé devait commencer la révolte; et celui-ci se procura une petite hache de bataille, avec l'intention de fendre la tête à Sékélétou dès la première rencontre.

Mon principal but, avant de chercher à ouvrir une voie de communication pour aller à la côte soit orientale, soit occidentale, était d'explorer le pays afin d'y trouver une localité saine; dans cette intention, je parlai à Sékélétou de remonter la rivière que nous avions découverte en 1851. Il voulut m'accompagner, et, lorsque nous fûmes à soixante milles de Linyanti, nous rencontrâmes Mpépé sur la route de Séshéké. Malgré la quantité de bestiaux qu'ils possédaient, les Makololos n'avaient jamais monté leurs bœufs, jusqu'en 1851, où je leur en donnai le conseil; ce sont également des Européens qui introduisirent cet usage chez les Béchuanas. Avant cette époque les indigènes ne voyageaient qu'à pied. Sékélétou et sa suite étaient donc montés sur des bœufs, et, n'ayant ni selle ni bride, ils tombaient continuellement. Mpépé, sa petite hache à la main, arrivait par un sentier parallèle à celui que nous suivions, mais à une distance d'un quart de mille à peu près; dès qu'il nous eut aperçus, il se mit à courir de toutes ses forces dans l'espoir de nous atteindre; Sékélétou, qui était sur ses gardes, mit son bœuf au galop, et se réfugia dans un village voisin, où il se cacha quelque part jusqu'à ce que nous fussions tous arrivés. Mpépé avait dit à sa bande qu'il trancherait la tête à Sékélétou la première fois qu'il le verrait, ou qu'il la lui briserait à la fin de leur première conférence; c'était donc en terminant leur prochain entretien qu'il devait accomplir le meurtre dont il avait promis l'exécution. Il arriva que j'étais assis entre les deux compétiteurs dans la hutte où ils se rencontrèrent; fatigué d'être resté depuis le matin sur un bœuf et surtout en plein soleil, je ne tardai pas à demander à Sékélétou quel était l'endroit qui m'était destiné pour y passer la nuit. « Je vais vous le montrer, » me répondit-il. Nous nous levâmes tous les deux ensemble, et couvrant Sékélétou de mon corps, je le sauvai du coup mortel dont il était menacé; je ne savais rien du complot, mais j'avais remarqué, avec surprise, que tous les hommes de Mpépé avaient gardé leurs armes, chose qui n'arrive jamais quand un chef est présent. Sékélétou vint avec moi et me montra la hutte qui m'était réservée. « Cet homme, me dit-il, lorsque nous fûmes dehors, a l'intention de me tuer. » (J'appris plus tard que l'un des serviteurs de Mpépé avait divulgué le secret.) Et se rappelant les paroles de son père, il fit, dans la nuit même, exécuter le rebelle. On procéda si paisiblement au supplice que je n'en sus rien jusqu'au lendemain matin, bien que je fusse couché à quelques pas de l'endroit où l'exécution avait eu lieu ; Nokouané s'était approché de Mpépé qui était assis à son feu et lui avait présenté du tabac dont sa main était pleine. « Donnez-moi une prise, » lui avait dit Mpépé en étendant la main. Nokouané lui avait alors saisi le poignet, tandis que l'un de ses compagnons s'emparait de l'autre main de Mpépé, qu'ils avaient entraîné à un mille et tué ensuite à coups de lance.

Tel est le mode d'exécution que les Makololos emploient généralement à l'égard des criminels. Celui qui est arrêté de la sorte n'a plus la permission de parler ; une fois cependant, un homme que l'on venait de saisir dit à ceux qui l'entraînaient : « Ne me serrez pas si fort ; peut-être vous-mêmes serez-vous un jour conduits de la même manière. »

Les partisans de Mpépé s'enfuirent chez les Barotsés ; quant à nous, la prudence nous défendait d'aller de ce côté avant que l'émotion produite par la mort de Mpépé fût apaisée, et nous retournâmes à Linyanti.

Ce n'est qu'au sujet des crimes politiques d'une sérieuse importance, que la justice chez les Makololos emploie les formes expéditives dont nous venons de citer un exemple. Dans les cas ordinaires, les débats sont entourés d'une certaine pompe, et la cause est étudiée avec soin. Le plaignant demande à celui qu'il accuse de venir trouver le chef avec lui, ce qui n'est jamais refusé. Arrivés tous les deux dans la Kotla, le demandeur établit sa plainte devant le chef et devant tous les individus qui s'y trouvent rassemblés. Lorsqu'il a fini d'exposer ses griefs, on lui accorde un instant de réflexion pour chercher dans sa mémoire s'il n'a rien oublié. Les témoins qu'il a nommés se lèvent alors et déposent de tout ce qu'ils ont personnellement vu et entendu, mais non pas de ce qu'ils ont appris par les autres. Les dépositions terminées, le défendeur, après avoir laissé passer quelques minutes pour bien s'assurer que la partie adverse n'a plus de témoins à produire, se lève à son tour avec lenteur, ferme son manteau d'un air calme, bâille, crache, se mouche, etc., et commence à expliquer l'affaire en niant les faits qu'on lui oppose ou en les acceptant suivant les circonstances. Parfois, irrité de ses paroles, le plaignant fait entendre quelques dénégations plus ou moins vives.

« Silence ! répond l'accusé en se tournant tranquillement du côté de son adversaire ; je n'ai rien dit pendant que vous avez parlé ; ne pouvez-vous pas en faire autant ? Voulez-vous donc être le seul qu'on entende ? » L'auditoire approuve cette mercuriale, et se joint à l'accusé pour faire taire le plaignant ; le défendeur continue de plaider sa cause, et fait ensuite entendre les témoins à décharge. Aucun serment n'est déféré aux personnes qui déposent ; mais, lorsqu'une assertion est contestée, celui dont la parole est mise en doute emploie souvent cette formule : « Par le chef, ou par mon père, j'ai dit la chose telle qu'elle est. » Ils ont, à l'égard les uns des autres, une loyauté remarquable ; mais leur système de gouvernement ne permet pas à un Européen de s'en faire une juste idée. Dans sa défense contre un riche, un pauvre ne manquera pas de dire si l'occasion s'en présente : « Je suis étonné d'entendre un homme qui occupe un rang aussi élevé, prononcer une fausse accusation. » Voulant dire par ces mots que le mensonge est une grave atteinte portée à l'ordre social, que le personnage éminent qui l'accuse a le plus grand intérêt à maintenir.

Si l'affaire n'a aucune importance, le chef en décide immédiatement. Si elle est frivole, il arrête le demandeur au milieu de sa plainte, et lui reproche d'avoir entamé un procès aussi futile ; ou bien il laisse la cause suivre son cours, mais sans y accorder la moindre attention. La plupart des querelles de famille sont traitées de cette manière ; le plaignant, en pareil cas, ne manque jamais d'établir ses griefs avec chaleur, et personne dans l'auditoire ne prête l'oreille à ses paroles. Mais si le procès a lieu entre deux hommes influents, ou si l'affaire est portée devant la cour par des chefs subalternes, l'attention la plus sérieuse préside aux débats, qui prennent alors un caractère solennel. Le chef ne voit-il pas clairement la décision qu'il doit prendre, il le manifeste en conservant le silence. Les anciens se lèvent alors les uns après les autres, ils donnent leur opinion sous forme de conseil, et, lorsque le chef a saisi l'expression du sentiment général, il prononce son jugement d'après ce qu'il vient d'entendre. Lui seul reste assis pour parler ; tous les autres se lèvent quand ils prennent la parole.

Jamais on ne refuse d'accepter la décision du chef ; il a droit de vie et de mort sur tous les membres de la tribu, et il saurait, au besoin, appuyer la loi du glaive ; mais les murmures sont permis ; et cependant, quand une marque de favoritisme est donnée à quelque parent du chef, on en paraît moins surpris et l'on s'en plaint beaucoup moins haut que nous ne le ferions en Angleterre.

J'avais déjà vu chez les Béchuanas l'application de ce système judiciaire que les Makololos ont développé, sans toutefois y introduire de pratiques étrangères. Pendant mon séjour à Cassangé, mes hommes s'étant querellés entre eux, se présentèrent devant moi, qui étais leur chef, pour que j'eusse à trancher la question ; ce n'était pas la première fois qu'ils agissaient ainsi. Je logeais alors chez un marchand portugais dont j'étais l'hôte ; j'allai m'asseoir devant la porte, j'entendis la plainte et la défense d'après la coutume que je viens de décrire, et, lorsque j'eus proconcé mon jugement, les plaideurs s'éloignèrent évidemment satisfaits. Plusieurs Portugais, qui avaient assisté aux débats et qui les avaient suivis avec beaucoup d'attention, me félicitèrent d'avoir enseigné à mes hommes une aussi bonne manière de régler leurs différends ; mais je ne pouvais pas m'attribuer l'honneur d'une méthode que des sauvages m'avaient apprise.

Peu de temps après notre retour à Linyanti, Sékélétou me prit à part et me pressa de lui désigner les choses qui pourraient me faire plaisir et que je désirais qu'il me donnât ; quel que fût l'objet qui me convînt, ajoutait Sékélétou, il m'appartiendrait immédiatement dès que je l'aurais nommé. Je répondis que mon seul désir était de les élever, lui et son peuple, à la dignité des chrétiens ; mais il répliqua vivement qu'il ne voulait pas apprendre à lire la Bible, car il craignait « qu'elle ne vînt à changer son cœur et à le faire se contenter d'une seule femme à l'exemple de Séchélé. » Il était inutile de lui dire qu'une fois son cœur changé, il se trouverait aussi heureux avec une seule épouse qu'il l'était aujourd'hui avec un plus grand nombre ; jamais il n'aurait pu le comprendre. Il faut avoir éprouvé la joie réelle que procure la religion pour apprécier la félicité qui résulte de la transformation du cœur. Je lui assurai qu'il resterait libre d'agir suivant son propre mouvement. « Non, non ; il voulait toujours, disait-il, avoir au moins cinq femmes. » Sa franchise était loin de me déplaire, car rien n'est plus ennuyeux que de parler à des gens qui sont toujours de votre avis.

Sékélétou, d'après la coutume des Béchuanas, était devenu possesseur de toutes les femmes de son père et en avait conservé deux ; toutefois les enfants qu'il peut avoir avec elles n'en seront pas moins appelés ses frères. Lorsqu'un fils aîné vient à mourir, le même fait se produit, relativement à ses femmes ; le premier des frères du défunt, par rang d'âge, les adopte comme chez les juifs d'autrefois, et appelle également ses frères les enfants qui lui naissent de ses nouvelles épouses. Il donne ainsi des descendants à celui qui n'est plus. La reine, c'est-à-dire la femme principale de Sébitouané, échut en partage à l'un des oncles de Sékélétou, frère cadet de son père. Il y a toujours l'une des épouses du chef, qui porte le titre de reine ; sa hutte est nommée la grande maison, et ce sont ses enfants qui héritent du pouvoir. Si elle vient à mourir, une nouvelle épouse la remplace et jouit des mêmes priviléges, bien qu'elle soit souvent moins âgée que les autres femmes de son mari.

La plupart des épouses de Sébitouané furent données à des sous-chefs influents ; et, comme elles s'étaient empressées de quitter leurs habits de deuil, les Makololos firent une chanson où il était dit que les hommes seuls avaient senti la perte de Sébitouané, leur père ; mais que les femmes étaient restées veuves si peu de jours, que le chagrin n'avait pas eu le temps de pénétrer dans leur cœur.

Il y a maintenant une si grande différence entre le nombre des hommes et celui des femmes, que ces dernières se plaignent vivement de n'être pas appréciées autant qu'elles le méritent. La fièvre a emporté la plupart des vrais Makololos ; ceux qui vivent aujourd'hui ne sont plus qu'une fraction de la peuplade qui vint s'établir au nord avec Sébitouané. Arrivant d'un pays où le climat est salubre, ils devaient prendre plus facilement les fièvres de la vallée humide où nous les avons trouvés, que les noires tribus qu'ils y avaient rencontrées et qu'ils avaient soumises.

A côté des Batokas, des Barotsés et des Banyétis, dont la couleur, presque noire, a un reflet olivâtre, la teinte des Makololos, qui est d'un jaune lavé de brun, paraît d'une nuance maladive. Toutes les tribus néanmoins considèrent cette nuance comme de la plus grande beauté ; et les femmes ont un si vif désir d'avoir des enfants de couleur claire, qu'elles mâchent l'écorce d'un certain arbre dans l'espoir d'obtenir un baby jaune. Suivant moi, la couleur foncée est beaucoup plus agréable à voir que la nuance tannée des mulâtres, dont le teint des ladies makololos se rapproche énormément. Les femmes ont en général échappé à la fièvre ; mais elles sont moins fécondes qu'elles ne l'étaient jadis, et aux plaintes qu'elles font entendre sur la dépréciation qu'elles ont subie en raison de la supériorité de leur nombre, elles ajoutent le regret de n'avoir plus autant d'enfants : car elles aiment les enfants avec passion.

Les femmes Makololos font très-peu de chose. La peuplade à laquelle elles appartiennent, répandue dans toute la contrée qu'elle a soumise, compte seulement une ou deux familles dans chaque village, où elles forment l'aristocratie.

Les tribus nombreuses que Sébitouané a subjuguées et que l'on désigne aujourd'hui sous le nom collectif de Makalakas, reconnaissent la suprématie des Makololos, qui leur ont imposé certaines corvées et l'obligation de les aider à cultiver la terre. Elles ont néanmoins leurs champs particuliers et ont conservé leur indépendance sous beaucoup d'autres rapports. L'état de soumission auquel ces tribus sont réduites peut être appelé servage, puisqu'il résulte du droit de conquête, mais leur joug est nécessairement très-doux ; il est si facile aux mécontents d'aller s'établir chez une peuplade voisine, que les seigneurs sont obligés de traiter leurs vassaux plutôt comme leurs enfants qu'en véritables esclaves. Ceux qui, par mauvais caractère ou par manque d'intelligence, ne parviennent point à s'attacher les vaincus, se trouvent bientôt dans un abandon complet par la fuite de tous leurs serviteurs.

Les dames Makololos sont d'une nature généreuse ; elles distribuent avec libéralité du lait et d'autres aliments, réclament très-peu de travail de leurs serfs, et ne les emploient en général que pour embellir la hutte qu'elles habitent et l'enclos qui l'entoure. Elles boivent une grande quantité de boyaloa, sorte de bière qu'on appelle également *o-alo* et qui est le bouza des Arabes ; composée de dourasaïfi, c'est-à-dire de sorgho, cette boisson, où le grain se retrouve à l'état de farine grossière, est très-nutritive et leur donne cet embonpoint qui dans le pays est regardé comme une beauté. Les ladies makololos n'aiment pas à être surprises, au milieu de leurs libations, par les personnes d'un autre sexe. Elles portent leurs cheveux très-courts et s'enduisent le corps avec délices d'une couche de beurre qui les rend toutes luisantes. Leur costume consiste en une petite jupe gracieuse arrivant jusqu'aux genoux et dont l'étoffe se compose de peau de bœuf, rendue aussi fine et aussi souple que du drap ; lorsque la dame ne fait rien, elle a sur les épaules un manteau de pareille étoffe, qu'elle jette de côté lorsqu'elle veut travailler. Les ornements les plus convoités par les élégantes sont des anneaux de cuivre jaune, de la grosseur du petit doigt, qui se mettent au bas de la jambe, et des bracelets de cuivre et d'ivoire qui ont trois centimètres de large. Ces anneaux sont tellement lourds que les chevilles en sont gonflées et souvent écorchées, mais c'est la mode, et ces bijoux sont portés avec la même force d'âme que chez nous un corset trop serré ou des chaussures trop étroites. Des colliers de verroterie sont suspendus au cou de ces dames ; le rose et le vert clair sont les nuances fashionables, et on peut obtenir tout ce que l'on veut, en échange de perles de cette couleur.

Les femmes makololos se tinrent, dès la première fois, avec beaucoup de décence à l'office qui eut lieu dans la kotla ; mais lorsqu'à la fin nous nous mîmes à genoux pour la prière, celles qui avaient des enfants sur les bras ayant suivi notre exemple, elles s'inclinèrent au-dessus des bambins, qui jetèrent des cris affreux ; toute l'assemblée étouffa l'envie de rire dont elle fut saisie tout à coup, et dont elle ne fut plus maîtresse dès que l'amen fut prononcé. Toutefois il fut beaucoup moins difficile de triompher de leur hilarité que de celle des femmes du Sud. Un jour qu'à Mabosta, je prêchais sur un point des plus graves, une femme, en regardant autour d'elle, vit que sa voisine était assise sur son manteau ; elle la repoussa du coude, la voisine le lui rendit avec usure ; les personnes qui les entouraient leur adressèrent des reproches, et les hommes se mirent à jurer contre tout le monde, sous prétexte de faire faire silence.

Une foule d'incidents du même genre se représentaient continuellement et ne valent pas la peine d'être cités ; mais on ne saurait faire comprendre le travail d'un missionnaire sans parler de tous les détails dont sa tâche est remplie : je continuerai donc à mentionner ces bagatelles, au risque de passer pour un être puéril.

L'assistance se composait souvent de six ou sept cents personnes ; l'office consistait dans la lecture d'un passage de la Bible, suivie d'une explication très-courte, afin de ne pas fatiguer l'attention de l'auditoire. La kotla où nous sommes obligés d'officier n'est pas un lieu favorable à la solennité du service religieux ; trop de souvenirs s'y rattachent et viennent distraire l'esprit des assistants. Il faut donc s'empresser d'avoir un endroit spécialement consacré aux cérémonies du culte. On comprendra combien cela est important, si l'on se rappelle que la kotla est un lieu de réunions de toute espèce, et qu'à l'endroit même où nous faisons la prière, la danse commencera une demi-heure après. Il est impossible de changer ces habitudes, sans faire preuve d'une rigueur qui serait fort mal accueillie ; c'est une grande faute que de heurter les sentiments des indigènes ; et le meilleur moyen d'obtenir quelque chose, est de leur apprendre, sans qu'ils s'en doutent, la manière de se conduire, en leur laissant la persuasion qu'ils ont agi de leur propre mouvement. La nécessité de parler en plein air, et de me faire entendre d'une assemblée nombreuse, m'empêcha de guérir, aussi tôt que je l'avais espéré, des effets du mal de gorge des prédicateurs, qui m'avait mis dans l'obligation de me faire couper la luette pendant que j'étais au Cap.

Afin de me conformer à la prudence que j'avais reconnu nécessaire d'apporter dans ma conduite, je renonçai à l'habitude que j'avais prise en arrivant d'aller voir les malades dont j'avais entendu parler. J'attendis, pour me rendre auprès d'eux, que le médecin du pays en eût manifesté le désir, ou qu'il se fût retiré en déclarant la maladie incurable. Cette méthode eut pour avantage de me débarrasser de tous les cas insignifiants et d'empêcher mes confrères indigènes d'avoir à me reprocher de leur enlever leurs clients. Les sentiments affectueux qu'ils en conçurent à mon égard me furent si bien prouvés, que, lorsque j'eus la fièvre pour mon propre compte, je pus en toute sécurité me confier à leurs soins, désireux que j'étais de connaître le traitement qu'ils suivent en pareil cas.

Les naturels sont très-sensibles à l'intérêt que l'on prend à leurs souffrances, et la bonté qu'on leur témoigne pendant qu'ils sont malades vous gagne leur amitié. La gratitude est moins vive dans les anciennes missions ; les habitants y ont appris à considérer les soins qu'on donne comme une chose à laquelle ils ont droit : c'est ainsi que la plupart des pauvres l'envisagent parmi nous. Toutefois, la science médicale est partout fort précieuse aux missionnaires, qu'elle seconde efficacement dans leurs opérations.

J'avais offert d'apprendre à lire à ceux des Makololos qui pourraient le désirer ; on a vu les motifs qui empêchèrent Sékélétou d'accepter ma proposition ; mais un peu plus tard, Motibé, son beau-père, et quelques autres, se décidèrent à braver les effets du livre mystérieux. Pour ceux qui n'ont jamais vu lire, la connaissance des lettres et leur signification est incompréhensible ; rien d'analogue ne s'est présenté à leur esprit ; quelle que soit l'étendue de leur champ d'observation, il leur paraît surnaturel que nous puissions voir dans un livre des choses qui sont arrivées à une autre époque, ou dans un pays éloigné ; nulle explication ne parvient à leur donner une idée, même approximative, de cette faculté merveilleuse ; toutefois, les images finissent par les aider à comprendre que des signes puissent représenter la pensée : encore n'en sont-ils persuadés que lorsqu'on leur apprend à lire. Il est également impossible de leur expliquer les fonctions et la puissance des machines, et presque aussi difficile de leur faire comprendre l'usage du numéraire, jusqu'au moment où ils le voient circuler. Ils ne connaissent que le payement en nature, et dans le centre du pays, où l'or est inconnu, si les indigènes avaient à choisir entre un bouton et un souverain, ils prendraient assurément le bouton, parce qu'il a une queue percée d'un trou qui permet de le suspendre.

En apprenant à lire, Motibé se paraissait à lui-même dans la position d'un médecin qui est obligé de boire sa drogue en présence de son malade, afin de prouver à celui-ci qu'elle ne renferme rien de nuisible. Lorsqu'il posséda son alphabet, il déclara si nettement que la chose était inoffensive, que Sékélétou et ses jeunes compagnons se présentèrent pour en essayer eux-mêmes. Sékélétou avait probablement bien résolu de fermer le livre dès qu'il se sentirait la moindre tendance à renvoyer ses femmes ; toujours est-il qu'un certain nombre de Makolols apprirent l'alphabet en très-peu de jours et qu'ils commencèrent à l'enseigner aux autres ; mais, avant que mes élèves eussent pu faire beaucoup de progrès, j'avais quitté Linyanti et je me dirigeais vers Loanda.

Comme j'avais refusé de désigner à Sékélétou quels étaient les objets qui pouvaient m'être agréables, si ce n'est toutefois un canot que je lui avais demandé pour remonter la rivière, il fit déposer dix belles défenses d'éléphant à côté de mon chariot. Depuis onze ans que je voyageais en Afrique, je m'étais abstenu d'accepter l'ivoire que l'on m'avait offert, trouvant qu'un prédicateur évangélique se dégrade en recevant des présents de la part de ceux qu'il cherche à éclairer ; j'avais toujours conseillé aux chefs qui voulaient me faire des cadeaux, de vendre leur ivoire aux marchands qui ne manqueraient pas de me suivre : « Et plus tard, leur disais-je, quand vous vous serez enrichis par le commerce, vous vous rappellerez que le docteur a des enfants. » Lors de la découverte du lac Ngami, un trafiquant me demanda la permission de faire partie de notre escorte. Je savais que M. Oswell ne voulait pas plus que moi faire de trafic pour son compte, et j'accordai au marchand la faveur qu'il désirait ; c'était complètement préférer son intérêt au mien : la récompense que j'en retirai fut un article dans les journaux du Cap, où il était dit que c'était à ce marchand, et à lui seul, qu'était due la découverte du lac.

A mes yeux, néanmoins, et c'est là que je veux en venir, le commerce est de la part d'un missionnaire une chose très-légitime : c'est en nature qu'il est obligé de payer toutes ses dépenses dans l'intérieur de l'Afrique, où le numéraire n'existe pas. Le traitement annuel de deux mille cinq cents francs que je recevais de la Société des missions, permet de vivre dans le midi de l'Afrique, en supposant qu'on ait un jardin capable de vous fournir vos légumes et votre blé ; alors vous faites bien maigre chère, et vous avez de la peine à renouveler vos habits ; en se privant autant que possible, on a cependant le moyen de faire quelques charités ; mais quand il fallut joindre à nos frais ordinaires les dépenses d'un voyage prolongé, celles que nécessitaient l'accroissement de notre famille et les présents que nous devions faire aux chefs, il devint très-difficile de joindre les deux bouts. Les joies que le missionnaire trouve au fond de ses labeurs seraient encore bien plus grandes si l'on pouvait dévouer sa vie aux idolâtres sans être aux gages d'une société quelconque, et sans passer aux yeux des naturels et de ses compatriotes pour en tirer profit. Le luxe de faire le bien avec ses propres ressources est un objet digne de tenter l'ambition des gens riches ; mais il y a peu d'hommes qui, favorisés de la fortune, aillent prêcher l'Évangile : c'est une raison de plus pour que les missionnaires puissent demander au commerce un moyen légitime de subvenir à leurs frais. Je faisais toujours quelque présent aux chefs que j'allais visiter, sans jamais rien prendre en échange ; mais lorsque, en 1851, Sébitouané m'offrit de l'ivoire, je l'acceptai, je le vendis, et la somme que j'en retirai me permit d'offrir au fils de celui qui me l'avait donné un certain nombre d'objets utiles et d'une valeur plus grande que tout ce que j'avais pu, jusque-là, porter aux autres chefs. C'était du négoce, j'en conviens, mais je me trouvais dans mon droit, et ma conscience était parfaitement tranquille. J'avais toujours pensé à combiner les deux professions comme se prêtant un appui réciproque ; aussi fus-je enchanté lorsque M. H. E. Rutherford, l'un des négociants les plus honorables du Cap, me proposa de confier à Fleming une certaine somme pour essayer d'établir des relations commerciales avec les Makololos. C'est à celui-ci que je disais à Sékélétou d'échanger les défenses d'éléphant qu'il avait bien voulu m'offrir ; mais le chef refusa d'en rien faire et ne voulut jamais reprendre le cadeau qu'il m'avait destiné. Bien que les marchandises que Fleming avait apportées ne convinssent pas dans le pays, il n'en reçut pas moins en échange une assez belle quantité d'ivoire ; et, malgré les frais énormes d'un pareil voyage, il n'eut pas à se repentir de son opération. D'autres marchands nous suivirent bientôt, qui demandèrent quatre-vingt-dix livres d'ivoire pour un mousquet. Les Makololos n'avaient jamais vu de romaine, ils craignirent d'être trompés et refusèrent de vendre au poids ; mais ils offrirent une défense d'éléphant mâle et une de femelle pour le prix qui leur était proposé. Ils donnaient ainsi, l'un dans l'autre, soixante-dix livres d'ivoire, qui se vend au Cap cinq schellings (six francs vingt-cinq) la livre, pour un mousquet de hasard d'une valeur de dix schellings (douze francs cinquante). J'étais à soixante milles de Linyanti lorsque cet échange fut débattu, et, voulant aider mes compatriotes à faire un commerce actif avec les Makololos, je fis dire à ceux-ci de vendre mes dix défenses pour leur propre compte et aux prix qu'ils en trouveraient. Soixante-dix défenses étaient en vente ; mais les parties, n'ayant pas la même langue, ne purent jamais s'entendre, et l'affaire n'eut pas lieu. Quand je revins, peu de temps après, tout cet ivoire avait été détruit par un incendie qui avait éclaté dans le village pendant que tout le monde était absent. Il est aussi nécessaire au commerçant qu'au voyageur de connaître la langue du pays où il veut trafiquer.

Les présents que je fis à Sékélétou consistaient en plusieurs chèvres de race perfectionnée, en oiseaux de basse-cour et en un couple de chats domestiques; j'avais également acheté pour lui un taureau d'une grande beauté; mais il lui survint un mal au pied qui l'empêcha d'arriver jusqu'à Linyanti. Je le regrettai d'autant plus qu'en l'amenant chez les Makololos, je m'acquittais d'une promesse que j'avais faite à Sébitouané lors de mon précédent voyage. Ce grand chef, admirant un jour un veau qui nous appartenait, me proposa de me donner une vache en échange, ce qui, d'après l'estimation des indigènes, était payer la jeune bête trois fois plus qu'elle ne valait. Je donnai immédiatement à Sébitouané l'animal qu'il désirait avoir, et je lui promis qu'à ma première visite je lui en amènerais un autre qui vaudrait davantage. Sékélétou fut profondément touché des efforts que j'avais faits pour tenir la parole que j'avais donnée à son père. Tous les Makololos, d'ailleurs, s'intéressent vivement à l'amélioration de leurs animaux domestiques, et ils furent enchantés des cadeaux que je faisais à leur chef.

Leurs bêtes bovines sont de deux races différentes : l'une, qu'ils appellent batoka, parce qu'ils l'ont prise à la tribu de ce nom, est de petite taille, mais très-belle, et ressemble infiniment à nos *courtes cornes*. La vache et le taureau que le roi de Portugal a donnés au prince Albert appartiennent à cette race. Les bœufs de cette espèce sont d'une humeur très-douce, très-familière, et d'une gaieté remarquable : il suffit que le bouvier qui précède le troupeau commence à sauter pour qu'ils se mettent tous à gambader follement; et le soir, on les retrouve couchés auprès du feu qu'entourent les membres de la tribu. Leur viande est supérieure à celle de l'autre race, qui est beaucoup plus grasse et qui est originaire de la vallée fertile des Barotsés, dont elle porte le nom; les bœufs de cette dernière espèce mesurent souvent près de deux mètres du sabot au-dessus de l'épaule; ils sont haut montés sur jambes et ont des cornes énormes; celles que nous avons rapportées du lac mesuraient 2 mètres 50 centimètres d'une extrémité à l'autre.

Les Makololos font prendre aux cornes de leurs barotsés les formes les plus capricieuses, en les amincissant de côté et d'autre pendant leur croissance, ce qui les force à prendre telle ou telle direction.

Plus la courbe qu'ils obtiennent est singulière, plus la beauté du bœuf est admirée des amateurs, et plus on prolonge l'existence de l'heureux animal qui fait l'ornement du troupeau. Cette coutume remonte en Afrique à l'époque la plus reculée ; on voit en Égypte, sur quelques-uns des plus anciens monuments, des Éthiopiens qui amènent des bœufs à cornes contournées pour payer leur tribut.

Tous les Makololos sont extrêmement attachés à leur bétail et passent beaucoup de temps à l'orner de mille façons. Quelques-uns lui tracent des raies sur la peau avec une lame brûlante, afin d'amener la décoloration du poil dans les endroits où la marque a eu lieu, et de produire un effet analogue à celui des bandes qui caractérisent la robe du zèbre ; des lanières de peau, ayant sept ou huit centimètres de longueur et autant de largeur, sont détachées tout autour de la tête, qu'elles ornent d'une guirlande de lambeaux ; il est difficile de comprendre ce qui constitue la beauté aux yeux de pareils artistes. L'idée que les femmes en conçoivent se rapproche au contraire de la notion que nous en avons nous-mêmes. Elles venaient souvent me demander mon miroir, que je ne manquais pas de leur prêter, et rien n'était plus amusant que de les entendre se récrier à propos de leur visage, pendant qu'elles me croyaient absorbé par ma lecture : « Est-ce bien moi ? disaient-elles ; comme j'ai de grosses lèvres ! mes oreilles sont aussi grandes que des feuilles de citrouille et je n'ai pas du tout de menton ! — Je serais assez jolie, reprenait une autre, mais ma figure est gâtée par les gros os de mes joues. — Quelle singulière forme de tête, voyez donc ! s'écriait une troisième ; comme elle s'élève au milieu ! » et c'étaient des rires effrayants à chacune de ces remarques. Elles saisissent entre elles leurs défauts avec une promptitude étonnante, et se donnent réciproquement des sobriquets en rapport avec le trait qui les caractérise. Un homme vint une fois se regarder dans la glace, il me croyait endormi, et c'est du reste le seul qui ait tenté l'aventure. Après s'être contemplé pendant quelques minutes, en tortillant sa bouche d'un air peu satisfait : « On a bien raison de dire que je suis laid, murmurat-il, car en vérité je suis affreux. »

Les Makololos font des manteaux et des boucliers avec la peau de leurs bœufs. Dans le premier cas, la peau fraîche est étendue au moyen de chevilles, jusqu'à ce qu'elle ait séché ; quand elle est sèche, dix ou douze hommes l'entourent et enlèvent avec une doloire une partie de la peau qu'ils amincissent, en procédant du côté qui tenait à la chair. Lorsqu'elle est assez mince, on la couvre d'un enduit fait avec du lait et de la cervelle ; on prend ensuite une pièce de bois entourée d'un certain nombre de pointes de fer, et dont on carde la peau ainsi préparée jusqu'à ce que les fibres en soient complétement amollies; une couche de lait ou de beurre y est appliquée de nouveau, et l'on obtient de cette manière un vêtement d'une souplesse qui approche de celle du drap.

On expose au soleil les peaux qui doivent servir à faire des boucliers; lorsqu'elles sont à moitié sèches, on les bat avec des maillets jusqu'à ce qu'elles deviennent roides et qu'elles soient complétement durcies; deux larges bandes de peau, de nuance différente, sont cousues dans le sens de la longueur sur le morceau qui doit former le bouclier, et des bâtons assez forts pour l'empêcher de plier sont introduits dans cette coulisse. Cette arme défensive protége assez bien les Makololos dans leur combat à la lance, où ils comptent également sur leur agilité. La lance est chez eux très-légère et s'emploie comme une javeline; à vrai dire, elle n'est pas autre chose; d'après la manière dont je les ai vus s'en servir en chassant l'éléphant, ils peuvent, lorsqu'ils ont assez de place pour prendre leur élan afin d'augmenter la puissance du jet, envoyer leur javeline à une distance de quarante ou cinquante pas. Ils la dirigent de manière qu'elle s'élève d'abord pour retomber ensuite avec plus de force sur l'ennemi qu'ils cherchent à frapper. J'ai vu un homme qui, dans une rencontre, en avait reçu une au-devant de la jambe; l'animation du combat l'avait empêché de ressentir aucune douleur; mais lorsqu'on examina sa blessure, il se trouva que le fer du javelot avait fendu l'os de la jambe, où il avait pénétré si avant qu'il fut impossible de l'en arracher, et qu'il fallut prendre une hache et s'en servir comme d'un coin pour écarter les deux parties du tibia, afin de retirer le fer qui s'y trouvait pressé.

CHAPITRE X

La fièvre. — Ses symptômes. — Traitement des docteurs indigènes. — Hospitalité de Sékélétou et de son peuple. — L'une des raisons qu'ils donnent à l'appui de la polygamie. — Étendue de leur culture. — Les Makalakas ou les tribus soumises. — Politique de Sébitouané à leur égard. — Leur affection pour lui. — Produits du sol. — Instruments de culture. — Tribut. — Sa distribution. — Projets d'hostilités. — Provocation de Léchulatébé. — Les Makololos se décident à le punir. — Les Béchuanas. — Trois divisions de la grande famille des Africains du Sud.

Le 30 mai, je fus saisi de mon premier accès de fièvre. Nous étions arrivés à Linyanti le 23 ; comme je passai tout à coup d'un exercice violent à une inaction relative, et cela au commencement de l'hiver, la transpiration s'arrêta, et je m'imaginai tout d'abord qu'il s'agissait d'une courbature. Des bains et des boissons chaudes m'eurent bientôt rétabli ; et je croyais en être quitte, lorsque, le 2 juin, une rechute prouva aux Makololos, qui connaissaient trop bien la nature du mal, que c'était la fièvre du pays ; j'ai depuis lors fait amplement connaissance avec elle. C'est le vent d'est qui souffle à cette époque ; il effleure en passant les grandes plaines inondées par le Chobé, ainsi que les bassins des étangs qui ailleurs se dessèchent, et il arrive à Linyanti, imprégné de vapeurs humides et chargé de la malaria. La fièvre en est la suite ; on éprouve d'abord une violente courbature, un frisson qui vous glace, tandis qu'on a la peau brûlante. Chez moi, la chaleur était sous l'aisselle, sur la région du cœur et sur l'estomac, de 100° (37 centigrades 1/3) ; elle s'élevait à 103° (38° centigrades 1/3) sur la nuque et sur le trajet de l'épine dorsale. Toutes les fonctions des organes intérieurs sont suspendues, excepté celles des reins et du foie, qui, dans ses efforts pour dégager le sang des principes nuisibles, sécrète une énorme quantité de bile ; de vives douleurs se font ressentir dans le front et dans la colonne vertébrale. Curieux de savoir si les naturels possédaient quelque fébrifuge dont nous n'avons pas connaissance, je fis prier Sékélétou de m'envoyer l'un de ses docteurs. Mon confrère mit quelques racines dans un vase qu'il remplit d'eau, et qu'il plaça, lorsque l'eau fut bouillante, sous la couverture dont j'étais entouré ; cette fumigation n'ayant produit aucun effet immédiat, il fit brûler, dans un fragment de pot cassé, un petit paquet de différents bois ayant certaines vertus médicinales, et dont la fumée devait, en s'ajoutant à la vapeur du vase caché sous ma couverture, provoquer une transpiration abondante. J'avais espéré faire connaissance avec un spécifique plus puissant que tous les nôtres ; mais après avoir été mis à l'étuve, enfumé comme un hareng saur grillé sur du bois vert, et *charmé secundum artem*, il me fut démontré que je guérissais la fièvre beaucoup plus vite et beaucoup plus sûrement que les médecins du pays. Si nous ajoutons l'emploi d'une chemise mouillée, d'un léger apéritif et une certaine dose de quinine, au traitement des naturels, nous aiderons puissamment aux moyens indigènes. Les purgatifs, les saignées, tous les moyens violents doivent être mis à l'écart. L'apparition d'un herpès auprès de la bouche est considérée comme la preuve qu'aucun organe intérieur n'est sérieusement attaqué. L'état moral est d'une extrême importance ; celui qui se laisse abattre ou qui s'effraye court infiniment plus de danger que l'homme d'un caractère énergique ou d'une nature insouciante.

Depuis que j'étais parti, les Makololos m'avaient fait un jardin où ils avaient planté du maïs, afin, disaient-ils, qu'à mon retour j'eusse à manger comme les autres. Le maïs était maintenant réduit en belle farine ; ce sont les femmes qui l'écrasent ; elles se servent pour cela de grands mortiers de bois, absolument pareils à ceux que nous voyons gravés sur les monuments égyptiens. Sékélétou joignit à cette farine une quantité de viande considérable, et dix ou douze jarres de miel, dont chacune pouvait contenir dix litres. Nous reçûmes, en outre, une provision de pistaches de terre (*arachis hypogæa*), toutes les fois que les peuplades soumises vinrent payer leur tribut aux Makololos ; et tous les huit ou quinze jours on nous donnait un bœuf de boucherie. Enfin, Sékélétou désigna deux vaches laitières, dont matin et soir le produit nous était apporté. L'usage du pays, en effet, impose au chef l'obligation de nourrir et de recevoir dans sa kotla tous les étrangers qui ont spécialement affaire à lui ; on fait ordinairement un cadeau en échange de cette hospitalité ; mais jamais personne ne vous le réclame, excepté dans les endroits où les coutumes africaines ont été modifiées. La conduite des Européens, très-louable en toute autre circonstance, détruit peu à peu cette conviction des tribus, que l'hospitalité est pour les chefs un devoir impérieux et sacré. La première chose qu'ils font en arrivant, c'est d'offrir de payer les vivres qu'ils demandent, de faire leur cuisine eux-mêmes, au lieu d'attendre le souper qu'on leur prépare, et souvent de refuser les aliments qui leur sont destinés; tout cela n'empêche pas qu'ils ne fassent le présent d'usage; et au bout de quelque temps, les indigènes réclament un cadeau de la part des voyageurs, sans avoir rien fait qui puisse le mériter.

Les étrangers qui ont des connaissances parmi les sous-chefs, se rendent parfois chez ces derniers, qui les reçoivent de la même façon hospitalière que le chef de la tribu. C'est même l'un des motifs qu'ils font valoir en faveur de la polygamie; avec une seule femme, disent-ils, un homme honorable ne pourrait jamais traiter, comme

Mortier, pilon, tamis, vases et jupon égyptiens, identiquement pareils à ceux dont les Mokololos et les Makalakas font usage actuellement (tiré de sir G. Wilkinson's Ancient Egyptians).

il le doit, les étrangers qui viennent le voir. Ce raisonnement acquiert une certaine force dans un pays où les femmes sont chargées de la culture de la terre et de tout ce qui concerne les céréales comme, par exemple, à Kolobeng.

Les Makololos ont de vastes champs cultivés autour de leurs villages; ceux qui, parmi cette peuplade, appartiennent véritablement à la race des Basoutos, vont avec leurs femmes travailler à la terre, chose qui n'arrive jamais à Kolobeng, non plus que chez les Cafres ou chez les autres Béchuanas. Tous les ans, Moshesh, le grand chef des Basoutos, donne publiquement à son peuple l'exemple du travail agricole, et non pas en prenant une houe qu'il tient simplement à la main pendant quelques minutes, mais en piochant avec ardeur comme un véritable ouvrier. Malheureusement les Makololos, habitués depuis leur enfance à dominer les tribus conquises, n'ont pas hérité des goûts agricoles de leurs pères, et laissent aux Makalakas le soin de cultiver leurs champs ; néanmoins leurs priviléges ont été fort restreints par Sébitouané lui-même.

On comprend sous le nom de Makalakas toutes les tribus que Sébitouané a soumises dans la région centrale. Les Makololos sont en outre composés d'un grand nombre d'individus appartenant à des races différentes. Le noyau primitif se formait de Basoutos venus du Sud avec Sébitouané ; à chaque victoire remportée sur les Béchuanas, les Bakouains, les Bangouaketzés, les Batouanas, les Bamangouatos, Sébitouané incorpora les jeunes gens de ces peuplades dans sa propre tribu ; et la fièvre ayant plus tard décimé les vrais Makololos, il adopta le même système à l'égard des Makalakas. Nous avons trouvé auprès de lui les fils des chefs des Barotsés, qui avaient pour sa personne le plus vif attachement, et qui disent encore aujourd'hui que, si la mort n'avait pas enlevé Sébitouané, leur père, il n'est pas un d'eux qui n'eût donné sa vie pour le défendre. L'un des motifs de cette profonde affection est le décret par lequel Sébitouané les avait émancipés en déclarant que tous les membres de la tribu sont les enfants du chef.

Le sorgho ou doura est l'objet principal de la culture des Makalakas ; de plus ils font venir du maïs, deux sortes de haricots, des arachides ou pistaches de terre, des citrouilles, des concombres et des melons d'eau. C'est de la pluie que dépendent tous leurs succès agricoles. Ceux qui habitent la vallée Barotsé cultivent en outre la canne à sucre, la patate douce, et le manioc (*jatropha Manihot*). Le climat y est plus chaud qu'à Linyanti, et les Makalakas y augmentent la fertilité du sol par quelques essais d'irrigation.

L'instrument dont on se sert dans tout le pays pour cultiver les champs est une houe, dont les Batokas et les Banyétis forgent la lame, qu'ils obtiennent en faisant fondre le minerai. On peut donner une idée de la quantité de fer que ces derniers produisent annuellement, en disant que la plupart des houes qui sont employées à Linyanti proviennent du tribut annuel imposé aux forgerons de ces deux peuplades.

Sékélétou reçoit des tributs considérables ; un grand nombre de peuplades soumises à son autorité lui apportent du sorgho, des arachides, des houes, des lances, du miel, des canots, des pagaies, des vases de bois, du tabac, du chanvre, des fruits secs de diverses espèces, des peaux préparées et de l'ivoire. Ces objets sont apportés dans la kotla, où Sékélétou les partage entre ceux qui le désirent ; il n'en garde pour lui qu'une très-faible portion. Le chef est également propriétaire nominal de tout l'ivoire ; mais ce n'est qu'un moyen d'assurer la distribution équitable des articles qu'on obtient en échange. Il le vend avec l'approbation de ses conseillers et procède en plein jour, comme pour le reste, au partage des valeurs qui lui ont été données en payement. Il peut choisir et garder tous les objets qui lui conviennent ; mais s'il n'est pas plus généreux pour les autres que pour lui-même, il perd sa popularité. J'ai vu, en pareil cas, les personnes qui prétendaient avoir à se plaindre, se séparer de la tribu et aller s'établir auprès d'un autre chef. L'un de ces mécontents se réfugia auprès de Léchulatébé, qui l'engagea non-seulement à se fixer dans un village Bapalleng situé sur la rivière Chô ou Tsô, mais encore à faire main basse sur le tribut d'ivoire destiné à Sékélétou ; les Makololos furent exaspérés de ce

Houe des Batokas.

vol qui constituait pour chacun d'eux une véritable perte. Sur ces entrefaites, quelques sujets de Léchulatébé étant venus à Linyanti, cinq cents Makololos prirent les armes pour simuler un combat. Les principaux guerriers pointèrent leurs lances dans la direction du lac, où est la demeure de Léchulatébé, et le cri unanime de *houou!* répondit à chacune de leurs menaces, tandis que celui de *heuzz!* accueillit les coups de lance qu'ils donnaient à la terre. Après une semblable déclaration, tous ceux qui dans la tribu sont capables de porter les armes doivent répondre à l'appel de leur chef. Sous le règne de Sébitouané, quiconque restait chez lui en pareille circonstance était tué sans merci.

Léchulatébé ne se contenta pas d'aggraver ses torts par la récidive, il fit composer des chants et faire des danses pour témoigner sa joie de la mort de Sébitouané. Celui-ci avait recommandé à son peuple de vivre en paix avec les habitants des bords du lac, et son fils ne demandait pas mieux que d'obéir à ce conseil ; mais Léchulatébé avait maintenant des armes à feu et se croyait sûr de vaincre les Makololos. Sébitouané avait enlevé à son père une grande quantité de bétail, et le pardon n'étant pas considéré comme une vertu parmi les idolâtres, il avait, pensait-il, le droit d'user de représailles. J'employai toute mon influence sur les Makololos pour leur persuader que le véritable moyen d'avoir la paix, dont ils ressentaient le plus vif désir, était l'oubli des injures et des anciennes querelles. Il est très-difficile de leur faire comprendre que l'on commet un crime en répandant le sang des hommes; ils sont tellement habitués à le voir prodiguer depuis qu'ils sont au monde, qu'ils n'ont pas conscience de l'énormité du forfait dont ils se rendent coupables en détruisant la vie humaine.

Je donnai en même temps le conseil à Léchulatébé d'abandonner la voie où il était entré, surtout de faire cesser les chants et les danses; car, bien que Sébitouané fût mort, les guerriers qu'il avait dressés au combat étaient toujours pleins de vigueur.

Sékélétou, afin de se conformer aux volontés de son père, essaya de maintenir la paix, en envoyant dix vaches à Léchulatébé pour les lui échanger contre une certaine quantité de moutons. Ces animaux prospèrent dans les landes couvertes de broussailles que l'on trouve aux bords du lac, mais ils dépérissent et vivent à peine dans les prairies marécageuses que l'on rencontre au nord du Chobé. Les Makololos qui furent chargés du message prirent une certaine quantité de houes, avec l'intention d'en acheter quelques chèvres. Léchulatébé accepta les vaches de Sékélétou et lui renvoya un nombre égal de moutons; d'après la différence de valeur qui existe dans le pays entre ceux-ci et les vaches, il en redevait encore au moins cinquante ou soixante; de plus, l'un des Makololos essaya d'échanger ses houes dans un village avant d'en avoir obtenu la permission formelle de Léchulatébé, qui, pour le punir, le fit asseoir pendant plusieurs heures sur le sable brûlant (130 degrés au moins, 54° centigrades 4/9). Cette dernière offense combla la mesure et brisa toute relation amicale entre les deux tribus. Ainsi une peuplade infime, commandée par un chef déraisonnable, puisait dans la possession des armes à feu la conscience de pouvoir attaquer une race nombreuse et aguerrie. Toutefois, en Afrique de même qu'en Europe, la puissance de nouveaux engins de destruction a rendu la guerre moins sanglante et les combats moins fréquents; il est extrêmement rare que deux tribus ayant chacune des fusils se déclarent la guerre l'une à l'autre; en général, au moins dans le Sud, presque toutes les hostilités naissent de l'enlèvement du bétail, et la crainte d'être atteint par les balles des possesseurs de troupeaux empêche les maraudeurs de tenter l'expédition qu'ils auraient faite sans cela.

Tant que je restai chez les Makololos, j'eus assez d'influence pour que la paix fût maintenue; mais il était facile de voir que l'opinion publique était en faveur de la guerre. « Léchulatébé garde nos vaches, disaient tout haut les jeunes gens; allons en chercher le payement, que nous saurons bien prélever sur ses troupeaux de moutons. »

Les Makololos sont les derniers Béchuanas que l'on rencontre en allant vers le nord; jetons un coup d'œil sur cette famille d'Africains, avant d'entrer sur le territoire de cette branche de la race nègre qu'ils appellent Makalakas. Le nom de Béchuana est formé du mot *chuana*, qui veut dire *pareils*, auquel est ajouté le pronom *ba* (ils), ce qui fait que Béchuanas signifie : Égaux ou camarades. On a dit qu'un voyageur ayant demandé à certains individus de cette peuplade quelques renseignements sur les hordes voisines, il lui avait été répondu : *Bachuanas*, c'est-à-dire elles sont pareilles à nous; et que ce voyageur, dont on ignore le nom, avait réussi à faire accepter cette réponse, qu'il n'avait pas comprise, comme étant le nom générique d'une nation qui habite depuis la rivière d'Orange jusqu'au 18° degré de latitude sud [1]. Mais, avant d'avoir entendu parler de cette méprise du voyageur inconnu, j'avais trouvé le nom de Béchuanas employé chez des peuplades qui n'avaient jamais eu de relations avec des Européens; et la manière dont ils s'en servent ne permet pas qu'on puisse se tromper sur le sens qu'ils y attachent : « Nous sommes Bachuanas, et nous valons autant que pas un des membres de la nation, » répondent-ils à celui qui les insulte; absolument comme les Irlandais ou les Écossais répondent en pareil cas : « Nous sommes Anglais, » ou bien : « Nous sommes Bretons. »

La plupart des autres peuplades ne sont connues que par les noms qu'elles tiennent des étrangers, tels que les Cafres, les Hottentots et les Bushmen. Les Béchuanas, seuls, ont une désignation commune, qui s'applique à toutes les tribus de la même famille. Ils ont également donné aux blancs un nom générique, celui de Makoa, dont ils ignorent l'étymologie; on pourrait supposer qu'ils ont voulu faire allusion à la beauté des blancs, car ils se servent du mot Makoa pour exprimer qu'une chose est belle; mais l'expression qui chez eux veut dire faible ou infirme s'en rapproche tellement qu'il est probable que Burchell a raison lorsqu'il attribue l'origine de cette dénomination à l'habitude où étaient les indigènes de distinguer les différentes tribus des Cafres par des noms auxquels ils ajou-

---

[1]. Les Makololos ont étendu leurs conquêtes jusqu'au 14°; mais le pays n'en est pas moins resté peuplé par les Makalakas.

taient la terminaison *koua*, c'est-à-dire homme ; les Béchuanas l'auront fait précéder de la particule *Ma*, qui désigne une nation, d'où est résulté Makoa ; ils furent d'abord connus eux-mêmes sous le nom de Brikouas, qui veut dire hommes chèvres. Leur langage s'appelle sichuana ; celui des blancs, sékoa.

Les Makololos ou Basoutos ont porté plus loin encore cet esprit de généralisation ; ils divisent la grande famille des Africains du Sud en trois parties : 1° les Matébélés ou Makonkobis, c'est-à-dire les Cafres qui habitent la zone orientale ; 2° les Basoutos ou Bakonis ; et 3° les Bakalaharis ou Béchuanas, qui occupent la région centrale et qui comprennent toutes les tribus qui vivent dans l'intérieur ou sur les confins du Kalahari.

Les Cafres se divisent, d'après eux-mêmes, en diverses peuplades, telles que les Amakosas, les Amapandas et quelques autres dont les noms sont bien connus ; celui de Cafres est considéré par eux comme une insulte.

Les Zoulous de Natal appartiennent à la même famille ; ils sont aussi renommés pour leur probité que leurs frères, voisins de la colonie, sont connus par leurs vols de bestiaux. Suivant les rapports qui ont été faits par les magistrats du Natal, jamais la vie et les biens des Européens n'ont été plus en sûreté que chez les Zoulus pendant toute la période de l'occupation anglaise, alors que dix mille colons se trouvaient à la merci de plus de cent mille indigènes.

Cette famille renferme encore les Matébélés de Mosilikatsé, qui demeurent à peu de distance de la rive méridionale du Zambèse, et quelques tribus ignorées des peuplades qui vivent au nord de ce grand fleuve, et qui sont fixées au midi de Têté et de Senna. Cette région était également la limite septentrionale des Béchuanas, avant que Sébitouané eût poussé plus loin ses conquêtes.

Les Bakonis et les Basoutos comprennent toutes les tribus qui reconnaissent l'autorité suprême de Moshesh ; nous trouvons parmi elles les Bataous, les Bapoutis, les Makolokoués, etc. ; et quelques montagnards qui habitent la chaîne des Maloutis, et que des personnes dignes de foi accusent de s'être livrés naguère à l'anthropophagie. Cette assertion a été mise en doute ; mais eux-mêmes reconnaissent le fait dans leurs chants nationaux, et attribuent l'abandon de cette pratique odieuse à la possession du bétail que Moshesh a introduit chez eux. Ils sont appelés Marimos et Mayabathous, ou mangeurs d'hommes, par les autres Basoutos, qui, à leur tour, se subdivisent en Makatlas, en Bamakakanas, en Matlapatlapas, etc.

Les Bakonis, qui s'étendent plus au nord que les Basoutos, comptent parmi eux les Batlous, les Bapéris, les Bapos, une tribu de Bakouénas, les Bamosetlas, les Bamasélas ou Balakas, les Babiris, les Bapiris, les Bahoukengs, les Batlokouas, les Baukhahélas, etc., etc., populations éminemment agricoles et qui, favorisées par des pluies abondantes, font venir une grande quantité de grain. C'est leur travail qui permet aux Boërs de vivre dans la paresse et dans l'abondance et de se livrer à la chasse aux esclaves et à l'enlèvement des bestiaux dans les régions éloignées où la justice anglaise ne peut plus les atteindre. Les Basoutos aiment également l'agriculture ; ce sont, chez eux, les femmes qui travaillent la terre à la houe, qui chassent les oiseaux, qui font la moisson et qui vannent les grains ; mais les hommes, ainsi que nous l'avons dit plus haut, vont toujours travailler avec elles, et beaucoup d'entre eux ont suivi le conseil des missionnaires et ont substitué la charrue attelée de bœufs à la houe du pays.

Les Bakalaharis, qui forment la branche occidentale de la famille des Béchuanas, se composent des Barolongs, des Bahouroutsés, des Bakouénas, des Bangouaketsés, des Bakaas, des Bamangoualos, des Bakouroutsés, des Batouanas, des Bamatlaros et des Batlapis, chez lesquels les missionnaires ont obtenu les plus grands succès.

A l'époque où ils furent découverts, les Batlapis formaient une horde insignifiante et corrompue ; mais habitant le voisinage immédiat de la colonie, ils eurent bientôt l'occasion d'établir avec le Cap des relations commerciales, et grâce à la paix qui leur fut assurée et à l'influence de l'enseignement religieux, ils ont changé d'habitudes et ils possèdent aujourd'hui une grande quantité de bestiaux. Toutefois, les jeunes gens qui ne peuvent pas s'imaginer l'état de dégration dans lequel vivaient leurs pères, attribuent leur supériorité actuelle sur les peuplades moins favorisées du centre à leur sagesse native et aux heureuses qualités qu'ils ont reçues de la nature.

CHAPITRE XI

Départ de Linyanti pour Séshéké. — Fourmilières. — Dattiers sauvages. — Les gardes du chef. — Ils essayent de monter à bœuf. — Nombreux troupeaux d'antilopes. — Nouvelles espèces : léchés et nakongs. — Manière de les chasser. — Réception dans les villages. — Présents de bière et de lait. — Manière de manger des indigènes. — Canne à sucre. — Nouvelles preuves du caractère de Sékélétou. — Propriété des huttes makololos. — Leur construction et leur extérieur. — Traversée du Liambye, aspect de la contrée. — La Tianyané, petite espèce d'antilope inconnue dans le Midi. — Chasse à pied. — Un élan.

Après être restés un mois à Linyanti[1], nous en partîmes avec l'intention de nous rendre à Séshéké[2] pour, de cet endroit, remonter le cours de la rivière. Sékélétou, suivi d'environ cent soixante hommes des plus marquants de la tribu, nous accompagna jusqu'au pays des Barotsés, dont la capitale est Nariélé ou Naliélé[3]. Depuis Linyanti jusqu'à Séshéké, le pays est absolument plat, à l'exception de petites éminences qui, de loin en loin, s'élèvent à quelques pieds au-dessus de la plaine ; et les fourmilières des termites constituent les seules collines que le voyageur aperçoive. Il faut avoir vu ces constructions gigantesques pour se faire une idée du travail de ces ouvriers minuscules. La terre qui a passé par leur bouche devient tellement fertile, que les Makololos choisissent le flanc des montagnes que les termites élèvent pour y cultiver du tabac, du maïs de primeur et toutes les plantes qui exigent des soins particuliers. Les fourmilières que nous trouvons sur notre chemin sont généralement couvertes d'un massif de dattiers que les Makololos ne tarderont pas à abattre : car, ayant une nourriture abondante, ils ne tiennent pas à conserver les arbres fruitiers sauvages, et, quand les dattes sont mûres, ils coupent le dattier pour en cueillir les fruits.

Sur les parties les plus élevées de la plaine on trouve l'acacia de

1. 18° 17′ 20″ latitude sud ; 23° 50′ 9″ longitude est.
2. 17° 31′ 38″ latitude sud ; 25° 13′ longitude est.
3. 15° 24′ 17″ latitude sud ; 23° 5′ 54″ longitude est.

la girafe, le mimosa épines blanches (*acacia horrida*), et le baobab. Dans les endroits sableux nous voyons des palmyras tout aussi beaux que ceux de l'Inde, mais qui portent des fruits moins gros que ces derniers. Tout le reste de la plaine est composé d'une terre grasse pareille au sol que les Indiens appellent terre à coton; dans tous les lieux humides elle est couverte d'une herbe épaisse et grossière.

Nous avons à notre droite la rivière du Chobé, dont les bords, garnis de roseaux sur une profondeur de quelque vingt milles, se déploient à l'horizon. En regardant en arrière, l'œil se repose avec plaisir sur la longue file de nos serviteurs qui se replient sur eux-mêmes pour suivre les courbes du sentier ou pour doubler un monticule, et dont les coiffures sont agitées par le vent. Quelques-uns portent sur la tête, à la façon des hussards, l'extrémité blanche d'une queue de bœuf; les autres, un paquet de plumes d'autruches, ou des bonnets faits avec la crinière d'un lion; un certain nombre est couvert de tuniques rouges, ou d'étoffes imprimées de nuances diverses, apportées par Fleming. Les hommes d'un rang inférieur sont chargés de fardeaux; les notables ont à la main un petit bâton de corne de rhinocéros et font porter leur bouclier par un domestique dont ils sont accompagnés, tandis que les Machakas ou hommes d'armes, non-seulement portent le leur, mais encore peuvent être d'un instant à l'autre envoyés en message à une centaine de milles, qu'en pareille occasion ils doivent franchir en courant.

Sékélétou ne va jamais nulle part sans être suivi d'une certaine quantité de jeunes gens de son âge qui forment son Mopato. Lorsqu'il s'arrête et qu'il s'assied, tous ses camarades l'entourent; ceux qui sont à ses côtés mangent avec lui au même plat, car les chefs makololos s'enorgueillissent de partager leurs repas avec leurs sujets. Après avoir avalé quelques bouchées, d'un signe ils invitent à en faire autant les personnes les plus rapprochées d'eux; lorsque celles-ci ont mangé, ils appellent un individu plus éloigné, qui s'avance et qui, prenant la gamelle, va partager ce qu'elle renferme avec ses compagnons.

Les camarades de Sékélétou, voulant imiter leur chef, qui est porté par un vieux cheval à moi, choisissent pour montures des bœufs batokas à demi dressés et n'ayant ni selles ni brides; les chutes nombreuses qui en adviennent sont, pour le reste de la bande, une source de plaisir.

Des troupeaux de nakongs et de léchés ou léchoués paissent dans la plaine d'un air tranquille et insouciant; leur nombre est prodigieux, et pourtant la quantité de ces animaux qui est détruite chaque année monte à un chiffre énorme. Ces deux espèces d'antilopes recherchent les lieux humides; elles n'habitent que le voisinage de l'eau; quand la plaine que nous traversons est inondée, elles se retirent sur les éminences dont nous avons parlé au commencement de ce chapitre. Les Makalakas, très-habiles à diriger leurs pirogues légères [1], s'approchent doucement des lieux où les antilopes se sont réfugiées; lorsque celles-ci commencent à s'émouvoir, les canotiers redoublent de vitesse, les antilopes s'enfuient, ils les poursuivent, et, bien que la course des léchés soit formée d'une succession de bonds prodigieux, les Makalakas parviennent à les atteindre et en détruisent un grand nombre en les tuant à coups de javelines.

Le nakong partage souvent le même sort. Il est plus petit que le léché, et c'est, de toutes les antilopes que j'ai vues, celle qui a la panse la plus grande. Sa démarche, lorsqu'il est fatigué, ressemble au galop d'un chien; son poil, d'un brun grisâtre, est long et peu fourni, ce qui l'empêche d'être brillant; ses cornes ont la même courbure que celles du koudou, mais elles sont beaucoup plus petites et ont une double arête qui s'enroule autour de chacune d'elles.

Le nakong habite les marais et les fondrières pleines de vase; son pied énorme, dont l'empreinte mesure environ trente centimètres depuis l'extrémité des ongles jusqu'aux sabots rudimentaires, lui donne la faculté de marcher facilement sur le terrain marécageux; il pâture pendant la nuit et se cache pendant le jour au milieu des joncs et des roseaux; dès qu'on le poursuit, il plonge au plus épais du fourré et ne laisse apercevoir au-dessus de l'eau que le bout de ses cornes et l'extrémité de son mufle. Les indigènes mettent le feu aux roseaux pour obliger le nakong à s'enfuir; mais, lorsqu'il se voit entouré par les chasseurs, il laisse brûler ses cornes plutôt que d'abandonner sa retraite.

Lorsque nous arrivons dans un village, toutes les femmes quittent leurs demeures et viennent saluer Sékélétou de leurs acclamations : « Grand chef! grand lion! Seigneur, donnez-nous le sommeil, » s'écrient-elles d'une voix perçante qu'elles font trembler par un mouvement rapide imprimé à la langue. Les hommes profèrent les mêmes cris d'une voix plus grave, et Sékélétou reçoit tous les saluts qui lui sont adressés avec l'indifférence qui convient à son rang.

---

1. Les Makalakas se tiennent debout dans leurs canots, bien que ceux-ci n'aient pas plus de quarante à quarante-cinq centimètres de largeur, sur quatre mètres soixante centimètres; leurs pagaies ont trois mètres; ils les font d'un bois léger, aussi élastique que celui du frêne, et qu'ils appellent *molompi*. Ces pagaies leur servent tantôt de rames, tantôt de gaffes, suivant la profondeur plus ou moins grande de l'eau.

Après avoir fait part des nouvelles du pays dans un entretien de quelques minutes, le chef du village, qui presque toujours est un Makololo, va chercher de grands pots de bière ; les calebasses circulent immédiatement, et les femmes s'en emparent avec tant d'avidité qu'elles courent le risque d'être brisées.

On apporte aussi de grandes jarres de lait caillé, dont quelques-unes contiennent de trente à quarante litres ; chacune de ces jarres est confiée, ainsi que les pots de bière, à une certaine personne qui a le droit d'en distribuer le contenu suivant son bon plaisir : ce sont ordinairement les chefs de sections qui sont chargés de cet office. Comme l'usage des cuillers est inconnu dans le pays, c'est avec les mains que les naturels mangent ce lait épaissi ; je leur ai souvent donné des cuillers de fer, ils en étaient ravis, et n'en continuaient pas moins à manger avec les doigts ; ils puisaient dans leur calebasse avec la cuiller, et prenaient ensuite le contenu de celle-ci avec la main droite pour le porter à leur bouche.

Nous avons dit que les Makololos sont très-riches en bétail et que leur chef est obligé de nourrir tous ceux qui l'accompagnent. Sékélétou choisit donc un ou deux bœufs à chacune des stations nombreuses où il possède des troupeaux ; ou bien encore le chef des villages que nous traversons lui donne, sous forme de tribut, toute la viande qui lui est nécessaire. Les Makololos tuent leurs bêtes de boucherie d'un coup de javeline au cœur ; la blessure est faite à dessein aussi petite que possible, afin d'éviter la perte du sang qui, avec les entrailles de l'animal, compose le salaire des bouchers, emploi avidement sollicité. Chaque tribu a une façon particulière de découper l'animal et d'en distribuer la viande. Chez les Makololos, la bosse et les côtes forment la part du chef ; dans la tribu des Bakouains, c'est la poitrine qu'il choisit.

Lorsque les bœufs sont dépecés et détaillés, on en dépose les morceaux devant Sékélétou, qui les distribue aux hommes importants de son escorte ; immédiatement les domestiques de ceux-ci découpent ces morceaux en longues tranches, qu'ils se hâtent de jeter sur la braise ; quelques instants après, la viande, à moitié cuite et brûlante, circule rapidement de main en main ; chacun y mord à son tour, mais personne, excepté le chef, n'a le temps de mastiquer la bouchée qu'il a prise ; ce n'est pas la jouissance du palais qu'ils recherchent, ils bornent leur ambition à remplir leur estomac. Leurs repas sont toujours très-nombreux, et, comme ils méprisent l'individu qui mange seul, je ne manque jamais d'inviter le chef ou quelque personnage important de la tribu à venir prendre le café avec moi. Ils ont eu bientôt une véritable passion pour ce breuvage, qui est considéré par certaines peuplades comme ayant des vertus prolifiques. Ils connaissent parfaitement la canne à sucre, et la cultivent dans la vallée Barotsé, mais ils ne savent pas la méthode d'en extraire le sirop, encore moins la manière de le faire cristalliser; le seul emploi qu'ils fassent de la canne se borne à la mâcher. Sékélétou aime énormément le café sucré et les biscuits dont j'ai encore une petite provision. « Je sais, me dit-il, que votre cœur m'est attaché, car je sens le mien qui s'échauffe en partageant votre nourriture; le café des Griquas et des marchands qui sont venus me visiter pendant que vous étiez au Cap n'était pas de moitié si bon que le vôtre, parce que c'était mon ivoire et non pas moi qu'ils aimaient. » C'est une manière assez originale de mesurer l'affection qu'on inspire à ses amis.

Sékélétou et moi, nous avons tous les deux une petite tente de bohémiens, où nous passons la nuit, car les huttes des Makalakas sont infestées de vermine, tandis que celles des Makololos sont généralement propres; l'absence d'insectes y est due probablement à l'habitude où sont leurs habitants de recouvrir le sol d'un enduit composé de terre ou de bouse de vache qu'ils renouvellent fréquemment. Lorsque nous dressions nos tentes auprès de quelque village, nous étions réveillés par les souris qui nous couraient sur la figure ou par les chiens affamés qui rongeaient nos souliers et n'en laissaient que la semelle; nous nous décidions alors à demander qu'on nous logeât dans une hutte; celles des Makololos, du meilleur genre, sont composées de trois murailles circulaires ayant des trous en guise de portes, ainsi qu'on en voit aux niches des chiens, ce qui vous oblige à vous baisser pour y entrer, même quand vous êtes à quatre pattes. La toiture, qui ressemble à un chapeau chinois, est formée de baguettes ou de roseaux que l'on attache fortement au moyen de bandes circulaires, fixées par des morceaux de l'écorce intérieure du mimosa. La charpente, ainsi préparée, est posée au-dessus du mur circulaire et s'appuie, par les bords, sur des pieux également rangés en cercle et qui servent de colombage à la troisième muraille; la couverture de chaume est faite avec une herbe souple et fine, reliée, comme la charpente, au moyen de lanières d'écorce de mimosa; elle se projette assez loin au delà du mur, descend à quatre pieds du sol et procure aux habitants l'ombre la plus salutaire qu'ils puissent trouver dans le pays. Ces cabanes sont excessivement fraîches, même par les journées les plus chaudes, mais elles manquent d'air, et l'on y étouffe pendant la nuit.

Le lit se compose tout uniment d'un paillasson fait avec des joncs et de la ficelle; la hanche est bientôt endolorie sur une couche aussi dure, qui ne permet pas à cette partie proéminente de faire un trou pour se loger, comme il arrive quand on dort sur le sable ou sur l'herbe.

La route que nous suivions alors nous conduisit un peu au-dessus de Séshéké, dans un endroit appelé Katonga, où il existe un village [1] appartenant à un bashoubia qui porte le nom de Sékhosi. Le fleuve y est un peu plus large qu'à Séshéké, et n'a pas moins de six cents mètres; dans la première partie de son cours, il se dirige vers l'est et coule avec une certaine lenteur.

Lorsque les canots de Sékhosi vinrent nous prendre, l'un des camarades de Sébitouané se leva en regardant Sékélétou : « Ce sont les aînés qui, dans le combat, ouvrent l'attaque, » dit-il d'une voix grave. L'allusion fut immédiatement saisie; tous les jeunes gens, y compris le chef, cédèrent la préséance aux anciens, et attendirent sur la rive que l'on eût transporté leurs aînés sur l'autre bord. Malgré la vivacité des rameurs, il fallait de six à huit minutes pour faire la traversée, et le passage de notre troupe nombreuse demanda beaucoup de temps.

Plusieurs jours furent employés à chercher des canots dans les différents villages situés sur le fleuve que tous les Barotsés appellent le Liambaï ou Liambye. Il nous avait été impossible, à l'époque de notre première visite, de savoir d'une manière certaine quel était son nom, et nous l'avions appelé la rivière qui descend de Séshéké. Il renferme en cet endroit une grande quantité de bancs de sable de couleur blanche qui ont donné leur nom à Séshéké [2]. C'est également, et pour le même motif, celui d'un village de la vallée des Barotsés; quant au Liambye, son nom veut dire : « grande rivière, » ou « la rivière par excellence. » Il est appelé dans les différentes parties de son cours Louambéji, Louambési, Ambési, Ojimbési, Zambési, etc., suivant les dialectes qui sont employés sur ses bords; mais tous ces mots ont le même sens et prouvent que les indigènes sont unanimes pour considérer ce beau fleuve comme la principale artère de cette partie du continent.

Afin de contribuer à l'alimentation de notre escorte et de visiter en même temps les environs de Katonga, je suis allé plusieurs fois à la chasse au nord du village de Sékhosi. La plaine y est couverte

---

1. 17° 29′ 13″, latitude sud; 24° 33′, longitude est.
2. Séshéké, littéralement banc de sable.

de bouquets d'arbres magnifiques, entremêlés de clairières qui s'étendent de tous côtés, et que le fleuve inonde à l'époque où il déborde; mais des terrains boisés s'élèvent çà et là au-dessus du niveau de cette plaine, beaucoup plus accidentée qu'elle ne l'est entre les rives du Chobé et du Lyambie; le sol est composé d'une terre noire et forte, comme il arrive dans tous les endroits qu'atteint l'inondation, tandis qu'il est sablonneux sur les éminences, où l'herbe est moins épaisse qu'ailleurs. Un coteau, également boisé et formé de sable, décrit parallèlement au fleuve une ligne qui se déploie sur une longueur de huit milles et qui arrête l'inondation du côté du nord. La forêt sableuse continue et se prolonge dans la même direction, jusqu'à l'endroit où l'on rencontre de nouveau les terres alluviennes, que l'on remarque toujours dans le voisinage des rivières qui débordent chaque année, ou qui ont débordé jadis. La pluie est assez fréquente dans cette région pour que les habitants puissent cultiver avec succès le maïs, le sorgho et l'arachide.

On trouve dans cette partie de la contrée une petite antilope, inconnue dans le Midi, et que les indigènes appellent Tianyané; elle est très-commune dans le pays, et peut avoir quarante-cinq centimètres de hauteur; tous ses mouvements sont pleins de grâce; sa robe est d'un rouge lavé de brun sur le dos et sur les flancs, et toute la partie inférieure de son corps est blanche, ainsi que l'extrémité de la queue. Son cri d'alarme se rapproche de celui de la poule domestique, dont elle a toute la tendresse maternelle; timide et craintive par nature, son dévouement l'exalte jusqu'à lui faire attaquer l'homme qui s'approche de son faon. Lorsque vous rencontrez seule une antilope dont l'habitude est de vivre en société, soyez sûr qu'elle a conduit son petit dans un endroit écarté où il est endormi. Si, au moment du danger, celui-ci est trop jeune pour la suivre, sa mère pose l'un de ses pieds de devant sur le garrot de la pauvre petite créature, qui s'agenouille aussitôt et qui reste immobile jusqu'à ce qu'elle ait entendu la voix de sa protectrice. J'ai vu, lorsque j'étais à Aden, les Arabes faire agenouiller leurs chameaux en appuyant du pouce sur le garrot de l'animal, absolument comme le font les antilopes à l'égard de leurs petits; c'est probablement la gazelle qui leur a donné ce procédé. La couleur des jeunes, dans toute la famille des antilopes, se confond avec celle de la terre, dont elle se rapproche beaucoup plus que la robe de l'adulte, qui a moins besoin d'échapper à l'œil de l'oiseau de proie.

Une énorme quantité de buffles, de zèbres, de tsessébés, de tahaetsis et d'élans, paissent tranquillement dans ces lieux, et il nous est facile de pourvoir à l'approvisionnement des personnes de notre escorte. Néanmoins il est très-pénible de chasser à pied dans cette contrée. Il fait tellement chaud, bien que nous soyons en hiver, que je céderais volontiers à un autre le plaisir de la chasse pour me délivrer de la fatigue que m'impose cette jouissance; mais les Makololos tirent si mal que, pour épargner la poudre, je suis obligé d'aller chercher moi-même le gibier qui nous est nécessaire.

Nous avons tué un élan femelle qui se reposait à l'ombre; il était évident que son petit lui avait été enlevé depuis peu de temps par un lion; car elle portait sur les flancs, près des cuisses de derrière, cinq déchirures profondes qu'elle avait reçues en combattant le ravisseur; le lait coulait à flots de son pis gonflé; probablement elle était venue se coucher à l'ombre afin de décharger ses mamelles du poids qui la faisait souffrir. C'était une bête magnifique, et Lébéolé, un Makololo de distinction qui se trouvait avec moi, me dit, après avoir admiré sa taille et sa beauté : « Jésus aurait mieux fait de nous donner ces belles créatures à la place des bœufs et des vaches. » Cette femelle appartenait à une variété non décrite de la famille des élans ; son corps était marqué de raies blanches transversales, exactement pareilles à celles du koudou, et elle portait à la partie extérieure de l'avant-bras une tache noire aussi large que la main.

CHAPITRE XII

Le docteur remonte le Liambye. — Beauté des îles du fleuve. — Paysage d'hiver. — Adresse et industrie des Banyétis. — Rapides. — Chutes de Gonyé. — Tradition. — Débordements annuels. — Fertilité de la grande vallée des Barotsés. — Exécution de deux conspirateurs. — Estacade des marchands d'esclaves. — Naliélé. — Santourou le grand chasseur. — Méthode commémorative des Barotsés. — Position meilleure des femmes. — Sentiment religieux plus développé. — Jardins. — Poissons, fruits et gibiers. — Continuation du voyage. — Sékélétou procure au missionnaire des rameurs et un héraut. — Le fleuve et ses rives. — Chasseurs d'hippopotames. — Insalubrité du pays. — Le docteur se dirige vers Loanda. — Lions, buffles et élans. — Entrevue avec un Mambari. — Deux Arabes de Zanzibar. — Arrivée chez Ma-Sékélétou. — Joie du peuple en recevant la première visite de son chef. — Retour à Séshéké.

Nous avons enfin rassemblé une quantité suffisante de pirogues, et nous commençons à remonter la rivière ; on m'a laissé choisir dans toute la flottille ; j'ai pris le canot qui m'a paru le mieux fait et le plus solide ; il a dix mètres vingt de longueur sur cinquante centimètres de largeur ; celui de Sékélétou est beaucoup plus grand ; il est monté par dix rameurs, tandis que le mien n'en a que six. Debout et à leurs rames, ils agissent avec une précision remarquable et changent de côté suivant que le courant l'exige. Ceux qui sont à l'avant et à l'arrière sont choisis parmi les plus forts et les plus expérimentés de l'équipage. Les pirogues sont plates et peuvent naviguer sur les eaux les plus basses ; dès qu'ils sentent le fond de la rivière, les hommes qui les conduisent cessent de ramer, et font avancer l'embarcation en prenant un point d'appui sur le sable au moyen de leur pagaies, qu'ils emploient en guise de crocs.

Notre flottille est composée de trente-trois pirogues et porte cent soixante hommes. Il est beau de voir cette longue file de rameurs glisser rapidement sur le fleuve, dont ils frappent l'eau en cadence. A terre, les Makalakas s'inclinent devant les Makololos ; mais sur la rivière ils dominent à leur tour ; les Makololos ne sauraient les empêcher de se défier à qui gagnera de vitesse et d'oublier, dans l'ardeur de la joute, le danger qu'ils font courir à leurs maîtres. La veille de notre départ, une pirogue avait chaviré sous l'effort d'une grosse vague soulevée par le vent d'est, qui est le plus commun dans ces parages. Un vieux docteur makololo, qui se trouvait dans cette pirogue, alla au fond comme une pierre et ne manqua pas de se noyer. Les Barotsés qui l'accompagnaient gagnèrent le bord à la nage, et, une fois revenus à terre, ils eurent grand peur d'être mis à mort pour n'avoir pas sauvé le docteur ; il n'en fut rien ; mais, si le noyé avait eu plus d'importance, il est certain qu'on ne leur eût pas fait grâce.

Nous remontons rapidement le cours du fleuve, et j'éprouve un plaisir infini à regarder ces bords qui n'ont jamais été vus par un Européen. Le Liambye est un fleuve magnifique ; sa largeur est souvent de plus d'un mille [1], et nous côtoyons des îles nombreuses qui en ont de trois à cinq. Elles sont couvertes de bois, ainsi que les deux rives ; les arbres, qui se trouvent au bord de l'eau, plongent dans le fleuve des rejetons qui naissent de leurs branches et qui vont s'enraciner dans la terre comme ceux du figuier banian. De loin on prendrait ces îles pour une masse de verdure reposant à la surface étincelante du Liambye ; du milieu de ce fourré plein de fraîcheur, les dattiers déploient leurs frondes gracieusement incurvées, dont le vert clair se détache sur le fond du tableau, et que surmontent les palmyras, qui découpent sur un ciel sans nuage leurs feuilles radiées, pareilles à d'énormes éventails. Nous sommes en hiver, et les bords du fleuve nous offrent cette couleur étrange que le paysage revêt à cette époque dans maint endroit de l'Afrique. Le pays est ondulé, rocailleux ; les éléphants y abondent ainsi que tous les animaux sauvages, à l'exception des makongs et des léchés, que l'on n'aperçoit jamais dans les terrains pierreux. Le sol est rougeâtre et d'une grande fertilité, comme le prouve l'énorme quantité de grain que les Banyétis récoltent chaque année. Il y a sur les deux rives un grand nombre de villages habités par ce peuple industrieux, composé d'habiles chasseurs d'hippopotames, et qui travaille le bois et le fer avec un grand succès. La mouche tsetsé, qui infeste le pays, empêche les Banyétis d'avoir des animaux domestiques, et cela peut avoir contribué au développement de leur industrie. Ils font en bois des vases pourvus d'un couvercle très-bien ajusté, des bols de toutes les grandeurs ; et, depuis l'introduction des tabourets chez les Makololos, ils ont montré beaucoup d'invention dans la forme des pieds de ces meubles, qu'ils ont su varier avec infiniment de goût.

---

[1]. Seize cents et quelques mètres.

Quelques-uns d'entre eux font des paniers, à la fois charmants et très-solides, avec la racine d'un certain arbre qu'ils fendent pour cet objet en lanières filamenteuses; les autres excellent dans l'art de forger le fer, et leur poterie est remarquable. C'est une population paisible, qui n'a jamais fait la guerre. Il est vrai que dans le centre de l'Afrique, où l'on ne fait pas le commerce d'esclaves, les hostilités n'ont pas d'autres motifs que l'enlèvement du bétail ; le fait est si bien avéré, que plusieurs tribus n'ont pas de bestiaux, dans la crainte d'attirer leurs ennemis. Je n'ai entendu parler que d'un seul combat qui soit provenu d'une autre cause ; il s'agissait d'une femme dont trois frères barolongs se disputaient la possession, et qui fut jugée digne d'être obtenue par les armes; la guerre éclata, et depuis cette époque la tribu est constamment divisée.

A partir de l'endroit où le Liambye forme un coude et se dirige vers le nord, endroit qu'on appelle Katima-Molélo, ce qui veut dire : « J'ai éteint le feu, » le lit du fleuve est rempli de rochers qui forment une succession de cascades et de rapides, et qui empêchent de naviguer lorsque les eaux sont basses. Quand elles sont hautes, on ne voit pas les rapides ; mais les cataractes de Namboué, de Bomboué et de Kalé, qui peuvent avoir d'un mètre vingt à deux mètres de haut n'en restent pas moins dangereuses ; aux chutes de Gonyé, qui présentent un obstacle beaucoup plus sérieux, il faut sortir le canot du fleuve et le porter à bras pendant un mille environ. La plus grande partie de l'eau du Liambye, resserrée en cet endroit dans un espace qui peut avoir soixante ou quatre-vingts mètres de large, s'élance d'une hauteur de dix mètres, et va se briser en mugissant contre une masse de rochers qui la divise et qui augmente sa furie. La tradition rapporte que deux chasseurs d'hippopotames, entraînés à la poursuite d'un animal qu'ils avaient blessé, disparurent avec leur proie dans cet effroyable abîme ; elle parle aussi d'un Barotsé d'un esprit évidemment supérieur, qui vint s'établir au-dessous de la cascade, et qui profita de la force que la chute d'eau mettait à sa disposition pour conduire l'eau dans ses champs, où il s'en servit pour arroser ses récoltes. De loin en loin, des hommes de génie apparaissent dans cette région, comme dans la nôtre ; mais ignorant l'art d'écrire, ils emportent dans la tombe le secret de leurs découvertes. Nous avons trouvé dans le jardin de cet homme ingénieux une espèce de pomme de terre d'une qualité inférieure appelée sisinyané, et qui, une fois plantée dans un terrain, s'y reproduit naturellement. Elle est amère et gluante, alors même qu'elle a été cultivée ; elle n'était pas en fleurs, et je ne saurais dire si elle appartient à la famille des solanées.

On ne rencontre nulle part en Afrique de tombeau, ni d'inscription qui rappelle la mémoire des faits ou des personnes ; les roches elles-mêmes n'ont presque pas conservé de traces des créations antérieures : c'est à peine si l'on y trouve quelques fossiles. Un grès durci, rougeâtre, bigarré de diverses nuances, et renfermant des trous de madrépores, compose les rochers que nous voyons sur notre passage. Ce grès, revêtu d'une couche horizontale de trapp, qui a parfois cent milles d'étendue et qui supporte à son tour un lit de matière noire et siliceuse d'un pouce d'épaisseur, dont le dépôt a dû s'opérer à l'état de fusion, forme en grande partie le fond de la vallée centrale. Souvent, et surtout dans le midi de l'Afrique, cette roche est couverte de quatre à cinq mètres de tuf calcaire tendre. A Bamboué, le trapp qui est au-dessus du grès fondamental renferme des zéolithes radiées, probablement du genre mésotype, et se retrouve plus bas au confluent du Chobé.

Les Banyétis de plusieurs bourgades tributaires des Makololos viennent apporter à Sékélétou des aliments et des pelleteries ; les habitants d'un gros village, situé à Gonyé même, sont obligés de prêter assistance aux Makololos pour transporter les pirogues de ceux-ci au delà des chutes. Nous traversons le fleuve à plusieurs reprises, afin d'éviter les nombreux détours qu'il forme dans cette partie de son cours ; parmi les rochers, au contraire, il se précipite en ligne droite. Ici les eaux sont basses en raison de l'énorme largeur du lit où elles s'écoulent et la tsetsé nous attaque jusqu'au milieu du fleuve ; mais par 16° 16′ latitude sud, les rives s'abaissent, les bois s'éloignent, et la tsetsé disparaît. Du bassin couvert de roseaux, où nous glissons maintenant, la côte boisée qui s'élève à notre droite et à notre gauche, à quatre-vingts ou cent mètres de hauteur, semble se prolonger au nord-nord-est et au nord-nord-ouest, en s'écartant de manière à former un triangle dont la base peut avoir de vingt à trente milles ; l'espace compris entre ces deux rampes, sur une longueur d'à peu près cent milles, constitue la vallée Barotsé. Elle est inondée tous les ans par le Liambye, exactement comme la Basse-Égypte, et ressemble beaucoup à la vallée du Nil. Les habitants ont construit leurs villages sur des terrasses, dont plusieurs ont été faites de main d'homme sous le règne de Santourou, l'un des anciens chefs des Barotsés ; pendant l'inondation, toute la vallée n'est plus qu'un lac dont ces villages forment les îles, absolument comme en Égypte. Une portion des eaux qui la couvrent alors descend du nord-ouest, où les rivières débordent à cette époque ; mais la plus grande partie vient du nord et du nord-est, et y arrive par le Liambye. Cette vallée renferme peu d'arbres; ceux qu'on aperçoit autour des villages et dans leur intérieur ont presque tous été plantés par Santourou, afin d'avoir de l'ombre. Le sol y est extrêmement fertile, grâce à l'humidité que l'inondation laisse à la terre, les habitants font chaque année deux récoltes. « Ici, la faim est inconnue, » vous disent les Barotsés, qui ont pour leur pays un très-vif attachement. On y trouve en effet tant de choses qui peuvent servir à la nourriture de l'homme, qu'il n'est pas étonnant que les indigènes aient quitté Linyanti pour revenir dans ces lieux. Toutefois, cette belle vallée ne rapporte pas le dixième de ce qu'elle pourrait produire; elle est couverte en grande partie d'une herbe succulente, qui forme un pâturage abondant où prospèrent un grand nombre de bestiaux; les bœufs y font merveille, et les vaches y donnent à leurs propriétaires une énorme quantité de lait. Pendant l'inondation les troupeaux se retirent sur les hauteurs, où ils maigrissent; leur retour dans la vallée est une époque de joie.

Cette vallée féconde produirait-elle du froment comme la vallée du Nil? Personne ne pourrait le dire. Je suppose que le sol y est trop riche; le blé n'y donnerait probablement que de la paille; car on y trouve une graminée de trois mètres et demi de haut dont la tige est de la grosseur du pouce. Aujourd'hui, malgré l'immense quantité de bétail que possèdent les Makololos, jamais l'herbe n'y est mangée complétement.

On n'y voit pas de grandes villes; les terrasses n'y ont point assez d'étendue pour recevoir un nombre considérable d'habitants, qui d'ailleurs ne peuvent pas s'agglomérer à cause de leurs troupeaux. C'était la première visite que Sékélétou faisait dans ces parages depuis son avénement au pouvoir; et ceux qui autrefois avaient conspiré contre lui étaient dans une terreur profonde; effectivement, lorsque nous arrivâmes à Naliélé, où demeuraient le père et l'un des amis de l'ancien partisan qui avait conseillé à Mamochisané de se défaire de Sékélétou pour épouser son compétiteur, ils furent saisis tous les deux et noyés immédiatement. Je m'élevai avec force contre cette manière d'appliquer la peine de mort sans jugement préalable; les conseillers du chef me répondirent en m'opposant le témoignage de Mamochisané. « Et puis nous sommes toujours des Boërs, me dirent-ils; on ne nous a pas appris comment il faut agir. »

Mpépé avait donné aux Mambaris la permission pleine et entière d'acheter des esclaves dans tous les villages botokas et bashoukoulompos qui sont à l'est de celui qu'il habitait; de plus, il leur avait échangé de l'ivoire, des bestiaux et des enfants, pour une grande espingole qu'il voulait faire monter comme un canon. Après sa mort, les Mambaris, malgré leur estacade, se trouvèrent dans une position assez embarrassante. On proposa à Sékélétou de les attaquer et de les chasser du pays. J'essayai de faire comprendre aux partisans de la guerre que l'attaque de fortifications défendues par une quarantaine de mousquets n'était pas chose facile. « La faim est plus forte que les armes; c'est un grenier puissant, » me répondit un sous-chef. C'était donc par la famine qu'ils espéraient vaincre l'ennemi; toutefois les malheureux esclaves que possédaient les marchnds auraient été les principales victimes du blocus; j'intercédai en leur faveur, et, grâce à ma prière, il fut permis aux Mambaris de s'éloigner tranquillement.

Naliélé, capitale des Barotsés, est construite sur une éminence que fit élever Santourou; il en avait fait l'entrepôt de ses grains, et il habitait une ville située à cinq cents mètres au sud de Naliélé, dans un endroit que les eaux du fleuve recouvrent aujourd'hui; quelques mètres cubes de terre sont tout ce qui reste maintenant de la terrasse où s'élevait la résidence de Santourou. Linangélo, village également situé sur la rive gauche, a partagé le même sort, ce qui prouve que le lit du fleuve se déplace et gagne du côté de l'est. Il n'est pas nécessaire que les eaux du Liambye soient très-hautes pour submerger toute la vallée; elles ne s'y élèvent pas à plus de trois mètres au-dessus de l'étiage; un mètre de plus suffirait pour inonder toutes les habitations des Barotsés, fait qui ne s'est jamais vu; mais resserrées entre les rochers de Gonyé, les eaux du Liambye s'élèvent à dix-huit mètres au-dessus de leur niveau ordinaire.

Il en résulte qu'au nord du 16e degré de latitude, le fleuve, refoulé en quelque sorte par l'obstacle qu'il rencontre, se replie sur lui-même et décrit de nombreux détours; lorsqu'il a franchi le défilé et passé le Katima-Molélo, il se déploie sur ses deux rives et s'étend dans la plaine jusqu'aux environs de Séshéké.

Santourou, qui avait fait de Naliélé son grenier d'abondance, était un grand chasseur; il aimait à apprivoiser les bêtes sauvages, et les Barotsés lui apportaient tous les jeunes animaux dont ils pouvaient s'emparer. Au nombre de ceux qu'on lui avait donnés étaient deux jeunes hippopotames qui jouaient toute la journée dans le fleuve, et qui ne manquaient jamais de revenir le soir à Naliélé pour y prendre leur souper, composé de lait et de farine. Ils faisaient l'étonnement et la joie de la population, lorsqu'un étranger, qui était venu faire une visite à Santourou, les voyant couchés au soleil, tua l'un d'eux à coups de lance. La même chose est arrivée à l'un des chats que j'avais donnés à Sékélétou : un étranger, apercevant un animal qu'il n'avait jamais vu, s'empressa de le tuer et de l'apporter au chef, s'imaginant qu'il avait fait une découverte remarquable. C'est ainsi que la race des chats fut perdue pour les Makololos, à qui l'énorme quantité de souris qu'ils ont chez eux la rendait très-précieuse.

J'ai cherché par tous les moyens possibles à découvrir si jamais Santourou avait reçu la visite d'un blanc. Il paraît certain que les Barotsés[1] n'avaient jamais vu d'Européens avant 1851, époque à laquelle nous vînmes dans leur pays, M. Oswell et moi. Ces peuplades, il est vrai, n'ont pas d'archives écrites; mais elles ne manquent jamais de consacrer par les noms qu'elles donnent, soit aux lieux, soit aux individus, le souvenir des faits remarquables dont elles sont témoins et qu'elles se transmettent d'une génération à l'autre. Mungo Park a trouvé la même coutume dans les régions qu'il a visitées. Ainsi l'année de notre arrivée est désignée sous le nom de l'année où les hommes blancs sont venus, ou bien de celle où mourut Sébitouané; mais elle est rarement indiquée par ce dernier événement, car, autant que possible, les Barotsés évitent de faire allusion aux morts. Après le voyage de ma femme, un grand nombre d'enfants reçurent le nom de Ma-Robert, que les naturels avaient donné à mistress Livingstone, d'après la coutume du pays, et beaucoup d'autres furent appelés Gun (fusil), Horse (cheval), Wagon (chariot), Jésus, Monare, etc. Avant cette époque, il n'y avait chez les Barotsés aucune trace d'un fait analogue; et la visite d'un blanc est pour eux un événement si considérable, qu'ils en auraient gardé le souvenir, alors même qu'elle aurait eu lieu trois siècles auparavant.

---

1. Les Barotsés se désignent eux-mêmes sous le nom de Baloïanas ou petits Baloïs, d'où j'avais conclu qu'ils pouvaient être originaires de Loï, qu'on écrit aussi Luï, et que les Portugais ont visité; la position de cette ville n'ayant jamais été bien déterminée, je cherchai à savoir si elle ne serait pas la même que Naliélé. Je demandai à Porto, le chef des Mambaris, s'il n'avait pas entendu dire que des blancs eussent visité Naliélé; il me répondit que non, et ajouta que lui-même avait essayé trois fois d'y parvenir et en avait toujours été empêché par la tribu des Ganguellas; en 1852 il était arrivé jusque dans les environs et en avait été repoussé. Maintenant (en 1853) il avait voulu pénétrer à l'est de Naliélé, mais il lui avait été impossible de dépasser le village de Kainko, situé sur les bords du Bashoukoulompo à huit jours de distance de Naliélé, et il avait été contraint de revenir chez les Barotsés. Lui, et toute sa bande, désirait vivement gagner la récompense que le gouvernement portugais a promise au voyageur qui traversera l'Afrique de l'est à l'ouest. Les obstacles qu'il avait rencontrés me confirmèrent dans l'intention où j'étais de me diriger vers la côte occidentale. Porto m'offrit de venir avec moi et de me seconder de tous ses efforts, si je voulais à mon tour l'accompagner à Bihé. Je refusai son assistance; il arriva le premier à Loanda, où il était en train de publier son journal lorsque j'entrai dans cette ville. Ben-Habib me dit alors que Porto avait envoyé des lettres à Mozambique par Ben-Chombo, un Arabe que je connaissais; Porto a, depuis cette époque, affirmé qu'il était allé à Mozambique lui-même, tout aussi bien que ses dépêches.

Une fois les Mambaris étaient venus chez les Barotsés pour y faire le commerce d'esclaves, et personne dans le pays n'avait oublié cette démarche. Santourou et les principaux dignitaires du pays leur avaient refusé net la permission d'acheter aucun des membres de la tribu. Les Makololos s'autorisaient de ce précédent et disaient qu'étant aujourd'hui les maîtres de la contrée, ils avaient le droit d'en expulser les marchands d'esclaves, ainsi que l'avait fait Santourou.

Les Mambaris, dont le chef actuel se nomme Kangombé, prétendent n'acheter des enfants que pour s'en servir comme domestiques. Ils habitent les environs de Bihé, au sud-est d'Angola, et appartiennent à la famille des Ambondas. Ceux qui étaient à Naliélé vinrent me voir; ils parlaient un dialecte appelé bonda, qui provient de la même souche que le langage des Barotsés, des Bayéyès, et des différentes tribus comprises sous la dénomination générale de Makalakas. Ils séparent leurs cheveux, qu'ils tressent avec soin et qu'ils laissent retomber tout autour de la tête; leur peau est aussi noire que celle des Barotsés; mais il y a parmi eux beaucoup de mulâtres, que l'on distingue à leur couleur d'un jaune maladif. Lorsque je leur ai demandé pourquoi ils s'étaient sauvés de Linyanti quand ils avaient su que j'y arrivais, ils me répondirent qu'il connaissaient trop bien la coutume des Anglais qui croisent sur la côte et qui empêchent la traite des nègres. Bien que la venaison fût abondante, ils déterraient pour les manger, suivant l'usage de leur pays, les souris et les taupes dont cette région est infestée. Leurs mulâtres qui sont des métis portugais, savent tous bien écrire; et Porto, le chef de la bande, avait les cheveux comme les Européens. Il me témoigna le plus vif désir de m'être utile; je dus probablement cette obligeance à la lettre de recommandation que m'avait donnée le chevalier Duprat, arbitre du roi de Portugal auprès de la commission mixte anglaise et portugaise qui est établie au Cap. J'acquis la certitude que ces mulâtres étaient les premiers hommes de sang portugais qui eussent vu le Zambèse dans l'intérieur de l'Afrique; et la première fois qu'ils en atteignirent les bords, il y avait déjà deux ans que nous les avions découverts.

On me montra la ville qu'avait gouvernée jadis la mère de Santourou : c'est le premier symptôme que j'aie observé d'un changement dans la position des femmes, et surtout de la modification du sentiment qu'elles inspirent; il y en a très-peu qui, plus au sud, aient jamais eu le gouvernement d'une ville. Les Barotsés me firent voir également différentes choses qui ont appartenu à leur chef, et qui témoignent d'un sentiment religieux beaucoup plus développé que celui des Béchuanas. Lilonda, la dernière résidence de Santourou, bâtie, comme Naliélé, sur une terrasse faite de main d'homme, est couronnée d'arbres de différentes espèces, qu'il y a fait transporter; ils forment au sommet du monticule un massif où l'on voit encore divers objets dans le même état où Santourou les y a laissés : une garde d'épée en panier, une tige de fer ayant plusieurs branches, dont l'extrémité représente des cognées, des lances, des houes en miniature, et qui servait à l'ancien chef pour offrir aux agriculteurs, aux charpentiers ou aux guerriers les présents dont il les honorait. Les individus chargés de garder ces objets étaient nourris par le chef, et les Makololos ont continué cette coutume; c'est, de toutes les institutions que j'ai rencontrées dans ce voyage, celle qui approche le plus d'une espèce de sacerdoce. J'ai demandé si l'on consentirait à me céder quelques-unes de ces reliques; mais on s'est empressé de me répondre : « Oh! non, il refuse. — Qui cela? — Santourou. » On voit, par cette réponse, que les Barotsés croient à une autre vie. Je leur parlai du culte que nous devons à Dieu, ainsi que je le faisais toujours lorsque j'en trouvais l'occasion, et je les quittai après avoir prié avec eux, de cette manière simple qui n'admet d'autre offrande que celle du cœur, et après avoir planté quelques noyaux d'arbres à fruits dans le bosquet de Santourou.

J'ai eu plus d'une fois l'occasion de constater chez les Barotsés une perception plus vive de l'immortalité de l'âme, et plus de penchant à la pitié que parmi les Béchuanas. Un matin, au confluent de la Liba et du Liambye, je prenais des observations lunaires et j'attendais que le soleil fût arrivé à une certaine hauteur pour déterminer la latitude; il était entouré d'un halo qui avait à peu près 20 degrés de diamètre, et, supposant que cela devait être un signe de pluie, je demandai à mon batelier, qui était assis à côté de moi, si l'expérience ne le lui avait pas démontré. « Oh! non, me répondit-il, ce sont les Barimos [1] qui se rassemblent pour se consulter. Ne voyez-vous pas que le Seigneur est au milieu du rond qu'ils forment? ».

Je suis allé à Katongo pendant mon séjour à Naliélé; situé par 15° 16′ 33″ de latitude, le coteau boisé, sur lequel ce village est bâti, s'élève du fond de la vallée par une pente insensible, et a beaucoup de ressemblance avec la chaîne qui sépare le désert de la région du Nil. Mais ici, au lieu de froment, les Banyétis font venir du

1. Les Dieux ou les âmes des morts.

millet, du maïs, du sorgho, dont le grain est magnifique et d'une blancheur admirable. Ils ont de beaux jardins où ils cultivent l'yam [1], la canne à sucre, l'arum d'Égypte, la patate douce, l'arachide, le jatropha manihot, le jatropha *utilissima*, qui est une variété du précédent, mais à peine vénéneuse. Si l'on ajoute à ces produits les citrouilles, les melons, les haricots, les fruits sauvages qu'ils récoltent, les oiseaux d'eau, et l'énorme quantité de poissons que l'on trouve dans le fleuve et dans ses affluents, on comprendra facilement la prédilection des indigènes pour la vallée Barotsé.

De la crête du coteau, la vue est admirable ; le jour où nous nous y sommes trouvés, les nuages couvraient le ciel du côté de l'ouest, et l'ombre empêchait le regard de s'étendre au loin et d'embrasser l'horizon ; mais le fleuve scintillait au fond du val ; de nombreux troupeaux de bêtes à cornes paissaient l'herbe verte autour des villages dont la vallée est parsemée ; des léchés pâturaient par centaines, mêlés tranquillement aux animaux domestiques, et sachant bien qu'il leur suffit d'être à deux cents mètres des habitations pour n'avoir pas à craindre les flèches des naturels. Aussitôt que les armes à feu pénètrent dans la région qu'elles habitent, les antilopes ne tardent pas à connaître la portée des balles, et se tiennent toujours à une distance de cinq à six cents mètres des stations dont elles approchaient auparavant.

Je supposais qu'en raison de la hauteur où il est situé, Katongo devait offrir toutes les conditions de salubrité que je cherchais dans le pays ; mais les indigènes me répondirent que la fièvre y sévissait comme ailleurs. Lorsque les eaux se retirent, elles laissent à découvert une telle masse de vase et de débris de toute espèce, que les naturels eux-mêmes subissent cruellement l'influence des miasmes qui s'en dégagent. L'herbe y est si épaisse que l'on n'aperçoit nulle part le terreau noir qui forme le fond de ce lac périodique ; elle y est si haute, que lorsqu'elle tombe en hiver ou qu'elle verse, courbée sous le poids de sa graine, il faut encore, pour la franchir, lever les pieds d'une façon qui rend la marche excessivement pénible. Les femelles des léchés y cachent leurs petits qui disparaissent au milieu de cette prairie luxuriante, et les enfants des Makololos se plaignent de ne pas pouvoir y courir.

Il était évident qu'il n'y avait pas dans toute cette région un seul endroit où le climat fût salubre ; mais la rapidité du Liambye étant d'environ quatre milles et demi par heure (120 mètres par minute),

---

1. Espèce de patate dont on fait grand usage en Amérique.

je pensai que les terres élevées d'où il paraissait venir devaient être beaucoup plus saines ; je pris donc la résolution d'explorer le pays des Barotsés jusqu'à ses dernières limites ; laissant Sékélétou à Naliélé, je remontai le cours du fleuve. Sékélétou s'était chargé de composer mon escorte, et m'avait donné un héraut d'armes, afin que mon entrée dans les villages eût quelque chose de triomphal. Rien, à ce qu'il paraît, n'est plus honorable, aux yeux des Makololos, que d'être précédé par un individu qui s'en va criant du haut de la tête : « Voici venir le seigneur ! le grand lion ! etc. » Notez bien qu'avec la mauvaise prononciation que votre homme ne manque pas d'avoir, au lieu de « taou e tôno » qui signifie grand lion, il écorche le premier mot dont il fait « *saon*, » qui veut dire une truie, de manière qu'il m'était impossible de recevoir avec la gravité convenable l'honneur qu'il me rendait, et que je fus obligé, au grand déplaisir de ma suite, de le prier de garder le silence.

Nous trouvâmes sur les bords du fleuve un grand nombre de villages où l'on nous reçut à bras ouverts, comme des gens qui apportent la paix, c'est-à-dire le sommeil, suivant l'expression du pays. Les Makololos se comportent fort bien en public ; ils doivent probablement la dignité dont ils font preuve alors, à l'habitude qu'ils ont de commander les Makalakas, dont tous leurs villages sont peuplés, et que les femmes des Makololos semblent avoir pris sous leur direction particulière.

Depuis le 16° degré 16′ de latitude jusqu'à Libonta (14° 50′ de latitude sud), les rives du Liambye sont plates et découvertes ; mais les arbres reparaissent un peu plus loin ; à vingt milles au-dessus de Libonta, la forêt s'avance jusqu'au bord du fleuve, et l'on y retrouve la mouche tsétsé. Il devenait inutile de poursuivre mes recherches, puisque toutes les régions infestées par cette mouche sont complétement inhabitables pour les Européens ; mais ayant appris que j'étais à peu de distance de l'embouchure de la Liba ou Loïba, et que les chefs de ce territoire aimaient les étrangers et pourraient m'être utiles à mon retour de la côte occidentale, je continuai ma route jusqu'au 14° degré 11′ 3″ latitude sud. Le Liambye, en cet endroit, porte le nom de Kabompo et semble venir de l'orient ; c'est encore un beau fleuve de trois cents mètres de large, et la Liba, qu'il reçoit alors, en a deux cent cinquante. Le Loéti, dont l'une des branches s'appelle le Langebongo, se verse également dans le Liambye, où il entre sur la droite après avoir traversé, en venant de l'ouest-nord-ouest, une plaine herbeuse et parfaitement unie, connue sous le nom de Mango. Il a environ cent mètres de large ; ses eaux, d'une teinte claire, forment un contraste frappant avec celles de la Liba qui sont d'un vert sombre; et ces deux rivières, après s'être réunies au sein du Liambye, coulent pendant quelque temps côte à côte, avant que leurs ondes se soient mêlées complétement.

Nous n'étions pas encore à l'embouchure du Léoti, lorsqu'il nous arriva de rencontrer des habitants de Lobalé qui chassaient l'hippopotame. Ils s'enfuirent, tout effrayés, dès qu'ils aperçurent les Makololos, abandonnant leurs pirogues, leurs engins de chasse et leurs vêtements. Mes Makalakas, chez qui le pillage était une habitude, se précipitèrent sur le butin qui leur était livré, sans faire attention à mes cris ; mais, comme cet antécédent m'aurait perdu à jamais dans l'esprit de la population de Lobalé, j'exigeai à leur retour que les objets qu'ils rapportaient fussent déposés sur un banc de sable où les possesseurs légitimes pourraient venir les chercher.

J'avais maintenant la certitude qu'il n'y avait pas moyen de trouver dans cette région une localité saine où il fût possible de s'établir. C'était un motif suffisant pour excuser mon retour en Angleterre, où j'aurais pu dire que le temps du Seigneur n'était pas encore venu ; mais pensant qu'il était de mon devoir de faire quelque chose pour ces bons Makololos, qui me témoignaient tant de confiance et d'affection, je résolus d'accomplir la seconde partie de mon projet, puisqu'il m'était impossible d'effectuer la première. La Liba paraissait descendre du nord-nord-ouest ; j'avais une vieille carte portugaise, où la source de la Coanza était marquée au centre de l'Afrique par 9° de latitude sud ; je pensai, dès lors, qu'en remontant la Liba jusqu'au 12ᵉ degré, je ne serais plus qu'à cent vingt milles de la Coanza, que je pourrais atteindre facilement, et qui me porterait jusqu'à la côte, dans les environs de Loanda. Cette déduction était logique ; mais, ainsi qu'il arrive souvent à propos des théories les plus judicieuses, mes prémisses étaient complétement faussés : la Coanza ne prend pas sa source à l'endroit que je croyais, et ne se trouve pas le moins du monde au centre de l'Afrique.

Nous rencontrâmes au-dessus du Libonta une quantité prodigieuse de grands animaux d'une familiarité singulière. Un soir, des buffles, au nombre de quatre-vingt-un, défilèrent avec lenteur à une portée de fusil de notre bivouac ; dans le jour, des troupeaux d'élans magnifiques s'arrêtaient sans crainte à deux cents pas de distance de la place où nous étions. Ils appartenaient tous à la variété rayée ; on ne peut rien voir de plus beau que ces charmantes créatures, avec leurs jambes de devant bien marquées, leurs grands fanons et leur poil fin et lustré. Les lions rugissent beaucoup plus dans ces parages que sur les bords du lac Ngami, de la Zouga et du Chobé, et nous fûmes à même d'écouter un soir les rugissements les plus forts qu'il soit possible à ces animaux de faire entendre.

Nous avions dressé nos lits sur un large banc de sable, et l'on pouvait aisément nous voir de tous les côtés; un lion s'arrêta sur l'autre rive, et s'amusa, pendant la plus grande partie de la nuit, à rugir de toutes ses forces en mettant, comme ils le font tous en pareil cas, sa gueule auprès du sol, afin que la terre renvoyât le bruit au loin. Le fleuve était trop large pour qu'une balle pût l'atteindre, et nous le laissâmes jouir en paix des effets de sa voix puissante; il est bien certain qu'il n'aurait pas eu pareille impertinence dans le pays des Bushmen.

Le nombre des lions est proportionnel à celui des grands animaux de la contrée qu'ils habitent; on en voit donc ici très-fréquemment. Deux des plus forts que j'aie jamais rencontrés, me semblèrent être à peu près de la taille d'un âne commun; il est vrai que leur crinière les fait paraître plus grands et plus gros qu'ils ne le sont réellement.

A cette époque, il se trouvait dans le pays une bande d'Arabes de Zanzibar. Sékélétou avait quitté Naliélé avant que nous fussions de retour, et il s'était rendu à la ville de sa mère; mais, en partant, il avait laissé un bœuf pour notre usage, et avait tout ordonné pour que nous pussions aller le rejoindre. Nous descendîmes un bras du Liambye qu'on appelle Marilé; cette branche, qui se sépare du courant principal au 15° 15′ 43″ latitude sud, forme une rivière profonde ayant environ soixante mètres de large, et qui fait une île de tout le pays qui entoure Naliélé. Nous nous étions arrêtés pour passer la nuit dans un village situé sous la même latitude que cette dernière ville, quand parurent deux Arabes faisant partie de la bande dont nous avons parlé. Ils avaient la peau tout aussi foncée que celle des Makololos; mais, comme ils avaient la tête rasée, je n'ai pas pu comparer leurs cheveux avec ceux des indigènes. Au moment où nous allions partir, ils vinrent nous faire leurs adieux; je les engageai à rester et à nous aider à manger le bœuf qui nous venait de Sékélétou; mais ils se faisaient un scrupule de manger de la viande qui n'avait pas été saignée à leur manière; je gagnai leurs bonnes grâces en leur disant que j'étais complétement de leur opinion à cet égard, et en leur donnant deux cuissots d'un animal que je leur permis de tuer eux-mêmes. Ils professaient la plus grande horreur pour les Portugais, parce que ceux-ci mangent du porc; et ils n'aimaient pas les Anglais à cause de la vive opposition que font ces derniers à la vente des esclaves. Je passai condamnation quant à la chair du porc; et cependant s'ils m'avaient vu, deux jours après, mangeant de l'hippopotame, ils m'auraient considéré comme tout aussi hérétique que pas un Portugais. Mais je leur avouai que j'étais de l'avis des Anglais sur ce point : qu'il vaut mieux laisser les enfants grandir chez eux et devenir le soutien de leurs mères lorsque la vieillesse est arrivée pour celles-ci, que de les emmener et de les vendre de l'autre côté de l'Océan. Ils répondaient à cela, sans essayer de se défendre, « que ceux qui achètent des esclaves en ont besoin pour cultiver la terre, et qu'ils les soignent comme leurs propres enfants. » Toujours la même histoire; justifier une chose monstrueuse sous prétexte de sollicitude pour cette partie dégradée de l'humanité qui ne peut pas se soigner elle-même, et faire le mal pour que le bien puisse advenir ensuite.

Ces Arabes ou ces Mores savaient bien lire et bien écrire; et j'admirais l'audace avec laquelle ils me disaient, lorsque nous parlions de Notre-Seigneur, que le Christ est un fort grand prophète, mais bien moins grand que Mahomet. Quant à la répugnance que la chair de porc leur inspire, elle peut être fondée sur la nature même de leur organisation; j'ai vu des Béchuanas, qui n'avaient aucun préjugé à cet égard, manger du sanglier sans dégoût et sans scrupule, et le vomir quelques instants après.

Les Béchuanas qui habitent la contrée au sud du lac Ngami ont pour le poisson une extrême répugnance, qu'ils expliquent en disant qu'ils ne veulent pas manger d'un animal qui ressemble à un serpent. Cette aversion peut prendre sa source dans le culte que leurs ancêtres rendaient autrefois aux serpents, et dont leur esprit a gardé un vague souvenir. Cette opinion est d'autant plus probable, qu'en même temps que ces reptiles leur inspirent de l'horreur comme aliment, ils refusent de les détruire, et ils leur rendent un certain hommage en frappant dans leurs mains chaque fois qu'ils les rencontrent.

Nous étant séparés de nos deux Arabes, nous descendîmes le Marilé jusqu'au Liambye, où nous rentrâmes, afin de nous rendre à la ville de Ma-Sékélétou [1], qui est située dans une île en face de Loyéla.

Sékélétou avait constamment pourvu à ma nourriture avec une extrême libéralité; cette fois encore, dès que je fus arrivé, il me fit présent d'un pot de viande bouillie, et sa mère, d'un grand pot de beurre dont les Barotsés font une grande quantité, et dont ils se ser-

---

1. La mère de Sékélétou.

vent pour se graisser tout le corps. Sékélétou avait observé qu'après le repas je mettais de côté une certaine quantité de viande ; il avait compris le bénéfice que je retirais de cette méthode, et il suivait maintenant mon exemple en ordonnant de conserver quelque morceau pour moi. D'après leurs usages, un bœuf est toujours dévoré en une fois, jusqu'à la dernière parcelle ; et comme, suivant la coutume, le chef de la tribu ne peut pas manger seul, il lui arrive fréquemment d'avoir à subir une faim cruelle avant qu'il ait pu se procurer la nourriture nécessaire pour lui et pour les siens. Désormais nous agîmes de concert en épargnant l'un pour l'autre ; et lorsque les conservateurs, attachés aux vieilles coutumes, murmuraient contre cette innovation, je leur donnais le conseil de manger comme des hommes, et non comme des vautours.

C'était, nous l'avons dit, la première fois que Sékélétou visitait cette partie de ses domaines, et ce fut pour la plupart des habitants une occasion de réjouissances. Il recevait dans chaque village des bœufs, du lait et de la bière en plus grande quantité que les gens de sa suite ne pouvaient en consommer, bien qu'ils eussent à cet égard une capacité prodigieuse. Quant aux populations, elles lui témoignaient leur joie et donnaient cours à leur enthousiasme par des chants et par des danses qui s'exécutent de la manière suivante : les hommes, presque entièrement nus, ayant à la main un bâton ou une petite hache d'armes, se rangent les uns derrière les autres, de manière à former un cercle ; chacun hurle de toute la puissance de ses poumons, tandis que la bande entière lève une jambe, frappe deux fois du pied avec force, lève l'autre jambe et frappe cette fois un seul coup ; ceci est l'unique mouvement qui soit fait en commun. Les bras et les têtes s'agitent dans toutes les directions, les hurlements continuent d'être poussés avec autant de vigueur que possible ; et un nuage de poussière entoure les danseurs, dont les pieds, frappant la terre sans interruption, laissent une profonde empreinte dans le sol qu'ils ont foulé. Cet exercice ne serait nullement déplacé dans une maison de fous et pourrait même y avoir d'excellents résultats, comme moyen de dissiper l'exaltation du cerveau ; mais ici des hommes à tête grise prenaient part à cette danse avec autant de plaisir et d'entrain que ceux dont la jeunesse pouvait servir d'excuse aux flots de sueur dont ils étaient inondés.

« Que pensez-vous de la danse des Makololos ? me demanda Motibé.
— C'est une rude besogne et peu de profit, lui répondis-je. — Certainement, reprit-il ; mais c'est très-beau, et Sékélétou nous donnera un bœuf pour nous remercier d'avoir dansé pour lui. » En

effet, il tue ordinairement un bœuf pour les danseurs quand l'exercice est terminé.

Les femmes se tiennent à côté de la danse en frappant dans leurs mains; de temps en temps l'une d'elles entre dans le cercle formé par les hommes, puis elle se retire après y avoir fait quelques mouvements. Comme je n'ai jamais pris part à la polka makololo, et que je suis incapable d'en partager l'ivresse et d'en saisir l'esprit, je ne saurais la recommander à nos danseurs; mais, d'après Motibé, « cette danse est très-jolie, » et Motibé n'est rien moins que le beau-père de Sékélétou. On me demandait souvent si l'on dansait chez les blancs; je pensais alors à la danse de Saint-Guy; mais, ne pouvant pas dire que tous nos danseurs fussent attaqués de cette maladie, je faisais de notre manière de danser une description qui, j'ai honte de l'avouer, ne donnait pas aux Makololos une idée favorable des talents chorégraphiques de mes compatriotes.

Comme Sékélétou avait passé chez sa mère, afin de m'y attendre, plus de temps qu'il ne l'aurait fait sans cela, nous quittâmes la ville aussitôt mon arrivée et nous poursuivîmes notre chemin en descendant la rivière. Le courant nous emportait avec rapidité, et nous allâmes en un jour de Litofé à Gonyé, c'est-à-dire que nous franchîmes une distance de quarante-quatre milles en latitude, ce qui ne fait pas moins de soixante milles géographiques, si l'on y ajoute les détours que forme la rivière. Marchant ainsi, nous atteignîmes Séshéké et nous rentrâmes bientôt à Linyanti.

Depuis neuf semaines j'étais avec les sauvages en relations plus étroites que cela ne m'était arrivé jusqu'alors; et, bien que tous ces païens, leur chef compris, fussent pour moi aussi bons, aussi attentifs que possible, bien que la nourriture fût copieuse, beaucoup plus qu'il ne fallait pour nous rassasier tous, la nécessité de subir les danses, les cris, les chants, les plaisanteries, les anecdotes, les plaintes, les querelles et les meurtres de ces enfants de la nature, me parut plus pénible que tous les maux dont j'avais souffert jusqu'à cette époque. J'en éprouvai un dégoût plus violent encore pour la sauvagerie et le paganisme, et je me formai une haute opinion des effets latents obtenus dans le Sud par les missionnaires chez des peuplades autrefois aussi sauvages que les Makololos. Les bénéfices indirects que produira dans l'avenir la diffusion probable du christianisme, et qui aujourd'hui restent cachés à l'observateur superficiel, valent bien l'argent et les travaux qu'ils auront coûtés.

CHAPITRE XIII

Préparatifs de voyage. — Un picho. — Vingt-sept hommes sont désignés pour m'accompagner dans l'Ouest. — Vif désir des Makololos d'entrer directement en relations commerciales avec la côte. — Effet de la fièvre. — Question d'un Makololo. — Perte de mon journal. — Réflexions. — Départ de Linyanti le 11 novembre 1853. — Hippopotames. — Rives du Chobé. — L'île Mparia, au confluent du Chobé et du Liambye. — Une mère makalala défie l'autorité du chef makololo à Séshéké. — Châtiment infligé aux voleurs. — Observance du lendemain de la nouvelle lune. — Discours publics à Séshéké. — Attention de l'auditoire. — Résultats. — Continuation du voyage. — Fruits. — Rapides. — Oiseaux. — Poissons. — Hippopotames.

Linyanti, septembre 1853. Ce but que je me proposais d'atteindre convint tellement aux Makololos, qu'il fut décidé que nous partirions au mois de novembre, dès que la saison des pluies aurait tempéré la chaleur. De Linyanti, par 18° 17′ 20″ latitude sud et 23° 50′ 9″ longitude est, nous étions beaucoup moins éloignés de Saint-Philippe de Benguela que de Saint-Paul de Loanda; et j'aurais pu m'entendre avec les Mambaris pour les accompagner jusqu'à Bihé, qui est sur la route de Saint-Philippe; mais il y a tant d'inconvénients à voyager dans les lieux où les marchands d'esclaves ont passé, que j'aimais beaucoup mieux prendre un chemin tout différent du leur.

J'envoyai donc plusieurs individus explorer le pays du côté de l'ouest, afin de voir s'il existait dans cette direction une langue de terre qui fût affranchie de la tsetsé et qui pût nous servir de passage; toute recherche fut vaine. Le territoire de Linyanti est environné de forêts infestées par l'insecte venimeux, si ce n'est en quelques endroits, ceux par exemple qui nous avaient permis d'arriver à Séshéké et à la Sanshureh. On ne le trouvait pas, il est vrai, dans la vallée Barotsé; mais c'était un chemin infesté par les marchands d'esclaves, et il fallait, pour le suivre, être parfaitement armé; d'un autre côté, les Mambaris m'assuraient qu'il y avait beaucoup d'Anglais à Loanda, et la perspective de retrouver des compatriotes contre-balançait pour moi les difficultés du voyage. Un *picho* fut convoqué pour délibérer sur notre expédition ; la plus grande liberté de parole règne dans ces assemblées ; l'un des vieux augures de la tribu s'écria d'une voix sinistre : « Où veut-il vous conduire ? cet homme blanc vous entraîne à votre perte ; et déjà vos habits ont une odeur de sang. » On rencontre partout les mêmes individus ; celui-ci était un de ces prophètes de malheur qui ne voient jamais que désastres au fond de tous les projets, et qui trouvent dans une comète ou dans une éclipse le présage de la déroute et le conseil de fuir l'ennemi. Sébituané, qui autrefois le traitait de lâche, n'avait pas écouté ses visions ; Sékélétou s'amusait de ses jérémiades ; et la majorité se prononçant en ma faveur, vingt-sept hommes furent désignés, séance tenante, pour m'accompagner dans l'Ouest. Ils n'étaient pas à mes gages et avaient pour mission de m'aider à l'accomplissement d'une entreprise dont le résultat n'avait pas moins d'intérêt pour les Makololos et pour leur chef que pour moi. Ils désiraient avec ardeur se mettre en relation avec les blancs. Le prix que les négociants du Cap leur offraient de leurs marchandises était réduit à si peu de chose par les frais de transport et les difficultés du voyage, que cela ne valait guère la peine de recueillir des objets pour les leur vendre ; et les Mambaris prenaient, pour quelques bribes d'étoffes, une quantité d'ivoire qui valait plus de guinées qu'ils ne donnaient en échange de mètres de serge ou de cotonnade. Ils espéraient donc retirer un bénéfice réel des relations commerciales qu'ils voulaient nouer avec la côte ; et le désir qu'ils en éprouvaient coïncidait avec la persuasion où j'ai toujours été, que le commerce est le moyen le plus efficace et le plus constant de faire avancer un peuple dans la voie du progrès, et surtout de l'y maintenir. Il est impossible d'avoir dans l'intérieur des missions permanentes, à moins que les missionnaires ne descendent tout à coup au niveau des indigènes : car, même à Kolobeng, nous étions rançonnés par les marchands, qui nous vendaient les articles dont nous avions besoin quatre fois plus cher que cela ne valait, et qui, par surcroît, exigeaient de la reconnaissance pour la bonté dont ils faisaient preuve à notre égard, en voulant bien nous les céder.

Les trois hommes que j'avais amenés de Kuruman étaient souvent repris de la fièvre ; et comme, au lieu de profiter de leurs services, j'étais au contraire obligé de les soigner, je me décidai à les renvoyer chez eux avec Fleming, aussitôt que celui-ci eut terminé ses affaires. Il ne me resta plus personne de mon ancienne escorte, et je dus compter uniquement sur l'assistance de mes vingt-sept individus, que j'appellerai *Zambésiens*, car il n'y avait parmi eux que deux Makololos seulement ; tout le reste se composait de Barotsés, de Batokas, de Bashoubias et de deux Ambondas.

La fièvre m'avait, moi-même, considérablement affaibli ; j'étais pris de vertiges dès que je levais les yeux vers le ciel ; tout semblait alors se précipiter à ma gauche, et, si je ne trouvais pas un objet auquel je pusse me retenir, je tombais lourdement par terre ; j'éprouvais la même sensation lorsque je me retournais brusquement dans mon lit, sensation qui paraissait provenir d'un flux de bile s'échappant tout à coup du foie. Les Makololos me firent alors cette question : « Dans le cas où vous viendriez à mourir, vos compatriotes ne nous blâmeraient-ils pas de vous avoir permis de nous quitter pour aller dans une contrée malsaine, inconnue et peuplée d'ennemis ? » Je les rassurai en leur disant que je laisserais à Sékélétou un livre où j'avais écrit tout ce qui m'était arrivé jusqu'au jour où nous étions, et qu'après l'avoir lu, mes amis ne pourraient pas douter de leurs sentiments à mon égard. C'était mon journal, que Sékélétou devait envoyer à M. Moffat dans le cas où je ne reviendrais point à Linyanti. Je restai à Loanda plus longtemps que je ne m'y attendais ; Sékélétou, fidèle à sa promesse et croyant ne plus me revoir, confia le volume que je lui avais laissé à un marchand qui partait pour le Cap, et mon journal a été perdu sans qu'il me fût possible de savoir ce qu'il avait pu devenir. J'ai vivement regretté ce volume, qui renfermait de précieux détails sur les mœurs des animaux sauvages, et que, dans ma lettre, je priais M. Moffat d'envoyer à ma famille.

Toutefois la question des Makololos posa nettement dans mon esprit la probabilité de ma mort ; quand on a devant soi la perspective de sortir de ce monde avant peu, la chose paraît sérieuse ; quitter femme et enfants, briser toute relation avec la terre, qui alors vous paraît si belle, et commencer une autre existence ! Je vois dans mes notes que j'ai longtemps réfléchi à cette effrayante migration qui nous fait passer dans l'éternité. Je me demandais si un ange viendrait calmer à l'heure suprême les inquiétudes de mon âme, nécessairement troublée ; puis j'espérais que d'un mot Jésus me donnerait la paix éternelle ; et comme j'ai toujours pensé que le serviteur de Dieu doit mourir avec courage, j'écrivis à mon frère pour lui recommander ma fille, bien déterminé que j'étais à ouvrir cette partie de l'Afrique au reste du monde, ou à succomber dans l'entreprise. Les Boërs, en me dépouillant de tout ce qui m'appartenait, m'avaient évité la peine de faire un testament ; et le cœur léger, après avoir fait quelques efforts pour leur accorder un pardon sincère, je sentis qu'il valait mieux être du côté des volés que de celui des voleurs.

Je confiai mon wagon, ainsi que plusieurs objets, aux soins des Makololos ; ils emportèrent dans leurs huttes les différentes choses qu'ils pouvaient y serrer ; puis deux guerriers amenèrent chacun une belle génisse, ils firent en présence du chef diverses évolutions et lui demandèrent ensuite d'être témoin de l'engagement qu'ils venaient de prendre, à savoir que les deux génisses appartiendraient au premier d'entre eux qui tuerait un soldat matébélé en défendant mon chariot.

J'avais trois mousquets pour les gens de mon escorte, pour moi une longue carabine et un fusil à deux coups ; et, vu l'énorme quantité de gibier qui existe sur les bords de la Liba, j'imaginais qu'il me serait facile d'approvisionner tous mes gens de venaison. Afin d'éviter le découragement qui aurait pu naître si, en face des obstacles que nous devions rencontrer, mes hommes avaient été chargés de lourds fardeaux, je n'emportai que les bagages strictement nécessaires : quelques biscuits, quelques livres de sucre et de thé, une vingtaine de livres de café, qui est un excellent breuvage lorsqu'on est resté longtemps au soleil, et qui vous rend des forces après une longue fatigue. Je n'ajoutai à cela qu'une petite caisse en étain d'environ trente-huit centimètres carrés, et contenant deux chemises, un pantalon et des souliers qui devaient me servir à Loanda ; un sac renfermant un peu de linge et quelques habits pour remplacer, pendant le voyage, ceux avec lesquels je partais ; une seconde boîte d'étain, de la même dimension que la première, et qui était remplie de médicaments ; une troisième où étaient placés mes livres : c'est-à-dire un Almanach nautique, les Tables de logarithmes de Thomson et ma Bible. Dans une quatrième boîte, se trouvait une lanterne magique ; on verra plus tard combien j'eus l'occasion de m'en servir. Les boussoles, le thermomètre, le sextant, l'horizon artificiel, furent emportés chacun séparément, et je distribuai nos munitions de chasse, en petits paquets, dans les autres bagages, afin, en cas de malheur, de ne pas tout perdre à la fois. C'était sur elles que nous comptions pour nous procurer les aliments de chaque jour ; mais, comme elles pouvaient nous manquer, je m'étais muni de vingt livres de grains de verre qui me restaient de la provision que j'avais apportée du Cap, et qui avaient une valeur de cinquante francs. Une tente de bohémien, tout juste assez grande pour coucher ; un manteau de peau de mouton, remplaçant les couvertures, et une peau de cheval en guise de lit, complétaient mon équipement. L'art de voyager consiste à ne prendre avec soi que le moins de charge possible, à se débarrasser de tout ce qui peut entraver la marche et ajouter aux fatigues de la route. Cette opinion, j'en conviens, n'est pas celle de tout le monde; mais j'étais intimement persuadé que, si j'échouais dans mon entreprise, ce serait le manque d'énergie qui en serait la cause, et non pas l'absence de tous ces brimborions réputés indispensables au voyageur, et qui auraient eu pour effet d'exciter la convoitise des peuplades que nous devions rencontrer.

Mes instruments étaient peu nombreux, mais les meilleurs qu'on pût trouver : un sextant des fameux Troungton et Sims, de Fleet-Street ; un chronomètre à secondes fixes, admirable invention pour quiconque veut avoir la mesure exacte du mouvement et de la durée : il avait été fait par Dent, pour la Société royale de géographie, et me fut envoyé par l'amiral Smythe, président de cette société, à qui j'offre ici l'expression de ma gratitude pour la bienveillance qu'il m'a toujours témoignée. J'avais encore un thermomètre de Dollond, une boussole de poche, une autre qui provenait de l'Observatoire du Cap, un fort bon télescope de petit calibre et dont le support était construit de manière à pouvoir se visser au tronc d'un arbre. Je me fais un plaisir d'ajouter que c'est mon ami le colonel Steel et M. Maclear qui m'ont appris à faire usage de ces excellents instruments.

11 *novembre* 1853. Je pars de Linyanti accompagné de Sékélétou, suivi des plus grands personnages de la ville, et je m'embarque sur le Chobé ; Sékélétou vient jusqu'au bord de la rivière pour assister à notre départ et s'assurer par lui-même qu'il ne nous manque rien. Avant d'atteindre le courant principal du Chobé, nous avons à franchir cinq de ses branches ; c'est probablement une de ses ramifications que nous avions vue en 1851, M. Oswell et moi, et qui nous l'avait fait prendre pour un cours d'eau insignifiant ; lorsque toutes ses branches sont réunies, elles forment une rivière large et profonde. L'endroit où nous nous embarquons est précisément l'île où j'ai rencontré Sébitouané. Elle s'appelait à cette époque l'île de Maounkou, l'une des femmes de ce grand chef. C'est le canot de Sékélétou que je monte ; il est plus grand que tous les autres, et je peux y aller et venir avec facilité.

Les hippopotames sont très-nombreux dans le Chobé ; vous n'avez rien à craindre de leur part, à moins que vous ne traversiez la bande lorsqu'elle est endormie ; ceux que vous réveillez alors pourraient bien, dans leur effroi, briser votre embarcation : c'est pour cela qu'en général on recommande aux bateliers de suivre les bords de la rivière pendant le jour, et de se maintenir pendant la nuit au milieu du courant. Il est dans la nature de l'hippopotame de fuir l'approche de l'homme ; toutefois, certains vieux mâles qui ont été chassés du troupeau sont extrêmement dangereux, ainsi qu'en pareil cas le deviennent les éléphants. La solitude aigrit leur humeur, ils poussent la misanthropie jusqu'à se précipiter sur les canots qui passent à côté d'eux. Au moment où ce fait m'est raconté, nous arrivons auprès d'une pirogue qui a été mise en pièces par l'un de ces solitaires. Mes compagnons me disent que, dans cette occasion, le meilleur moyen d'échapper au monstre est de plonger dans le fleuve et d'y rester pendant quelques secondes, l'hippopotame ayant l'habitude, lorsqu'il a brisé une pirogue, ce qu'il fait avec ses pieds de derrière, de regarder à la surface de l'eau, et de s'éloigner immédiatement dès qu'il ne voit personne. J'ai trouvé d'horribles cicatrices sur les jambes des individus qui, assaillis par cet affreux animal, n'avaient pas eu le temps de lui échapper. Bien que l'hippopotame soit un herbivore, c'est avec ses dents, qui sont de véritables défenses, qu'il déchire ceux qu'il attaque. L'un des solitaires dont nous parlons, et qui habite auprès du confluent du Chobé, quitte sa bauge et poursuit l'un de nos canots, dont les rameurs redoublent de vitesse.

Dans l'une de ses parties qu'on appelle Zabésa ou Zabenza, la rivière s'épanche et forme un lac entouré d'un massif épais de grands roseaux; un peu plus bas, lorsqu'elle est rentrée dans son lit, elle a encore de cent à cent vingt mètres de large; elle est profonde, et ne devient jamais assez basse pour qu'on puisse la traverser à gué. En certains endroits, où l'absence de roseaux permet de voir sur la rive opposée, les Makololos ont construit des villages d'où ils observent les mouvements de leurs ennemis, les Matébélés. Nous nous arrêtons dans toutes ces bourgades et nous trouvons dans chacune d'elles cet ordre qui nous précède partout sur le territoire des Makololos : « Ne permettez pas que le Naké, c'est-à-dire le docteur, puisse souffrir de la faim. »

Comme celles de la Zouga, les rives du Chobé sont formées d'un tuf calcaire tendre où l'eau s'est creusé un lit dont les bords sont perpendiculaires; dans les lieux où la rive est élevée, elle est couverte de forêts magnifiques, peuplées d'antilopes, de sangliers, de buffles, de zèbres, d'éléphants, et qu'habite la tsetsé. Parmi les arbres qui les composent se trouvent plusieurs espèces de figuiers, de banians, des acacias d'un vert tendre, le splendide motsintséla et le motsouri toujours vert, qui a la forme d'un cyprès; il donne de belles prunes roses que nous apportent les habitants des villages, et dont on fait, dans le pays une boisson légèrement acide, et qui est agréable au goût. Le motsintséla est un arbre très-élevé, dont le bois sert à la construction des pirogues; ses fruits sont bons et nourrissants; mais, comme dans la plupart des fruits sauvages, la pulpe a besoin d'en être développée par la culture.

Le lit de la rivière décrit tant de sinuosités, qu'il nous faut faire le tour de la boussole tous les dix ou douze milles. Quelques-uns de mes compagnons descendent sur la rive et franchissent en six heures la distance qui sépare Morimi d'une autre bourgade; la marche des canots est deux fois plus vite que celle de nos hommes, et nous mettons douze heures pour arriver au même point. Le Chobé, qui a de treize à quinze pieds d'eau dans les endroits les moins profonds, et qui est assez large pour porter un steamer, ne serait pas navigable pour les bateaux à vapeur à cause de ses brusques détours; mais, si la contrée qu'il arrose est jamais civilisée, il formera un canal qui rendra de grands services à la population.

Il a fallu ramer pendant quarante-deux heures pour venir de Linyanti à l'embouchure du Chobé, et nous avons fait cinq milles par heure. Une chaussée d'amygdaloïdes [1] traverse le Liambye en cet endroit; outre les analcimes et les mésotypes qu'elle renferme, elle contient des cristaux que le fleuve dissout peu à peu, ce qui donne au rocher l'apparence d'avoir été rongé par les vers. Ici la couleur du Chobé, qui jusqu'alors était sombre, devient tout à coup moins foncée par l'effet du principe minéral que ses eaux tiennent en suspension, et les moustiques, infiniment plus rares, ainsi qu'il arrive dans tous les lieux où l'on rencontre cette nuance particulière, ne sont plus un inconvénient sérieux que pour les personnes très-irritables.

On trouve au confluent du Liambye et du Chobé une grande île qui porte le nom de Mparia. Elle est formée de zéolithe (probablement du genre mésotype), d'une époque moins ancienne que la couche de tuf où les eaux du Chobé ont creusé leur lit; car, au point où ces deux rochers se réunissent, le tuf a été transformé en calcaire saccharoïde.

Il serait très-difficile de déterminer d'une manière précise l'endroit où le Chobé vient tomber dans le Liambye, le fleuve et la rivière se divisant chacun en plusieurs branches au moment où ils s'abouchent. Mais un peu plus bas la réunion de toutes ces eaux forme un admirable coup d'œil pour celui qui a vécu pendant plusieurs années dans les plaines desséchées du Midi. Le fleuve est tellement large à quelques milles de l'embouchure du Chobé, que la vue perçante des

---

1. Fragment de roche contenant dans son intérieur des espèces de noyaux plus ou moins arrondis, souvent d'une nature différente de celle de la masse qui les renferme.

sauvages confond les îles qu'il renferme avec le bord de l'autre rive.

Après avoir passé la nuit dans un village makololo situé dans l'île Mparia, nous quittons le Chobé pour remonter le Liambye, et le 19 novembre nous nous retrouvons à Séshéké. Cette ville, bâtie sur la rive gauche du fleuve, renferme une population nombreuse, composée de Makalalas appartenant à diverses tribus, qui ont leurs chefs respectifs de la même race que la leur, et qui néanmoins, soumis à l'autorité d'un petit nombre de Makololos, sont gouvernés par Moriantsané, beau-frère de Sébitouané.

Cette organisation, bien qu'essentiellement despotique, est profondément modifiée par la coutume, qui en adoucit la rigueur. Un Makalala avait tué un bœuf appartenant à l'un des grands personnages de la ville, afin d'avoir sa part de l'animal, dont Moriantsané devait faire la distribution. Il n'avait pas pu retirer sa lance du corps de la victime et il fut nécessairement reconnu pour l'auteur du méfait; on lui attacha les pieds et les mains et on l'exposa au soleil pour le contraindre à payer l'amende qui lui était imposée; mais il persista dans son obstination et refusa d'avouer son crime; sa mère, qui croyait à son innocence, prenant alors sa houe, dont elle menaça tous les hommes qui voudraient se placer entre elle et son fils, alla détacher les liens du coupable, qu'elle ramena paisiblement chez elle. Ce défi, porté ouvertement à l'autorité, laissa Moriantsané parfaitement calme, et on en référa à Sékélétou pour fixer les dommages-intérêts qui étaient dus au propriétaire du bœuf sans se préoccuper du reste.

Il n'y avait pas longtemps que les Makololos avaient introduit chez eux cette pénalité d'une amende imposée à l'auteur d'un délit de cette nature, et voici à quelle occasion : un marchand, qui était venu à Séshéké pour y faire quelques échanges, avait été dépouillé de tout ce qu'il possédait par un Makalala; on avait pris le voleur, qui avait avoué son crime, en ajoutant qu'il avait tout donné à une personne qui n'était plus dans le pays. Les Makololos furent exaspérés en songeant à l'atteinte qu'une pareille conduite envers un étranger porterait nécessairement à leur réputation. Il est d'usage, parmi eux, toutes les fois que la conscience publique est soulevée par un forfait qui l'indigne, de saisir le coupable et de le noyer dans le fleuve; mais le supplice du voleur n'aurait pas restitué au marchand les objets qu'on lui avait enlevés, et les Makololos ne savaient comment agir. L'affaire me fut soumise; je tranchai la question en payant au marchand les objets qu'il avait perdus, et je condamnai le coupable à travailler dans un jardin pour une somme équivalente. Ce système fut immédiatement adopté par les Makololos, qui obligent aujourd'hui les voleurs à cultiver une quantité de blé proportionnée à l'importance du tort qu'ils ont causé.

Il n'y a d'autre jour de repos chez ces peuplades que le lendemain de la nouvelle lune. On trouve à cette occasion, parmi celles qui demeurent au nord du pays des Béchuanas, une coutume qui n'existe pas chez ceux-ci : les nègres de ces tribus attendent avec ardeur l'apparition de la lune nouvelle, et, dès qu'ils aperçoivent la moindre partie du croissant lumineux, ils le saluent d'un *Koua* prolongé, qu'ils font suivre d'une prière vociférée à pleins poumons : « Que notre voyage avec l'homme blanc soit heureux ! criaient mes Zambésiens. Que nos ennemis soient détruits, et que les enfants du docteur s'enrichissent ! Que partout sur sa route le Naké trouve de la viande en abondance ! »

Assis à l'ombre du grand acacia de la girafe, qui couvre une partie de la kotla située au bord du fleuve, je parlais souvent, en public, aux habitants de Séshéké. C'était un beau spectacle à voir que cette longue file d'individus, hommes, femmes et enfants, qui, sous la conduite de leurs différents chefs, se rendaient à l'endroit de nos réunions. Ils formaient un auditoire de cinq à six cents personnes, et l'obligation où j'étais d'élever la voix pour me faire entendre d'une assemblée aussi nombreuse me rendit ce mal de gorge qui avait nécessité l'ablation de la luette pendant que j'étais au Cap. Mon auditoire me prêtait une oreille attentive, et Moriantsané, voyant une fois quelques jeunes gens qui, au lieu de m'écouter, examinaient un kaross, leur jeta son bâton à la tête, afin de me prouver l'intérêt qu'il prenait à mes paroles.

Souvent mes auditeurs m'adressaient les questions les plus sensées ; d'autres fois ils m'entretenaient des choses les plus frivoles au moment où je venais de leur parler des sujets les plus graves. Quelques-uns priaient en secret le Dieu des blancs, qui, je n'en doute pas, écoutait leurs prières, tandis que les autres passaient la nuit à se rappeler ce qu'ils avaient entendu à l'égard de la vie éternelle, et, profondément effrayés de ce qu'ils venaient d'apprendre, ils formaient la résolution de ne plus croire aux discours du docteur ; le nombre de ces derniers était considérable ; et j'ai vu, dans le midi de l'Afrique, les habitants de certains villages mettre à mort tous les coqs, pour ne pas entendre le chant de ces oiseaux qui, au matin, les appelait à la prière.

Depuis notre passage à Morémi, bourgade située sur les bords du Chobé, j'avais presque toujours la fièvre, que je devais garder longtemps encore ; dès que je fus à peu près rétabli du dernier accès qui

16

avait été fort grave, je songeai au départ, et j'envoyai quelques-uns de mes hommes en avant pour qu'on nous préparât des vivres dans les villages où nous devions passer. Je fis prendre aux gens de ma suite quatre défenses d'éléphant qui appartenaient à Sékélétou, afin de comparer la valeur qu'elles pourraient avoir sur la côte avec le paix qu'en donnaient les trafiquants du Sud. Nous reçûmes de Moriantsané une abondante provision de miel, du lait et de la farine, et je m'embarquai de nouveau, accompagné de ma suite. La saison des pluies commençait alors dans cette région ; et, bien qu'il tombât chaque jour des ondées suffisantes pour abattre la poussière, le niveau du fleuve ne s'élevait pas encore ; mais le Liambye n'en avait pas moins trois cents mètres d'eau courante dans sa moindre largeur.

Nous nous arrêtions à chaque village que nous trouvions sur la rive, afin d'y prendre les aliments qu'on nous tenait en réserve. Ces stations répétées nous retardaient énormément, et nous aurions pu nous suffire avec beaucoup moins de provisions ; mais Pitsané, le Makololo qui était à la tête de mes hommes, et qui connaissait les ordres généreux qu'avait donnés Sékélétou, voulait en profiter. Les Banyétis nous apportaient une énorme quantité de mosibés ; c'est une espèce de fève d'un rouge brillant et qui provient d'un arbre élevé ; le péricarpe, de consistance pulpeuse, et qui est la seule partie dont on fasse usage, n'a pas plus d'épaisseur qu'un pain à cacheter ; il faut, pour qu'il soit mangeable, qu'on y ajoute du miel.

On joignait à cela des fruits de strychnos qui fournissent une variété de noix vomiques, et dont la pulpe juteuse est d'une acidité fort agréable ; ils sont jaunes et ressemblent à une grosse orange, mais l'écorce en est dure et contient, ainsi que les noix, un poison des plus violents, dont les propriétés vénéneuses se révèlent par une amertume extrême. Les graines, avalées par inadvertance, produisent de vives douleurs, sans toutefois causer la mort; pour éviter cet inconvénient, les indigènes font sécher la pulpe, afin d'en extraire les noix avec plus de facilité.

On nous offrit également des mobolas, qui sont un fruit bien préférable. La partie succulente dont le noyau est entouré n'a pas moins d'épaisseur que la chair de la datte commune ; elle est douceâtre et a la saveur de la fraise, bien qu'elle soit un peu fade. Les naturels, après avoir enlevé le noyau des mobolas, en conservent la pulpe ainsi qu'ils le font pour les dattes; nous avons emporté plusieurs sacs de ces fruits desséchés ; il nous en restait encore à cent milles environ de l'endroit où ils nous avaient été donnés.

Mais de tous les fruits de cette région, le meilleur est sans contredit le mamosho, dont le nom signifie : *mère du matin*. De la dimension d'une prune, il renferme un noyau qui n'est pas plus gros que celui d'une datte, et sa pulpe fondante a quelque chose du fruit de l'anarcadier, auquel s'ajoute une saveur acide extrêmement agréable. Nous trouvons, sur les arbres de ce pays-ci, des fruits qui, dans les plaines du Kalahari, sont portés par des plantes herbacées ; divers arbustes, qui dans le Sud ne forment que des broussailles, acquièrent des proportions plus grandes à mesure que nous avançons vers le nord[1], et deviennent de grands arbres lorsque nous atteignons une certaine latitude. Il est douteux néanmoins que ceux qui portent le mawa, le mamosho et le mobola, soient le développement pur et simple des arbustes qui donnent ailleurs des fruits absolument pareils ; j'ai trouvé les uns et les autres sous le même parallèle ; leur feuillage est différent et leurs fruits ne mûrissent pas à la même époque.

Les bords du fleuve s'embellissent tous les jours ; les arbres commencent à déployer leurs feuilles, dont le vert tendre forme un heureux contraste avec les sombres motsourisou moyélas, tout chargés de baies roses de la grosseur d'une cerise.

Les rapides ont beaucoup moins d'eau que dans les autres saisons, et il est très-difficile à nos pirogues de les franchir ; toutefois nos canotiers font des merveilles et sont toujours de bonne humeur ; ils s'élancent dans l'eau sans hésiter, pour empêcher nos esquifs d'être emportés par le ressac ou brisés sur les rochers ; il leur faut une adresse incroyable pour glisser entre les rocs à peine recouverts d'eau. Cette difficulté n'existerait pas au milieu du courant ; mais nous ne pouvons pas nous éloigner de la rive, à cause des hippopotames qui sont au milieu du fleuve. Néanmoins, si l'on se rappelle que nous sommes à la fin de la saison sèche et qu'il n'y a pas actuellement dans la rivière d'Orange la cinquième partie de l'eau qu'on trouverait dans le Chobé, tandis que le Zambèse a parfois un mille d'un bord à l'autre et coule rapidement sur trois cents mètres de large, il sera facile de comprendre la différence qui existe entre les rivières du nord et celles du midi de l'Afrique australe.

Les rapides sont occasionnés par des roches de grès ou de trapp d'un brun foncé, qui barrent le cours du fleuve. Dans quelques endroits, ces roches forment le fond du Liambye sur un espace de plusieurs milles et servent d'assiette à des îlots couverts de bois. Les chutes que l'on voit indiquées sur la carte ont de 1 mètre 20 à 1 mètre 80 de hauteur ; en les franchissant, la proue de nos embar-

---

1. Il faut se rappeler qu'ici le mot nord indique que l'on se rapproche de l'équateur, et le mot sud, qu'on s'en éloigne.   (*Note du traducteur.*)

cations plonge dans l'eau, qui s'y précipite, et nous perdons une grande quantité de biscuit.

Une plante aquatique, petite et dure, tapisse les rochers qui produisent ces cascades ; dans les endroits où elle est exposée à l'air, elle devient cassante et craque sous le pied, comme si elle contenait une grande quantité de matière pierreuse. Il est probable qu'elle contribue à la désagrégation de la pierre qu'elle recouvre : car, dans les parties où la roche est moins lavée par le fleuve ou moins soumise à l'influence de cette plante, elle est couverte d'une couche très-mince et d'un aspect vitreux.

En passant le long des rives, sous les arbres dont les branches se projettent au-dessus du fleuve, nous voyons souvent de jolies tourterelles qui couvent leurs œufs d'un air calme et doux, à quelques pieds du torrent qui gronde au-dessous de leur nid. J'aperçois un ibis [1] qui a perché sa demeure au sommet d'un arbre écimé. Quiconque a navigué sur les rivières situées au nord du 20e degré latitude sud, n'oublie jamais le Oua-oua-oua perçant et dur de cet oiseau, ni les cris du faucon vocifère. Si vous descendez sur la rive, une espèce de pluvier, le *Charadrius caruncula*, détestable personnage possédé de la manie de s'occuper des intérêts publics, vous poursuit en voltigeant au-dessus de votre tête et persiste avec acharnement à crier, à tous les animaux qui peuvent l'entendre, de fuir l'ennemi qui s'approche. Un oiseau de la même famille, le pluvier armé de Burchell, a pour cri d'alarme un tinc-tinc-tinc dont le timbre métallique est si prononcé, que les nègres l'ont appelé *setu-latsipi* (littéralement, qui forge le fer). Il porte à l'épaule un éperon de la même nature que celui du talon du coq, mais qui a seulement 12 millimètres de longueur ; néanmoins, fort de cette arme, il poursuit avec fureur le corbeau à gorge blanche [2] qui est beaucoup plus gros que lui, et qui l'évite en poussant des cris d'effroi. C'est ce pluvier qui porte le nom de Siksak dans la vallée du Nil, et c'est lui que M. Saint-John a vu remplir l'office de cure-dents auprès du crocodile. Je l'ai vu fréquemment sur le même banc de sable que l'alligator, souvent j'ai cru l'apercevoir sur le dos même du reptile ; mais je n'ai jamais été assez heureux pour être témoin de l'opération du curage des dents qu'Hérodote a décrite et que Geoffroi Saint-Hilaire et Saint-John ont également citée.

Mashaouana, mon premier rameur, vient d'arrêter le canot pour me montrer une tortue qui, en essayant de gravir le bord du fleuve,

---

[1]. L'hagidash de Latham, ou le *Tantalus capensis* de Lich.
[2]. *Corvus scapulatus*, Daud.; *corneille à scapulaire*, Levaillant.

s'est renversée sur le dos ; cet accident, qui nous permet de nous emparer d'elle, est, suivant Mashaouana, le présage infaillible du succès de mon entreprise.

Je remarque de nouveaux oiseaux sur les grands arbres qui couvrent les bords du Liambye, dans tous les endroits où le lit du fleuve est sur le roc : plusieurs d'entre eux sont musiciens, et leurs chants, pleins de douceur, contrastent de la manière la plus agréable avec les cris discordants des petits perroquets verts à épaules jaunes [1] que l'on trouve dans cette région, où l'on voit aussi un grand nombre de tisserands [2] d'un noir de jais ayant sur les épaules une bande d'un brun jaunâtre.

Nous rencontrons pour la première fois un petit oiseau bleu foncé, dont la queue et les ailes sont couleur chocolat [3], et qui porte à la queue deux pennes qui se prolongent de quinze centimètres au delà des autres ; de petits oiseaux blancs et noirs [4] d'une extrême vivacité, que l'on trouve toujours par compagnie de six a huit individus ; enfin un certain nombre d'espèces variées, peut-être ignorées des savants, ce que je ne saurais dire, n'ayant pas de livres que je puisse consulter.

Les francolins et les pintades abondent sur les deux rives ; et sur chaque arbre mort, sur chaque fragment de rocher, on voit un ou deux plotus à pieds palmés de l'espèce Dardeur, appelée aussi l'oiseau du serpent [5] ; ils passent la plus grande partie du jour à se chauffer au soleil, parfois debout et les ailes déployées ; ils plongent de temps à autre et nagent sous l'eau, qu'ils ne dépassent que de la tête et du cou ; c'est principalement la nuit qu'ils pâturent, et ils se rassemblent au coucher du soleil pour aller par troupes nombreuses, de la station où ils se reposent, à l'endroit où ils pêchent. Le dardeur est extrêmement difficile à saisir, même après qu'on l'a démonté ; il plonge et disparaît si vite pour ressortir à un endroit tellement imprévu, que les rameurs les plus habiles parviennent rarement à s'emparer de lui. Le croupion de ce plotus est d'une longueur remarquable ; doué de la faculté de s'incurver, ils ert a la fois de gouvernail quand l'oiseau est à la nage, et de levier pour soulever le corps à la surface de l'eau et pour donner aux ailes le moyen de prendre leur essor.

1. *Poiocephala Meyeri*, Bonap.; *Psittacus Meyeri*, Rüpell.
2. *Euplectes capensis*, Smith; *Loxia capensis*, Linn.
3. *Muscipeta cristata*, Bonap.; le *Tschitrec*, Levaillant, oiseaux d'Afrique ; planche CXLII. mâle et femelle; CXLIII, le nid.
4. *Platystira capensis*, Gray. *Molenar*, Levaillant, oiseaux d'Afrique; planche DLXXII, fig. 1. (*Notes de* M. Jules Verreaux.)
5. *Plotus Levaillantii*. Temm., *Aningha*, Levaillant.

Un aigle pêcheur [1], à tête blanche et dont le reste du plumage est d'un brun rougeâtre, se voit fréquemment sur la rive ; une partie de ses victimes entourent le pied de l'arbre où il perche. Au nombre de celles-ci est un gros poisson, également piscivore, qui peut avoir de 40 à 45 centimètres de longueur, son corps est massif et d'un jaune clair, tacheté de brun ; une rangée imposante de dents aiguës, à large base, lui sort de la bouche et fait l'effroi des pêcheurs, par la manière dont il sait en user. L'un de ceux que nous avons ramassés parmi les morts s'était étranglé en avalant un poisson trop gros, qu'il n'avait pas pu rejeter.

L'aigle pêcheur, dont ce glouton est victime à son tour, détruit en général plus de poissons qu'il n'en peut dévorer ; il se contente de manger le dos de sa proie qu'il ne fait souvent qu'entamer ; abandonnant le reste aux Barotsés, qui ne manquent pas de recueillir ce que l'oiseau a dédaigné ; mais cet aigle n'est pas toujours aussi généreux : il m'est arrivé plus d'une fois, sur les bords de la Zouga, de lui voir dévaliser la poche du pélican. Planant au-dessus du fleuve, il suit avec attention tous les mouvements de l'oiseau stupide, jusqu'à l'instant où celui-ci vient de déposer une belle pièce dans sa blague ; il descend alors, sans se presser, mais en battant des ailes ; au bruit qu'il fait, le pélican relève la tête, et, croyant sa fin prochaine, il pousse un cri d'effroi dont profite le rapace pour enlever ce qui se trouve dans le carnier du pêcheur. Le pélican ne poursuit pas l'aigle qui l'a dépouillé ; il reprend son travail, oubliant dans sa terreur qu'il a eu sa poche pleine, ou peut-être sachant gré au noble oiseau qui s'éloigne de lui après lui avoir laissé la vie.

Un petit poisson de la taille du vairon, et qu'on appelle *moshéba*, monte à la surface de l'eau, qu'il rase sur une étendue de plusieurs mètres, afin de sortir du sillage de nos pirogues. C'est au moyen de ses nageoires pectorales, dont il se sert comme le poisson volant, qu'il franchit cet espace ; toutefois il sautille, et l'on ne peut pas dire qu'il vole.

De nombreux iguanes, appelés *mpoulous* par les indigènes, se chauffent au soleil, sur les branches qui dominent le cours du fleuve, et plongent précipitamment dès qu'ils nous aperçoivent ; leur chair, tendre et gélatineuse, est très-estimée des naturels, et mon premier rameur tient à la main sa javeline pour frapper ceux des iguanes qui ne disparaisssent pas trop vite. A chaque détour subit du fleuve, de gros alligators, que nous effrayons tout à coup, glissent du rivage et tombent lourdement au fond de l'eau.

---

[1]. *Cuncuma vocifer*, Gray.

Entre Katima-Molélo et Naméta, les rapides, beaucoup moins rapprochés, sont éloignés de quinze à vingt milles les uns des autres ; l'eau profonde qui les sépare renferme de grands troupeaux d'hippopotames, et l'on voit partout sur la rive les sillons creusés par ces animaux lorsqu'ils vont paître chaque nuit. Une fois sortis du fleuve, c'est par l'odorat qu'ils retrouvent l'endroit où il est situé ; mais lorsqu'il a plu pendant longtemps, il leur est impossible de retrouver leur chemin et ils deviennent bientôt la proie du chasseur qui profite de leur détresse.

Je ne pourrais pas dire le nombre d'hippopotames dont l'une de ces bandes est composée, car ils sont presque toujours cachés sous l'eau ; mais à en juger par les têtes qui se montrent successivement à la surface du fleuve afin d'aspirer l'air, j'ai tout lieu de penser que leurs troupeaux sont nombreux. Ils recherchent les endroits où la rivière est paisible, afin de n'avoir pas à lutter contre le courant qui les entraînerait et de pouvoir dormir tranquillement. Ils passent toute la journée à sommeiller et à bâillller sans rien voir autour d'eux, bien que leurs paupières soient ouvertes. Les mâles profèrent une succession de ronflements qui se font entendre à un mille de distance; l'un d'eux, complétement caché dans l'eau et sur lequel passe ma pirogue, pousse un grognement très-marqué.

Pendant son premier âge, le petit de l'hippopotame se tient sur le cou de sa mère, et celle-ci, connaissant le besoin que le jeune amphibie a de respirer plus souvent qu'elle, paraît fréquemment à la surface de l'eau. C'est un animal qui a peu d'intelligence ; toutefois la crainte du danger développe chez lui une certaine réflexion. Dans le Zambèse, il respire à pleine poitrine, la tête complétement sortie du fleuve, tandis qu'ailleurs, dans les rivières de Londa, où on lui fait une chasse active, il se tient caché au milieu des plantes aquatiques, ne met à l'air que ses naseaux, et respire si doucement qu'on ne se douterait pas qu'il existe, sans les empreintes que ses pieds ont marquées sur la rive.

CHAPITRE XIV

Beauté croissante du pays. — Emploi de nos journées. — Les chutes de Gonyé. — Razzia makololo. — Politesse et libéralité des habitants que nous trouvons sur notre passage. — Pluies continues. — Un Barotsé fugitif. — Mauvais gouvernement de Sékobinyaé. — Oiseaux. — Éponges d'eaux douces. — Décès causé par la morsure d'un lion. — Dispositions prises pour passer les nuits pendant la route. — Cuisine et blanchissage. — Abondance de viande. — Oiseaux d'eau. — Alligators. — Gros gibier. — Endroit vulnérable. — Un dimanche. — Oiseaux chanteurs. — Dépravation. — Fruits sauvages. — Pigeons verts. — Bancs de poissons. — Hippopotames.

30 *novembre* 1853. — *Aux chutes de Gonyé.* Il n'est pas tombé de pluie dans ce pays-ci, et la chaleur y est extrême. Les feuilles des arbres et les fleurs nombreuses qui embellissent le paysage se flétrissent et s'inclinent vers le milieu du jour ; toute la végétation est languissante, un peu d'eau lui rendrait sa vigueur ; et si la beauté du pays s'accroît encore, ainsi qu'elle l'a fait depuis les quatre derniers degrés de latitude que nous avons franchis, nous arriverons à une terre enchantée.

Notre fatigue est excessive, le soleil brille entre les nuages, et l'atmosphère est étouffante. L'évaporation du fleuve doit être considérable ; il me semble que les fluides de mon corps se joignent à ceux qui m'environnent et qu'ils se vaporisent à mesure que je les renouvelle, tant la quantité d'eau que j'absorbe est effrayante.

Nous nous levons au point du jour, c'est-à-dire un peu avant cinq heures ; tandis que je m'habille, on prépare le café, je remplis ma tasse, le reste est partagé entre mes compagnons ; les maîtres le sirotent, pendant que les serviteurs se hâtent de charger les canots ; tout est bientôt prêt, et nous nous embarquons. Les deux heures suivantes sont les plus agréables de la journée ; la marche des canots est rapide. Les Barotsés, accoutumés dès leur jeunesse à manier la rame, ont les épaules et la poitrine largement développées, surtout en comparaison des membres inférieurs. Les hommes de notre flottille engagent souvent des querelles bruyantes d'une embarcation à l'autre, pour se distraire de la monotonie de leur besogne. A onze heures nous descendons sur la rive, nous mangeons un peu de viande, s'il en reste du souper de la veille, ou du biscuit avec du miel, et nous buvons de l'eau du fleuve. Nous nous reposons pendant une heure et nous remontons dans notre canot, où je me blottis sous mon parasol. La chaleur est excessive, et je suis trop faible depuis mon dernier accès de fièvre pour nourrir de ma chasse les hommes de mon escorte. Les rameurs, exposés au soleil, transpirent abondamment et ralentissent peu à peu leurs efforts, comme s'ils attendaient quelque pirogue attardée. Nous nous arrêtons parfois deux heures avant le coucher du soleil ; nous sommes tellement accablés que nous restons à la place où nous nous trouvons alors, et nous y passons la nuit. Le repas du soir se compose de café, d'un biscuit ou d'un morceau de pain grossier fait avec de la farine de sorgho ou de maïs ; quand par hasard j'ai été assez heureux pour tuer quelque chose, on coupe la viande en longues tranches, on la met dans une marmite où l'on verse de l'eau de manière à ce qu'elle en soit couverte, on fait bouillir jusqu'à évaporation complète, et, quand il ne reste plus d'eau, la viande est cuite à point.

A Gonyé, les indigènes transbordent nos pirogues de l'autre côté des cascades, en les suspendant à des perches qu'ils y attachent en diagonale et qu'ils portent sur leurs épaules ; ils travaillent de bon cœur, et la chose est bientôt faite. Ce sont de joyeux mortels, qu'un rien amuse et que le moindre mot plaisant fait tous éclater de rire. Ici, comme ailleurs, chacun me demande une séance de lanterne magique ; c'est un bon moyen de les instruire, et je suis heureux de les satisfaire.

Les chutes de Gonyé ne sont pas constituées par l'épanchement d'une masse d'eau que ses bords ne contiennent plus, comme celles du Niagara ; c'est au contraire un étranglement du fleuve, resserré pendant plusieurs milles dans une gorge qui n'a pas cent mètres de large, et où il acquiert de quinze à dix-huit mètres de profondeur, lorsque les eaux sont grandes. Ainsi comprimée, l'eau s'accumule et roule en bouillonnant avec une force qui ne permet pas au plus habile nageur de se soutenir à la surface. En amont des chutes, les îles sont couvertes d'une végétation admirable, et, des rochers qui dominent la cascade, le paysage est l'un des plus beaux que j'aie jamais contemplés.

Nous arrivons à Naméta sans avoir à mentionner le plus léger incident ; là nous apprenons qu'une bande de Makololos, ayant à leur tête un nommé Lérimo, vient de faire une razzia précisément du côté où nous nous dirigeons ; la chose est d'autant plus grave que les maraudeurs ont eu l'entière approbation de Mpololo, qui est le chef de la vallée et l'oncle de Sékélétou. Voici à quelle occasion : Masiko, l'un des fils de Santourou, qui, après la victoire de Sébitouané avait remonté le Liambyé et s'était fixé sur les bords du fleuve, avait envoyé récemment des émissaires dans le voisinage de Naliélé, pour attirer auprès de lui le reste des Barotsés. Lérimo et sa bande, s'autorisant de cette conduite peu loyale, avaient fait quelques prisonniers parmi les sujets de Masiko et détruit plusieurs villages aux Balondas, chez lesquels nous devons aller ; rien n'était plus contraire à la politique du chef des Makololos, dont l'unique désir est de vivre en paix avec les tribus voisines ; Pitsané, le capitaine de ma suite, a même été chargé par Sékélétou d'ordonner à Mpololo de nous fournir les colliers et les grands pots de beurre que nous devons porter de sa part aux chefs que celui-ci vient précisément d'attaquer.

Le bruit courait à Litofé qu'il existait de nouveaux projets d'expédition contre les Balondas ; mais j'envoyai des ordres pour que la bande qui s'était déjà formée fût dissoute immédiatement. Je rencontrai Mpololo, lui-même, dans la ville de Ma-Sékélétou, et après lui avoir dit tout ce que je pensais de la conduite qu'il avait tenue, j'ajoutai que, s'il nous arrivait malheur par suite de son expédition malencontreuse, la faute en retomberait sur sa tête. La mère de Sékélétou m'approuva complétement et me proposa de reconduire chez eux les prisonniers qui avaient été enlevés par Lérimo, afin de prouver que la dernière expédition n'était pas le fait des Makololos d'un rang supérieur, et qu'elle avait été conduite par un subalterne qu'ils désapprouvaient tous. Cette femme me donna plus d'une fois l'occasion d'apprécier la droiture de son jugement, et je fus enchanté d'apprendre que Mpololo consentait à suivre son conseil. Il me pria même de soumettre l'affaire aux sous-chefs de Naliélé, ce que je fis aussitôt mon arrivée dans cette ville, où un picho fut convoqué à cette intention. Lérimo assistait à la séance et eut l'oreille très-basse en entendant Mohorisi, l'un de mes compagnons, le traiter de lâche pour avoir attaqué une bourgade sans défense, tandis qu'un lion, dont les ravages désolaient Naliélé, avait causé la mort de huit hommes sans que Lérimo eût osé se mesurer avec lui. C'est du reste un fait général ; les Makololos, très-braves contre les hommes, font souvent preuve de couardise à l'égard des bêtes féroces. Mpololo reconnut publiquement la faute qu'il avait commise ; il rendit la liberté à un enfant dont sa femme avait pris possession, et cet exemple étant suivi, nous obtînmes, séance tenante, qu'on restituât les prisonniers. Quelques-uns justifiaient l'expédition en disant que, Masiko ayant voulu s'emparer de leurs enfants par les menées de ses émissaires, Lérimo avait bien fait de lui enlever les siens par la force. La ruse est en effet le moyen favori des Makalalas, tandis que les Makololos ont immédiatement recours aux armes pour venger leurs injures ou pour atteindre leur but. Enfin, disaient les autres, puisque Sékélétou voulait conserver la paix entre lui et Masiko, il aurait dû nous en prévenir.

Il est dangereux de s'engager sur les traces d'un parti de maraudeurs avec des hommes qui appartiennent à la tribu de ces derniers. Mais j'avais pour compagnons des gens de cœur, et je refusai les volontaires qui m'offrirent d'augmenter mon escorte.

Dans chaque village on nous traite avec une extrême générosité. Aux bœufs qu'ils nous donnent, les habitants ajoutent du lait, du beurre, et de la farine en si grande quantité, que nos pirogues ne peuvent pas tout contenir. Mes hommes vont pouvoir se graisser le corps pendant longtemps, pratique nécessaire qui prévient l'évaporation des fluides et qui, faisant l'office d'un vêtement, protége la peau contre le soleil ou la fraîcheur de l'ombre.

Tous les Makololos savent donner avec grâce. « C'est un morceau de pain que je vous prie d'accepter, » vous disent-ils d'un air affable en vous donnant un bœuf. Je suis d'autant plus sensible à cette manière d'offrir, que les Béchuanas s'écrient avec pompe en vous présentant une misérable chèvre : « Voyez quel bœuf je vous donne! » Les femmes continuent à me saluer de cris perçants, à m'accabler d'éloges, et, bien que je les engage souvent à modifier les « grand seigneur! grand lion! » qu'elles me prodiguent et à les remplacer par des expressions moins pompeuses, la sincérité des vœux qu'elles font pour le succès de mon voyage est si évidente, que je ne peux pas m'empêcher d'être satisfait de la bonté qu'elles me témoignent.

Nous étions encore à Naliélé quand les pluies ont commencé ; elles viennent cette année beaucoup plus tard que d'habitude ; mais, bien que la vallée ait souffert de la sécheresse, les habitants n'en ont pas moins une nourriture abondante. La pluie qui tombe est fraîche, et malgré cela on étouffe. Le thermomètre, dans une hutte bien abritée, ne marque pas plus de 29° centigrades, et s'élève à 32 degrés aussitôt que l'air extérieur pénètre dans la cabane. Je viens d'avoir un nouvel accès de fièvre qui m'a considérablement affaibli ; on doit s'ennuyer de m'entendre dire que je suis malade ; pour ma part je n'ai jamais aimé la lecture des voyages où l'auteur décrivait à loisir toutes les maladies qu'il avait eues ; et désormais je parlerai le moins possible des miennes.

Je renvoie le canot de Sékélétou, et Mpololo m'en prête un autre. On nous donne huit bœufs de monture et sept de boucherie ; les uns sont pour notre usage, les autres sont destinés à être offerts aux chefs des Balondas. Mpololo s'acquitte gén. éreusement des ordres qu'il a reçus à notre égard, et qui diminuent d'autant les profits de la place qu'il occupe. Il tranche d'ailleurs du grand homme, et il est suivi partout d'une foule de sycophantes qui déclament des satires contre Mpépé, dont il avait peur autrefois.

De son vivant, Mpépé recevait les mêmes adulations des Barotsés, qui le maudissent aujourd'hui. Ces derniers sont du reste grossiers dans leur langage, et s'abordent la plupart du temps avec une volée de jurons, qui se termine par un grand éclat de rire.

Nous avons rencontré, en arrivant à Naliélé, une bande de fugitifs barotsés qui revenaient dans leur pays : c'étaient les enfants, ou pour employer le mot propre, les serfs d'un jeune homme du même âge et de la même tribu que Sékélétou ; ce jeune homme devait à l'irascibilité de son caractère le surnom de Sékobinyané, c'est-à-dire petit être servile, créature méprisable. Non-seulement il maltraitait ses serviteurs, au point que la plupart s'étaient sauvés, mais encore, il avait, malgré la défense de Sékélétou, vendu aux Mambaris un ou deux enfants de son village. Tous les autres l'avaient quitté immédiatement et s'étaient réfugiés auprès de Masiko, dont ils avaient reçu le meilleur accueil, et qui les avait adoptés au nombre de ses sujets.

La première fois que nous avions remonté le Liambye, Sékélétou et moi, nous nous étions trouvés face à face avec Sékobinyané, qui descendait le fleuve pour se rendre à Linyanti. Le chef lui demanda naturellement des nouvelles de son village ; il se garda bien de répondre que toute la population avait fui : car les mauvais traitements infligés aux serviteurs par leur maître sont considérés comme un crime chez les Makololos. Il passa donc sans parler de cette aventure, et, dans la crainte du châtiment qui l'attendait lorsque Sékélétou serait informé de sa conduite, il s'échappa secrètement et alla se réfugier sur les bords du lac Ngami. Sékélétou le fit chercher, découvrit sa retraite et demanda son extradition, qu'il obtint en déclarant qu'il se contenterait d'adresser des reproches au coupable. Cette punition ne fut pas même nécessaire : la terreur de Sékobinyané fut si grande en se voyant traduit devant son chef, qu'il en tomba malade et qu'on estima qu'il était suffisamment puni.

Quelques semaines après, les fugitifs quittèrent Masiko et revinrent dans leur village, où ils furent accueillis comme s'ils n'avaient fait qu'une chose très-naturelle ; chacun blâmait ouvertement la conduite de Sékobinyané, personne ne pensait à condamner les fugitifs, qui parurent enchantés de reprendre leurs habitudes et de retrouver leurs bestiaux.

Cet incident peut faire juger de la nature du servage que subissent les tribus conquises par les Makololos.

Nous quittons Naliélé au milieu des souhaits les moins équivoques pour le succès de notre expédition, et nous continuons à remonter le cours du fleuve. Les eaux s'élèvent déjà, bien que la saison des pluies soit à peine commencée ; les rives sont basses, mais nettement coupées et presque toujours à pic. En temps de sécheresse, elles ont de 1 mètre 20 à 2 mètres 40 d'élévation, et donnent au fleuve, en cet endroit, l'apparence d'un canal. Une argile blanchâtre et compacte, entremêlée de couches d'argile noire, de marne brune argileuse et de sable pur stratifié, compose ces rives dans quelques-unes de leurs parties. Le fleuve, en se gonflant, mine ses bords, qu'il crève parfois de manière à former des canaux dans les lieux où il décrit une courbe trop forte ; et souvent, des morceaux de la rive que nous côtoyons se détachent tout à coup, tombent dans l'eau avec bruit et mettent nos canots en péril.

De charmants guêpiers [1] font leurs nids dans ces rives perpendiculaires ; ils aiment à nicher en société, et le bord du fleuve est percé de trous qui, par centaines, conduisent à leurs demeures, espacées d'environ un mètre cinquante les unes des autres. Lorsque nous passons auprès d'eux, ces oiseaux se précipitent du fond de leur retraite et nous suivent en planant au-dessus de nos têtes.

Nous voyons tous les cent mètres, à peu près, un martin-pêcheur tacheté [2] qui fait, comme le guêpier, son nid dans la berge du fleuve, et que les jeunes pâtres dénichent pour avoir ses petits ; un autre martin-pêcheur bleu et orange [3], encore plus mignon et plus joli, se rencontre également à chaque pas, et tous les deux, rapides comme une flèche, plongent dans l'eau pour y saisir leur proie. Nous en apercevons un troisième [4] ; il est gros comme un pigeon, et beaucoup plus rare que les deux autres.

1. *Merops apiaster* (guêpier vulgaire), et *Merops bullocoïdes* (Smith).
2. *Ceryle rudis*, Bonap.; martin-pêcheur-pic, Buffon.
3. *Ispidiana cristata*, Kamp.; petit martin-pêcheur huppé, Buffon.
4. *Megaceryle maxima*, Reich; *Alcedo maxima*, Pall.

(*Note de* M. J. Verreaux.)

Les rives du Liambye sont encore habitées par l'hirondelle de rivage, qui aime, ainsi que le guêpier, à se rapprocher de ses compagnes pour élever sa famille. Jamais elle ne quitte ce pays-ci ; on l'y voit satiner ses plumes au cœur même de l'hiver, tandis que les autres hirondelles ont émigré jusqu'au printemps. Je l'ai vue sur les bords de la rivière d'Orange à une époque où il gelait assez fort, et il est probable qu'elle est sédentaire, même dans cette région, qui est beaucoup plus froide que celle-ci.

Nous trouvons des éponges autour des roseaux qui bordent quelques parties du fleuve. C'est à la tige qu'elles s'attachent généralement ; elles sont dures, cassantes, et renferment, auprès de leur surface, une quantité de petites graines rondes.

Le fleuve coule ici avec une rapidité de cinq milles par heure, et charrie des masses de végétaux en décomposition ; la nuance de l'eau n'en est pas encore profondément altérée ; elle est néanmoins d'un vert jaunâtre plus foncé que d'habitude, et qui provient des fragments qui se détachent de la rive de la quantité de sable que le fleuve grossi enlève aux bancs qui chaque année changent de place ; et il suffit de quelques secondes pour que l'eau s'éclaircisse et dépose, au fond du vase qui la renferme, le sable qu'elle contient.

Lorsque nous nous arrêtons, j'éprouve souvent le désir de ne pas bouger du canot et de laisser mes compagnons aller tout seuls à terre ; mais le chef de mon équipage m'en détourne en disant qu'il ne faut pas rester immobile sur le fleuve, quand il flotte à sa surface tant de matières végétales.

Libonta, 17 *décembre.* Nous sommes retenus ici depuis plusieurs jours par l'obligation de recueillir le beurre et la graisse que Sékélétou nous a chargés de porter de sa part aux différents chefs des Balondas.

Il y a beaucoup de fièvres et d'ophthalmies, comme il arrive toujours avant la saison des pluies ; j'ai à soigner quelques-uns des hommes de ma suite et une partie des habitants de Libonta. Un lion faisait de grands ravages parmi les bestiaux du pays ; on s'est enfin décidé à l'attaquer ; mais deux hommes ont été grièvement blessés dans le combat ; l'un d'eux a eu le fémur complètement broyé, ce qui prouve la puissance des mâchoires de l'animal, et son compagnon est mort des suites de ses blessures.

Libonta est la dernière ville des Makololos ; une fois que nous l'aurons quittée, nous ne trouverons plus sur notre passage que quelques stations habitées par des bouviers, puis les hameaux qui gardent la frontière, et enfin la contrée déserte qui s'étend jusqu'au Londa ou pays des Balondas. Libonta est construite sur une digue en terrasse, comme tous les villages de la vallée Barotsé; elle appartient à deux des principales épouses de Sébitouané, qui nous donnent un bœuf et une quantité d'aliments de diverse nature. Chacun nous témoigne la même bonté, et nous recevons un présent de tous ceux qui possèdent quelque chose. Lorsque je jette les yeux sur mon journal et que j'y vois la liste des libéralités de ces braves gens, je suis ému d'une profonde gratitude et je prie Dieu de me conserver pour que je puisse leur rendre quelque service en échange de ce qu'ils ont fait pour moi.

Avant de quitter la région des villages pour entrer dans un pays inhabité, disons quelques mots de la manière dont nous passons la nuit: aussitôt que nous avons abordé, quelques-uns de mes hommes coupent de l'herbe pour me faire un lit, pendant que Mashaouana est occupé à dresser ma tente. Les pieux qui la soutiennent servent, pendant le jour, à porter les fardeaux à la façon des Barotsés, qui est la même que celle des Indiens; seulement dans ce pays-ci, la charge est serrée contre la perche, au lieu d'y être suspendue par de longues cordes, ainsi qu'on le voit dans l'Inde. A quatre ou cinq pieds de l'entrée de ma tente, est placé le feu de la kotla, dont celui de mes hommes qui remplit l'office de héraut, est chargé de fournir le bois. La place d'honneur est devant la porte de la tente, et chacun prend celle qui lui appartient d'après le rang qu'il occupe. Pendant toute la durée du voyage, les deux Makololos sont restés, l'un à ma droite, l'autre à ma gauche, soit pour manger ou pour dormir. Aussitôt que je suis entré dans ma tente, Mashaouana fait son lit devant ma porte; les autres se réunissent par tribus, et élèvent de petits hangars autour du feu, en ayant soin de laisser devant le foyer un espace en forme de fer à cheval, qui soit assez grand pour contenir nos bêtes à cornes; le feu les rassure, et on fait toujours en sorte qu'elles puissent l'apercevoir. Quant aux hangars, ils sont construits de la manière suivante: on enfonce dans la terre deux perches solides et fourchues, qu'on incline et qui en reçoivent une autre placée horizontalement; des branches sont plantées dans la même direction que les deux fourches, et attachées à la perche horizontale avec des morceaux d'écorce. Le tout est recouvert de grandes herbes en quantité suffisante pour protéger contre la pluie; et nous avons, en moins d'une heure, des appentis ouverts du côté du feu et où les animaux sauvages ne peuvent pas pénétrer. L'aspect de notre camp est pittoresque; il offre une image paisible quand la lune brillante de ces régions caresse de sa lumière les grands bœufs endormis et les hommes couchés sous les hangars. Tout repose avec sécurité pendant ces belles nuits éclairées par la lune ; les bêtes féroces ne sortent pas de leur tanière et les feux peuvent s'éteindre ; aucun danger ne menace les hommes, dont le sommeil n'est pas troublé, comme il arrive souvent dans les villages, par des chiens affamés qui se jettent sur nos provisions ou rongent tranquillement les peaux graisseuses qui couvrent les dormeurs.

Nos repas sont généralement accommodés à la mode du pays ; mais, comme les gens qui nous servent lavent soigneusement leurs pots et leurs mains avant de se mettre à la besogne, les mets qu'ils préparent ne sont pas à dédaigner. Ils ont apporté, d'après mes conseils, quelques modifications à leurs recettes, et ils sont persuadés qu'ils font maintenant la cuisine tout à fait comme les blancs. J'ai montré à plusieurs d'entre eux à laver mes chemises, ce dont ils s'acquittent fort bien, malgré le peu d'expérience du professeur, à qui personne n'avait appris le métier. Des changements de linge fréquents et la précaution que je prends de mettre ma couverture au soleil, me sont plus salutaires que je ne l'aurais espéré. J'ai en outre la certitude que la propreté scrupuleuse dont ma mère nous a fait un besoin dès notre enfance, impose à ces peuples primitifs un profond respect pour les coutumes des blancs. Un Européen qui adopterait les habitudes des sauvages se dégraderait, même aux yeux des individus qu'il aurait imités.

Nous avons traversé la dernière station des Makololos ; plus de villages, plus d'habitants, mais une contrée où la vie animale abonde sous toutes les formes ; plus de trente espèces d'oiseaux différentes volent au-dessus de la rivière ou se reposent sur ses bords. Des centaines d'ibis descendent le Liambye, comme le Nil au moment de l'inondation. De gros pélicans réunis en longues files, parfois de trois cents individus, s'élèvent et s'abaissent en décrivant des courbes régulières, et avec tant d'ensemble, qu'on les prendrait pour les anneaux d'un serpent gigantesque ; partout des nuées épaisses d'oiseaux noirs[1], qui se nourrissent de coquillages et que les indigènes appellent *linongolos*, des pluviers, des bécassines, des courlis et des hérons sans nombre.

De grands troupeaux de buffles sont couverts de jolis hérons blancs[2] qui les suivent au vol quand ils se mettent à courir, tandis

1. *Anastomus lamelligerus.*
2. *Ardetta.*

que le kala [1], bien meilleur écuyer, reste perché sur le garrot de l'animal lancé à toute vitesse.

Des becs-croisés au manteau noir, à la poitrine blanche et au bec rouge, perchent dans le jour sur les bancs de sable, d'un air tranquille et satisfait. Leurs nids sont des trous simplement creusés dans ces bancs de sable, et dont ils n'ont pas même dissimulé l'ouverture ; ils les surveillent de près et maintiennent les marabouts et les corneilles à distance respectueuse de leurs œufs, en les chargeant à la tête ; lorsque c'est un homme qui s'approche, ils traînent l'aile et font semblant de boiter, comme l'autruche et le vanneau en pareille occasion. La singulière disposition de leur bec, dont la mandibule supérieure est beaucoup plus courte que l'inférieure, met les jeunes dans une situation encore plus embarrassante que la cigogne à la table du renard, et les oblige à recevoir la becquée de leurs parents jusqu'à un âge assez avancé ; l'amour de ceux-ci pour leur progéniture est proportionné à la faiblesse de leurs petits et à leur impuissance de se nourrir. C'est de leur mandibule inférieure, aussi mince que la lame d'ivoire d'un couteau à papier, qu'ils se servent comme d'une écope pour ramasser dans l'eau les petits insectes dont ils font leur proie. Ils ont de grandes ailes qu'ils agitent avec aisance en effleurant la rivière d'un vol continu, bien qu'ils tiennent leurs ailes au-dessus du niveau de leur corps. Ainsi que la plupart des mangeurs de nourriture aquatique, ils chassent pendant la nuit, qui est l'instant où les poissons et les insectes s'élèvent à la surface de l'eau ; et, ce qu'il y a d'étonnant, c'est qu'ils puissent le faire avec succès au milieu des ténèbres.

Nous voyons aussi un grand nombre de spatules presque toutes blanches, des flamants splendides, une énorme quantité de grues, les unes d'un bleu clair tout uni, les autres également bleues, mais à col blanc, et des demoiselles de Numidie [2].

Les mouettes [3] abondent, on en aperçoit de toutes les grandeurs. Une avocette, montée sur ses échasses, et le bec retroussé, va et vient sans cesse dans les bas-fonds et cherche de petits insectes gélatineux, que la forme de ses mandibules lui permet de déterrer facilement : elle plonge la tête dans l'eau, saisit sa

---

1. *Textor erythrorhynchus.*
2. On voit au Cap, dans l'habitation du gouverneur, quelques-unes de ces grues apprivoisées qui perchent sur les colonnes du palais, et qui forment le plus gracieux ornement qu'on puisse imaginer.
3. *Procellaria.*

proie, l'enlève d'un mouvement rapide, et donne un coup de gosier pour avaler ce qu'elle vient de prendre et qui paraît être un ver se repliant sur lui-même.

Le *parra africana* court à la surface du fleuve, où il chasse d'autres insectes; lui aussi a de grandes jambes, et surtout des pieds d'une longueur excessive, qui lui donnent la faculté de marcher sur les feuilles des lotus et des autres plantes aquatiques, où elles font l'effet des raquettes dont on se sert pour voyager sur la neige.

Les échassiers, dont la proie est dans un milieu où ils ne rencontrent pas de résistance, et qui, pour s'en emparer, ont besoin de la viser et d'agir dans une direction voulue, ont le bec droit comme la bécassine et le héron, tandis que certaines espèces, qui ne peuvent se nourrir qu'en brisant des matières dures, telles que les mangeurs de coquillages, ont le bec légèrement incurvé, afin que le choc ne se communique pas au cerveau.

De grandes oies vêtues de noir [1], et que l'on voit partout dans la vallée Barotsé, où elles paissent en marchant avec lenteur, ont l'épaule armée d'un éperon aussi fort que celui du coq, et dont elles ne se servent que pour défendre leurs petits. Elles font leur nid dans les fourmilières, où leurs œufs deviennent la proie des Barotsés, qui en consomment une immense quantité. On trouve également sur le Liambye, dans toute l'étendue de son cours, deux autres espèces d'oies plus petites, mais dont la chair est meilleure; l'une d'elles, qui est l'oie d'Égypte, appelée aussi *tadorne*, ne peut pas prendre son vol quand elle est sur le fleuve, et on la tue facilement à l'époque de l'inondation, où on la poursuit en canot. L'autre espèce est caractérisée par la protubérance qu'elle porte sur le bec. On la voit partout, ainsi que des myriades de canards de plusieurs variétés; nous approchons de la rive où ils se reposent; la bande est si nombreuse que nous en ramassons dix-sept, plus une oie, que j'ai tués de mes deux coups. Une partie de mes hommes conduisent les bœufs et suivent à pied les bords du fleuve, ce qui nous oblige à régler la marche des canots sur la leur, que rendent très-difficile les nombreux détours du Liambye. La quantité d'alligators que nous rencontrons est prodigieuse; ils sont plus féroces dans cette rivière que dans quelques autres, et ils font chaque année beaucoup de victimes parmi les enfants des villages qui ont l'imprudence de jouer au bord du Liambye quand ils vont chercher de l'eau.

---

1. *Anser leucagaster* et *melanogaster*.

L'alligator étourdit sa proie d'un coup de queue et l'entraîne dans le fleuve, où elle est bientôt noyée. Il se tient souvent à l'affût dans la rivière, où son corps disparaît entièrement, et il est très-rare qu'un troupeau de vaches puisse traverser le Liambye sans payer au monstre le tribut de quelques veaux. Je ne peux pas voir sans frissonner mes compagnons franchir à la nage un bras du fleuve, depuis que l'un d'eux a été saisi à la cuisse et entraîné au fond de l'eau par un alligator; l'homme, néanmoins, conservant tout son sang-froid, comme le font presque tous ses compatriotes en présence du péril, et par bonheur ayant sur lui un petit javelot carré et barbelé, l'enfonça derrière l'épaule du monstre; la douleur fit lâcher prise à l'alligator, et l'homme sortit de la rivière, portant sur la cuisse les marques profondes de la mâchoire du reptile. Les Makololos et les Barotsés n'éprouvent aucune antipathie pour les personnes qui ont maille à partir avec l'alligator; mais chez les Bakouains et les Bamangouatos, celui qui est mordu par cet odieux reptile, ou qui a été seulement éclaboussé par la queue du monstre, est renvoyé de la tribu. J'ai rencontré sur les bords de la Zouga un de ces infortunés, qui, chassé par les siens, était venu vivre chez les Bayéyès; ce malheureux, craignant de m'inspirer la même répulsion qu'à ses compatriotes, ne voulait pas m'avouer la cause de son exil; les Bayéyès m'en informèrent, et l'on voyait encore sur sa cuisse les balafres que le monstre lui avait faites. Quand par hasard les Bakouains s'approchent d'un alligator, ils crachent par terre et annoncent la présence du reptile par ces mots : « Boleo ki bo ! » (Il y a là une faute). Ils s'imaginent que la simple vue du monstre peut causer une inflammation des yeux. Au reste, bien qu'ils n'hésitent pas à manger du zèbre, ils ont, à l'égard des individus que ce cheval tatoué a pu mordre, la même répulsion que pour les victimes de l'alligator, et ces malheureux sont obligés de s'enfuir au désert avec leurs femmes et leurs enfants.

Ces curieux vestiges d'un culte fondé sur l'adoration des animaux n'existent pas chez les Makololos. « Tout ce qui peut alimenter les hommes compose ma nourriture, » disait Sébitouané; d'où il résulte que, parmi ses sujets, personne ne croit qu'on puisse être souillé par un aliment quelconque.

La chair de l'alligator a une odeur de musc très-prononcée, qui n'est pas engageante; il faut avoir plus que faim pour la trouver mangeable.

Arrivés à trente ou quarante milles de Libonta, nous renvoyons à

Makoma une partie des captifs que nous ramenons, ce qui nous impose l'obligation d'attendre ici les Makololos qui les reconduisent à leur chef; mais l'attente nous est facile : nous avons des vivres en abondance, une profusion de gibier, et nous vivons somptueusement. Il est pourtant bien dommage de tuer ces ravissantes créatures, elles ont tant de douceur et de confiance! Je suis là, regardant avec admiration des pokous[1], des léchés, des antilopes de toute espèce, dont les formes délicates et les mouvements gracieux me ravissent, et je ne pense plus à mon fusil, lorsque mes compagnons, surpris de mon immobilité, viennent savoir ce qui m'arrive et provoquent la fuite du troupeau qu'ils effrayent. Si nous souffrions de la faim, je les tuerais sans hésiter, comme je fais l'amputation d'un membre pour sauver la vie du malade, mais nous avons de quoi manger; c'est un meurtre. Pendant que je fais cette réflexion, les antilopes s'éloignent; ont-elles un bon génie qui veille à leur sécurité? J'approche de leur troupeau sans qu'elles puissent m'apercevoir; une fourmilière, couronnée d'arbres, me dérobe à leur vue: je suis contre le vent et l'odorat ne peut pas les avertir, je les regarde avec attention, l'inquiétude les saisit, elles ne savent d'où vient le danger qui les menace, mais elles le sentent; chacune le témoigne avec tant d'évidence que je me demande s'il n'y a pas à leur égard de ces esprits invisibles qui, suivant les astrologues, présideraient à la destinée des humains.

Si l'on connaissait l'endroit où l'animal est le plus vite frappé de mort, on pourrait le tuer sans le faire beaucoup souffrir; mais comme la partie la plus vulnérable est sans doute la région où le fluide nerveux abonde au moment où la bête est frappée, on n'est jamais certain de causer une mort rapide, à moins de traverser le cœur ou le cerveau. La vie, chez les antilopes constituées pour une existence partiellement amphibie, est, comme chez tous les animaux aquatiques, beaucoup plus tenace que chez celles qui sont purement terrestres. Un léché dont le corps est percé d'une balle vous échappera certainement s'il a conservé ses jambes, tandis qu'il n'en faudra pas davantage pour tuer roide un zèbre. J'ai vu un rhinocéros, qui paraissait occupé à digérer, mourir immédiatement d'un coup de feu dans l'estomac, pendant que certains autres, qui avaient reçu des balles dans l'estomac et dans un poumon, s'éloignaient de manière à faire croire que leur blessure était légère. Mais si vous parvenez, en rampant avec adresse, à vous approcher à vingt

---

[1]. Je propose de nommer cette espèce antilope *Vardonii*, du nom du major Vardon, qui a pendant longtemps voyagé en Afrique.

pas d'un rhinocéros blanc ou noir, en ayant soin de lancer de temps en temps au-dessus de votre tête une pincée de poussière afin de juger si, dans votre préoccupation de rester caché au milieu des broussailles, vous n'êtes pas venu vous placer au vent de l'animal, et que, vous asseyant alors, vous mettiez vos coudes sur vos genoux et visiez obliquement la tache noire qui est derrière l'épaule du rhinocéros, vous le verrez tomber mort sur le coup.

La preuve qu'un choc violent dans la partie où la puissance vitale est concentrée, amène rapidement la mort, c'est qu'une blessure qui n'atteindra que le système musculaire peut suffire pour tuer un élan qu'on chasse, et dont toute la force nerveuse est absorbée par les organes locomoteurs. On a vu des girafes qui, serrées de près par un excellent cheval, tombaient foudroyées au bout de trois cents pas, sans avoir reçu la moindre blessure. Un galop rapide épuise bientôt les forces de la girafe et de l'élan; aussi les chasseurs ne manquent jamais d'essayer tout d'abord de leur faire prendre cette allure, sachant bien que ces animaux ne franchiront pas un long espace sans tomber en leur pouvoir. Toutefois les vieux sportsmen ont grand soin de ne pas approcher la girafe de trop près, afin d'éviter ses ruades, dont la puissance est redoutable.

Quand au contraire l'animal est au repos et que la force nerveuse est bien équilibrée, on peut lui infliger des blessures horribles sans provoquer la mort. Je tirai une fois sur un tsessébé qui pâturait paisiblement; il reçut la balle en travers du cou, et mes hommes, s'étant approchés, lui coupèrent la gorge assez profondément pour qu'il perdît une abondante quantité de sang; il se releva néanmoins, et nous ne l'aurions pas revu, si un chien ne l'avait acculé contre un arbre, où nous le retrouvâmes debout à un mille de l'endroit où il avait été frappé.

Mes Zambésiens, qui jusqu'à présent ne s'étaient jamais servis d'armes à feu, trouvaient extrêmement difficile de tenir leurs mousquets d'une main ferme lorsque l'éclair s'échappait du bassinet, et me supplièrent de leur donner le philtre qui seul, croyaient-ils, me permettait de viser juste. Ils avaient conçu à cet égard les plus grandes espérances lors de mon arrivée parmi eux, et ils supposaient qu'à la fin je consentirais à leur administrer ce médicament, qui leur donnerait la faculté de me suppléer à la chasse. Je l'aurais fait bien volontiers si je l'avais pu, car je n'ai jamais été un chasseur bien ardent et j'ai toujours eu moins de plaisir à tuer le gibier qu'à le manger.

Le soufre est l'un des médicaments les plus estimés dans le pays, et je me rappelle avoir vu Séchélé donner des valeurs considérables en échange d'une très-petite quantité de ce métalloïde qui lui avait été apportée. On lui avait aussi vendu fort cher (750 francs d'ivoire) un certain liniment qui avait, disait-on, la propriété de rendre invulnérable aux balles ; il suffisait pour cela de se frotter la peau avec la drogue merveilleuse. Comme je leur recommandais toujours en pareil cas d'expérimenter la chose, on enduisit un veau du fameux préservatif, et on l'attacha à un arbre où il fut bel et bien fusillé ; l'expérience fut décisive, et Séchélé dit à ce propos qu'il était « plus agréable d'être trompé que détrompé. »

J'essayai d'apprendre à mes compagnons la manière de se servir du fusil ; mais j'y aurais brûlé toute ma poudre, et il fallut continuer d'aller moi-même à la chasse, obligation qui m'était d'autant plus pénible, que la fracture de mon bras gauche ne s'était jamais consolidée. J'avais travaillé trop tôt après avoir été mordu par le lion, j'étais souvent tombé du haut de mon bœuf, tout cela avait empêché le cal de se former ; il en était résulté une fausse articulation qui m'obligeait, pour tirer, à placer mon fusil sur l'épaule gauche afin d'y avoir un point d'appui, ce qui ne me permettait pas toujours de viser avec justesse ; et il arrivait, en général, que plus nos vivres étaient rares, plus j'étais maladroit.

Nous passons un dimanche au confluent de la Liba et du Liambye. Il y a déjà quelque temps qu'il pleut dans cette région, et les bois sont dans toute leur parure. On voit partout des fleurs d'une forme curieuse et d'une admirable beauté ; elles ne ressemblent pas à celles que j'ai vues dans le Midi ; les arbres diffèrent également de ceux qui croissent plus au sud. La plupart des essences qui composent la forêt ont des feuilles palmées et largement développées ; les arbres sont couverts de lichens, et l'abondance de fougères que l'on remarque dans les bois prouve que la sécheresse y est moins grande qu'au midi de la vallée Barotsé. Les insectes commencent à fourmiller sous les plantes, et des chants d'oiseaux retentissent dans l'air aussitôt que le jour paraît ; chants sonores et variés qui étonnent par leur puissance et que des cœurs joyeux épanchent à la gloire de celui qui les remplit d'allégresse, mais qui ne me semblent pas aussi doux que la voix des oiseaux qui ont charmé mon enfance. Nous nous levons de bonne heure pour jouir de l'air embaumé du matin, et nous faisons la prière. Toutefois, au milieu de ces beautés qui m'environnent, je ressens un vide de l'âme en regardant mes pauvres compagnons ; je souffre de leurs paroles grossières, qui font un contraste si choquant avec cette nature à la fois splendide et gracieuse, et j'aspire au moment où nous serons tous en harmonie avec le principe éternel des âmes, source inépuisable de lumière et de beauté. Je leur parle du Rédempteur qui, dans sa miséricorde infinie, a bien voulu se charger de toutes les iniquités des hommes ; et je cherche, pour le leur dire, les expressions les plus simples que je puisse employer ; c'est un sujet qu'ils comprennent difficilement ; on ne saurait, d'ailleurs, se figurer la légèreté de leur esprit ; ils demandent avec instance le pardon de leurs péchés, puis ils retombent, l'instant d'après, dans les mêmes fautes, avouent que c'est mal, et tout est fini là.

Il est rare que je m'appesantisse sur leur dépravation ; j'ai pour principe de m'efforcer de leur être utile et de ne pas analyser le mauvais côté du caractère des hommes. Je ne crois pas que la peinture du crime soit efficace pour éveiller la sympathie chrétienne. Le mal existe, je le sais ; mais, autour de nous, la création répand toutes ses merveilles ; et détourner la vue de ce spectacle grandiose pour méditer sur les misères de la nature humaine, ne saurait être un moyen d'élever l'esprit et le cœur et d'avoir des facultés bien saines. J'emploie, à cet égard, la méthode qu'ont adoptée la plupart des médecins qui, tout en soignant leurs malades, étudient avec délices une branche quelconque de l'histoire naturelle. Les infirmités morales que j'essaye d'amoindrir peuvent être assimilées aux plaies dégoûtantes que l'on trouve dans les bas-fonds des grandes villes ; parmi les hommes de l'art qui s'occupent de ces dernières, l'un se contente de faire son ordonnance, d'indiquer brièvement la cause du mal, sans rester plus qu'il ne faut au milieu de cet air impur ; un autre, également animé de l'amour du bien public, remue la fange des égouts, afin d'en pouvoir décrire les émanations infectes, qui le rendent malade à son tour et le font bientôt mourir.

Les hommes vont, pendant le jour, à la cueillette, et rapportent des fruits sauvages de différentes espèces, que je n'avais pas vus jusqu'à présent ; l'un de ces fruits, qu'on appelle mogametsa, est une fève entourée d'une chair peu épaisse, et dont le goût est analogue à celui du sponge-cake ; le mawa se récolte sur un arbuste peu élevé, où il est très-abondant ; on rencontre presque partout une quantité de baies et de bulbes comestibles. Nous avons le moshomosho, ou mamosho et le milo (un azerolier), auprès de l'endroit où nous sommes établis. Les fruits de ces deux arbres sont bons, si toutefois on peut s'en rapporter au jugement d'individus qui sont disposés à trouver excellents tous les fruits dès qu'ils se laissent manger. La plupart de ceux que nous rencontrons valent mieux que les pommes sauvages ou les prunelles, et pourraient, avec la moitié des soins qu'on a prodigués à celles-ci, acquérir une place honorable parmi les fruits les plus renommés.

Les Africains n'ont jamais songé à cultiver ceux que la nature leur a donnés; et, quand ils me voient déposer dans la terre des noyaux de dattes en leur disant que je n'ai pas l'espérance de goûter les fruits qui en naîtront plus tard, je fais la même chose à leurs yeux que les insulaires de l'océan Pacifique lorsqu'ils plantèrent dans leurs jardins les clous dont le capitaine Cook leur avait fait présent et qu'ils espéraient voir se multiplier.

Il y a dans la forêt beaucoup de baies et de fruits dont mes gens ignorent le nom et l'usage. Un palmier que je n'ai pas encore vu est très-commun depuis l'embouchure du Léoti, qui en a probablement transporté les noyaux sur les bords du Liambye; il est à peu près de la même hauteur que le palmyra; son fruit est un drupe d'environ dix centimètres, dont le noyau est entouré d'une chair tendre et jaune qui, à l'époque de la maturité, est remplie d'un suc astringent comme les mangues sauvages, et qui n'a rien d'agréable.

Au-dessus de l'embouchure de la Liba, les rives du Liambye ont environ six mètres de hauteur, et sont composées de grès marneux; la forêt couvre les deux bords, et l'on trouve sur la rive gauche des éléphants et la tsetsé, que je soupçonne d'être attachée à ces animaux par un lien quelconque; c'est aussi l'opinion des Portugais de la province de Têté, puisqu'ils ont donné à cet insecte le nom de mouche de l'éléphant.

L'inondation atteint même le plateau de ces rives élevées, que, du reste, elle ne couvre pas longtemps, ce qui permet aux arbres de s'y multiplier; dans toutes les parties où l'eau séjourne, comme sur la rive droite, bordée par une plaine étendue qui porte le nom de Manga, la terre, couverte d'herbe, est dépourvue de bois.

Des bandes de pigeons verts [1] sont perchées sur les arbres de la rive; elles s'envolent dès que nous en approchons, et les notes variées qui s'échappent du feuillage nous révèlent des chanteurs inconnus. Le magnifique trogon à poitrine écarlate et à dos noir profère un son particulier, qui rappelle celui d'une lyre, ou bien encore le bruit harmonieux que rendait autrefois la statue de Memnon. Les rameurs lui répondent en criant: « Nama, nama! » c'est-à-dire: « Viande, viande! » Il paraît que la répétition de

---

1. *Phalaeroteron Delalandi*, Bonap.

la note mélodieuse du trogon nous présage une bonne chasse. Nous rencontrons une foule d'oiseaux plus intéressants encore ; mais je ne veux pas augmenter nos bagages pour ne point éveiller la convoitise des peuplades chez lesquelles nous devons passer, et je ne fais pas de collection.

Ainsi que je l'ai remarqué sur la Zouga, des bancs énormes de poissons descendent le Liambye lorsque les eaux grandissent. Il est probable que la rapidité du courant les entraîne et leur fait quitter leurs pâturages habituels. La plupart d'entre eux sont herbivores ; ils se repaissent avec avidité de la mousse délicate et des plantes qui croissent au fond des rivières ; quand les eaux montent, les poissons, rejetés sur les rives en dehors de leur séjour ordinaire et troublés dans leurs coutumes, s'en vont à l'aventure.

Les mosalas (*Clarias Capensis* et *Glanis Siluris*), les mulets (*Mugil Africanus*), et bien d'autres espèces, couvrent la vallée en si grand nombre, que, lorsque le fleuve est rentré dans son lit, tous les habitants sont occupés à recueillir ces poissons et à les sécher au soleil. Malheureusement il en reste bien plus qu'on n'en ramasse, et l'odeur qui s'exhale de toute cette marée en putréfaction infecte la vallée.

Nous rencontrons beaucoup d'hippopotames, qui sont excessivement nombreux dans toutes les parties de la rivière où ils n'ont jamais été chassés. Les mâles sont d'une couleur foncée ; les femelles, d'un brun tirant sur le jaune. La séparation entre les deux sexes est bien moins absolue chez eux que parmi les éléphants. Nous avons déjà dit qu'ils passent la plupart du temps dans l'eau, à sommeiller avec nonchalance. Ils en sortent la nuit pour manger l'herbe succulente de la rive, qu'ils rasent très-proprement. Leur souffle fait jaillir de leurs narines une colonne d'eau qui peut avoir un mètre d'élévation.

CHAPITRE XV

Message à Masiko. — Navigation du Liambye. — Ressources du pays. — La Liba. — Fleurs et abeilles. — Chasse au buffle. — Jeunes alligators. — Soupçon des Balondas. — Présent de Sékélenké. — Un homme et ses deux femmes. — Chasseurs. — Message de Manenko. — Chef féminin. — Mambaris. — Un songe. — Shéakondo. — Dents limées. — Entrevue avec Nyamoana, autre chef féminin. — Étiquette de la cour. — Superstition. — Arrivée de Manenko, son extérieur et son mari. — Manière de saluer. — Anneaux aux chevilles. — Ambassade envoyée par Masiko. — Rosbif. — Manioc. — Lanterne magique. — Chasse au zèbre.

27 décembre. Nous sommes au confluent de la Liba et du Liambye par 14° 10′ 52″ latitude sud, 22° 35′ 40″ longitude orientale. C'est à l'est de l'embouchure de la Liba que se trouve la résidence de Masiko, le chef barotsé à qui nous ramenons deux femmes, trois enfants et un jeune homme, qui avaient été faits prisonniers par Lérimo ; l'une de ces femmes appartient à la tribu des Babimpés, dont les membres s'arrachent les incisives supérieures et inférieures, ce qui, parmi eux, est une preuve de distinction. Comme il paraît que Masiko est dans l'habitude de s'emparer des orphelins et des gens sans protecteurs, pour les vendre aux Mambaris, nous trouvons fort juste que les femmes ne veuillent pas aller dans sa ville avant d'avoir revu leurs parents, et je leur donne quelques-uns des gens de ma suite pour les reconduire à leur famille. Je prie, en même temps, le jeune homme que je renvoie à Masiko de dire à celui-ci combien il s'éloigne des principes de son père Santourou, qui n'a jamais consenti à vendre ses sujets. Il est probable que le pauvre garçon n'osera pas s'acquitter de mon message ; mais il le dira aux autres, le bruit s'en répandra dans la ville et parviendra aux oreilles du chef, qui ne peut manquer d'en ressentir une légère impression. J'envoie Mosantou, un batoka, et plusieurs de ses camarades, pour escorter les prisonniers ; mes Barotsés n'ont pas voulu se présenter devant Masiko, leur véritable chef, qui les considère comme rebelles depuis qu'ils demeurent avec les Makololos.

Je charge Mosantou de la déclaration suivante : « Je regrette de voir que Santourou a donné le jour à un fils dénué de sagesse. Le grand chef se plaisait à gouverner des hommes, tandis que Masiko ne veut régner que sur des bêtes sauvages, puisqu'il consent à vendre ses sujets aux Mambaris. » Je joins à ces paroles l'explication du retour des captifs et l'injonction d'empêcher les Barotsés de voler les enfants et les pirogues des Makololos, ce qui troublerait la paix que je désire conserver ; et j'ajoute que, si Masiko veut connaître plus en détail mes opinions et mes projets, il peut envoyer, pour en causer avec moi, un homme intelligent et raisonnable à la première ville des Balondas, vers laquelle je me dirige.

Nous venons de déposer Mosantou sur la rive gauche de la Liba ; il lui faudra cinq jours pour arriver chez Masiko, non pas que la distance soit très-grande, mais les enfants qu'il reconduit, âgés de sept à huit ans, ne peuvent pas marcher bien vite, surtout par la chaleur, et il ne fera pas plus de dix ou douze milles par jour.

Tandis que Mosantou s'éloigne, jetons un regard en arrière sur le cours du fleuve que nous allons quitter, car il vient de l'est, et nous nous dirigeons vers la côte occidentale. De l'embouchure de la Liba jusqu'à Mosioatounya, le Liambye serait navigable et porterait aisément les steamers qui sillonnent la Tamise ; il est aussi large en beaucoup d'endroits que cette rivière au pont de Londres ; toutefois, n'ayant pas le chiffre exact de sa profondeur, je ne pourrais dire lequel de ces deux fleuves contient la plus grande quantité d'eau. Néanmoins, il y a de sérieux obstacles à la navigation du Liambye : environ dix milles au-dessous de l'embouchure du Léoti, par exemple, le cours du fleuve est obstrué par des bancs de sable à la fois nombreux et d'une grande étendue ; vous avez ensuite jusqu'à la Simah une centaine de milles qu'un steamer de la Tamise pourrait parcourir toute l'année ; mais entre la Simah et Katima-Molélo, vous rencontrez cinq ou six rapides avec des cataractes et les chutes de Gonyé, qu'il est impossible de franchir. De Katima-Molélo jusqu'au Chobé, le fleuve redevient navigable sur une étendue de cent milles.

Je ne veux pas dire que cette portion du Liambye offre immédiatement de grands avantages au commerce européen ; mais lorsque nous trouvons une rivière de trois cents mètres de large, dont certaines parties nous présentent des canaux de cent milles de longueur à l'endroit où les géographes ne supposaient autre chose qu'une mer de sable, il est permis de concevoir des espérances pour l'avenir. J'ai la conviction bien arrêtée que ce prétendu désert peut nourrir autant de millions d'habitants qu'il en contient de milliers aujourd'hui. Mis en culture, le sol de la vallée des Barotsés, dont l'herbe, excellente pour les vaches, est assez haute et assez épaisse pour abriter les petits des antilopes, fournirait une quantité de grain suffisante à l'alimentation de nombreuses multitudes.

Nous entrons dans la Liba, dont l'eau paraît noire à côté de celle du Liambye, qui, au-dessus de l'embouchure de cette rivière, s'appelle le Kabompo. La Liba coule paisiblement, et diffère en cela du fleuve où elle se jette. Elle reçoit sur ses deux rives une quantité d'affluents, et serpente avec lenteur au milieu de prairies délicieuses, dont le centre est occupé par un étang, ou arrosé par un ruisseau d'eau vive. Les arbres, couverts d'un feuillage épais et d'un vert plein de fraîcheur, sont réunis par massifs dont la disposition a tant de grâce, que l'art ne saurait y ajouter aucun charme. L'herbe, qui a été rasée par le feu, commence à reparaître et forme un tapis de gazon tellement fin, que l'on se croirait au milieu d'un parc soigneusement entretenu. Je suppose que la prairie est inondée tous les ans, car il n'y a de boisés que les terrains qui s'élèvent de trois à quatre pieds au-dessus de la plaine, où l'on trouve un grand nombre de coquilles fluviatiles. Le sol qui compose ces plateaux couverts d'arbres est sablonneux, comme je l'ai rencontré partout ailleurs, et celui des prairies est formé d'un terrain d'alluvion gras et noir. Une énorme quantité d'abeilles se pressent autour des fleurs nombreuses que nous apercevons de tous côtés; le miel abonde dans les bois, où nous trouvons les étaux sur lesquels les Balondas font sécher leur viande quand ils viennent chasser le fauve et recueillir en même temps le produit des ruches sauvages. Nous arrivons auprès d'un massif d'arbres élevés, droits comme des mâts, et dont les branches soutiennent des festons d'orseille; on ne rencontre nulle part, dans les contrées arides du Midi, cette plante tinctoriale, qui préfère le climat humide de la côte, et qui est très-commune dans la province d'Angola.

Je viens de blesser un énorme buffle; il s'enfuit tout sanglant et s'enfonce dans le plus épais du fourré; les jeunes gens de mon escorte le poursuivent en dépit des obstacles que leur oppose cette végétation touffue, et cueillent en passant un cucurbitacé qu'ils nomment *mponko*, et qu'ils mangent tout en marchant. Dès que l'animal les aperçoit ou les entend, il change de direction et fait les crochets les plus inattendus; j'ai vu souvent le buffle, en pareil cas, se détourner du chemin qu'il suivait pour aller se coucher dans une ravine où il attendait le chasseur; bien qu'il soit massif et lourd, il charge alors celui-ci avec une rapidité effrayante. On cite plus d'accidents produits par le buffle et le rhinocéros noir, que par le lion lui-même; malgré cela, et bien qu'ils connaissent le danger qui les menace, mes jeunes compagnons suivent la piste du buffle avec une parfaite insouciance ; jamais leur présence d'esprit ne les abandonne, et, quand l'animal se retourne et fond sur eux comme une trombe, ils s'esquivent adroitement derrière un arbre, et tuent la bête au passage.

Un arbre en fleur rappelle à ma mémoire le parfum de l'aubépine, dont il se rapproche encore par son feuillage et par ses fruits ; seulement la corolle de ses fleurs est aussi grande que celle de l'églantier, et ses baies ont la grosseur d'une cerise. La plupart des fleurs que l'on trouve dans le Midi ne sentent rien, ou sont nauséabondes ; ici, au contraire, elles sont doucement parfumées, et le botaniste aurait une ample moisson à recueillir sur les bords de la Liba. Nous sommes à l'époque la plus favorable pour en juger ; tout sera bientôt défleuri, car les plantes de cette région montent rapidement à graine, et des insectes de toute nature éclosent alors pour en dévorer les semences. Les lianes déploient une vigueur de végétation qui ne se révèle pas seulement par la grosseur de la tige, mais encore par le bourgeon terminal, qui se développe à la manière d'une asperge dont la croissance est rapide. Nous commençons à rencontrer le maroro ou malolo, qui est très-commun dans la plupart des lieux que nous avons à traverser pour arriver à Angola ; c'est un arbrisseau qu'on prendrait pour un anone de petite espèce : il donne un fruit jaune, dont la pulpe est douce, très-saine et remplie de pepins, ainsi que le fruit du corosol.

Nous avons passé la nuit du 28 au bord de la rivière, à un endroit où reposaient deux couvées d'alligators que notre arrivée fit sortir de leurs retraites. On en voit à chaque instant sur les bancs de sable où ils se chauffent au soleil en compagnie des adultes ; il est probable que nous sommes à l'époque où ils s'en vont du nid. C'est dans l'un de ces berceaux désertés, dont l'intérieur est jonché de coquilles d'œuf, que nous avons établi notre foyer. J'ai vu, sur les bords de la Zouga, prendre soixante œufs dans un nid d'alligator. Les œufs qu'on y trouve sont de la même dimension que les œufs d'oie, avec cette différence que les deux bouts sont égaux ; la coquille en est blanche et possède une certaine élasticité qu'elle doit à la forte membrane qui la tapisse intérieurement et au peu de chaux qui entre dans sa composition. Le nid dont nous nous servons comme foyer est situé à environ trois mètres de la rivière, et l'on voit évidemment qu'il existe depuis plusieurs années. Un large sentier y conduit du bord de l'eau, et mes nègres m'affirment que la femelle qui a quitté ses œufs après les avoir couverts avec soin, revient au moment de l'éclosion aider les petits à sortir de leur coquille. Elle les mène ensuite à la rivière où ils prennent tout seuls de petits poissons. Il me paraît assez utile que leur mère vienne les assister à l'époque de leur naissance : car il s'agit pour eux non-seulement de déchirer la membrane dont leur coquille est doublée, mais encore de traverser une couche de terre de dix centimètres d'épaisseur; toutefois ils n'ont pas besoin de chercher immédiatement leur nourriture, parce qu'ils ont conservé dans une poche de l'abdomen une partie du jaune de leur œuf, de la grosseur d'un œuf de poule, qui leur permet d'attendre qu'ils puissent se suffire à eux-mêmes. Jeunes et adultes vivent principalement de poisson, dont leur queue puissante et couverte d'écailles les aide à s'emparer. En général quand un alligator aperçoit un homme, il plonge et se dirige furtivement du côté où l'homme se trouve; il se précipite quelquefois néanmoins avec une agilité surprenante vers la personne qu'il a découverte, ainsi qu'on peut en juger par les rides qu'il imprime à la surface de la rivière. Il est bien rare qu'il sorte de l'eau pour aller chercher pâture; mais il la quitte souvent pendant le jour pour se chauffer au soleil. Une fois néanmoins, sur les rives de la Zouga, je rencontrai un petit alligator d'environ un mètre qui s'élança vers moi et qui me fit sauver dans une autre direction; mais c'est un fait exceptionnel, dont je n'ai pas entendu citer d'autres exemples. Une antilope que l'on chasse et qui prend l'eau dans les lagunes de la vallée Barotsé, un homme ou un chien qui vont y chercher leur gibier, ne manquent presque jamais d'être saisis par un alligator dont ils ne soupçonnaient pas la présence. C'est immobile et complétement caché que le monstre guette sa proie; il ne pêche en général que la nuit; mais on n'oublie jamais le bruit qu'il fait en mâchant quand on l'a une fois entendu.

Les jeunes que nous avons fait sortir du nid, à l'endroit où nous sommes actuellement, ne paraissaient pas très-avisés; leurs yeux étaient jaunes, et leur pupille formée tout simplement d'une fente perpendiculaire; ils avaient environ 25 centimètres de longueur, et le corps marqué de brun et de vert pâle disposés par bandes alternatives. Ils se sont jetés d'une manière féroce sur les lances que nous leur présentions et qu'ils mordaient avec fureur en jappant de la voix aiguë d'un jeune chien qui commence à aboyer. On a dit que la mère dévore ses petits; mais je n'ai pas pu m'assurer du fait, ni savoir si l'ichneumon a ici la même réputation qu'en Égypte. Il est probable que les Barotsés et les Bayéyès ne lui sauraient pas gré de ses bons offices ; ils aiment mieux manger eux-mêmes les œufs du reptile que de les abandonner aux autres. On ne fait usage que du jaune de l'œuf de l'alligator, et on rejette le blanc, qui ne se coagule pas. A mesure que la population augmentera, les nids de ces odieux reptiles seront de plus en plus recherchés et l'espèce deviendra moins nombreuse.

Les alligators du Liambye sont plus féroces et commettent plus de ravages que dans les autres rivières. Il arrive souvent qu'après avoir dansé au clair de lune, les jeunes gens qui habitent les bords du fleuve vont se plonger dans l'eau pour se débarrasser de la poussière qui les couvre et ne reparaissent jamais. On s'étonne de leur imprudence ; mais le fait est qu'ils n'ont pas plus le sentiment du danger qui les menace que le lièvre, tant qu'il n'est pas serré de près par le limier qui le poursuit. Quand ils échappent au monstre, ils n'ont pas eu le temps d'avoir peur et ne font ensuite que rire de l'aventure ; pour moi, j'éprouve, en songeant au péril que j'ai couru en mainte circonstance, une terreur bien plus grande qu'au moment du danger.

De l'autre côté de la rivière, en face du village de Manenko, le premier chef féminin que nous ayons rencontré, nous sommes rejoints par deux Balondas qui viennent à nous dans leur pirogue. Ils nous disent que l'un des hommes de mon escorte, appelé Kolimbota, et qui a souvent parcouru cette région, est accusé d'avoir servi de guide aux maraudeurs qui, sous la conduite de Lérimo, ont enlevé les individus que précisément nous avons ramenés chez eux. Ils appuient leur accusation sur la facilité avec laquelle les Makololos ont trouvé leurs villages ; et maintenant que les Balondas se sont reculés dans les terres, ils ne veulent pas nous montrer leur nouvelle résidence. Notre réputation n'est pas bonne ; mais j'ai encore auprès de moi deux captifs que je ramène à leur famille ; je les produis en témoignage de notre innocence, et pour montrer que Sékélétou a complétement désavoué cette expédition fâcheuse, qui est le fait d'un coquin subalterne. Les deux Balondas avouent que mes paroles sont pleines de sens et d'équité ; mais les Makololos ont troublé par un crime la paix qui régnait entre les deux nations, et, avant de nous introduire chez eux, il est indispensable que les Balondas aient consulté Manenko.

Les deux étrangers reviennent le soir, mais accompagnés cette fois d'un certain nombre d'individus qui ont pour chef un Ambonda nommé Sékélenké, et dont le village dépend du territoire de Masiko. Sékélenké revient de chasser l'éléphant avec ses villageois sur la rive droite de la Liba, et se rend auprès de Masiko ; il m'envoie un morceau de zèbre bouilli en me faisant demander de lui prêter un canot pour que ses enfants et ses femmes puissent traverser la rivière. La plupart des gens qui l'accompagnent viennent saluer le premier blanc qu'ils aient jamais rencontré ; mais Sékélenké s'en abstient, et j'apprends qu'il a reproché à quelques-uns de ses hommes de m'avoir fait connaître qu'il était parmi eux, leur disant que je serais fâché contre lui de ce qu'il n'était pas venu me parler et m'offrir un cadeau. C'est la première fois que, dans ce pays-ci, on évite ma présence.

Comme il serait fort impolitique de traverser le territoire de Manenko sans demander tout au moins à lui faire une visite, nous restons ici jusqu'au retour des Balondas qui doivent lui parler de nous ; et je vais à la chasse en attendant qu'ils reviennent.

Le pays est couvert de forêts entremêlées de clairières tapissées d'herbe tellement serrée qu'on n'aperçoit pas la terre. Nous avons rencontré, dans un bois où nous chassions, un homme qui, avec ses deux femmes et ses enfants, brûlait des roseaux et des tiges de tsitla qu'il avait coupés dans un marais saumâtre, afin d'extraire le sel qui s'y trouverait contenu. Les indigènes se servent, pour cette opération, d'un entonnoir fait avec des branches d'arbre, qu'ils garnissent intérieurement d'une torsade d'herbe, et qui ressemble au toit d'une ruche que l'on aurait retourné. Ils mettent les cendres dans une calebasse remplie d'eau qu'ils versent ensuite dans l'entonnoir, où elle se filtre au moyen de l'herbe qu'elle y rencontre. Cette eau, après évaporation complète, dépose une quantité de sel suffisante pour être employée comme assaisonnement. Les femmes et les enfants se sont enfuis dès qu'ils nous ont aperçus ; nous nous sommes assis immédiatement par terre et nous avons attendu que l'homme eût repris assez de courage pour nous adresser la parole ; il tremblait de tous ses membres et sa frayeur était extrême ; mais quand je lui eus dit que nous étions venus pour chasser du gibier et non des hommes, il finit par se calmer et rappela ses enfants et ses femmes.

Nous avons trouvé un peu plus loin une autre famille qui était en train de chasser ; l'homme avait un arc de deux mètres de long et des flèches à pointe de fer et d'environ 75 centimètres ; il en avait d'autres de bois, soigneusement barbelées, dont il faisait usage toutes les fois qu'il n'était pas sûr de pouvoir les retrouver. Je tuai un zèbre quelques instants après, et j'en donnai si belle part à mes nouvelles connaissances, que nous fûmes bientôt bons amis. Ceux que nous avions rencontrés dans la journée revinrent avec nous au camp et nous demandèrent un peu de viande. Les premiers avaient fait bien peu de sel, et je ne doute pas qu'ils n'aient été fort reconnaissants de ce que nous leur avons donné.

Sékélenké et ses hommes, au nombre de vingt-quatre, ont passé auprès de nous, portant d'énormes charges de viande d'éléphant séchée. La plupart d'entre eux vinrent me souhaiter le bonjour ; quant à Sékélenké, il m'a fait dire qu'il était allé voir l'une de ses femmes, dont la demeure est dans le village de Manenko : c'est une manière tout africaine de s'informer des intentions que je puis avoir et de ne pas se compromettre au sujet de la visite que nous aurions pu nous faire. Je réponds à cela qu'il a eu parfaitement raison, et que moi-même j'irai voir ma femme dès que Mosantou sera revenu de chez Masiko.

Un zèbre s'approche de notre camp ; nous avons des amis dans le voisinage, et l'animal est tué. Bien que le pays soit très-plat, c'est l'*equus montanus*, parfaitement bien marqué de la tête aux pieds, comme tous les zèbres des régions montagneuses.

Manenko a répondu à la proposition que je lui avais faite d'aller la visiter, par l'envoi d'un panier de racines de manioc, et m'a fait dire de rester à l'endroit où nous sommes jusqu'à ce qu'elle soit venue me voir la première. Deux jours après, elle m'a expédié un nouveau messager qui avait l'ordre de me conduire chez elle ; bref, après quatre jours de pluie et de négociations, je me suis rembarqué sans l'avoir vue, et j'ai remonté la rivière jusqu'à l'embouchure du Makondo, qui se jette dans la Liba, sur la rive orientale, par 13° 23′ 12″ latitude sud, et qui peut avoir de vingt à trente mètres de large.

1er *janvier* 1854. — Il pleut tous les jours avec abondance ; il est vrai que nous sommes dans la saison des pluies. Les habitants de chaque village nous apportent des paniers remplis d'un fruit rouge appelé mawa, dont ils nous font présent ; ils sont persuadés que leurs chefs apprendront avec plaisir qu'ils nous ont bien accueillis ; je leur donne en échange des morceaux de venaison.

A l'embouchure du Makondo, l'un de mes hommes ramasse un fragment de chaîne de montre en acier, de fabrique anglaise ; c'est ici que les Mambaris traversent la rivière pour se rendre chez Masiko. Je ne m'étonne plus maintenant du soin que prenait Sékélenké des dents d'éléphant qu'il avait pu recueillir. Ces Mambaris ont l'esprit du négoce et le caractère entreprenant ; ils commencent par construire des huttes dans l'endroit où ils ont l'intention d'entamer les affaires, sachant bien que, pour conclure des marchés avantageux, il leur faudra passer un temps considérable en pourparlers et en réunions de toute espèce. Ils font pénétrer au cœur de l'Afrique les indiennes de Manchester, dont les Makololos sont tellement émerveillés, qu'ils ne peuvent pas croire que ces tissus éclatants soient faits de la main des hommes. Aux questions qu'ils adressent aux Mambaris, ceux-ci leur répondent que ces produits merveilleux sortent de la mer, et qu'ils ont recueilli sur le rivage les verroteries qu'ils leur apportent. Nos manufactures sont, aux yeux des Africains, un prodige tout féerique dont la pensée les remplit d'étonnement. « Eh! quoi, s'écrient-ils, c'est du fer travaillé, qui lui-même prépare le coton, le file, le tisse, et qui lui donne cette beauté surprenante! » Le pays des blancs est pour eux ce que les îles de l'Inde étaient pour nos pères : une région lumineuse qui produisait des diamants, des paons et de la mousseline. Chaque fois que j'essaye de leur expliquer la manière dont se fabriquent les objets les plus simples, ils s'écrient, dans leur enthousiasme : « En vérité, vous êtes des dieux! »

L'un de mes gens a rêvé cette nuit que Mosantou a été fait prisonnier et qu'il est retenu dans une estacade. Ce rêve a désespéré toute la bande; et ce matin, quand je suis sorti de ma tente, j'ai trouvé tous mes hommes plongés dans un abattement qui prouve leur peu de valeur morale. Je leur ai demandé si nous devions nous laisser gouverner par les songes ou bien par la raison; et, après leur avoir rappelé l'autorité que je tenais de Sékélétou, je donnai des ordres pour que les canots fussent chargés immédiatement. Ils furent confus de la terreur qu'ils avaient éprouvée, et les Makololos, reprenant courage les premiers, reprochèrent aux Makalakas leurs superstitions ridicules : « Vous n'en faites jamais d'autres, leur disaient-ils; un oiseau qui passe vous fait rentrer chez vous et renoncer à la chasse ou à la pêche que vous alliez entreprendre. » Ils entrèrent enfin dans les canots, et chacun fit d'autant mieux son devoir qu'on lui avait reproché plus vivement sa crédulité aux rêves, et son peu de confiance en ma personne.

Vers onze heures nous sommes arrivés au village de Shéakondo, bâti sur les bords d'une petite rivière qu'on appelle Lonkonyé. J'ai fait avertir le chef; il s'est présenté immédiatement avec ses deux femmes, qui portaient chacune de grands paniers remplis de manioc. Shéakondo possède bien la langue des Barotsés; il parle avec franchise, d'un air calme et digne, et se contente, lorsqu'il veut attester quelque chose, de montrer l'endroit du ciel qui se déploie au-dessus de sa tête ; il a paru frappé de respect en écoutant les quelques paroles que je lui ai dites touchant la Divinité.

Les Balondas cultivent le manioc sur une grande échelle, ainsi que le sorgho, l'arachide, les fèves, le maïs, la patate douce et l'yam, qu'ils appellent *lékoto* ; c'est tout ce que nous avons pu voir, n'ayant pas pénétré dans l'intérieur de leur village.

Les individus qui accompagnaient Shéakondo avaient les incisives limées en pointe, ce qu'ils considèrent comme une beauté, bien que celles de leurs dents que la lime n'a pas touchées soient plus blanches que les autres. Ils étaient presque tous tatoués, principalement sur le ventre. Ce sont tout simplement des cicatrices en relief de douze millimètres de longueur sur six de large, disposées de manière à former des étoiles et des figures variées, dont la couleur foncée de la peau n'a pas permis de diversifier les nuances. Comme tous les nègres, qui sont à peu près nus, ces Balondas aiment à se revêtir le corps d'un enduit graisseux. N'ayant pas de bétail, ils se servent pour cet usage d'huile de ricin et de différentes graines oléagineuses, mais ils préfèrent le beurre fondu et la graisse de bœuf. La vieille épouse de Shéakondo m'a prié poliment de lui donner un peu de beurre pour se graisser l'épiderme, en échange des racines de manioc dont elle nous faisait présent ; les Makololos m'ont si généreusement approvisionné qu'il m'a été facile de satisfaire à sa demande. Comme elle est très-peu vêtue, je suis persuadé qu'elle éprouvera de son graissage un bien-être incontestable.

L'épouse favorite de Shéakondo, qui assistait également à l'entrevue, n'est pas moins avide de beurre, et je lui en ai donné en quantité suffisante pour se vernir de la tête aux pieds ; elle portait au-dessus des chevilles une profusion d'anneaux de fer auxquels sont attachés de petits morceaux du même métal qu'elle faisait résonner à la mode africaine, en marchant de cet air impérieux dont nos dragons nous fournissent un exemple, lorsqu'ils promènent leur uniforme pimpant en faisant sonner leurs éperons.

La pluie est si abondante et le soleil est tellement couvert de nuages, qu'il m'a été impossible depuis quinze jours de relever notre latitude. Il faut néanmoins qu'il ait plu davantage encore dans l'est, car le Liambye croissait rapidement quand nous l'avons quitté, et le sable qu'il enlevait à ses bords le colorait en jaune. Ici, la rivière n'a pas beaucoup grandi et la couleur noirâtre de ses eaux n'a pas changé le moins du monde. Elle renferme très-peu de poissons, et par conséquent les oiseaux pêcheurs sont très-rares sur ses rives. Les alligators de la Liba sont beaucoup plus craintifs que ceux qui habitent le Liambye ; les flèches empoisonnées des Balondas leur ont appris à se cacher, et pas un seul n'apparaît et ne se chauffe au soleil. On voit également très-peu de petits oiseaux, à cause de la quantité de piéges que leur tendent les Balondas. J'ai cependant observé quelques espèces de chanteurs qui m'étaient inconnues. L'un de mes Zambésiens a été mordu par un serpent non venimeux ; il est tout naturel qu'il n'en résulte pas d'accidents ; mais les Barotsés prétendent que c'est parce qu'ils étaient là et qu'ils ont vu la morsure ; d'après eux, le regard de l'homme est un charme puissant qui a le pouvoir d'anéantir le poison des reptiles.

6 *janvier*. — Le village auquel nous arrivons est gouverné par une femme appelée Nyamoana, qui est, dit-on, la mère de Manenko et la sœur de Shinté, le plus grand chef des Balondas que l'on trouve dans cette région. Il y a très-peu de temps qu'elle est venue se fixer dans l'endroit qu'elle habite, et son village ne se compose encore que d'une vingtaine de huttes. Son époux, Samoana, est vêtu d'une petite jupe de serge verte et rouge ; il est armé d'une lance et d'un sabre de forme antique dont la lame peut avoir quarante-cinq centimètres de longueur sur sept ou huit de large. Samoana est assis auprès de la reine, sur des pelleteries placées au milieu d'un cercle de trente pas de diamètre, dont le niveau est un peu plus élevé que le terrain environnant, et qui est entouré d'un fossé. A côté d'eux est une femme d'un certain âge qui louche en dehors de l'œil gauche et de la manière la plus désagréable. De l'autre côté de la tranchée sont assises une centaine de personnes des deux sexes ; les hommes portent des lances, des arcs, des flèches et des sabres. Nous déposons nos armes à quarante mètres du fossé ; je m'avance au milieu du cercle et je salue Samoana en frappant dans mes mains, suivant l'usage du pays. Il me désigne sa femme, car c'est à elle qu'appartiennent tous les honneurs ; je salue Nyamoana de la même façon, et je m'accroupis en face d'elle et de son époux sur une natte que l'on vient d'apporter.

L'orateur de la cour est appelé et l'on me demande quel est mon interprète. Je désigne Kolimbota, celui de mes Zambésiens qui connaît le mieux le dialecte des Balondas, et le palaver commence dans les formes voulues. J'explique le but de mon voyage, sans chercher à les tromper, sans dissimuler mon caractère ni mes intentions ; car n'eussé-je pas d'autre motif pour dire la vérité, j'ai acquis la certitude que la franchise est le meilleur de tous les moyens qu'on puisse employer avec ces peuples enfants. Kolimbota redit à l'orateur de la cour ce que je viens d'expliquer ; l'orateur le répète à Samoana, qui le transmet à sa femme; mes paroles sont ainsi répétées trois fois successivement, et assez haut pour que l'auditoire n'en perde pas une syllabe; après quoi, la réponse me parvient de la même manière, la reine s'adressant à son mari, celui-ci à l'orateur, et ainsi de suite.

Lorsque nous nous sommes bien expliqués, je m'aperçois que mes nouveaux amis confondent ma mission d'amour et de paix avec les hostilités dont les Makololos se sont rendus coupables à leur égard, et je recommence une nouvelle explication. Je déclare que c'est au nom de leur Créateur que je parle, ni plus ni moins; et que, si les Makololos s'écartent de la loi du Seigneur en attaquant les Balondas, la faute en retombera sur leur tête et non pas sur la mienne. Cette déclaration satisfait les deux parties, et la séance est levée.

Je leur montre ma chevelure, qui paraît très-curieuse à tous les habitants de cette région; c'est d'ailleurs une manière de gagner leur confiance. « Cela des cheveux! s'écrient-ils; mais, pas du tout, c'est la crinière d'un lion. » Quelques-uns s'imaginent que c'est une perruque faite avec le poil de cet animal, comme ils en font parfois avec les fibres de l'ifé, qu'ils teignent en noir pour augmenter la masse de leur toison. Je ne peux pas leur répondre, à mon tour, que ce ne sont pas des cheveux dont leur tête est couverte, mais bel et bien de la laine comme sur le dos des moutons, puisque cet animal n'existe pas chez eux; d'ailleurs, ainsi qu'Hérodote l'avait déjà remarqué, si en Afrique les hommes portent de la laine au lieu de cheveux, la race ovine y est couverte de poil. Il faut donc me contenter d'affirmer à mes Balondas que c'est bien moi qui ai de vrais cheveux, comme ils en auraient eux-mêmes si les leurs n'avaient pas été brûlés et recoquevillés par le soleil. Pour leur prouver l'influence du climat, je leur fais comparer la peau bronzée de ma figure et de mes mains avec celle des Makololos, qui est à peu près de la même teinte, et je leur montre ensuite ma poitrine qui est blanche; ils comprennent immédiatement pourquoi nous différons de couleur, et se disent, qu'après tout, nous pouvons bien avoir une commune origine. Ici, comme dans tous les endroits où l'humidité se combine avec une chaleur excessive, la peau est très-foncée, mais non pas complétement noire; le nègre le plus sombre y est toujours lavé de bistre.

J'exhibe à ceux qui m'entourent ma montre et ma boussole, qui leur paraissent excessivement curieuses; mais, bien que son mari l'engage à venir voir ces merveilles, Nyamoana reste à l'écart et ne se décide pas à s'approcher.

Ces Balondas sont les nègres les plus superstitieux que nous ayons encore rencontrés. C'est à peine s'ils commencent à bâtir leur village, et ils ont déjà construit deux petits hangars, attenant à la hutte de leur chef, pour y placer deux vases qui renferment des drogues enchantées. Aux questions que je leur fais à ce sujet, ils me répondent que c'est un charme pour le Barimo, et quand je me lève pour aller voir ce que les deux vases contiennent, ils me disent que c'est un philtre pour charmer le gibier.

Je trouve ici, dans un village abandonné, les restes d'une vieille idole, ce qui est le premier symptôme d'idolâtrie que j'aie aperçu depuis que je suis en Afrique ; c'est tout simplement l'image grossière d'une tête humaine taillée dans un bloc de bois ; ce fétiche est remplacé par un bâton crochu lorsqu'il n'y a pas de sculpteur parmi les habitants, et quand il fait l'objet du culte, il est barbouillé de certaines substances enchantées, mêlées à de l'ocre rouge et à de la terre de pipe.

Je voulais continuer à remonter la Liba, qui me paraît venir du nord-ouest, vers lequel je me dirige ; mais Nyamoana désire vivement que nous allions voir son frère, et quand je lui parle de l'avantage qu'il y aurait à nous y rendre par eau, elle me dit que Shinté ou Kabompo, ainsi qu'on l'appelle également, ne demeure pas auprès de la rivière, que, du reste, nous serions obligés de quitter avant peu à cause d'une cataracte infranchissable aux canots ; elle ajoute que les Balobalés, dont le territoire est sur la rive gauche de la Liba, ne connaissant pas nos intentions, pourraient nous attaquer. On m'a dit tant de fois la même chose à l'égard de peuplades qui m'ont parfaitement reçu, répliquai-je à ces paroles que maintenant j'ai plus peur de tuer les autres que d'être tué moi-même. Elle me répond que ce n'est pas moi qu'on tuerait, mais les Makololos qui seraient sacrifiés comme ennemis des Balobalés. Cette considération produit sur les hommes de ma suite infiniment d'effet ; il est beaucoup plus sage, à leurs yeux, d'aller faire une visite à Shinté que de suivre la Liba ; sur ces entrefaites, arrive Manenko, dont l'opinion fait pencher la balance en leur faveur, et je suis obligé de me rendre à leurs désirs.

Manenko est une grande femme, bien découplée, d'une vingtaine d'années, et qui porte une profusion d'ornements et d'amulettes suspendus autour de sa personne ; elle est barbouillée d'un mélange de graisse et d'ocre rouge, afin de se protéger contre l'influence de l'air ; précaution assez utile, car elle est, ainsi que la plupart des femmes de sa nation, d'une effrayante nudité. Ce n'est pas faute de vêtements ; en sa qualité de chef elle pourrait se procurer des habits tout aussi bien que quelques-unes de ses sujettes ; mais elle trouve cela plus élégant. J'étais en train d'expliquer diverses choses au peuple de sa mère, lorsqu'elle est arrivée. Après m'avoir écouté pendant quelque temps, son mari qui l'accompagnait, et qu'on appelle Sambanza, commença un discours pour expliquer le motif de leur voyage ; tout en parlant, il ramassait du sable dont il se frottait la poitrine et le haut des bras, ce qui est la manière la plus générale de saluer dans tout le pays des Balondas. Quand on veut faire preuve d'une excessive politesse, on apporte dans un petit morceau de cuir, des cendres ou de la terre de pipe, que l'on emploie au lieu de sable. Il y a des raffinés qui se battent les flancs avec leur coude pour faire honneur à la personne qu'ils saluent ; et quelques autres qui frappent dans leurs mains en posant alternativement leurs deux joues sur la terre. Les chefs saluent en se frottant la poitrine et les bras, mais ils feignent seulement de ramasser un peu de sable qu'il se gardent bien de prendre, et surtout d'employer.

Lorsque Sambanza eut fini son discours, il montra ses chevilles pour faire voir qu'elles étaient chargées d'anneaux de cuivre. Il y a des chefs qui en ont un si grand nombre et d'une telle dimension, qu'il leur devient très-difficile de marcher et qu'ils ne peuvent le faire qu'en écartant les jambes. Les individus, comme Sambanza, qui veulent singer leurs supérieurs, adoptent cette démarche particulière ; de sorte que l'on voit des hommes, qui ont à peine aux chevilles quelques onces de métal, se dandiner péniblement comme s'ils avaient l'honneur d'être empêtrés par des anneaux d'un poids énorme. Je ne peux pas m'empêcher de sourire de la façon ambulatoire de Sambanza ; mais on me répond très-sérieusement que c'est dans ce pays-ci la manière de montrer sa puissance et la haute position qu'on occupe.

Manenko accepte franchement la politique de conciliation que je recommande à l'égard des Makololos ; et, pour cimenter l'alliance entre les deux peuplades, elle propose à Kolimbota d'épouser une femme balonda ; elle espère gagner ainsi l'affection de ce dernier, qui viendra sans doute fréquemment chez les Balondas, puisqu'il aura pour prétexte de venir visiter sa femme ; elle a sans doute l'arrière-pensée d'obtenir, par ce moyen, des renseignements exacts sur les intentions des Makololos ; ceux-ci, d'ailleurs, n'attaquent jamais un village habité par une des épouses d'un membre de leur tribu. Cette proposition est accueillie favorablement par Kolimbota, qui, un peu plus tard, nous abandonne afin de la réaliser.

Le soir du jour où Manenko est arrivée, nous avons eu la joie de voir reparaître Mosantou, suivi d'une ambassade imposante que nous envoie Masiko ; cette députation est formée de tous les chefs subalternes qui obéissent à celui-ci, et nous apporte une défense d'éléphant magnifique, deux calebasses remplies de miel et un grand morceau de serge bleue, destiné sans doute à me prouver que Masiko est réellement un grand chef, puisqu'il a en réserve tant de marchandises des blancs qu'il peut en faire des largesses ; peut-être n'a-t-il pas eu d'autre intention que d'en faire cadeau à Mosantou, et je donne la serge à ce dernier, car, en général, les chefs n'oublient pas les serviteurs quand ils font des présents.

Masiko me fait dire combien il est enchanté du retour des captifs que nous lui avons ramenés et des propositions de paix et d'alliance que je lui apporte de la part des Makololos ; il m'affirme qu'il n'a jamais vendu aucun de ses sujets aux Mambaris, mais seulement des prisonniers que son peuple avait enlevés à de faibles tribus voisines.

Quant aux vols qui sont reprochés à ses Balondas par les Makololos, il avoue que deux de ses hommes, étant à la chasse, ont pénétré dans les jardins de ces derniers, mais seulement pour voir si par hasard leurs compagnons ne s'y trouvaient pas ; et comme le grand point, dans toutes les querelles des indigènes, est d'amener les deux partis à oublier le passé, j'insiste auprès des chefs qui me sont envoyés, pour que les Balondas acceptent comme sincères les déclarations des Makololos, pour qu'ils évitent à l'avenir tout ce qui pourrait fournir à leurs ennemis un prétexte pour leur faire la guerre, et je termine en les priant d'offrir de ma part à Masiko un bœuf qui fait partie des provisions que Sékélétou nous a données.

Tous les Balondas, qui possédaient autrefois une grande quantité de bétail avant d'être chassés de leur pays par les Makololos, ont conservé un goût très-vif pour le beurre et pour la viande de bœuf. Ils ont du gibier en abondance ; mais je suis complétement de leur avis ; rien au monde ne vaut le rosbif, et les Anglais, en lui donnant la préférence sur tout autre aliment, font à la fois preuve de bon goût et de bon sens.

C'était à Masiko que je destinais le bœuf dont je viens de me dessaisir ; mais les ambassadeurs que j'ai chargés de mon présent voudraient bien avoir la permission de tuer la bête ici même et d'en faire leur profit. Je leur réponds que je n'ai plus aucun droit sur l'animal dès l'instant qu'il est entre leurs mains. Cette réponse ne les satisfait pas, ils souhaiteraient que je prisse la responsabilité du fait; mais si je leur disais qu'ils peuvent tuer l'animal, c'est à peine si demain matin il en resterait quelques onces, et je n'ai pas autre chose à donner à Masiko.

Toutes nos provisions sont épuisées; nous n'avons maintenant pour vivre que les racines de manioc que nous recevons tous les soirs de la part de Nyamoana, et qui, mangées crues sont un violent poison. Les ambassadeurs de Masiko n'en ont pas davantage; mais nous avons été si contents de leur arrivée, que nous avons retardé notre départ pour rester un jour avec eux. De la même famille que les Barotsés de mon escorte, ils ont mille choses à leur dire; et, après une journée de conversation qui leur fait oublier leur appétit, je les régale d'une séance de lanterne magique, et nous nous transportons au village de Nyamoana, pour que tout le monde puisse profiter du spectacle.

Nous étions occupés à dresser notre bivouac, lorsque Manenko entreprit tout à coup les membres de l'ambassade avec une vigueur qui ne nous laissa aucun doute sur la puissance de ses facultés en matière de dispute. Il paraît qu'autrefois Masiko avait fait demander un vêtement à Samoana, ce qui est une manière d'entretenir ses relations entre gens du pays, et qu'après avoir obtenu ce qu'il demandait, il l'avait renvoyé, sous prétexte que cet objet avait l'air d'avoir été soumis à quelque sortilége. C'était une grave insulte, et Manenko s'estimait fort heureuse d'avoir l'occasion de décharger sa bile sur les députés du coupable, ceux-ci ayant couché dans son village sans avoir demandé la permission. « Pourquoi ces gens, qui soupçonnent les autres de maléfices, ne seraient-ils pas accusés d'avoir jeté un sort sur les cabanes où ils se sont introduits furtivement? » Une fois lancée dans le style oratoire, elle continua sur le même ton sans épargner ses propres serviteurs, qui avaient permis cette impudence; et, comme il arrive souvent dans les mercuriales féminines de toutes les latitudes, elle reprocha aux objets de sa colère toutes les fautes qu'ils avaient pu commettre depuis le jour où ils étaient nés; enfin, dans une péroraison foudroyante, elle exprima le peu d'espérance qui lui restait de les voir jamais devenir meilleurs, jusqu'au moment où ils seraient dévorés par les alligators. Les gens de Masiko prirent le parti de ne rien répondre à ce torrent d'injures; et, comme nous n'avions rien à manger ni les uns ni les autres, nous les avons quittés le lendemain matin, après leur avoir fait la promesse de traverser leur ville à notre retour, en échange de la parole qu'ils nous donnaient d'expliquer à leur chef que nous sommes tous les enfants du Créateur, et que Masiko doit donner aux tribus qui l'avoisinent la paix et la sécurité qu'il veut lui-même obtenir de la part des Makololos.

Au moment de partir, Manenko nous distribue quelques racines de manioc et se charge, dit-elle, de faire transporter tous nos bagages à la ville de Shinté. Nous connaissons trop bien les effets oratoires qu'elle est capable d'atteindre; et, comme nous n'avons pas envie d'essuyer les invectives de cette créature impérieuse, nous nous empressons de faire nos paquets. Ils ne sont pas terminés, que Manenko nous fait dire que les porteurs qu'elle a demandés n'arriveront que le lendemain, et qu'il faut les attendre. Notre menu est si chétif, que, ne voulant pas rester plus longtemps à ce régime détestable, j'ordonne à mes gens de transporter nos bagages dans les pirogues, afin de partir immédiatement. Mais Manenko n'est pas femme à laisser faire le contraire de ce qu'elle a résolu; elle se présente, accompagnée de sa suite, fait saisir l'ivoire et les autres objets dont Sélékétou nous a chargées pour Shinté, et déclare que c'est elle qui les fera porter a son oncle, en dépit de mes efforts. Mes Zambésiens s'inclinent beaucoup plus vite que je ne l'aurais voulu devant ce chef en jupon absent, et je m'éloigne des pirogues d'un air peu satisfait. Manenko s'approche de moi; elle m'explique avec douceur que Shinté lui en voudrait si nous n'allions pas le voir; me posant la main sur l'épaule avec un geste affectueux : « Maintenant, mon petit homme, fais comme les autres, » me dit-elle. Toute ma mauvaise humeur s'évanouit, et je prends mon fusil pour aller à la chasse.

On ne trouve ici que le zèbre, le tahetsi ou kualata (*egoceros equina*), le kama, le buffle, et une petite antilope que les indigènes appellent hakiténoué, et qui est plus connue sous le nom de philantomba.

Il faut, dans cette région, suivre la piste de ces animaux pendant plusieurs milles avant de les rencontrer. Poussés par la faim, nous sommes restés toute la journée sur la trace d'une petite bande de zèbres que nous avons fini par trouver au milieu d'un bois épais. L'un d'eux était à peine à cinquante pas, je le vise, le coup rate, et, à mon grand chagrin, toute la bande disparaît en bondissant. La pluie est tellement abondante, qu'il est impossible de préserver la poudre et la batterie du fusil de l'humidité générale.

C'est une chose curieuse que d'observer l'intelligence des animaux sauvages. Dans les contrées où on les chasse avec des armes à feu, ils se tiennent dans les endroits les plus découverts du pays, afin d'apercevoir le chasseur du plus loin qu'il est possible. Il m'est

arrivé si souvent, lorsque j'étais sans armes, d'approcher, sans les
inquiéter, d'animaux qui, lorsque j'avais mon fusil, s'enfuyaient
dès que j'apparaissais à distance, que je suis persuadé qu'ils comprennent parfaitement le danger qu'ils courent dans ce dernier cas,
et la sécurité qu'ils peuvent avoir en face d'un homme désarmé.
Ici, où ils n'ont à craindre que les flèches des Balondas, ils demeurent pendant le jour au fond des forêts les plus épaisses, où le
tir de l'arc est beaucoup plus difficile; peut-être le font-ils pour
s'abriter du soleil, qui est dans ce pays-ci d'une chaleur excessive.
Il n'en est pas moins vrai qu'ils choisissent dans cette région les
bois les plus couverts, tandis qu'ils les évitent dans les contrées du
Sud; et je les ai trouvés, par un temps nuageux, au plus épais
du hallier, comme aujourd'hui, par exemple, où ce n'est pas le
besoin d'ombre qui a pu les y conduire.

CHAPITRE XVI

Présent de Nyamoana. — Charmes. — Facultés pédestres de Manenko. — Une idole. — Armes des Balondas. — Pluie. — Disette. — Palissades. — Forêts épaisses. — Ruches artificielles. — Champignons. — Village où les habitants prêtent le toit de leur maison. — Divination. — Caprices de Menenko. — Messages et présents de Shinté. — Un homme-sirène. — Entrée dans la ville de Shinté. — Nègres véritables. — Grande réception à la cour. — Cérémonial. — Instruments de musique. — Requête désagréable. — Entrevue particulière avec Shinté. — Fertilité du sol. — Nouvelle halte de Manenko. — Propositions de Kolimbota. — Étiquette et susceptibilité des Balondas. — Vente des enfants. — Shinté offre une esclave au docteur. — Lanterne magique. — Terreur des femmes. — Ivresse de Sambanza. — Dernière preuve de l'affection de Shinté.

11 *janvier* 1854. Ce matin, au moment de notre départ, Nyamoana m'offrit un rang de perles et un coquillage fort estimé des Balondas, afin de réparer la faute qu'elle pensait avoir commise la veille en aidant Manenko à me retenir malgré moi. Elle craignait de m'avoir déplu, et redoutait beaucoup les effets de ma mauvaise humeur. Je l'ai rassurée en lui affirmant que la nuit dissipait toujours ma colère, et nous nous sommes séparés très-contents les uns des autres.

Nous avons eu à traverser un cours d'eau assez rapide qui se trouve un peu au delà du village. Le docteur de Manenko agita au-dessus d'elle un talisman, et lui en donna plusieurs qu'elle tint dans sa main et qu'elle s'attacha autour du corps avant de se risquer à entrer dans la pirogue. L'un de mes Zambésiens a élevé la voix en passant auprès du panier qui contient les préparations enchantées du docteur; celui-ci lui a reproché son irrévérence et parle tout bas quand il regarde le panier mystérieux, comme s'il avait peur d'être entendu par les objets qui s'y trouvent renfermés. On ne voit pas d'exemple d'une pareille superstition chez les Béchuanas et les Cafres, ni chez aucun autre des peuples du midi de l'Afrique.

Manenko est accompagnée de son mari et de son tambour, qui a continué sa musique infernale avec une vigueur peu commune, jusqu'au moment où la pluie, qui tombe fine et drue, l'a obligée de s'arrêter. Sambauza, l'époux de Manenko, emploie diverses incantations et vocifère de toutes ses forces pour dissiper les nuages; mais la pluie tombe toujours, et notre amazone n'en continue pas moins d'avancer d'un pas élastique et tellement rapide, qu'il y a peu d'hommes qui soient capables de la suivre. Je suis monté sur un bœuf, et cela me permet de rester à côté d'elle. Nous causons; je lui demande pourquoi elle ne se couvre pas, même pour aller à la pluie ; elle me répond qu'il n'est pas convenable pour un chef d'avoir l'air efféminé; il faut, dit-elle, que celui qui commande aux autres soit jeune et vigoureux, du moins en apparence, et qu'il accepte le temps comme il vient sans regimber contre lui.

Mes Zambésiens sont dans l'admiration de la force et de la légèreté de Manenko : « C'est un véritable soldat, » s'écrient-ils à chaque instant; et, mouillés et transis, nous sommes tous enchantés lorsque, arrivés sur le bord d'un ruisseau, elle nous propose de faire halte et d'y passer la nuit.

Le pays que nous traversons est toujours couvert de bois entremêlés d'éclaircies, comme je l'ai dit plus haut. La forêt est composée en grande partie d'arbres verts d'assez belle taille, sans être gigantesques, et l'herbe des clairières ressemble, quant à l'épaisseur, à celle que l'on trouve ordinairement dans les prairies anglaises. Nous longeons deux hameaux entourés de jardins remplis de maïs et de manioc. Je remarque pour la première fois, auprès de chacune de ces bourgades, une affreuse idole qui n'est pas rare dans tout le pays des Balondas; c'est la figure d'un animal qui a quelque ressemblance avec l'alligator; elle est composée d'herbe recouverte d'argile; deux cauris [1] forment les yeux du monstre, qui porte en outre une espèce de crinière faite avec les soies de la queue d'un éléphant qu'on lui plante çà et là autour du cou. Cette idole est abritée sous un hangar, et les Balondas l'invoquent et battent du tambour devant elle pendant toute la nuit, quand ils ont des malades.

Quelques-uns des hommes de la suite de Manenko portent des boucliers carrés faits de roseaux tressés avec soin, et qui ont à peu près un mètre 50 de longueur sur un mètre de large. Ils ont avec cela des sabres à lame courte, et des faisceaux de flèches à pointes de fer qui leur donnent un aspect féroce; mais ils n'ont probablement contracté l'habitude d'avoir toujours des armes, que pour suppléer au courage qui leur manque.

1. *Cypræa moneta*, coquille univalve qui, en certains lieux, est employée comme signe monétaire.

Nous venons de traverser un endroit de la forêt où la végétation est tellement compacte, qu'il a fallu nous y ouvrir un passage à coups de hache. Le sol en était couvert d'eau, non pas par la rivière, mais par l'effet des pluies abondantes qui chaque jour transpercent nos vêtements. J'y ai remarqué une odeur très-forte d'hydrogène sulfuré que j'ai déjà observé plusieurs fois.

Ces averses perpétuelles, jointes à l'insalubrité des lieux, m'ont donné des accès de fièvre intermittente qui reviennent continuellement.

11 et 12 janvier. La pluie est tellement forte que nous sommes contraints de nous arrêter; je n'ai jamais rien vu de pareil. Il me reste encore un peu de tapioca et une petite quantité de farine dont je ne veux faire usage qu'à la dernière extrémité. Mes compagnons endurent la faim avec une patience admirable; c'est moins encore la privation du moment qui fait souffrir, que la pensée de n'avoir rien à attendre. Il faut que les habitants de certains hameaux auprès desquels nous passons soient bien avares et qu'ils craignent peu leurs chefs; ils ont de grands champs de maïs dont le grain est mangeable, et c'est tout au plus s'ils en donnent quatre ou cinq épis, lorsque Manenko va leur en demander pour moi; ils sont pourtant soumis à Shinté: les Makololos auraient donné tout au monde, si la nièce de leur chef le leur avait demandé. Je suppose que ces malheureux qui nous refusent un peu de grain sont les vassaux de quelque haut dignitaire, et qu'ils n'ont pas le droit de disposer du maïs de leurs maîtres.

Chacune des maisons qui constituent ces hameaux est entourée d'une sorte de palissade dont l'ouverture est dissimulée avec soin; jamais on en voit la porte ouverte, et le propriétaire, quand il veut rentrer chez lui, se fait un passage en enlevant, à un certain endroit qui ressemble à tout le reste, un ou deux barreaux de cette clôture qu'il replace immédiatement. Ces précautions indiquent le peu de confiance que les habitants ont les uns dans les autres; car ils n'ont pas à redouter l'attaque des animaux féroces; leurs flèches ont éloigné du pays toutes les bêtes sauvages, ce qui est pour nous une cruelle déception: j'espérais trouver ici la même abondance du gibier que sur les rives du Liambye.

Je vois partout depuis que nous avons quitté le village de Nyamoana, une variété du *leucodendron argenteum*, l'arbre d'argent du Cap; il croît, là-bas, sur la montagne de la Table, entre six cents et neuf cents mètres au-dessus de la mer; on le retrouve sur le versant septentrional des monts Cashan; et je le rencontre ici à douze cents mètres au-dessus du niveau de l'Océan, beaucoup plus haut que je ne l'ai encore aperçu ; mais la différence de température empêche qu'on ne puisse regarder l'habitat des plantes comme un bon moyen d'apprécier la hauteur de la région où elles se trouvent. C'est par une déduction du même genre que je m'étais trompé en supposant, d'après la rapidité du Liambye, que ce fleuve descendait d'un point très-élevé du continent ; les expériences que j'ai faites depuis lors, m'ont prouvé le contraire par le degré de chaleur qui est indispensable pour que l'eau entre en ébullition [1].

A mesure que nous avançons vers le nord, la forêt devient plus épaisse, et les clairières sont moins fréquentes ; il est impossible d'y pénétrer en dehors de l'étroit sentier que nous nous frayons à coups de hache ; des lianes énormes s'enroulent comme des boas gigantesques autour des arbres qu'elles étreignent et que souvent elles font périr. Le motouia, dont les Barotsés emploient l'écorce pour faire des lignes et des filets, abonde dans cette région ainsi que le molompi, que la légèreté et la flexibilité de son bois rendent si précieux pour la confection des pagaies. D'autres arbres, que mes compagnons ne connaissent pas, ont plus de quinze mètres sans branches et sont de la même grosseur depuis le sol jusqu'à leurs premiers rameaux.

C'est ici que nous rencontrons les premières ruches artificielles, qui deviendront si communes sur notre chemin jusqu'à la province d'Angola. Elles sont formées d'un seul morceau d'écorce d'une longueur d'un mètre cinquante centimètres, que l'on a détaché d'un arbre d'environ un mètre quarante centimètres de circonférence ;

---

[1]. En examinant la question à mon retour à Linyanti, j'ai trouvé, avec le docteur Arnott, qu'une pente de soixante-quinze millimètres par mille (1609 mètres) donne une rapidité de trois mille trois quarts par heure ; elle s'élève à quatre milles et demi dans les parties rocheuses. Si nous prenons en considération les inégalités du terrain qui constitue le lit du fleuve, les nombreux détours que ses eaux décrivent, les cataractes qu'elles forment, et que nous estimions la pente du Zambèse même à dix-sept centimètres et demi par mille, les huit cents milles qu'il parcourt, des grandes chutes à la côte orientale, ne porteront pas à cent cinquante-deux mètres cinquante centimètres l'élévation nécessaire pour obtenir la rapidité observée, et la distance qui sépare les chutes de la source du fleuve n'ajoutera qu'une hauteur de quarante-cinq mètres soixante-quinze centimètres au chiffre que nous venons de donner. Si je ne me suis pas trompé dans mes observations, le Zambèse aurait une pente plus rapide que le Gange, par exemple, qui, à dix-huit cents milles de son embouchure, n'est, dit-on, qu'à deux cent quarante-deux mètres au-dessus du niveau de la mer ; il lui faut un mois pour franchir cette distance. Mais il y a tant de choses qui peuvent modifier ces calculs et changer les principes qui leur ont servi de base, qu'il est très-difficile de tirer des conclusions certaines de la rapidité des courants. On entend dire parfois que le Chobé a débordé à quarante milles au-dessus de Linyanti, quinze jours avant que l'inondation ait atteint cette dernière ville. La grande rivière de la Magdeleine n'a que cent cinquante mètres de chute sur une étendue de mille milles ; d'autres rivières en ont encore bien moins.

pour cela, on fait au corps de l'arbre deux incisions circulaires à un mètre cinquante centimètres de distance l'une de l'autre, puis une fente qui leur est perpendiculaire; l'ouvrier soulève l'écorce de chaque côté de cette dernière incision, et la détache en ayant soin de ne pas la briser; elle recouvre immédiatement sa forme cylindrique, la fente en est cousue ou chevillée, les deux extrémités du cylindre sont garnies d'une espèce de natte composée avec de l'herbe tordue, on fait à l'un des deux bouts une petite ouverture pour l'entrée et la sortie des abeilles, et la ruche est terminée; puis on la place horizontalement sur l'un des arbres les plus élevés de la forêt, et c'est au moyen de cette ruche que l'on recueille toute la cire qui est exportée de Benguela et de Saint-Paul de Loanda. Le propriétaire a grand soin de fixer à l'arbre où il a posé sa ruche un talisman, une amulette quelconque, afin de protéger son miel contre la rapacité des maraudeurs; il est très-rare, en effet, que les indigènes se volent entre eux, persuadés qu'ils sont qu'on peut être frappé de mort, ou tout au moins affligé de maladies graves si l'on dérobe un objet auquel un charme est attaché. Les profondeurs ténébreuses des forêts qui les entourent développent les sentiments superstitieux des Balondas. J'ai vu ailleurs ne pas tenir compte des amulettes protectrices, et j'ai entendu les chefs de certains villages proclamer que c'était bien un sortilège réel qui, cette fois, avait été placé dans tel ou tel jardin que les voleurs s'étaient risqués à dépouiller de leurs produits, malgré les talismans qui s'y trouvaient appendus.

La pluie fait naître une énorme quantité de champignons que mes Zambésiens dévorent avec avidité; l'une des espèces les plus communes et les meilleures se rencontre sur toutes les fourmilières et occupe une région très-étendue; elle est complétement blanche, très-bonne, même lorsqu'elle est mangée crue, et peut avoir vingt-cinq centimètres de diamètre. On en voit aussi d'un rouge brillant ou d'un bleu superbe, mais dont l'espèce est vénéneuse.

Il y a un immense plaisir, malgré la fièvre et la pluie, à contempler ces lieux d'un aspect si nouveau; quelle vive opposition entre l'obscurité de ces forêts et la lumière étincelante du Kalahari dont ma mémoire a gardé un souvenir ineffaçable! A l'époque où je traversais le désert, souffrant sans cesse de la soif, je ne pouvais pas croire qu'il viendrait un jour où la pluie me serait à charge; et pendant longtemps je n'ai pas vu jeter une goutte d'eau sans que l'idée d'un gaspillage coupable me traversât l'esprit. Tout est bien différent aujourd'hui; la forêt se déchire de temps à autre, et nous entrons dans une jolie petite vallée dont le milieu, actuellement rempli d'eau, contient même en été des sources qui ne tarissent jamais, et que les indigènes ont le soin de couvrir d'un hangar qui, pour la forme, ressemble à leurs cabanes.

Nous traversons en canot le Léfoujé, petite rivière qui descend d'une montagne assez haute appelée Monakadzi, c'est-à-dire la femme, et qui est située à vingt ou trente milles de l'endroit où nous sommes ; elle est d'une forme oblongue et paraît s'élever au moins à deux cent quarante-quatre mètres au-dessus du niveau de la plaine. Le Léfoujé doit probablement son nom, qui signifie rapide, à la violence avec laquelle il se précipite dans la Liba, qui n'est pas éloigné de l'endroit où il a pris sa source.

Chaque vallée renferme presque toujours un village ; les habitants y sont plus généreux à notre égard, et nous nous arrêtons dans leur bourgade afin de nous y reposer. Il arrive que parfois une panique saisit toute la population qui s'enfuit à notre approche, bien que le tambour de Manenko ne cesse jamais de battre, afin d'annoncer à tout le monde l'arrivée de personnages éminents. Lorsque nous nous décidons à passer la nuit dans l'une de ces bourgades, les habitants nous prêtent le toit de leurs cabanes, qui ressemblent à ceux des Makololos, c'est-à-dire à un chapeau chinois, qui peuvent s'élever à volonté ; ils nous les apportent dans l'endroit que nous avons choisi pour y établir notre camp ; mes hommes les posent à leur tour sur des pieux qu'ils enfoncent dans la terre, et s'endorment parfaitement abrités.

Quiconque vient nous voir, nous salue, Manenko et moi, en se frottant les bras et la poitrine avec de la cendre ; les individus qui désirent nous témoigner plus de respect multiplient les frictions et se poudrent la figure.

Le culte des idoles est général dans tout le pays des Balondas ; chaque village a les siennes, et, toutes les fois que nous en rencontrons dans les bois, nous avons la certitude qu'un hameau, tout au moins, est dans les environs. L'un de ces abominables fétiches, que nous trouvons sur notre passage, repose sur une poutre horizontale soutenue par deux poteaux ; deux cordes, formant une série d'anneaux pareils à ceux d'une chaîne, sont attachées à la pièce de bois, pour que les fidèles y suspendent leurs offrandes. Je fais observer à ceux qui m'accompagnent que ces idoles ont des oreilles, mais qu'elles n'en sont pas moins sourdes, et j'apprends que les Balondas, et même les Barotsés, croient à la puissance divinatoire que l'on peut obtenir au moyen de ces blocs de bois et d'argile ; le bois, il est vrai, disent-ils, n'a pas la faculté d'entendre, mais il existe des charmes qui permettent à ceux qui les possèdent d'interroger les idoles et de connaître leurs réponses ; c'est ainsi, ajoute l'individu qui me donne ces renseignements, que les Balondas sont toujours informés de l'approche de leurs ennemis. Quelques instants après, Manenko nous fait faire une halte qui menace de se prolonger, sous prétexte qu'elle a besoin d'envoyer quelqu'un à son oncle pour lui annoncer notre arrivée. « A quoi bon prévenir Shinté, lui dis-je, puisqu'il a des idoles qui l'informent de nos actions ? — Je le fais seulement, » me répond-elle. Cet idiotisme africain signifie qu'on n'a pas de raison particulière pour agir de la sorte. Il est presque toujours inutile de démontrer aux idolâtres la sottise de leurs croyances, à moins de les faire changer d'idoles. Ce n'est pas qu'ils aiment leurs fétiches ; mais ils les craignent et ils les implorent au moment du danger.

Manenko nous retient donc dans un village où l'on nous approvisionne amplement de patates douces, de maïs vert, et Sambanza va chercher un supplément de nourriture auprès de sa mère qui gouverne un village des environs. Je suis accablé par la fièvre et je me soumets facilement aux caprices de Manenko ; je trouve cependant qu'il vaudrait mieux partir et passer la journée de demain, qui est un dimanche, dans la ville de Shinté ; mais non, il faut d'abord que son messager soit revenu. « Puisque nous sommes certains qu'on nous répondra favorablement, lui dis-je, il est inutile de perdre deux jours dans ce malheureux village, remettons-nous en route. — Non, non, non ! c'est la coutume. » Et tout ce que je peux ajouter n'obtient pas d'autre réponse. Elle moud de ses propres mains un peu de farine qu'elle m'apporte, et me dit que c'est à mon intention qu'elle a été elle-même demander du maïs. Elle le dit d'un air que le plus stupide des hommes ne pourrait manquer de traduire, et qui signifie : « N'est-ce pas comme je sais bien m'y prendre ! »

14 janvier. — Il fait beau, c'est un miracle ; le soleil brille et nous permet de sécher nos vêtements et tout notre attirail qui commençait, en dépit de nos efforts, à pourrir, à moisir ou à se couvrir de rouille, suivant la nature des objets qui le composent.

Nous avons tous été réveillés durant la nuit par un cri effroyable de l'une des femmes de Manenko ; elle se lamenta si fort et pendant si longtemps, qu'on s'imagina qu'elle avait été saisie par un lion, et tous mes hommes, prenant leurs armes, accoururent à son secours ; c'était tout bonnement l'un des bœufs qui avait introduit sa tête dans la case où elle était couchée, et qui l'avait flairée ; elle s'était réveillée en sursaut, avait posé la main sur le mufle humide et froid de l'animal, et s'était crue perdue.

Aujourd'hui dimanche, dans l'après-midi, Shinté nous envoya dire qu'il approuvait le but de notre voyage et qu'il était heureux de penser qu'un chemin serait ouvert aux blancs pour venir dans son pays, ce qui lui donnerait le moyen d'acheter des parures autant qu'il en voudrait. Pendant ce temps-là, Manenko m'avertit qu'elle allait partir avant nous, et je finis par comprendre que cette façon d'agir, qui me semblait tout d'abord un caprice de sa part, était la véritable manière d'entrer en relations avec les Balondas. Plus tard je dus en grande partie la faveur avec laquelle je fus accueilli en différents endroits, au soin que je prenais de me faire précéder dans les villes et dans les bourgs par un messager qui expliquait aux habitants qui nous étions, quel était notre but et le motif de notre arrivée. Le chef de la ville ou du village nous envoyait alors une députation des hommes les plus importants de sa commune pour nous souhaiter la bienvenue et pour nous indiquer un arbre sous lequel nous pussions dormir. Avant que j'eusse profité de la leçon que renfermaient les manières assez déplaisantes de Manenko, notre arrivée subite créait parfois une alarme que nos intentions étaient loin de motiver, et qui nous faisait regarder avec défiance jusqu'à l'heure de notre départ.

Shinté nous envoyait deux grands paniers de manioc et six poissons séchés. Les porteurs de ces présents avaient en leur possession la peau d'un singe qu'ils nomment polouma (*colobus guereza* [1]), et qui, d'un noir de jais, à l'exception de la crinière qui est d'un blanc pur, se trouve, dit-on, plus au nord dans le pays de Matiamvo, chef suprême de tous les Balondas. Ils nous dirent qu'ils étaient dans l'usage d'invoquer leurs idoles quand ils ne tuent rien à la chasse ou qu'ils échouent dans leurs entreprises. Ils assistèrent avec respect à l'office que nous célébrions, ce qui ne paraîtra pas sans importance si l'on n'a point oublié le manque total de culte et de sentiment religieux que nous avons rencontré dans le Sud.

Shinté, à ce que nous dirent ses ambassadeurs, allait être bien heureux de recevoir trois hommes de race blanche, qui se trouveraient à la fois dans sa ville ; car deux autres blancs qui arrivaient de l'Ouest lui avaient également fait annoncer leur arrivée. Si cela pouvait être Barth ou Krapf ! Quel bonheur de rencontrer des Européens dans cette région perdue ! A cette idée les pensées me vinrent en foule et j'en oubliai presque ma fièvre. « Sont-ils de la même couleur que moi ? demandai-je. — Oui, exactement. — Ont-ils les cheveux

---

[1]. Colobe à camail.

comme les miens? — Est-ce que ce sont là vos cheveux? nous pensions que c'était une perruque ; jamais nous n'en avons vu de pareils ! Ce blanc doit être de la même espèce que ceux qui vivent dans la mer. » Les gens qui m'accompagnaient s'emparèrent de cette idée et chantèrent dorénavant mes louanges en disant que j'étais un spécimen de la variété d'hommes qui habitent l'Océan. — « Regardez seulement ses cheveux, disaient-ils, l'eau de la mer les a rendus tout droits. » Je leur expliquai en mainte et mainte circonstance que, quand on leur avait dit que nous étions venus de la mer, cela ne signifiait pas que nous étions sortis du fond de l'eau ; mais cette fable avait été largement répandue dans les contrées du centre par les Mambaris, et cette fiction avait trop de charme pour n'être pas exploitée par les gens qui composaient mon escorte ; aussi ne manquaient-ils point, lorsque je ne pouvais pas les entendre, de se vanter d'être conduits par un véritable homme-sirène. « Voyez plutôt sa chevelure ! » s'écriaient-ils avec orgueil. Et quand ils me parlaient des individus qu'ils avaient harangués, ils me disaient que ces gens-là avaient bien envie de voir mes cheveux.

Comme les étrangers dont il était question avaient la tête couverte de laine, ainsi que les gens qui m'en parlaient, il me fallut renoncer à l'espérance de voir quelque chose de plus, en fait d'Européens, que deux mulâtres portugais faisant le commerce d'ivoire, de cire et d'esclaves.

16 *janvier*. — Après une marche assez courte, nous arrivons dans une vallée charmante ayant à peu près un mille et demi de largeur, et qui, se dirigeant à l'est, va rejoindre une prolongation peu élevée du Monakadzi ; un cours d'eau serpente au milieu de ce vallon plein de fraîcheur ; et sur un petit ruisseau qui, de l'occident, vient se jeter dans cette rivière sinueuse, est située, par 12° 37′ 35″ latitude sud et 22° 47′ longitude est, la ville de Kabompo ou plutôt de Shinté, car c'est le nom qu'il préfère.[1].

Lorsque Manenko jugea que le soleil était assez élevé dans sa course pour que nous pussions faire une entrée qui nous portât bonheur, nous nous dirigeâmes vers la ville, qui est cachée au milieu d'un bosquet de bananiers et d'autres arbres des tropiques d'une végétation luxuriante. Les rues sont droites et contrastent complétement avec celles des Béchuanas, qui sont des plus tortueuses. C'est là que nous vîmes pour la première fois des huttes carrées, à toiture ronde, construites par des indigènes. Les palis-

1. Chez toutes ces peuplades, les villes sont désignées par le nom du chef qui les gouverne.

sades, ou plutôt les murailles qui renferment les cours, sont merveilleusement alignées ; elle se composent de perches dressées à quelques pouces de distance les unes des autres, et cette distance est remplie avec de grandes herbes ou des broussailles feuillues soigneusement enlacées. Nous avons trouvé dans ces enclos de petites plantations de tabac, de canne à sucre, de bananiers, et une solanée dont les Balondas sont extrêmement friands. Les perches qui forment les palissades reprennent souvent racine, et des arbres de la famille du *ficus indica* sont plantés à l'entour, afin de procurer de l'ombre aux habitants, qui ont d'ailleurs pour ces arbres une sorte de vénération. Des chèvres broutaient çà et là autour des huttes, et lorsque nous apparûmes, une foule de nègres, tous complétement armés, se précipitèrent vers nous comme s'ils avaient voulu nous dévorer. Quelques-uns avaient des fusils, mais la manière dont ils les portaient montrait suffisamment qu'ils étaient plus habitués à se servir de l'arc et des flèches qu'à manier les armes des blancs ; enfin, après nous avoir entourés et regardés pendant une heure, ils commencèrent à se disperser.

Les deux mulâtres portugais dont nous avions entendu parler avaient érigé leur camp vis-à-vis de l'endroit où nous devions établir le nôtre. L'un d'eux, qui était contrefait, chose rare dans ce pays-ci, vint nous faire une visite que je lui rendis le lendemain matin. Son compagnon, un homme de grande taille, était d'un jaune maladif qui le faisait paraître plus blanc que moi ; mais il avait la tête garnie d'une couche épaisse de laine qui rendait toute méprise impossible. Ces mulâtres possédaient une bande de jeunes filles qu'ils tenaient enchaînées, et qui arrachaient avec une houe les grandes herbes dont le sol était couvert en face de leur bivouac. Ils arrivaient du pays de Lobalé où ils avaient acheté leurs esclaves ; ils étaient en outre accompagnés d'un certain nombre de Mambaris, et tout cela était conduit militairement, au son du tambour et de la trompette, suivant le système des colons portugais. C'était la première fois que les gens de ma suite voyaient des esclaves enchaînés. « Ce ne sont pas des hommes, s'écriaient-ils (voulant dire par là que c'étaient des animaux), ce ne sont pas des hommes qui traitent leurs enfants de la sorte. »

Les Balondas sont de véritables nègres, ayant sur la tête et sur le corps une plus grande quantité de laine que pas un Cafre ou un Béchuana. Ils sont en général d'une couleur très-foncée ; on en trouve cependant quelques-uns dont la peau est d'une teinte assez claire. Une grande partie des esclaves qui ont été jadis exportés au

Brésil étaient nés dans cette région du continent africain ; mais, en dépit de la ressemblance qu'ils ont dans leur ensemble avec le nègre typique, je n'ai jamais pu croire, après de longues observations, que l'idée que nous nous faisons du nègre, tel qu'il est représenté chez les marchands de tabac, réponde au type véritable de la race africaine. Un grand nombre de Balondas ont assurément la partie antérieure et postérieure de la tête un peu trop développée du front à l'occiput, le nez épaté, de grosses lèvres, l'os du talon trop allongé, etc., etc, ; mais aussi beaucoup d'entre eux ont de beaux visages, la tête bien faite, et le corps parfaitement conformé.

Mardi 17 janvier. — Vers onze heures, nous fûmes admis auprès de Shinté, qui nous honora d'une réception royale. Manenko était légèrement indisposée, et Sambanza réclama l'honneur de nous présenter au chef de la tribu. Il était galamment attiffé d'une profusion de verroteries, et avait un habit tellement long, qu'un enfant le relevait par derrière, comme un page qui porte la queue d'un manteau. Les mulâtres portugais et les Mambaris vinrent avec leurs armes pour honorer Shinté d'une salve d'artillerie ; leurs tambours et leurs trompettes faisant d'ailleurs tout le tapage que ces vieux instruments étaient capables de produire. La kotla, qui était la place d'audience, avait environ cent mètres carrés. Deux gracieux spécimens d'une sorte de banians s'élevaient en face l'un de l'autre à l'une des extrémités de la kotla ; sous l'un de ces arbres on avait érigé une espèce de trône recouvert d'une peau de léopard, et sur ce trône siégeait Shinté, vêtu d'une jaquette à carreaux et d'un petit jupon rouge liséré de vert. Il avait au cou de nombreux colliers de verroterie, et ses bras et ses jambes étaient couverts d'anneaux de cuivre et de fer ; il portait sur la tête une sorte de casque formé de chapelets de verroterie artistement enlacés, et dont le sommet était couronné d'une grosse touffe de plumes d'oie. Auprès du trône étaient assis trois jeunes garçons, ayant chacun un faisceau de flèches sur leurs épaules.

Lorsque nous entrâmes dans la kotla, tous les gens de la suite de Manenko saluèrent Shinté en frappant dans leurs mains, et Sambanza lui rendit hommage en se frottant la poitrine et les bras avec des cendres. La place que recouvrait le second arbre était inoccupée ; j'allai m'y asseoir pour profiter de son ombre, et toute ma suite en fit autant. Nous étions à peu près à quarante pas du chef ; il nous était donc facile de voir toute la cérémonie. Les différentes sections de la tribu s'avancèrent de la même façon que nous l'avions fait, et celui qui conduisait chacune d'elles salua Shinté en se frottant avec des cendres dont il s'était muni. Vinrent ensuite les soldats qui, tous armés jusqu'aux dents, accoururent vers nous, l'épée haute, en poussant des cris affreux et en donnant à leur visage l'expression la plus féroce qu'ils purent imaginer, afin, pensai-je, d'essayer de nous faire prendre la fuite ; mais quand ils virent que nous ne bougions pas, ils firent volte-face et se retirèrent après avoir salué Shinté. Lorsque tout le monde fut arrivé et que chacun fut assis, on commença les étranges cabrioles que l'on voit en général dans toutes ces assemblées. Un homme se leva et prit successivement les différentes attitudes les plus estimées du combat ; il feignit de jeter une javeline, d'en recevoir une autre en s'abritant de son bouclier, fit un bond de côté pour éviter la troisième, courut à reculons, s'élança devant lui, exécuta des sauts de toute espèce, etc., etc. Lorsque ceci fut terminé, Sambanza et l'interprète de Nyamoana marchèrent d'abord à reculons, puis s'étant avancés et placés devant Shinté, ils commencèrent à débiter à haute voix tout ce qu'ils avaient appris sur mon compte et sur celui de mes gens ; ils racontèrent mon histoire, parlèrent de mes relations avec les Makololos, du retour des captifs, du projet d'ouvrir le pays au commerce, de la Bible comme étant la parole même du ciel, du désir qu'avait l'homme blanc de voir les différentes tribus vivre en bonne intelligence, ce qu'il devait d'abord enseigner aux Makololos qui avaient déclaré la guerre aux Balondas, bien que ceux-ci ne les eussent jamais attaqués. « Peut-être nous abuse-t-il, ajouta Sambanza, peut-être dit-il la vérité, nous n'en savons rien ; mais qu'importe ? les Balondas ont un bon cœur ; Shinté n'a jamais fait de mal à personne, il vaut mieux pour lui qu'il fasse un bon accueil à l'homme blanc et qu'il le mette sur son chemin. »

Une centaine de femmes, vêtues de leurs plus beaux atours, qui se composent d'une profusion de serge rouge, étaient assises derrière Shinté. La principale épouse de celui-ci, originaire de la tribu des Matébélés, était placée au premier rang, et avait sur la tête un curieux bonnet rouge. Après la fin de chaque discours, ces dames faisaient entendre une sorte de chant plaintif ; mais il fut impossible à aucun de mes hommes de distinguer si elles le faisaient à la louange de l'orateur, de Shinté, ou d'elles-mêmes. C'était la première fois que je voyais assister des femmes à une réunion publique ; dans le Sud, il ne leur est pas permis d'entrer dans la kotla, et même lorsqu'on les invite à venir à l'office, elles ne s'y rendent pas sans que le chef le leur ait ordonné ; mais ici elles applaudissaient les orateurs en frappant dans leurs mains, elles leur adressaient des rires, et Shinté se retournait fréquemment pour causer avec elles.

Une bande de musiciens, composée de trois tambours et de quatre pianistes [1], fit plusieurs fois le tour de la kotla en nous régalant de musique. Les tambours des Balondas sont creusés dans un morceau de tronc d'arbre et ont au côté un petit trou sur lequel est étendu un fragment de toile d'araignée; les deux extrémités sont recouvertes d'une peau d'antilope, qui est fixée à la caisse par des chevilles, et qu'on présente au feu pour la forcer à se contracter, lorsqu'on éprouve le besoin de la tendre davantage. C'est avec les mains qu'on bat de cet instrument.

Le piano, qui porte le nom de *marimba*, consiste en deux traverses de bois placées parallèlement; ici leur forme est une ligne

Joueur de marimba.

droite, mais plus au nord elles sont courbées, de façon à représenter la moitié de la bande d'une roue de carosse; en travers de ces deux barres sont placées quinze touches de bois, ayant chacune six ou huit centimètres de large et de quarante à quarante-cinq de long; quant à leur épaisseur, elle est calculée d'après la gravité de la note qu'il s'agit d'obtenir. Sous chacune de ces touches est placée une calebasse dont on a entaillé la partie supérieure de

---

1. *Performers on the piano.* Il serait beaucoup plus juste d'employer le mot *tympanistes*, l'instrument dont il s'agit ayant beaucoup plus de ressemblance avec le tympanon qu'avec le piano, ainsi qu'on peut en juger par la description qui en est donnée plus bas. (*Note du traducteur.*)

manière à y faire entrer, comme dans une mortaise, les deux barres transversales ; de différentes grandeurs, suivant la note requise, ces calebasses forment à l'instrument un sommier creux et sonore, le son en est agréable. On touche le marimba au moyen de petites baguettes de tambour, et l'artiste arrive à une rapidité d'exécution que les Balondas semblent vivement apprécier. Les Portugais de la province d'Angola emploient cet instrument dans l'orchestre dont ils se servent pour la danse.

Lorsque le neuvième orateur eut fini son discours, Shinté se leva et tout le monde suivit son exemple. Il avait conservé pendant toute la cérémonie une dignité de manières tout africaine ; mais les gens qui composaient mon escorte me firent observer qu'il avait à peine détourné les yeux de mon visage. D'après mes calculs, treize cents personnes, dont trois cents soldats, assistaient à la réunion ; le soleil était devenu très-chaud, et une décharge de mousqueterie faite par l'escorte des mulâtres portugais termina la séance.

18 janvier. — Nous avons été réveillés cette nuit par un émissaire de Shinté qui me faisait prier d'aller le voir à une heure fort indue. J'étais précisément dans la période de transpiration d'un accès de fièvre ; et, comme le sentier qui conduit à la ville traverse une vallée fort humide, je refusai de me rendre à cette invitation, Kolimbota, qui est très au courant des usages du pays, me sollicitait vivement d'aller faire cette visite. Mais, à part l'état maladif où je me trouvais, je déteste les paroles que l'on profère dans l'ombre et les actions qui s'accomplissent dans les ténèbres. « Je ne suis pas un sorcier, pas davantage une hyène, » répliquai-je à Kolimbota, qui n'en pensait pas moins que nous devions nous conformer en toute chose aux désirs des Balondas. Je lui répondis que nous avions le droit de faire ce qui nous plaisait, tout aussi bien que ces derniers, ce qui le mit fort en colère. Toutefois le lendemain matin, vers dix heures, nous nous rendîmes à la résidence de Shinté. On nous introduisit dans les cours, dont les clôtures, composées de baguettes entrelacées avec soin, forment de véritables murailles d'une grande élévation. Des arbres nombreux y répandent une ombre précieuse ; on les y a plantés, car nous en vîmes plusieurs qu'on venait d'y transporter et dont le tronc était enveloppé d'herbe pour le protéger contre l'ardeur du soleil. Au coin des rues, où ils occupent un assez grand espace, on a formé des massifs de cannes à sucre et de bananiers, qui déploient leur feuillage au-dessus des palissades.

Le figuier banian, à l'ombre duquel nous étions assis, avait d'énormes feuilles et montrait sa parenté avec celui des Indes, en dirigeant vers le sol des branches qui ne tarderont pas à y prendre racine. Shinté arriva bientôt. Il me parut avoir de cinquante-cinq à soixante ans ; il est d'une taille moyenne ; sa figure est ouverte et sa physionomie pleine de franchise. Il semblait de très-bonne humeur et me dit qu'à la cérémonie de la veille « il aurait pensé qu'un homme qui lui était envoyé par les dieux se serait approché et lui aurait adressé la parole. » J'en avais eu l'intention en me rendant à l'assemblée ; mais lorsque je vis les préparatifs formidables qu'il avait faits je cédai aux instances des personnes de mon escorte et je restai à ma place. Toutefois cette observation me confirma dans l'idée que j'avais depuis longtemps, que l'assurance et la franchise dans les manières réussissent mieux que tout autre système auprès des Africains. J'expliquai au vieux chef le but de mon voyage ; à tout ce que je lui exposai il frappa dans ses mains en signe d'approbation ; il me répondait par l'entremise d'un interprète ; et chacune de ses réponses était accompagnée des applaudissements de sa suite.

Lorsque nous eûmes terminé les affaires sérieuses, je lui demandai si, avant moi, il avait eu l'occasion de voir des Européens. « Jamais, répondit-il ; vous êtes le premier homme à qui j'aie vu les cheveux droits et la peau blanche. Vos habits diffèrent également de tous ceux que j'ai pu connaître. » Les seuls étrangers qui fussent venus dans le pays étaient des Mambaris et des mulâtres portugais.

Quelques Balondas m'ayant dit que « leur chef avait la bouche amère par besoin de goûter de la viande de bœuf, » j'envoyai l'un de nos bœufs à Shinté, que ce présent combla de joie ; et, comme la région qu'il habite convient parfaitement à l'élève du bétail, je lui donnai le conseil de s'entendre avec les Makololos et de leur acheter des vaches. Cette idée lui sourit, et à notre retour de Loanda il s'était procuré trois jeunes vaches qui justifiaient l'opinion que je m'étais faite des pâturages de la contrée ; l'une d'elles, surtout, ressemblait beaucoup plus à une génisse primée dans un concours de bêtes grasses, qu'à tout ce que j'avais rencontré jusqu'ici en Afrique.

Peu de temps après, Shinté nous envoya un panier de maïs vert bouilli, un autre de farine de manioc et une petite volaille. Les dimensions que le maïs atteint dans ce pays-ci montrent combien le terrain noir de la vallée qui le produit est fertile. Le manioc en donne également la preuve : nous en avons vu qui avait plus de deux mètres de haut, dans une terre qui n'est jamais fumée ; et c'est une plante qui exige un terrain de premier ordre.

Pendant ce temps-là Manenko était extrêmement affairée : elle s'occupait, avec ses gens, de bâtir une fort jolie hutte, ayant une cour fermée, et qui, disait-elle, lui servirait de résidence toutes les fois qu'elle conduirait des blancs sur la route que je venais leur ouvrir. Lorsqu'elle eut appris que j'avais donné un bœuf à son oncle, elle se présenta devant nous, et, s'expliquant d'un air profondément irrité, comme une personne qui a le droit de se plaindre du tort qu'on lui a fait : « Cet homme blanc est à moi, dit-elle, puisque c'est moi qui l'ai amené ; le bœuf m'appartient donc, et non pas à Shinté. » Elle ordonna à ses gens d'aller chercher l'animal, le fit tuer par ses hommes et en donna seulement un quartier à son oncle, qui ne parut nullement blessé du procédé.

19 janvier. — J'ai été réveillé de très-bonne heure par le héraut de Shinté qui m'envoyait chercher ; j'avais une fièvre dévorante et je remis à quelques heures plus tard la démarche qui m'était demandée. De violents battements de cœur, pendant tout le trajet qu'il me fallut faire pour me rendre à la ville, ne me prédisposaient pas à supporter patiemment les obstacles que l'on mettait à mon départ, probablement parce que les augures ne m'étaient pas favorables. Je ne rencontrai pas Shinté ; on ne savait pas même où il pouvait être. A peine étais-je recouché qu'un autre message arriva. Shinté désirait me communiquer immédiatement tout ce qu'il avait à me dire. L'offre était séduisante ; je me levai donc et j'allai de nouveau trouver le chef ; il tenait à la main une volaille qu'il me présenta en me voyant, et à laquelle il joignit une calebasse d'hydromel et un panier de farine de manioc. Puis, venant à parler des accès de fièvre qui me reprenaient constamment, il me dit que c'était la seule chose qui s'opposât à la poursuite de mon voyage ; car il avait à me donner pour guides des hommes connaissant tous les sentiers qui conduisent chez les blancs. Il avait lui-même, disait-il, beaucoup voyagé dans sa jeunesse. Lui ayant demandé un conseil pour me guérir de la fièvre, il me répondit qu'il fallait boire une grande quantité d'hydromel et que, à mesure qu'elle entrerait, la liqueur chasserait le mal au dehors. Cette liqueur était assez forte, et je suppose qu'il usait avec plaisir de cette médication, même sans avoir la fièvre. Il me dit ensuite qu'il avait été l'ami de Sébitouané ; qu'il n'était pas seulement un ami pour Sékélétou, mais un père, et que, lorsqu'un fils demande une faveur, son père doit la lui accorder. Il était enchanté des grandes calebasses de beurre et de graisse fondus que Sékélétou lui avait envoyés ; et il voulait retenir Kolimbota afin de le charger à son tour de ses présents pour le chef des Makololos. Nous découvrîmes plus tard que c'était Kolimbota qui en avait fait la proposition ; il avait entendu parler d'une manière si effrayante de la férocité des tribus que nous devions trouver sur notre passage, qu'il voulait échapper à leurs coups. On verra plus loin qu'il est le seul de nous tous qui ait été blessé.

L'une des choses qui nous frappèrent le plus, en traversant la ville, ce fut le respect que les Balondas montrent pour l'étiquette. Lorsqu'ils rencontrent leurs supérieurs dans la rue, ils se mettent à genoux immédiatement, se frottent les bras et la poitrine avec de la poussière, et frappent ensuite dans leurs mains, jusqu'à ce que le grand personnage qu'ils aperçoivent ait enfin passé devant eux. Sambanza ne manquait pas d'agir ainsi toutes les fois qu'il se croisait avec le fils de Shinté.

Nous vîmes plusieurs fois la femme qui remplit l'office de porteuse d'eau du chef de la tribu; quand elle sort, elle agite une clochette, afin d'avertir les gens de ne pas se trouver sur son passage; ce serait une grave offense que d'approcher d'elle et cela pourrait influer d'une manière fâcheuse sur la boisson du chef. De pareils torts, de la part des pauvres, servent de prétexte, du moins je le soupçonne, pour s'emparer des enfants de ces malheureux et pour les vendre aux Mambaris. Un jeune homme de Lobalé était venu se réfugier dans la province de Shinté, où il s'était mis en service, et il avait négligé de se présenter au chef; cet oubli fut considéré comme une injure assez grave pour autoriser sa saisie et sa mise en vente, précisément à l'époque de notre arrivée. « Il ne s'est pas fait connaître, disaient les Balondas; il n'a pas donné la raison qui a motivé sa fuite, et son chef pourrait nous accuser de protéger un criminel. » C'est une chose curieuse d'observer l'effet du commerce des esclaves sur le sens moral, qu'il émousse complètement. Aucun chef, dans le Sud, n'aurait imposé un pareil traitement à un fugitif. En dépit des raisonnements spécieux que Shinté et son conseil faisaient valoir pour justifier leur conduite, cette action remplit d'horreur les hommes qui m'accompagnaient; et les Barotsés, aussi bien que les Makololos, déclarèrent que, si les Balondas connaissaient la politique suivie chez eux à l'égard des fugitifs, peu de mécontents resteraient avec Shinté; ils émerveillèrent en outre les Balondas en leur disant que chacun d'eux possédait au moins une vache.

Nous fûmes également témoins d'un autre incident que je vais mentionner comme ayant un caractère tout à fait étranger aux usages et aux mœurs du Sud. Deux enfants, l'un de sept ans, l'autre de huit, dont la demeure était située à un quart de mille du village, avaient été ramasser du bois à peu de distance de chez eux et n'étaient pas revenus. Leurs parents, désespérés, ne retrouvaient pas même la trace des pauvres petits. La disparition de ces enfants avait eu lieu si près de la ville qu'on ne pouvait pas l'attribuer aux animaux féroces, et l'idée nous vint que certains hauts dignitaires de la cour pouvaient bien être les ravisseurs de ces malheureux bambins, qui avaient été probablement vendus. Les Mambaris construisent de grandes huttes carrées où ils renferment les enfants volés qu'on leur amène ; ils les nourrissent très-bien, mais c'est seulement pendant la nuit qu'ils aèrent leur prison. Les rapts fréquents dont les hameaux écartés sont le théâtre justifient les fortes palissades que nous avons vues autour de chacun de ces petits villages, dont les habitants n'ont aucune protection ; car Shinté lui-même semble affectionner les ténèbres. Une nuit, il m'envoya chercher, bien que je lui eusse déjà notifié que j'aimais à jouer cartes sur table et à la lumière du jour. Lorsque j'arrivai, il me présenta une petite esclave qui pouvait avoir dix ans, et ajouta qu'il avait toujours eu la coutume de faire cadeau d'un enfant à ceux qui le visitaient ; je lui dis qu'il était fort mal, suivant moi, de ravir les enfants à leurs parents, que je désirais lui voir abandonner ce système et ne plus faire de commerce que sur l'ivoire, le bétail et la cire des abeilles ; mais il insista pour me faire accepter la négrillonne qu'il m'offrait : « Elle vous apportera de l'eau, me disait-il ; un grand homme doit toujours avoir un enfant pour cet objet, et vous n'en avez pas. » Je lui répondis que j'étais père de quatre enfants, et que je serais au désespoir si mon chef me prenait ma petite fille pour la donner à un autre et l'envoyer au loin ; que j'aimais bien mieux que cette enfant restât dans son pays et allât puiser de l'eau pour sa mère, que de la prendre avec moi. Il supposa que je ne la trouvais pas assez grande et en envoya chercher une autre qui avait la tête de plus. Je lui exprimai toute l'horreur que nous inspirait l'esclavage ; et, après lui avoir expliqué le mécontentement que Dieu ressentait de voir les hommes se vendre les uns les autres et se causer réciproquement un chagrin aussi affreux que celui que devait éprouver la mère de ces petites filles, je refusai la plus grande tout aussi bien que la première qu'il m'avait présentée. Si j'avais pu la conduire dans ma famille pour l'y instruire, et la renvoyer ensuite, libre femme, en vertu d'une promesse que j'aurais faite à ses parents, je ne me serais pas refusé à la prendre ; mais, l'emmener avec moi, sans pouvoir la renvoyer plus tard, n'aurait pu que produire un très-mauvais effet sur l'esprit des Balondas ; ils n'y auraient pas vu la preuve de notre haine pour l'esclavage, et les attentions bienveillantes de mes amis auraient fait tourner la tête à la pauvre petite. ainsi qu'il arrive presque toujours en pareil cas. La différence qui nous sépare des Balondas est aussi grande que celle qui existe en Angleterre entre les individus qui occupent les deux extrémités de l'échelle sociale, et nous savons l'effet que produit une subite élévation sur des têtes plus fortes que celle dont il est question ici.

Shinté avait le plus grand désir de voir les tableaux de ma lanterne magique ; mais la fièvre m'avait tellement affaibli ; j'avais des battements de cœur si violents, accompagnés d'un tel bourdonnement dans les oreilles, que je fus plusieurs jours sans pouvoir le satisfaire. Lorsque enfin je pus me rendre à ses vœux, il était entouré de ses principaux dignitaires et de la foule de beautés qu'il avait auprès de lui le jour de notre réception. Le premier tableau représentait le sacrifice d'Abraham ; les personnages étaient aussi grands que nature, et les spectateurs ravis trouvaient que le patriarche ressemblait infiniment plus à un Dieu que toutes les images de terre ou de bois que l'on offrait à leur adoration. Je leur dis qu'Abraham était le père d'une race à qui Dieu avait donné la Bible que nous avons aujourd'hui, et que notre Sauveur était né parmi ses descendants. Les femmes écoutaient avec un silence respectueux ; mais lorsque, remuant la glace où l'image était imprimée, le coutelas qu'Abraham tenait levé sur son fils vint à se mouvoir en se dirigeant de leur côté, elles supposèrent que c'étaient elles qui allaient être égorgées à la place d'Isaac, et se mettant à crier toutes à la fois : « Ma mère ! ma mère ! » elles s'enfuirent pêle-mêle, en se jetant les unes sur les autres, tombèrent sur les petites huttes qui renferment les idoles, sur les pieds de tabac, sur tout ce qu'elles rencontraient, et il nous fut impossible de les rassembler de nouveau. Toutefois, Shinté resta bravement assis au milieu de la mêlée, et vint ensuite examiner l'instrument avec un vif intérêt. Après chaque représentation, j'expliquais toujours le mécanisme dont je venais de montrer les effets, pour que les spectateurs ne pussent pas s'imaginer qu'il y avait quelque chose de surnaturel dans son action. M. Murray, qui avait apporté d'Angleterre cette lanterne magique, aurait été bien heureux s'il avait vu la popularité dont ce spectacle jouissait parmi les Balondas et les Makololos. C'est l'unique leçon qu'on m'ait jamais prié de répéter ; et l'on venait de bien loin pour voir les tableaux de ma lanterne merveilleuse, et pour en écouter l'explication intéressante.

Il est toujours difficile de quitter promptement les chefs de ces peuplades, qui sont très-sensibles à l'honneur d'avoir des étrangers dans leurs villages ; mais cette fois la pluie s'ajoutait au mauvais vouloir de Shinté pour nous empêcher de partir ; il ne se passait pas de jour sans que nous eussions de fortes averses ; l'humidité endommageait tout ce que nous possédions ; les instruments de chirurgie étaient couverts de rouille, les habits étaient piqués, les souliers moisissaient ; ma tente, criblée de petits trous par l'effet de la pourriture, laissait pénétrer la pluie sous forme de bruine, et j'étais obligé pour dormir de cacher ma tête sous ma couverture ; le matin, une rosée épaisse couvrait tous les objets, même à l'intérieur de ma tente ; le soleil brillait à peine quelques instants pendant l'après-midi ; encore ces éclaircies, interrompues fréquemment par des orages, ne permettaient-elles pas à notre literie de sécher.

Ici le vent du Nord amène toujours de gros nuages suivis d'averses ; dans le Midi, les fortes ondées qu'on y remarque ne viennent jamais que de l'est ou du nord-est. Quand le soleil ne se montre pas, le thermomètre tombe à 72 degrés [1], bien qu'il s'élève par le beau temps, et quand il est abrité, à 82 degrés [2], même le matin et le soir.

24 janvier. — Nous espérions partir aujourd'hui ; mais Zambanza, que nous avions envoyé ce matin de bonne heure à la recherche des guides, est revenu à midi sans eux, et qui plus est complétement ivre ; c'est le premier exemple d'ivresse babillarde que nous ayons vu dans cette région. La bière du pays, qu'on appelle boyaloa, produit plutôt la torpeur que l'excitation, et les ivrognes qui s'enivrent de cette bière sont toujours assoupis ; on les voit fréquemment couchés sur le ventre, la figure contre terre, et plongés dans un profond sommeil. Aristote avait attribué cette position particulière à l'ivresse provenant du vin, et l'on croyait que les buveurs de bière se couchaient sur le dos.

C'était avec de l'hydromel, boisson beaucoup plus forte que la bière du pays, que Sambanza s'était enivré ; d'après ce que nous pûmes conclure de ses réponses incohérentes, Shinté avait répondu qu'il pleuvait trop fort pour que nous puissions partir ; les guides avaient exigé qu'on leur donnât le temps de faire leurs préparatifs, et Shinté lui-même faisait moudre de la farine que je devais emporter. Comme il plut en effet presque toute la journée, il était facile d'accepter cette décision et d'attendre au lendemain. Sambanza se rendit en chancelant à la hutte de Manenko ; celle-ci n'ayant pas fait serment de lui obéir, de l'aimer et de l'honorer, n'entretenait pas contre lui cette colère intérieure qui ne demande qu'une occasion pour éclater ; elle l'en ferma donc froidement dans sa hutte et le fit coucher sans rien dire.

Comme dernière preuve d'affection, Shinté vint me faire une vi-

---

1. 22° centigrades 2/9.
2. 27° centigrades 7/9.

site, et s'introduisit dans ma tente, bien qu'elle fût à peine assez grande pour contenir deux personnes ; il examina avec le plus vif intérêt toutes les curiosités qu'il put y découvrir : le thermomètre, les livres, le miroir, le peigne, les brosses à cheveux, la montre, etc. ; puis fermant bien la tente afin que pas une des personnes de sa suite ne pût voir le trait de folie dont il allait se rendre coupable, tira de son vêtement un collier auquel était suspendue l'extrémité d'un coquillage conique, ayant, aux yeux de ces peuplades éloignées de l'Océan, une valeur aussi grande que les insignes du

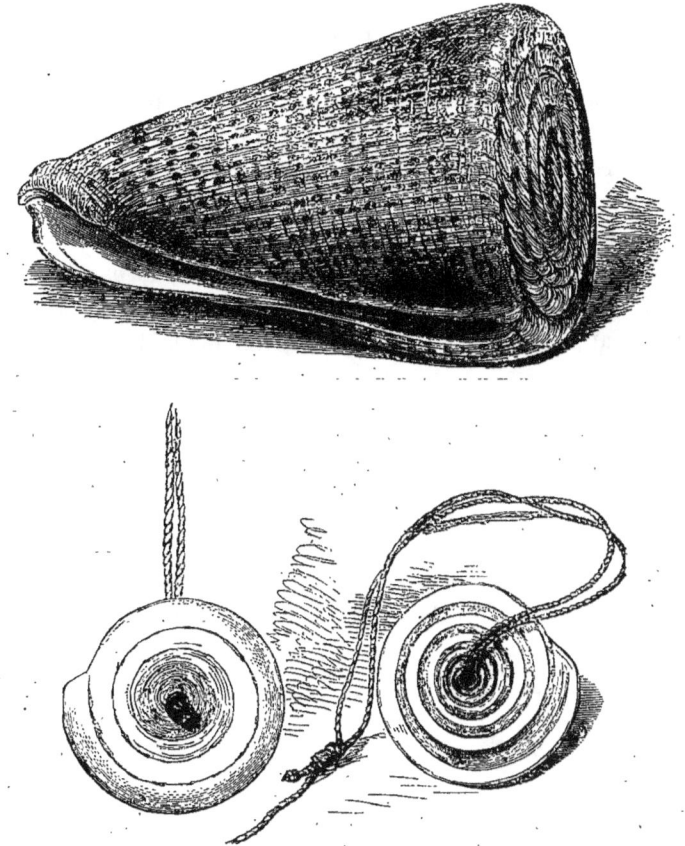

Joyau de Shinté et coquillage d'où il provient.

lord-maire peuvent en avoir à Londres ; et me le passant au cou : « Maintenant, me dit-il, vous avez une preuve de ma sincère amitié. »

Les hommes de mon escorte m'apprirent que ces coquillages sont tellement estimés dans le pays, comme étant la marque distinctive d'une position élevée, qu'avec deux de ces coquilles on peut acheter un esclave, et qu'il suffit d'en donner cinq pour payer largement une défense d'éléphant d'une valeur de dix livres sterling.

A notre dernière entrevue, Shinté, en me désignant notre principal guide, un homme de cinquante ans environ, nommé Intémésé, me dit qu'il lui avait donné l'ordre de rester avec nous jusqu'à ce que nous eussions gagné la mer; il ajouta que maintenant j'étais fort loin de Sékélétou, et que c'était désormais à lui seul que je devais m'adresser pour trouver un appui, qu'il serait toujours heureux de m'accorder. C'était simplement une façon polie de m'exprimer ses vœux pour le succès de mon voyage; la recommandation de mes guides était la seule chose qui devait me servir de passe-port depuis le village de Katéma jusqu'à la province d'Angola. Shinté nous remit une bonne provision de farine pour notre voyage, et après avoir motivé l'assentiment qu'il donnait à notre départ, en disant que personne ne pourrait dire que l'on nous avait chassé de la ville, puisque nous avions passé plusieurs jours avec lui, il nous fit un salut des plus affectueux, et je le quittai en appelant sur lui la bénédiction de la Providence.

CHAPITRE XVII

Départ de la ville de Shinté. — Champs de manioc. — Manière de préparer l'espèce vénéneuse. — Présents. — Étiquette des Balondas. — Leurs idoles et leurs superstitions. — Vêtements des Balondas. — Villages. — Cazembé. — Nos guides et les Makololos. — Pluies nocturnes. — Questions à l'égard des marchandises anglaises. — Visite d'un vieillard. — Vol. — Industrie de notre guide. — Perte de notre ponton. — Plaines inondées. — Affection des Balondas pour leur mère. — Nuit passée dans une île. — Herbes des plaines. — Sources des rivières. — Une halte. — Fertilité du pays arrosé par le Lokalouéjé. — Poisson omnivore. — Manière de les prendre. — Village d'un frère consanguin de Katéma. — Perversité de mon guide. — Demeure et famille de Mozenkoua. — Transparence des rivières débordées. — Message de Katéma. — Village de Quendendé. — Rencontre de quelques habitants de la ville de Matiamvo. — Présentation à la cour de Katéma. — Entrevue particulière. — Bétail. — Fête et danse makololo. — Arrestation d'un fugitif. — Un vieux courtisan. — Gouvernement de Katéma. — Vent froid du Nord. — Canaris et autres oiseaux chanteurs. — Araignées, leurs nids et leurs toiles. — Lac Dilolo. — Tradition. — Sagacité des fourmis.

26 janvier. — Après nous être séparés de Shinté, qui nous a donné huit de ses hommes pour nous aider à porter nous effets, nous avons traversé, du midi au nord, la chamante vallée qui est dominée par la ville ; puis inclinant à l'ouest, nous sommes entrés dans une forêt peu épaisse, et nous sommes arrivés à un village où nous avons passé la nuit.

Ce matin, en partant, nous apercevons à notre droite une belle chaîne de montagnes verdoyantes appelée Soloisho ; elle renferme, nous dit-on, une population nombreuse, qui est soumise à Shinté, et qui travaille le fer, dont le minerai abonde dans cette chaîne de montagnes.

L'aspect des lieux n'a pas changé : c'est toujours une plaine couverte de forêts ; le sol est d'une teinte brune, nuancée de rouge, et paraît d'une grande fertilité. Chaque vallon, ou plutôt chaque clairière, renferme un village de vingt à trente cabanes entourées de jardins remplis de manioc, dont la racine est le principal aliment des indigènes. La culture de cette plante n'exige pas beaucoup de travail ; la terre est disposée en couches oblongues, d'un mètre de large sur trente centimètres d'élévation ; les tiges de manioc sont plantées sur ces couches à un mètre vingt les unes des autres ; on met dans l'intervalle des haricots et des arachides qui, une fois récoltés, laissent le terrain parfaitement net, et après une période plus ou moins longue, qui varie, suivant la qualité du sol, de dix à dix-huit mois, les racines de manioc sont arrivées au point où elles servent d'aliment. Il est inutile de les râper aussitôt la récolte ; mais au bout de trois ans elles contractent une amertume qui les rend immangeables. La femme qui les arrache met à leur place un ou deux fragments de la tige qu'elle en a détachée, ramène la terre sur ces boutures, et la récolte prochaine est ainsi préparée.

Le manioc s'élève à une hauteur d'environ deux mètres ; chacune de ses parties est employée utilement ; on en mange les feuilles en guise de légumes, et ses racines tuberculeuses, qui ont de huit à dix centimètres de diamètre sur trente ou quarante de longueur, fournissent la cassave.

Il y a deux espèces de manioc : l'une est douce et inoffensive, l'autre amère et vénéneuse, mais d'une croissance beaucoup plus rapide que la première, ce qui fait qu'on la perpétue. Pour débarrasser les tubercules du poison qu'ils renferment, les naturels les font séjourner pendant quatre jours dans un étang ; ils enlèvent ensuite la peau qui les recouvre et les exposent au soleil ; une fois desséchés, on les réduit facilement en poudre ; la farine qu'ils donnent est très-blanche ; elle ressemble beaucoup à l'amidon et n'a pas plus de saveur que cette dernière substance, à moins que les racines d'où on l'extrait n'aient contracté dans l'eau un goût particulier qui provient d'un commencement de putréfaction.

Les indigènes font avec cette farine un potage, ou plutôt une bouillie à l'eau qui constitue leur principale nourriture. J'y mêlais un peu de miel, et c'est tout au plus, si mourant de faim, je pouvais avaler cette colle nauséabonde qui ne vous empêche pas d'être affamé deux heures après, quelle que soit la quantité que vous ayez pu en absorber. Priez une repasseuse de vous faire de l'empois avec de l'amidon provenant de pommes de terre malades, et vous aurez une idée de la bouillie des Balondas. Santourou avait défendu à ses nobles de manger de cette abomination, qui les faisait tousser et cracher continuellement.

Intémésé, notre principal guide, envoie, dans toutes les bourgades que nous devons traverser, des ordres pour que des provisions abondantes soient préparées à notre intention. Tous ces messages et les préparatifs qui s'ensuivent, prennent beaucoup de temps, d'où il résulte que nous voyageons avec une extrême lenteur. Les sujets de notre ami Shinté se montrent plus généreux à notre égard, que leur chef ne l'a été lui-même ; Kapendé, par exemple, nous offre deux paniers de farine, trois autres de racines desséchées prêtes à être converties en cassave, trois pintades, sept œufs et trois poissons fumés ; les autres sous-chefs ne nous traitent pas moins libéralement ; je donne à mon tour quelques rangs de perles aux hommes principaux des lieux que nous traversons ; je m'excuse de ne pas pouvoir leur en offrir davantage, et mon cadeau est toujours reçu avec infiniment de politesse.

Nos guides observent une étiquette beaucoup plus sévère que tous ceux que nous avons eus jusqu'à présent. Ils ne consentiraient pas à manger avec nous et emportent leur bouillie dans un endroit écarté, où les subalternes entourent le plat et frappent dans leurs mains en priant Intémésé de leur distribuer leur part. Les Makololos, qui sont accoutumés à des manières infiniment plus libres, ne manquent jamais de présenter une poignée de ce qu'ils mangent aux Balondas qui se trouvent à côté d'eux ; mais ceux-ci refusent toujours, et ne veulent pas même y goûter. Ils sont entre eux d'une réserve excessive ; chaque hutte a son feu, et, quand par hasard il s'éteint, le propriétaire s'efforce de le rallumer, quelquefois à grand'peine ; mais il ne va jamais en demander au voisin. C'est, j'imagine, à leurs craintes superstitieuses qu'il faut attribuer cette réserve dont la défiance est probablement la cause. On trouve dans la forêt aux environs de chaque village, ainsi que je l'ai dit plus haut, des fétiches qui ont l'intention de représenter une figure humaine ou celle d'un lion. Plus la forêt est profonde et ténébreuse, plus les idoles se multiplient ; des visages humains sont gravés sur l'écorce des arbres ; ils ont en général une étroite ressemblance avec les figures que l'on voit sur les monuments égyptiens, et des offrandes nombreuses, épis de maïs ou racines de manioc, sont appendues aux branches de ces arbres qui bordent les sentiers. On trouve de distance en distance des monceaux de petits bâtons formés, ainsi que les cairns des anciens peuples du Nord, par la bûchette que les passants ne manquent jamais d'ajouter à cette espèce de tumulus ; ailleurs, ce sont quelques baguettes placées en travers du sentier, dont chacun se détourne avec respect ; il semble que leur esprit effrayé cherche sans cesse à désarmer la colère des êtres invisibles qu'ils supposent habiter ces forêts pleines de ténèbres.

Le vêtement des Balondas consiste, pour les hommes, en deux morceaux de cuir assoupli, suspendus autour de la taille au moyen d'une courroie ; c'est ordinairement de la peau de chacal ou de chat sauvage qui est employée dans cette occasion. Quant aux femmes, leur costume est complétement indescriptible ; mais il ne faut pas pour cela les accuser d'immodestie ; elles se tiennent devant nous avec autant de calme et d'aisance que si elles étaient voilées des pieds jusqu'au menton, et ne se doutent pas le moins du monde qu'il leur manque quelque chose. Néanmoins, elles perdent leur sérieux en regardant ceux de mes hommes qui n'ont qu'un tablier pour tout vêtement ; et, au grand ennui de mes pauvres serviteurs, les jeunes filles se mettent à rire aux éclats toutes les fois qu'ils leur tournent le dos.

Après avoir traversé le Lonajé, nous trouvons de jolis villages entourés de bananiers et de jardins remplis de manioc et d'arbrisseaux ; nous nous rapprochons des rives de la Liba et nous avons la maladresse de camper au milieu d'une nichée de serpents. L'un de mes Zambésiens est mordu, mais par bonheur l'espèce n'est pas venimeuse.

Tout un village a quitté récemment le territoire de Matiamvo pour se fixer ici ; il continue de reconnaître son autorité ; mais ces changements de résidence de toute une population, qui sont assez fréquents, prouvent au moins que la puissance des grands chefs n'est pas illimitée. Les hommes de cette peuplade se tressent la barbe pour en former trois nattes ; c'est la seule particularité que j'aie observée chez eux.

On m'a désigné la situation de la ville de Cazembé, l'un des chefs balondas, comme étant à l'est-nord-est de la ville de Shinté, et l'on m'a dit qu'elle est à peu près à cinq journées de distance ; il est probable que ces renseignements sont exacts, les habitants de Shinté allant souvent à Cazembé pour y faire emplette d'anneaux de cuivre que l'on fabrique dans cette dernière ville. J'ai interrogé, au sujet de la visite que Péreira et Lacerda auraient faite à Cazembé, les anciens des villages où nous nous sommes arrêtés, un vieillard à tête grise m'a répondu qu'il avait souvent entendu parler d'hommes blancs, qu'on lui avait même dit autrefois qu'un blanc était venu à Cazembé, mais qu'il n'en avait jamais vu.

Les sujets de Cazembé sont des Balondas ou Baloïs, et les Portugais désignent son territoire sous les noms de Londa, Lunda ou Lui.

Il n'est pas toujours facile de décider nos guides à partir de l'endroit où nous nous sommes réposés. Mandataires du chef, ils vivent aussi bien que possible aux frais des populations, et ne renoncent jamais sans répugnance au plaisir d'être nourris gratuitement. Mes Zambésiens ne sont pas encore bien dressés ; c'est la première fois qu'ils s'éloignent de leur pays pour une expédition toute pacifique, et leur manière d'être avec les habitants des lieux où nous passons laisse beaucoup à désirer. Ils parlent aux étrangers d'une façon impérieuse, comme des gens qui ne sont jamais sortis de chez eux que pour guerroyer, et, lorsque je leur fais quelques reproches à cet égard, ils obéissent aveuglément à chaque individu que nous trouvons sur notre chemin. Le 31 janvier, alors qu'il s'agit de nous diriger vers la Liba, Intémésé refuse de partir ; mes Makololos ne font aucun effort pour l'engager à m'obéir ; cependant je leur commande de tout préparer pour le départ ; ils se mettent à l'œuvre, et Intémésé ne tarde pas à suivre leur exemple.

Il nous a fallu quatre heures pour effectuer notre passage de la Liba, qui est beaucoup plus étroite ici qu'à l'endroit où nous l'avons quittée ; je ne crois pas même qu'elle ait plus de cent mètres de large ; elle est toujours d'un vert sombre ; nous la traversons au moyen des pirogues que nous prêtent les habitants d'un village, et lorsque j'arrive à une bourgade, située dans les terres à deux milles de la Liba, j'ai la satisfaction de pouvoir déterminer la latitude et la longitude en mesurant, pour la première, la distance de Saturne à la Lune, et pour la seconde, la hauteur méridienne de Canope, ce qui me donne pour résultat : 12° 6′ 6″ latitude sud, et 22° 57′ longitude est.

C'est la seule fois qu'il m'ait été possible de m'assurer de notre position dans cette partie de la province de Londa. J'ai disposé mainte et mainte fois mes instruments ; mais, lorsque j'avais tout préparé, le ciel se couvrait de nuages et les astres disparaissaient tout à coup ; je n'ai jamais vu le temps aussi chargé dans aucune des régions du Sud, et il pleut en si grande abondance que ma petite tente est plus usée, plus pourrie après un mois de séjour dans ce pays-ci qu'elle ne l'aurait été à Kolobeng au bout de plusieurs années. Jamais non plus je n'ai remarqué ailleurs cette rémittence de la pluie qui redouble de force, une heure à peu près avant le lever du soleil. Il arrive même que, n'ayant pas eu d'eau pendant la nuit, une averse torrentielle n'en tombe pas moins au point du jour, et alors qu'on est très-loin de s'y attendre. Ce phénomène se présente cinq jours sur six pendant toute la saison des pluies, et ces ondées sont parfois accompagnées de coups de tonnerre retentissants.

1ᵉʳ *février*. — Nous apercevons de l'autre côté de la Liba, deux montagne nommées Piri, et dont le nom signifie deux. L'endroit où nous sommes est appelé Mokouankoua ; Intémésé m'apprend que l'un des enfants de Shinté y a reçu le jour à l'époque où celui-ci quitta le pays de Matiamvo ; il n'y a donc pas très-longtemps que les Balondas habitent cette partie de la contrée.

Je vois avec surprise que l'on attache ici beaucoup plus d'importance aux cotonnades anglaises qu'aux perles de verre et aux ornements qui sont recherchés ailleurs ; il est vrai que les étoffes sont bien plus nécessaires aux Balondas qu'aux Béchuanas des frontières du Kalahari, qui ont, pour se couvrir, des pelleteries abondantes. Ici les animaux sont très-rares, et un morceau d'indienne y acquiert une grande valeur.

Ce matin, comme il pleuvait à torrents, Intémésé m'a fait dire qu'il souffrait de l'estomac et qu'il lui était impossible de se lever ; mais sur les onze heures, l'averse ayant cessé, j'ai aperçu mon gaillard qui se dirigeait vers le village en parlant d'une voix sonore ; je lui ai reproché de m'avoir fait un mensonge ; il s'est mis à rire et m'a dit qu'il avait effectivement très-mal à l'estomac ; mais que je pouvais y remédier en tuant un bœuf et en lui permettant d'en manger. Il est évident qu'il jouit avec bonheur et qu'il profite sans vergogne des aliments dont on nous comble pour obéir au chef ; il ne ressent pas le regret que j'éprouve lorsque, en échange de grands paniers de farine, je ne peux offrir que quelques grains de verroterie.

Un vieillard très-âgé nous apporte du maïs ; il n'a jamais rencontré d'hommes blancs, et cependant, au dire de ceux qui l'écoutent, il a vu bien des choses merveilleuses qu'ont ignorées leurs pères.

On m'a pris une pintade qui m'avait été donnée par la femme qui gouverne le village. Tous les hommes d'Intémésé protestent de leur innocence et vocifèrent à qui mieux mieux, indignés de voir qu'on ait pu les soupçonner ; Loyanké, l'un de mes Zambésiens, va chercher la personne qui m'avait donné la pintade et désigne la cabane où l'oiseau est caché ; les Balondas l'entourent et témoignent la plus grande colère ; mais Loyanké saisit sa hache, et, se plaçant sur une petite éminence, les oblige à s'exprimer avec plus de modération ; Intémésé, s'adressant alors à moi, me demande de faire faire des recherches dans la cabane, si j'ai le moindre soupçon contre ses hommes ; j'envoie l'un de mes serviteurs, qui trouve bientôt la pintade et qui la rapporte, à la grande joie de mes Zambésiens et à la vive confusion d'Intémésé. J'ai mentionné cet incident pour montrer que les pratiques superstitieuses ne conduisent pas les Balondas à l'exercice de la vertu. Jamais pareille chose ne serait arrivée chez les Makololos bien qu'ils reprochent aux Makalakas de voler des bagatelles; nous avons parlé plus haut de la probité des Bakouains. Il est vrai que ces peuplades me considéraient comme un bienfaiteur public, et c'est à cela probablement qu'il faut attribuer le respect qu'ils toujours montré pour tout ce qui m'appartenait. Toutefois l'expérience m'a prouvé que les idolâtres sont moins honnêtes, moins vertueux que les peuples qui n'ont pas d'idoles.

Comme les habitants des bords de la Liba sont les derniers Balondas qui dussent obéissance aux ordres d'Intémésé, celui-ci, naturellement, n'était point pressé de les quitter; ce n'est pas qu'il fût paresseux; il travaillait presque toujours, et fit, pendant notre voyage, un pilon et un mortier en bois pour sa femme, puis un bol, des cuillers et un panier; seulement il aimait à bien vivre, et, comme il trouvait excellente une chère qui nous paraissait détestable, nous sommes partis sans lui. Il nous a rejoints peu de temps après, mais sans notre ponton qu'il avait laissé au village, et répondit à mes questions que le chef allait nous l'apporter; le chef ne vint pas, et lorsque, un plus tard, je repassai par le même endroit, mon ponton avait été rongé par les souris.

Nous entrons dans une plaine qui doit avoir au moins vingt milles de largeur, et où nous avons de l'eau jusqu'à la cheville dans les endroits les moins profonds. Intémésé nous fait un peu dévier du nord-ouet, afin d'éviter les plaines de Lobalé [1], où nous aurions de l'eau jusqu'à la ceinture, au dire de notre guide, et nous conservons, pendant presque toute la journée, les monts Piri à notre droite.

Ce n'est pas la Liba qui a inondé la plaine que nous traversons, puisqu'elle n'a pas débordé; mais le niveau du sol est tellement horizontal que la pluie n'y a pas d'écoulement et que l'eau du ciel y séjourne pendant des mois entiers. On voit çà et là de petites îles où croissent des dattiers rabougris et des arbustes d'une végétation maladive; la plaine est couverte d'une herbe épaisse qui s'élève au-dessus de l'eau et qui lui donne l'aspect d'une prairie d'un jaune pâle; quelques arbres y apparaissent de loin en loin, mais l'horizon est déboisé. Il y a déjà longtemps sans doute que l'eau séjourne ici; car on trouve dans l'herbe de nombreuses fleurs de lotus et l'on y remarque des traces de crabes, de tortues aquatiques et d'animaux piscivores qui sont venus prendre les poissons réfugiés dans la plaine.

Bien que je sois à dos de bœuf, j'ai toujours les pieds mouillés, et

---

1. Seraient-ce les mêmes qui ont été désignées sous le nom de Luval.

le barbotage auquel sont condamnés mes pauvres Zambésiens depuis que nous sommes dans la province de Londa, leur attendrit la plante des pieds, qui, chez eux, est pareille à de la corne.

Les seuls renseignements que je puisse obtenir sur la contrée me sont fournis par Intémésé, qui me désigne les lieux auprès desquels nous passons, et entre tous Mokala a Mama, l'endroit qu'habite sa mère. Il est touchant d'entendre cet homme à cheveux gris raconter les souvenirs de son enfance. Tous les Makalakas suivent leur mère quand elle se sépare de son mari ou lorsqu'elle va s'établir dans un autre village. Cette tendresse filiale ne prouve pas une grande moralité sous d'autres rapports, ou il faudrait qu'Intémésé eût oublié complétement les préceptes maternels, car personne n'est plus menteur. Le respect, néanmoins, qu'il témoigne à cet égard est l'un des signes caractéristiques de sa race. En revanche, les Béchuanas se soucient fort peu de leur mère et sont très-attachés à leur père, surtout lorsqu'ils ont l'espérance d'hériter de ses bestiaux. Rachosi, celui qui nous servit de guide lors de notre expédition au lac, me dit un jour que sa mère demeurait au pays de Sébitouané; et, bien qu'il fût très-bon, l'idée de franchir la distance qui séparait le lac Ngami des rives du Chobé, dans le seul but d'aller voir la femme qui lui avait donné le jour, lui paraissait bouffonne. S'il eût été Malaka, jamais rien ne l'aurait séparé d'elle.

Nous campons sur l'une des îles qui s'élèvent au-dessus de la plaine; c'est tout au plus si nous y trouvons du bois; les cabanes que mes gens ont construites ne sont pas un abri suffisant contre la pluie qui ne cesse de tomber jusqu'au milieu du jour. Cette masse d'eau prodigieuse qui couvre la plaine ne rencontre pas d'autre issue que les affluents de la Liba où elle s'écoule avec lenteur; la quantité d'herbe qui tapisse la terre empêche les eaux de raviner le sol; et néanmoins, s'il y avait la moindre pente, il s'y formerait des torrents en dépit de cette végétation épaisse.

Comme dans tous les lieux qui sont inondés annuellement, c'est au séjour prolongé des eaux qu'il faut attribuer le peu de vigueur et la rareté des arbres; on n'en trouve que sur les îles dont nous avons parlé; encore l'humidité du sol les empêche-t-elle d'acquérir leur développement normal. Les plaines de Lobalé, beaucoup plus vastes que celles-ci, présentent le même aspect et la même végétation; les eaux n'y ont pas d'autre écoulement qu'en s'infiltrant dans les terres; et, une fois que le sol est desséché, les voyageurs n'y trouvent pas même assez d'eau pour étancher leur soif. Je parle ici d'après ce que m'ont dit les naturels; mais j'admets parfaitement que la chose puisse exister; néanmoins il est toujours facile d'obtenir de l'eau en y creusant un puits ; j'en ai acquis la preuve à mon retour de Loanda, et j'y ai vu un homme arroser son jardin pendant la sécheresse au moyen d'une citerne qu'il avait faite et où il avait trouvé l'eau presque à la surface du sol.

Je demande au lecteur d'accorder une attention particulière à ce phénomène d'inondation et d'infiltration que nous venons d'indiquer, parce qu'il a une énorme influence sur le système fluvial de cette partie du continent. Les plaines de Lobalé, situées à l'ouest de celle-ci, donnent naissance à une quantité de ruisseaux qui, en se réunissant, forment le Chobé, rivière profonde et qui ne tarit jamais ; d'autres plaines de même nature produisent le Loéti et le Kasaï ; et nous verrons un peu plus loin, que tous les cours d'eau d'une région fort étendue sont le résultat du drainage de vastes fondrières et ne sont pas constitués par des sources.

Nous nous remettons en route aussitôt que la pluie nous le permet, et nous arrivons à un plateau peuplé, qui se trouve au nord-ouest de l'endroit où nous avons passé la nuit. Les habitants, suivant la coutume de ce pays-ci, nous prêtent le toit de quelques-unes de leurs cabanes, ce qui évite à mes hommes la peine de construire des hangars. Je suis persuadé que, dans le chapitre des voyages de Park où il est question d'individus qui enlèvent une cabane pour la poser sur un lion, il ne s'agit que du toit et non pas de la hutte elle-même. Ceux qui nous ont prêté leurs toitures viennent les reprendre, et aucun payement n'est exigé de leur part, ni pour la location, ni pour le transport de ces objets précieux dans la saison où nous sommes ; toutefois la pluie est si abondante qu'un toit ne suffit pas à nous en préserver ; nos lits absorbent l'humidité du sol, et nous finissons par y être inondés. Aussi ferons-nous désormais un fossé autour de chaque baraque ; et de la terre que nous en extrairons nous formerons une couche épaisse où notre lit sera placé. Mes Zambésiens travaillent avec un courage et une bonne volonté qui ne se démentent jamais ; et je ne peux pas m'empêcher de comparer sans cesse leur conduite avec celle d'Intémésé ; le malheureux est tellement faussé par la servitude qu'il ment à chaque instant sans la moindre pudeur : le mensonge est une sorte de refuge pour le faible et l'opprimé. Je comptais partir le 4 ; mais Intémésé déclara que nous étions si près de Katéma, qu'il nous était impossible de poursuivre notre chemin sans avertir ce chef de notre passage, que ce serait une grave injure à lui faire, injure qui ne manquerait pas de nous valoir une amende. Il plut toute la journée, et cette circonstance nous fit supporter patiemment le nouveau retard qui nous était imposé ; mais le lendemain, lorsque le temps fut éclairci, notre menteur nous avoua que nous étions encore à deux journées de marche du village de Katéma, dont la veille nous étions si voisins. Malheureusement son concours nous est indispensable ; le pays est tellement inondé, que sans lui nous serions arrêtés à chaque pas sur le bord des vallées qui sont toutes remplies d'eau ; il le sait bien et le fripon en abuse ; le voilà qui travaille de toutes ses forces au panier qu'il se fabrique ; c'est aujourd'hui dimanche, et pour rien au monde il ne voudrait assister à l'office ; il prétend que nos incantations lui font peur ; du reste, il est d'une gaieté singulière et toujours prêt à plaisanter.

6 *février*. — Nous traversons en canot un bras du Lokalouéjé, qui porte le nom de ñuana Kalégé ; toutes les branches des rivières dans ce pays-ci ont également cette appellation de ñuana, qui veut dire enfant. Dans l'après-midi, nous traversons le cours principal du Lokalouéjé qui renferme des hippopotames, ce qui est une preuve qu'il ne tarit jamais, ainsi que l'affirment les habitants de ses rives. Nous ne pouvons pas juger de son importance par la largeur que nous lui voyons aujourd'hui ; il a dans cette saison un courant profond et rapide de quarante mètres de large, sans compter les eaux qui s'épanchent sur ses bords, mais il est probable qu'il diminue de moitié pendant les mois de sécheresse.

En maint endroit les bœufs ont le dos et les épaules complétement submergés ; les hommes qui franchissent à pied ces ravines sont obligés de tenir leurs bagages au-dessus de leur tête, et l'aisselle est l'unique endroit où je puisse porter ma montre pour la préserver à la fois et de la pluie et de l'eau où je barbotte continuellement.

Le Lokalouéjé se dirige du nord-est au sud-ouest, où il va se jeter dans la Liba ; la contrée qu'il arrose est belle et fertile, parsemée de grands bois, ou tout au moins de bouquets d'arbres de la plus grande beauté. Les habitants, dont nous traversons les jardins, sèment et moissonnent pendant toute l'année. On voit dans leurs champs du maïs, du lotsa (*pennisetum typhoideum*), du lokesh ou millet à tous les degrés de croissance ; il y en a de parvenu à complète maturité, pendant que chez les Makololos c'est à peine si les mêmes produits sont à moitié de leur développement. Mes Zambésiens, très-compétents en pareille matière, sont dans l'admiration de la qualité du sol de la province de Londa, de l'excellence des pâturages que nous traversons chaque jour, et se lamentent sans cesse de ce qu'il n'y a pas de vaches pour manger cette herbe fine et tendre, et pour prêter au paysage leur beauté particulière.

Pendant la saison des pluies, un grand nombre de poissons omnivores, et que l'on appelle Mosala (*glanis siluris*), se répandent dans la plaine submergée et, retournent dans les rivières lorsque les eaux commencent à se retirer; les Balondas font alors des chaussées en travers des issues par où les eaux s'écoulent, et ne laissent qu'une étroite ouverture à leurs barrages ; ils y fixent un panier en forme de nasse, d'où le poisson ne peut pas sortir une fois qu'il est entré ; ils en prennent ainsi une quantité énorme qui, séchée et fumée, varie très-avantageusement leur nourriture insipide ; quelquefois ils remplacent la chaussée qu'ils établissent en travers des ravins par des claies formées de roseaux et qui ont également des ouvertures auxquelles sont adaptées les nasses.

Dans l'eau dormante ils mettent des pièges construits sur le même modèle que les souricières et qui sont faits avec des roseaux et des baguettes d'un bois très-souple, derrière lesquelles est placé un appât pour attirer le poisson.

Ils pêchent encore au moyen d'un crochet dont la pointe, qui n'est pas barbelée, se recourbe sur elle-même de manière à empêcher le poisson de leur échapper. Les filets sont beaucoup plus rares chez eux que sur les bords de la Zouga et du Liambye ; mais ils tuent beaucoup de poisson avec les feuilles broyées d'un certain arbuste que l'on voit dans ce pays-ci auprès de chaque habitation.

7 février. — Nous arrivons au village de Soana Moloppo, frère consanguin de Katéma, et dont la résidence est à quelques milles de l'autre côté du Lokajoué. Nous trouvons Soana au milieu d'une centaine d'individus ; il appelle Intémésé et lui demande des renseignements à notre égard, ce qu'il avait déjà, sans doute, fait en particulier ; aux détails qui lui sont donnés sur notre compte, il répond en approuvant notre voyage ; mais il ajoute que Shinté lui a causé un préjudice considérable en montrant à mes hommes le sentier qui mène chez lui : « Car, s'écrie-t-il, nous avons peur de la race des Makololos. » Il nous fait présent d'une assez grande quantité de vivres ; mais il témoigne un certain malaise en me voyant m'asseoir auprès de lui avec familiarité et en écoutant mes paroles sur les idées nouvelles que j'essaye de lui faire comprendre.

Dès que je me suis éloigné, Intémésé lui raconte avec emphase tout ce que j'ai donné à Shinté ainsi qu'à Masiko, et lui insinue que probablement il jouira des mêmes faveurs. Il en résulte que le lendemain matin, au moment où nous nous disposons à partir, on nous parle de tous côtés du bœuf que Soana Molopo a le plus vif désir de manger. Nous répondons que c'est un désir fort légitime, et nous l'engageons à se procurer des bêtes à cornes, dont la race ferait merveille dans ses magnifiques pâturages. Intémésé refuse de partir et cherche à nous intimider, pour nous faire donner le bœuf qu'il a promis de notre part: « Soana Molopo, dit-il, fera répandre sur notre passage le bruit que nous sommes des maraudeurs, et nous allons courir les plus affreux dangers ; » mais nous faisons nos paquets et nous partons sans notre guide. Je m'aperçois néanmoins de son absence ; c'était lui qui empêchait les habitants des villages retirés de prendre la fuite à notre approche. Je tiens à établir de bonnes relations avec toutes ces peuplades, et cela me faisait supporter les peccadilles de mon hâbleur ; on lui demandait partout quelle avait été notre conduite dans les endroits où nous avions passé, et les éloges qu'il nous donnait alors avaient une énorme influence sur les populations ; ils les rassurait à l'égard des Mahololos, dont les Balondas ont la plus grande terreur, et se vantait de les avoir combattus sans dire pour quel motif, jusqu'au moment où on l'interrogeait sur une large cicatrice qu'il a dans le dos et qui ne témoigne pas en faveur de sa bravoure.

On comprendra, par l'exemple suivant, de quelle utilité sa présence était pour nous ; il y a quelques jours nous sommes tombés à l'improviste au milieu de toute la population d'un village qui faisait la sieste dans un coin de la forêt ; réveillés en sursaut, les malheureux furent tellement effrayés de notre arrivée subite, qu'une femme en eut des convulsions ; Intémésé parut, et quelques paroles de lui suffirent pour dissiper la terreur que nous avions inspirée.

La pluie tombe toujours, et nous établissons notre camp auprès de la demeure de Mozinkoua, un homme intelligent et affectueux, qui est sujet de Katéma. Il avait alors un beau jardin parfaitement cultivé, qu'il avait entouré d'une haie vive, composée de branches de figuiers banians, dont les rejetons avaient pris racine et formaient une palissade impénétrable ; des cotonniers croissaient tout autour de sa case, où ils avaient été plantés par sa femme ainsi que diverses plantes potagères, du ricin commun et un arbuste plus élevé, le *jatropha curcas*, d'où l'on tire également une huile purgative dont les naturels ne font usage que pour se graisser la peau. Un bouquet d'arbres était planté au milieu de la cour, et, à l'ombre qu'ils répandaient autour d'eux, s'élevaient les cabanes de la belle famille de Mosinkoua ; ses enfants, provenant tous d'une seule mère, très-noirs, mais d'un visage agréable, étaient les plus beaux nègres que j'aie vus. Il m'est resté un souvenir touchant de l'accueil plein de franchise de cet excellent homme et de sa femme. Celle-ci m'avait prié de lui rapporter de mon voyage un peu d'étoffe fabriquée dans le pays des blancs ; j'ai tenu la promesse que je lui en avais faite, mais à mon retour la pauvre femme était morte, et, suivant la coutume des gens de sa race, Mosinkoua avait abandonné ses arbres, son jardin et ses cabanes. Les Balondas ne restent jamais dans l'endroit où ils ont eu le malheur de perdre une épouse favorite ; ils ne supportent pas le souvenir des jours heureux qu'ils ont passés dans cette cabane qui leur paraît déserte ; peut-être ont-ils peur d'habiter des lieux que la mort a visités et où ils ne reviennent que pour invoquer celle qui n'est plus, ou pour déposer une offrande. Cette coutume empêche la stabilité des villages, qui ne sont jamais permanents dans cette province.

Mozinkoua nous dit que Soana Mopolo est le frère aîné de Katéma ; mais que celui-ci, beaucoup plus intelligent et plus sage, a conquis le pouvoir qui appartenait à son frère, par la seule influence qu'il a su acquérir en achetant du bétail et en accueillant avec bonté les fugitifs qui sont venus chercher un asile auprès de lui.

10 *février*. — Après avoir quitté la demeure hospitalière de Mozinkoua, nous traversons, au moyen de pirogues, une rivière d'environ quarante mètres de large ; tout en m'occupant des préparatifs de notre passage, j'apprends que cette rivière s'appelle Mona-Kalouéjé, c'est-à-dire frère du Kalouéjé, dont il est un affluent ; et que ce dernier, ainsi que la Livoa, se jette dans la Liba, qui reçoit, un peu au-dessous de l'endroit où nous l'avons traversée dernièrement, le Chifoumadzé, grossi des eaux de la Lotemboua. Notons en passant que toutes ces rivières, actuellement débordées, n'en sont pas moins transparentes. L'herbe qui croît sur leurs rives est tellement épaisse, que la terre dont leurs bords sont formés, et qui est composée d'un terrain gras et noir d'une certaine consistance, n'est jamais entraînée. Les pirogues que l'on trouve sur ces rivières, malgré leur peu de largeur prouvent qu'elles ne se dessèchent pas comme les ruisseaux du Midi, que l'on peut franchir à pied sec pendant la plus grande partie de l'année.

Nous avons été rejoints, pendant que nous traversions le Mona-Kalouéjé, par un nommé Shakatouala, qui remplit auprès de Katéma l'office d'intendant, ou plutôt de factotum. Les chefs ne manquent jamais d'avoir un individu de ce genre attaché à leur personne, et bien qu'il soit généralement pauvre, c'est toujours un homme d'une grande finesse et d'une grande capacité qui remplit ces fonctions.

Shakatouala était chargé de me dire que Katéma n'avait pas eu de renseignements précis à notre égard, mais qu'il aimait les étrangers et que, si nos intentions étaient pacifiques, il serait enchanté de nous recevoir.

Nous suivions donc l'émissaire de Katéma, lorsque nous fûmes détournés de notre chemin par une manœuvre d'Intémésé, qui, par parenthèse, est revenu, et qui nous conduit au village de Quendendé, le beau-père de Katéma. J'ai d'abord eu l'intention de me fâcher ; mais Quendendé est un beau vieillard d'une si grande politesse, que je ne regrette point l'obligation où je me trouve de passer un dimanche auprès de lui. Il m'explique avec une grâce parfaite le plaisir qu'il éprouve d'avoir l'honneur de recevoir ma visite. Il me semble qu'il y a de ma part une certaine impudence à promener dans le pays vingt-sept hommes qui n'ont pas de quoi payer leurs aliments, et je suis un peu confus du plaisir et de l'honneur que je procure à ce bon vieillard d'héberger toute ma suite. Mes Zambésiens se livrent immédiatement à un genre d'opérations qui touchent de près à la mendicité. Dès qu'ils arrivent dans un village, ils vont causer avec les habitants et ne manquent jamais d'ouvrir l'entretien par cette phrase : « J'arrive de très-loin, et j'ai grand besoin de manger. » Comme les Makololos sont redoutés dans le pays, je craignais que la terreur qu'ils inspirent n'arrachât aux Balondas les aliments que ceux-ci leur donnaient, et j'avais défendu à mes gens de leur demander quoi que ce fût ; mais j'ai acquis plus tard la certitude qu'ils devaient à la générosité des habitants le manioc et le maïs qui leur étaient offerts. Mazinkoua, par exemple, ne laissa partir aucun d'eux sans lui donner quelque chose, et cela par un mouvement tout à fait spontané. J'offrais bien en présent, aux chefs qui m'avaient reçu et nourri, des cuillers de fer et plus tard quelques-uns de mes rasoirs, mais les hommes de ma suite n'avaient rien à donner ; toutefois, ils se sont imaginé de prendre dans chaque village un Molékané ou camarade, et leur proposition est souvent acceptée. Si le lecteur se rappelle le système de camaraderie que nous avons désigné sous le nom de Mopato, ils comprendront que les Balondas qui partagent leurs aliments avec les Makololos acquièrent le droit d'être traités de la même manière, lorsqu'à leur tour ils traverseront le village du Molékané qui leur a offert son amitié. Le territoire des Balondas est d'ailleurs tellement fertile que la disette y est complétement inconnue ; et tous les habitants de cette partie de la province de Londa sont d'une générosité remarquable ; je n'ai vu qu'une femme qui ait refusé de donner à manger à l'un de mes hommes, encore fut-elle obligée d'obéir à son mari, qui lui ordonna sur-le-champ de se montrer moins avare.

On trouve ici des buffles, des élans, des coudous et plusieurs autres espèces d'antilopes, mais tous ces animaux, à qui les naturels font une chasse très-active, sont extrêmement farouches, et il est impossible de les tenir à portée du fusil.

Le pays que nous traversons présente la même succession de hautes futaies et de prairies que nous avons déjà rencontrée ; on voit de jolis hameaux çà et là dans les vallons ; nous sommes tous en bonne santé, et je jouis amplement de ce pays frais et vert.

Quendendé offre un exemple de la toison la plus fournie que l'on puisse trouver dans la province de Londa. Une partie de sa laine, qui est séparée au milieu de son front, est roulée en deux torsades épaisses qui retombent derrière les oreilles et qui descendent jusqu'à l'épaule ; le reste est rassemblé en un gros nœud qui couvre toute la nuque. C'est un homme intelligent, et nous avons eu ensemble de longues conversations ; il revenait des funérailles de l'un des hommes de son village, précisément comme nous arrivions chez lui ; le tambour ne cessait de battre, et j'appris que l'on faisait tout ce vacarme dans la persuasion qu'il endort l'esprit du trépassé. Chaque bourgade a son tambour, et nous l'entendions battre fréquemment depuis le coucher du soleil jusqu'au matin ; les Balondas paraissent considérer les morts comme des êtres vindicatifs, et je soupçonne qu'il y a plus de crainte que d'amour dans les honneurs qu'ils leur rendent.

En fait d'instruction religieuse, toutes les fois qu'on s'adresse à des gens qui n'ont jamais entendu parler du christianisme, le premier sujet qu'il faut aborder est celui du fils de Dieu venant mourir sur la terre pour racheter tous les hommes ; on ne peut rien trouver qui soit plus touchant : c'est un fait qui va au cœur. Jésus nous apprend lui-même à connaître son père, et nous entretient du séjour des élus ; nous avons ses paroles dans le livre sacré, et c'est bien volontairement qu'il a souffert à notre place et qu'il est mort pour nous. Si l'histoire du Rédempteur ne les intéresse pas, vous ne réussirez jamais à vous faire écouter.

Nous rencontrons ici quelques habitants de la ville de Matiamvo (Muata Yamvo), qui ont été dépêchés par leurs compatriotes pour annoncer à Quendendé la mort du dernier chef de ce nom, dont Matiamvo est le titre héréditaire, *muata* voulant dire chef ou seigneur.

Ces hommes racontent qu'il arrivait parfois au défunt de courir les rues, dans un accès de fureur et de décapiter, sans distinction, tous ceux qu'il rencontrait, jusqu'à ce qu'il se fût entouré d'un monceau de têtes humaines ; ce qui prouve tout simplement que le dernir Matiamvo était fou. Il avait droit de vie et de mort sur ses sujets et l'on voit qu'il en faisait usage ; il expliquait sa conduite en disant que le pays était trop peuplé, et qu'il devenait indispensable de diminuer le nombre de ses habitants. J'ai demandé, à cette occasion, si l'on faisait toujours des sacrifices humains, comme à l'époque où Péreira se rendit à Cazembé ; l'un des habitants de Matiamvo m'a répondu que ces sacrifices n'ont jamais été aussi communs que l'a rapporté Péreira, et qu'ils deviennent de plus en plus rares ; mais qu'il arrive parfois, lorsqu'un chef a besoin de certains charmes, qu'on tue un homme pour en avoir les morceaux qui sont indispensables à l'opération du magicien. L'individu qui me parlait ainsi ajouta qu'il espérait bien que le présent Matiamvo n'agirait pas comme son prédécesseur, et ne ferait mourir que les gens qui se seraient rendus coupables de sacrilége et de vol. Cet homme est fort étonné, ainsi que les personnes qui l'accompagnent, de la liberté dont jouissent les Makololos ; et leur surprise est au comble lorsqu'ils apprennent que tous mes Zambésiens ont du bétail ; car chez eux le Matiamvo seul possède des bœufs et des vaches. L'un de ces individus, qui est fort intelligent, me demande si les Makololos consentiraient à lui donner un vache en échange d'une pirogue qu'il se chargerait de conduire dans leur pays *en descendant la rivière*. Cette question, à laquelle mes hommes répondirent d'une manière affirmative, est très-importante, en ce qu'elle prouve l'existence connue d'une voie fluviale, communiquant du pays de Matiamvo à celui des Makololos, voie d'autant plus précieuse qu'elle traverse un pays fertile et très-riche en bois de construction magnifique.

Il serait très-heureux que ces peuplades pussent communiquer entre elles ; le premier avantage qu'elles en retireraient serait une appréciation plus exacte de leurs qualités respectives, et l'influence que l'opinion des tribus voisines ne manquerait pas d'avoir sur la conduite de leurs chefs. Les Makololos ont une si mauvaise réputation dans la province de Londa, où ils passent pour d'impitoyables chasseurs d'hommes, que les habitants de Matiamvo n'ont pas osé protester contre les abus d'une odieuse tyrannie, parce qu'ils redoutaient leurs voisins, et qu'ils n'auraient pas su où aller s'ils avaient été obligés de fuir.

Quendendé nous accompagne, ainsi que le principal messager de Matiamvo, et nous arrivons, après avoir fait deux ou trois milles dans la direction du nord-ouest, à l'endroit où la Lotemboua, rivière qui coule du nord au sud, est guéable en été. Une pirogue nous attend pour nous passer à l'autre bord, chose assez difficile et surtout fort ennuyeuse, car la plaine est inondée, et, bien que la rivière n'ait pas plus de quatre-vingts mètres de large, il nous faut ramer pendant plus de la moitié d'un mille pour nous retrouver à sec.

Lorsque le passage est effectué, on allume un grand feu pour réchauffer les membres du vieux Quendendé, et, pendant qu'il fait sécher des feuilles de tabac qui viennent d'être cueillies, et qu'après les avoir rendues friables par l'action du feu, il les broie dans sa tabatière au moyen d'un petit pilon, pour les priser ensuite, je m'informe auprès de l'ambassadeur de Matiamvo des coutumes de son pays. A la mort d'un chef, me dit-il, on exécute un certain nombre des serviteurs du défunt, pour qu'il ait une société dans l'autre monde ; les Barotsés avaient la même coutume, et cela prouve qu'ils sont véritablement nègres, bien qu'au physique ils s'éloignent du type de cette race, que les traits des Balondas ne rappellent pas davantage. Le bon Quendendé nous écoute, et s'empresse de dire que, s'il était là en pareille circonstance, il cacherait tous ses sujets pour qu'on ne pût pas les tuer. A mesure que nous avançons vers le Nord, le caractère des habitants est plus cruel et plus superstitieux.

L'ambassadeur m'affirme que, si le dernier Matiamvo s'était mis dans la tête une fantaisie quelconque, si par hasard la chaîne de ma montre, qui paraît très-curieuse aux Balondas, lui avait fait envie, il aurait vendu tout un village pour obtenir cette bagatelle. Dès qu'un marchand d'esclaves se présentait à sa cour, il s'emparait de toutes les marchandises que celui-ci avait apportées, puis il envoyait d'un côté ou d'un autre une bande de ces chenapans qui fondaient tout à coup sur un village considérable, en tuaient le chef, et emmenaient toute la population qu'on livrait au marchand d'esclaves en échange de ce qui lui avait été pris. « Matiamvo, dis-je à l'ambassadeur, savait-il qu'après sa mort il comparaîtrait devant un chef qui ne respecte aucun rang et qui jugerait sa conduite en face de toutes les victimes qu'il avait faites? — Nous ne montons pas au ciel comme vous, et nous n'allons pas devant Dieu, me répond mon interlocuteur; nous restons dans la terre où l'on nous a déposés. » Il est évident que les Balondas ont une conviction très-profonde d'une existence future ; mais je n'ai jamais pu connaître leurs idées à l'égard de l'autre vie. Ils paraissent croire que les âmes des morts ne s'éloignent pas de l'endroit où ils sont enterrés.

Après avoir fait huit milles de l'autre côté de la Lotemboua, nous arrivons à la ville éparse de Katéma, située par 11° 35′ 49″ latitude sud, et 22° 27′ longitude est. Pendant qu'on nous mène à huit cents pas environ de la cité, qui est plutôt une collection de villages qu'une ville, et qu'on nous dit de choisir, pour nous y loger, l'herbe et les arbres qui nous conviendront le mieux, Intémésé est auprès de Katéma, et subit toutes les questions d'usage relativement à notre conduite passée et à nos projets pour l'avenir. Quelques instants après, le chef nous envoie des vivres en assez grande abondance.

Le lendemain matin nous sommes admis en présence de Katéma qui siége sur une espèce de trône ; il est entouré de trois cents soldats assis par terre, et d'une trentaine de femmes qui sont placées immédiatement derrière lui et qui sont ses épouses. La masse du peuple est assise en demi-cercle à peu près à cinquante pas de la cour. Chaque groupe est commandé par son chef respectif, qui se tient en évidence à la tête de ses hommes, et qui, sur un signe de Katéma, s'approche du trône et fait partie du conseil. Après qu'Intémésé a raconté notre histoire, Katéma fait déposer devant nous seize grands paniers de farine, six volailles, une douzaine d'œufs, et nous exprime ses regrets de ce que la veille on nous a laissé coucher sans souper ; il n'aime pas, dit-il, que les étrangers souffrent de la faim dans ses domaines, et il ajoute : « Retournez à votre camp, faites votre cuisine, et rassasiez-vous, afin d'être dans un état satisfaisant pour causer avec moi, à l'audience que je vous donnerai demain matin. » Puis, reprenant le cours de ses affaires, il prête une oreille attentive aux dépositions d'une troupe nombreuse de beaux jeunes gens de Lobalé, qui ont quitté leur chef Kangenké, parce que celui-ci a vendu plusieurs membres de leurs familles aux mulâtres portugais qui fréquentent leur pays.

Katéma est un homme de grande taille, qui pouvait avoir quarante ans lorsque nous l'avons vu ; il avait, le jour de notre réception, la tête couverte d'un haume composé de perles de verre et de plumes ; il était vêtu d'une jaquette tabac d'Espagne, avait à chaque bras une large bande de clinquant, et tenait à la main une grande queue formée de l'extrémité caudale d'une quantité de gnous, talisman précieux, doué de plusieurs vertus magiques, et dont il s'éventa pendant tout le temps que nous restâmes en sa présence. Il paraissait d'humeur joyeuse, et plus d'une fois je le vis éclater de rire ; j'en tirai bon augure, car il est rare qu'il soit difficile de s'entendre avec un homme dont les côtes sont ébranlées par la gaieté.

Au moment où nous allions nous retirer, chacun s'est levé en même temps que nous, ainsi qu'on l'avait fait à la cour de Shinté.

Le lendemain matin, Katéma, en me voyant arriver, m'accueillit par ces paroles : « Je suis le grand Moéné [1] Katéma, l'égal de Matiamvo, et nous sommes au-dessus de tous les chefs de cette contrée. J'ai toujours vécu ici, où mes ancêtres demeuraient avant moi. Vous ne trouverez pas de crânes humains auprès des lieux où votre camp est établi ; je n'ai jamais tué aucun marchand, et ils viennent tous dans ma ville. Je suis le grand Moéné Katéma dont vous avez entendu parler. » Il avait l'air d'un homme endormi qui rêve de sa grandeur. Lorsque je lui eus expliqué mes projets, il désigna immédiatement trois hommes pour me servir de guides, et ajouta que le chemin du nord-ouest était le plus direct, celui que prenaient tous les marchands qui venaient le voir ; mais que nous serions arrêtés par l'inondation des plaines qu'il nous faudrait traverser, et où, dans certains endroits, nous aurions de l'eau jusqu'à la ceinture : aussi nous enverrait-il par un autre sentier, que les marchands n'avaient pas encore suivi ; ce qui m'allait à merveille, car il n'y a pas de sécurité sur les chemins que les trafiquants d'esclaves ont l'habitude de prendre.

Je lui donnai divers objets qui parurent lui faire grand plaisir : un petit châle, un rasoir, trois paquets de perles, quelques boutons et une poire à poudre. Je m'excusai du peu de valeur de mes cadeaux, et je le priai de me dire tout ce que je pourrais lui apporter de Loanda, qui lui fût agréable. « Toutefois, ajoutai-je, il ne faut pas que ce soit grand, mais au contraire, quelque chose de tout petit. » Il se mit à rire de bon cœur de la condition que je lui imposai, et me répondit avec grâce que tout ce qui était fait par les blancs ne pouvait manquer de lui être agréable, et qu'il recevrait avec reconnaissance le petit objet que je voudrais bien lui rapporter ; cependant que sa jupe était vieille et qu'il serait très-content de la remplacer par une autre.

J'essayai d'entamer la question religieuse, mais l'un des vieux conseillers m'interrompit tout à coup et parla de diverses choses. Il est fâcheux d'être obligé de se servir d'un interprète en pareille circonstance. Avec les hommes de ma suite qui appartiennent à six tribus différentes, et qui tous parlent la langue des Béchuanas, il m'est facile de communiquer avec toutes les peuplades que nous trouvons sur notre passage, de leur demander tout ce qui nous est nécessaire, ou de leur donner les explications qu'elles réclament ; mais il devient absolument impossible de traiter un sujet qui ne les

---

[1]. Seigneur.

intéresse pas, au moyen d'un interprète qui ne leur transmet qu'un abrégé plus ou moins exact de vos paroles. Rien ne fixe d'ailleurs l'attention de Katéma, si ce n'est les compliments, dont tous ces chefs sont avides, et qu'ils vous rendent avec usure. Néanmoins, il fut d'une grande générosité à notre égard, et nous témoigna une bienveillance d'autant plus méritoire, que les Makololos ne sont pas en odeur de sainteté auprès de lui.

Je lui fis compliment de ce qu'il avait des bêtes à cornes, et je lui indiquai la manière de traire les vaches ; son troupeau était composé d'une trentaine de bêtes vraiment admirables, toutes issues d'un couple qu'il avait acheté aux Balobalés dans sa jeunesse. Elles étaient blanches pour la plupart, complétement sauvages, et fuyaient avec l'aisance d'un troupeau d'élans, quand on essayait de les approcher. Katéma lui-même, lorsqu'il voulait tuer un bœuf, était obligé de le chasser comme il aurait fait pour un buffle. Matiamvo possède également un troupeau de bêtes bovines, qui, dit-on, sont tout aussi farouches. Je n'ai jamais pu savoir pour quel motif les habitants n'ont pas de bestiaux, dans un pays qui renferme de si magnifiques pâturages. Katéma ne nous ayant pas donné de viande, j'ai fait tuer l'un de nos bœufs, et nous avons tous vivement apprécié notre bifteck, après être restés si longtemps au régime de la bouillie de manioc et du maïs vert que mangent les Balondas. L'animal n'était pas complétement dépouillé que des tranches de viande pétillaient dans la poêle, où elles furent bientôt cuites ; mes Zambésiens m'entourèrent dès que la cuisson fut terminée, et je leur distribuai leur part. Les Balondas n'avaient jamais vu pareille chose, et nous regardaient avec surprise ; je leur offris un peu de viande, mais, bien qu'ils en soient très-friands, ils ne voulurent pas de celle que je leur présentais ; ils acceptèrent néanmoins de la viande crue, qu'ils allèrent manger à l'écart après l'avoir accommodée à leur façon ; j'en conçus la pensée qu'ils avaient pris aux mahométans quelques-unes de leurs coutumes, d'autant plus qu'ils se servent du mot *Allah!* pour exprimer leur surprise ; mais un peu plus loin j'ai trouvé le mot *Ave-ria*, d'origine évidemment catholique (*Ave-Maria*), employée comme salut, ce qui prouve que la formule pénètre plus loin et plus aisément que la foi.

Lorsque mes hommes eurent fini leur repas, ils se trouvèrent si contents d'avoir mangé du bœuf, dont ils font chez eux leur nourriture presque habituelle, qu'ils se mirent à danser en poussant des cris de joie. Ils firent tant de bruit que Katéma envoya demander ce qu'il y avait, et d'où pouvait provenir une pareille excitation ; Intémésé répondit que c'était leur manière de se réjouir, et qu'ils ne songeaient pas à faire le moindre mal.

Le compagnon du bœuf que nous avons tué est resté deux jours sans prendre aucune nourriture, et il ne cesse de beugler douloureusement pour appeler son camarade ; il ne se console pas de son absence ; il cherche continuellement à s'échapper, et c'est toujours dans la direction du pays des Makololos qu'il s'enfuit. Mes hommes prétendent qu'il se dit à lui-même. « On me tuera comme on a tué mon ami. » Katéma s'imagine que c'est l'effet d'un charme ; il a peur de mes sortiléges, et ne veut pas que je lui montre ma lanterne magique.

Intémésé a été chargé par Shinté de lui retrouver une de ses épouses qui s'est enfuie avec un jeune homme de la tribu de Katéma ; c'est le premier exemple que je vois dans l'intérieur, d'un fugitif renvoyé à son chef malgré sa volonté. La pauvre femme proteste énergiquement contre cet acte de violence. « Je sais bien, dit-elle, que ce n'est pas pour me replacer dans mon ancienne position qu'on m'emmène, et que c'est pour me vendre aux Mambaris comme esclave. » Mes Zambésiens ont fait des connaissances parmi les habitants, et quelques-uns des plus pauvres leur disent en confidence : « Nous voudrions bien que nos enfants pussent aller avec vous dans le pays des Makololos : ici nous courons tous le danger d'être vendus. » Suivant mes hommes, toutes les classes inférieures de la province de Londa émigreraient vers le Midi, si elles connaissaient les coutumes de cette région. L'ignorance des peuplades qui habitent un pays plat et couvert de forêts comme celui-ci, à l'égard des tribus voisines, est vraiment surprenante.

Nous recevons la visite d'un vieillard du même âge que le dernier Matiamvo, dont il a été pendant toute sa vie le compagnon assidu. Il m'a trouvé devant la porte de ma tente, occupé à raccommoder mon pliant, et je l'ai invité à se mettre à côté de moi. J'étais assis sur l'herbe, et il refusa vivement de prendre la place que je lui offrais : « Il ne m'est pas arrivé une seule fois de m'asseoir par terre, pendant tout le règne du dernier chef, me dit-il, et je ne me dégraderai pas aujourd'hui en prenant un pareil siège. » L'un de mes hommes retire du feu une bûche qu'il lui présente, ce qui tranche la difficulté. Je lui offre un peu de viande ; il refuse d'y toucher, mais il ajoute qu'il emportera volontiers un petit morceau chez lui, et il est enchanté lorsque, au moment de son départ, je le fais suivre de l'un de mes serviteurs qui lui porte une menue tranche de bœuf. Il me dit que Lôlô ou Lulua est une branche du Liambye qui coule dans la direction du sud-sud-est ; mais jamais les habitants de Matiamvo n'ont osé le descendre, dans la crainte de tomber chez une tribu que, d'après la description qu'il me donne, je reconnais pour celle des Makololos. Ce vieillard me parle de cinq rivières qui vont se jeter dans le Lôlô, et qu'on appelle Lishish, Liss ou Lise, Kalilèmé, Ishidish et Molong. Elles ne sont pas très-larges, mais leur réunion constitue une masse d'eau considérable. D'après mon interlocuteur, le pays qu'arrose le Lôlô est une plaine fertile, couverte çà et là de forêts, et qui renferme une population nombreuse ; ces détails sont parfaitement d'accord avec les informations qui nous ont été données au village de Quendendé par les ambassadeurs de Matiamvo ; mais nous n'avons jamais pu obtenir de ce vieillard, ni d'aucun autre habitant de cette contrée, de nous dessiner sur la terre la carte du pays, comme le font immédiatement dans le Sud les indigènes auxquels pareille demande est adressée.

Katéma nous avait promis de nous donner quelques-uns de ses hommes pour porter nos bagages ; mais ceux-ci ont refusé nettement de lui obéir. « Ce sont des fugitifs Balobalés que j'ai bien voulu recevoir, dit Katéma ; s'ils continuent à me payer d'ingratitude en résistant à mes ordres, je les renverrai d'où ils viennent. » Cette menace est peu redoutable, car tous ces chefs s'efforcent au contraire de rassembler autour d'eux le plus grand nombre possible d'individus ; ces Balobés le savent bien, et persistent dans leur refus, malgré la colère de notre guide Shakatouala, qui, le sabre nu, court après eux pour tâcher de les réunir. Je suis fort étonné d'une pareille insubordination dans une province où l'on vend sans pitié les gens qui se sont rendus coupables d'une faute, souvent assez légère ; il est certain que chez les Makololos une semblable conduite serait punie de mort sans la moindre hésitation.

Dimanche 19 février. — Je suis pris d'un accès de fièvre, ainsi que plusieurs de mes hommes, et je ne puis rien faire, si ce n'est de m'agiter sur mon lit par 90 degrés de chaleur (32° centigrades), bien que nous soyons au commencement de l'hiver, et que mes Zambésiens aient entouré ma petite tente de branchages pour me procurer de l'ombre.

Le vent souffle du Nord et nous apporte un peu de fraîcheur ; c'est la première fois que ce phénomène se présente depuis que je suis en Afrique. C'est ordinairement le vent du Sud qui est frais ; celui du Nord est toujours chaud ; mais il est rare que le vent souffle dans l'une ou l'autre de ces deux directions.

20 février. — Nous sommes tous enchantés de partir, bien que la nourriture ne nous ait pas fait défaut et que nos rapports aient été excellents avec les sujets de Katéma. Nous faisons d'abord quatre ou cinq milles en nous dirigeant au nord-nord-ouest, puis deux autres directement à l'ouest, et nous arrivons à la pointe du lac Dilolo. Autant qu'il m'a été permis d'en juger, ce lac n'a pas plus de quatre à cinq cents mètres de large en cet endroit, où l'on le prendrait pour un fleuve. Il a sept ou huit milles de longueur sur trois milles de largeur dans la partie que n'avons pas vue, et renferme un grand nombre de poissons et beaucoup d'hippopotames.

On sera probablement surpris de ce que je ne sois pas allé voir la portion la plus large de cette nappe d'eau qu'aucun étranger n'a visitée, pas même les marchands d'esclaves au dire de Katéma, surtout quand je n'avais pour cela qu'à franchir un espace de quelques milles; mais il faut se reppeler que je venais d'avoir la fièvre qui m'avait retenu deux jours dans une inaction complète, et que j'avais tellement hâte de poursuivre mon voyage et d'arriver au but, que je ne fis pas même les calculs astronomiques indispensables pour déterminer d'une manière exacte la position de cet endroit intéressant.

Nous avons remarqué chez les sujets de Katéma un goût très-prononcé pour les oiseaux chanteurs; on voit, à côté de presque toutes les cabanes, de jolies cages où sont renfermés des cabazos, qui appartiennent à la famille des canaris; sur ces cages il y a des trébuchets destinés à prendre au piége les cabazos libres que la présence des captifs ne manque pas d'attirer. « Pourquoi enfermez-vous ces oiseaux? demandai-je aux propriétaires des cabazos. — Parce qu'ils chantent avec douceur, » m'a-t-il été répondu. Il nourrissent leurs oiseaux avec du lotsa (*pennisetum typhoidum*), dont on cultive une grande quantité dans le pays, et dont les champs sont ravagés par cette espèce de serins, comme en Algérie les blés par les moineaux.

J'ai été heureux d'entendre dans les bois le cri d'alarme des canaris et leurs chants harmonieux depuis si longtemps oubliés. Nous avons vu également dans la ville de Katéma des pigeons privés; mes Barotsés, qui saisissent toutes les occasions de faire l'éloge de Santourou, ne manquèrent pas de me dire à ce propos que ce chef avait de nombreuses colombes, ainsi que de beaux serins dont la tête devenait rougeâtre quand l'oiseau avait acquis son entier développement. Ceux que nous voyons ici ont la poitrine du jaune qui est particulier à leur espèce, avec une légère teinte verte, le dos d'un vert jaunâtre, marqué de bandes longitudinales qui se réunissent au milieu du manteau ; un bande étroite et sombre part de la base du bec, où elle revient après avoir encadré l'œil.

Ici les oiseaux chanteurs saluent joyeusement la venue du jour et abondent surtout dans le voisinage des bourgades. Quelques-uns d'entre eux ont la voix aussi fortes que nos grives, et le chasseur roi (*halcyon senegalensis* [1]) fait entendre un son clair, analogue à celui que rendrait un sifflet dans lequel on aurait mis un pois. Tous gardent le silence pendant la chaleur du jour ; ils vont faire la sieste dans les parties les plus ombreuses de la forêt, et recommencent dans la soirée leur concert mélodieux. On est surpris de rencontrer un aussi grand nombre de petits oiseaux dans une région aussi pauvre d'animaux de toute nature. Plus nous avançons, plus nous sommes frappés de la rareté comparative de la grosse bête et des oiseaux de grande espèce ; les rivières renferment peu de poissons, la mouche commune est bien moins abondante que dans les contrées où il y a beaucoup de laitage ; elle vit en société avec d'autres mouches de même taille et de même forme, dont les pattes, excessivement déliées, ne chatouillent pas la peau comme les siennes. Les moustiques sont également beaucoup moins nombreux qu'ailleurs ; il est rare qu'il y en ait assez pour troubler le sommeil d'un homme fatigué par la marche.

Néanmoins, si cette région est affranchie des insectes qui font en général le tourment des voyageurs, elle en a d'autres qui ne valent pas beaucoup mieux. Je fus une fois réveillé pendant la nuit, par quelque chose qui me courait sur le visage ; j'y portai les doigts et je fus piqué ou mordu immédiatement au front et à la main ; lorsque je me fus procuré de la lumière, je vis que cette piqûre, dont je ressentais une souffrance très-aiguë, avait été faite par une araignée de couleur claire, de douze à treize millimètres de longueur. L'un de mes hommes l'ayant écrasée tout de suite, il me fut impossible d'examiner si la blessure avait été produite au moyen d'un aiguillon empoisonné ou par les mandibules. La douleur cessa deux heures après, sans que j'eusse fait aucun remède. Les Béchuanas affirment qu'il y a dans ce pays-ci une araignée noire dont la morsure est fatale. Je n'ai jamais vu de cas de mort produit par aucun insecte de cette famille, bien que l'on trouve fréquemment dans cette contrée une énorme araignée couverte de poils noirs, qui a de trente à trente-deux millimètres de longueur, sur dix-huit millimètres de large, et qui porte, à l'extrémité des griffes de la pre-

---

1. Cancrophaga Senegaloides (Bonap.); halcyon Senegaloides (Smith).

mière paire de pattes, un aiguillon pareil à celui de la queue du scorpion, et d'où il s'échappe une goutte de venin quand on presse la partie bulbeuse où cet aiguillon est inséré.

J'ai vu, dans le midi de l'Afrique, des araignées qui saisissent leur proie en s'élançant sur elle d'une distance de plusieurs pouces : elles vont même, lorsqu'elles ont peur, jusqu'à franchir dans leur fuite un espace d'au moins trente centimètres. Il en existe plusieurs espèces du même genre.

Une grosse araignée rougeâtre de la famille des mygales, ne s'embusque pas derrière une toile pour attendre sa proie, ou ne bondit pas pour la saisir; elle court avec rapidité, décrit un cercle autour des objets qu'elle rencontre, pénètre à l'intérieur quand la chose est possible, et cherche partout et toujours quelque substance à dévorer. Je n'ai jamais entendu dire qu'elle eût fait d'autre mal que d'effrayer les créatures nerveuses; mais je ne crois pas qu'on puisse la voir pour la première fois sans éprouver un sentiment d'horreur, et sans croire à un danger réel. Les indigènes la nomment *sélali* et disent qu'elle fait à son nid un couvercle à charnière; vous voyez une rondelle de la dimension d'un schelling, qui est relevée au-dessus d'un trou profond dont l'ouverture a le même diamètre que cette porte; le côté qui attire votre attention est formé d'une substance soyeuse d'un blanc pur et qui ressemble à du papier satiné; la partie opposée est revêtue d'une couche de terre pareille à celle où est creusé le trou que cette porte est destinée à recouvrir; si par hasard vous cherchez à faire mouvoir cette rondelle, vous la trouvez fixée à la partie supérieure de l'orifice du trou par un véritable gond; lorsqu'elle est baissée, elle ferme si exactement l'ouverture de la cavité qu'elle protége, qu'il est impossible de découvrir le nid de l'araignée qui l'a faite, grâce à la terre dont cette porte est recrépie : malheureusement, pour apercevoir le domicile de cette araignée, il faut que la propriétaire en soit sortie et qu'elle en ait laissé la porte ouverte.

On rencontre, dans quelques parties de cette région, une grosse araignée tachetée de jaune, qui est très-commune, et dont la toile a parfois un mètre de largeur; les câbles qui servent de chaîne à cette toile sont attachés d'un arbre à l'autre, et ont l'épaisseur d'un gros fil; les brins dont la trame est formée rayonnent d'un point central où l'araignée attend sa proie. Cette toile est placée perpendiculairement, et il n'est pas rare d'en avoir la figure enveloppée comme une femme de son voile.

D'autres araignées vivent en société et font un si grand nombre de toiles autour de l'arbre qu'elles ont choisi, que le tronc en est complétement invisible ; quand elles s'établissent sur une haie, les branches disparaissent entièrement sous la quantité de filets qu'elles ont tendus. Il existe dans le pays des Makololos, où elle foisonne et où elle habite l'intérieur des cabanes, une araignée ronde et tachetée de brun, dont le corps a plus d'un centimètre de diamètre, et les pattes trente-sept centimètres de longueur ; elle se choisit sur la muraille un endroit qu'elle rend parfaitement lisse et qu'elle recouvre de la substance soyeuse et blanche dont la mygale, que nous avons citée plus haut, double sa porte ; ce n'est pas une toile, mais un tapis ; elle y passe toute la journée, probablement dans l'attente de sa proie. Je n'ai jamais pu voir de quelle manière elle se nourrit. Malgré la répulsion qu'elle inspire, c'est un voisin inoffensif.

On trouve, en quittant la pointe du lac Dilolo, une grande plaine qui peut avoir à peu près vingt milles de largeur. Shakatouala insiste pour que nous restions quelque temps sur les bords du lac, afin de recueillir des vivres avant d'entrer dans cette plaine déserte qui est complétement inondée. Je lui demande ce que veut dire le nom de Dilolo ; il me répond par la tradition suivante : Une femme appelée Moéné Monenga, qui était chef d'un village, se rendit un soir chez Mosogo, dont la résidence était voisine de la sienne, et qui, ce jour-là, était allé chasser ; elle avait faim et demanda à manger ; la femme de Mosogo lui donna des aliments en quantité suffisante. Monenga poursuivit sa route et arriva dans un autre village qui était situé à l'endroit où le lac se trouve aujourd'hui ; elle fit aux habitants la même demande qu'à la femme de Mosogo ; mais ils lui refusèrent de quoi apaiser sa faim ; et comme elle leur reprochait vivement leur avarice : « Que ferez-vous pour nous en punir ? » lui demandèrent-ils d'une voix railleuse. Elle se mit à chanter lentement sans leur répondre, et, tandis qu'elle prolongeait la dernière syllabe de son nom, le village tout entier, jusqu'aux oiseaux de basse-cour et aux chiens, s'enfonça et disparut dans la terre à l'endroit où les eaux sont venues prendre sa place. Kasimakaté, le chef de ce village, était absent ; lorsqu'il revint dans sa famille et qu'il ne trouva plus rien, pas même les ruines de sa cabane, il se précipita dans le lac, où l'on suppose qu'il est toujours ; et c'est du mot *ilolo*, qui signifie désespoir, qu'a été formé le nom du lac où le malheureux Kasimakaté aurait cherché la mort. Est-ce une tradition altérée du déluge ? dans tous les cas, ce serait la seule fois que j'aurais entendu faire allusion par les Africains à l'époque diluvienne.

La pluie tombe avec une telle abondance, qu'il nous a été impossible de traverser la plaine en un jour, d'autant plus que mes hommes ont les pieds écorchés à force de marcher dans l'eau et parmi les grandes herbes. Il y a bien un sentier battu, mais ce n'est plus qu'un ruisseau profond et il faut s'en ouvrir un autre, ce qui rend la marche aussi lente que pénible ; tous ceux qui ont voyagé à pied en Afrique n'ont pas oublié de quelle ressource est un chemin frayé, si étroit qu'il puisse être.

Les fourmis sont plus sages que la plupart des hommes, car l'expérience leur sert à quelque chose. Elles se sont établies même dans ces plaines, où l'eau séjourne assez longtemps pour permettre aux semences du lotus et des autres plantes aquatiques d'arriver à leur maturité. Quand l'horizon des fourmis est recouvert d'un pied d'eau, elles montent dans de petites maisonnettes qu'elles ont construites, avec de l'argile noire, sur la tige des grandes herbes, et qui sont placées à un niveau que l'inondation n'atteint jamais. La construction de ce domicile aérien, où l'on trouve des chambres de la grandeur du pouce et des cabinets de la dimension d'une fève, est nécessairement le résultat de l'expérience ; elle prouve le souvenir d'un fait et l'opération réfléchie et raisonnée de l'intelligence, en prévision d'un événement futur et désastreux. Il est certain que ces maisonnettes d'argile ont été bâties avant l'inondation, puisqu'il serait impossible d'en trouver les matériaux une fois que la plaine est submergée. Espérons que les malheureux qui, en France, ont tant souffert du débordement du Rhône, auront autant de prévoyance et de bon sens que les petites fourmis noires des plaines du Dilolo.

CHAPITRE XVIII

Déversoir entre les rivières du Midi et celles du Nord. — Vallée profonde. — Pont rustique. — Fontaines au versant des coteaux. — Village de Kabinjé. — Heureux effet de la foi au pouvoir des charmes. — Demande de poudre et de calicot anglais. — Le Kasaï. — Tour vexatoire. — Disette. — Absence de gibier. — Demande déraisonnable de Katendé. — Grave offense. — Droit de péage sur un pont. — Avidité des guides. — Vallées inondées. — Traversée à la nage du ñuana Loké. — Observations des Makololos sur la fécondité de ces terres incultes. — Différence de couleur chez les Africains. — Arrivée au village des Chiboques. — Impudent mensonge du chef. — Notre camp est entouré par ses guerriers. — Leurs exigences. — Perspective de combat. — Changement de route. — Été. — Fièvre. — Ruches et coucou indicateur. — Instinct des arbres. — Le bœuf Sinbad. — Absence d'épines dans les forêts. — Plante particulière aux jardins abandonnés. — Mauvais guides. — Insubordination réprimée. — Une bande de voleurs. — Embarras croissants. — Village d'Iango Panza. — Contrariétés produites par les marchands Bangalas. — Découragement des hommes de ma suite. — Leur détermination.

24 *février*. — Après avoir franchi les plaines submergées qui touchent au Dilolo, nous entrons sur un territoire que l'inondation n'atteint pas, et dont les villages reconnaissent l'autorité d'un chef qu'on appelle Katendé ; arrivé là, je découvre avec surprise que les terres plates que nous venons de traverser forment un déversoir entre les rivières du Nord et celles du Midi : car les eaux du district où nous sommes actuellement prennent une direction septentrionale pour aller se jeter dans le Kasaï ou Loké, tandis que les rivières que nous avons rencontrées jusqu'à présent coulaient toutes vers le Sud.

Nous sommes parfaitement accueillis au premier village où nous nous arrêtons, et, comme nous y trouvons des gens de bonne volonté qui s'offrent à nous servir de guides, nous congédions ceux que nous avait donnés Katéma. Nous nous dirigeons vers le nord-ouest, et nous arrivons à la première vallée réellement profonde que j'aie rencontrée depuis mon départ de Kolobeng. Un ruiseau arrose le fond du val, situé à cent ou cent vingt mètres au-dessous du niveau des plaines qui couronnent les deux côtés du plateau ; des arbres d'une grande élévation croissent en lignes épaisses le long des bords de cette petite rivière, et de belles fleurs émaillent le terrain qui les entoure. Nous traversons un pont rustique, où nous avons de l'eau jusqu'au-dessus des genoux ; et après avoir franchi la côte opposée et marché pendant deux heures, nous arrivons à une autre vallée tout aussi belle, et dont le milieu est également arrosé par un ruisseau limpide. On trouvera sans doute puéril que je m'arrête à noter un événement d'aussi peu d'importance que la rencontre d'une vallée : c'est une chose qui est si commune en tous pays! mais comme les vallons que je viens de citer sont des embranchements du val où est situé le lit du Kasaï, et que cette rivière, ainsi que ses affluents, s'alimente d'une façon toute spéciale, aux flancs mêmes des coteaux de la vallée qu'elle traverse, le lecteur m'excusera d'appeler son attention sur la nature plus accidentée de la région où nous sommes.

On remarque, en différents endroits, sur le versant des coteaux qui forment ces vallées, des sources filtrantes environnées d'arbres élancés toujours verts, à larges feuilles, et de la même espèce que ceux dont les bords de la rivière sont garnis ; une herbe serrée y tapisse généralement la terre, et c'est moins une fontaine qu'un marécage ; l'eau s'en écoule lentement, elle glisse goutte à goutte dans le ruisseau qui est au fond du vallon, et ces fontaines verdoyantes sont assez nombreuses pour donner au paysage un cachet particulier. Il est évident qu'elles sont produites par l'infiltration des eaux qui couvrent les plaines supérieures pendant plusieurs mois de l'année, et que la différence que l'on remarque entre la végétation vigoureuse qui entoure ces fontaines filtrantes et les arbres chétifs que l'on trouve sur le plateau, résulte du dessèchement prolongé auquel le terrain de la plaine est soumis, après avoir été inondé pendant une période plus ou moins longue.

Nous arrivons dans la soirée au village de Kabinjé ; celui-ci nous envoie du tabac, du maïs et du mutokuané ou bang [1], par le messager que nous lui avons adressé pour lui faire part de notre visite ; il nous fait exprimer en même temps combien il est satisfait de l'espérance d'avoir un jour des relations commerciales avec la côte.

Le chemin que nous suivons, en nous rapprochant de l'Ouest, nous conduit au milieu de populations fréquemment visitées par les marchands d'esclaves, dont l'odieux commerce est une cause d'effu-

---

1. Cannabis sativa.

sion de sang ; car le chef qui a permis la vente d'un certain nombre d'enfants trouve nécessaire de se débarrasser des parents, dont il redoute les sortiléges. Néanmoins la croyance au pouvoir magique est si profondément enracinée chez ces peuples, que, si parfois elle pousse au crime celui qui a besoin de se délivrer du sorcier, il arrive plus souvent qu'elle impose un frein au despotisme en faisant supposer aux mains du faible un pouvoir supérieur à celui du tyran ; pouvoir d'autant plus fort que, d'après la foi de ceux qui le redoutent, il s'étend jusqu'au delà du tombeau. L'un des membres de la tribu de Kabinjé nous montre la sépulture de sa fille qui est morte brûlée ; dans sa douleur il est allé chercher tous ses enfants et a construit des cabanes tout autour de l'endroit où sa fille est enterrée, afin, suivant son expression, d'y venir pleurer pour elle. « Si je ne gardais pas son corps, ajoute ce malheureux père, les enchanteurs viendraient l'ensorceler en mettant des charmes sur sa tombe. » Leur croyance à une autre vie est décidément beaucoup plus arrêtée que chez les tribus du Sud ; les Barotsés eux-mêmes la partagent, et sont persuadés que les morts conservent des relations avec les vivants ; l'un de mes hommes de cette tribu, qui souffrait d'un grand mal de tête, me dit un jour d'un air pensif : « Mon père me punit parce que je ne lui donne rien de la nourriture que je prends. » Et comme je lui demandais où était son père, il me répondit : « Avec les Barimos, » c'est-à-dire avec les Esprits.

Kabinjé refuse de nous donner un guide pour nous conduire au prochain village, sous prétexte qu'il est en guerre avec le chef voisin ; je finis toutefois par le faire changer d'avis, mais à condition que je laisserai revenir l'individu qui nous accompagnera, dès que nous apercevrons les cabanes de ses ennemis. Je le regrette vivement, parce que les nègres ne manquent jamais de suspecter les paroles de l'étranger qui leur raconte sa propre histoire ; mais je suis obligé de me soumettre et de me présenter moi-même au chef du village voisin, qui, par parenthèse, ne ressemble pas du tout au portrait que son ennemi m'en avait fait. Il se nomme Kangenké, et son village est situé sur une petite rivière que l'on appelle Kalomba. Ici on ne donne plus rien, on vend et on achète ce qu'ailleurs on vous offre de bonne amitié ; et comme il ne me reste plus qu'un paquet de verroteries, que je conserve pour les temps difficiles, je commence à craindre que nous n'ayons bientôt à souffrir de la faim. Chacun nous demande de la poudre en échange des aliments qui nous sont nécessaires. Nous serions riches si nous étions mieux approvisionnés de cet article, dont la valeur est très-grande dans ce pays-ci ; on a une belle volaille pour une simple charge de poudre. L'indienne et les grains de verroterie sont également fort estimés : quant au numéraire, il n'a pas le moindre cours. L'or est complétement inconnu des naturels, qui le prennent tous pour du cuivre ; l'échange est la seule manière de commercer avec eux, et l'homme riche, dont la bourse bien remplie fait l'orgueil, sentirait dans ce pays-ci la terre lui manquer sous les pieds. Le seul équivalent de notre monnaie que j'aie rencontré dans cette région, est une grosse pièce de cuivre, ayant la forme d'une croix de Saint-André, et qu'on offre quelquefois en payement.

27 *février*. — Kangenké s'empresse de nous donner des guides, et nous franchissons rapidement la distance qui nous sépare de l'endroit où nous devons traverser le Kasyé, appelé aussi Kasaï ou Loké, au moyen de deux canots qui nous attendent par les ordres du chef. Le Kasaï est une belle rivière d'environ cent mètres de large, et qui ressemble beaucoup à la Clyde. Il serpente avec lenteur au fond d'une vallée dont les coteaux, boisés sur les deux rives, ont près de cinq cents mètres d'élévation, et il se dirige vers le nord et le nord-est. Le pays qu'il traverse, paraît être composé de forêts alternant avec des prairies couvertes de grandes herbes ; et nos guides, en me montrant la rivière, me disent que nous pourrions y naviguer pendant plusieurs mois de suite sans en découvrir la source ou l'embouchure.

Au moment de traverser le Kasaï, nous avons été soumis à un essai de chantage dont j'avais été prévenu par les sujets de Shinté. L'un des hommes de Kangenké laissa tomber son couteau auprès de l'endroit où nous avions passé la nuit : c'était un piége qu'il tendait au premier venu. Il guetta l'affaire jusqu'au moment où il vit ramasser le couteau par l'un de mes serviteurs, et ne parut pas l'avoir remarqué ; mais lorsque la moitié de nos gens furent déposés sur l'autre rive, il porta sa plainte et accusa un de mes hommes de lui avoir volé son couteau. Certain de la probité de mes Zambésiens, je priai l'individu qui faisait si grand bruit, de fouiller les bagages de ceux qu'il accusait. Le pauvre garçon qui avait donné dans le panneau s'avança alors, et avoua que l'objet réclamé était dans son panier. Il ne demandait pas mieux que de le rendre au propriétaire, c'était la moindre des choses ; mais celui-ci ne voulut pas le recevoir tant qu'il ne serait point accompagné d'une amende. Le jeune homme lui offrit un collier qui fut repoussé d'un air méprisant. Une coquille pareille à celle dont Shinté m'avait fait cadeau était suspendue au cou de l'infortuné, et c'était l'abandon de cet objet précieux que réclamait l'auteur de cet indigne chantage. Il fallut s'en dessaisir et donner ce bijou en expiation de la faute commise; la coutume exige, en effet, chez les Makololos et chez beaucoup d'autres peuplades, que celui qui trouve un objet quelconque vienne l'apporter au personnage le plus important de la société dont il fait partie, et qu'on lui en fasse présent. Jamais personne n'avait manqué à cette règle établie, et le jeune homme en question aurait dû s'y soumettre à mon égard. Toutefois, je regrettai vivement l'abus dont il était victime, et je ne l'aurais pas souffert en toute autre occasion; mais le chef de la bande s'était réservé de passer avec le dernier convoi, et, si je n'avais pas consenti aux exigences que l'on nous imposait, je me serais trouvé complétement au pouvoir de l'ennemi : il est très-rare de rencontrer un chef assez imprudent pour se laisser transporter avant moi sur l'autre rive, où sa personne répondrait de la mienne dans le cas où l'on viendrait à me saisir.

Bien d'autres supercheries, tout aussi déloyales, sont pratiquées par les populations qui avoisinent les établissements un peu plus civilisés. Les Balondas de la frontière orientale m'ont souvent raconté, pour m'avertir du fait, que des caravanes s'étaient formées plus d'une fois pour aller vendre aux blancs eux-mêmes les produits de leur contrée, afin de ne plus avoir affaire aux Mambaris, et qu'elles n'avaient jamais pu arriver à leur destination, à cause des nombreux stratagèmes que les peuplades qu'elles rencontraient sur leur chemin savaient inventer pour leur soutirer leur ivoire sous prétexte d'amendes.

C'est par 11° 15′ 47″ de latitude sud que nous avons traversé le Kasaï; le ciel était si couvert qu'il m'a été impossible de prendre la longitude.

Les sujets de Kangenké nous demandent un prix fabuleux pour la petite quantité de manioc et de farine qu'ils nous présentent, et nous n'avons rien à manger. La seule chose que possèdent mes Zambésiens est un peu de graisse qui provient du bœuf que nous avons tué chez Katéma, et je suis obligé de leur donner une portion de mon dernier paquet de perles. Après un jour de marche, nous arrivons à peu de distance du village de Katendé; je vois qu'il n'y a pas d'espoir de s'y procurer de la viande, car un de nos guides attrape pour son souper deux souris, et une taupe dont la robe est d'un bleu clair; il les enveloppe dans une feuille avec un soin qui prouve suffisamment la rareté du gibier. Je n'aperçois nulle part aucune trace d'animaux, et nous trouvons autour des villages les petits garçons et les petites filles occupés à déterrer les souris et les taupes,

Katendé me fait appeler le lendemain de notre arrivée ; je ne demande pas mieux que d'aller le voir, et je fais à pied les trois milles qui séparent notre camp de sa résidence. Lorsque nous approchons du village, on nous prie d'entrer dans une hutte, et comme il pleut assez fort, j'y consens volontiers. Après y être resté fort longtemps à recevoir divers messages de Katendé, je suis informé que ce grand chef demande un homme, une dent d'éléphant, des perles, des anneaux de cuivre ou un coquillage, en échange du droit qu'il m'accorde de traverser son territoire. On m'affirme que personne n'est admis à jouir de cette liberté, ou même à contempler les traits du chef, sans avoir offert d'abord l'un ou l'autre des objets cités plus haut. J'expose humblement la situation où je me trouve, et je termine en citant le proverbe africain : « On ne peut pas saisir par les cornes un bœuf qui n'en a plus. » Quelques instants après, Katendé me fait dire de retourner sous ma tente et qu'il me répondra demain. L'impudence de ce sauvage me fait rire de bon cœur, et je reviens au camp le plus vite possible, attendu qu'il pleut toujours à verse. Mes Makololos, profondément piqués de cette conduite inhospitalière, ont exprimé assez vivement leur opinion ; l'un des serviteurs de Katendé cherche à me faire comprendre qu'il suffirait de donner une bagatelle pour satisfaire le chef, et, dès que je suis arrivé, j'examine mes quatre chemises dont je choisis la plus mauvaise que j'expédie à Katendé, en l'invitant à venir lui-même prendre chez moi tout ce qui lui fera plaisir ; mais j'ajoute que lorsque mon chef, en me voyant tout nu, me demandera ce que j'ai fait de mes habits, je serai obligé de lui répondre que je les ai laissés à Katendé. Ma chemise fut acceptée, et ceux de mes Zambésiens qui l'avaient portée au chef me dirent qu'on nous enverrait le lendemain des guides et des vivres, et que de plus Katendé avait témoigné le désir de me voir lorsque je reviendrais de la côte. Les marchands qui viennent le visiter ont la faiblesse de céder à toutes ses exigences, qui dès lors n'ont plus de bornes, et qu'il multiplie sous les prétextes les plus futiles. L'un de mes gens, ayant rencontré un homme du village qui ressemblait à l'un de ses compatriotes, l'appela du nom de ce dernier, en lui en expliquant le motif ; cette plaisanterie fut considérée comme une grave offense, et l'on demanda une forte amende au coupable. L'affaire me fut soumise ; je répondis que je ne voyais là aucun mal, et j'engageai mon Zambésien à ne pas céder à cette demande ridicule. L'offensé, dont ma réponse avait considérablement diminué les prétentions, vint trouver mon jeune homme pour s'arranger à l'amiable ; celui-ci ne voulut pas même l'entendre, et la chose en resta là.

Tous les vivres que Katendé nous avait promis pour le lendemain se bornèrent à une volaille et à une faible quantité de farine et de manioc. La pluie nous retient ici depuis deux jours, et nous trouvons qu'il faut une dose de patience peu commune pour voyager dans cette saison au milieu de pareilles gens.

Nous partons enfin sans avoir vu Katendé ; nous franchissons d'abord le Sengko, petite rivière auprès de laquelle nous avions établi notre camp, et, après avoir marché pendant deux heures, nous trouvons une seconde rivière, un peu plus large, que l'on appelle le Totélo, et qui est traversée par un pont ; à l'autre bout de cette construction est un nègre qui nous dit que le pont est à lui, que le sentier lui appartient, que les guides sont ses enfants, et que si nous ne lui donnons pas quelque chose, il nous empêchera de passer. Je n'étais pas préparé à ce trait de civilisation et je reste immobile en face de notre audacieux péager, lorsqu'un de mes hommes le dépouille de trois anneaux de cuivre qui payent pour toute sa bande. Ce publicain noir, après tout, est meilleur que je ne l'avais pensé ; car, tandis que nous défilons sur sa passerelle, il va dans son jardin cueillir du tabac dont il nous fait cadeau.

A une certaine distance de la dernière bourgade que nous devions rencontrer, nos guides s'asseyent par terre en face de trois sentiers, et me signifient que, si je ne leur donne pas immédiatement un morceau d'étoffe ou un habit quelconque, ils m'abandonneront à mes propres lumières et me laisseront choisir la route qui me paraîtra la meilleure. Comme je sais parfaitement dans quelle direction est Loanda, et que nous n'avons besoin de guides que pour traverser les villages et pour nous indiquer les sentiers les plus praticables, je désigne à mes gens celui des trois chemins qui nous conduit au nord-ouest, et je m'y engage sans me préoccuper d'autre chose. Mais Mashaouana, qui a peur que nous ne nous égarions, me demande la permission de donner sa propre jaquette. En voyant cela, nos guides reprennent aussitôt la tête de notre colonne et s'écrient avec surprise : « Averia ! Averia ! »

Dans l'après-midi, nous avons à traverser un ruisseau transparent et rapide, qui arrose une vallée dont la largeur est à peu près d'un mille. Les hommes qui franchissent à pied cette petite rivière ont de l'eau jusqu'au menton, et ceux qui sont à dos de bœuf en ont jusqu'à la ceinture ; le tonnerre éclate au milieu d'une pluie diluvienne, et l'orage non-seulement achève de nous tremper jusqu'aux os, mais nous fait passer une très-mauvaise nuit en nous forçant à coucher dans des couvertures mouillées.

Le lendemain, nous nous trouvons en face d'une vallée inondée ayant à peu près huit cents mètres de large, où nous rencontrons un petit ruisseau qui a toutes les allures d'un torrent et qui se précipite vers le sud-sud-est dans la direction du Kasaï. Il est tellement rapide que nous sommes obligés, pour le franchir, de nous cramponner aux bœufs, que la force du courant a bientôt lancés à l'autre bord ; nous sautons sur la rive et nous dirigeons les pauvres bêtes vers un endroit moins profond, où elles peuvent aborder. Le reste de la vallée est un marais où l'on enfonce jusqu'au-dessus des genoux ; mais en tenant la courroie qui assujettit la couverture de mon bœuf de selle, nous nous tirons tant bien que mal du bourbier où nous sommes. Jusqu'à présent nous n'avions rencontré que des fondrières plus ou moins grandes, mais toujours circonscrites ; cette fois, le marécage se développe sur une ligne parallèle au ruisseau, et a sur les deux rives plusieurs milles d'étendue ; malgré la rapidité du courant, l'herbe épaisse qui tapisse la berge a préservé les terres contre l'effet des eaux, dont la transparence ne s'est pas altérée.

De l'autre côté de cette vallée on aperçoit tout à coup des fragments du conglomérat ferrugineux qui forme la coiffe des roches que l'on trouve autour de ce district et un peu plus au nord, fragments qui sont mordillés par les bœufs, non moins surpris que nous d'apercevoir des pierres ; nous n'en avons pas rencontré une seule depuis notre départ de la ville de Shinté ; il est possible d'ailleurs que ces poudingues contiennent quelque substance minérale, salutaire à la race bovine. Le sol de cette plaine est composé d'une couche profonde de terrain d'alluvion de couleur brune et très-fertile.

Nous arrivons dans l'après-midi sur les bords du Nuana Loké, ou enfant du Loké. Il existe un pont sur cette rivière, mais il faut se mettre à la nage pour y arriver et pour en sortir, et en le traversant on a de l'eau jusqu'aux aisselles : aussi quelques-uns de mes hommes préfèrent-ils passer à côté du pont en tenant la queue des bœufs. Mon intention était d'en faire autant ; mais, au moment où je vais en descendre, mon bœuf Sinbad se précipite dans la rivière avec ses pareils ; il plonge si profondément que je ne puis pas même saisir la couverture, et je me décide à passer l'eau tout seul ; mes pauvres compagnons, supposant que j'y suis contraint malgré moi, sont tellement effrayés en me voyant lâcher ma bête, qu'une vingtaine d'entre eux, qui étaient déjà sur l'autre bord, se jettent dans l'eau tous à la fois pour venir à mon secours ; au moment où j'aborde sur la rive opposée, l'un me saisit par le bras, l'autre me jette le sien autour du corps ; ils s'approchent tous, ils se pressent contre moi de la manière la plus touchante ; quelques-uns ont perdu leur manteau, qui est entraîné par le courant ; ils l'oublient dans leur joie de me retrouver sain et sauf, et quand ils m'ont témoigné leur affection, exprimé leur bonheur de ce qu'il ne m'est rien arrivé, ils se replongent dans l'eau pour aller chercher une partie de mes bagages que dans leur effroi ils avaient abandonnés.

Combien j'éprouve de reconnaissance pour ces pauvres païens ! que je leur sais gré de l'empressement qu'ils ont mis à me secourir ! Ils nagent à la façon des chiens, non pas comme nous, à la manière des grenouilles, et ils allaient plus vite que moi, qui étais gêné par mes habits. Un peu plus loin nous avons eu à traverser la petite rivière du Lozézé, et nous arrivons dans un village de Kasabis où nous achetons du manioc avec nos grains de verroterie. Pendant que je me retourne devant un grand feu pour sécher mes vêtements, quelques personnes de l'endroit cherchent à nous effrayer en nous parlant des rivières profondes que nous trouverons sur notre chemin. Cette idée que nous pouvons avoir peur d'une rivière fait beaucoup rire mes Zambésiens. « Nous savons tous nager, répondent-ils ; n'est-ce pas par ses propres efforts que l'homme blanc a passé l'eau du Nuana ? » Je me sens fier de cet éloge.

Samedi, 4 mars. — Nous arrivons aux frontières du territoire des Chiboques. Deux petites rivières à traverser : le Kondé, qui a une certaine profondeur et sur lequel on trouve un pont, et le Kalouzé, qui est tout à fait insignifiant ; tous les deux coulent au fond de charmantes vallées excessivement fertiles. « Quel beau pays pour élever des troupeaux ! s'écrient mes Zambésiens, qui se lamentent continuellement de l'abandon de ces terres fécondes ; nos cœurs souffrent, disent-ils, de voir ces riches vallées sans culture : elles donneraient tant de maïs ! »

Je me demande en effet par quel motif les habitants de ce beau pays n'ont pas de bétail ; j'ai pensé quelquefois que cela tenait au despotisme des chefs, qui ne permettaient pas à leurs sujets d'avoir des animaux domestiques ; mais j'en suis venu à croire que la mouche tsetsé infestait jadis le territoire des Balondas, qu'elle aurait quitté à l'époque où les animaux sauvages ont disparu de la province.

On peut donc, aujourd'hui qu'il n'y a plus de gibier dans la contrée, y avoir des bêtes à cornes, témoin les troupeaux de Matiamvo, de Katéma et de Shinté, qui réussissent à merveille.

Du reste, dans les villages de Kasabis, rien n'annonce que la population n'ait pas une nourriture suffisante. Nos grains de verre y sont très-appréciés ; mais le calicot ou l'indienne auraient encore plus de valeur ; quand nous passons, des femmes, des hommes et des enfants accourent au-devant de nous et s'empressent de nous offrir de la farine et des volailles que nous achèterions avec plaisir si nous avions quelques morceaux de cotonnade ; dès que nous leur disons que nous n'avons pas d'étoffe, ils nous tournent le dos et s'éloignent d'un air désappointé.

La population qui habite le centre de l'Afrique est assez nombreuse, si on la compare à celle de la colonie du Cap ou du pays des Béchuanas ; mais elle est bien peu de chose relativement à l'étendue de son territoire, et la partie cultivée du sol n'est rien en comparaison de celle qui pourrait être soumise à la charrue ; partout des cours d'eau abondants qui permettraient d'irriguer les terres, et presque sans travail ; des prairies admirables, des forêts magnifiques, des vallées fécondes absolument désertes, car il n'y a pas même d'animaux sauvages pour manger l'herbe tendre et pour se reposer à l'ombre des grands bois toujours verts, que nous avons trouvés partout dans la province de Londa.

Les habitants de la région centrale ne sont pas tout à fait noirs ; beaucoup d'entre eux ont la couleur du bronze, et les autres sont d'une teinte aussi claire que celle des Bushmen, ce qui prouve, ainsi que nous l'avons déjà dit, que la chaleur ne suffit pas pour produire de véritables nègres ; on ne trouve de peaux absolument noires que chez les tribus qui habitent depuis des siècles dans un district à la fois chaud et humide : encore s'y trouve-t-il des exceptions nombreuses. Les Makololos sont pâles en comparaison des aborigènes de la contrée où ils sont venus s'établir. Les Batokas des régions élevées ont la peau d'une couleur bien moins foncée que les Batokas dont la résidence est au bord des rivières, à ce point qu'on les prendrait pour deux races différentes, s'ils n'avaient pas le même langage et si l'on ne retrouvait pas, chez les uns comme chez les autres, cette coutume caractéristique de s'arracher les incisives de la mâchoire supérieure, qui prouve jusqu'à l'évidence qu'ils ont la même origine.

Indépendamment de l'influence que peuvent avoir l'élévation, la chaleur et l'humidité des lieux, j'ai cru observer que les teintes plus ou moins foncées que présente la peau des nègres, se distribuent en cinq bandes qui divisent la partie australe du continent africain dans le sens de la longitude. Sur la côte, à l'occident comme à l'orient, la couleur est très-foncée. Les deux zones qui renferment les tribus d'une teinte beaucoup moins brune, sont situées à trois cents milles du rivage ; celle de l'ouest décrit un demi-cercle et embrasse le désert Kalahari et le territoire des Béchuanas. La couleur est de nouveau très-foncée chez les indigènes qui occupent la zone centrale.

Je donne cette opinion, sans affirmer qu'elle soit d'une exactitude rigoureuse, et telle que mon esprit l'a conçue à mesure que je traversais la contrée ; toutefois il y a ceci de remarquable, c'est que les dialectes employés par les diverses tribus africaines sont distribués dans un certain ordre qui semble indiquer les migrations des peuplades chez lesquelles ils sont en en usage, et que cet ordre est précisément celui que j'attribue aux diverses nuances de la couleur des nègres. Les dialectes des Hottentots et des Cafres présentent une étroite affinité avec ceux des tribus qui vivent immédiatement au nord de la Cafrerie ; ils passent de l'un à l'autre par des nuances insensibles, et, alors même qu'ils diffèrent, il est aisé de reconnaître qu'ils ont la même origine. Si l'on s'éloigne et que l'on compare le langage des Cafres avec celui des peuplades qui avoisinent l'équateur, on trouve encore la preuve que tous les dialectes africains n'appartiennent qu'à deux familles, bien qu'à cette distance le rapport qu'ils ont entre eux soit plus difficile à saisir ; toujours est-il que, par l'examen de la racine des mots qui composent ces nombreux dialectes, on acquiert la certitude qu'ils ont une souche commune, dont les diverses branches suivent une direction parallèle : c'est ainsi qu'il existe beaucoup moins de différence entre les dialectes des tribus de l'Orient et de l'Occident, qu'entre ceux des peuplades du Nord et du Sud ; le langage des habitants d'Angola touche de fort près à celui des indigènes de Têté.

Comme je l'ai dit plus haut, nous sommes arrivés le 4 mars au village de Njambi, l'un des chefs qui gouvernent les Chiboques ; notre intention est d'y passer tranquillement la journée du dimanche. Tous nos vivres étant épuisés, j'ai donné l'ordre de tuer l'un de nos bœufs de selle qui est accablé de fatigue, et j'en envoie la bosse et les côtes à Njambi, en lui faisant dire que c'est le tribut qu'on a l'habitude d'offrir aux chefs dans le pays d'où nous arrivons. Il nous fait remercier de notre cadeau, et nous promet en même temps de nous envoyer des vivres. Mais le lendemain matin, il nous expédie un message impudent, par lequel, faisant fi de la viande qu'il a cependant acceptée, il exige soit un homme, un bœuf, de la poudre, un fusil, de l'indienne ou une coquille, en échange du droit de passage qu'il nous interdira si nous refusons de consentir à sa demande. Je réponds à cela que je croirais faire un acte de folie si je méprisais la faible quantité de farine qui nous est envoyée, et surtout si j'exigeais qu'on y joignît autre chose ; que je n'ai aucun des objets qui me sont demandés, mais qu'en supposant que je les eusse à ma disposition.

un nègre n'a pas le droit d'imposer un tribut à des voyageurs qui n'ont rien de commun avec les marchands d'esclaves. Les émissaires de Njambi me font observer que, toutes les fois qu'ils sont chargés d'un message auprès des Membaris, ces derniers ne manquent jamais de leur donner un grand morceau d'étoffe pour leur maître, et qu'ils attendent de ma part quelque chose d'équivalent.

Nous entendons les Chiboques se dire entre eux, au moment où ils s'éloignent : Ces étrangers n'ont que cinq fusils ; et vers le milieu du jour notre camp est entouré par Njambi, qui a rassemblé tous ses hommes, avec l'intention évidente de nous dépouiller de tout ce que nous possédons. Mes Zambésiens saisissent leurs javelots, tandis que les jeunes Chiboques agitent leurs sabres avec fureur ; quelques-uns sont armés de fusils qu'ils braquent sur moi en se faisant des signes d'intelligence. Je m'assieds sur mon pliant, et, posant sur mes genoux mon fusil à deux coups, j'invite le chef à s'asseoir également. Dès que Njambi et ses conseillers sont assis par terre en face de moi, je leur demande ce qui a pu motiver cette démonstration menaçante. Le chef me répond que ce matin, Pitsané, l'un de mes hommes, étant à se chauffer, a éclaboussé en crachant les jambes de l'un de ses émissaires, et que ce *crime* doit être puni de l'amende d'un homme, d'un fusil ou d'un bœuf. Pitsané avoue qu'une petite quantité de salive est tombée sur la jambe du Chiboque, mais simplement par hasard ; que la preuve qu'il n'avait pas l'intention d'insulter le messager de Njambi, c'est qu'il lui avait donné un morceau de viande l'instant d'avant, et qu'il a essuyé lui-même, avec sa main, l'éclaboussure qu'il avait faite sans le vouloir.

Quant à l'amende d'un homme qui nous est imposée, je déclare que nous sommes prêts à mourir plutôt que de céder l'un d'entre nous pour en faire un esclave, et que je n'ai pas plus le droit de livrer mes serviteurs qu'ils n'ont eux-mêmes le droit de me vendre, car nous sommes tous des hommes libres. « Donnez alors le fusil avec lequel vous avez tué le bœuf, me répond Njambi. — C'est impossible, lui dis-je ; vous venez ici avec l'intention de nous piller, je ne peux pas vous en fournir les moyens en vous donnant des armes. »

Il nie formellement qu'il ait jamais eu d'autre intention que d'exiger le tribut que lui doivent les voyageurs qui traversent son territoire. Je lui demande de quel droit il exige un payement de ceux qui passent sur le terrain qui est à Dieu, notre père à tous. « Nous vous payerions sans difficulté, lui dis-je, si nous traversions vos jardins, mais non pas pour marcher sur la terre commune, qui nous appartient comme à vous. » Il n'essaye point de réfuter ce raisonnement qui est d'accord avec les idées de son peuple, et il en revient à l'affaire du crachat. Mes Zambésiens me conjurent de céder quelque chose pour terminer le différend ; je demande au chef si vraiment l'action de cracher est un crime, et, après avoir reçu une réponse affirmative, je lui donne l'une de mes dernières chemises. Les jeunes Chiboques ne sont pas satisfaits, et commencent à crier en brandissant leurs armes et à réclamer une amende beaucoup plus considérable.

Pitsané, qui est au désespoir d'être la cause de cette aventure malencontreuse, me supplie de joindre un objet quelconque à la chemise que j'ai donnée ; je cède un rang de perles ; les conseillers réclament à leur tour, j'ajoute un grand mouchoir de poche ; les cris augmentent, les exigences s'accroissent en raison de la faiblesse qu'on me suppose, et les Chiboques se précipitent vers nous, les armes hautes ; l'un d'eux essaye de m'attaquer par derrière : mais, au moment où il va frapper, il rencontre le canon de mon fusil au niveau de sa bouche, et il se retire immédiatement. Avec mes Makololos, qui ont été dressés au combat par Sébitouané, je suis sûr de l'emporter sur les Chiboques, malgré leur nombre et les sabres, les lances, les arcs et les fusils dont ces derniers sont armés jusqu'aux dents ; mais je voudrais éviter l'effusion du sang, et je fais tous mes efforts pour empêcher la lutte. Mes Zambésiens, que ce déploiement de forces a pris au dépourvu, n'en conservent pas moins un admirable sang-froid ; ils se rapprochent peu à peu de Njambi et de ses conseillers, qui, en acceptant l'invitation que je leur ai faite de s'asseoir, se sont eux-mêmes placés comme dans un piége, et qui comprennent parfaitement qu'il leur serait impossible d'échapper aux javelines de mes hommes. Je leur dis alors que, puisque rien de ce que je leur ai donné n'a pu les satisfaire, c'est une preuve qu'ils désirent le combat, tandis que notre seule intention est de traverser paisiblement leur territoire ; que c'est donc à eux d'ouvrir la lutte, dont ils répondront devant Dieu, et que nous attendrons, pour nous battre, qu'ils aient frappé le premier coup.

Après avoir dit ces paroles, je gardai le silence pendant quelques instants, non sans une certaine inquiétude, car je ne doutais pas que ce ne fût l'homme blanc qui dût être visé le premier. Néanmoins je fis en sorte de conserver un air calme, et je promenai un regard tranquille sur les visages féroces dont j'étais entouré, et dont l'habitude que tous les Chiboques ont de se limer les dents de manière à les rendre complétement aiguës, augmente le caractère sauvage. Le chef et ses conseillers, peu rassurés par l'air déterminé avec lequel mes hommes attendaient le moment de les frapper à leur tour, ne se pressaient pas de donner le signal du combat.

« Vous vous présentez à nous d'une façon toute nouvelle, dirent-ils enfin ; vous prétendez que vous êtes nos amis ; comment pouvons-nous le savoir, tant que vous ne nous avez pas donné de vos aliments et que vous n'avez pas goûté des nôtres ? Cédez-nous un bœuf ; nous vous rendrons en échange tout ce que vous voudrez, et nous serons liés par une véritable affection. »

Je donnai le bœuf qu'on demandait pour satisfaire au désir de mes hommes, et je priai qu'en retour on nous envoyât des vivres dont nous avions grand besoin. Je reçus dans la soirée un très-petit panier de farine, et deux ou trois livres de notre bœuf, que Njambi nous envoyait en s'excusant de ce qu'il n'avait pas autre chose. L'impudence était grande ; je ne pus m'empêcher d'en rire, et je remerciai Dieu d'avoir permis que nous pussions continuer notre voyage sans qu'il y eût eu de sang répandu : car j'étais bien décidé à me battre jusqu'à la mort, plutôt que de donner l'un de mes hommes pour en faire un esclave.

Au milieu du tumulte, plusieurs Chiboques volèrent des morceaux de viande qui se trouvaient sous les appentis de mes Zambésiens, et Mohorisi, l'un des Makololos, vint fièrement, au milieu de cette foule hostile, reprendre un os à moelle que l'un des Chiboques lui avait dérobé. Le courage dont mes compagnons ont fait preuve dans cette circonstance me paraît d'autant plus réel, que non-seulement ils se trouvaient en face d'un ennemi bien supérieur en nombre, mais qu'ils avaient laissé chez eux leurs boucliers ; Sékélétou n'avait pas voulu leur permettre de les emporter, dans la crainte qu'ils ne fussent trop disposés à combattre les tribus que nous devions traverser.

Nous avons montré partout des intentions conciliatrices, et l'on voit, par la manière dont Njambi nous a reçus, que notre conduite n'a pas toujours été appréciée. Il est vrai qu'au point de vue des Chiboques, nous sommes des *flibustiers* qui cherchons à frauder la tribu d'une taxe légitime. Ils sont habitués à recevoir un ou deux esclaves de tous les marchands qui passent, et le refus que nous faisons de leur payer cet impôt, qui leur paraît équitable, excite chez eux une vertueuse indignation.

6 *mars*. — On nous dit que les peuplades qui demeurent à l'ouest des Chiboques sont tellement accoutumées à se voir payer en chair humaine le passage qu'ils accordent aux traitants, qu'il me sera impossible de franchir leur territoire sans laisser un à un tous mes hommes sur la route, au point qu'il ne m'en restera plus quand j'ar-

riverai à la côte. Ces renseignements, que j'ai tout lieu de croire exacts, me déterminent à changer de direction, et je me tourne vers le nord-nord-est, dans l'espoir de trouver un sentier qui nous conduira aux établissements portugais de Cassangé. Nous commençons par aller droit au nord, en laissant les villages Kasabis à notre droite et le Kasaï à notre gauche. Pendant les premiers vingt milles, nous avons à traverser beaucoup de ruisseaux, maintenant débordés, ayant comme à l'ordinaire des rives marécageuses, et dont les eaux sont décolorées par le fer qui les rouille dans tous les endroits où elles ont séjourné quelque temps.

J'ai aperçu l'autre jour un nakong[1], ce qui est rare dans cette région. Nous sommes frappés du grand nombre de fleurs charmantes et nouvelles qui ornent ces vallées, et nous remarquons la différence que la situation des lieux amène dans les saisons : l'été, à Kuruman, est presque terminé à l'heure où nous sommes ; il est très-avancé à Lynianti, et n'est qu'à moitié dans l'endroit où nous arrivons. Ici les fruits que nous avons mangés sur les bords du Liambye ne sont pas encore mûrs ; mais nous entrons dans une région où les habitants ont deux saisons pluvieuses et deux étés par an, ce qui arrive lorsque le soleil va au midi de l'équateur, et lorsqu'il repasse au nord, ainsi qu'il fait maintenant.

8 mars. — L'un de mes hommes avait laissé une ou deux onces de poudre à l'endroit où nous avons campé cette nuit ; il a été obligé de faire plusieurs milles pour aller les chercher ; nous l'avons nécessairement attendu. J'étais mouillé de la traversée d'un ruisseau que nous avons passé tout à l'heure, ce qui ne serait rien si je ne m'étais pas arrêté, mais je me suis refroidi par l'inaction, et j'ai été saisi d'un violent accès de fièvre ; je le regrette d'autant plus que nous arrivons dans une vallée charmante, arrosée par une petite rivière qu'on appelle le Chihouné, et que nous avons par hasard un ciel pur et un beau clair de lune ; mais j'ai le vertige au point que c'est tout au plus si, après quelques heures d'efforts, je parviens à prendre une observation lunaire en laquelle je puisse avoir confiance.

Le Chihouné va se jeter dans le Longé, qui tombe à son tour dans le Chihombo, l'un des affluents du Kasaï. Comme nous étions sur les bords du Chihouné, les gens d'un village voisin nous apportèrent de la cire en nous demandant si nous voulions l'acheter ; nous leur avons dit que nous préférions du miel, et ils sont revenus avec une ruche quelques instants après. Toutes les abeilles de ce pays-ci ap-

1. Antilope noire.

partiennent aux indigènes, qui placent des ruches en nombre suffisant pour les contenir toutes. Une fois que nous avons eu la certitude du fait, nous avons cessé de répondre à l'appel du coucou indicateur, qui n'aurait pu nous conduire qu'à une ruche que nous n'avions pas le droit de dépouiller. L'oiseau n'en continue pas moins de nous indiquer où il y a du miel, malgré le peu d'attention que nous prêtons à sa voix. Mes Zambésiens regrettent vivement de n'avoir pas su plutôt que la cire des abeilles avait une valeur commerciale.

En passant au milieu des clairières, et des forêts profondes que nous rencontrons successivement, je remarque, avec autant d'intérêt que de surprise, qu'il existe, même chez les arbres, quelque chose de pareil à l'instinct. L'un d'eux, qui laisse échapper un suc laiteux lorsqu'on l'entaille, se développe tout naturellement quand il pousse en terrain découvert; il est droit, et sa forte ramée verse autour de lui une ombre épaisse, comme tous les arbres dont la cime est touffue; vient-il à croître au milieu des bois, une branche volubile s'échappe de son sommet, s'enroule autour d'un arbre voisin, s'élève au niveau du plus élevé de la futaie, quelquefois à dix ou quinze mètres de la feuillée d'où elle est partie, et là elle se ramifie de manière à former une nouvelle cime qui se déploie librement au soleil. Enfin, cet arbre est-il au plus épais du bois, il choisit un voisin vigoureux, s'y enlace immédiatement, et s'élève jusqu'au faîte sans avoir essayé de se ramifier plus bas; on le prendrait alors pour une énorme liane dont il revêt l'apparence, et dont il adopte les habitudes toutes les fois que le manque d'air et d'espace le contraint à modifier sa nature. Des lianes gigantesques, souvent aussi grosses que la cuisse, encombrent les sentiers; il faut qu'il y ait un motif qui leur fasse préférer telle direction plutôt qu'une autre, dans la spirale qu'elles décrivent et qui est toujours la même; sur l'un des bords du Chihouné, elles s'enroulent de droite à gauche, tandis que sur l'autre rive elles grimpent dans le sens contraire; je supposai d'abord que cela tenait à leur position, relativement au soleil qu'elles ont alternativement au nord et au sud pendant six mois de l'année; mais j'ai remarqué sur le Liambye des plantes volubiles qui s'enroulaient au même roseau, chacune dans un sens opposé, de manière à décrire la même figure que les enlacements contrariés des cordons d'une sandale [1].

---

[1]. La spirale que décrit une plante volubile est invariable pour chaque espèce et ne dépend d'aucune influence extérieure ; sa direction résulte de la nature même de la plante, car elle est déterminée par le sexe de l'électricité qui la caractérise.
(*Note du traducteur.*)

C'est au milieu de ces sentiers inextricables que j'ai eu l'occasion d'observer les caprices du bœuf que je montais ordinairement. On l'appelait Sinbad, il avait les allures beaucoup plus douces que les autres, ce qui me l'avait fait préférer, mais il était d'un caractère infiniment plus difficile ; heureusement que la disposition de ses cornes, qui avaient la pointe en bas, les rendait inoffensives ; d'ailleurs il était plus capricieux que méchant ; il tournait court au moment où l'on s'y attendait le moins et plongeait dans le hallier, sans souci des épines et des lianes. Une corde, attachée à un bâton qui lui traversait le cartilage du nez, constituait la bride et le mors qui servaient à le diriger ; tiriez-vous sur la corde pour le faire arrêter, il n'en courait qu'un peu plus vite ; vouliez-vous aller à droite, sa grosse tête suivait la direction que vous lui aviez indiquée, mais son regard ne quittait pas du coin de l'œil le côté défendu, et il vous emportait à gauche en dépit de vos efforts. Un coup de baguette sur la figure était le seul moyen de l'arrêter ; une branche ou une liane se trouvait-elle en travers du sentier, j'étais violemment jeté sur le dos, et jamais Sinbad n'a manqué cette occasion de me lancer un coup de pied, comme si je n'avais rien fait pour mériter son affection.

Excepté un arbre qui porte une espèce de noix vomique, et un petit arbuste qui ressemble au smilax et qui joint à ses épines crochues des baies de couleur jaune et réunies en bouquets, tous les arbres et toutes les plantes de cette région sont inermes. Cette absence d'épines, qui est l'une des particularités de ces forêts, nous semble d'autant plus singulière qu'il y a dans le Sud une immense quantité de plantes et d'arbres épineux de toute espèce, et des épines de toutes les tailles et de toutes les formes : droites, longues et minces, courtes et grosses, en crochets, en hameçons, en fer de lance, en alènes, et si fortes et si coupantes qu'elles tranchent le cuir comme un rasoir ; les gousses, les noix, les capsules, en un mot tous les *étuis* qui renferment les graines de ces plantes, sont épars au milieu de ces appendices : l'un est plat comme un schelling et porte deux épines au centre afin de s'attacher au pied du premier animal qui marchera dessus par hasard, et de se faire transporter parfois à une distance considérable ; un autre, qui aptient à l'*Uncaria procumbens*, appelé vulgairement plante à grappins, est armé d'une quantité d'épines effroyables qui lui permettent de s'accrocher à tout ce qui passe ; lorsqu'il s'attache au mufle d'un bœuf, le pauvre animal s'arrête et rugit de douleur et d'impuissance.

Toutes les fois qu'une partie de la forêt a été défrichée pour y établir un jardin qu'on a ensuite abandonné, une plante, dont les feuilles ressemblent à celles du gingembre, apparaît immédiatement sur le terrain délaissé, qu'elle dispute à la fougère ; ce fait, qui se présente fréquemment depuis le territoire des Chiboques jusqu'à la province d'Angola, montre la différence qui existe entre le climat de cette région et celui du pays des Béchuanas, où l'on ne voit pas de fougère, si ce n'est une ou deux variétés assez robustes pour résister à la sécheresse. La plante qui envahit les jardins abandonnés, porte, au niveau du sol, une jolie fleur rose que remplace un fruit écarlate rempli de graines, et dont la pulpe fondante renferme un jus acide très-agréable et qui est précieux dans une contrée aussi chaude.

Capsule de la plante à grappins.

Nous avons traversé le Longé, et le temps si est couvert que nos guides ont erré à l'aventure jusqu'au moment où nous sommes arrivés au Chihombo, qui coule à l'est-nord-est. Il vaudrait mieux nous contenter de la boussole et ne pas être à la merci de pareilles gens ; ces drôles profitent de la moindre inquiétude de mes hommes pour faire valoir leur importance, et menacent de nous quitter si on ne leur fait pas immédiatement un cadeau. Je ne demanderais pas mieux que de les laisser partir ; mais c'est la première fois que mes compagnons voyagent sans faire la guerre à tous ceux qu'ils rencontrent ; cette allure paisible, qui change complétement leurs habitudes, les désoriente ; ils se trouvent désarmés en face de l'impudence des uns, de l'avidité des autres ; ils s'effrayeraient si nous n'avions pas de guides, et c'est par égard pour eux que je supporte les misérables qui nous mènent.

Samedi, 11 février. — Nous arrivons dans un petit village situé sur le bord d'un ruisseau. Je suis tellement malade que je n'ai pu sortir de ma tente que pour réprimer les murmures de quelques-uns de mes gens, des Batokas et des Ambondas, qui se plaignaient de la préférence que j'ai montrée aux hommes principaux de mon escorte en leur distribuant des perles ; mais cette distribution n'a été faite que pour acheter des aliments destinés à être partagés entre tous ; et la quantité de farine qu'on a pu se procurer avec ces grains de verre est si faible, que j'ai donné l'ordre de tuer l'un de nos bœufs, afin de régaler mes Zambésiens, et de leur rendre des forces pour continuer notre voyage. Cette explication, que j'ai donnée avec ma franchise ordinaire, a paru d'abord apaiser les mécontents. Je suis allé me recoucher immédiatement, et je suis tombé dans un état de stupeur que la fièvre produit quelquefois ; je n'ai pas même entendu le bruit qu'ils ont dû faire en tuant et en dépeçant leur bœuf. Mais aujourd'hui, qui est un dimanche, les mutins ont fait un vacarme infernal en préparant une peau qu'ils avaient trouvée je ne sais où ; je les fis prier deux fois de ne pas crier si fort, parce que leur tapage me faisait mal ; ils n'en tinrent aucun compte ; je mis la tête à la porte de ma tente, et je les priai moi-même de ne pas faire tant de bruit : un éclat de rire insolent répondit à cette requête. C'en était fait de la discipline si je ne parvenais pas à réprimer cette révolte, et la vie de mes hommes, tout aussi bien que la mienne, dépend du maintien de mon autorité. Je saisis donc un pistolet à deux coups et je me précipitai au milieu des mutins ; je ne sais pas quel était l'air de mon visage ; toujours est-il que les révoltés s'enfuirent à mon approche. Je dis alors à quelques individus qui étaient à portée de ma voix que je saurais faire respecter mon pouvoir, dût-il en coûter quelque membre aux rebelles ; et les rodomonts revinrent immédiatement à l'obéissance. Jamais, depuis, cette époque, le moindre mot ne s'est élevé contre mes actes, et pas un de mes gens n'a été pour moi une cause d'embarras ou d'ennui.

13 février. — La fièvre m'a contraint à m'arrêter sur les bords d'une branche de la Loajima, l'un des affluents du Kasaï ; j'étais depuis le matin dans un état d'affaissement voisin de la torpeur, lorsque je me levai pour sortir un instant ; la soirée était fort avancée, et je fus très-surpris de trouver une estacade autour du camp et de voir mes hommes monter la garde en différents endroits. On me dit alors que nous étions environnés d'ennemis et qu'une bande de Chiboques stationnait auprès de l'entrée du camp ; c'était toujours la même demande : un homme, un bœuf, un mousquet ou de l'ivoire. Mes compagnons avaient fait des préparatifs de défense dans la crainte d'une attaque nocturne, et s'étaient refusés formellement à désigner aux Chiboques l'endroit où je reposais. Le lendemain matin, j'allai trouver nos ennemis et je leur expliquai mes intentions ; ils me répondirent avec beaucoup de politesse et m'assurèrent que leurs chefs seraient enchantés d'avoir de bons rapports avec nous ; ils allèrent même jusqu'à m'offrir trois cochons, qu'ils me priaient d'accepter comme témoignage de leur bonne amitié. Nos guides m'avaient averti que c'était l'habitude des gens de ce pays-ci de faire un présent quelconque aux étrangers, afin de demander en retour un objet d'une valeur beaucoup plus grande. Je cherchai donc un moyen d'éluder leur cadeau ; mais, craignant qu'ils ne vinssent à dire plus tard que c'était moi qui n'avais pas voulu être en bons termes avec eux, j'acceptai les trois cochons et je donnai en échange un rasoir, deux paquets de perles et douze anneaux de cuivre dont mes hommes se dépouillèrent volontairement. Les Chiboques s'éloignèrent et j'allai me remettre au lit où je restai jusqu'au lendemain, retenu par un vertige qui ne me permettait pas de me tenir debout. Dans la soirée du mardi, les Chiboques revinrent et me dirent, au nom de leur chef, qu'il fallait absolument donner un homme, une défense d'éléphant, un mousquet ou un bœuf, et qu'on me rendrait en échange tout ce qu'il me plairait de demander ; comme cette requête m'était adressée d'une manière très-polie et que je ne pouvais éviter d'y répondre que par l'effusion du sang, j'abandonnai l'un de nos bœufs. L'ancien chef des mutins, poussant tout à coup la fidélité au delà des bornes, alla prendre sa lance et déclara qu'il se ferait tuer plutôt que de permettre qu'on imposât à son père un tribut que je ne devais à personne ; mais je lui ordonnai de laisser les Chiboques emmener leur bœuf, et je dis à mes hommes que, pour moi, le sang du dernier d'entre eux avait plus de valeur que tous les bœufs que nous possédions, et que je ne me déciderais jamais à combattre que pour sauver la vie ou la liberté du plus grand nombre. Ils applaudirent à mes paroles et ajoutèrent que, si les Chiboques attaquaient des étrangers dont les intentions étaient aussi pures que les nôtres, le crime en retomberait sur leur tête. Cette manière de s'exprimer est très-souvent employée dans toute l'Afrique. On y est fort jaloux d'expliquer ses actions ; et chacun, après avoir justifié sa conduite, ne manque jamais de conclure par ces mots : « Je n'ai sur moi ni crime ni blâme ; » ou bien : « Le crime est sur eux, » en parlant de leurs ennemis. Je n'ai jamais pu savoir d'une manière positive si, dans leur esprit, la faute dont ils rejettent le blâme est une infraction aux lois divines ou seulement aux lois sociales.

Le lendemain, les Chiboques nous ont apporté à peu près trente mètres de cotonnade rayée, de fabrique anglaise, une hache, et deux houes qu'ils nous priaient d'accepter en échange de notre bœuf ; de plus, ils nous rendirent les anneaux de cuivre, en nous disant que leur chef était un homme puissant qui n'avait pas besoin des bracelets de mes serviteurs. Je partageai la cotonnade entre mes hommes, et j'invitai les émissaires du chef puissant des Chiboques, dont je n'ai pas même appris le nom, à lui donner de ma part le conseil de se procurer des vaches et d'élever des bestiaux, puisqu'il aimait tant le bœuf, et je lui exprimai tous mes regrets de n'avoir pas à lui laisser un couple de bêtes à cornes, pour faire la souche de son troupeau. La pluie nous empêcha de partir le jour suivant, comme nous en avions l'intention ; et le jeudi matin, au moment où nous allions nous mettre en route, d'autres messagers nous arrivèrent et nous dirent que nous n'avions pas eu toute la cotonnade que le chef nous avait envoyée ; suivant eux, les personnes qui avaient été chargées de nous l'apporter se l'étaient appropriée, ainsi que les anneaux de cuivre de mes hommes, qu'effectivement nous n'avions pas revus ; ils ajoutaient que, le fait ayant été découvert, on avait puni sévèrement les voleurs. Nos guides pensèrent que ces prétendus messagers n'étaient que les espions d'une bande de maraudeurs cachés dans la forêt que nous devions traverser. La chose était possible ; et chacun était bien résolu à se défendre, je disposai mes hommes en bataillon serré, afin de mieux résister à l'ennemi, si toutefois nous étions attaqués. Nous faisons plusieurs milles dans les bois, au milieu de l'obscurité et du silence le plus profond, sans rencontrer personne ; cependant, tous les hommes du village où nous arrivons sont absents, et nos guides supposent qu'ils doivent être dans la forêt. Je suis tellement malade, que je n'ai pas la force de me tourmenter de cet incident, et qu'il m'est à peu près égal qu'on nous attaque ou non ; toutefois comme il est prudent de s'éloigner d'un endroit suspect, nous poursuivons notre route malgré une pluie torrentielle. L'obscurité est si grande qu'on ne distingue pas les lianes qui nous barrent le passage, et comme il n'y a pas moyen d'arrêter les bœufs quand ils ont l'espoir de désarçonner leurs cavaliers, mes deux Makololos et moi, les seuls de la bande qui soyons à dos de bœuf, nous sommes fréquemment jetés par terre. Sinbad est plus capricieux que jamais ; il s'emporte, la bride casse, je tombe violemment à la renverse, et je reçois à la cuisse un coup de pied de ma monture ; je n'en suis pas plus malade, mais je ne recommande pas ce genre de traitement aux personnes qui ont la fièvre. Ce dernier accès est tellement tenace qu'il m'a réduit à l'état de squelette ; de plus, la couverture qui me sert de selle est continuellement mouillée ; il en résulte que je suis dans un bain perpétuel, et que mon épiderme, attendri et percé par les os, est largement excorié et me fait subir une véritable torture quand je suis couché sur la peau de bœuf qui compose toute ma literie.

Nous arrivons au bord de la Loajima, qu'il nous faut traverser ; tout est submergé, les ponts aussi bien que la vallée, et nos habits n'ont pas le temps de nous sécher sur le corps. On nous reçoit avec beaucoup de politesse dans un village situé sur la Loajima ; mais un peu plus loin, au moment où nous venions de franchir une seconde rivière, nous trouvons des gens armés qui nous interdisent le passage. Le nombre de mes hommes n'est pas inférieur au leur, et je continue ma route sans tenir compte de leurs vociférations ; quelques-uns retournent dans leur village, sous prétexte de chercher de la poudre ; les autres nous disent que les marchands ont l'habitude de venir les visiter toutes les fois qu'ils passent dans leur pays, et que nous ne pouvons pas nous dispenser d'en faire autant. Comme ils sont armés de flèches à pointe de fer et que plusieurs d'entre eux ont des fusils, j'ordonne à mes hommes, dès que nous avons gagné la forêt, d'entourer nos bagages, de couper des branches pour faire une palissade, et d'attendre, abrités derrière ce retranchement, que nos ennemis aient tiré sur nous pour répondre à leur attaque. Je descends de mon bœuf, et m'approchant de celui qui est à la tête de la bande opposée, je lui montre qu'il me serait bien facile de le tuer d'une balle : « Mais je crains Dieu, » lui dis-je en levant la main vers le ciel. Il pose sa main droite sur son cœur ; et de l'autre, désignant le ciel à son tour : « Moi, je crains de tuer, dit-il ; mais il faut que vous veniez, il le faut absolument. » Sur ces entrefaites, paraît le chef de leur village, Ionga Panza, un vieux nègre vénérable, que j'invite à s'asseoir afin de nous expliquer et d'arranger l'affaire. Ionga me dit alors qu'il considère comme une grave injure l'intention que nous avons eue de passer auprès de lui sans aller le visiter. La plupart des querelles ne sont jamais causées que par un malentendu, et celui-ci aurait pu avoir des conséquences fâcheuses ; toutes les peuplades voisines des établissements portugais sont persuadées qu'elles ont le droit d'imposer un tribut à quiconque franchit leur territoire, et Ionga Panza était bien résolu à défendre ce droit, même au prix d'un combat.

Je me rapproche donc du village avec mes Zambésiens, et je rends grâce au ciel d'avoir pu éviter une collision qui semblait imminente.

Il n'est pas étonnant que les chefs de cette région aient fini par exiger un droit de passage des individus qui traversent leur pays. Ils n'ont jamais vu d'autres voyageurs que les marchands d'esclaves ; ceux-ci ont tellement besoin de la protection des chefs dont ils franchissent les États, qu'ils leur ont fait tout d'abord des présents considérables pour s'assurer de leurs bonnes grâces, et qu'ils subissent actuellement, sans pouvoir même s'en plaindre, toutes les conditions qui leur sont imposées. Il serait si facile aux chefs de ces tribus de délivrer les esclaves qu'un traitant ramène de l'intérieur, que celui-ci est disposé à tous les sacrifices pour conserver sa cargaison. Les chefs, qui d'abord ne savaient pas pour quel motif on sollicitait leur faveur, ont fini par le comprendre et sont devenus d'une arrogance incroyable à l'égard des blancs qu'ils méprisent ; c'est au point qu'à l'époque où florissait la traite des nègres, les Bangalas, peuplade qui habite les environs de ce pays-ci, avaient obligé les Portugais à leur payer une taxe pour l'eau, pour le bois et même pour l'herbe que ceux-ci prenaient sur leur territoire, sans préjudice des amendes qu'ils leur imposaient sous les prétextes les plus frivoles. Dans tous les endroits au contraire où les marchands d'esclaves n'ont jamais pénétré, l'idée de prélever un droit de passage n'est pas même venue à l'esprit des indigènes : ils reconnaissent tous que la terre inculte n'appartient qu'à Dieu seul, et que tout le monde a le droit de la traverser ; ils vont plus loin, et considèrent la visite d'un étranger comme une faveur dont ils lui sont reconnaissants.

Le vieux Panza, dont le village [1] est petit et niché dans un bouquet d'arbres élevés et toujours verts, où les lianes ont suspendu leurs festons, nous envoya immédiatement de la farine, et bientôt après une chèvre ; ce présent peut être considéré comme ayant une certaine valeur, car il y a peu d'animaux domestiques dans le pays, qui cependant nous a paru convenir parfaitement à l'élève du bétail. J'imagine qu'autrefois, cette région a été soumise à la mouche tsetsé qui aura disparu de la contrée, comme du territoire de Katima et de Shinté, depuis que les armes à feu en ont chassé les animaux sauvages. Sans les nombreuses migrations de tribus pastorales, qui sont venues s'établir dans le Sud pour échapper

---

1. Par 10° 25' latitude sud, 20° 15' longitude est.

aux Zoulous, on n'aurait peut-être jamais vu dans le Midi cet insecte, dont les ravages sont inconnus des Portugais.

J'avais presque oublié ma fièvre pendant les tracas et les inquiétudes que j'ai rapportés plus haut, mais l'accablement est revenu avec la tranquillité d'esprit ; le calme toutefois n'a pas été de longue durée. Au moment où nous allions partir, Ionga Panza me fait demander le péage accoutumé. Je lui offre la coquille de Shinté ; il me répond qu'il est trop vieux pour porter des bijoux ; nous aurions cependant fini par nous entendre à merveille, car c'est un homme raisonnable, et qui d'ailleurs est à la tête d'une population trop faible pour avoir de grandes exigences; mais les deux guides que nous a fournis Kangenké aggravent les affaires en envoyant chercher des trafiquants bangalas, avec l'intention de nous forcer de vendre à ceux-ci l'ivoire de Sékélétou et de se faire payer sur le prix que nous en recevrons. J'offre de leur donner un salaire avantageux, s'ils veulent tenir la promesse qu'ils nous ont faite de nous conduire à Cassangé; mais ils répondent qu'ils n'en savent pas le chemin. Dans ce cas-là nous leur disons de partir, et mes hommes les payent de leur côté pour s'en débarrasser ; ils n'en restent pas moins et se joignent aux Chiboques de Ionga, ainsi que les marchands qu'ils ont fait venir. Ceux-ci avaient laissé dans notre camp deux fusils et des grains de verre ; les guides s'en emparent et s'enfuient; mes hommes les poursuivent; les guides, se voyant près d'être saisis, jettent les armes volées, courent au village et se précipitent dans une cabane ; l'un d'eux est pris par mes gens, comme il se baissait pour pénétrer dans la hutte dont la porte n'est pas plus haute que celle de la niche d'un chien, et reçoit un coup de lance dans la partie la plus charnue de son corps.

Les fusils sont retrouvés et rendus, mais les perles ont disparu sans retour, et je n'ai pas de quoi les remplacer ; j'ai beau expliquer aux marchands que ce n'est pas nous qui avons commis ce vol, ils répondent que les voleurs ont été amenés par moi, et que j'en suis responsable. Ces trafiquants appartiennent à la tribu des Bangalas, chez qui l'exaction est maintenant une habitude, et comme nous devons, avant peu, traverser leur territoire, j'ai le plus grand désir de terminer ce différend. Mes Zambésiens ont offert leurs anneaux, leurs coquilles; je propose d'y joindre le reste de mes grains de verre et de mes chemises : rien ne peut les apaiser. On nous reproche de n'être venus au village que parce qu'on nous y a forcés, d'avoir contraint les guides à nous accompagner malgré eux, de n'avoir pas su qu'ils avaient fait venir les marchands bangalas ; on met à notre charge tous les torts dont nous avons à nous plaindre, et l'affaire ne peut se régler que si nous donnons un bœuf et une défense d'éléphant. Je comprends que les indigènes qui sont partis de l'intérieur pour se rendre à la côte, n'aient jamais pu parvenir à leur destination. Mes Zambésiens sont tellement découragés, que plusieurs d'entre eux proposent de retourner à Linyanti ; mais la perspective de revenir sur mes pas, quand nous touchons au seuil des établissements portugais, me désespère, et je ne peux pas l'accepter. J'emploie tous les moyens de persuasion qui sont en mon pouvoir, après avor déclaré à mes hommes que, s'ils retournent chez eux, je poursuivrai seul mon voyage, je rentre sous ma tente et j'élève ma pensée vers Celui qui entend nos soupirs. La toile s'écarte bientôt, j'aperçois la tête du fidèle Mohorisi : « Nous ne voulons pas vous quitter, me dit-il ; ne vous attristez pas ; nous vous suivrons partout où vous irez ; c'est l'injustice des Chiboques et des Bangalas qui nous a découragés un instant. » Ils viennent tous les uns après les autres, et avec leur simplicité naïve ils me disent de me consoler, « qu'ils sont tous mes enfants, qu'ils ne reconnaissent pour chefs que Sékélétou et moi, et qu'ils mourraient volontiers pour me défendre ; que s'ils ne se sont pas battus avec les Chiboques, c'est pour ne pas me désobéir ; qu'ils ont parlé tout à l'heure dans l'amertume de leur esprit, et parce qu'ils sentaient qu'ils ne pouvaient rien dans cette occasion ; mais que, si nos ennemis nous attaquent, je verrai bien ce qu'ils sont capables de faire. »

Le bœuf que nous offrons aux Chiboques est refusé, parce qu'il a perdu le bout de la queue ; Ionga s'imagine qu'on le lui a coupé afin d'introduire un charme dans la plaie : je propose à mes gens de faire subir la même opération aux bœufs qui nous restent, afin d'empêcher qu'on n'en veuille. Cette idée, qui les fait beaucoup rire, est mise immédiatement à exécution ; et bien qu'on n'ait pas l'air de s'inquiéter des maléfices pratiqués sur nos bêtes, personne depuis lors ne nous a tourmentés pour avoir un de nos bœufs.

CHAPITRE XIX

Guides payés d'avance. — Canots d'écorce. — Désertion des guides. — Méprises relatives au Coanza. — Sentiments des esclaves libérés. — Jardins et villages. — Commerçants indigènes. — Un tombeau. — Vallée du Quango. — Le Bambou. — Larve blanche employée comme aliment. — Insolence des Bashinjés. — Le chef Sansawé. — Le Quango. — Coiffure d'un chef. — Opposition. — Secours opportun de Cypriano. — Sa généreuse hospitalité. — Habileté des métis à lire et à écrire. — Livres et images. — Maraudeurs brûlés dans l'herbe. — Arrivée à Cassangé. — Un bon souper. — Le capitaine Neves. — Curiosité des Portugais. — Jour de Pâques. — Absence de préjugé contre les gens de couleur. — Environs de Cassangé. — Vente de l'ivoire de Sékélétou. — Propositions de retour. — Mont Kàsala. — Village de Tala Mungongo. — Civilité des Basongos. — Véritables nègres. — Un champ de froment. — Porteurs. — Stations de nuit. — Fièvre. — Entrée dans le district d'Ambaca. — Résultats féconds de l'enseignement de l'Évangile. — Le Tampan. — Hospitalité des Portugais. — Mambaris. — Paysage analogue aux Highlands d'Écosse. — District de Golungo Alto. — Mauvais chemins. — Fertilité du sol. — Arbres gigantesques. — Charpentiers indigènes. — Plantation de café. — Stérilité des terres aux environs de la côte. — Moustiques. — Craintes des Makololos. — Accueil de M. Gabriel à Saint-Paul de Loandar.

24 *février*. — Les fils d'Ionga Panza consentent à nous servir de guides sur le territoire portugais, à condition que je leur abandonnerai la coquille que m'a donnée Shinté. J'ai beaucoup de peine à me séparer de cette coquille, surtout à la livrer d'avance ; mais je cède aux prières de mes Zambésiens, qui insistent pour que je souscrive à la demande de ces braves jeunes gens, afin de leur prouver que je me fie complétement à eux ; ils tiennent, disent-ils, à laisser en partant ce coquillage à leurs femmes, pour les dédommager de leur absence. Je livre donc la précieuse coquille, et nous dirigeant vers le nord-ouest, nous arrivons à la rivière Chikapa, dont la largeur est de quarante ou cinquante mètres, et qui est très-profonde à cette époque de l'année. De l'endroit où nous traversons, par 10° 22′ latitude sud, nous la voyons couler avec fracas sur des rochers d'où elle retombe en

formant une cascade, à peu près à huit cents mètres en amont du lieu où nous sommes. On nous transporte sur l'autre rive dans un canot fait d'une seule pièce d'écorce dont les deux bouts sont fermés au moyen d'une couture, et dont l'écartement est maintenu par des bâtons placés de manière à figurer des côtes. Le mot Chikapa signifie lui-même écorce ou peau, et, comme c'est la seule rivière où nous ayons trouvé ce genre d'embarcation en usage, il est probable qu'elle a tiré son nom des canots qui servent à la parcourir. Nous sommes cruellement exploités, et nous regrettons plus que jamais notre ponton ; nous avons payé deux fois nos passeurs, et ils nous demandent un nouveau salaire pour nous transporter, Pitsané et moi ; Loyanké ôte sa jaquette et la donne pour payer mon passage. Les Makololos ont toujours passé gratuitement les étrangers qui sont venus dans leur pays ; mais ils se promettent désormais d'écorcher les Mambaris à l'instar des Chiboques. Je leur demande s'ils voudront s'abaisser à commettre une action qu'ils n'ont pas assez de paroles pour flétrir chez les autres : « Ce sera seulement pour vous venger, » me répondent-ils. J'ai toujours vu qu'ils tiennent beaucoup à se justifier des bassesses dont on les accuse.

Le lendemain matin, nous n'avons pas fait un mille que nos guides nous annoncent qu'ils retournent chez eux. Je m'y attendais, et j'ai eu bien tort de céder aux prières de mes Makololos et de les payer d'avance. Je fais des représentations énergiques à ces audacieux coquins ; mais ils nous quittent l'un après l'autre, et disparaissent dans la forêt. Mes compagnons, fort heureusement, prennent la chose à merveille : « Nous sommes maintenant, disent-ils, dans un lieu fréquenté, où les guides ne nous sont plus nécessaires pour empêcher les habitants de s'effrayer de notre approche. »

Le pays que nous traversons a des mouvements de terrain plus prononcés que les districts précédents, et renferme de belles rivières qui coulent au fond des vallée profondes et couvertes de bois. Les arbres y sont élevés, les forêts humides et sombres ; la terre, dans ces profondeurs ténébreuses, est tapissée de mousses jaunes et brunes, et le corps des arbres y est revêtu de lichen aux teintes pâles. Le sol des plaines est composé d'un terrain noir excessivement fertile, et porte une couche épaisse de grandes herbes. Nous apercevons plusieurs villages où nous évitons d'entrer. Le chef de l'un d'eux nous reproche vivement de franchir son territoire ; c'est la même impudence et la même cupidité dans tous les lieux où les marchands d'esclaves ont l'habitude de passer.

Nous continuons à nous diriger vers l'ouest-nord-ouest ; tous les ruisseaux que nous traversons coulent du midi au nord, et vont se jeter, nous dit-on, dans le Kasaï ou Loké ; la plupart ont les rives marécageuses qui caractérisent les rivières de ce pays-ci.

L'ignorance complète où sont les habitants de ce district au sujet du Coanza me surprenait infiniment, car nous étions à cette époque dans la région qui lui est assignée. Je ne savais pas alors qu'il est situé beaucoup plus à l'ouest et que son cours est d'une faible étendue pour un fleuve.

Le célèbre docteur Lacerda paraît être tombé à cet égard dans la même erreur que moi ; car il avait recommandé au gouvernement d'Angola d'établir une série de forts détachés sur la rive du Coanza, dans le but d'établir une voie de communication avec la côte opposée. Mais comme en suivant le cours de ce fleuve on se dirigerait vers le sud et non pas vers l'orient, on peut en conclure que les données qui étaient parvenues à cet homme éminent, sur la situation du Coanza, n'étaient pas meilleures que celles qui m'avaient été fournies à propos de cette rivière.

26 *février*. — Nous passons la journée du dimanche sur les bords du Quilo, dont la largeur n'est ici que de dix mètres environ. Il coule au fond d'une vallée profonde, dont les rampes s'élèvent à une hauteur de cinq cents mètres et sont constituées par des roches d'un tuf calcaire durci qui reposent sur une couche de grès et de schiste argileux, et qui sont revêtues à leur sommet d'un conglomérat ferrugineux. Cette vallée est charmante ; mais la fièvre m'empêche de jouir de la vie ; elle est maintenant quotidienne, et la gravité des accès m'a tellement épuisé, que je suis heureux toutes les fois que je peux aller me coucher.

Nous sommes actuellement dans le pays où la traite des nègres se fait encore, et où elle se faisait jadis avec une grande activité. Je suis frappé du sentiment qu'expriment les esclaves libérés à l'égard de leur nouvelle position, qu'ils trouvent bien préférable à celle qu'ils avaient dans leur contrée natale : jamais les plaines, malgré leur fécondité, n'inspirent à ceux qui les habitent le même amour que les pays de montagnes.

Lorsqu'on a observé la pénible existence des classes pauvres dans les parties civilisées du vieux monde, lorsqu'on a vu le rude travail auquel elles sont condamnées et les privations qu'elles subissent, la vie des habitants de ce pays-ci vous paraît non-seulement facile, mais brillante. Partout de petits villages, environnés de jardins, où la terre exige à peine qu'on la cultive, et n'a jamais besoin d'être fumée ; lorsque la récolte de maïs ou de millet commence à dimi dans un endroit le cultivateur pénètre un peu plus loin dans la forêt, met le feu aux racines des grands arbres pour les faire mourir abat les plus petits et le champ nouveau est prêt à recevoir la semence qu'il voudra lui confier ; cela n'empêche pas l'ancien champ de continuer à donner du manioc pendant plusieurs années, sans que le propriétaire ait à s'en occuper. Toutefois, au milieu de cette abondance de céréales on manque de sel et de viande, et le besoin s'en fait tellement sentir, que les Balondas font aux souris une chasse active au moyen des trébuchets dont leurs grands bois sont remplis. Je ne doute pas que la faculté de se procurer de la viande ne soit pour beaucoup dans la préférence que les esclaves libérés accordent à leur nouvelle patrie.

Il est facile de voir au premier coup d'œil la différence de nature qui existe entre les habitants des diverses bourgades de la province de Londa. Certains villages y sont tellement envahis par les grandes herbes, que c'est à peine si, du haut de mon bœuf, j'apercevais le toit des cases au milieu desquelles je me trouvais. Si c'était pendant la chaleur du jour que nous les traversions, les hommes sortaient de leurs cabanes, la pipe aux lèvres, et continuaient à fumer avec indifférence. D'autres villages, au contraire, sont de vrais miroirs de propreté ; pas une mauvaise herbe dans les jardins, où l'on voit du tabac, du coton, des céréales, des plantes légumineuses ; on y remarque, auprès des cabanes, de grandes cages remplies de volailles entretenues avec soin. Des masses d'enfants se précipitaient de tous côtés pour regarder l'homme blanc, couraient après lui avec des gestes et des cris étranges, montaient sur les arbres pour mieux le voir, et nous suivaient quelquefois jusqu'à plusieurs milles de distance. Là, nous excitions une vive curiosité ; les femmes, des enfants sur le dos, et une longue pipe à la bouche, se pressaient à l'entrée de notre camp, et nous regardaient pendant des heures entières ; les hommes, pour ne pas les troubler dans leur contemplation, faisaient une brèche à la haie qui entourait nos appentis, et la plupart s'en allaient quelques instants après en disant à leurs voisins : « Je vais chercher mama, pour qu'elle vienne voir aussi l'homme blanc et ses bœufs. »

A mesure que nous avançons vers la côte, nous voyons des bandes plus nombreuses de marchands indigènes qui vont échanger des étoffes de coton, du sel et des grains de verre, contre la cire que récoltent les Balondas. Ils sont tous armés de fusils portugais, et leurs cartouches renferment des balles de fer. En général, quand nous les rencontrons, nous nous arrêtons pendant quelques minutes ; ils nous offrent un peu de sel, nous leur donnons en retour une lanière de peau de bœuf ou toute autre chose d'aussi peu d'importance, et nous nous séparons en nous souhaitant un bon voyage. Le cuir des bœufs que nous avons tués depuis notre départ nous a été d'une grande ressource, en raison du prix qu'on y attache dans la province de Londa, où il est employé à faire des ceintures. Il a beaucoup moins de valeur dans les environs d'Angola, dont les habitants ont des bestiaux.

Peu de temps après avoir quitté le village où nous avons passé le dimanche et qui appartient à Sakandala, bon vieillard plein de courtoisie et d'enjouement, qui n'a fait aucune objection à notre passage, nous entrons sur le territoire des Bashingés [1], peuplade mêlée à celle des Bangalas, et qui a été longtemps en guerre avec les Babindélés, c'est-à-dire avec les Portugais.

La pluie et la fièvre ralentissent notre marche jusqu'au moment où un chef, appelé Kamboéla, nous met sur le chemin qui conduit de Matiamvo à Cassangé et à Bihé ; c'est un sentier battu, où nous rencontrons bientôt une bande de marchands métis qui nous confirment dans cette opinion, que nous sommes bien sur la route de Cassangé ; quant à eux, ils viennent de Bihé et vont à Cabango ; ils nous offrent du tabac, et sont excessivement étonnés quand je leur dis que je n'ai jamais pu apprendre à fumer. Nous arrivons quelque temps après à la sépulture d'un marchand mulâtre, qui mourut en revenant de Matiamvo ; un cône d'une assez grande dimension, formé de baguettes disposées comme le sont les pieux qui composent le toit d'une hutte, s'élève au-dessus de la tombe qui est entourée d'une palissade ; une affreuse idole est placée à côté de l'entrée de cette palissade, dont l'ouverture est à l'ouest ; des morceaux d'étoffe et des rangs de perles sont suspendus autour d'elle.

Maintenant que nous avons la certitude de ne pas nous égarer, nous avançons rapidement et nous serons bientôt à la côte.

30 *mars*. — Notre sentier quitte brusquement la plateau pour descendre dans la vallée que nous longions depuis quelque temps ; la rampe est tellement abrupte, qu'elle ne peut être franchie qu'en certains endroits et qu'il me faut mettre pied à terre, bien que mes hommes soient obligés de me soutenir pour m'empêcher de tomber.

Asseyez-vous à l'endroit d'où Marie Stuart assista à la bataille de Langside, regardez la vallée de la Clyde, et vous aurez sous les yeux le portrait en miniature de la vallée du Quango qui se présente à nos regards : cent milles de largeur, couverts du sombres forêts qui garnissent les deux pentes et ne laissent entre elles qu'une prairie étroite

---

1. Les Chingés des Portugais.

et d'un vert clair, où le Quango brille sous les rayons du soleil en serpentant vers le nord. La rampe que nous franchissons n'a pas moins de trois cent soixante-six mètres de hauteur perpendiculaire, et en face de nous s'élève une chaîne de montagnes imposante. Ce spectacle grandiose pour nous, qui sortons des forêts ténébreuses de Londa, me fait éprouver la sensation d'un voile pesant qui tomberait de mes paupières. La foudre éclate au sein d'un nuage qui plane au-dessus de la vallée, tandis que la montagne et la forêt sont inondées de soleil; la nuée, en crevant, a mouillé la prairie sans que nous nous soyons ressentis de son passage, et le fond du val, qui des hauteurs nous semblait tout uni, est sillonné de cours d'eau profonds qui le traversent dans tous les sens. Je regarde derrière moi : la rampe que nous venons de descendre présente l'aspect d'une muraille dentelée ; elle offre des retraits nombreux, dont les côtés se projettent vivement et mordent la vallée de leurs éperons aigus, qui la font ressembler à une scie gigantesque ; de loin en loin le manteau boisé qui couvre les flancs et la cime de la Sierra se déchire et laisse apercevoir le sol rutilant que nous retrouvons partout dans cette région.

Les cavités où la rampe se brise nous montrent que la couche supérieure de la montagne est formée du conglomérat ferrugineux dont nous avons déjà parlé, et dont la matrice, composée de peroxyde de fer hydraté et d'hématite, renferme du grès, du quartz et des cailloux roulés. Comme cette roche constitue presque entièrement la couche sous-jacente du sol de la province de Londa, il faut nécessairement qu'elle ait précédé le retrait du bras de mer, dont l'évolution a creusé la vallée de Cassangé. Immédiatement au-dessous du conglomérat ferrugineux, s'étend une assise de schiste argileux rouge, dont la partie inférieure est la plus dure. Ce schiste, qui a toujours été considéré comme indiquant la présence de l'or, n'a produit ici, du moins pour nous, qu'un limon glaiseux tellement glissant, que Mashaouana, dont le pied ferme n'a jamais bronché, tombe tout à coup de la façon la plus humiliante, à la grande joie de tous ceux qu'il a raillés de leurs chutes.

Nous rencontrons ici des bambous de la grosseur du bras, une quantité d'arbres nouveaux, et quelques autres que nous avions perdus de vue depuis notre départ de la ville de Shinté ; mais la végétation est loin d'être aussi vigoureuse au fond de la vallée que sur les montagnes qui la dominent ; les arbres y sont non-seulement plus rares, mais encore rabougris et chétifs, comparativement à ceux qui croissent sur les hauteurs.

Dimanche 2 avril. — Nous nous arrêtons sur les bords d'un ruisseau, et, comme nous n'avons mangé que du manioc depuis que nous avons quitté Ionga Panza, je fais tuer l'un des bœufs qui nous restent. Les habitants de ce pays-ci éprouvent sans doute le même besoin que nous de varier leur nourriture végétale, car ils fouillent avec ardeur la terre humide qui s'étend le long du ruisseau, pour y trouver de grosses larves blanches dont ils paraissent se régaler. Personne ne consent à nous donner des vivres en échange des vieux anneaux qui sont à présent toute la fortune de mes Zambésiens ; nous nous passerions encore du manioc et de la farine des Bashinjés, et nous ne penserions pas à nous plaindre, si leur chef, qu'on appelle Sansawé, ne nous tarabustait pas au sujet de ce fameux droit de passage ; il faut, dit-on, déployer parfois des forces considérables pour franchir son territoire. Ce chef cupide nous fait demander, comme tous les autres, un homme, un bœuf ou une défense d'éléphant ; je réponds à ses émissaires que l'ivoire appartient à Sékélétou, et que je ne possède plus au monde que mes instruments d'optique et ma boussole, qui ne leur seraient d'aucun usage. L'un d'eux s'adresse à mes hommes pour en avoir de la viande, et comme on la lui refuse : « Peu importe, dit-il, nous la prendrons demain matin quand nous vous aurons tués. » Plus nous montrons de douceur, plus ils deviennent insolents ; et la colère finit par nous échauffer la bile ; toutefois nous continuons à parler avec calme ; ils aiment à discuter, et l'entretien se prolonge. « De quel droit, leur dis-je enfin, exigez-vous un tribut de la part d'un blanc qui ne fait pas le commerce d'esclaves ? — Dieu nous a donné des chefs qu'il nous faut entretenir, vous le savez, me répond un vieux nègre à tête grise ; comment se fait-il que vous, qui avez un livre où toutes ses volontés sont écrites, vous n'alliez pas de vous-même payer à Sansawé la taxe qui lui est due, comme étant le chef du pays ? — Et comment puis-je savoir qu'il est votre chef, demandai-je à mon tour, puisqu'il a permis que nous restions vingt-quatre heures sur ses terres, sans nous envoyer la moindre nourriture ? » Cette question, qui peut sembler au lecteur une subtilité de ma part afin d'éviter de répondre à celle qui m'était faite, parut au contraire un argument sans réplique à mes Bashinjés, qui s'empressèrent de justifier leur chef ; ils ne doutaient pas, me dirent-ils, que Sansawé n'eût donné des ordres pour que l'on nous préparât des vivres, et ils étaient persuadés que nous les aurions bientôt.

Après m'être fatigué une partie du jour à discuter avec les différents émissaires qui nous ont été envoyés, j'ai l'honneur de recevoir la visite de Sansawé ; il est jeune, et sa figure, qui est agréable, annonce une certaine intelligence. Probablement qu'il n'a jamais eu de relations avec les Portugais, malgré la proximité du voisinage, car il exprime le désir d'examiner ma chevelure. Quelques hommes blancs, dit-il, ont traversé son territoire, mais jamais il n'a vu de cheveux droits ; cela ne m'étonne pas : la plupart des marchands d'esclaves ne sont guère que des mulâtres. La différence qu'il y a entre mes cheveux et la toison dont sa tête est couverte, amuse beaucoup Sansawé qui en rit aux éclats, et le contraste que fait la peau de mon visage et de mes mains avec celle de ma poitrine, qui a gardé sa blancheur, contraste que je lui fais observer comme preuve que nous sommes tous les enfants d'un même père et que la différence de couleur qui nous caractérise n'est due qu'à l'influence du climat, paraît le frapper d'étonnement et d'admiration. Je tire ma montre et je lui en fais voir le mécanisme ; son visage exprime l'intérêt, et désirant gagner sa confiance, je lui parle de ma boussole ; mais au moment où je vais la lui montrer, il me prie de m'en abstenir, car toutes ces choses miraculeuses commencent à l'effrayer. Je lui dis que, s'il connaissait mieux mes intentions, il comprendrait que je ne lui veux aucun mal, et il consentirait à voir ma lanterne magique. Mais il en a probablement assez de mes sortiléges, d'autant plus qu'il fait nuit, et il a recours à je ne sais quelle amulette, sans doute pour se prémunir contre la bienveillance qu'il ressent à mon égard. Le charme opère : car, tout au plus cinq minutes après m'avoir quitté, il fait demander mon interprète et lui dit que, si je n'ajoute pas une jaquette rouge et un homme aux quelques livres de viande et aux anneaux qu'il a déjà reçus, je n'ai qu'à reprendre le chemin par lequel je suis arrivé. Je lui fais répondre immédiatement que nous continuerons à nous diriger vers la côte et que, s'il engage le combat, c'est lui qui en sera responsable devant Dieu. Mon interprète ajoute de lui-même : » Combien d'hommes blancs avez-vous déjà tués? » Ce qui veut dire : « Vous n'avez jamais combattu d'homme blanc, et vous verrez qu'il est impossible de triompher du nôtre. »

L'influence de l'estomac est toute puissante ; il suffirait d'un bon plat de viande pour nous faire supporter avec calme tous les ennuis qu'on nous fait subir dans ce pays limitrophe de la civilisation ; mais le régime que nous avons suivi depuis quelque temps nous a aigri le caractère, et mes Zambésiens répondent aux menaces qui nous sont adressées : « Tant mieux, nous ne demandons qu'à nous battre ; commencez et vous apprendrez ce que sont des hommes. » J'éprouve moi-même une irritation que je n'avais pas encore ressentie ; d'autant plus qu'il m'est impossible de renouveler, en faveur de ces Bashinjés, les sacrifices que j'ai faits pour les Chiboques. Ils voient que je n'ai rien à leur donner, ils sont insolents en pure perte, et ils n'en continuent pas moins à joindre l'insulte à l'arbitraire. Tout cela nous met en humeur batailleuse, et je prévois que c'est de vive force que nous nous ouvrirons un chemin dans ce pays inhospitalier.

3 avril. — Nous sommes debout dès le point du jour et nous passons à côté du village par une pluie fine et serrée qui tombe depuis une heure ; elle a probablement apaisé l'excitation de nos ennemis, car nous ne voyons personne. Toutefois, ils peuvent être à l'affût derrière les bouquets d'arbres ou au milieu des rochers que nous rencontrons sur notre passage, et ce n'est qu'après deux heures de marche que nous respirons librement.

Nous poursuivons notre course à travers la vallée du Quango, dont le terrain est brisé par des rochers de schiste argileux qui apparaissent au-dessus du sol, bien qu'elles gisent presque horizontalement. Je suis monté sur Simbad et l'herbe s'élève à soixante centimètres au-dessus de ma tête ; elle est mouillée par la pluie et nous inonde : c'est une douche perpétuelle qui, jointe à l'eau des ravines que nous rencontrons à chaque instant, nous rafraîchit un peu plus qu'il ne serait à désirer. Nous apercevons beaucoup de villages à travers cette nappe d'eau qui nous enveloppe, et je vois que l'une de ces bourgades a un troupeau de moutons. Enfin, après six heures de marche, nous nous reposons par 9° 53′ latitude sud, 18° 37′ longitude est, et nous touchons au Quango, qui peut être considéré comme la limite occidentale du territoire portugais. Je n'ai plus le moyen de changer de vêtements ; aussi, dès que ma tente est dressée, je suis trop heureux de me tapir sous ma couverture, et je rends grâce au ciel d'être arrivé jusqu'ici sans avoir à regretter la perte d'un seul de mes compagnons.

4 avril. — Nous sommes maintenant sur les bords du Quango ; c'est un fleuve profond, de cent cinquante mètres de large, qui coule du midi au nord, au milieu de vastes prairies couvertes de roseaux et d'herbes gigantesques ; il a perdu sa transparence, fait qui n'a rien que de très-naturel lorsque les eaux grandissent, mais que ne présente aucune des rivières du pays des Makololos et de la province de Londa.

Les indigènes prétendent qu'il se trouve dans le Quango une

énorme quantité de serpents venimeux qui se rassemblent autour des hippopotames que l'on tue et qui les dévorent avec avidité ; c'est peut-être par ce motif que tous les villages de cette région sont éloignés des bords du fleuve : toujours est-il que l'on nous donne le conseil de ne pas camper sur ses rives.

Nous tâchons de persuader à quelques Bashinjés de nous prêter leurs pirogues pour traverser le Quango ; cela nous procure la visite du chef, qui nous déclare que tous les propriétaires des pirogues sont ses enfants, qu'ils n'ont pas le droit de nous les prêter, à moins qu'il n'y consente, et il refusera si je ne lui donne pas un homme, un bœuf ou un mousquet. Je ne suis pas bien sûr que les canotiers de l'autre rive soient soumis à l'autorité de ce chef ; et si je lui donne ma couverture, la seule chose qui me reste, nous

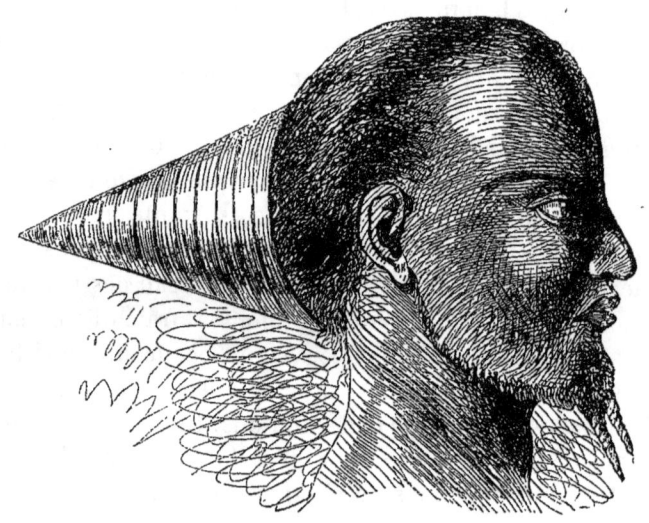

Coiffure du chef des Bashinjés.

n'en serons peut-être pas moins tout aussi embarrassés ; j'essaye de persuader à mes hommes d'aller nous entendre avec les Bashinjés qui demeurent à quelques milles d'ici ; mais ils craignent d'être attaqués en traversant la rivière, si nous indisposons le chef. Celui-ci revient nous voir et réitère sa demande ; mes Zambésiens se dépouillent de leurs anneaux de cuivre, le chef les prend et continue d'insister pour que je lui cède un homme, car il est persuadé, comme tous les autres, que mes gens sont des esclaves. Il est jeune et coiffé avec beaucoup d'art ; ses cheveux crépus, réunis derrière la tête, où ils forment un cône dont la base a vingt ou vingt-cinq centimètres de diamètre, sont entourés avec soin de fils rouges et noirs qui les enveloppent complétement.

Comme j'ai refusé net de lui donner ma couverture avant que nous soyons tous déposés sur l'autre rive, il persiste dans sa demande, et je suis accablé de ses importunités. J'essaye en vain de me dérober aux yeux de mes persécuteurs ; la toile de ma tente est déchirée ; elle offre par derrière une ouverture plus grande que celle de la porte, et je suis continuellement assailli ; nous n'avons pas même le moyen de nous réunir pour concerter nos plans. Sur ces entrefaites arrive un jeune mulâtre portugais, nommé Cypriano de Abreu, qui est sergent de la milice et qui a traversé le Quango pour aller acheter de la cire ; il pense, comme moi, que nous devons franchir la rivière sans nous inquiéter des gens qui s'y opposent.

Au moment où nous nous éloignons, les Bahinjés, abrités par les hangars de notre bivouac, ouvrent un feu nourri qu'ils continuent pendant quelque temps, dans l'espoir de nous effrayer ; mais aucune de leurs balles ne nous frappe, et, quand ils voient que nous n'en marchons pas plus vite, ils cessent leur fusillade sans même essayer de nus poursuivre.

Cypriano nous aide à conclure notre marché avec les passeurs ; et grâce à lui je conserve ma couverture. En abordant sur l'autre rive, nous mettons le pied sur le territoire des Bangalas, que l'on désigne fréquemment sous le nom de Cassangés ou Cassantsés, et dont on n'a plus rien à craindre depuis qu'ils sont devenus sujets du Portugal.

La joie au cœur, nous suivons d'un pas léger un étroit sentier au milieu des grandes herbes ; quand nous avons fait trois milles environ à l'ouest du Quango, nous trouvons plusieurs maisons carrées, dont les propriétaires, mulâtres portugais, sont sur la porte et nous saluent cordialement. Ils sont tous miliciens, et c'est notre ami Cypriano qui les commande. Il y a peu de temps encore, les Bangalas faisaient subir aux marchands portugais toutes les tribulations que nous avons endurées chez les peuplades voisines ; ils finirent même par tuer l'un d'eux, ce qui motiva une démonstration armée de la part du gouvernement colonial, et les Bangalas, vaincus et dispersés, rentrent aujourd'hui dans leurs foyers, en sujets soumis de l'autorité portugaise. La milice est logée parmi eux ; elle s'adonne au commerce et à l'agriculture, car elle ne reçoit aucune paye de la part du gouvernement.

Il fait nuit quand nous arrivons à la demeure de Cypriano, et je fais dresser ma tente vis-à-vis de sa maison. Les moustiques, dont nous n'avions pas souffert dans la province de Londa, nous empêchent de dormir.

5 avril. — Cypriano donne généreusement à mes hommes des citrouilles et du maïs, et m'invite à déjeuner; le premier service est composé d'arachides et de maïs grillé ; le second, de racines de manioc bouillies et d'arachides ; on nous apporte, au dessert, du miel et des goyaves; je suis on ne peut plus reconnaissant de ce magnifique repas.

Le dîner est encore plus abondant, et quelques amis viennent partager l'hospitalité de Cypriano. Au moment de se mettre à table, une esclave apporte une aiguière et verse de l'eau sur les mains des convives ; l'un de ceux-ci découpe une volaille en se servant d'une fourchette ; il n'y en a pas d'autre sur la table, les cuillers sont également absentes; on mange avec ses doigts, mais avec infiniment de convenance et de propreté ; le dîner se passe à merveille, et, quand il est fini, l'esclave revient avec l'aiguière, et chacun se lave les mains avant de sortir de table.

Tous les mulâtres portugais savent bien lire et bien écrire ; j'ai trouvé, parmi les livres qu'ils possèdent, une petite encyclopédie, un ouvrage de médecine et un dictionnaire portugais, où je suis tombé sur cette définition qui m'a paru étrange, en ma qualité d'hérétique : « Prêtre, celui qui prend soin de la conscience. » Ils ont aussi des extraits de la *Vie des saints*, et Cypriano a dans sa chambre trois images en cire représentant ses patrons ; saint Antoine, qui est l'un des trois, aurait mieux fait de se mettre à la recherche des brebis égarées que de perdre son temps à se mortifier dans sa cellule.

Cypriano et ses compagnons ne savent pas ce que c'est que la Bible ; mais, en revanche, ils portent des reliquaires en argent d'Allemagne afin de se préserver des dangers qui peuvent les atteindre, absolument comme les idolâtres ont des talismans pour conjurer tous les maux. Il est fâcheux que l'Église à laquelle ils appartiennent ne mettent pas les saintes Écritures entre les mains de ses enfants, toutes les fois qu'elle est obligée de les abandonner à eux-mêmes ; en supposant que la lecture de la Bible dût en faire des protestants, cela ne vaudrait-il pas mieux que de leur laisser ignorer l'Évangile? Quant à moi, plutôt que de les voir idolâtres, je préférerais infiniment que tous les nègres fussent de bons catholiques.

Il est certain que les lettres de recommandation que le chevalier du Prat m'a données en partant du Cap sont pour beaucoup dans les bontés qu'on nous témoigne ici ; mais il n'est pas moins évident que Cypriano obéit à son bon cœur en nous recevant comme il le fait ; on n'en saurait douter à la façon dont il dépouille son jardin pour subvenir à la nourriture de mes hommes. J'attends que le ciel s'éclaircisse afin de pouvoir déterminer avec exactitude la situation du Quango ; et, ne se lassant pas de nous donner l'hospitalité, Cypriano a fait tuer un bœuf à notre intention ; il vient même de distribuer aux femmes qui le servent des racines de manioc pour nous approvisionner de farine d'ici à Cassangé. Les femmes, après avoir bien nettoyé ces racines, les ont râpées complétement ; cette pulpe râpée a été mise sur une plaque de métal et desséchée au feu. Ainsi préparée, on la mange avec la viande à la place de légumes ; sa ressemblance avec la sciure l'a fait appeler farine de bois ; elle n'a aucune saveur, mais elle s'imprègne du jus de la viande que l'on a sur son assiette, et ceux qui en ont pris l'habitude la mangent avec plaisir, même après leur retour en Europe. C'est la variété douce que l'on cultive ici ; le manioc amer, dont on fait usage dans la province de Londa, est excessivement rare dans cette vallée fertile.

Bien qu'ici l'hiver commence au mois de mai la plupart des cultivateurs sont maintenant occupés à planter du maïs, et nous sommes en avril ; celui que nous mangeons aujourd'hui a été mis en terre au commencement de février, c'est-à-dire il y a deux mois. Le sol qui produit ces riches moissons est d'un rouge foncé, et couvert d'une herbe si épaisse, que des maraudeurs ambondas, s'y étant réfugiés à l'époque où elle était sèche, y furent brûlés par les habitants, qui avaient mis le feu tout autour de l'endroit où ils étaient cachés. Il est facile de le comprendre, car le chaume de ces herbes est en général de la grosseur d'un tuyau de plume, et, dans les endroits où il n'existe pas de sentier, il est impossible de traverser les plaines, où elles forment des masses compactes. J'ai failli perdre une fois mon chariot de cette manière, dans une plaine où l'herbe n'avait pas plus d'un mètre de hauteur. Nous fûmes réveillés tout à coup par un bruit analogue à celui d'un torrent et que produisait la flamme que le vent chassait avec furie ; je n'eus que le temps de mettre le feu à l'herbe du côté opposé, et d'attirer le chariot à l'endroit que je venais d'incendier ; les deux flammes se rencontrèrent, et s'éteignirent faute d'aliment.

La pluie et le désir de fixer notre position géographique nous ont retenus chez Cypriano jusqu'au 10. Je pars enfin n'ayant pu établir que notre latitude, qui est par 9° 50′ sud. Après trois jours d'une marche pénible nous arrivons à Cassangé, la station portugaise la plus avancée dans les terres sur la côte occidentale. Nous avons franchi plusieurs petites rivières qui vont se jeter dans le Quango, et passé entre deux murailles formées par une herbe si haute que je n'ai rien vu des lieux que nous avons traversés.

Le premier individu que j'ai rencontré en arrivant, m'a demandé si j'avais un passe-port et m'a dit qu'il était obligé de me conduire devant l'autorité. Il est certain que nos habits n'étaient pas faits pour lui inspirer confiance ; du reste je me trouvais dans la position de ces malheureux qui se rendent coupables d'un menu délit pour se faire mettre en prison afin d'avoir un asile et du pain, et je l'ai accompagné avec joie à la demeure du commandant, le senor de Silva Rego. Ce gentleman, après avoir examiné mes papiers, m'invita poliment à souper, et, comme depuis quatre jours je n'avais mangé que de la farine de bois, je dois avoir paru d'une gloutonnerie peu commune aux personnes avec lesquelles je dînais ; elles semblèrent néanmoins comprendre mon appétit, ayant elles-mêmes beaucoup voyagé ; toutefois, si elles n'avaient pas été là, j'aurais mis quelque chose dans ma poche pour manger pendant la nuit, car après la fièvre on a une faim dévorante, et le manioc est tout ce qu'il y a de moins restaurant au monde. En sortant de table, le capitaine Antonio Rodrigues Neves m'engagea à venir demeurer chez lui ; grâce à cet homme généreux, qui m'a traité comme un frère pendant tout le temps que j'ai passé dans sa maison, je fus habillé le lendemain matin d'une manière décente ; et non-seulement il s'empressa de pourvoir à tous mes besoins, mais il se chargea gratuitement de la nourriture de ma caravane affamée.

Trente ou quarante maisons de négociants, éparpillées au sommet aplati d'une colline située dans la grande vallée du Quango [1], forment la petite ville de Cassangé ; elles sont construites avec des branches d'arbres recouvertes de pisé ; des plantations de manioc, des champs de maïs les entourent, et presque toutes ont par derrière un potager où l'on cultive des pommes de terre, des haricots, des choux, des oignons, des tomates, enfin tous les légumes que l'on mange en Europe ; on y voit aussi des bananiers et des goyaviers qui doivent, à en juger d'après leur nombre et leur taille, dater de l'époque où le pays appartenait aux indigènes ; mais les orangers, les ananas, les figuiers, et les anacardiers ne sont plantés que depuis peu de temps. Les trente ou quarante négociants qui habitent Cassangé, font tous partie de la milice dont ils sont officiers ; quelques-uns d'entre eux se sont enrichis en confiant à des Pombeiros (commerçants natifs) une certaine quantité de marchandises que ceux-ci vont porter au loin dans l'intérieur du continent.

Il existe dans le royaume d'Angola une ancienne loi qui défend aux

---

1. Elle s'appelle également vallée de la Cassangé.

Portugais de franchir la frontière ; d'après cette loi, tout négociant européen qui est tué en dehors de la colonie, est considéré comme ayant été l'agresseur dans la lutte où il a trouvé la mort ; on a voulu par là éviter de punir les indigènes qui auraient été provoqués à répandre le sang portugais. Cette mesure est la preuve d'une impartialité que nous sommes loin d'avoir dans nos rapports avec les Cafres, à qui nous faisons la guerre sans nous être demandé si les premiers torts n'appartiennent pas à nos colons.

Toutefois, malgré les gouverneurs qui ont essayé de faire revivre cette loi, les négociants de Cassangé étendent peu à peu leurs relations sur les rives du Quango. D'après ce que j'ai pu voir pendant les huit jours que j'ai passés chez eux, ils m'ont semblé dans une situation prospère. Je suis pour ces bons Portugais un objet de curiosité s'il en fut ; ils m'ont pris tout d'abord pour un agent du gouvernement anglais envoyé en Afrique au sujet de la traite des nègres ; à présent qu'ils connaissent ma profession, ils ne peuvent pas deviner quel rapport peut exister entre les devoirs d'un missionnaire et les calculs astronomiques dont ils me voient fort occupé. « Est-ce que tous les missionnaires sont docteurs en médecine? m'est-il souvent demandé ; mais vous êtes donc aussi docteur en mathématiques ? Il faut que vous soyez plus qu'un missionnaire pour savoir calculer la longitude... Quel grade occupez-vous dans l'armée ? » Toutes ces questions me sont continuellement adressées. La raison que je leur donne pour justifier mes moustaches paraît les satisfaire, en ce qu'elle explique pour quel motif les hommes ont de la barbe et les femmes n'en ont pas ; mais ce qui est, pour tous les Portugais que je rencontre, une incroyable anomalie, c'est qu'appartenant au sacerdoce je puisse avoir une femme et quatre enfants. Lorsqu'ils m'interrogent à cet égard, je leur demande à mon tour s'il ne vaut pas mieux être marié que d'avoir des enfants sans l'être. Quelle que soit leur opinion sur ce chapitre, ils n'en sont pas moins hospitaliers et m'invitent généreusement à rester avec eux pour jouir des fêtes de Pâques.

16 avril. — On célèbre aujourd'hui l'anniversaire de la résurrection de Notre-Seigneur ; il n'y a pas de prêtre à Cassangé, et c'est moins une solennité religieuse qu'une réjouissance publique. Les gens de couleur ont habillé un mannequin, destiné à représenter Judas Iscariote ; ils l'ont monté sur un bœuf et ils le promènent dans toute la ville ; c'est à qui prodiguera les malédictions et les insultes au misérable juif que le mannequin a la prétention de figurer. Tous les indigènes, vêtus d'étoffes aux couleurs éclatantes, vont souhaiter une bonne fête aux principaux négociants, dont ils espèrent bien recevoir un cadeau en échange. Ce présent consiste la plupart du temps en indienne que le donataire n'accepte pas toujours, mais dont le refus n'a rien qui blesse le donateur.

Vers dix heures du matin, nous nous rendons chez le commandant ; à un signal donné, deux des quatre pièces de canon qui composent l'artillerie de Cassangé commencent un salve qui dure quelque temps, à la grande admiration de mes hommes qui se font une idée superlative de la puissance du canon. Le drapeau portugais est déployé au son des trompettes en signe de joie, à propos de la résurrection du Sauveur, et le capitaine Neves invite les principaux habitants du lieu à venir prendre leur part d'un festin qu'il s'est efforcé de rendre digne de la circonstance. Tous les fruits étrangers, tous les vins du Portugal, sont à profusion sur une table, où l'on voit en même temps des biscuits d'Amérique, du beurre de Cork et de la bière d'Augleterre. Après le repas on se met à jouer aux cartes, ce qui est le divertissement ordinaire, et l'on continue jusqu'à onze heures du soir. Il m'a semblé que les habitants de Cassangé étaient polis et obligeants entre eux. La fièvre est très-commune dans l'endroit qu'ils habitent, et la plupart ont une hypertrophie de la rate. Il n'y a dans la ville ni médecin, ni pharmacien, ni maître d'école, ni prêtre, et quand on est malade on se fait soigner par un ami et l'on espère en Dieu. Au reste, comme il arrive toutes les fois que l'homme est abandonné à lui-même, l'instinct médical des habitants est assez développé ; ils ont, à l'égard des maladies les plus communes dans le pays, des idées très-justes, et ils ne manquent pas de se communiquer entre eux les découvertes que l'expérience ou le hasard a pu leur enseigner.

Aucun de ces Portugais n'a sa femme avec lui ; généralement ils ne viennent ici qu'avec l'intention de gagner quelque chose et de retourner à Lisbonne ; ce qui nuira toujours au succès de la colonie. La plupart ont des enfants avec des femmes de l'endroit ; et pour moi, qui ai vu à l'égard des mulâtres les préjugés ridicules dont on les rend victimes, j'ai été vraiment heureux de la manière dont les gens de couleur sont traités par les Portugais de cette province. Il est très-rare qu'ils abandonnent leurs enfants, chose qui est si commune dans le Midi ; bien loin de les repousser, le père les fait asseoir à sa table et s'occupe de leur avenir comme s'ils étaient Européens. Les mulâtres employés en qualité de commis par les négociants partagent les repas du maître, et cela sans se préoccuper de la différence de couleur. Je sais bien que le nombre des blancs est si peu de chose en comparaison de celui des noirs, que cette position les oblige à certains ménagements ; toutefois je n'ai vu nulle part d'aussi bons procédés entre les indigènes et les Européens. Si quelques-uns des colons de nos frontières avaient la certitude que le gouvernement anglais refusera de soutenir leurs prétentions arrogantes, nous n'aurions pas tant à nous plaindre de l'hostilité des Cafres ; c'est l'insolence des uns qui produit celle des autres.

Du plateau de Cassangé, l'œil embrasse une grande partie de la vallée du Quango ; c'est une plaine étendue, légèrement ondulée, couverte d'herbe et parsemée de grands bois ; une chaîne de montagnes, appelée Tala Mungongo [1], s'élève à une distance d'à peu près vingt milles et forme la rampe occidentale de la vallée ; sur l'ancienne carte portugaise qui m'a servi pour me diriger dans mon voyage, elle porte le nom de Tala Mugongo, qui signifie château de rocs, et la source du Coanza y est placée, tandis que cette rivière, que nous ne rencontrerons qu'en approchant de Pungo Andongo, prend naissance bien plus loin au sud-ouest dans les environs de Bihé. Il est étonnant qu'on n'ait pas rectifié les erreurs qui ont été publiées sur cette région ; le capitaine Neves, et quelques autres, ont sur le cours des rivières de ce pays-ci des données positives qu'ils communiquent volontiers ; et cependant, sur les nouvelles cartes qui ont été envoyées d'Angola en Europe, le Quango et le Coanza sont représentés comme étant la même rivière, et Cassangé est placé à peu près à cent milles de la situation qu'il occupe. C'est sans doute au fréquent emploi du même nom qu'il faut attribuer la méprise qui a fait confondre les deux fleuves que nous venons de citer ; nous avons traversé plusieurs Quango, mais tous insignifiants, excepté celui qui sert de drain principal à cette vallée. La répétition des noms de chef, comme celui de Catendé, par exemple, n'est pas moins embarrassante : aussi, pour ne pas augmenter la confusion, déjà trop grande, qui existe entre les différents points des pays que j'ai visités, me suis-je abstenu de les baptiser de nouveau.

La vallée de Cassangé est couverte de villages, mais ils n'ont pas de situation permanente, et l'on dit qu'ils étaient bien plus nombreux avant l'expédition que les Portugais firent contre les Bangalas en 1850.

Comme je l'ai dit plus haut, cette vallée est d'une fertilité excessive ; mes Zambésiens ne se lassent pas d'admirer combien elle serait propre à la culture du sorgho (*holcus sorghum*), et ils s'irritent du peu de terrain que les habitants ont défriché. La terre n'a jamais besoin

---

1. Tala Mungongo, littéralement : Contemplez la montagne.

d'être fumée : seulement, plus elle a été cultivée, plus les récoltes sont abondantes ; le sol vierge y donne moins qu'un ancien jardin et, à en juger d'après le manioc et le maïs que je vois dans un champ de vieille date, je n'ai pas de peine à croire que ces plantes y soient parvenues au plus grand développement qu'elles puissent jamais atteindre. Les bêtes à cornes y réussissent également bien, et cette puissance de fécondité sans exemple est presque entièrement perdue. Les Portugais, ainsi que les mulâtres, dirigent toutes leurs pensées, tous leurs efforts vers le commerce de cire et d'ivoire ; et, tandis que la contrée qu'ils habitent nourrirait des troupeaux sans nombre et produirait une quantité de blé incalculable, les indigènes vivent de manioc, et les Européens achètent de la farine, du biscuit, du beurre et du fromage qu'on leur apporte d'Amérique.

Nous vendons aux négociants de Cassangé l'ivoire que Sékélétou nous a confié pour établir la différence qui existe entre le prix qu'on en retire chez les blancs et celui qu'on en donne chez les Makololos. Il est naturel que les Portugais puissent payer l'ivoire qu'on leur apporte bien plus cher que les marchands du Cap qui sont obligés de faire un voyage pénible et ruineux pour venir le chercher ; aussi le résultat de l'opération enchante-t-il mes Zambésiens : deux mousquets, trois petits barils de poudre, de gros paquets de verroterie, de la serge et de l'indienne anglaise, en quantité suffisante pour habiller la bande entière, et tout cela pour une seule défense d'éléphant, tandis qu'ils ont l'habitude d'en donner deux pour un fusil. Avec une seconde dent nous achetons du calicot, qui est ici la monnaie courante, et qui payera nos frais de route jusqu'à Loanda ; les deux autres sont échangées contre du numéraire destiné à l'acquisition d'un cheval que nous voulons offrir à Sékélétou.

Sous l'empire de la joie et de la surprise que leur cause le marché que nous venons de conclure, mes Makololos s'imaginent que les marchands du Cap les ont indignement volés, en leur payant leur ivoire un prix ridicule en comparaison de celui qu'ils viennent d'obtenir ; ils n'ont aucune idée de la valeur du temps, et il m'est bien difficile de leur faire comprendre que cette différence de prix résulte des frais de transport ; ils sont persuadés que, si les Portugais venaient chercher leur ivoire à Linyanti, ils le payeraient tout aussi cher que celui qu'on apporte. Ils finissent pourtant par saisir l'explication que je leur fais de la manière dont le prix d'une chose s'établit, en voyant décroître celui des objets qu'ils achètent, à mesure que nous approchons de Loanda ; et ils en tirent cette conclusion, qu'ils feront mieux d'aller jusqu'à cette ville que de repartir immédiatement pour retourner chez eux.

Il est intéressant pour moi d'observer les effets de la politique restrictive qui est suivie par le gouvernement du Cap à l'égard des Béchuanas ; comme toutes les mesures de prohibition commerciale, la loi qui interdit l'achat des armes et des munitions de guerre à des tribus qui sont loin de nous être hostiles, porte un préjudice notable à ceux qui l'ont mise en vigueur. Non-seulement l'administration du Cap, en cédant aux vœux d'une compagnie audacieuse qui avait intérêt à désarmer des peuplades dont elle enlève les enfants et les bestiaux, favorisa l'esclavage qu'elle réprouve, mais la poudre et les armes, qui ont pénétré dans l'intérieur par une autre voie, y arrivent en si grande quantité qu'elles y ont maintenant dix fois moins de valeur qu'à l'époque où elles ont été prohibées ; le seul résultat que le gouvernement colonial ait obtenu, c'est d'avoir privé les négociants du Cap d'une branche de commerce importante et d'avoir enlevé aux Béchuanas inoffensifs de nos frontières le moyen de se défendre contre des ennemis insatiables. Au moment de quitter Cassangé, le señor Rego me propose, avec une obligeance parfaite, de me donner un soldat pour m'accompagner jusqu'à la station d'Ambaca, et mes Zambésiens me témoignent le désir de retourner dans leur pays. On leur a dit que je ne les conduisais à la côte que pour les vendre, qu'arrivés à Loanda on les mettrait dans un navire, et qu'on les engraisserait pour les manger, les blancs étant des cannibales. Je leur demande s'ils ont entendu dire qu'un Anglais ait jamais vendu quelqu'un, si je n'ai pas refusé de prendre l'esclave que Shinté m'a offerte, et si parfois je les ai trompés ; j'ajoute néanmoins que, s'ils éprouvent la plus légère crainte à cet égard, ils font bien de ne pas me suivre à la côte, où j'irai sans eux, car j'ai l'espérance d'y rencontrer plusieurs de mes compatriotes. Ils me répondent qu'ils ont cru devoir m'informer de ce qu'on leur avait dit, mais qu'ils ne veulent pas me quitter et qu'ils viendront avec moi. Cette affaire terminée, le commandant leur donne un bœuf et m'invite à dîner pour me faire ses adieux. Les négociants de Cassangé nous accompagnent dans leurs hamacs, portés par des esclaves, jusqu'au bord du plateau où la ville est bâtie, et je me sépare d'eux, emportant dans mon cœur le souvenir ineffaçable de leur généreuse bonté. Non contents d'avoir pourvu à ma nourriture et à celle de mes hommes pendant notre séjour parmi eux, ils me donnent des lettres de recommandation pour les amis qu'ils ont à Loanda, et les prient de me recevoir et de m'ouvrir leur demeure, car il n'y a pas d'hôtel dans la ville, et, si l'on n'y connaît personne qui vous héberge, il faut coucher à la belle étoile. Que Dieu ne les oublie pas dans leurs jours d'infortune !

De Cassangé, qui est situé par 9° 37′ 30″ latitude sud, et 17° 49′ longitude est, nous avons encore trois cents milles à franchir pour arriver à Loanda. Le nègre qui nous sert de guide appartient à la milice, dont il est caporal ; natif d'Ambaca, il sait lire et écrire, ainsi que la plupart de ses compatriotes que l'on désigne sous le nom d'Ambakistas. Il est accompagné de trois esclaves qui le portent dans un *tipoia*, espèce de hamac suspendu à une perche. Pour ne pas fatiguer ses esclaves qui sont très-jeunes, et qui n'auraient pas la force de le porter longtemps de suite, il fait la plus grande partie de la route à pied; mais quand nous approchons d'un village, il remonte dans son tipoia et n'en descend que lorsqu'on ne peut plus nous apercevoir. C'est un homme assez curieux et qu'il est intéressant d'observer ; deux de ses esclaves portent donc son tipoia, qu'il soit dedans ou qu'il marche avec nous ; le troisième est chargé d'une caisse d'un mètre de long, qui contient ses vêtements, son écritoire et ses assiettes. Il est très-propre, très-méticuleux dans tout ce qu'il fait; et, bien qu'il soit complétement noir, il ne trouve pas d'injure plus grande à jeter à la face des gens de sa couleur, que de les appeler *nègre*. Veut-il acheter un objet quelconque dans un village, il s'assied, mélange un peu de poudre à canon avec de l'encre, et demande le prix de l'objet qu'il veut avoir, par un billet d'une écriture soignée qu'il adresse pompeusement à l'illustrissime señor à qui appartient la boutique ; du reste, la qualité d'illustrissimo est donnée à tout le monde dans le royaume d'Angola ; le marchand répond de la même manière, et, si notre acheteur est satisfait, il écrit de nouveau pour conclure le marché. Une énorme quantité de papier se consomme annuellement dans la province par l'effet de cette coutume fort peu expéditive. Malheureusement les habitudes de notre guide ne sont pas toujours aussi réjouissantes; un pays où il y a des esclaves est une mauvaise école, même pour celui qui est libre, et je trouve moins de franchise et de probité chez notre caporal que chez mes Zambésiens. Il est souvent d'accord avec les gens qui nous trompent, et reçoit une part du profit illicite qui a été fait sur nous. J'ai été obligé de lui interdire de se mêler de nos marchés et même d'approcher de l'endroit où nous les débattons. Mais, cette réserve faite, nous n'avons qu'à nous féliciter de l'avoir, et j'ai vu plus tard avec plaisir qu'il avait été nommé sergent-major.

En quittant Cassangé, le 21 avril, nous avons d'abord franchi la partie de la vallée qui s'étend de l'endroit où cette ville est construite, jusqu'au pied du TalaMungongo. Le 22, nous avons traversé une petite rivière nommée Lui; le 24, un ruisseau appelé Luare, et nous avons passé la nuit au bas de la montagne, dont l'élévation est de trois cents à quatre cent cinquante mètres. Les nuages qui flottaient au-dessus de la vallée se déchiraient contre les flancs du Mungongo, et la sensation que l'herbe chargée de pluie nous produisait, en nous fouettant la figure, n'était rien moins qu'agréable. Ce côté-ci de la montagne est exactement pareil à celui que nous avons descendu en venant des hauteurs de la province de Londa; il est évident que la vallée qui s'ouvre entre les deux rampes a été formée par dénudation, car on y voit encore des parties du plateau qui la remplissaient autrefois, et qui présentent les mêmes strates horizontales, de même nuance, de même structure, et à la même hauteur que celles de la chaîne que nous gravissons actuellement. L'une de ces masses isolées qui porte le nom de Kasala, est située à l'est-sud-est de l'endroit par où nous sortons de la vallée, à dix milles environ à l'ouest-sud-ouest du plateau de Cassangé. Ses flancs abrupts sont tellement perpendiculaires, qu'il est presque impossible, même aux naturels, de les gravir, malgré l'appât des nids de marabouts qu'ils trouveraient au sommet, et de la récolte de plumes précieuses que l'on pourrait y faire. Il y a, dit-on, un lac sur la partie méridionale de la plateforme, et, pendant la saison des pluies, une sorte de douve naturelle entoure la base du Kasala. Quelle situation précieuse pour le château fort d'un seigneur féodal! une terre labourable d'une certaine étendue, couronnant, à plus de trois cents mètres au-dessus de la plaine, un rocher complétement taillé à pic!

L'un des habitants de Cassangé m'a dit que nous pourrions gravir en quatre heures le versant du Mungongo; et, bien que je sois trempé et que j'aie maintenant la fièvre, je commence avec ardeur l'ascension de la montagne. Le sentier est raide et glissant; des gorges profondes s'ouvrent de chaque côté, laissant à peine au voyageur la place nécessaire pour y poser les pieds. Mais il ne nous faut qu'une heure pour arriver au sommet, et nous nous trouvons sur un plateau semblable à celui qui s'étend de l'autre côté de la vallée, plateau couvert de grands arbres, parmi lesquels je distingue le Mononga-Zambi, qui porte des fruits de la grosseur d'un boulet de trente-deux

Je jette un regard sur cette vallée dont la fertilité égale celle du Mississipi, et je songe à la masse énorme qui a été entraînée lors de sa formation, au nombre de siècles qu'il a fallu, pour que le dépôt des matières qui constituent la plaine sur ses deux rives ait accumulé ces strates puissantes, et pour qu'ensuite il ait été creusé à trois ou quatre cents mètres de profondeur, sur une étendue qui n'a pas moins de cent milles (cent soixante et un kilomètres) et je suis saisi de vertige en essayant de gravir les degrés qui conduisent à l'infini. Les différentes époques géologiques sont des bornes milliaires qui surgissent de cet océan sans rivage ; la création dont nous faisons partie, n'est qu'un point de la série merveilleuse où se révèle la puissance du Créateur, dont chaque étape sur la route du progrès est la manifestation. Bien loin d'affaiblir le sentiment religieux au cœur de l'homme, l'étude de cette science le conduit à penser que la preuve d'amour que Dieu nous a donnée en nous envoyant son Fils, n'est peut-être pas le seul témoignage de sollicitude qu'il ait fourni à la terre pendant les siècles dont l'humanité a perdu la mémoire.

A quelques milles du sommet de la rampe, nous arrivons au village de Tala Mungongo, où je passe la nuit dans une maison, chose qui m'est fort agréable, car l'élévation des lieux où nous sommes et l'approche de l'hiver, refroidissent la température au point que la plupart de mes gens sont enrhumés. On trouve ici et dans plusieurs stations portugaises, des espèces d'auberges ou plutôt d'asiles à peu près analogues aux caravansérails de l'Orient. Ces maisons de refuge sont construites, suivant l'usage du pays, avec des branches et du pisé; elles contiennent des chaises, une table, une grande jarre remplie d'eau, et des bancs formés de tringles de bois qui servent de couchettes. On n'y est pas très-mollement; mais cela vaut beaucoup mieux que d'être par terre, sous les débris de ma tente de voyage, qui ne me préservent plus des ondées tropicales ; et j'en ai profité jusqu'au moment où je me suis aperçu qu'on y avait certains camarades de lits extrêmement désagréables.

27 avril. — Cinq heures de marche à dos de bœuf à travers un pays charmant, où les bois alternent avec les prairies comme dans la province de Londa, nous conduisent à un village de Basangos, peuplade soumise à l'autorité portugaise. Nous traversons plusieurs ruisseaux qui coulent vers l'ouest, et dont la réunion forme le Quizé, l'un des affluents du Coanza. Nous n'avons qu'à nous louer des Basangos, comme, au reste, de toutes les peuplades que les Portugais ont conquises ; toutefois, les Basangos et les Bangalas ne sont pas entièrement subjugués ; mais les gouverneurs de la province d'Angola aiment mieux se contenter du faible tribut que leur payent ces villages éloignés, que de n'en rien recevoir du tout.

On peut considérer tous les habitants de cette région comme de véritables nègres; la peau foncée, les lèvres épaisses, le nez épaté, le crâne saillant dans le sens de la hauteur, l'occiput allongé, la tête couverte de laine, se rencontrent généralement dans ce pays-ci ; mais il est excessivement rare que tous ces caractères soient réunis chez un seul individu. Ils ont assurément de grosses lèvres, mais beaucoup d'entre eux ne les ont pas plus saillantes ni plus épaisses que certains Européens, et la nuance de leur peau varie du brun foncé au jaune clair. A mesure que nous avançons du côté de l'ouest, la couleur s'éclaircit pour se rembrunir un peu plus loin, sous l'influence de l'air humide de la côte. L'élongation du crâne n'est pas non plus un caractère constant chez la race africaine ; les populations de la côte orientale, les Cafres, par exemple, ont la tête aussi bien faite que les Européens ; et lorsque, après une longue habitude de les voir, j'ai pu faire abstraction de la couleur de la peau, il m'est arrivé plus d'une fois d'être frappé de la ressemblance de certains indigènes avec quelques-unes des notabilités d'Angleterre. Chez les Bushmen et chez les Hottentots, la forme de la tête est particulière, ainsi que la disposition de la laine qui leur sert de chevelure ; au lieu de présenter cette masse épaisse et crépue qui couvre la tête des Maravis et des Balondas, leur toison est un composé de petites touffes éparpillées sur le crâne et qui, chez les individus qui portent les cheveux courts, offrent l'aspect de grains de poivre noirs attachés à la peau. Tout en voulant respecter l'opinion des individus qui ont fait de l'ethnologie leur principale étude, il m'est impossible d'admettre que les traits exagérés, qu'on nous donne comme étant ceux du type nègre, caractérisent la majorité des populations chez aucune des peuplades qui habitent le centre de l'Afrique australe. Pour moi, les monuments des anciens Égyptiens offrent des types beaucoup plus vrais des Balondas que les figures de tous les ouvrages d'ethnologie qui me sont tombés entre les mains.

Nous traversons un district fertile et bien peuplé, avant d'arriver à Sanza, et nous nous retrouvons sur les bords du Quizé ; je vois avec bonheur un champ de froment où le blé est magnifique sans qu'il ait eu besoin d'irrigation, et dont les épis gonflés ont au moins de dix à douze centimètres de longueur ; c'est pour mes compagnons un objet de vive curiosité ; ils ont vu et goûté de mon pain lorsque j'étais à Linyanti, mais c'est la première fois qu'ils aperçoivent du blé ; celui-ci est cultivé par M. Miland, Portugais aimable, dont le jardin offre beaucoup d'intérêt, en prouvant qu'à cette hauteur au-dessus du niveau de la mer, le sol peut produire dans cette région non-seulement du blé, mais encore tous les légumes d'Europe. Nous découvrons un peu plus loin que le café s'est propagé de lui-même dans certaines parties de ce district ; on le trouve également au sommet du Tala Mungongo, à trois cents milles de la côte occidentale, où les jésuites l'ont apporté jadis.

30 *avril*. — Nous passons la journée du dimanche à Ngio, tout près de l'endroit où le Quizé traverse notre chemin pour aller se jeter dans le Coanza. Le pays est plus découvert, mais toujours très-fertile et suffisamment boisé; des cours d'eau nombreux le sillonnent dans tous les sens, la terre y est couverte d'une herbe épaisse ayant un mètre de hauteur, des villages sont dispersés dans la plaine, et renferment souvent la maison carrée d'un mulâtre portugais qui est établi dans ces lieux pour y faire du commerce. Les habitants de ces villages ont des bœufs, des vaches et des cochons.

Tous les huit ou dix milles on trouve, sur la route que nous suivons, des espèces de bivouac, formés d'appentis, composés de perches et d'herbe, où s'arrêtent les nombreux voyageurs qui vont à la côte ou qui en reviennent. Les indigènes portent les marchandises sur la tête ou sur l'épaule, dans un panier attaché à deux bâtons, d'une longueur de deux mètres, et qu'on appelle *motété*. Ces deux perches se projettent en avant de l'individu qui les porte; quand celui-ci veut se reposer, il les plante dans la terre, appuie son fardeau contre un arbre, ou le soutient verticalement, et se recharge sans effort quand il a repris haleine.

Toutes les fois qu'une bande de porteurs, ou même notre petite troupe, arrive à l'un des bivouacs dont nous avons parlé, et s'y installe pour y passer la nuit, ceux qui viennent après et qui trouvent la place occupée, construisent de nouveaux appentis, ce qui n'est pas difficile, car il ne manque pas d'herbe sur le bord du sentier. A peine êtes-vous établis que des femmes arrivent de leur village, et viennent vous proposer de la farine de manioc, des arachides, des yams, de l'ail et du piment [1]. Toutes ces femmes sont très-polies dans les offres qu'elles vous font, et, à en juger par les rires et la quantité de paroles dont elles entremêlent la vente, il est évident que le métier ne leur déplaît pas.

Deux de mes compagnons ont la fièvre, et cela n'a rien d'étonnant; l'humidité est si grande et les nuits tellement fraîches, qu'il m'a fallu renoncer aux observations astronomiques; je ne suis pas beaucoup plus à l'abri sous ma tente que dehors; toutefois, enveloppé dans ma couverture, je suis moins sensible à l'influence de la rosée.

J'aurais eu du plaisir à faire plus ample connaissance avec les habitants de ce pays-ci; mais le vertige que m'a donné la fièvre est si

---

[1]. Bird's eye pepper, *Capiscum baccatum*.

grand que je suis obligé de me cramponner sur mon bœuf pour y conserver l'équilibre, et que je me traîne péniblement à l'endroit où je peux me coucher dès que j'ai mis pied à terre ; je le regrette d'autant plus que tous les Portugais vous accueillent parfaitement et croient qu'on les dédaigne quand on passe auprès d'eux sans leur adresser la parole.

Le paysage qui s'offre à nos regards, au moment où nous entrons dans le district d'Ambaca, est embelli par de hautes montagnes qui s'élèvent dans le lointain ; l'herbe y est beaucoup moins haute que celle que nous avons rencontrée jusqu'ici, et tout le pays est verdoyant et plein de fraîcheur. A notre gauche se dressent des rochers de la même nature que ceux de Pungo Andongo, et qui rappellent le Stonehenge de Salisbury [1], avec cette différence qu'ici les piliers sont d'une taille gigantesque. Cette région, d'une fécondité surprenante, est renommée pour les bestiaux qu'on y élève, et pour le bon marché des denrées de toute espèce que la terre y produit en abondance. Le sol présente, dans presque toutes ses parties, une teinte rouge qu'il doit à la matière ferrugineuse qu'il renferme ; il est arrosé par un grand nombre de ruisseaux, dont la réunion forme la Lucalla, rivière qui, après avoir parcouru le district d'Ambaca, va se jeter dans le Coanza à Massangano. On traverse la Lucalla au moyen de pirogues entretenues par un brave homme qui affirme le passage au gouvernement, et qui fait payer aux voyageurs un droit équivalent à dix centimes par tête. Quelques milles plus loin, nous arrivons à Ambaca, place autrefois importante, mais qui n'est plus qu'un pauvre village, admirablement situé sur une petite colline, au milieu d'une plaine entourée de hautes montagnes. On y trouve une prison et la demeure du commandant qui est assez confortable ; mais ni citadelle, ni église, bien qu'on y voie encore les ruines d'un édifice religieux.

Nous sommes reçus à merveille par le commandant Arsenio di Carpo, qui parle un peu anglais. Il me recommande un régime fortifiant pour combattre ma faiblesse, et me donne le premier verre de vin que j'aie bu depuis que je suis en Afrique ; l'amélioration que j'en éprouve immédiatement me permet de comprendre les effets de la fièvre et de les analyser. Je suis moi-même étonné de la confusion qu'ils avaient jetée dans mon esprit ; malgré tous mes efforts, il m'a été impossible de prendre aucune observation lunaire, depuis que nous avons quitté Ngio, et de faire le moindre calcul ; j'ai vainement essayé d'apprendre quelques mots de Bunda, qui est le

---

[1]. Pile formée de pierres énormes, située à quelques milles de Salisbury et que l'on croit avoir appartenue à un temple druidique. (*Note du traducteur.*)

usage dans ce pays-ci; bien plus, j'ai parfois oublié le nom des jours de la semaine et celui de mes compagnons; il est probable que je n'aurais pas su dire le mien si on me l'avait demandé. Je pensais continuellement à la nature de ma fièvre, je croyais en avoir découvert le principe, et j'étais sûr de me guérir lors du prochain accès; mais les premiers frissons dispersaient toutes les théories qui avaient germé dans un coin de mon cerveau.

On dit que la population de ce district s'élève à plus de quarante mille âmes; il y avait autrefois, à dix ou douze milles au nord d'Ambaca, une mission appelée Cahenda, et le nombre des individus qui, dans la province, savent lire et écrire, est vraiment extraordinaire; c'est l'œuvre des jésuites et des capucins, qui l'ont enseigné d'abord; depuis leur expulsion par le marquis de Pombal, les indigènes ont continué à se servir mutuellement de professeur. On a conservé dans le pays une grande vénération pour les bons pères; tout le monde parle ici des jésuites avec reconnaissance, et je regrette qu'ils n'aient pas laissé la Bible aux populations qu'ils ont instruites, et qui auraient trouvé dans les saintes Écritures la lumière dont les a privés le départ de leurs guides spirituels.

Pendant la nuit que j'ai passée à Ambaca, dans la maison del señor de Carpo, j'ai été mordu au pied par un insecte bien connu dans le midi de l'Afrique, où il se nomme tampan : c'est une espèce de tiquet, dont la taille varie depuis la grosseur d'une tête d'épingle jusqu'à celle d'un pois; il se niche de préférence entre les doigts ou les orteils, et se gorge de sang jusqu'à ce qu'il en soit rempli : c'est alors un sac d'un bleu foncé, dont la peau est tellement coriace et résistante, qu'il est impossible de la faire éclater en la pressant avec les doigts. Aussitôt que vous avez été mordu par le tampan, vous ressentez une douleur cuisante mêlée de démangeaison qui envahit toute la jambe; une fois que le venin est parvenu à l'abdomen, il vous cause des vomissements et vous purge avec violence; quand cette purgation n'est pas produite, il vous donne la fièvre, ainsi que je l'ai éprouvé moi-même à Têté, où je fus mordu plus tard; je tiens d'un Portugais intelligent, qu'on a vu la mort succéder à cette fièvre. La sollicitude que mes amis de Têté manifestaient à l'égard de mes Zambésiens pour les préserver des tampans, qui sont communs dans presque tous les villages, prouve la terreur que leur inspire cet insecte; quant à moi, j'en ai été quitte pour souffrir pendant huit jours d'une cuisson assez vive dans la partie mordue.

12 mai. — Ce matin, au moment de nous quitter, le señor Arsenio m'a généreusement pourvu de pain et de viande pour aller jusqu'à la station prochaine, et m'a donné deux miliciens en remplacement de notre caporal de Cassangé, dont nous nous séparons ici. Vers le milieu du jour, j'ai demandé à m'abriter du soleil dans la maison du señor Mellot, qui demeure à Zangu ; j'étais si faible qu'il m'a été impossible de faire la conversation, même de rester sur une chaise ; il a fallu absolument me coucher. Lorsque je me suis levé pour partir, j'ai trouvé une volaille que mon hôte m'avait préparée lui-même et un verre de vin, grâce auquel je n'ai pas eu le frisson que j'attendais ce soir. L'hospitalité dont tous les Portugais, sans exception, ont fait preuve à notre égard, m'a touché profondément ; et je n'y pense jamais sans éprouver une ardente gratitude.

14 *mai*. — Cabinda, où nous passons notre dimanche, est l'un des chefs-lieux d'arrondissement du district d'Ambaca ; c'est une petite ville ou plutôt un village entouré de plantations de bananiers et de manioc, et situé dans une admirable vallée traversée par un ruisseau ; plus nous avançons, plus le pays devient pittoresque ; la chaîne bleue des hautes montagnes de Libollo que nous avions au sud, à trente ou quarante milles de distance, en arrivant d'Ambaca, nous est maintenant cachée par d'autres montagnes plus voisines ; les monts de Kiwé et Cahenda, qui, vus du même endroit, découpaient nettement leur silhouette grise à huit ou dix milles du côté nord, sont maintenant à notre droite, et nous y touchons presque ; de l'endroit où nous sommes, la plaine verdoyante et légèrement ondulée où est située Ambaca, forme un bassin que de hautes montagnes aux flancs déchirés environnent de toutes parts ; et poursuivant notre route à l'ouest, nous entrons dans le district sauvage de Golungo Alto.

Un certain nombre de Mambaris qui retournent à Bihé suivent le même sentier que nous. Quelques-uns d'entre eux ont pénétré jusqu'à Linyanti, et sont assez maladroits pour exprimer le déplaisir qu'ils éprouvent de voir les Makololos sur le chemin de Loanda. « Vous ne savez pas, leur disent-ils, de quelle façon le commerce se fait avec les blancs ; à la nuit close, on porte son ivoire sur le bord du rivage, où le lendemain matin il est remplacé par les marchandises que vous donnent en échange les hommes blancs qui vivent au fond de la mer. Comment ferez-vous pour vous entendre avec eux ? Pourrez-vous entrer dans l'Océan et les prier de venir vous trouver ? » On est surpris d'entendre débiter cette fable, lorsqu'on est si près de la côte. Mes Zambésiens qui gagnent de l'expérience, et qui devinent parfaitement les motifs de la mauvaise humeur des Mambaris, leur répondent qu'ils seront enchantés de faire connaissance avec les hommes-poissons qui habitent l'Océan.

Il y a pour un Highlander une joie si grande à retrouver des montagnes, que j'oublie ma fièvre en gravissant les masses de micachiste, revêtues de forêts, qui entourent la résidence du commandant de Golungo Alto, située par 9° 8′ 30″ latitude sud, et 15° 2′ longitude est. Le district est d'une admirable beauté dans toute son étendue ; le flanc des montagnes y est couvert de grands arbres, au feuillage de toutes les nuances, parmi lesquels s'élève le gracieux palmier qui fournit au commerce l'huile dont on fait du savon, et dont on extrait la liqueur enivrante connue sous le nom de *toddy*. Çà et là des groupes de montagnes ressemblent à des vagues puissantes acculées au fond d'un golfe étroit, et qui tout à coup se seraient solidifiées ; les petites maisons des indigènes, perchées au sommet des collines, feraient supposer chez leurs propriétaires un goût prononcé pour les beautés de la nature ; mais c'est probablement au désir d'échapper à la malaria du fond de la vallée, qu'il faut attribuer l'heureuse situation de leur demeure.

Nous sommes admirablement reçus par le lieutenant Antonio Canto e Castro, commandant du district, jeune homme plein de mérite, à qui je conserve au fond du cœur une sincère affection ; il déplore, comme toutes les personnes intelligentes que j'ai rencontrées dans ce pays-ci, la négligence dont on fait preuve à l'égard de cette belle contrée. Le dernier recensement porte à vingt-six mille le nombre des feux renfermés dans ce district ; en attribuant quatre individus à chacun de ces foyers, la population s'élèverait à cent quatre mille habitants. Le chiffre des portefaix (carregadores), dont le gouvernement a le droit de disposer pour le transport des marchandises à la côte, est de six mille pour ce district seulement, et il n'y a pas même de route qui permette de franchir sans peine ce trajet effectué par tout le monde. C'est depuis 1845, époque à laquelle nous avons multiplié nos croiseurs sur la côte de Guinée, que ce système coercitif pour le transport des marchandises a été adopté dans le royaume d'Angola ; autrefois, chaque négociant se procurait dans l'intérieur, en même temps que de la cire et de l'ivoire, un certain nombre d'esclaves qui rapportaient eux-mêmes les articles achetés par leurs maîtres, la cargaison tout entière, y compris les porteurs, étant destinée à une exportation immédiate. Mais lorsqu'en 1845 une surveillance plus active eut empêché la traite des nègres, il fallut aviser à un autre moyen de transport, et ce fut l'administration coloniale qui se chargea d'y pourvoir. Un négociant a-t-il besoin de trois cents carregadores pour apporter à la côte les objets de son trafic, il s'adresse au gouverneur général; celui-ci donne au commandant d'un district l'ordre de fournir la quantité de portefaix qui lui a été demandée; à son tour, l'individu qui est à la tête de chaque village, caporal ou lieutenant, reçoit l'ordre d'envoyer à l'endroit indiqué un nombre d'hommes proportionnel à celui des habitants de sa commune. Le négociant, en échange du service qui lui est rendu, paye au gouvernement la somme de mille reis[1], environ quatre francs par charge d'homme, et au porteur, cinquante reis par jour, ce qui fait à peu près vingt centimes; comme chaque étape ne dépasse guère huit ou dix milles, la dépense ne laisse pas que de paraître assez lourde à des gens habitués jusqu'ici au travail gratuit de leurs esclaves; ils n'ont cependant fait aucun effort pour établir un chemin praticable aux voitures. L'autorité n'a pas songé davantage à créer des voies de communication, ce premier besoin d'un pays; et personne, pas même les indigènes, ne profite des richesses de cette contrée fertile.

Quelques jours passés avec le bon Antonio m'ont rendu assez de force pour me permettre de contempler avec bonheur le paysage luxuriant qui se déploie devant sa maison. Partout des montagnes verdoyantes, dont la plupart, cultivées jusqu'au sommet, sont couvertes de manioc, de café, de coton, d'arachides, de bananiers, d'ananas, de goyaviers, d'anacardiers, de papayers, de chérimolias, que les missionnaires ont apportés jadis de l'Amérique du Sud. Je ne connais pas d'endroit qui rappelle plus que celui-ci la baie de Rio Janeiro, dont la beauté n'a pas d'égale. Je reviendrai plus loin sur la fertilité merveilleuse du district de Golungo.

24 mai. — On est ici en plein hiver; tous les soirs les nuages se rassemblent au-dessus des montagnes, du côté de l'ouest, le tonnerre gronde et il pleut une partie de la nuit ou le lendemain au point du jour. Il est rare que les nuages se dispersent avant la fin de la matinée, ce qui occasionne des brouillards, phénomène que je n'ai jamais vu se produire à Kolobeng. Le thermomètre est dans le jour à 80 degrés (26° centigrades 6/9), et, lorsque la nuit approche, il tombe à 76 (24° centigrades 4/9).

Nous traversons plusieurs cours d'eau rapides qui ne tarissent jamais, et qui vont se jeter dans la Lucalla et dans la Luinha (pro-

---

[1] Les 1000 reis valent ordinairement 6 fr. 12 c. Le docteur Livingstone en traduit la valeur par environ 3 shellings, ce qui ferait à peu près 3 fr. 75 c. Le change est tellement variable dans certaines colonies que nous avons cru devoir conserver les chiffres du docteur; ils expriment sans doute l'équivalent des 1000 reis en monnaie européenne à l'époque de son séjour à Loanda. (*Note du traducteur.*)

noncez Louinya); on pourrait utiliser avec avantage ces ruisseaux qui présentent des chutes nombreuses ; mais on laisse toutes ces forces oisives, et toutes ces eaux vont se perdre dans la mer sans profit pour personne. A Cambondo, vaste éclaircie au milieu d'une forêt composée d'arbres énormes, et qui se trouve à huit milles de Golungo Alto, nous voyons de nombreux charpentiers convertir en planches des pièces de bois gigantesques, en suivant la même méthode que Robinson Crusoé ; un arbre de cent vingt centimètres de diamètre et qui a de quinze à douze mètres sans branches, est abattu, débité par billes d'un mètre et demi de longueur, fendues à leur tour en solives que l'ouvrier réduit en planches de vingt-cinq millimètres d'épaisseur, non pas avec une scie, mais au moyen d'une hache. Tout ce travail a pour but la confection de petits coffres, dont il se fait un grand débit à Cambondo, et qui, pourvus de charnières, d'une serrure et d'une clef, fabriquées par le charpentier lui-même, ne coûtent pas plus de deux francs cinq centimes chacun. Mes Zambésiens ne résistent pas au désir de posséder de pareils chefs-d'œuvre, ils en achètent plusieurs, qu'ils ont eu la constance de porter sur leur tête, non-seulement à la côte, mais ensuite de Loanda jusque chez eux.

A Trombéta, je remarque avec plaisir les fleurs qui ornent le jardin, et qui décorent la maison du sous-commandant ; c'est la première fois que je vois une habitation entretenue avec goût et, si l'on peut dire, avec amour, depuis que j'ai quitté celle de Mozinkoua dans la province de Londa ; des massifs de fleurs et d'ananas sont plantés entre les arbres qui s'élèvent de chaque côté de l'avenue : disposition heureuse que j'ai retrouvée dans plusieurs autres parties de cette province, où d'ailleurs il suffit d'empêcher une plante d'être étouffée par les mauvaises herbes, pour qu'elle se développe avec succès.

Il y a quelques années, la propriété du sous-commandant était couverte de bois et lui coûta quatre cents francs ; il y a planté neuf cents caféiers qui ont commencé à produire au bout de trois ans, et qui, se trouvant en plein rapport la sixième année de leur plantation, doivent donner aujourd'hui à ses quatre cents francs une valeur de vingt-cinq mille francs. Tous les arbres fruitiers, y compris la vigne, donnent ici deux récoltes par an, sans travail et sans irrigation ; il en est de même pour les céréales et pour les légumes, et, si l'on met à profit les brouillards de l'hiver, on peut avoir trois récoltes de pois, de fèves, etc. Aujourd'hui le coton est mûr sur les terres du commandant ; celui-ci toutefois ne paraît pas y prendre un bien vif intérêt ; je crois lui avoir entendu dire que le cotonnier prospère dans cette région, mais que la double saison de pluies dont le pays est favorisé, ne lui est pas toujours avantageuse. Quant aux figues et aux raisins, ils font merveille ; et la seule chose dont se plaignent les cultivateurs est l'absence de route, qui ne leur permet pas de transporter leurs produits; toutes les denrées sont ici d'un bon marché incroyable.

Un peu plus loin, en quittant les montagnes et en descendant vers la côte, nous voyons la terre devenir de moins en moins féconde. A notre droite se trouve la Senza, qui prend le nom de Bengo en approchant de son embouchure ; les plaines qui s'étendent sur ses bords sont protégées contre l'inondation par des chaussées, et les habitants sont tous occupés à faire venir des grains, des légumes et des fruits, qu'ils envoient par eau à Saint-Paul de Loanda. Les rives de la Senza sont infestées par les moustiques les plus féroces que nous ayons rencontrés ; pas moyen de reposer un instant ; je suis hébergé dans une maison portugaise, mais j'ai bientôt fait de déserter ma chambre pour aller me coucher autour du feu de mes hommes, dont le vent me renvoie la fumée qui me protége contre cette infernale engeance. Mon hôte s'étonne du mauvais goût dont je fais preuve, et moi je n'en reviens pas de son insensibilité ; il a fini, du reste comme tous les habitants de ce village, par s'habituer à ce supplice, qui équivaut au mal de dents, ou tout au moins à un clou qui vous percerait continuellement le talon.

A mesure que nous approchons de la mer, mes compagnons envisagent les choses sous un jour plus sérieux, et ne sont pas sans inquiétude. L'un d'eux me demande si, dans la ville, nous pourrons tous veiller les uns sur les autres, afin de nous protéger mutuellement. « Supposez, dit-il, que l'un de nous s'écarte pour aller chercher de l'eau, sera-t-il possible aux autres de voir si on ne va pas l'enlever ? — Je comprends votre pensée, lui ai-je répondu ; si vous n'avez pas confiance en moi, vous pouvez retourner dans votre pays ; je ne connais pas plus que vous la ville où nous allons, mais rien ne vous arrivera qu'il ne m'en arrive autant à moi-même. Jusqu'ici nous n'avons abandonné aucun des nôtres, et nous ferons là-bas ce que nous avons toujours fait. »

La plaine, quelque peu élevée, qui entoure Loanda, forme un plateau stérile, comparativement aux contrées qui la précèdent. Arrivés sur ce plateau, nous apercevons l'Océan, que mes compagnons contemplent avec un respect mêlé d'effroi. « Croyant ce que nous avaient dit les anciens, s'écrient-ils, nous pensions avec nos pères, que le monde n'avait pas de bornes, et le monde nous dit tout à coup : « C'est ici que je finis ; au delà, je n'existe plus. » Ils s'étaient figuré la terre comme une plaine sans limites.

Ils commençaient à craindre de souffrir de la faim, et j'étais incapable de les rassurer en leur promettant des vivres, abattu que j'étais moi-même par l'inquiétude et par la maladie. A la fièvre qui me dévorait, s'était jointe une dyssenterie qui m'obligeait à descendre de mon bœuf toutes les dix minutes, quelquefois plus souvent ; et le 31 mai, tandis que nous descendions la pente qui conduit à Loanda, je me sentais profondément découragé en pensant qu'au milieu d'une population de douze mille âmes, il ne se trouvait qu'un seul Anglais. Je me demandais naturellement avec anxiété si c'était un homme généreux et bon, ou l'un de ces êtres détestables qu'il vaudrait mieux ne pas rencontrer sur sa route.

J'ai su plus tard que ce gentleman, appelé M. Gabriel, commissaire de la Grande-Bretagne pour la suppression de la traite des nègres, avait envoyé au-devant de nous sur le chemin de Cassangé pour m'inviter à descendre chez lui ; malheureusement son émissaire et moi nous nous étions croisés. Lorsque nous avons franchi le seuil de sa résidence, je fus ravi du grand nombre de fleurs soigneusement cultivées que j'aperçus dans le jardin, et j'en conclus, ce dont j'acquis bientôt la certitude, que M. Gabriel avait un cœur véritablement anglais.

Me voyant aussi malade, il m'offrit généreusement sa propre chambre ; je n'oublierai jamais la sensation délicieuse que j'éprouvai en me retrouvant dans un bon lit, après avoir couché pendant six mois sur la terre. Je m'endormis aussitôt, et mon hôte, qui vint me retrouver presque immédiatement, se réjouit de me voir plongé dans un sommeil aussi profond.

CHAPITRE XX

Maladie. — Bontés de l'évêque d'Angola et des officiers de Sa Majesté Britannique. — Hospitalité de M. Gabriel. — Conduite des Makololos. — Ils visitent un vaisseau de guerre. — Politesse des officiers et des matelots. — Les Zambésiens entendent la messe dans la cathédrale de Loanda. — Leurs observations. — Ils trouvent de l'ouvrage. — Influence bienfaisante de l'évêque d'Angola. — Saint-Paul de Loanda. — Le port, la douane. — Traite des nègres. — Convicts militaires. — Présents de l'évêque et des marchands de Loanda pour Sékélétou. — Départ de Loanda. — Sucrerie. — Géologie. — Manière de filer le coton. — Tisserands indigènes. — Marchés. — Cazengo. — Plantations de café. — Arbres de l'Amérique du Sud. — Ruines d'une forge. — Mineurs indigènes. — Rives de la Lucalla. — Tabac. — Massangano. — Terrain excellent pour le coton. — Négociants portugais. — Ruines. — Ancienne importance de Massangano. — Les Kisamas. — Variété particulière de poules domestiques. — Retour à Golungo Alto. — Fièvre. — Jaunisse. — Délire.

Je restai chez M. Gabriel, dans l'espoir que sa gracieuse hospitalité m'aurait bientôt rendu toute ma vigueur ; mais j'avais subi trop longtemps l'influence de la malaria, et je m'épuisais de plus en plus, malgré le repos absolu dont je jouissais chez mon hôte. Je reçus, peu de temps après mon arrivée, la visite de plusieurs gentlemen portugais ; et le révérend Joaquin Moreira Reis, évêque d'Angola, provisoirement gouverneur de la province, envoya son secrétaire pour me voir et pour m'offrir les services du médecin du gouvernement.

Des croiseurs de sa Majesté Britannique arrivèrent à cette époque à Loanda, et leurs commandants, frappés de l'état de maigreur auquel j'étais réduit, me proposèrent de me conduire à Sainte-Hélène, ou même en Angleterre ; mais j'avais amené avec moi un certain nombre de sujets de Sékélétou, et la quantité de forêts, de marécages, de rivières qu'il nous avait fallu traverser pour arriver à la côte, surtout le mauvais vouloir que nous avions rencontré chez les tribus voisines des établissements portugais, ne permettaient pas à mes compagnons de retourner seuls dans leur pays. Je refusai donc les offres séduisantes de ces messieurs, et je pris la résolution de ramener mes Makololos à leur chef, et d'essayer de me rendre ensuite à la côte orientale par la voie du Zambèse.

Je recourus toutefois, avec plaisir, aux conseils de M. Cockin, médecin du *Polyphème*, que m'avait recommandé le capitaine Phillips; et le traitement que je suivis, l'amabilité des officiers de marine et les bons soins de mon hôte, m'eurent bientôt rétabli. J'allais tellement bien quinze jours après mon arrivée, que je pus aller faire ma visite à l'évêque, suivi de tous mes gens, qui, vêtus de neuf, portaient des jupes de coton rayé et des bonnets rouges dont M. Gabriel leur avait fait présent. L'évêque, en sa qualité de chef du gouvernement, nous reçut dans la grande salle du palais; il m'adressa un grand nombre de questions intelligentes à propos des gens de ma suite, et permit à ceux-ci de venir à Loanda aussi souvent qu'ils le voudraient. Cette entrevue enchanta mes compagnons.

Les Makololos se faisaient remarquer de tout le monde par leur bonne tenue et le sérieux de leurs manières. Ils regardaient avec un étonnement voisin du respect les édifices bâtis en pierre qui se trouvent dans les environs du port; jusqu'à présent une maison à deux étages était restée pour eux une chose incompréhensible. J'avais toujours été obligé de me servir du mot *case* dans l'explication que je leur en donnais, et comme leurs cabanes sont formées de pieux enfoncés dans la terre, ils ne pouvaient pas se figurer comment les perches d'une hutte pouvaient être posées sur le toit d'un autre, ou s'imaginer qu'on pût demeurer à l'étage supérieur, dont le milieu devait être occupé par la toiture conique de la hutte qui le soutenait. Ceux des Makololos qui avaient vu ma petite maison de Kolobeng essayaient de la décrire à leurs compatriotes en leur disant : « Ce n'est pas une hutte, c'est une montagne où il y a plusieurs caves. »

Le commandant Bedingfeld et le capitaine Skene les invitèrent à venir visiter leurs vaisseaux, *le Pluton* et *la Philomèle*. Connaissant l'inquiétude de mes nègres, dont plusieurs avaient éprouvé la crainte d'être vendus comme esclaves, je leur dis que celui d'entre eux qui avait le moindre soupçon n'avait pas besoin de venir, qu'il était libre de s'en dispenser; mais ils vinrent presque tous, et quand ils furent sur le pont : « Ces hommes, leur dis-je en leur montrant les matelots, sont mes compatriotes; la reine de mon pays les a envoyés précisément pour mettre un terme à la vente des esclaves.—C'est vrai, s'écrièrent-ils, c'est vrai, car ils vous ressemblent tous! » Aussitôt leurs craintes s'évanouirent, ils se mêlèrent aux hommes de l'équipage, qui, agissant comme l'auraient fait les Makololos en pareille circonstance, partagèrent avec eux le pain et le bœuf qu'ils avaient reçus pour leur dîner.

e commandant permit aux Makololos de tirer un coup de canon ; et, se faisant la plus haute idée de la puissance de l'artillerie qui était à bord, ils furent enchantés quand je leur eus dit qu'elle était destinée à combattre les marchands d'esclaves. Ils n'étaient pas moins émerveillés de la dimension du brick de guerre, et ils se disaient entre eux : « Ce n'est pas un canot, c'est une ville ; et quelle ville étrange que celle où, pour arriver, on grimpe avec une corde ! » C'était la phrase qui couronnait leur description du navire dont ils avaient baptisé l'entre-pont du nom de kotla.

On ne se figure pas l'heureux effet que produisit sur leur esprit la politesse des officiers et de l'équipage à mon égard : ils avaient eu pour moi infiniment de complaisance et d'affection depuis notre départ de Linyanti ; mais je grandis beaucoup dans leur estime quand ils virent la considération dont je jouissais parmi mes compatriotes, et ils me traitèrent désormais avec la plus grande déférence.

Le 15 il y avait messe et procession à la cathédrale ; voulant montrer à mes nègres un temple consacré au Seigneur, je les conduisis à l'église métropolitaine du siége épiscopal d'Angola et du Congo. Certains individus s'imaginent que les pompes du culte catholique disposent mieux l'esprit et le cœur au sentiment religieux que la simplicité du rite protestant ; mais ici, les nombreuses génuflexions, les changements de place continuels, le jeu des encensoirs, la position du prêtre qui tourne le dos à l'assemblée, les rires, les chuchotements, l'irrévérence des chantres, les coups de fusil, etc., n'éveillèrent pas dans l'esprit de mes nègres la pensée d'adoration. « Nous avons vu les blancs charmer leurs démons, » disaient-ils, employant à ce propos la phrase dont ils s'étaient servis lorsqu'ils avaient vu les Balondas battre du tambour en face de leurs idoles.

J'eus, au commencement du mois d'août, une rechute sérieuse qui me réduisit à l'état de squelette ; mais, lorsque je fus en convalescence de cette dernière attaque, je me vis avec joie délivré de cette lassitude qui avait persisté jusqu'alors et qui prouvait la continuité de l'influence morbide sur ma personne. J'avais été pendant longtemps complétement incapable de m'occuper de mes noirs ; quand je les retrouvai, ils avaient d'eux-mêmes établi un commerce de bois de chauffage. Ils partaient le matin au chant du coq, atteignaient au point du jour les parties non cultivées de la campagne voisine, y prenaient des charges de bois qu'ils rapportaient à Loanda, et qu'ils vendaient aux habitants, après les avoir divisées en petits fagots.

Comme pour le même prix ils en donnaient beaucoup plus que les marchands de bois ordinaires, leur commerce s'établit sans aucune difficulté. Sur ces entrefaites, un navire chargé de houille pour le service des croiseurs étant arrivé d'Angleterre, M. Gabriel leur procura de l'emploi à raison de six pence par jour (soixante centimes) pour décharger le bâtiment. Ils continuèrent ce travail pendant plus d'un mois, et rien ne les étonna davantage que l'immense cargaison qu'un vaisseau peut contenir. « Nous avons travaillé depuis le lever jusqu'au coucher du soleil pendant une lune et demie, à décharger aussi vite que possible des pierres qui brûlent, racontaient-ils plus tard à leurs compatriotes ; nous n'en pouvions plus, et il en restait encore beaucoup, beaucoup dans le navire. » De l'argent qu'ils avaient gagné de la sorte, ils achetèrent des vêtements, des colliers et différents articles qu'ils voulaient rapporter chez eux. L'appréciation qu'ils firent de ces objets étonna vivement les personnes qui n'avaient eu de rapports qu'avec les nègres de la côte. C'était une opinion reçue à Loanda, que les Africains préfèrent la quantité à la qualité, pourvu que les étoffes qu'on leur montre soient d'une couleur voyante ; je niais formellement qu'il en fût ainsi, d'après l'expérience que j'avais acquise dans l'intérieur ; et, pour prouver la supériorité du bon sens des Makololos, je les conduisis dans la boutique de M. Schut. Lorsque celui-ci leur eut déclaré la somme de marchandises que l'on pouvait acheter à Loanda avec une seule défense d'éléphant, je les priai, sans leur en dire le motif, de désigner les tissus qui leur plaisaient davantage. Ils choisirent tous, sans la moindre hésitation, les meilleures pièces de calicot anglais et d'autres étoffes, prouvant ainsi qu'ils étaient plus sensibles à la solidité qu'à la couleur. Je suis convaincu que la plupart des Béchuanas auraient fait la même chose ; mais on m'affirma que les peuplades qui habitent la côte se préoccupent beaucoup moins de la durée que de la quantité de l'indienne qu'ils achètent ; ce qui résulte probablement de ce que cette étoffe étant leur monnaie courante, la quantité leur importe effectivement beaucoup plus que la qualité.

L'évêque avait envoyé fréquemment savoir de mes nouvelles pendant que j'étais malade ; et j'allai l'en remercier aussitôt que je pus sortir. Sa conversation, non moins que ses procédés à mon égard, me prouva que c'était un homme généreux et d'une grande bienveillance. Faisant allusion à ma qualité de protestant, il me dit qu'il était catholique par conviction et que, malgré le chagrin qu'il ressentait de voir des gens comme moi suivre un autre sentier, il n'entretenait pour eux que des sentiments charitables et n'approuverait jamais des mesures persécutrices. « Les différentes sectes de chrétiens, ajouta-t-il, ressemblent à des fidèles qui, pour se rendre à l'église, passeraient par des rues différentes ; à la fin ils arriveraient tous au même but. » L'heureuse influence qu'il exerce dans le pays est reconnue par tout le monde. A l'époque où j'étais à Loanda, il s'occupait de fonder plusieurs écoles, un peu trop monastiques peut-être aux yeux des protestants, mais qui n'en seront pas moins pour la contrée un véritable bienfait. Il avait entrepris également, et avec un certain succès, d'abolir le concubinage qui est dans les mœurs du pays ; déjà plusieurs mariages avaient eu lieu à Loanda, parmi des personnes qui, sans lui, n'auraient jamais songé à s'unir légalement.

Autrefois Saint-Paul de Loanda était une ville considérable ; elle n'a plus aujourd'hui qu'environ douze mille habitants, dont la plupart sont des hommes de couleur [1]. On y voit encore des témoignages évidents de son ancienne magnificence, parmi lesquels on remarque surtout deux superbes églises : l'une d'elles, bâtie par les jésuites, est maintenant convertie en atelier ; quant à l'autre, j'ai vu avec regret son enceinte majestueuse servir d'étable à des bœufs. Trois forts y sont bien conservés, et l'on trouve dans la ville un grand nombre de maisons spacieuses, bâties en pierre. Le palais du gouverneur et les différents édifices consacrés à l'administration publique ont été faits sur un plan bien conçu ; mais presque toutes les habitations des indigènes sont construites avec des branchages et du pisé.

La ville est parsemée d'arbres qui répandent leur ombre dans tous les quartiers, et, vue de la mer, elle présente un aspect imposant. La police y est active, bien ordonnée, et le service de la douane admirablement fait. Tout le monde se plaît à reconnaître la politesse et l'obligeance des autorités portugaises de Loanda ; et, si les étrangers qui en visitent le port éprouvent quelque désagrément, c'est la faute du système, et non pas celle des hommes.

Le havre est formé par l'île sableuse de Loanda, qui est peu élevée au-dessus de la mer et qui renferme environ treize cents âmes, y compris plus de six cents pêcheurs, dont l'industrie approvisionne la ville d'excellent poisson et en très-grande abondance. C'est dans l'espace qui est entre cette île et l'endroit du rivage où Loanda s'élève, que stationnent les vaisseaux. Quand le vent souffle avec force du sud-ouest, les vagues de l'Océan viennent frapper contre l'île et entraînent avec elles une grande quantité de sable qui peu à peu

---

1. D'après le recensement de 1850-51, la population de Loanda se répartissait de la manière suivante : 830 blancs, dont seulement 160 femmes ; 2,400 mulâtres, dont plus de 120 esclaves ; et 9,000 nègres, dont 5,000 esclaves.

remplit le havre ; des masses de terre sont également emportées des hauteurs dans la saison des pluies, de sorte que le port, qui contenait autrefois assez d'eau pour que les plus grands navires puissent approcher de la douane, est maintenant à sec pendant la marée basse, et les bâtiments sont forcés de jeter l'ancre à peu près à un mille au nord de leur ancienne station. Presque toute la quantité d'eau qui est consommée à Loanda est prise dans le Bengo et apportée dans des chaloupes; on ne trouve dans la ville qu'une eau saumâtre que fournissent des puits profonds ; différents gouverneurs ont vainement essayé de finir le canal que les Hollandais ont commencé en 1641, et qui avait pour but d'amener à la ville de l'eau du Coanza.

Il n'y a que deux négociants américains à Loanda et pas un seul commerçant anglais; chose d'autant plus étonnante que presque tous les échanges se font, dans ce pays-ci, au moyen de tissus de coton fabriqués en Angleterre et apportés de Lisbonne. En 1845, plusieurs maisons anglaises avaient bien essayé d'établir des relations commerciales avec Loanda ; mais ayant accepté des billets sur Rio-Janeiro, dont l'activité de nos croiseurs avait profondément ébranlé le commerce, les Anglais perdirent tout ce qu'ils avaient à recevoir en payement de leurs marchandises, par suite des nombreuses faillites qui se déclarèrent au Brésil ; et depuis cette époque la place de Loanda fut discréditée parmi nos commerçants.

L'un des règlements de la douane est peut-être aussi l'une des causes qui ont empêché les négociants anglais de se créer des relations avec Loanda : les navires qui arrivent ici doivent être adressés à quelqu'un du pays ; le consignataire reçoit, en raison de cette formalité, cent dollars par mât, auxquels il ajoute une somme beaucoup plus forte en prélevant tant pour cent sur les bateaux et sur les hommes qui sont employés pour charger et décharger la cargaison, en un mot pour toutes les opérations qui lui passent par les mains ; les droits de port sont également très-augmentés par la gratification de vingt dollars qui est accordée sur chaque navire au secrétaire du gouvernement ; sans compter les honoraires du médecin en chef, le don forcé à l'hôpital, aux employés de la douane, aux gardes du port, etc. ; ce qui n'empêche pas les Américains de faire avec cette province un commerce actif et profitable en calicot, en biscuit, en farine, beurre, et en articles divers.

On met généralement en doute la sincérité du gouvernement portugais, quant à la répression de la traite des nègres, et ce n'est pas sans motif. M. Gabriel a vu en 1839, dans le havre de Loanda, trente-sept négriers qui attendaient leur cargaison, protégés qu'ils étaient par les canons des forts. A cette époque il fallait aux marchands d'esclaves plusieurs mois pour compléter leur chargement, et l'administration percevait une somme de..... par tête de nègre exporté. De tous les droits d'exportation, ce dernier était de beaucoup celui qui rapportait le plus ; en accédant à la suppression de ce trafic profitable, le gouvernement sacrifiait donc l'une des principales branches de son revenu. Depuis cette époque, néanmoins, les droits payés par le commerce légitime ont excédé la somme que rapporte celui des nègres ; mais, quelles que soient les bonnes intentions du gouvernement portugais à cet égard, il ne peut pas espérer de les faire exécuter avec le système actuel. Les fonctionnaires sont tellement peu payés qu'ils sont presque tous obligés de se livrer au commerce ; et, vu les gros bénéfices que l'on réalise par la vente des esclaves, la tentation est si puissante, que les négrophiles de Lisbonne ne peuvent pas s'attendre à voir se réaliser leurs vues philanthropiques. La loi qu'on vient de promulguer pour abolir le système qui régit les portefaix, est également une protestation pleine d'humanité contre un mode inique de travail obligatoire ; mais il est peu probable que les intentions généreuses du législateur soient suivies du résultat qu'il en espère.

Loanda est à peu près regardé comme un lieu de déportation ; les individus qui abandonnent leur pays pour y venir demeurer, ne le font que dans l'espérance de faire fortune en peu de temps et de retourner à Lisbonne dès qu'ils se seront enrichis ; l'avenir de la contrée où ils s'exilent provisoirement n'a donc pour eux nul intérêt. D'un autre côté, la loi portugaise interdit aux citoyens des autres nations la propriété du sol, à moins qu'il ne se soient fait naturaliser ; il en résulte que le pays ne profite d'aucune entreprise industrielle, ni de la part des étrangers, ni de celle des Portugais, et qu'il reste à peu près dans l'état où nos alliés l'ont trouvé en 1575. Presque tous les soldats qu'on y envoie d'Europe sont des convicts et ne s'en conduisent pas moins d'une manière remarquable ; il y a bien parfois quelques mouvements de révolte ; mais rien qui soit à beaucoup près aussi grave que les faits qui se produisent dans nos établissements pénitentiaires. Les officiers assignent différents motifs à cette conduite pleine de douceur ; toutefois quand on rapproche l'explication qu'ils en donnent de ce que l'expérience nous a fait voir en Australie, aucune de leurs raisons ne paraît être valable. Je ne crois pas que la religion y soit pour quelque chose ; peut-être le climat influe-t-il sur le caractère de ces hommes en calmant leur turbulence : car les indigènes forment une race timide, qui est bien loin d'être aussi brave que celle des Cafres. La population d'Ambriz s'est enfuie devant les Portugais comme un troupeau de moutons, et leur a livré, sans coup férir, la propriété de ses mines de cuivre et de tout son territoire. Si nous voulons avoir des colonies pénitentiaires, le choix du climat pourra être d'un grand avantage pour la transformation des condamnés. Les taureaux sont eux-mêmes dans ce pays-ci beaucoup moins farouches qu'en Angleterre ; je n'en ai jamais vu de furieux dans cette contrée, où les Portugais les emploient généralement comme bêtes de selle, et où il est rare de rencontrer un bœuf.

Les notes que j'avais jetées sur le papier, relativement au but que je poursuivais en cherchant à ouvrir le centre de l'Afrique aux relations commerciales, avaient été publiées dans les journaux de Loanda, et les considérations qui s'y trouvaient exposées convinrent tellement aux autorités de la province, qu'à la demande de l'évêque, le conseil de l'administration publique habilla de pied en cap chacun des hommes qui m'avaient accompagné, et nous donna pour Sékélétou un cheval et un uniforme complet de colonel. Les négociants, non moins satisfaits, nous offrirent de beaux spécimens de leurs articles de commerce, et achetèrent par souscription un âne et une ânesse, afin d'en introduire la race dans le pays des Makololos, les ânes n'ayant pas à redouter la tsetsé. L'évêque et les négociants joignirent des lettres à leurs cadeaux et m'en donnèrent plusieurs pour les autorités portugaises de la côte orientale. Je me procurai des étoffes de coton en assez grande quantité, des munitions de chasse, des perles de verre, et je donnai un mousquet à chacun des hommes de ma suite. Comme ceux-ci emportaient pour eux-mêmes un assortiment considérable de marchandises, il leur était impossible de se charger de mes bagages ; mais l'évêque me donna vingt porteurs et envoya des ordres aux commandants des districts que nous devions traverser, pour que chacun d'eux me rendît tous les services possibles. Enfin pourvu d'une nouvelle tente que m'avaient fait faire mes amis de la *Philomène*, je quittai Saint-Paul de Loanda le 20 septembre 1854, et je me rendis par mer, avec toute mon escorte, à l'embouchure du Bengo. En remontant cette rivière, nous avons traversé le district où l'on trouve les ruines du couvent de Saint-Antonio, et de là nous sommes allés à Icollo Bengo [1], dont la population est composée de 6,530 nègres, de 172 mulâtres et de 11 Por-

---

1. Ainsi nommé parce que c'était autrefois la résidence d'un monarque indigène.

tugais ; la proportion des esclaves n'y est que de 3,38 pour cent. Le commandant de cette place, nommé Laurence Jose Marquis, vieux militaire plein de franchise et le plus hospitalier des hommes, a su, par une probité inflexible, mériter l'opprobation universelle, et s'élever du rang de simple soldat jusqu'à celui de major.

M. Gabriel, notre généreux hôte, m'accompagna jusqu'à Icollo et nous est devenu bien cher par les attentions et les bontés qu'il a eues pour nous tous ; mes Zambésiens, profondément touchés de sa générosité, en parlèrent souvent pendant le voyage, et ont raconté avec admiration à leurs compatriotes la conduite que cet excellent homme a tenue à leur égard.

J'ai visité, pendant mon séjour à Icollo, une grande sucrerie qui appartient à la señora Anna da Souza : les terres d'alluvion qui s'étendent de chaque côté de la rivière conviennent parfaitement à la canne à sucre, et une quantité surprenante d'esclaves est employée à cette culture par la señora, dont l'établissement est néanmoins dans une condition peu florissante. Avec dix fois moins de bras, Mauritius, un homme de couleur qui, à vrai dire, n'emploie pas un seul esclave, a retiré cent vingt-cinq mille francs d'une seule récolte. J'espère que la différence qui existe entre ce résultat et celui qu'elle obtient, finira par ouvrir les yeux de doña Anna et lui fera comprendre l'avantage du travail libre sur celui des esclaves.

La Senza est fangeuse et les moustiques abondent sur ses rives; c'est un fait avéré qu'il y en a toujours beaucoup moins près des eaux transparentes ; ici on nous fait observer que ces insectes sont infiniment plus nombreux à l'époque de la nouvelle lune qu'à tout autre moment. Toujours est-il que nous sommes enchantés de nous éloigner de la Senza et de fuir ce véritable fléau.

Toute cette région est composée d'un tuf marneux, où l'on trouve des coquilles marines du même genre que celles qui vivent aujourd'hui dans la mer adjacente. En avançant à l'est et en gravissant la rampe qui conduit aux plaines supérieures, nous trouvons des masses de mica et de grès schisteux d'une immense étendue et recouvertes de trapp éruptif; presque partout le micachiste s'incline vers le bassin intérieur ; il forme les chaînes de montagnes dont nous avons parlé, et qui caractérisent le district de Golungo Alto. Le trapp, en beaucoup d'endroits, a rempli les gorges formées par le soulèvement des roches, et il existe, au point de jonction des roches ignées et de celles d'un âge plus ancien, une quantité considérable de fer fortement magnétique. Le sol argileux qui provient de la décomposition du micachirte et du trapp convient plus que tous les autres à la culture du café, et c'est au flanc de ces montagnes, et dans les endroits où l'on retrouve le même terrain, que cette plante s'est propagée d'elle-même avec une si grande puissance. Le tuf marneux, rempli de coquilles vivant encore au sein de la mer qui baigne la côte où il abonde, et qui sert de base aux prairies que traversent le Coanza et le Bengo, prouve qu'avant le soulèvement de cette partie de la contrée, il existait dans cette région quelque baie profonde, d'où la mer s'est retirée.

28 septembre. Kalungwembo. — Nous suivons toujours le sentier par lequel nous sommes venus, et l'absence de moustiques nous

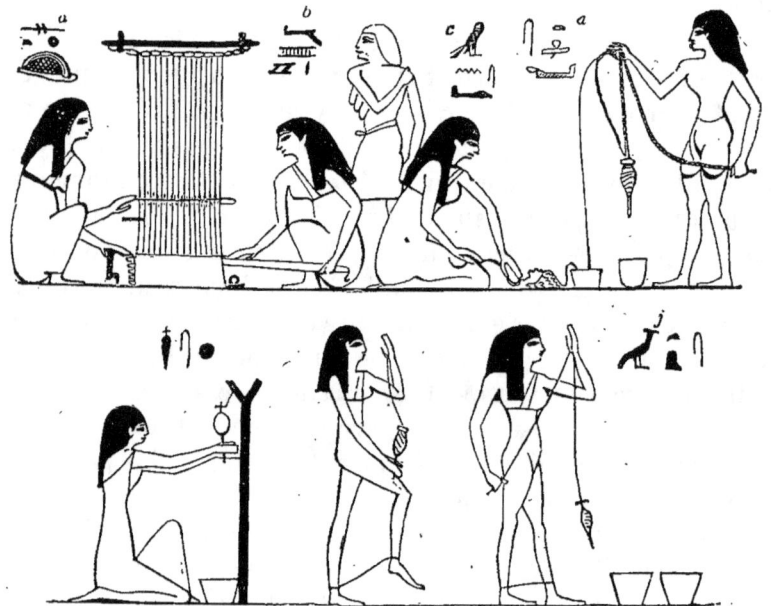

Manière de filer et de tisser employée autrefois en Egypte et qui s'est perpétuée jusqu'à présent dans certaines parties de l'Afrique (grav. tirée des anciens Egyptiens de Wilk, p. 85 et 86).

permet de jouir de la beauté du paysage. Des montagnes s'élèvent des deux côtés du chemin qu'embellit une fleur d'un beau rouge, nommée *bolcamaria*. Les femmes qui approvisionnent les bivouacs filent du coton au moyen d'un fuseau et d'une quenouille exactement pareils à ceux qu'employaient autrefois les Égyptiennes. Il est rare que l'on voie une femme aller aux champs sans un vase sur la tête, un enfant sur le dos et une houe sur l'épaule, à moins qu'elle n'ait à la maison son fuseau et sa quenouille. J'ai acheté une livre de coton à l'une de ces femmes; elle me l'a vendue à peu près dix centimes, et je l'ai probablement achetée le double de ce qu'elle la fait payer à ses compatriotes. On voit, tout autour du marché, des cotonniers provenant de graines qui sont tombées par hasard et qui poussent d'une manière luxuriante; toutes les cases des indigènes en sont environnées : c'est, dit-on, l'espèce américaine; elle serait devenue vivace sous l'influence du climat. Nous rencontrons des hommes chargés de bottes de fuseaux couverts de coton filé qu'ils vont porter au tisserand ; ce sont les femmes qui filent et les hommes qui tissent l'étoffe. Chaque pièce de calicot a un mètre cinquante centimètres de longueur sur quarante ou cinquante centimètres de large ; rien n'est plus simple que la construction des métiers angolais : deux traverses de bois placées l'une au-dessus de l'autre soutiennent la chaîne dans une position verticale ; les fils sont séparés au moyen d'une latte fort mince, et la trame se fait avec le fuseau sur lequel a été filé le brin qui sert à la constituer.

La manière de filer et de tisser qu'on emploie dans le royaume d'Angola et dans tout l'intérieur du midi de l'Afrique, est tellement pareille au système qui était en usage chez les anciens Égyptiens, que je ne puis mieux faire, pour en donner une juste idée, que de reproduire l'une des gravures de l'intéressant ouvrage de sir Gardner Wilkinson. Dans la partie inférieure de la gravure, les fileuses emploient la véritable méthode africaine, et les tisseuses, qui sont à gauche en tête de la planche, ont leur toile disposée à la manière angolaise.

Beaucoup d'autres articles sont mis en vente aux bivouacs où s'arrêtent les voyageurs, et qui constituent de véritables marchés ; il m'est arrivé d'y acheter une dizaine de bons couteaux de table fabriqués avec le fer du pays, et qui m'ont coûté vingt centimes la pièce.

Le prix de la main-d'œuvre est si peu élevé qu'on peut avoir un maçon, un charpentier, un forgeron, etc., pour quarante centimes par jour. Le travail des champs est encore bien moins cher ; il n'est pas d'agriculteur qui ne consente à donner sa journée pour vingt centimes.

Désirant obtenir sur cette intéressante contrée, et sur les anciens établissements des jésuites, des détails plus circonstanciés que je ne pouvais en recueillir sur la route par laquelle nous étions arrivés, je résolus de visiter la ville de Massangano, située au midi de Golungo Alto, à l'endroit où la Lucalla se jette dans le Coanza[1]. Il m'a fallu, pour cela traverser le district de Cazengo, célèbre par l'excellent café qu'il produit et que l'on trouve sur les deux versants des hautes montagnes qui forment le territoire de cette province. C'est

1. Afin que le lecteur puisse se faire une idée de l'organisation sociale de la province,

à quelques plants apportés autrefois de Moka par les missionnaires, qui se sont multipliés à l'infini, qu'on doit l'excellence du café d'Angola. De nouvelles plantations ayant été découvertes, quelques-unes même pendant mon séjour à Loanda, plusieurs personnes ont présumé que le caféier croissait spontanément dans cette partie de l'Afrique ; mais comme j'ai trouvé dans ces nouvelles caféières des bananiers, des ananas, des orangers, des anacardiers, des goyaviers, des chérimolias, des yams et d'autres plantes de l'Amérique du Sud, il est probable que le café a été importé dans ce pays-ci à la même époque et par les mêmes individus ; on y trouve également des arbres forestiers d'origine étrangère, plantés aussi par les jésuites pour servir de bois de construction ; un grand nombre d'espèces se sont propagées dans toute la province ; d'autres, au contraire, ont complétement disparu ; l'une d'elles, qui fournissait une substance parfumée que les missionnaires employaient comme encens, n'est plus représentée que par l'unique individu qui se trouve encore dans le jardin botanique de Loanda.

d'Angola, je donne ici le recensement du district de Golungo Alto, pour l'année 1854, bien qu'évidemment ce tableau soit incomplet :

238 propriétaires-cultivateurs.	3,603 privilégiés, c'est-à-dire qui ont le droit de porter des bottes.
4224 patrons, ou notables de différentes bourgades.	18 vagabonds.
23 chefs indigènes ou sovas.	717 vieillards du sexe masculin.
292 macotas ou conseillers.	54 aveugles des deux sexes.
5,838 portefaix.	81 estropiés des deux sexes.
126 charpentiers.	770 esclaves du sexe masculin.
72 maçons.	807 esclaves du sexe féminin.
300 cordonniers.	9,578 femmes libres.
181 potiers.	393 possesseurs de terre.
25 tailleurs.	300 jardinières.
12 barbiers.	139 chasseurs d'animaux sauvages.
206 fondeurs de fer.	980 forgerons.
486 souffleurs de forge.	514 fabricants de nattes.
586 ouvriers pour la cuisson du coke.	4065 enfants mâles au-dessous de l'âge de sept ans.
173 mineurs.	6012 petites filles, *idem*.
184 miliciens.	

Le district renferme 300 temples consacrés aux idoles, 25,120 foyers, 398 jardins, 600 moutons, 5,000 chèvres et 500 bœufs. Les autorités ont beaucoup de peine à obtenir des habitants le chiffre exact de leurs bestiaux.

Le tableau suivant est extrait du recensement d'Icollo i Bengo :

3,232 personnes vivant en dehors des liens du mariage (sont désignés ainsi tous les individus qui n'ont pas été mariés par un prêtre).	21 potiers.
	11 tailleurs.
	2 cordonniers.
	3 barbiers.
4 orphelins, 2 noirs et 2 blancs.	5 fabricants de nattes.
9 chefs indigènes.	12 fabricants de sacs.
2 charpentiers.	21 vanniers.

Le bétail de ce district se compose, d'après le relevé officiel, de 10 ânes, 401 bœufs, 492 vaches, 3,933 moutons, 1,699 chèvres, 909 cochons ; mais, comme il est prélevé sur chaque tête de bétail une taxe annuelle de 60 centimes, il est probable que ces chiffres sont bien au-dessous de la vérité.

Il est facile d'expliquer la propagation du café dans toutes les localités du royaume où le sol convient à cette plante. En général, la fève que l'on enterre ne se développe pas ; tandis que, semée à la volée, sous les grands arbres qui l'empêchent de se dessécher au soleil, elle ne tarde pas à végéter, et la plante à grandir ; tout se borne donc à répandre la graine dans un lieu rempli d'ombre, et c'est un oiseau qui, mangeant la pulpe dont elle est entourée, se charge de cette opération ; il suffit ensuite, à l'heureux individu qui découvre un endroit de la forêt où le plant commence à pousser, d'enlever les broussailles qui pourraient gêner son développement, pour avoir une caféière dans d'excellentes conditions.

Malgré son peu d'importance, puisque le nombre de ses habitants ne s'élève qu'à treize mille huit cent vingt-deux âmes, dont les neuf dixièmes appartiennent à la race noire, le district de Cazengo paye au gouvernement colonial un tribut annuel de treize cents pièces de calicot, ayant chacune un mètre cinquante centimètres de longueur sur quarante ou cinquante centimètres de large, et qui sont fabriquées dans le pays avec le coton du district.

Accompagné du commandant de Cazengo, à qui toute cette partie du royaume est très-connue, je suis allé à Massangano, en descendant la Lucalla, rivière dont la largeur est de quatre-vingt-cinq yards (soixante-dix-sept mètres), et qui est navigable en canot depuis l'endroit où elle se jette dans le Coanza, jusqu'à six milles au-dessus du point où elle reçoit la Luinha. C'est près de l'embouchure de la Luinha que se trouvent les ruines massives d'une forge élevée en 1768 par les ordres du célèbre marquis de Pombal, et dont les constructions ont été faites en pierres reliées par un ciment composé d'huile et de chaux. L'écluse, destinée à augmenter la puissance de la chute, et formée des mêmes matériaux, avait un peu plus de huit mètres de hauteur ; elle fut détruite par une inondation, et des blocs d'une grosseur de plusieurs mètres, que l'on voit bien au-dessous de l'endroit où l'écluse est située, fournissent un exemple intéressant de la force motrice de l'eau.

Rien n'annonce que cette localité soit insalubre ; néanmoins, huit ouvriers espagnols et suédois, qu'on y avait fait venir pour enseigner aux indigènes l'art de fondre le fer, moururent peu de temps après, et les efforts du marquis de Pombol pour améliorer cette fabrication dans le pays n'eurent aucun résultat. Cela se conçoit : la main-d'œuvre est tellement bon marché dans toute la province, qu'il y serait, jusqu'à nouvel ordre, beaucoup plus dispendieux d'établir des usines que d'employer des ouvriers.

Le gouvernement fait exploiter pour son compte, par des mineurs et des forgerons du pays, le riche minerai de fer magnétique dont certaines parties de l'Angola renferment une énorme quantité; cette exploitation lui fournit, par mois, de quatre cent quatre-vingts à cinq cents barres de très-bon fer malléable. Quelques milliers d'un petit poisson d'eau douce, appelé *cacusu*, et qui forment une partie de la taxe prélevée sur les pêcheurs du Coanza, sont consacrés à la nourriture des mineurs et des forgerons employés par l'État. Le cacusu est tellement estimé dans le pays, qu'il sert en quelque sorte de monnaie courante; le commandant du district de Massangano, par exemple, a droit, chaque jour, à trois cents cacusus qui font partie de ses émoluments; on pêche aussi dans le Coanza plusieurs espèces de crustacés, et l'on y trouve la *peixemulher* des Portugais, dont le nom signifie littéralement femme-poisson, et qui est sans doute un lamentin.

La Lucalla s'est creusé un lit profond dans des terres alluviennes d'un rouge sombre; elle coule entre des rives escarpées et charmantes, couvertes d'orangers, de bananiers et d'élaïs guineensis dont on extrait l'huile de palme; çà et là de grandes plantations de maïs, de manioc et de tabac, varient l'aspect de ces bords où de petites maisons, nichées au milieu de bosquets touffus et entourées de nombreux enfants, répandent la vie et la gaieté; devant chacune de ces maisonnettes se trouve une escale, afin qu'on puisse descendre jusqu'au bord de l'eau sans avoir à craindre les alligators; pour plus de sécurité, quelques-uns des habitants ont même entouré le bas de l'escale d'une petite palissade et quelques autres se servent d'une calebasse de boabab, attachée au bout d'une longue perche, pour puiser de l'eau en restant sur la rive. Un grand nombre de lianes entourent la tige des cotonniers, enlacent le baobad, le tronc élancé de l'arbre à soie, et suspendent aux branches leurs festons de fleurs éclatantes.

Aux environs de Massangano, les bords de la Lucalla s'abaissent, et les terres voisines sont converties en marécages par les inondations annuelles; la fertilité du sol est si grande, que nous y avons vu du tabac dont la tige avait deux mètres et demi et portait jusqu'à trente-six feuilles de quarante-cinq centimètres de long, sur quinze ou vingt de largeur; mais la tsetsé habite le pays, et la chèvre est le seul animal que puissent élever les habitants.

La ville de Massangano, où le señor Lubata nous a reçus avec l'hospitalité qui distingue les Portugais, est bâtie sur une langue de terre assez élevée, qui est placée entre la rive droite du Coanza et la rive gauche de la Lucalla. Elle compte un peu plus de mille habitants, et le district dont elle est le chef-lieu, vingt-six mille soixante-trois, parmi lesquels on ne trouve que trois cent quinze esclaves. L'espèce de plate-forme occupée par la ville est composée de tuf calcaire renfermant un grand nombre de coquilles fossiles, dont les plus récentes sont pareilles à celles du tuf marneux que l'on trouve aux environs de la côte. Le fort est situé au midi de la ville, à un endroit où la rive est taillée à pic et domine le Coanza, qui est ici un beau fleuve de cinquante mètres de large, navigable pour de grandes embarcations, depuis la barre de son embouchure, c'est-à-dire depuis Cambambé, jusqu'à trente milles au-dessus de Massangano ; une cascade empêche qu'on ne puisse remonter plus haut vers sa source : mais depuis cet endroit jusqu'à la mer, il est sillonné par de grandes pirogues qui, chargées des produits du pays, passent chaque jour devant Massangano ; il faut même qu'il soit capable de porter des embarcations d'un tonnage assez fort, puisqu'en 1560, on construisit dans cette ville quatre galions d'assez grande taille pour traverser l'Océan jusqu'à Rio-Janeiro.

Le riz et la canne à sucre viennent parfaitement dans le district de Massangano ; celui de Cambambé convient à merveille au coton ; malheureusement, la barre qui est à l'embouchure du Coanza empêcherait un steamer de pénétrer dans cette région fertile. En essayant d'établir un canal de Calumbo à Loanda, on n'avait pas seulement en vue d'approvisionner cette dernière ville de l'eau douce qui lui manque, on songeait très-probablement à créer une voie de communication entre ces deux points ; il est facile de s'en convaincre par la dimension qu'on voulait donner à ce canal, et qui aurait permis aux grands canots du Coanza de le parcourir avec la facilité. En 1811, les Portugais en avaient commencé un autre sur une moins grande échelle ; mais, trois ans après, il n'y avait encore que six kilomètres de terminés ; rien de vraiment utile ne s'effectuera dans ce pays-ci, tant que les Européens n'y viendront qu'avec le désir de retourner en Portugal dès qu'ils se seront enrichis.

La latitude du fort et de la ville de Massangano est à peu près la même que celle de Cassangé (9° 37′ 46″ lat. S.). De Massangano à Loanda, le pays est peu accidenté, et l'on pourrait y établir un chemin de fer avec très-peu de dépense. La plaine se prolonge sur la rive nord du Coanza jusqu'à la rampe du bassin du Quango ; il serait facile de continuer le railway jusque-là, et ce serait faire entrer dans une ère toute nouvelle les riches districts de Cassangé, de Pungo Andongo, d'Ambaca, de Golungo Alto, de Cazengo, de Muchina, de

Calumbo, de Cambambé, et non-seulement tout le royaume d'Angola, mais encore toutes les tribus indépendantes qui avoisinent ses frontières.

Les négociants portugais espèrent que leur gouvernement, soutenu par le concours des spéculateurs étrangers, leur donnera le moyen d'exécuter cette féconde entreprise; mais jamais, ainsi que je le leur ai dit en causant avec eux, jamais les capitalistes des autres pays ne voudront s'engager dans une pareille spéculation, tant que les Angolais ne leur en donneront pas l'exemple, et surtout que les lois du pays n'accorderont point aux étrangers les mêmes priviléges qu'aux Portugais. L'administration a bien pris une excellente mesure en permettant d'aliéner les terres de la couronne ; mais la loi qui en garantit la propriété aux acheteurs est tellement pleine de restrictions, l'esprit en est tellement étouffé sous une phraséologie incompréhensible, que les gens simples, effrayés de ce verbiage, ne se rendent pas acquéreurs d'un terrain dont ils se croiraient toujours à la veille d'être dépossédés. Nous ne parlons pas des droits nombreux perçus par le gouvernement sur les ponts, sur les routes et au passage de chaque rivière, sous prétexte d'entretenir la chaussée qu'il n'entretient pas du tout.

Massangano possède deux églises, un hôpital en ruines et les restes de deux couvents, dont l'un, qui appartenait à des bénédictins noirs, a dû exiger un travail énorme pour son érection, si l'on en juge par les matériaux que les bons frères ont employés pour le construire. Il n'y a ni prêtre ni maître d'école dans la ville, mais j'ai vu avec plaisir que, malgré cela, l'éducation des enfants n'y était pas négligée.

Le gouvernement colonial a depuis quelque temps affermé les terres qui appartenaient jadis aux établissements religieux ; les vases d'or et d'argent des églises conventuelles en ont été enlevés et portés à Loanda par les ordres de l'évêque.

Le fort de Massangano est petit, mais en très-bon état ; on y voit encore de vieux fusils de rempart, que l'on tirait appuyés sur la muraille, et qui ont dû être, à l'époque de leur gloire, des armes formidables. Les indigènes de cette partie de l'Afrique ont une peur affreuse des armes à feu d'un certain calibre ; terreur salutaire, qui est l'un des soutiens de l'autorité portugaise : un canon, quel qu'il soit, dût-il éclater à la première décharge, suffit pour tenir en respect les nègres de ces parages. Le fort de Pungo Andongo est parfaitement défendu par un canon perché sur quatre bâtons croisés qui lui servent d'affût.

A l'époque de la domination hollandaise, l'importance de Massangano était considérable ; mais lorsque, en 1648, Salvador Correa de Sà Benavides chassa les Hollandais du royaume d'Angola, cette ville fut complétement abandonnée et, depuis lors, elle n'a fait que déchoir de son ancienne grandeur.

Plusieurs incendies ont éclaté pendant mon séjour à Massangano, sans autre cause apparente que l'influence des rayons solaires sur le chaume calciné des maisons ; la plus légère étincelle aurait suffi pour tout embraser, et l'on conçoit l'inquiétude des habitants. Il n'y a pas une seule inscription dans Massangano, pas une seule pierre où un nom, un chiffre soit gravé ; si la ville était détruite demain, personne ne pourrait dire où elle a existé.

Au début de l'occupation, les Portugais faisaient remonter le Coanza par leurs navires, mais ils étaient si souvent pillés par les Hollandais du voisinage, qu'ils abandonnèrent le fleuve aussitôt qu'ils furent maîtres du port de Loanda.

Je suis resté quatre jours à Massangano, dans l'espérance de pouvoir en déterminer la longitude ; mais, à cette époque de l'année, le ciel est presque toujours voilé de nuages épais, d'un blanc laiteux, phénomène qui dure jusqu'à ce que la saison des pluies commence.

Les terres qui se trouvent sur la rive nord du Coanza appartiennent aux Kisamas, tribu indépendante que les Portugais n'ont jamais pu soumettre. J'ai trouvé, chez les membres de cette tribu qu'il m'a été donné d'observer, beaucoup de ressemblance avec les Bushmen et les Hottentots ; ils avaient pour tout vêtement des lanières d'écorce suspendues autour de la taille et qui tombaient jusqu'aux genoux. Les Kisamas font un très-grand commerce de sel, qui est très-abondant chez eux, et qu'ils vendent en cristaux d'une longueur de trente centimètres et de vingt-cinq millimètres de diamètre ; ils le colportent dans tout le royaume d'Angola, où, après l'indienne, le sel est le moyen d'échange le plus fréquemment employé.

Lorsque les Portugais voulurent s'emparer du pays des Kisamas, non-seulement ils éprouvèrent une vive résistance, mais encore les habitants mirent à sec tous les réservoirs qui leur fournissent de l'eau, et qui ne sont autre chose que d'énormes baobabs transformés en citernes ; comme le pays offre très-peu de fontaines et de ruisseaux, les envahisseurs furent contraints de se retirer. Le territoire des Kisamas, dans la partie qui avoisine Massangano, est un bas-fond marécageux ; mais il s'élève graduellement et va confiner à celui des Libollos, tribu également puissante et libre, dont le pays est couvert de hautes montagnes.

J'ai remarqué, dans les environs de Massangano, une variété de poule domestique, dont toutes les plumes sont relevées et frisées, de manière à protéger la peau contre les rayons du soleil, sans augmenter le poids de la chaleur. Les naturels payent très-cher les poules de cette espèce, qu'ils offrent en sacrifice à leurs idoles et qu'ils appellent Risafous ; les Portugais les nomment arripiadas ou frissonnantes. Il semble que la nature se soit efforcée de produire des variétés d'animaux domestiques pour toutes les situations où l'homme se trouve placé ; les Boërs, qui changent fréquemment de lieu, comme tous les peuples pasteurs, ont obtenu des poules à tarses courts, par conséquent moins vagabondes et plus faciles à transporter. Les moutons à jambes courtes des Américains sont un exemple du même fait.

Houe anglaise à double manche.

En remontant la Lucalla pour revenir à Cazengo, j'ai eu l'occasion de visiter plusieurs caféiries en voie de prospérité, dont les propriétaires, ayant débuté sans un sou il y a quelques années, possèdent aujourd'hui une assez belle aisance. L'un d'eux, M. Pinto, me fit cadeau d'une ample provision de son excellent café, et donna à mes Makololos un couple de lapins, pour en propager la race dans leur pays.

Toutes les femmes que nous trouvons sur notre passage sont, comme à l'ordinaire, occupées à filer du coton ou à cultiver leurs champs au moyen d'une houe à deux manches, qu'elles font agir par une espèce de traction, et qui est leur unique instrument aratoire.

Beaucoup d'hommes sont employés au tissage du calicot ; ils paraissent infiniment moins laborieux que les femmes, car il leur faut un mois pour faire une pièce d'étoffe qui, nous l'avons dit, n'a qu'un mètre et demi, sur quarante ou cinquante centimètres de large ; il est vrai que le salaire qu'ils reçoivent n'est pas fait pour les stimuler au travail ; je n'en connais pas le chiffre exact, mais il faut que ce soit bien peu de chose, puisque, malgré le temps qu'ils ont mis à la fabriquer, leur pièce de toile ne se vend que deux francs cinquante centimes.

J'avais laissé mes Zambésiens à Golungo Alto pour qu'ils pussent se reposer de leurs fatigues ; accoutumés à marcher sur la terre humide de leur pays, et depuis notre départ à barboter dans des plaines couvertes d'eau, ils ont beaucoup souffert pour revenir de Loanda, sur un chemin sec et dur. Pendant mon absence, plusieurs d'entre eux ont eu la fièvre ; et à mon retour, je ne trouve pas que leurs pieds aillent beaucoup mieux ; ils n'en sont pas moins d'une excellente humeur, et composent des chansons pour le moment où ils arriveront dans leur pays ; les Argonautes n'étaient rien auprès d'eux. « Vous avez bien fait, me disent-ils, de prendre des Makololos pour vous accompagner ; personne, parmi les autres peuplades, ne serait venu comme nous jusqu'au pays des blancs. C'est nous qui sommes maintenant les vrais anciens de la tribu, nous qui avons vu tant de choses, et qui avons tant de merveilles à raconter ! »

Dans le nombre de ceux qui ont eu la fièvre, il y en a deux qui l'ont d'une manière continue, et qui sont atteints de jaunisse ; on le voit dans leurs yeux, dont la conjonctive est couleur de safran ; un troisième a eu des accès de délire : « Restez, vous autres, dit-il à ses camarades ; quant à moi, je suis appelé par les dieux ; » et il s'enfuit à toutes jambes. Il fut rattrapé avant d'avoir fait un mille, et ramené à la station où, avec de bons soins, on l'eut bientôt rétabli.

J'ai observé, depuis que je suis en Afrique, plusieurs cas de délire dans le genre de celui-ci ; mais j'y ai vu peu d'exemples d'idiotisme, et je crois que la folie permanente y est extrêmement rare.

CHAPITRE XXI

Le docteur visite un couvent abandonné. — Rapports favorables sur les jésuites et sur leur enseignement. — Organisation sociale des indigènes. — Châtiment infligé aux voleurs. — Effets désastreux du toddy. — Francmaçonnerie. — Mariages et funérailles. — Procédure. — Maladie de M. Canto. — Conduite de ses esclaves. — Repas. — Idées sur le travail libre. — Maladie du cheval de Sékélétou. — Éclipse de soleil. — Eau distillée par des insectes. — Saison meurtrière. — Obligations d'un commandant. — Punition infligée aux fonctionnaires délinquants. — Présent de M. Schut. — Pungo Andongo. — La reine de Jinga. — Prix d'un esclave. — Un prince marchand. — Le docteur apprend la perte de ses papiers. — Anciens cimetières. — Abandon où se trouve l'agriculture dans le royaume d'Angola. — Bon marché du manioc. — Maladie. — Visite d'un prêtre de couleur. — Le prince de Congo. — Absence de prêtres dans l'intérieur du royaume d'Angola.

Tandis que j'attendais la guérison de mes malades, je suis allé, à quelques milles de Golungo Alto, visiter l'ancien couvent de Saint-Hilarion qui existe à Bango ; il est situé dans une magnifique vallée renfermant quatre mille feux, et où réside le Sova ou chef bango, qui a conservé une certaine autorité, bien qu'il soit soumis à la domination portugaise. Le jardin du couvent, l'église et les dortoirs sont en fort bon état ; les meubles, la literie, les coffres énormes où la communauté emmagasinait ses provisions, m'offrirent un vif intérêt ; j'aurais voulu me procurer quelques détails sur les anciens habitants de ces vastes salles ; mais tous les livres et les vases sacrés du monastère ont été envoyés à Loanda, et il n'y a pas même un nom sur les tombes des religieux, qui toutefois sont entretenues avec soin. Toute la population angolaise a gardé un souvenir plein de reconnaissance des missionnaires qui se sont livrés avec zèle à l'éducation des enfants. A une certaine époque, l'autorité accusa les jésuites de prendre le parti du peuple contre le gouvernement, et ils furent supplantés par des prêtres qui ont disparu à leur tour, mais sans laisser de regrets. En face des résultats que les anciens missionnaires ont obtenus dans ce pays-ci, il est impossible de douter des résultats durables qu'aurait produits l'enseignement religieux des jésuites, s'ils avaient mis la Bible entre les mains des nouveaux convertis.

Le chef bango a fait construire une grande maison à deux étages à côté du couvent; mais il n'ose pas y coucher, par suite de terreurs superstitieuses. Les Portugais ont respecté l'organisation sociale des naturels, dont le territoire, chez certaines peuplades, continue d'être gouverné par des indigènes; c'est ainsi que le chef des Bangos a été maintenu en qualité de Sova, et qu'il a gardé son conseil et le même genre de vie qu'à l'époque où sa tribu était indépendante. Celle-ci, elle-même, a conservé son ancienne constitution. A la tête de ses membres se trouvent les conseillers du chef, qui, en général, administrent les villages; et au bas de l'échelle sociale sont placés les portefaix, qui sont les derniers des hommes libres; la classe qui est immédiatement au-dessus d'eux obtient du chef, en le payant, le privilége de porter des souliers; viennent ensuite les soldats, qui achètent le droit de faire partie de la milice, et s'exemptent ainsi de la corvée des transports. De plus, toute la société se divise en grands et en petits personnages, qui, tout en ayant la peau très-noire, se qualifient du titre de *blancs*, et donnent celui de *nègres* aux va-nu-pieds qui n'ont pas le droit de porter des chaussures. Tous ces privilégiés comptent sur leurs femmes pour se nourrir, et passent leur temps à s'enivrer de toddy. Cette boisson, qui n'est autre chose que la séve du palmier oléifère, est douce et inoffensive au moment où elle découle de l'arbre; mais, dès qu'elle a fermenté pendant quelques heures, elle produit une ivresse qui souvent mène au crime; les indigènes l'appellent *malova*, et c'est le fléau du pays. Des rixes continuelles, des plaies affreuses en résultent, et de la part de gens d'une humeur très-douce; j'ai vu un homme qui, sous son influence, avait mis le feu à la maison de son père, venir trouver M. Canto, et, lui faisant un profond salut, raconter lui-même l'action déplorable que la malova lui avait fait commettre.

Il existe parmi les Bangos une espèce de franc-maçonnerie dans laquelle on ne peut entrer que si l'on est bon chasseur et si l'on tire bien au fusil. Les affiliés se distinguent du commun des martyrs par une bandelette de peau de buffle qui leur ceint la tête, et sont employés comme messagers dans tous les cas d'urgence; ils sont loyaux et fidèles, et composent les meilleures troupes indigènes que possèdent les Portugais. Quant aux miliciens, ils n'ont aucune valeur comme soldats; mais ils ne coûtent pas un sou au gouvernement, puisqu'ils sont nourris par leurs femmes, et toutes leurs attributions consistent à garder la résidence des autorités et à faire la police.

Ce sont les mariages et les funérailles qui, dans le royaume d'Angola, constituent les principales distractions des indigènes. Quand une jeune fille est sur le point de se marier, on la conduit, bien et dûment frottée de divers onguents, dans une case où elle reste seule pendant que s'accomplissent, d'autre part, une foule d'opérations magiques, afin d'appeler sur elle le bonheur et la fécondité. Ici, comme dans tout le midi de l'Afrique, le comble d'une heureuse fortune est, pour les femmes, d'avoir beaucoup de garçons. Il arrive souvent qu'un mari est abandonné pour n'avoir eu que des filles; et si à la danse, un mauvais plaisant veut égayer l'assemblée, il introduit dans sa chanson quelques phrases analogues à celles-ci: « Une telle n'a pas d'enfants et n'en aura jamais. » L'insulte est si profondément ressentie, qu'il n'est pas rare de voir la pauvre créature à qui elle est adressée s'enfuir immédiatement et se livrer au suicide.

Pour en revenir à la future épouse, que nous avons laissée dans la hutte où elle est seule, on va l'y chercher quelques jours après, et on la conduit dans une autre cabane où on la couvre de tous les ornements que sa famille a pu acheter ou emprunter. Ainsi parée de mille atours, elle est admise en public, et toutes ses connaissances viennent déposer à ses pieds les présents qu'elles lui font; puis on la mène à la résidence de son mari, où elle a sa hutte particulière, et où elle devient l'une des femmes de celui qu'elle épouse, car la polygamie est générale en Afrique. Les danses, les festins, les libations, qui ne manquent jamais d'avoir lieu en pareille circonstance, se prolongent pendant quelques jours après la cérémonie. En cas de séparation, la femme retourne chez son père, et le mari reprend la somme qu'il avait comptée pour l'obtenir. Il est rare qu'un homme se marie sans rien donner à la famille de celle qu'il épouse; et le prix d'une femme s'élève parfois chez les mulâtres à une somme qui représente quinze cents francs. C'est l'un des abus que l'évêque actuel s'efforce de réprimer.

Les funérailles ne sont pas moins bruyantes et moins animées que les noces. Quand un décès a eu lieu, tous les parents et les amis, toutes les connaissances du défunt se rassemblent, et les roulements de tambours, les danses, les chants, les orgies de toute espèce, se prolongent plus ou moins, suivant la fortune de la famille. La grande ambition de la plupart des nègres d'Angola est de faire à ceux qu'ils aiment des funérailles fastueuses. Il m'a été souvent répondu, quand je demandais à l'un d'eux s'il voulait me vendre tel ou tel animal : « C'est impossible, je le garde pour le cas où il mourrait un de mes amis. » Il est d'usage de tuer un cochon le jour de l'enterrement et d'en jeter la tête dans la rivière la plus voisine. Si dans cette circonstance vous rencontrez un homme ivre, ce qui n'est pas rare en pareille occasion, et que vous le lui reprochiez, il vous répond : « Mais ma mère est morte ! » d'un air qui prouve que cette excuse lui paraît suffisante. Les dépenses de ces funérailles sont tellement lourdes, qu'il s'écoule souvent plusieurs années avant que la famille soit parvenue à les solder.

La plupart de ces nègres ont l'amour de la chicane poussé au dernier degré, et sont toujours en procès à l'occasion de leurs terres. Il s'agissait une fois d'un palmier d'une valeur de vingt centimes ; le commandant qui présidait l'audience engagea le plaignant à retirer sa demande, les frais de la cause devant excéder de beaucoup la valeur de l'objet en litige. « Non pas, répondit notre plaideur, j'ai apporté une pièce d'indienne pour le clerc et de l'argent pour vous-même ; jugez-nous ; c'est mon droit, et je ne le céderai pas. » L'indienne lui avait coûté au moins quatre francs, et il s'agissait de quatre sous ; mais peu leur importe ; ils sont heureux quand ils peuvent dire d'un ennemi : « Je l'ai traîné devant la Cour. »

Chez les Bangos, lorsqu'un homme s'est rendu coupable de vol, le chef restitue les objets dérobés, ou en paye la valeur à la personne lésée ; il rentre ensuite dans ses fonds en confisquant les biens du condamné, sur lesquels il fait presque toujours un assez beau bénéfice.

M. Canto, le commandant du district, ayant été pris d'une fièvre très-grave, je fus heureux de pouvoir lui donner tous mes soins en échange de ceux qu'il m'avait prodigués. Il resta quelques jours dans un état d'insensibilité complète ; je m'étais chargé de la surveillance de son établissement, et j'eus l'occasion d'observer les effets de l'esclavage. Dès que leur maître est arrêté par la maladie, les esclaves se jettent sur toutes les provisions et dévorent tout ce qu'ils trouvent. J'ignorai cette coutume jusqu'au moment où je fus frappé de la disparition du sucre, dont je prenais à peine quelques morceaux ; je trouvai ensuite la blanchisseuse mangeant les ananas, tel autre les confitures, celui-ci les conserves ; bref, j'en fus réduit à n'avoir plus ni pain ni beurre, et à être obligé de garder la clef du buffet pour trouver quelque chose à mettre sous la dent. Privés ainsi des douceurs que renfermait l'office, mes goulus s'en prirent à la basse-cour et tuèrent à plaisir les volailles et les chèvres, qu'ils m'apportaient en disant : « Nous avons trouvé cela, et nous allons le faire cuire. » C'étaient alors des ripailles de viande qui n'en finissaient plus. Du reste, la confiance qu'ils inspirent n'est pas très-grande, car chaque visiteur est pourvu de la clef de sa chambre, dont il ne manque pas de fermer la porte toutes les fois qu'il sort. A Kolobeng, nous ne fermions pas même celle de la maison pendant la nuit : il est vrai que l'esclavage n'y a jamais existé.

Les Portugais ne semblent pas tenir énormément à la possession de leurs esclaves, et n'ont pas de préjugés contre les gens de couleur. J'ai vu toutes les classes et toutes les nuances se mêler à une fête que donnait M. Canto. Les Sovas y assistaient, et prirent leur place sans éprouver le moindre embarras ; celui de Kilombo avait un costume de général, et celui de Bango, une jaquette rouge ornée d'une profusion de clinquant; de plus il était accompagné de quatre tambours et de six trompettes qui s'acquittaient fort bien de leur partie. Tous ces chefs sont passionnés pour les distinctions honorifiques, et le gouvernement portugais se les attache en leur distribuant des grades imaginaires dont ils sont enchantés; le Sova de Bango n'a pas d'autre ambition que d'obtenir le titre de : « Major de tous les Sovas, » et je me suis aperçu qu'il avait un grand nombre de compétiteurs.

M. Canto profita de cette réunion pour communiquer à ceux qui la composaient quelques idées que j'avais écrites sur la dignité du travailleur et sur la supériorité du travail libre, relativement à celui des esclaves. Les Portugais, ainsi que je l'ai dit plus haut, n'ont pas de répugnance à l'égard de cette théorie ; ceux qui étaient alors chez le commandant attendaient avec impatience l'arrivée des graines de coton que M. Gabriel faisait venir d'Amérique pour le leur distribuer. Ils commencent à renoncer volontairement à la traite des nègres et dirigent leurs pensées vers la culture du coton, du café, de la canne à sucre, où ils trouveront une source de richesses plus abondante et plus pure. Déjà M. Canto a reçu de quelques-uns des propriétaires de son district la commission d'acheter pour eux trois moulins à sucre. Nos croiseurs secondent de tous leurs efforts ce mouvement qu'ils ont fait naître; et le gouvernement anglais, en fournissant aux colons d'Angola une nouvelle espèce de coton, leur témoigne le désir de les assister dans la voie honorable où ils sont entrés depuis quelque temps. Qui croirait que, malgré la peine que lord Clarendon a prise de la faire expédier à Loanda, cette nouvelle semence n'est pas arrivée à sa destination ? il est probable qu'elle sera tombée entre les mains de quelque fougueux traitant qui l'aura fait disparaître, et les projets de culture des habitants de Golungo n'ont pas pu s'exécuter.

C'est, du reste, bien moins la production qui manque dans ce royaume, que le moyen d'écouler les produits. Il n'est pas rare de voir couper les cotonniers comme étant inutiles, afin de cultiver à la place des haricots, des patates et du manioc, dont le propriétaire ne fait venir que la quantité suffisante pour sa consommation. Je suis persuadé que le cotonnier, qui est annuel en Amérique, est vivace dans ce pays-ci ; j'y ai vu, après l'hiver, du plant qui n'était pas mort, bien qu'il fût d'origine américaine.

La rente des jardins qui appartenaient autrefois aux monastères, et qui ont été affermés depuis quelque temps, varie depuis un franc jusqu'à soixante-quinze francs par an ; ce dernier fermage est donné par les Portugais et les mulâtres des environs de Loanda.

Au moment où nous allions partir, le cheval que le gouverneur nous avait donné pour Sékélétou fut pris d'une inflammation qui l'emporta au bout de quelques jours. Nous avions eu grand soin d'empêcher qu'il ne fût piqué par la tsetsé en traversant le district de Matamba, et c'est sans doute au changement de nourriture qu'il faut attribuer la maladie qui a provoqué sa mort. Le docteur Welweitsch, profond naturaliste allemand, que j'ai rencontré ici poursuivant ses recherches laborieuses, m'a dit en effet que, des cinquante-huit espèces d'herbe qui composent les prairies de Loanda, il n'en existe que trois dans le Golungo Alto : encore figurent-elles parmi les moins importantes. Les vingt-quatre espèces que l'on trouve dans ce district sont d'une taille énorme, ainsi que les lianes, les buissons et les arbres qui couvrent cette partie de la province, où la végétation est vraiment gigantesque.

20 novembre. — Une éclipse de soleil, que j'attendais avec impatience pour déterminer la longitude de l'endroit où nous sommes, est arrivée ce matin. Le ciel était couvert, ainsi qu'il l'est presque toujours, et le soleil s'est voilé de nuages quatre minutes avant l'éclipse ; elle était commencée lorsque les nuages ont disparu, et le temps s'était couvert de nouveau quelques minutes avant qu'elle fût terminée. Il faut beaucoup de patience à qui veut observer les astres pendant la saison des pluies.

J'ai eu, pendant que j'étais à Golungo, l'occasion d'étudier un curieux insecte que l'on trouve sur des arbres de la famille des figuiers, dont ce district renferme vingt et quelques espèces. Sept ou huit de ces insectes se rassemblent autour de l'une des plus petites branches de l'arbre et distillent sans cesse un fluide transparent qui forme une petite flaque d'eau à l'endroit où il tombe. Si dans la soirée vous placez un vase au-dessous des insectes, vous y trouvez le lendemain matin de dix-sept à vingt-deux décilitres d'eau. Les indigènes prétendent que, s'il tombe dans les yeux une goutte de ce liquide, elle y produit une inflammation assez vive. J'ai demandé aux naturels d'où ils croyaient que cette quantité d'eau pût provenir ; ils m'ont dit que l'insecte la tirait par succion de l'arbre qu'il attaque. C'est la réponse que font les naturalistes ; mais je n'ai pas vu de piqûre à la branche où il est attaché, et il est difficile de croire qu'un arbre puisse perdre une aussi grande quantité de séve sans paraître en souffrir. Nous avons en Angleterre un insecte analogue, de la famille des cercopidiens, une larve de petite cigale, que la masse d'écume dont elle est recouverte a fait surnommer crachat de coucou [1]. L'espèce africaine est cinq ou six fois plus grosse que celle de nos climats ; je crois néanmoins que toutes les deux appartiennent à la même famille, et ne diffèrent que par leur dimension. La branche de figuier où sont rassemblés ces insectes ne tarde pas à émettre des racines adventives [2] qui partent du point même de la réunion des cercops. Je laisse aux naturalistes le soin d'expliquer par quel moyen ces insectes distillent nuit et jour une aussi grande quantité d'eau ; je suppose, quant à moi, qu'ils en puisent les éléments dans l'atmosphère ; j'ai fait, à cet égard, les expériences suivantes : ayant trouvé une colonie de ces insectes sur une branche de ricin ordinaire, j'ai enlevé, du côté où se trouvaient les insectes, l'écorce de l'arbre sur une longueur de cinquante centimètres ; j'ai gratté toute la partie intérieure du liber, de façon à détruire la circulation de la séve ascendante ; j'ai ensuite fait un trou dans la branche, que j'ai perforée jusqu'à la moelle, de manière à trancher tous les vaisseaux intérieurs. La distillation, au moment où l'expérience a commencé, produisait une goutte de liquide par soixante-sept secondes, ou deux onces cinq drachmes et demi par vingt-quatre heures (environ soixante-deux grammes). Le lendemain matin, bien loin d'être interrompue par la rupture des vaisseaux de la branche, la distillation des insectes donnait une goutte par cinq secondes, soit douze gouttes par minute, ce qui faisait une pinte (un peu plus d'un demi-litre) par vingt-quatre heures. Je fis à la branche une incision tellement profonde, qu'elle se rompit dans la journée : les insectes n'en continuèrent pas moins à verser une goutte de liquide toutes les cinq secondes, tandis qu'une autre colonie, installée sur une autre branche du même arbre, ne donnait qu'une goutte par dix-sept secondes, c'est-à-dire à peu près

---

1. Cercops écumeux.
2. Ce phénomène prouverait qu'il y a succion, ou tout au moins irritation produite par l'insecte et qui détermine l'afflux de la séve.

(*Note du traducteur.*)

dix onces et cinq drachmes (deux cent quatre-vingt-douze grammes) par vingt-quatre heures. Enfin, je détachai complétement la branche; mais, cette fois, les distillateurs décampèrent, ainsi que le font tous les insectes lorsque la plante ou l'animal qui les portait vient à mourir. Mais, si la section des vaisseaux de la branche où étaient les insectes observés n'avait pas influé sur la quantité de liquide produit, l'humidité de l'atmosphère avait accru la puissance de nos distillateurs, dont le maximum d'activité eut lieu le matin, au moment où les plantes étaient couvertes de rosée. Je renouvelai l'expérience, et la colonie qui se trouvait sur la branche dénudée produisit une goutte par deux secondes, plus de vingt-trois décilitres par vingt-quatre heures, tandis qu'une autre, placée sur une branche intacte, ne donna qu'une goutte par onze secondes, ou six décilitres environ par vingt-quatre heures. Malheureusement c'était la veille de notre départ, et je ne pus pas continuer cette étude, qui m'offrait un vif intérêt. Il me restait encore à placer, dans un vase rempli d'eau, une branche chargée de ces insectes, et à comparer la diminution du liquide renfermé dans le vase avec le produit obtenu par les distillateurs, avant de pouvoir affirmer qu'ils puisent dans l'atmosphère les éléments du fluide qu'ils ne se fatiguent pas de répandre. Que le lecteur se rappelle à cette occasion la faculté hydrogénique des fourmis que nous avons trouvées à Kolobeng.

14 *décembre*. — Nous sommes remis de nos derniers accès de fièvre et nous quittons, avec un profond sentiment de gratitude, la résidence hospitalière de M. Canto, pour nous diriger vers Ambaca, situé par 9° 16′ 35″ latitude sud, et 15° 23′ longitude est.

Il y a eu, pendant tout le mois de novembre, des pluies fréquentes, presque toujours accompagnées de tonnerre. Parfois l'humidité de l'atmosphère augmente sans cause appréciable, et vous fait éprouver un froid réel, bien que le thermomètre ne soit pas descendu; cela tient à ce que la chaleur du corps rayonne avec plus de facilité dans ce milieu plus humide, et cette circonstance n'est pas moins fâcheuse pour la santé qu'un abaissement subit de température; il en résulte un nombre considérable de maladies chez les naturels, qui meurent en si grande quantité, que les Portugais ont donné à cette saison le nom de *carneirado*. Cette époque de l'année, si fatale aux indigènes, est la plus favorable à la santé des Européens; toutefois, le climat de cette région ne permet à personne, étranger ou natif, de se livrer impunément aux excès d'aucun genre.

La faiblesse de nos convalescents nous oblige à diminuer la longueur de nos étapes, et nous nous arrêtons, après trois heures de marche, sur le bord du Caloï, petit ruisseau qui se jette dans la Senza. On prétend qu'il y a du pétrole dans cette partie de la contrée, mais le micaschiste qui en constitue la formation géologique n'annonce pas que nous devions en rencontrer beaucoup.

Notre excellent ami M. Mellot nous accompagne jusqu'à une autre petite rivière qui porte le nom de Quango; j'y vois les fils du sous-commandant, appelé M. Feltao, deux beaux enfants de cinq à six ans, qui, malgré leur âge, n'en ont pas moins la fièvre. Le pays est si vert et si frais, la scène qu'il offre aux regards est si douce, le soleil qui l'éclaire est si brillant, qu'on ne peut pas croire qu'il soit insalubre, et qu'on est tout surpris d'y rencontrer des malades.

En arrivant à Ambaca, nous y trouvons le brave officier Laurence José Marquis, dont l'intégrité parfaite lui a valu d'être placé à la tête de cet important district. Le poste de commandant est très-convoité par les officiers portugais de la colonie, bien moins encore pour le traitement qui s'y trouve attaché que pour le casuel qu'il rapporte, et qui permet à celui qui l'exploite de s'enrichir en peu de temps ; l'extrait suivant du *Boletim* de Loanda, du 28 octobre 1854, peut faire juger de la conduite de quelques-uns de ces messieurs :

« Le gouverneur général de la province d'Angola et de ses dépendances, ayant fait procéder à l'examen de la conduite de..., capitaine de l'armée de Portugal en commission dans cette province et commandant le fort de..., en raison des plaintes nombreuses qui sont parvenues à son gouvernement, au sujet des extorsions et violences exercées et pratiquées par ledit commandant, plaintes qui, d'après l'instruction qui vient d'avoir lieu, sont fondées sur des faits irréfutables, a décidé qu'il convient de révoquer ledit capitaine de son commandement, et de le soumettre à un conseil de guerre pour y être jugé des faits criminels qui lui sont attribués. »

Cette déclaration publique n'attache aucune flétrissure au nom de celui qui en est l'objet. Le conseil de guerre, par qui ces délinquants ne demandent pas mieux que d'être jugés, est composé d'individus qui convoitent avec ardeur la place de commandant pour eux-mêmes et qui s'attendent à subir un jour la peine qu'ils sont appelés à prononcer ; d'où il résulte que la sentence la plus rigoureuse que ces conseils de guerre aient appliquée en pareil cas, se borne à la suspension du condamné, seulement *pendant quelques semaines*, du grade que celui-ci occupe dans l'armée portugaise.

Ce manque de probité chez les fonctionnaires qui administrent la province est l'un des obstacles qui empêcheront toujours les capitaux étrangers d'affluer vers cette région et d'en utiliser les immenses ressources ; cet état de choses est d'autant plus fâcheux, que c'est à l'absence du développement commercial et industriel qu'il faut attribuer les difficultés qu'éprouve le gouvernement portugais à supprimer entièrement la traite des nègres. Il faut payer les officiers davantage, si l'on veut exiger d'eux une conduite plus intègre ; la solde que reçoit actuellement un capitaine lui permet tout au plus d'entretenir son uniforme ; et la tentation est grande pour celui qui est aux prises avec la nécessité.

Avant de quitter Ambaca, nous recevons dix bêtes à cornes superbes, que M. Schut nous envoie de Loanda et qui n'ont pas coûté plus de vingt-cinq francs par tête ; on voit par là combien les denrées sont à bas prix dans cette province.

Nous traversons la Lucalla, et nous faisons un détour vers le sud pour aller visiter les rochers célèbres du Pungo Andongo. A peine avons-nous franchi la petite rivière de Lotété, que la végétation présente un aspect tout différent ; nous retrouvons les mêmes arbres qu'au midi du Chobé ; l'herbe est disposée par touffes disséminées dans la plaine, et, d'après mes Zambésiens, elle convient à merveille à la nourriture des bêtes bovines ; l'embonpoint des bestiaux qui s'en nourrissent en est la meilleure preuve. On rencontre à chaque pas deux espèces de vignes fructifères ; du reste, la fécondité de cette région est proverbiale dans tout le royaume. A toutes les questions que j'adresse aux Angolais sur les produits végétaux de leur province, ils me font invariablement la même réponse. « Le froment est-il cultivé chez-vous ? — Oh ! oui, dans le Pungo Andongo. — Avez-vous du raisin, des figues, des pêches ? — Oh ! oui, dans le Pungo Andongo. — Faites-vous du beurre, du fromage, etc. ?... » Toujours dans le Pungo Andongo. Arrivé sur les lieux, je vois que c'est aux résultats de la féconde activité du colonel Manuel Antonio Pirès que l'on faisait allusion en me répondant ainsi. La présence de la vigne sauvage, qui croît partout spontanément, prouve qu'il serait facile de l'y cultiver avec succès ; le blé se développe à merveille sans avoir besoin d'irrigation, et le beurre et le fromage, que l'on trouve sur la table du colonel, sont bien préférables aux produits de même nature qui viennent d'Irlande et que l'on consomme à l'état de fromage rance et de beurre fort dans tout le reste du pays. Les Portugais ont une aversion profonde pour le lait, ou plutôt un préjugé contre cet aliment salutaire, et il est rare que dans le pays on se donne la peine de traire les vaches ; ils pensent que l'on peut en prendre le matin, mais qu'il donne la fièvre, si l'on en fait usage après midi. Je ne vois pas qu'il y ait de graves motifs pour n'en pas mettre quelques gouttes dans son café, lorsqu'on vient d'en absorber dix fois plus sous forme de fromage.

Le fort de Pungo Andongo est situé, par 9° 42′ 14″ latitude sud et 15° 30′ longitude est, au milieu d'un groupe de rochers très-curieux, taillés en colonne et qui s'élèvent à plus de cent mètres de hauteur. Ces rochers sont formés d'un conglomérat de fragments arrondis de nature diverse, renfermés dans une matrice de grès d'un rouge sombre, et reposent sur une couche puissante de grès semblable, où sont contenus, en très-petite quantité, quelques-uns des galets qui entrent dans la composition des colonnes. On y a trouvé un palmier fossile, pareil à ceux qui gisent sur la côte orientale, et, si la formation du terrain d'Andongo est du même âge que celui du Tété, il recouvre peut-être de la houille, ainsi qu'on en a trouvé à l'est du continent. Les sources de pétrole, qui existent, dit-on, dans le voisinage de Cambambé et à Dandé même, sembleraient indiquer la présence de charbon minéral, bien que je ne sache pas qu'on en ait découvert à la surface du sol dans le royaume d'Angola, ainsi qu'on l'a fait dans la province de Tété. Les piliers gigantesques de Pungo Andongo doivent avoir été formés par un courant maritime venant du sud-sud-est ; il est facile de voir, en les considérant d'un point élevé, qu'ils suivent cette direction ; et leur origine remonte à l'âge où les rapports de l'Océan et de la terre différaient complétement de ce qu'ils sont aujourd'hui, bien avant l'époque où le globe terrestre fut prêt à devenir la demeure de l'homme.

Les fragments dont le conglomérat de ces piliers est formé sont des morceaux de gneiss, de schiste argileux, de mica et de grès schisteux, de trapp et de porphyre, dont la plupart sont assez gros pour faire supposer que ces rochers sont les derniers vestiges de bancs énormes de galets primitifs. Plusieurs petits ruisseaux coulent çà et là parmi cette réunion de piles gigantesques dont le centre est occupé par le village ; il suffirait de quelques hommes pour défendre contre toute une armée cette position qui fut longtemps le boulevard des Jingas, premiers possesseurs du district.

On nous a fait voir sur l'un de ces rochers l'empreinte d'un pied qui passe pour être celui d'une reine célèbre dont tout le pays reconnaissait l'autorité. En face de ces rudes essais d'inscriptions commémoratives, on sent toute la valeur de l'écriture. L'histoire d'Angola rapporte qu'en 1621, l'illustre reine doña Anna de Souza fut envoyée à Loanda, comme ambassadrice, par son frère Gola Bandy, roi des Jingas, pour négocier la paix, et qu'elle étonna le gouverneur par la promptitude et la noblesse de ses réponses : comme celui-ci mettait au nombre des conditions du traité le payement d'une somme que les Jingas devraient donner tous les ans : « On parle de tribut à ceux que l'on a conquis, répliqua la reine ; je viens proposer la paix et non la soumission. » Elle resta quelque temps à Loanda, obtint ce qu'elle était venue demander, fut convertie, baptisée par les missionnaires, et rentra dans son pays avec honneur. Quelque temps après elle remonta sur le trône à la place de son frère, qu'elle passe pour avoir empoisonné, et fut vaincue par les Portugais en 1627 dans une grande bataille où presque toute son armée fut détruite ; elle parvint à un âge très-avancé, et mourut dans la foi catholique, où elle était rentrée après une longue apostasie. Les Jingas forment toujours une peuplade indépendante au nord de leur ancien territoire ; on n'a pas d'exemple qu'une tribu africaine ait jamais été détruite.

Les Portugais croyaient autrefois que le district de Pungo Andongo était d'une insalubrité particulière, et ils en avaient fait un lieu de déportation ; il est maintenant avéré que c'est la partie la plus saine de la province. L'eau y est d'une pureté remarquable et le sol peu compacte ; le pays, découvert et légèrement ondulé, forme une pente adoucie qui va rejoindre le Coanza, dont les bords constituent la frontière méridionale des possesions portugaises. Au delà du fleuve se déploient au sud et au sud-ouest les hautes montagnes des Libollos. On voit au sud-est le territoire également montagneux des Kimbondas ou Ambondas, la nation indépendante et brave au dire du colonel Pirès, et dont les membres hospitaliers et loyaux possèdent un grand nombre de bêtes à cornes ; leur territoire renferme beaucoup d'abeilles, dont la cire, très-abondante et soigneusement recueillie, est vendue aux Portugais avec lesquels les Ambondas ont toujours eu d'excellentes relations.

Les Akos ou Hacos, qui appartiennent à la famille de ces derniers, habitent la rive gauche du Coanza un peu au-dessus du Pungo Andongo ; ils faisaient autrefois le commerce des noirs et se bornent aujourd'hui à faire de temps en temps l'acquisition d'un esclave qu'ils achètent aux Portugais et qu'ils payent avec de la cire, J'ai vu donner ici quinze francs pour un jeune garçon qui était, disait-il, du pays de Matiamvo ; à la même époque, j'achetais une paire de bottes très-bien faites, en bon cuir tanné et qui montaient jusqu'aux genoux, pour la somme de sept francs cinq centimes, ce qui était le prix exact d'une livre d'ivoire que j'avais cédée à M. Pirès ; l'esclave valait par conséquent deux paires de bottes ou deux livres d'ivoire.

Les Libollos n'ont pas une aussi bonne réputation que les Ambondas, mais le Coanza renferme toujours assez d'eau pour servir contre eux de ligne de défense.

La fortune du colonel Pirès est un bel exemple de la position à laquelle un homme intelligent et laborieux peut parvenir dans ce pays-ci ; il était domestique sur le vaisseau qui l'y a transporté, et c'est aujourd'hui le plus riche négociant du royaume d'Angola ; non-seulement il possède plusieurs milliers de têtes de bétail, mais, s'il y était contraint, il pourrait opposer à l'ennemi quelques centaines d'esclaves parfaitement équipés.

Pendant que je jouissais de l'hospitalité de ce prince marchand, dont la demeure, spacieuse et confortable, est située en dehors des rochers et domine tout le pays environnant, j'appris le naufrage du *Forerunner* qui portait en Angleterre mes dépêches, mes cartes et mon journal ; tous mes papiers étaient perdus ; mais je fus si heureux de savoir que le lieutenant Bedingfeld, l'ami qui s'en était chargé, avait échappé à la mort, que je me consolai facilement de la perte que j'avais faite ; et, profitant de la bonté du colonel Pirès, je me mis à récrire mon journal et je restai jusqu'à la fin de l'année chez cet hôte généreux.

Le colonel avait, à six milles de Pungo Andongo, un autre établissement qu'il visitait toutes les semaines, et où je l'accompagnais presque toujours afin de me distraire et de me reposer du travail. Il existait dans les deux endroits des anacardiers qui témoignaient de la différence que l'élévation des lieux apporte dans la température ; à Pungo même, auprès des rochers, ces arbres ne faisaient qu'entrer en fleurs, tandis qu'à la station voisine, placée beaucoup plus bas, leurs fruits étaient déjà presque mûrs. Les cocotiers et les bananiers, qui prospèrent à ce niveau inférieur, donnent peu ou point de fruits à la station plus élevée ; j'ai constaté une différence de température de 7° (4° centigrades) entre les deux établissements ; elle était, auprès des rochers, de 67° (19° centigrades 4/9 à 7 heures du matin, de 74 (23° centigrades 2/9) à midi, et de 72 le soir (22° centigrades 3/9).

L'un des esclaves du colonel, un tout jeune homme, presque un enfant, ayant mangé des citrons qu'il avait dérobés, s'en fut à la rivière pour se laver la bouche, afin de dissiper l'odeur qui l'aurait fait découvrir ; un alligator le saisit et l'entraîna auprès d'une île située au milieu du courant ; l'enfant se cramponna aux roseaux et fit si bien que le reptile ne put parvenir à l'en arracher, ce qui donna le temps de prendre un canot et de voler à son secours ; le monstre lâcha prise immédiatement, car il n'est pas brave hors de l'eau ; mais ses dents avaient laissé des marques nombreuses sur l'abdomen et sur la cuisse de sa victime, dont les bras et les jambes portaient l'empreinte de ses griffes.

Je n'ai vu nulle part la servitude moins apparente que chez le colonel Pirès. L'ordre et la propreté régnaient dans toutes les parties de l'établissement, tandis qu'en général le désordre et la saleté caractérisent le service des esclaves, comme s'ils avaient pour principe de travailler le moins possible.

Il existe, dans le voisinage de la station où j'allais toutes les semaines, un grand nombre de sépultures des anciens Jingas ; les tombes que l'on y voit encore sont tout simplement de grandes plates-formes en pierre sur lesquelles sont déposés des vases grossiers dont ces peuplades se servent pour boire et pour faire cuire leurs aliments ; quelques-unes sont disposées en cercle de six à neuf mètres de tour et affectent la forme d'une meule de foin ; on n'y voit aucune trace d'inscription ou d'hiéroglyphe quelconque. En général les indigènes du royaume d'Angola choisissent de préférence, pour y déposer leurs morts, la lisière des chemins les plus fréquentés, particulièrement l'endroit où deux routes se croisent, où deux sentiers se rencontrent ; ils plantent des euphorbes, ou d'autres arbres de la même famille, autour des tombeaux et sur la tombe elle-même où ils déposent, comme les Jingas, des vases de différente nature dont ils se servent pour faire la cuisine et pour boire, des pipes brisées, parfois un arc et des flèches.

Le gouvernement portugais a voulu détruire cette coutume et n'y a pas réussi ; en vain a-t-il désigné dans chaque district un endroit particulier pour la sépulture des morts, et prononcé une amende contre celui qui enterrait quelqu'un en dehors du cimetière : les indigènes ont persisté dans leur coutume, et recherchent la croisée des routes avec autant d'ardeur qu'autrefois pour y déposer les restes de leurs parents.

Entre le Coanza et le Pungo Andongo, la terre est couverte d'arbres peu élevés, d'arbrisseaux et d'excellents pâturages. J'y ai vu, avec le plaisir qu'on éprouve à retrouver d'anciennes connaissances, des glaïeuls aux vives couleurs, l'amaryllis toxique, l'hémanthe écarlate et d'autres plantes bulbeuses tout aussi belles que dans les environs du Cap.

Il est étonnant que l'agriculture soit aussi négligée dans le royaume d'Angola ; jamais on n'a essayé d'y cultiver du froment au moyen d'irrigations ; la charrue n'y a pas même pénétré, et la houe des indigènes est le seul instrument aratoire en usage dans le pays. C'est le manioc, dont les principes nutritifs ne sont pas en quantité suffisante pour entretenir la force de l'homme, qui fait le principal objet de la culture angolaise ; on le mange rôti, grillé ou bouilli, tel qu'on l'arrache, ou fermenté, grillé et desséché et réduit en farine, ou bien encore râpé tout simplement ; on en fait des ragoûts, de la bouillie, des gâteaux où il entre du sucre et du beurre, on en varie les préparations de manière à ne point s'en fatiguer ; mais il n'en devient pas plus fortifiant, et les mulâtres, dont il constitue la principale nourriture, sont bien loin d'avoir l'énergie de leurs pères : toutefois il présente des avantages réels : ses feuilles bouillies font un excellent plat de légumes ; comme fourrage, elles augmentent d'une manière considérable la quantité de lait que produisent les chèvres ; ses tiges sont un bon combustible et donnent beaucoup de potasse ; sa culture n'exige aucun travail ; il suffit de l'ésherber une fois pendant les deux années qu'il met à mûrir, lorsqu'il se trouve dans un endroit sec ; placé dans un terrain d'alluvion arrosé par la pluie ou inondé tous les ans, il ne lui faut que onze ou douze mois pour arriver au point où on le récolte ; ses feuilles ne se rident pas comme celles des autres plantes quand elles sont restées longtemps sans eau, et il supporte bien la sécheresse. Dans la province d'Angola, on place sur une toile les râpures que l'on a obtenues de sa racine, on les frotte avec la main tandis qu'on les arrose à grande eau, et l'on en sépare ainsi la matière glutineuse qu'elles renferment ; celle-ci, entraînée dans un vase placé au-dessous de la toile, retirée de l'eau, exposée au soleil et séchée complétement sur un feu doux au moyen de plaques de fer, où elle est étendue et remuée avec une petite baguette, se réunit en globules et forme le tapioca du commerce. Le manioc n'est jamais attaqué par les charançons, et il exige si peu de soins, qu'il est excessivement bon marché sur les lieux où on le cultive ; la meilleure farine de manioc, celle qui peut être convertie en tapioca ou en amidon de première qualité, se vend couramment, dans tout l'intérieur de la contrée, dix centimes les dix livres. Et au milieu de pareilles sources de richesses, la province d'Angola n'a que des sentiers pour voie de communication, et pas d'autre moyen de transport que les épaules de ses habitants.

Le cours navigable du Coanza est compris entre son embouchure et une grande cascade, voisine de Cambambé, qui est, dit-on, à trente lieues au-dessous de Pungo Andongo. On trouve un peu plus haut, par 9° 41′ 26″ latitude sud, et à peu près 16° longitude est, une autre chute au confluent du Lombé, où l'on tue quelquefois des éléphants et des hippopotames. Entre ces deux points le fleuve est rapide, et coule généralement sur un fond rocailleux. Sa source a été placée jusqu'ici au sud-est ou au sud-sud-est de l'embouchure du Lombé, dans le voisinage de Bihé, dont la situation n'est pas déterminée. A Sanza, on m'affirme que c'est à huit journées de marche, et presque directement au sud de ce dernier endroit, que le Coanza prend naissance. Cette assertion paraît confirmée par la rencontre que nous avons faite de nombreux individus venant de Bihé, qui tous arrivaient à Sanza, d'où les uns se dirigeaient ensuite vers Loanda, les autres vers le pays de Matiamvo : il est donc probable que la source du Coanza n'est pas très-éloignée de Sanza.

Malgré la salubrité du Pungo Andongo et la température agréable de ce beau district, j'y fus repris par la fièvre ; pendant que je gardais la chambre, je reçus la visite d'un chanoine indigène qui faisait une tournée dans l'intérieur de la province pour administrer les sacrements du baptême et du mariage. Il y avait peu de temps qu'il était revenu de Lisbonne, où il avait accompagné le prince de Congo, et avait été décoré d'un ordre honorifique par le roi de Portugal, en récompense des services qu'il a rendus dans ce pays-ci. Extérieurement c'est un véritable nègre, mais il n'en commande pas moins le respect ; et le colonel Pirès, qui le connaît depuis plus de trente ans, déclare que c'est un excellent homme. Il n'y a que trois ou quatre ecclésiastiques à Loanda ; ce sont tous des hommes de couleur, mais ayant reçu l'éducation nécessaire pour remplir leurs fonctions. Pendant mon séjour dans la colonie, le gouverneur proposait à tous les jeunes gens qui voulaient entrer dans le sacerdoce, de les envoyer en Portugal et de les faire instruire à l'université de Coimbre. Je tiens de bonne source que le roi de Congo professe la foi chrétienne et qu'il n'y a pas moins de douze églises dans son royaume, où des missionnaires avaient fondé autrefois un établissement à San Salvador, qui en est la capitale. Ces églises sont en assez bon état ; les indigènes les entretiennent et ont conservé quelques-unes des cérémonies religieuses qu'ils ont vu pratiquer dans leur enfance ; par exemple ils baragouinent quelques phrases sur les morts, en imitation des prières latines que l'Église catholique prononce en pareil cas. S'il s'agit du monarque, on l'entoure d'une grande quantité d'étoffe, où il reste enveloppé jusqu'au moment où arrive un prêtre de Loanda qui sacre son successeur. Le roi de Congo prend toujours le titre de seigneur d'Angola, qu'il portait à l'époque où les Jingas, premiers possesseurs du sol, le reconnaissaient pour suzerain ; et jamais il n'écrit au gouverneur de Loanda sans se nommer le premier, comme s'il s'adressait à un vassal. Les Jingas lui payaient autrefois un tribut de cauries, coquillages que l'on trouve dans l'île qui protége le havre de Loanda ; ils refusèrent un jour le payement de ce tribut, et le roi de Congo donna aux Portugais l'île qui fournissait les coquilles : ce fut ainsi que la domination des Européens s'établit sur ce point de la côte.

L'instruction religieuse est très-peu développée dans les royaumes d'Angola et de Congo ; mais la foi chrétienne y jouit d'une certaine faveur. C'est probablement l'insalubrité du climat qui empêche les prêtres de résider dans l'intérieur des terres ; ils vont seulement y faire des tournées pastorales, ainsi que je l'ai dit plus haut, et sont accueillis à merveille par les populations, qui non-seulement payent leurs services religieux, mais encore leur fournissent gratuitement tous les objets qu'elles peuvent leur procurer. En présence du dénûment spirituel où sont aujourd'hui les habitants du Congo et de la province d'Angola, il est probable que l'arrivée de quelques missionnaires protestants réveillerait un peu d'activité chez les prêtres catholiques et stimulerait leur zèle.

CHAPITRE XXII

Départ de Pungo Andongo. — Étendue de la puissance portugaise. — Rencontre de marchands et de porteurs. — Fourmis rouges. — Descente du Tala-Mungongo. — Arbres à fruits de la vallée de Cassangé. — Moule comestible. — Oiseaux. — Village de Cassangé. — Quinine et Cathory. — Maladie de l'enfant du capitaine Néves. — Châtiment d'un devin. — Mort de l'enfant. — Superstitions. — Pouvoir des chefs, leurs fonctions. — Charmes. — Négociants pombeiros. — Fièvre succédant aux vents d'ouest. — Ressources que présente le royaume d'Angola aux manufactures anglaises, qu'il peut approvisionner de matières premières. — Caravanes pour le trafic de l'ivoire. — Choix d'une hyène. — Opinion des Makololos sur les Portugais. — Dette de Cypriano. — Un enterrement. — Terreur inspirée par l'âme des morts. — Matinées admirables. — Traversée du Quango. — Coutumes des Bashinjés. — Arrivée sur le territoire de Sansawé. — Présent des Pombeiros. — Halte prolongée. — Un coup sur la barbe. — Attaque dans une forêt. — Transformation subite de sentiments hostiles d'un chef en intentions pacifiques sous l'influence d'un revolver. — Femmes esclaves. — Manière de parler aux esclaves. — Affluents du Congo ou Zaïre. — Traversée de la Loajima. — Extérieur et coiffure des habitants.

1er *janvier* 1855. — La copie de mon journal est terminée ; je quitte Pungo Andongo et nous allons coucher à Candumba, où le colónel Pirès a de nombreux troupeaux et où il a donné des ordres pour qu'on nous préparât une ample provision de beurre et de fromage. Nous suivons la rive droite du Coanza ; elle est formée de cette couche de grès, renfermant des galets de diverse nature, que l'on retrouve partout dans ce district ; la plaine est unie, couverte de grands bois où il est facile de pénétrer, et présente d'excellents pâturages.

A l'embouchure du Lombé, nous nous éloignons du Coanza, et, prenant au nord-ouest, nous traversons une plaine verdoyante jusqu'au village de Malangé, où nous rejoignons le sentier que nous avons suivi pour venir à Loanda. A quelques milles de Malangé, le sentier se bifurque et, se dirigeant vers l'ouest, conduit à un nouveau district nommé le duc de Bragance ; il traverse, pour arriver à ce district, la Lucalla et plusieurs de ses affluents. Toute cette région est dépeinte comme étant d'une excessive fertilité ; on rapporte que le territoire situé à l'ouest de Bragance est montagneux, bien boisé, bien arrosé ; le café sauvage y est, dit-on, si abondant que les huttes des naturels sont construites avec des caféiers. Le Dandé, la Senza et la Lucalla prennent, m'a-t-on dit, leur source dans une chaîne de montagnes.

De nombreuses tribus indépendantes habitent la région qui est au nord de celle-ci. La domination portugaise s'étend principalement sur les peuplades dont nous avons traversé le territoire ; elle n'est fermement établie que sur la région comprise entre le Coanza et le Dandé ; le Quango forme sa limite orientale, à trois cents milles de la côte (483 kilomètres). D'après les données incomplètes que fournit le recensement annuel des quinze ou seize districts dont la province est composée, la population angolaise est au moins de six cent mille âmes.

En quittant Malangé, nous suivons rapidement le sentier par lequel nous sommes venus, et sans nous en écarter un instant. Nous espérions nous procurer un peu de semence de blé à Sanza [1], mais il n'y en avait pas, et nous ne rencontrerons plus sur notre passage d'endroit où le froment soit cultivé.

La couche sous-jacente de toute cette région est toujours composée du même grès que le district de Pungo ; toutefois le grain en devient plus fin à mesure que nous avançons vers l'est, et un peu de mica s'y ajoute. Nous trouvons le schiste argileux à Tala Mungongo par 9° 42′ 37″ latitude sud, 17° 27′ longitude est, où il s'étend un peu du côté de l'ouest. La structure générale est une large bande de mica et de grès schisteux, s'étendant à peu près du 15ᵉ degré de longitude est jusqu'au centre du continent, sous la couche horizontale de roches sédimenteuses de formation plus récente qui constituent le bassin intérieur ; cette bande néanmoins n'est pas la plus élevée, bien qu'elle soit la plus ancienne.

Nous rencontrons à Tala Mungongo un natif de Bihé, qui est allé trois fois dans le pays de Shinté pour y faire du commerce ; il nous donne des nouvelles de cette région éloignée ; mais il ne sait rien des Makololos qui passent, parmi les peuplades du Nord, pour des gens féroces chez qui l'on ne saurait pénétrer sans danger. Les mulâtres que nous avons trouvés en venant, dans la ville de Shinté, sont revenus chez eux avec soixante-six esclaves et cinquante et quelques défenses d'éléphant. Tous les jours nous croisons de longues files de porteurs chargés d'une grande quantité d'ivoire, de gros blocs de

---

1. 9° 37′ 46″ latitude sud, 16° 59′ longitude est.

cire pesant chacun environ quarante kilogrammes, le tout appartenant aux trafiquants d'Angola. Nous voyons aussi bon nombre d'indigènes qui portent à la côte, mais pour leur propre compte, de la cire, de l'ivoire et de l'huile douce; ils paraissent voyager en toute confiance, et nous leur avons acheté plusieurs fois des volailles au prix de dix centimes la pièce. Mes Zambésiens ne manquent pas, toutes les fois qu'ils en ont l'occasion, de vanter l'audace qu'ils ont eue d'entrer dans un navire et de se glorifier de leur courage auprès de ceux qui avaient voulu les empêcher d'aller à Loanda. Braves compagnons! que de bontés n'ont-ils pas eues pour moi, que de prévenances, de petits soins pour m'établir plus confortablement! Dans ce pays-ci, où ils n'ont pas à se construire de hangars pour la nuit, puisque les bivouacs y sont tout préparés, ils pensent continuellemeet à ce qu'ils pourront imaginer pour que je sois un peu mieux; Mashaouana fait toujours son lit à mes pieds, et je n'ai jamais besoin de l'appeler deux fois quand il me faut quelque chose.

Pendant mon séjour à Tala Mungongo, mon attention fut attirée par des fourmis rouges qui infectent différentes parties de cette contrée et qui ont pour la chair un incroyable appétit. Le commandant du village avait fait tuer une vache; des esclaves furent obligés de veiller toute la nuit et d'entretenir de grands feux de paille autour des quartiers de viande, pour les préserver des atteintes de ces fourmis, qui n'en auraient pas laissé. On les rencontre souvent en longues files serrées qui forment en travers du sentier une raie d'un brun rougeâtre, ayant de six à huit centimètres de largeur; si par hasard vous mettez le pied au milieu de cette ligne mouvante, vous êtes immédiatement assailli et mordu avec une force dont on n'a pas d'idée. C'est auprès de Cassangé que, pour la première fois, j'ai rencontré cet ennemi, qui est loin d'être méprisable; je regardais l'horizon, qui m'absorbait tout entier, lorsque, sans le savoir, je marchai sur une fourmilière appartenant à cette espèce; je fus instantanément couvert de ces furies qui gravirent mon pantalon, se précipitèrent dans mes manches, sur ma poitrine, sur tout mon corps, et me déchirèrent avec rage; chacune de leurs morsures était une pointe de feu, et pas de retraite possible! Je me dépouillai immédiatement de mes habits, et je me frottai avec fureur pour me délivrer de cette vermine endiablée; j'en tressaille quand j'y pense; il n'est pas de léthargie dont elles ne puissent vous tirer; par bonheur je me trouvais seul, car on n'eût pas manqué de dire que j'étais devenu fou. La seconde fois qu'elles m'attaquèrent, c'était pendant mon sommeil; je ne les avais donc pas provoquées, et je ne pus me débarrasser d'elles qu'en plaçant ma couverture au-dessus du feu. C'est une chose surprenante qu'il puisse tenir autant de férocité dans un corps aussi petit ; elles ne se contentent pas de la morsure qu'elles infligent, elles se tournent sur elles-mêmes pour vous tordre les chairs, fouillent la plaie, la déchirent, et y mettent une ardeur qui est vraiment révoltante. Si le malheur veut que le bœuf sur lequel vous êtes monté, effleure de son sabot la colonne de ces atroces créatures, elles ont bientôt fait d'atteindre vos jambes et de vous avertir de la faute que vous avez commise en les troublant dans leur marche. Elles ne connaissent pas la crainte, et se jettent avec une égale fureur sur les plus grands animaux aussi bien que sur les plus petits. Avez-vous par mégarde posé le pied sur quelques-unes d'entre elles, pendant que les voisines vous attaquent, les autres quittent les rangs et courent par le sentier, en cherchant avec impatience l'ennemi qu'il faut combattre. Toutefois leur voracité n'est pas sans être utile ; grâce à leur puissance d'absorption, elles débarrassent le pays de tous les cadavres qu'elles rencontrent, purgent les habitations des termites et des autres vermines, détruisent une quantité d'insectes nuisibles et de reptiles venimeux ; les rats, les souris, les lézards, les serpents, sont dévorés par ces ogres pygmées ; jusqu'au python natalensis, qui devient leur victime lorsqu'elles le surprennent dans l'engourdissement où il tombe après avoir mangé.

Ces fourmis n'élèvent pas de collines à la façon des termites ; leur demeure est légèrement souterraine et ressemble aux fourmilières que l'on voit en Europe ; mais elles creusent quelquefois des galeries qui communiquent de chez elles aux cellules des fourmis blanches, afin d'être à l'abri du soleil pour exécuter leurs razzias.

15 *janvier* 1855. — Nous avons mis une heure pour descendre le versant du Tala Mungongo. J'ai compté mes pas à partir du sommet jusqu'au pied de la montagne ; leur nombre s'est élevé à seize cents, chiffre qui peut donner une hauteur perpendiculaire de trois cent soixante à quatre cent soixante mètres. Au sommet de la rampe, l'eau est entrée en ébullition à 206° (96° centigrades 6/9) ; au bas de la pente elle avait bouilli à 208° (97° centigrades 7/9), le thermomètre marquant à l'ombre 72° (22° centigrades 2/9) dans le premier cas, et 94° (34° centigrades 4/9) dans le second. La température, pendant toute la journée, s'est élevée de 94° (34° centigrades 4/9) à 97° (36° centigrades 1/9), à l'ombre la plus fraîche que nous ayons pu trouver.

Les ruisseaux qui sillonnaient la vallée de Cassangé lorsque nous y avons passé, il y a neuf mois, sont aujourd'hui à sec. Le Lui et le

Luare ont toujours de l'eau en abondance, mais cette eau est légèrement saumâtre. Leurs rives sont bordées de palmiers, de dattiers sauvages et de goyaviers dont les fruits seront bientôt mûrs ; on remarque parmi eux une grande quantité d'arbres qui ressemblent au mangostan, mais qui ne portent pas de fruits. Ces deux rivières contiennent une moule comestible que l'on y trouve en abondance, et dont les coquilles se rencontrent dans tous les lits de formation alluvienne des rivières desséchées, même aux environs de Kurman. C'est sans doute la nature saumâtre des eaux du Lui et du Luare qui lui permet de vivre ici.

Les clairières herbeuses de la vallée sont remplies d'alouettes noires à épaules jaunes ; le *Cntropus senegalensis*, également noir, vole gauchement au-dessus des grandes herbes, en laissant tomber sa longue queue perpendiculairement à son corps. Il se pose à la pointe des chaumes les plus élevés ; les indigènes, qui connaissent cette habitude, lui tendent des gluaux, afin de s'emparer de ses pennes caudales, qui sont fort estimées dans le pays. Le léhututu [1], qui se rencontre jusqu'aux environs de Kolobeng, jette ici, comme partout, le cri prolongé dont son nom est l'onomatopée. C'est un gros oiseau qui ressemble beaucoup au dindon ; à terre il est noir, mais quand il vole, on aperçoit la partie extérieure de ses ailes qui est blanche ; il tue les serpents, qu'il frappe derrière la tête avec adresse ; une autre espèce du même genre s'appelle le calao d'Abyssinie.

Nous sommes rejoints, avant d'arriver à Cassangé, par le commandant, le señor Carvalho, qui, à la tête de cinquante hommes et d'une pièce de campagne, revient d'une expédition infructueuse qu'il a faite à la recherche de quelques révoltés ; les rebelles s'étaient enfuis et il n'a pu faire autre chose que de brûler leurs cabanes. Il m'a gracieusement invité à descendre chez lui ; mais désirant aller voir le capitaine Néves, qui nous a si bien reçus à notre arrivée dans le pays, j'ai refusé l'offre obligeante du señor Carvalho. Cette fois encore je suis admirablement accueilli par le capitaine, que je retrouve fort malade d'un abcès dans la main. Rien n'indique cependant que le pays soit insalubre, si ce n'est peut-être la puissance luxuriante de la végétation ; toujours est-il que la plupart des Portugais qui l'habitent ont la rate hypertrophiée par suite de nombreux accès de fièvre intermittente, et qu'ils sont tous d'une pâleur maladive. Supposant que cette affection de la main était simplement un effort de la nature pour se débarrasser d'un principe empoisonné, je recommandai au

---

1. Tragopan Leadbeaterii.

capitaine l'usage de la quinine ; il appliqua en même temps sur le mal une feuille d'une plante que l'on appelle cathory, et dont les indigènes préconisent les vertus curatives dans le traitement des plaies et des maux de toute nature ; ces feuilles, que l'on emploie bouillies, renferment un suc gommeux qui intercepte l'air et qui peut offrir certains avantages pour le pansement des plaies. Une fois le capitaine guéri, chacun attribua la cure au remède qu'il avait conseillé.

La fièvre emporte ici énormément d'enfants ; le capitaine avait perdu un charmant petit garçon depuis notre première visite, et il en perdit un autre pendant que j'étais chez lui. Lorsque le pauvre enfant tomba malade, sa mère, qui est une femme de couleur, envoya chercher un devin pour savoir quel traitement il fallait faire ; le magicien jeta ses dés au hasard, et finit, après diverses manœuvres, par arriver à cette extase où ses pareils prétendent se trouver en communication avec le monde invisible. Au milieu de son délire prophétique, il déclara que l'enfant était miné par l'esprit d'un négociant portugais qui autrefois habitait Cassangé. A la mort de ce négociant, tous les commerçants du village s'étaient partagé les marchandises du défunt et en avaient donné le montant aux créanciers que celui-ci avait à Loanda ; mais les indigènes, témoins du fait sans rien comprendre à la transaction qui en était l'objet, supposèrent que les négociants de Cassangé s'étaient approprié les valeurs du défunt et trouvaient fort naturel que l'âme du spolié fît mourir l'enfant du capitaine, en raison de la part que ce dernier avait prise dans cette affaire. La réponse du devin révélait à la fois l'impression que la vente des marchandises avait faite sur son esprit et la nature des idées que possèdent les indigènes à l'égard des trépassés. Comme ils se croient, en pareille matière, beaucoup plus forts que les blancs, et qu'ils sont convaincus de l'infaillibilité de leurs docteurs, la mère du petit malade vint trouver le capitaine et lui dit qu'il fallait donner un esclave au devin comme honoraires du sacrifice que celui-ci offrirait aux mânes du Portugais, afin d'empêcher le trépassé de faire mourir leur enfant ; mais le capitaine envoya chercher l'un de ses voisins ; et, bien que le prophète prétendît ne rien sentir en dehors de son extase, l'application de deux baguettes sur l'échine le rappelèrent immédiatement à lui-même et lui firent prendre la fuite. Peu convaincue de la science européenne, la mère ne voulut suivre aucun des avis que je m'efforçais de lui donner ; elle préféra soigner son fils d'après la méthode angolaise, lui mit sur les joues des ventouses scarifiées, et continua de l'exposer à tous les courants d'air. Quand le pauvre enfant fut sur le point de mourir, son père désira le voir baptiser, et je recommandai son âme à celui qui a dit, en parlant des petits enfants, « que le royaume des cieux appartient à ceux qui leur ressemblent. » La mère s'enfuit alors de la maison et fit entendre des gémissements douloureux qui annonçaient un chagrin sans espoir; dans la soirée ses compagnes la rejoignirent, et accompagnèrent ses plaintes d'un instrument[1] dont le son étrange ressemble à un cri déchirant; ces lamentations durèrent, sans s'interrompre, jusqu'après les funérailles.

Malgré les rapports continuels que les indigènes ont depuis longtemps avec les blancs, ils ont conservé la plupart de leurs superstitions, qui chaque année font un nombre considérable de victimes; un individu, par exemple, est-il accusé d'avoir jeté un sort à quelqu'un, il se rend quelquefois de très-loin sur les bords de la Dua, rivière qui passe aux environs de Cassangé, où, afin de prouver son innocence, il avale une infusion de feuilles vénéneuses qui ne manque jamais de causer sa mort; d'autant plus que si l'estomac du patient rejette le breuvage, la dose est immédiatement renouvelée; cette épreuve seule, qui est toujours secrète, fait périr annuellement plusieurs centaines de personnes dans la vallée de Cassangé. Ou l'autorité portugaise n'en sait rien, ou elle est impuissante à détruire cette coutume aussi absurde que barbare.

On retrouve chez toutes les peuplades qui vivent au bord du Zambèse les mêmes idées superstitieuses que dans la province d'Angola, rapprochement qui semblerait indiquer une communauté d'origine entre ces diverses tribus; elles ont toutes cette croyance que les âmes des morts continuent de séjourner au milieu des vivants, dont elles partagent la nourriture; de là cet usage, lorsqu'on a des malades, d'offrir en sacrifice des chèvres et des volailles pour apaiser les esprits. Tous les habitants de cette région s'imaginent que l'unique désir des trépassés est d'arracher les vivants à leur famille et de les enlever de ce monde; l'effroi que cette idée leur inspire est d'une telle violence, qu'il existe, dit-on, une secte d'assassins qui tuent leurs victimes dans le but de faire aux Barimos une offrande de cœurs humains. La religion de ces malheureux, si l'on peut nommer ainsi l'ensemble de leurs pratiques monstrueuses, est un délire causé par la terreur, et ils cherchent sans cesse des charmes assez puissants pour conjurer les maux dont ils se croient menacés. J'ai rencontré des hommes qui, plus prudents ou plus timides que les autres, portaient jusqu'à vingt ou trente amulettes suspendues au-

---

1. Il entre du caoutchouc dans la fabrication de cet instrument; on trouve cette gomme, ainsi que plusieurs autres, dans différentes parties de cette région.

tour du cou ; ainsi que Proclus qui invoquait tous les dieux, ils espéraient dans le nombre avoir trouvé le charme suprême contre lequel rien ne pouvait prévaloir. Tous les indigènes d'Angola sont tellement attachés à leur idolâtrie, que ceux mêmes qui habitent Loanda quittent la ville de temps à autre pour aller accomplir les rites de leur religion, à l'insu des autorités portugaises. L'irrévérence que les Européens témoignent pour les objets de leur terreur n'est à leurs yeux qu'une preuve de folie insigne. Leurs anciennes coutumes ne leur sont pas moins sacrées ; le pouvoir est électif dans plusieurs tribus, sans néanmoins que l'on puisse élire le chef en dehors de certaines familles où la puissance est héréditaire ; chez les Bangalas de la vallée de Cassangé, il est pris alternativement dans trois de ces familles souveraines ; ce n'est pas le fils du chef décédé qui hérite du trône, mais son frère ; les fils d'une veuve appartiennent à leur oncle, et il n'est pas rare que celui-ci les vende pour payer ses dettes. C'est bien moins la guerre que cette coutume dénaturée, et quelques autres du même genre, qui approvisionnent d'esclaves les marchands qui font la traite.

Je reçois, par le courrier qui apporte ici les dépêches trois fois par mois, un certain nombre de numéros du *Times*, où je vois, entre autres choses, un récit de la guerre de Crimée jusqu'à la terrible charge de notre cavalerie légère. On comprendra facilement le désir que j'éprouve d'en savoir davantage ; mais je suis obligé de le renfermer dans mon cœur, et j'adresse à Dieu mes humbles prières pour des amis qui peut-être ne sont plus, et dont je ne recevrai de nouvelles que de l'autre côté de l'Afrique.

Nous avons déjà dit que les négociants de Cassangé font un commerce considérable avec les tribus de l'intérieur, par l'entremise de marchands indigènes que l'on nomme Pombeiros et qui sont désignés dans l'histoire d'Angola sous le nom de trafiquants noirs. Deux de ces Pombeiros, Pedro João Baptista et Antonio José, que le premier négociant qui s'établit à Cassangé avait envoyés chez les peuplades du centre, reviennent actuellement des possessions portugaises de la côte orientale, et rapportent des lettres du gouverneur de Mozambique, datées de 1815 ; ce qui prouve, suivant les propres expressions de la lettre du gouverneur, la possibilité d'établir une voie de communication entre Mozambique et Loanda. C'est la seule fois que des sujets du Portugal aient traversé le continent africain ; nul Européen n'a jamais accompli ce voyage, bien qu'on ait attribué la qualité de Portugais à Pedro Baptista et à Antonio José.

Le capitaine Néves se dispose à envoyer à Matiamvo, par les Pombeiros, un présent d'une valeur de douze cent cinquante francs ; à savoir, des étoffes de coton, un grand tapis, un fauteuil à dais, orné de rideaux d'indienne rouge, une couchette de fer, une moustiquière, des colliers de verroterie, et plusieurs tableaux grossièrement peints à l'huile par un nègre de Cassangé.

Matiamvo, ainsi que la plupart des chefs de l'intérieur, a le plus vif désir de posséder un canon ; il a envoyé à Cassangé dix grosses défenses d'éléphant pour en acheter un ; mais ceux de la province appartiennent au gouvernement, et il est impossible de les vendre ; toutefois, on lui a fait monter une vieille espingole sur un affût, et il est probable qu'il en sera enchanté.

Ce serait une excellente occasion pour visiter Matiamvo, que de lui porter les présents du capitaine ; j'ai d'autant plus envie de le voir, qu'il a exprimé un vif mécontentement de la conduite des Chiboques à notre égard, et qu'il a menacé de les en punir ; mais je ne peux vraiment pas obliger mes compagnons à se détourner de leur chemin, et j'attendrai qu'ils me le proposent. Toutes les fois qu'ils ont approuvé une démarche, un plan quelconque, ils vont jusqu'au bout sans murmurer ; je leur parle comme à des êtres raisonnables, et il est rare que par ce moyen je n'obtienne pas d'eux tout ce que je désire.

A propos de l'insalubrité de Cassangé, le capitaine Néves, qui a l'esprit observateur, me dit que le vent d'ouest amène toujours, et immédiatement, un nombre considérable de fièvres ; pendant tout le temps que le vent souffle du point opposé, l'état sanitaire du pays est excellent ; mais en janvier, février, mars et avril, les vents sont variables, et presque tout le monde est malade. C'est probablement en rasant le plateau qui est à l'occident de la vallée, que le vent d'ouest s'imprègne des miasmes qu'il répand ensuite dans le bassin de Cassangé, de la même manière que le vent fait rabattre dans les mines l'acide carbonique dont il se charge en passant sur un champ de fèves. Dans l'ouest de l'Écosse, les mineurs s'opposent à ce que les fermiers plantent des fèves dans leur voisinage, sous prétexte qu'elles nuisent à la salubrité des mines. Il est impossible d'expliquer autrement que par la gravitation de la malaria, des hauteurs du Tala Mungongo vers Cassangé, l'insalubrité du pays sous l'influence du vent d'ouest. Les rives du Quango sont infiniment moins malsaines que la vallée, bien qu'elles soient beaucoup plus marécageuses, et cela parce qu'elles sont abritées contre le vent pestilentiel qui arrive du plateau.

21 février. — Nous sommes partis hier de Cassangé ; le vent d'ouest soufflait avec violence, et aujourd'hui plusieurs de mes compagnons sont attaqués de la fièvre. Cette influence maligne est le seul inconvénient de la province d'Angola ; sous tous les autres rapports, c'est un pays charmant et qui, par sa fécondité, pourrait approvisionner toute la terre des productions tropicales. J'affirme, sans hésiter, que si la province d'Angola avait appartenu aux Anglais, elle fournirait aujourd'hui à nos manufactures plus de coton que l'Amérique. Un chemin de fer de Loanda à la vallée du Quango assurerait au port de cette ville le commerce de tout l'intérieur de l'Afrique méridionale[1].

Nous poursuivons notre route aussitôt que le permet la santé de nos malades. Parmi les bandes de marchands que nous rencontrons, portugais ou natifs, nous voyons deux individus chargés d'une défense d'éléphant qui pèse soixante-trois kilogrammes ; celle que le même éléphant portait du côté gauche en pesait soixante-cinq, à ce

---

1. Le tableau suivant peut à cet égard offrir un certain intérêt ; il montre que, depuis la répression de la traite des nègres, l'exportation a augmenté d'une manière constante dans la province d'Angola. Nous n'avons pas les rapports qui ont été faits depuis 1850 ; mais nous savons que la prospérité du commerce légitime n'a reçu aucun échec.

Les droits sont marqués, dans ce tableau, en *mil reis* portugais, dont la valeur est de 3 fr. 75 c. à 4 fr.

Relevé statistique des produits les plus importants de la province d'Angola exportés de Saint-Paul de Loanda depuis le 1er juillet 1848 jusqu'au 30 juin 1849.

OBJETS EXPORTÉS.		PAR LES NAVIRES PORTUGAIS.		PAR LES NAVIRES ÉTRANGERS.	
		Quantités.	Valeur.	Quantités.	Valeur.
			fr. c.		fr. c.
Ivoire...........	Quintaux	1454	883.750 »	515	321.875 »
Huile de palme..	Id.	1440	54.000 »	6671 1/4	250.921 85
Café...........	Id.	152	7.600 »	684	34.200 »
Peaux..........	Nombre	1837	15.846 85	849	7.971 85
Gomme.........	Quintaux	147	5.145 »	4763	166.705 »
Cire d'abeilles...	Id.	1109	166.350 »	544	81.600 »
Orseille.........	Tonnes	630	598.500 »	»	» »
			1.731.191 85		868.273 79

Quantité et valeur totale des objets exportés.

Ivoire..................	Quintaux	1969	1.205.625 »
Huile de palme.........	Id.	8111 1/4	304.921 85
Café..................	Id.	836	41.800 »
Peaux.................	Nombre	2686	23.818 75
Gomme................	Quintaux	4190	171.850 »
Cire d'abeilles.........	Id.	1653	247.950 »
Orseille...............	Tonnes	630	598.500 »
			2.594.465 60

(Voyez la suite de la note à la page suivante.)

que nous dit le propriétaire; celle-ci mesure deux mètres soixante centimètres de longueur et cinquante-trois centimètres de circonférence à l'endroit où reposait la lèvre de l'animal, qui était de petite taille, comme la plupart des éléphants de la région des tropiques. On peut se faire une idée de la force dont son cou était le siége, par le poids de ses deux défenses, qui, réunies, s'élevaient à cent vingt-huit kilogrammes. Les dents que l'on apporte de l'est et du nord-est de Cassangé sont beaucoup plus grosses que celles du sud : j'en ai vu de soixante kilogrammes chez le capitaine Néves, ce qui est assez commun; on en a trouvé qui pesaient plus de quatre-vingts kilogrammes.

Résumé des droits perçus à la douane de Saint-Paul de Loanda par période quinquennale de 1818-19 à 1843-44 inclusivement, et depuis lors, chaque année, jusqu'en 1848-49.

	DROITS d'importation.	DROITS d'exportation.	DROITS de réexportation.	DROITS sur les esclaves.	DROITS de tonnage et d'entrepôt, et recettes accidentelles.
	mil reis.	mil reis.	mil. reis.	mil reis.	mil reis.
1818-19	573 876	» »		137.320 800	148.608 661
1823-24	3.490 752	460 420		120.843 »	133.446 892
1828-29	4.700 684	800 280		125.830 »	139.981 344
1833-34	7.490 »	1.590 »		139.280 »	158.978 640
1838-39	25.800 590	2.720 »		135.470 320	173.710 910
1843-44	53.240 »	4.320 »		72.195 230	138.255 230
1844-45	99.380 264	6.905 95		17.676 »	134.941 359
1845-46	150.233 789	9.610 735		5.116 500	181.423 550
1846-47	122.501 186	3.605 821		549 »	114.599 253
1847-48	119 246 826	9.718 676	4.097 868	1.231 200	146.321 476
1848-49	131.105 453	9.969 960	2.164 300	1.183 500	157.152 400
	718.763 420	54.790 981		756.195 550	
	2.567.000 fr.	195.675 fr.		2.700.700 fr.	

	DROITS PRODUITS par la douane.	DROITS PROVENANT d'autre source.	TOTAL des recettes.	MONTANT des charges.
	fr. c.	fr. c.	fr. c.	fr. c.
1844-45	674.506 75	242.538 80	917.245 »	1.338.556 65
1845-46	907.121 70	614.506 »	1.521.623 75	1.017.386 95
1846-47	722.996 10	383.187 25	1.306.183 50	1.304.511 95
1847-48	731.607 25	612.264 55	1.343.871 85	1.396.010 80
1848-49	785.761 95	471.704 75	1.282.466 75	1.267.154 05

Les trois tableaux ci-dessus ont été copiés d'après une dépêche envoyée par M. Gabriel au vicomte Palmerston le 5 août 1850. On y remarque une diminution satisfaisante dans les droits produits par la traite des nègres.

Le relevé des droits perçus de 1818 à 1844 nous a été fourni par différentes personnes; quant à celui qui comprend la période de 1844 à 1849, nous l'avons extrait des rapports mêmes de l'administration de la douane.

Deux de mes compagnons sont de nouveau pris par la fièvre. Nous nous arrêtons auprès de la résidence d'un Portugais affublé du nom de Guillaume Tell, et qui habite ces lieux en dépit de la défense du gouverneur. Il est venu m'inviter à dîner ; j'étais en train de boire de l'eau puisée à un étang voisin, il en a pris quelques gorgées et il a eu la fièvre presque immédiatement. Si le principe morbile existe dans l'eau du pays, il était impossible que nous pussions lui échapper : car, voyageant en plein soleil, par une chaleur de 96 à 98 degrés à l'ombre (de 35 à 36° centigrades 6/9), nous transpirons tellement, que nous buvons chaque fois qu'il nous arrive de trouver de l'eau ; il est probable que nous devons à cela d'être beaucoup plus malades que les personnes qui restent tranquillement chez elles.

Mes Zambésiens recueillent de tous les côtés des volailles de plus belles races que les leurs, et M. Tell leur a fait présent d'énormes pigeons de Rio-Janeiro dont ils ont été ravis ; ils en étaient si contents, qu'ils ont porté le mâle en triomphe dans tout le pays des Balondas, comme preuve de leur voyage à la côte ; malheureusement, quand nous fûmes à la ville de Shinté, une hyène s'introduisit dans notre bivouac pendant notre sommeil, et choisit précisément, au milieu de quatre-vingt-quatre autres, le pigeon qui faisait notre orgueil et qu'elle dévora, au grand désespoir de mes hommes. Le vif désir que les Makololos témoignent d'améliorer la race de leurs animaux domestiques prouve, suivant moi, beaucoup en leur faveur. En voyant les colons tuer indifféremment les vaches et les génisses de leurs troupeaux, qui sont d'ailleurs d'une race très-commune, et laisser perdre le lait, qu'on n'emploie pas dans cette province, l'idée leur est venue tout d'abord que les Portugais sont des blancs d'une espèce inférieure. Ils ne cessent de s'extasier sur la fertilité du pays que nous traversons ; et quand je leur dis que la plus grande partie de la farine que les Portugais consomment vient d'une autre partie du monde : « Ces gens-là, s'écrient-ils, ignorent donc la culture ? Ce ne sont pas des hommes, ils ne savent qu'acheter et vendre. » Je voudrais que ces paroles vinssent aux oreilles de mes amis du royaume d'Angola, et qu'elles pussent les stimuler à profiter des ressources de leur terre si féconde.

28 *février*. — Nous arrivons chez Cypriano ; il a perdu son beau-père quelque temps après notre passage, et, suivant la coutume angolaise, il a dépensé tout son patrimoine, et bien au delà, en orgies fastueuses à l'occasion des funérailles. On a tant bu sur la tombe du défunt, que le pauvre Cypriano, accablé de dettes, en est réduit à se cacher pour éviter ses créanciers. Il me dit que la source du Quango

est située vers le sud, dans le pays des Basongos, au milieu d'une chaîne de montagnes que l'on a appelée Mosamba. Elle se trouverait donc à huit jours de marche, ou à peu près à cent milles de l'endroit où nous sommes actuellement. Le cours du fleuve ouvrirait ainsi une brèche dans les terres élevées qui entourent le Tala Mungongo.

On célèbre un enterrement dans le premier village auquel nous arrivons ; tout le monde y bat du tambour ou tire des coups de fusil. Les cérémonies funèbres ont ici quelque chose de la veillée des morts en Irlande ; je ne sais rien de plus déchirant que les lamentations des Angolais à propos des trépassés ; l'effroi qu'ils éprouvent en face de l'autre monde communique aux prières qu'ils adressent au défunt une désolation que l'on ne peut rendre. Ils sont persuadés que la mort, pour laquelle ils ont tant d'horreur, n'est que le résultat de la colère des barimos ou des maléfices des vivants, dont au moins ils peuvent combattre la puissance par des charmes quelconques ; leur imagination est sans cesse épouvantée des fantômes qu'ils se représentent, et il est impossible de les rassurer contre ces frayeurs qui prennent leur source dans une foi profonde ; aucun argument n'ébranle dans leur esprit les superstitions qui constituent leur dogme ; non moins présomptueux à cet égard que le reste des humains, ils sont persuadés qu'à propos de ces matières ils surpassent en sagesse les blancs qui les entourent. Et pourtant, sans la crainte incessante qu'elles éprouvent du monde invisible, ces populations, pour qui les jouissances matérielles constituent le bien suprême, seraient assurément les plus heureuses de la terre. J'ai trouvé dans leur pays de ces tableaux d'une beauté dont le regard des anges aurait été ravi ; que de fois le matin je me suis arrêté devant le paysage inondé de lumière et baigné d'une tiédeur délicieuse, que rafraîchissait le plus léger de mes mouvements comme l'aurait fait un éventail ! De vertes prairies, des vaches paissant dans la vallée, des chèvres broutant sur la colline, des chevreaux bondissant auprès de leurs mères, des groupes de pâtres enfantins armés d'arcs et de flèches en miniature ou maniant leurs petites lances avec agilité, des femmes portant sur la tête de grands vases et descendant à la rivière, des hommes cousant à l'ombre des bananiers touffus, des vieillards à la tête grise assis par terre, le bâton à la main, prêtant l'oreille aux causeries de leurs enfants, des chefs de famille rapportant des branches pour réparer la clôture de leur jardin, le soleil versant à flots ses rayons, et les oiseaux chantant dans le feuillage en attendant qu'ils s'endorment à la chaleur du jour, formaient une scène remplie de charme qu'on ne saurait oublier.

Nous voilà donc sur les bords du Quango. Un chef qui demeurait sur l'autre rive, et que l'on accusait de magie, vient de subir l'épreuve du poison afin de se disculper ; il en est mort, et c'est dans le fleuve qu'on a jeté son cadavre.

Nos passeurs nous demandent trente mètres d'indienne, mais ils en acceptent six avec reconnaissance ; leurs canots sont dans un état pitoyable et ne peuvent transporter que deux personnes à la fois. Mes Zambésiens fort heureusement connaissent tout ce qui a rapport à la navigation ; ils arrangent, ils préparent, et notre passage est effectué en moins de deux heures et demie ; tous les habitants admirent la manière dont ils font traverser le fleuve à nos bœufs et à nos ânes ; les bêtes les plus rétives sont obligées de céder et leur obéissent immédiatement ; ils se mettent cinq ou six autour d'un bœuf, le poussent dans la rivière où l'animal comprend qu'il n'a plus qu'à nager, et où il est entouré par ses conducteurs qui le dirigent en lui jetant de l'eau à la tête. Quelle différence entre mes Zambésiens et les hommes de la suite des marchands indigènes qui voyagent avec nous ! tandis que mes compagnons prennent le plus grand intérêt aux choses que nous possédons en commun, les autres sont enchantés lorsqu'un bœuf refuse de passer la rivière ; on est alors forcé de le tuer, et la perte que fait leur maître devient pour eux une occasion de réjouissance.

Nous poursuivons notre route sans visiter le Bashinjé, dont on a vu la coiffure, et nous arrivons à une station de quelques Ambakistas, qui ont franchi les rives du Quango dans l'intérêt de leur commerce de cire. J'ai déjà dit combien j'ai été frappé des connaissances de ces nègres, qui savent presque tous lire et écrire avec une facilité remarquable ; ils apprennent avec passion tout ce qu'ils peuvent étudier, l'histoire, la jurisprudence, etc., et doivent à leur aptitude pour le commerce le surnom de juifs d'Angola ; beaucoup d'entre eux sont employés en qualité de commis et d'expéditionnaires, la délicatesse de leur constitution leur donnant une écriture de femme, ce qui est fort estimé parmi les Portugais. Physiquement, ils ont beaucoup moins de force que les Européens, mais ils sont très-adroits ; on prétend que les mulâtres de cette famille reprennent, après quelques générations, la couleur de la peau de leur aïeule maternelle. Les nègres d'Angola ont bien dégénéré de ce qu'ils étaient autrefois, et sont loin d'être aussi fortement constitués que ceux des tribus indépendantes ; cela tient à l'eau-de-vie de qualité inférieure, dont ils font un abus déplorable : il est très-difficile aux négociants de faire parvenir à destination les tonnes d'aguardente dont ils font l'envoi aux chefs des tribus voisines, les porteurs ayant l'habitude d'en piquer le contenu au moyen d'une paille et de le remplacer avec de l'eau quand ils approchent de l'endroit où ils doivent le déposer. Pour prévenir cette fraude, les marchands ont employé d'énormes jarres à bouchon cadenassé ; les porteurs en sont arrivés à faire disparaître à la fois et le contenant et le contenu. Ils sont tous enclins au vol et au mensonge, comme il arrive toujours dans la basse classe, chez les peuples dégradés par l'esclavage.

Les Bashinjés, dont nous traversons le territoire, offrent dans leur caractère et leur physionomie plus de ressemblance avec le type inférieur du nègre que les Basongos ou les Balondas. Leur peau est généralement d'une teinte sale, leur front est déprimé, leur nez large et aplati, défaut qui prend d'énormes proportions par l'habitude qu'ont ces vilains noirs de s'insérer de petites baguettes ou des fragments de roseaux dans la cloison du nez ; leurs lèvres sont épaisses et leurs dents limées en pointe. De tous les nègres que j'ai rencontrés, ce sont eux qui se rapprochent le plus du type traditionnel. Ils s'adonnent à l'agriculture et échangent le surplus des produits qu'ils obtiennent pour du sel, du tabac et de la viande que leur fournissent les Bangalas. Deux morceaux de cuir attachés à la ceinture, l'un par devant, l'autre par derrière, constituent leur unique vêtement ; ils paraissent se préoccuper beaucoup de leur coiffure, qui affecte souvent des formes fantastiques ; j'ai vu plusieurs femmes dont les cheveux étaient tressés de manière à représenter un chapeau d'homme européen, et ce n'est qu'après un examen attentif que l'on arrivait à découvrir la composition de cette coiffure ; il en est d'autres qui divisent leur toison par touffes dont le bord est entouré d'une natte, ou bien qui la laissent retomber sur leurs épaules, après en avoir fait une masse de petites cordes à la façon des Égyptiens d'autrefois, système qui, avec le genre de figure de certains Balondas, me rappelait d'une manière frappante les anciennes peintures égyptiennes que l'on voit au musée de la Grande-Bretagne.

Nous avons tous les jours de la pluie ; rarement le ciel est sans nuage et présente cette pureté qu'il offre dans le Midi ; il est souvent couvert de grandes masses blanches réunies entre elles par un voile de vapeurs laiteuses et qui restent des heures entières sans changer de place ; j'ai pu, malgré cela, relever d'une manière exacte la situation du point où nous nous trouvons sur les rives du Quango, par 9° 50′ latitude sud, et 18° 33′ longitude est.

À peine étions-nous arrivés à notre ancien campement auprès du village de Sansawé, que celui-ci accourut, et, nous accueillant avec une merveilleuse politesse, nous demanda si nous avions vu Moéné Put, le roi des Blancs ; il voulait parler des Portugais. Au moment de partir, il nous dit qu'il reviendrait dans la soirée, pour recevoir ce qui lui était dû. Je lui répondis qu'il avait fait preuve de tant d'avarice et de mauvaise volonté à notre égard, lors de notre premier passage, qu'il ne recevrait pas le moindre présent s'il ne nous apportait une volaille et des œufs. Il revint le soir avec toute la pompe qui appartient à son rang, et qui, d'après le cérémonial des Balondas, consiste à monter sur les épaules de son interprète, ainsi que les gamins le font souvent en Angleterre ; c'est de la même façon que les habitants des îles de l'océan Pacifique se présentèrent devant le capitaine Cook. Mes Zambésiens, que l'air d'importance du chef et l'idée qu'il se faisait de sa dignité amusaient énormément, le saluèrent d'un franc rire. Il visita d'abord les Pombeiros, et vint ensuite m'apporter deux coqs dont il me fit cadeau ; je lui reparlai du traitement qu'il nous avait fait subir, et, lui montrant combien cette conduite était peu politique, je lui citai l'exemple des Bangalas, que les Portugais avaient fini par subjuguer pour les punir de leur avoir fait payer l'herbe, le bois, etc. ; bref je conclus en lui disant qu'il n'avait pas le droit d'imposer une taxe aux voyageurs qui passent sur des terrains incultes ; il en convint, et je lui donnai tout simplement, comme témoignage d'amitié, une petite mesure de poudre, deux cuillers de fer et deux mètres d'indienne. Il fut d'autant moins flatté de mon présent que Pascoal, le Pombeiro, venait à l'instant même de lui donner neuf kilogrammes de poudre, vingt-quatre mètres d'indienne et deux bouteilles d'eau-de-vie ; le lendemain il reçut encore autre chose des négociants ; quant à moi, je n'ajoutai rien au cadeau que je lui avais fait la veille.

Trouvant que les Pombeiros qui nous accompagnaient n'allaient pas assez vite, je résolus de me séparer d'eux à Cabango, lorsque j'aurais donné au señor Pascoal plusieurs lettres que je voulais envoyer à Cassangé ; dans cette intention, je pris les devants pour aller terminer mon courrier dans le premier village que nous rencontrerions, et je me hâtai de franchir la rampe qui borne la vallée de Cassangé du côté de l'est et qui s'élève graduellement à partir du Quango. Bien que cette chaîne paraisse moins haute que celle du Tala Mungongo, elle est cependant plus élevée, le plateau qui la domine est à quinze cent vingt-cinq mètres au-dessus du niveau de la mer, et sa base à mille soixante cinq mètres ; l'eau a bouilli, sur la hauteur, à 202° (94° centigrades 4/9), le thermomètre marquant en plein air 96° (35° centigrades 5/9), et au pied de la montagne à 205° (46° centigrades 1/9), l'air étant à 75° (24° centigrades).

Nous commencions à descendre en nous rapprochant des vallées centrales, et nous espérions sortir bientôt du pays des Chiboques, où nous étions entrés en quittant la vallée de Cassangé, lorsque, le 19 avril, la fièvre intermittente qui m'avait repris le 16 mars se transforma en une grave attaque de fièvre rhumatismale, provenant de l'obligation où j'avais été de bivouaquer dans une grande plaine couverte d'eau. Nous avions cependant relevé la terre, de façon à former des tertres allongés comme les tombes d'un cimetière de campagne, et nous les avions recouverts d'herbe pour y établir nos lits ; mais la pluie qui tombait par torrents nous empêcha pendant deux jours de continuer notre route, et je fus tellement glacé par l'humidité qui nous gagnait de toute part, que lorsque la pluie cessa et que nous pûmes repartir, je fus forcé de m'arrêter de nouveau et de rester couché pendant huit jours, torturé par d'atroces douleurs de tête qui m'arrachaient des gémissements continuels ; jamais je n'ai tant souffert ; il m'était impossible de faire aucun mouvement et je ne savais plus ce qui se passait autour de moi. Sur ces entrefaites arriva le señor Pascoal ; il se procura des sangsues qui abondent dans les ruisseaux voisins, et m'en appliqua une certaine quantité à la nuque et aux aines, ce qui me fit éprouver un soulagement réel. Au bout de quelques jours, me trouvant mieux, je voulus partir ; mes compagnons s'y opposèrent en m'objectant ma faiblesse ; mais le señor Pascoal, qui avait été forcé de me quitter afin d'acheter des vivres pour ses nombreux porteurs, et qui, naturellement bon, était rempli de soins pour moi, m'envoya deux de ses hommes pour m'inviter à le rejoindre, si la chose était possible.

Le chef de la bourgade où j'étais resté vingt-deux jours, se disputant dans mon camp au sujet d'un morceau de viande qui lui était marchandé, avait été frappé sur la bouche par l'un de mes compagnons. Les principaux hommes de ma suite donnèrent cinq morceaux d'étoffe et un fusil pour racheter la faute de leur camarade ; mais, plus ils se montraient généreux, plus l'offensé devenait exigeant ; et, ne se bornant pas à des prétentions exorbitantes, il envoya dans tous les villages d'alentour demander qu'on l'aidât à venger l'affront qu'il avait reçu en étant frappé sur la barbe. Comme le succès augmente en général l'audace de ces peuplades, je résolus de ne pas céder aux exigences du plaignant et de continuer ma route ; il en résulta qu'au milieu d'une forêt située à quelque distance du village, nous fûmes arrêtés par des hommes qui se précipitèrent sur nous. Ils commencèrent par jeter à bas les fardeaux que portaient ceux de mes gens qui se trouvaient à l'arrière-garde ; plusieurs coups de fusil retentirent, et l'on se rangea, de part et d'autre, de chaque côté du sentier. J'avais heureusement un révolver à six coups dont m'avait fait cadeau le capitaine Henry Need, commandant du brick *Linnet* de la marine royale, et qu'il avait eu la bonté de m'envoyer à Golungo Alto après mon départ de Loanda. Je saisis mon révolver, et, oubliant la fièvre, je me dirigeai vers les assaillants avec deux ou trois de mes hommes, et je me trouvai bientôt face à face avec le chef de nos ennemis. La vue des six canons braqués sur sa poitrine, ma figure décharnée, le regard que j'attachais sur son visage, apaisèrent immédiatement son humeur belliqueuse, et il s'écria : « J'étais venu pour vous parler ; je ne désire que la paix. » Mashaouana lui avait saisi la main, il tremblait de tous ses membres ; nous examinâmes son fusil qui avait été déchargé, et les deux bandes se rassemblèrent, chacune autour de son chef. L'un de nos ennemis, s'étant approché de nous d'un peu trop près, fut repoussé par l'un de mes hommes qui, pour cela, fit usage de sa hache ; aussitôt nos assaillants protestèrent de leurs intentions amicales à notre égard, ce à quoi mes gens répondirent en leur reprochant l'attaque imprévue qu'ils venaient d'essuyer. J'ordonnai à tout le monde de s'asseoir, et Pitsané posa la main sur mon révolver, afin de calmer l'effroi de nos ennemis. « Si vous êtes venu avec des intentions pacifiques, dis-je en m'adressant à leur chef, vous pouvez retourner à votre village, car nous aussi nous désirons la paix. — J'ai peur que vous ne me tiriez un coup de fusil par derrière, répondit-il. — Si je voulais vous tuer, je pourrais tout aussi bien vous le tirer dans la figure, répliquai-je. — C'est tout simplement une ruse makalaka, me dit Mosantou, mais ne lui présentez pas le dos. — Faites-lui observer que je n'ai pas peur de lui, » répondis-je ; et, me retournant, je remontai sur mon bœuf.

L'ennemi avait probablement espéré que son attaque imprévue nous ferait abandonner nos marchandises et qu'il pourrait alors piller à son aise. Toutefois, il fut enchanté qu'on lui permît de se retirer sans combattre ; et nous ne fûmes pas moins satisfaits de nous éloigner sans avoir eu de sang à répandre et sans nous être compromis pour l'avenir.

Mes gens étaient ravis de leur courage, et faisaient retentir les bois de ces paroles qu'ils échangeaient entre eux : « Quelle brillante figure nous aurions faite devant l'ennemi si la querelle ne s'était pas terminée si brusquement ! »

Je ne présente pas cette petite escarmouche comme une affaire importante. Les nègres de cette partie de l'Afrique sont essentiellement lâches, excepté néanmoins quand le succès les enivre. Un triomphe partiel remporté par quelques-uns pousserait tout le pays à prendre les armes, et c'est là le principal danger qui soit à craindre. Les chefs de ces bourgades ont individuellement très-peu de puissance; avec les hommes de mon escorte, maintenant armés de fusils, il m'aurait été facile de les battre, chacun de leur côté; mais, faisant tous partie de la même famille, ils auraient promptement réuni leurs forces, qui dès lors eussent été considérables. Ils sont toutefois moins redoutables que les Cafres, qu'ils sont bien loin d'égaler, sous aucun rapport.

Nous arrivâmes dans la soirée chez Moéna Kikanjé; c'est un homme plein de sens, et le dernier des Chiboques que l'on rencontre dans cette direction; il a fait alliance avec Matiamvo, dont le territoire commence un peu plus loin. Son village est situé sur la rive orientale du Quilo, petite rivière qui, dans cet endroit, a vingt mètres de large et plus d'un mètre de profondeur. Le pays est généralement couvert de forêts; mais nous trouvions presque toujours une bourgade où nous passions la nuit. J'étais si faible, et la fièvre m'avait rendu tellement sourd, que je fus heureux de pouvoir me joindre au señor Pascoal et aux autres commerçants indigènes. Nous voyagions sur le pied de deux milles géographiques par heure, et nous marchions, terme moyen, pendant trois heures et demie, ce qui ne faisait pas plus de sept milles[1] par jour, et seulement pendant dix jours par mois, car les deux tiers du temps, nous étions retenus par la maladie, par l'obligation de nous arrêter en différents endroits pour acheter des aliments, et par la mauvaise volonté des porteurs, qui refusaient de faire leur service quand l'un d'eux était malade.

L'un des Pombieros avait à la chaîne huit femmes assez jolies qu'il conduisait dans le pays de Matiamvo, avec l'intention de les échanger contre de l'ivoire. Elles paraissaient honteuses quand je passais auprès d'elles et avaient l'air de sentir vivement leur dégradation et leur malheur; je crois qu'elles avaient été prises chez les Cassangés révoltés. La façon dont on parle aux esclaves, dans la province d'Angola, doit sonner d'une manière étrange, même à l'oreille des possesseurs, lorsque ces derniers arrivent d'Europe : « O brutu! O diabo! » sont les appellations qu'on emploie le plus ordinairement à leur égard; et il est très-commun d'entendre un gentleman s'écrier : « O diabo! apporte-moi du feu. » Dans

---

1. Treize kilomètres.

l'Afrique orientale, c'est le terme *bicho* (animal), qui leur est appliqué ; et vous entendez continuellement : « Dites à l'*animal* de faire telle ou telle chose. » Les propriétaires d'esclaves, en effet, ne considèrent pas leurs nègres comme des hommes, et leur jettent souvent à la tête qu'ils sont de la race des chiens.

La plupart des porteurs de mes compagnons étaient des Basongos ; ils s'étaient loués pour porter les bagages, et il fallait constamment les surveiller pour les empêcher de dérober les objets dont ils étaient chargés. Le sel qui, dans cette région, est l'un des principaux articles de commerce, perdait considérablement de son poids à mesure que nous avancions dans le pays ; mais les porteurs se justifiaient en disant que la pluie l'avait fait fondre. Chaque soir, on leur prenait leurs fardeaux qui étaient confiés aux propres esclaves du señor Pascoal, dont on ne saurait dire les tracas et les soucis. Quelle différence entre la conduite de ses gens et celle de mes fidèles Makololos !

Nous avons traversé le Loangé sur un pont ; c'est un cours d'eau profond, mais étroit, qui plus bas s'élargit beaucoup et renferme des hippopotames ; il forme la limite occidentale de la province de Londa. Le Pézo était débordé ; nous passâmes la nuit sur ses rives, et nous admirâmes tous combien il serait facile au cultivateur d'irriguer sans peine les terrains qui avoisinent cette rivière. Le 25 mars, nous étions sur les bords du Chikapa (10° 10′ lat. S., 19° 42′ long. E.). Cette rivière a de cinquante à soixante mètres de large, et coule dans la direction de l'est-nord-est, pour aller se jeter dans le Kasaï. Toute cette contrée est formée d'une plaine horizontale, de même que la portion de la province de Londa qui a été décrite plus haut ; mais nous étant dirigés plus à l'est qu'à notre premier voyage, nous trouvâmes que les rivières s'y étaient creusé des vallées beaucoup plus profondes qu'à l'endroit où nous les avions traversées d'abord. Entourés de tous côtés par de sombres forêts, les habitants de cette contrée sont loin d'avoir une idée aussi nette de la géographie de leur pays que les habitants des régions montagneuses ; ce n'est qu'après une enquête à la fois longue et patiente, que je pus être certain de la direction du Quilo, et savoir, à n'en pas douter, qu'il se verse dans le Chikapa. Comme nous avons franchi ces deux rivières beaucoup plus bas, et que nous nous trouvions infiniment plus à l'est que la première fois, je pus acquérir la certitude qu'elles allaient, comme les autres, se jeter dans le Kasaï ; j'étais dans l'erreur en disant que pas une de ces rivières ne prenait son cours vers l'ouest. Ce n'est qu'à cette époque, en effet, que je commençai à comprendre que tous les affluents occidentaux du Kasaï, excepté le Quango, se dirigent d'abord, en partant de l'ouest, vers le centre de la contrée ; et qu'après le confluent du Kasaï et du Quango, l'énorme quantité d'eau provenant de la réunion de toutes ces branches va tomber dans le Zaïre qui l'emporte à la mer, sur la côte occidentale d'Afrique.

Les peuplades qui habitent le pays que nous traversions alors sont accoutumées à recevoir la visite des marchands africains, et ne se croient pas du tout obligées d'offrir des aliments aux voyageurs, si ce n'est pour les exploiter ; ainsi un homme, m'ayant donné une poule et de la farine, vint me retrouver quelques instants après ; je lui fis présent d'une assez grande quantité de perles de verre, mais il les refusa, et voulut avoir à la place un habit qui excédait de beaucoup la valeur de son cadeau. Ils agissaient de même avec les gens de mon escorte, au point que nous fûmes obligés de refuser leurs présents. Plusieurs d'entre eux me firent des demandes exorbitantes sous prétexte que je devais être fort riche, puisque je dormais dans une maison d'étoffe, et ce sont toujours les mêmes prétentions à propos du droit de passage.

Au delà du Chikapa, nous traversâmes le Kamaoué, cours d'eau profond qui vient du sud-sud-ouest, et qui va tomber dans cette rivière.

Nous avons atteint la Loajima le 30 avril, et nous avons été obligés de faire un pont afin d'en effectuer le passage : opération, du reste, beaucoup moins difficile qu'on ne pourrait se le figurer ; un arbre avait poussé horizontalement sur la rive, il s'avançait au-dessus de l'eau qu'il traversait en partie, et comme certaines lianes résistantes, dont on peut faire des cordes solides, ne manquaient pas autour de nous, le señor Pascoal eut bientôt fait de construire une passerelle. La Loajima n'avait ici que vingt-cinq mètres de largeur, mais elle y était beaucoup plus profonde qu'à l'endroit où je l'avais traversée auparavant sur les épaules de Mashaouana.

La dernière pluie de la saison a eu lieu le 28 avril, et a été suivie tout à coup d'un abaissement très-marqué dans la température.

Les habitants de cette partie de l'Afrique me semblèrent avoir des formes plus déliées et la peau d'une couleur olive moins foncée que tous les indigènes que nous avions vus jusqu'ici. Leurs traits généraux, ainsi que la manière dont ils portent les masses de laine qui leur couvrent la tête, et qu'ils laissent retomber sur leurs épaules, continuaient de me rappeler les anciens Égyptiens. On en trouve parmi eux dont l'angle extérieur de l'œil est relevé comme celui des Chinois, mais ce n'est pas général; quelques élégantes ont de singulières coiffures : les unes divisent leurs cheveux et les attachent à un cerceau qui leur entoure la tête à

N° 1. Coiffure d'une femme de distinction de la province de Londa.

N° 2.

la manière d'une auréole; parfois un second cerceau, plus petit que le premier, est attaché de la même façon, derrière celui qui est représenté dans la gravure n° 1. Quelques autres portent sur le front un diadème orné de perles, et formé de cuir et de poils tissés. Les crins de la queue des buffles qu'on trouve plus à l'est sont quelquefois ajoutés par ces dames à leur épaisse toison, ainsi qu'on peut le voir dans la gravure suivante.

N° 3.

N° 4. Coiffure d'un jeune homme.

D'autres encore disposent leurs cheveux sur des morceaux de cuir façonnés en cornes de buffle, comme dans la figure 3, ou bien les réunissent en une seule qu'ils portent sur le front.

On rencontre fréquemment les traits que représentent nos gravures ; mais ils sont bien loin d'être ceux de la totalité des habitants. Un grand nombre d'entre eux sont tatoués sur le corps ; ils obtiennent ce résultat en insérant sous la peau une substance noire qui produit une cicatrice en relief de douze à quinze millimètres, à laquelle on donne la forme d'une étoile ou de toute autre figure d'une beauté problématique.

CHAPITRE XXIII

Détour vers le sud. — Détails sur les habitants. — Rareté des animaux. — Forêts. — Structure géologique. — Abondance et bon marché des vivres dans les environs du Chihombo. — Esclave perdu. — Opinion des Makololos sur les possesseurs d'esclaves. — Funérailles à Cabango. — Renseignements des indigènes sur le Kasaï et le Quango. — Commerce avec Luba. — Système fluvial de la province de Londa. — Pays et gouvernement de Matiamvo. — Présent du senor Faria au chef. — Manière de passer le temps des Balondas. — Guide infidèle. — Ignorance des Balondas. — Ardeur des habitants pour le commerce. — Civilité d'une femme remplissant les fonctions de chef. — Bango et son peuple. — Hivers dans l'intérieur. — Le printemps à Kolobeng. — Fourmis blanches. — Herbages et animaux. — Vallée du Loemboué. — Spécimen de querelle. — Avidité pour l'indienne. — Absence de vêtements chez Kawawa. — Rites funèbres. — Relations avec Kawawa.

Nous nous détournons vers le sud afin de nous procurer des vivres à meilleur marché ; cela nous conduit sur les bords d'une petite rivière appelée Tamba, dont les riverains, peu fréquentés par les marchands d'esclaves, sont timides et polis. On est heureux de se retrouver au milieu d'une population qui n'a pas été souillée par le contact des traitants, et de ne plus se voir regarder avec cette arrogance qui est si déplaisante et si commune chez les peuplades que visitent les marchands.

Les riverains de la Tamba sont d'un noir olivâtre ; ils se liment les dents en pointe, coutume qui rend le sourire des femmes effrayant à voir, en lui donnant quelque chose du rictus de l'alligator. Chose remarquable chez des sauvages, ils font preuve d'une variété de goûts tout aussi grande que les civilisés ; les uns s'occupent de toilette avec passion, leurs épaules sont couvertes de l'huile qui tombe de leur chevelure soigneusement graissée, tordue, nattée sous l'inspiration du dandysme le plus ingénieux, et tout ce qu'ils portent est plus ou moins surchargé d'ornements ; les autres font de la musique depuis le matin jusqu'au soir, parfois même jusqu'à une heure avancée de la nuit ; la plupart de ces musiciens sont trop pauvres pour avoir des chevilles de fer à leur instrument, ils les font en bambou, et, bien qu'ils n'aient pas d'auditeurs, ils n'en persévèrent pas moins à exécuter leurs mélodies. Il en est d'autres qui, affichant une humeur belliqueuse, ne sortent jamais de leurs cabanes sans avoir un arc et des flèches, ou sans un fusil orné d'un fragment de la dépouille de tous les animaux qu'ils ont tués ; tandis que leurs voisins ne vont nulle part sans emporter une cage où un serin est enfermé, et que certaines femmes passent leur temps à soigner de petits chiens destinés à la boucherie. Leurs bourgades, généralement situées au milieu des bois, sont composées de cabanes irrégulièrement groupées et d'une teinte sombre ; ils les entourent de bananiers, de cotonniers et de plantations de tabac. Chacune de ces cabanes possède une terrasse où l'on fait sécher les racines et la farine de manioc, et un certain nombre de cages sont suspendues autour des murs pour contenir les volailles ; des corbeilles sont juchées sur le toit, et les poules vont y déposer leurs œufs. Dès qu'on arrive dans ces villages, les femmes et les enfants viennent vous offrir leurs denrées avec un flux de paroles assourdissant ; mais la vente se fait toujours avec politesse et d'un air de bonne humeur. Les marchandes insistent pour que mes Zambésiens leur achètent de la farine et pour qu'ils leur donnent en échange un peu du bœuf que j'ai fait tuer avec l'intention de le vendre ; quelle que soit la petitesse du morceau qu'on leur offre, elles sont contentes ; elles paraissent d'ailleurs trafiquer avec plaisir.

Le paysage qui nous entoure est d'un vert teinté de jaune, et l'herbe y est très-haute ; les sentiers ont environ 30 centimètres de large, et le milieu en est profondément creusé par les pas des indigènes ; lorsque en passant vous agitez les grandes herbes qui les bordent, les lézards et les souris, parfois même un serpent dont vous troublez la quiétude, s'enfuient et révèlent leur présence par le frôlement qu'ils produisent. Il y a peu d'oiseaux dans les environs de ces villages, où ils sont trappés avec soin ; tous les dix ou quinze pas on trouve, sur les deux bords du sentier, des piéges de toute espèce : collets et trébuchets pour toute sorte d'animaux. Si le temps et le travail que cette population consacre à déterrer les souris et les taupes étaient appliqués à l'agriculture, elle recueillerait de quoi nourrir des volailles et des cochons en immense quantité ; mais il est très-rare de voir un porc dans ce pays-ci.

Nous traversons des forêts où les plantes grimpantes abondent ; la plupart ont les fibres tellement solides qu'il est impossible de les briser ; l'un de mes hommes est obligé de nous frayer un chemin à coups de hache, et, quand un fardeau est empêtré dans ces lianes, le porteur en est réduit à trancher la plante avec ses dents, car aucun effort ne parviendrait à la rompre. Les sentiers qui parcourent ces grands bois sont tellement tortueux, qu'on fait trente milles pour en franchir tout au plus douze ou quinze à vol d'oiseau.

7 mai. — Nous arrivons, par 9° 38' latitude sud et 20° 13' 34" longitude est, à la Moamba, rivière de trente mètres de large, que nous traversâmes en canot, et qui renferme des alligators et des hippopotames, ainsi que le Loanjé, le Quilo, le Chikapa et la Loajima. Cet endroit, ainsi que les terrains qui s'inclinent vers le Quilo et le Chikapa, nous fournit l'occasion d'étudier la structure géologique de la contrée ; c'est d'abord un conglomérat ferrugineux qui, dans quelques-unes de ses parties, a l'air d'avoir été fondu, car les rognons qu'il contient ressemblent à des scories et sont revêtus d'une écorce polie à la surface ; toutefois il est probable que c'est un dépôt diluvien, à en juger d'après les galets de toute nature et de petite dimension qu'il renferme. Cette masse repose sur un grès durci, d'un rouge pâle, au-dessous duquel est une roche schisteuse se rapprochant du trapp, et l'étage inférieur est composé d'un grès à texture grossière contenant un petit nombre de cailloux ; ce grès est mêlé à des roches blanches de nature calcaire et à des bancs de galets de quartz libres.

A mesure que nous avançons vers l'est, les pentes que nous descendons sont plus longues qu'elles ne l'étaient à notre sortie du plateau supérieur, et nous trouvons, aux flancs de ces collines prolongées, des marais entourés de grands arbres à la tige bien droite, au feuillage toujours vert, qui produisent un charmant effet sur ce fond d'herbe jaune ; plusieurs de ces marais contiennent une solution ferrugineuse qui déploie à la surface toutes les couleurs du prisme. Les plaines élevées qui s'étendent d'une rivière à l'autre, à l'est et à l'ouest de la Moamba, sont moins boisées que les vallons, et les arbres y sont beaucoup moins beaux ; on y voit de grands espaces recouverts d'herbe où il n'y a pas même un buisson, et l'on est péniblement frappé de l'absence d'animaux qui se fait remarquer dans ces lieux : pas un oiseau, si ce n'est par hasard une mésange, quelque sylviadée ou un *dicrurus Ludwigii* de Smith, qui est très-commun dans tout le reste de la contrée. Le chant des oiseaux ne se fait entendre que dans le voisinage des rivières, où il est assez rare et peu varié. Toutefois le jacana, qui est le plus grand des oiseaux que l'on y aperçoive, y conserve sa place, et nous avons vu en passant un lanier pris au piége. Tous les petits animaux ont disparu ; on aperçoit très-peu d'insectes, à l'exception des fourmis, qui sont excessivement nombreuses et qui présentent une grande variété d'espèces. C'est tout au plus si l'on voit des mouches, et nous n'avons pas de moustiques.

L'air est calme, étouffant ; le soleil brille d'un éclat impitoyable, il inonde de ses rayons les feuilles des arbres verts, et nous nous réjouissons tous quand notre chemin s'enfonce au milieu de la forêt. Cette nature, dont la vie est absente, me fait soupirer après les bords du Liambye, où l'on voit pâturer les antilopes gracieuses à côté des grands buffles et des élans au poil fin et lustré. Ici les hippopotames ne se révèlent que par l'empreinte de leurs pas sur la rive ; ils ont appris à respirer sans bruit, à se cacher avec soin, et nous n'entendons pas leur ronflement sonore, qui est si fréquent dans le Zambèse.

Nous avons traversé deux petits ruisseaux, le Kanési et le Fombéji, avant d'arriver à Cabango, village qui est situé sur les rives du Chihombo. A mesure que nous avançons, le pays est beaucoup plus peuplé ; mais il est encore désert comparativement aux populations qu'il pourrait alimenter. Les vivres abondent et sont vraiment pour rien ; on a une poule et dix kilogrammes de farine pour un mètre trente-cinq centimètres de gros calicot, ne valant pas plus de trente centimes. J'ai vu le capitaine Néves acheter aux Bangalas cent quatre-vingt-dix kilogrammes de tabac pour cinquante francs. Avec ce tabac, transporté au centre du pays des Balondas, on peut avoir sept mille cinq cents volailles, ou bien nourrir sept mille personnes pendant un jour, en donnant à chacune d'elles un poulet et plus de deux kilog. de farine ; quatre hommes, en payant ici leur nourriture avec du sel ou du calicot, peuvent très-bien vivre pour dix centimes par jour, et, pour ce prix-là, avoir des légumes et de la viande.

Le manioc et la farine de millet constituent les principaux aliments des indigènes ; quand on en mange longtemps, ils produisent des aigreurs fatigantes, des maux d'estomac cruels, et, comme nous l'avons éprouvé nous-mêmes, une faiblesse de vision qui s'observe chez les animaux que l'on nourrit exclusivement de gluten ou de matière amylacée. J'ai fini par découvrir que lorsqu'on mange avec le manioc et les substances analogues, une certaine proportion d'arachides, qui renferment une quantité d'huile considérable, leur usage n'avait aucun effet nuisible.

Nous voyons, sur le chemin qui nous mène à Cabango, la piste récente de plusieurs élans ; c'est la première trace de ces animaux que j'aie rncontrée dans ce pays-ci.

Une pauvre petite esclave qui était malade, s'est éloignée du sentier ; nous l'avons attendue, puis cherchée jusqu'au lendemain sans la retrouver ; elle était grande pour son âge, frêle et mince comme un roseau, parce qu'elle avait grandi trop vite. Fatiguée par la marche, elle se sera couchée dans les bois, aura dormi jusqu'au soir, et, se réveillant dans l'ombre, elle aura perdu son chemin.

Le traitement qu'on fait subir aux esclaves n'inspire pas à mes compagnons beaucoup d'estime pour les maîtres de ces malheureux. « Ils n'ont pas de cœur ! » s'écrient mes Makololos, qui ajoutent en parlant des esclaves : « Pourquoi laissent-ils vivre ces gens-là ? » Ils trouvent qu'il serait juste de débarrasser le monde de ces hommes dénaturés. Le marchand, de son côté, est dans une inquiétude perpétuelle ; pas un moment de repos ; il est volé sans cesse, il le voit et n'ose en rien dire, dans la crainte que ses portefaix ne le dépouillent complétement ou ne l'abandonnent ; toute son habileté consiste à sauver le plus possible des marchandises qu'il emporte, et, une fois arrivé au but de son voyage, à retenir une portion du salaire de ses hommes pour la part de butin qu'ils lui ont prise en route.

Cabango, situé par 9° 31′ latitude sud et 20° 31′ ou 32′ longitude est, est la résidence de Mouanzanza, l'un des subordonnés de Matiamvo. On y trouve deux cents huttes et dix ou douze maisons carrées ; ces maisons, construites avec de l'herbe enlacée à des perches qui forment colombage, sont habitées par des mulâtres portugais d'Ambaca, envoyés ici en qualité d'agents par les négociants de Cassangé.

On éprouve un sentiment pénible de la fraîcheur des matinées. Le thermomètre marque pourtant de 58 à 60° (de 14 à 15° centigrades) lorsqu'on est à l'abri ; quelquefois même, vers six heures, il s'élève à 64° (17° centigrades 4/9) ; au milieu du jour, et à l'ombre, il arrive à 80° (26° centigrades 6/9), et le soir il est encore à 78° environ (25° centigrades).

L'un des habitants du village étant mort au moment de notre arrivée, il nous fut impossible de voir le chef avant la clôture des funérailles ; elles ont duré quatre jours, pendant lesquels on n'a pas cessé de gémir, de danser et de festoyer, de tirer des coups de fusil du matin au soir, et de battre du tambour depuis le soir jusqu'au matin. Tous les parents, ornés de chapeaux fantastiques, font les honneurs de la cérémonie avec un zèle proportionné à la quantité de bœuf et de bière qui est dépensée par le chef de la famille. « Quel bel enterrement ! » s'écrie-t-on avec enthousiasme, lorsque la chair est copieuse et la bière abondante. Une espèce de mannequin, presque entièrement composé de plumes et de verroteries, figurait en grande pompe au milieu des obsèques et m'a paru être considéré comme une idole.

Pendant ce temps-là, malgré la douleur que je ressentais d'un coup violent qu'une branche m'avait donné sur l'œil, j'écrivis le résumé de notre voyage depuis que nous avions quitté la côte, afin de l'envoyer à M. Gabriel par la première occasion que j'aurais pour Loanda ; j'ai toujours grand soin de transmettre le plus possible les notes que j'ai recueillies, dans la crainte que mes découvertes ne soient perdues si je venais à mourir. J'attendais aussi avec une bien vive impatience un paquet de lettres et de journaux que devait m'envoyer cet excellent ami ; je n'ai rien reçu ; plus tard j'ai appris qu'il avait promis une grosse somme d'argent à celui qui devait me remettre ce paquet et lui rapporter la preuve écrite que ces lettres m'étaient parvenues ; mais personne n'a voulu venir jusqu'ici. Je conserverai jusqu'à ma dernière heure le souvenir des attentions touchantes que ce bon compatriote n'a cessé d'avoir pour moi, depuis le jour où je suis arrivé chez lui épuisé, abattu par la maladie et la fatigue et ne possédant rien au monde.

Plusieurs des marchands indigènes demeurant à Cabango ont visité le pays de Luba qui est à une assez grande distance dans la direction du nord, et la ville de Maï, qui se trouve également fort loin, près des bords du Kasaï ; je leur demande quelques renseignements sur ces localités ; ils me répondent qu'ils n'ont traversé que deux grandes rivières pour aller à la ville de Maï : la Loajima et le Chihombo. D'après ce qu'ils me disent, le Kasaï passerait un peu à l'est de cette ville et formerait une cataracte dans son voisinage ; il serait très-large en cet endroit, où il changerait de direction pour couler vers l'ouest. Je dis à un vieillard qui est sur le point d'aller retrouver Maï, de se figurer qu'il est dans la ville de celui-ci et de me désigner l'endroit où se réunissent le Kasaï et le Quango ; il étend la main du côté de l'ouest en me disant : « Quand nous aurons marché pendant cinq jours dans cette direction (ce qui fait de 35 à 40 milles), nous y serons arrivés. » Il ajoute que le Kasaï reçoit une autre rivière qui s'appelle le Lubilash.

Il n'y a qu'une opinion chez les Balondas à l'égard du Kasaï et du Quango ; tous affirment invariablement que le Kasaï reçoit le Quango, qu'il prend au-dessus de l'embouchure de cette rivière le nom de Zaïré ou de Zérézéré, qu'il a de nombreux affluents et qu'il est beaucoup plus large que le Quango, même avant de l'avoir reçu. Outre les rivières que nous avons déjà franchies, nous traversons le Chihombo à Cabango ; à quarante-deux milles plus loin, du côté de l'est, se trouve le Kasaï ; on rencontre le Kaunguési à quatorze milles au delà du Kasaï, et à quarante-deux milles, toujours plus à l'est, la Lolua, rivières qui, indépendamment de ruisseaux nombreux, vont toutes se jeter dans le Kasaï.

A trente-quatre milles à l'est de la Lolua, et à cent trente-deux milles est-nord-est de Cabango, est située la ville de Matiamvo, chef suprême de tous les Balondas. On m'indique la position de la ville de Maï comme étant au nord-nord-ouest de Cabango, à trente-deux jours, ou cent vingt-quatre milles de distance, ce qui la mettrait par 5° 45′ latitude sud. La capitale de Luba, autre chef indépendant, serait à huit journées de Maï, toujours dans la même direction, par 4° 50′ latitude sud.

A en juger d'après l'extérieur des commerçants de Maï que je rencontre à Cabango, les habitants de cette région ne doivent pas être plus avancés que les Balondas ; ils sont vêtus de l'écorce intérieure d'un arbre, dont ils font une espèce d'étoffe. Le chef de Luba redoute avec terreur tout ce qui est innovation, et ni les armes à feu ni les marchands indigènes ne sont admis dans sa ville. Pour pénétrer sur son territoire, le trafiquant est obligé de revêtir l'espèce de tunique ou de jupon qui forme le costume du bas peuple dans la province d'Angola, et le chef ne consent à lui acheter que des coquillages et des grains de verre. Les nègres de Luba chassent l'éléphant à la lance ou avec des flèches empoisonnées, ou bien encore ils lui tendent des pièges. Tous les négociants m'ont dit que les dents d'éléphant qui viennent de cette contrée sont plus longues et plus pesantes que les autres.

Il résulte de toutes les informations que j'ai pu recueillir, que les eaux du pays de Londa vont tomber au nord, d'où elles se dirigent vers l'ouest ; le territoire de Luba et de Maï est évidemment moins élevé qui celui des Balondas, qui lui-même ne doit pas être à plus de mille ou onze cent mètres au-dessus du niveau de la mer.

J'apprends que la navigation du Lasaï, d'ici à la côte, n'est pas possible, en raison de la cataracte qu'il forme dans le voisinage de Maï ; de plus, on m'affirme qu'il n'y a pas de grande peuplade dans la région comprise entre ses bords et l'Équateur, ce qui me donne plus que jamais le désir d'aller voir Matiamvo ; non-seulement il est d'une bonne politique, mais encore il est juste de reconnaître le souverain d'un pays. Je reçois des Balondas et des marchands indigènes l'assurance que l'un des affluents considérables du Zambèse prend sa source à l'est de la ville de Matiamvo et se dirige vers le midi ; le cours entier de cet affluent, même à l'endroit où il se détourne du côté de l'ouest dans la direction de Masiko, est probablement placé sur ma carte plus à l'est qu'il ne devrait l'être. A l'époque où je lui ai assigné cette position, je croyais celle de Matiamvo et de Cazembé plus orientale que je ne le suppose aujourd'hui. Toutes ces indications, qui résultent du témoignage des natifs, ont besoin d'être vérifiées par les voyageurs qui auront été sur les lieux; je ne les donne ici qu'à titre de renseignements, sans en garantir l'exactitude au lecteur.

On représente les riverains de cet affluent du Zambèse, que l'on appelle Kanyikas ou Kanyakas, comme étant hospitaliers et nombreux; mais Matiamvo ne permet ni aux blancs ni aux mulâtres de visiter cette peuplade, qui lui fournit la majeure partie de son ivoire.

Pensant que nous pourrions descendre cette branche du Zambèse jusqu'à Masiko, et de là jusqu'à la vallée Barotsé, je me sentais un vif désir de tenter l'entreprise; toutefois les valeurs que nous avions emportées d'Angola pour payer nos frais de route avaient été considérablement diminuées par les retards que la maladie nous avait fait subir: et, connaissant à peine la langue des Balondas, il devenait très-difficile de remplacer les présents par la persuasion. D'après ce que j'entendais dire de Matiamvo, il n'était pas probable qu'il nous permît de traverser son territoire pour aller gagner le Zambèse; il nous faudrait retourner à Cabango; ce détour absorberait le reste de nos marchandises, et nous avions trop souffert de la mendicité en allant à Angola, pour ne pas craindre de retomber dans la même pénurie.

Le pays de Matiamvo est, dit-on, bien peuplé, mais on y fait peu de commerce; les habitants reçoivent de l'indienne, du sel, de la poudre, des vases de terre grossiers et des grains de verroterie, en échange de leur ivoire et des individus qu'ils vendent comme esclaves. Ils n'ont pas de bêtes à cornes; le chef seul en possède un troupeau, qu'il n'entretient que pour avoir de la viande.

Le chef actuel est, dit-on, plein de justice et de douceur à l'égard de ses sujets, mais très-sévère pour les chefs qui lui sont subordonnés; il les dépose sur-le-champ dès qu'ils manquent à leurs devoirs, et il lui est arrivé plusieurs fois d'envoyer des émissaires à une distance de plus de cent milles, pour décapiter un gouverneur coupable de malversation. Toutefois, bien qu'il possède un pouvoir absolu, son nom m'a paru exercer moins d'influence sur ceux des habitants de son pays que j'ai rencontrés, que celui de Sékélétou auprès des Makololos les plus éloignés de Linyanti.

Toute réflexion faite, il était plus sage, poursuivant notre chemin au sud-est de Cabango, d'aller directement chez notre vieil ami Katéma. Aussitôt que les obsèques furent terminées, je priai donc Mouanzanza de vouloir bien nous procurer un guide. Il y consentit. et, sur l'observation de Pascoal et de Faria, qui lui firent comprendre que je n'étais pas un marchand, il accepta un cadeau beaucoup plus mince qu'il n'en reçoit d'ordinaire. Il regarde les présents qu'on lui fait comme une chose qui lui est due ; c'est au point que le señor Pascoal ayant déposé sa cargaison dans un magasin, il s'y présenta quelques instants après pour en réclamer sa part ; le señor Faria lui donna gravement un vase de terre des plus communs, mais qui sont fort appréciés dans le pays à cause de leur profondeur ; le chef accueillit ce présent avec les témoignages de la plus vive reconnaissance, qui me donnèrent une affreuse envie de rire ; il est parfois de ces associations d'idées si bizarres qu'il est bien difficile de garder son sérieux.

Plusieurs des enfants du dernier Matiamvo sont venus me demander quelque chose, mais ils ne m'ont rien offert ; ayant parlé de cette preuve d'avarice à un jeune homme appelé Luila, nom qui signifie les cieux, celui-ci m'apporta immédiatement des bananes et du manioc. L'extérieur et la conversation de Luila m'ont paru fort agréables ; et je crois qu'il serait facile d'instruire les Balondas, si toutefois leur genre de vie n'y mettait pas obstacle. Ils sont beaucoup mieux physiquement dans cette partie de la province que près des bords de la mer ; les femmes conservent à leurs belles dents la forme primitive, et elles seraient assez jolies sans l'habitude qu'elles ont de s'insérer un fragment de roseau dans la cloison du nez. Elles ont l'air vif et de bonne humeur, et passent leurs temps en causeries perpétuelles et en fêtes nuptiales et funéraires. Cette puissance de vie animale, qui caractérise cette race, doit être l'une des raisons de son indépendance et de son indestructibilité ; il est possible même que l'espèce de lutte qu'elle entretient avec le monde invisible, contribue à développer chez elle cette incroyable vitalité, en préservant l'esprit de la quiétude engourdissante qui résulte du fatalisme.

Nous avons été forcés de payer d'avance notre guide et le père de ce vaurien, qui nous a quittés le second jour, bien qu'il eût promis de nous conduire jusqu'au village de Katéma ; il a rompu son engagement sans vergogne, et il est probable que ce manque de foi ne lui sera pas même reproché par Mouanzanza ; chez les Bakouains il eût été sévèrement puni. Mes Makololos, indignés, voulaient lui faire restituer ses gages ; mais il aurait fallu pour cela faire acte de violence, et comme nous avons pour principe de n'employer que la douceur, ils ont laissé partir notre infidèle avec le salaire qu'il n'a pas mérité. Ils déplorent continuellement l'ignorance et la conduite peu loyale des Balondas. « Ces gens, disent-ils, ne savent pas que, si nous supportons patiemment leur sottise et leur insolence, c'est parce que nous sommes des hommes et que nous les méprisons. L'imprécation dont ils ne manquent jamais d'accompagner ces mots annonce qu'il ne faudrait pas grand'chose pour que leur patience fût à bout; mais il est rare qu'ils se servent de la langue des Balondas pour exprimer leurs plaintes; je n'ai jamais vu qu'un seul d'entre eux qui se soit livré à sa colère, celui qui a frappé l'un des indigènes sur la barbe, et c'était le moins intelligent de toute la bande.

Nous savons parfaitement dans quelle direction est la route que nous devons suivre, et nous finirions toujours par arriver au but; mais avec un guide nous évitons les endroits inaccessibles de la forêt, les fondrières impraticables, et nous nous dirigeons à coup sûr vers le point où les ruisseaux peuvent être passés à gué; voilà pourquoi nous réclamons l'assistance d'un indigène.

21 *mai*. — Nous avons quitté Cabango et nous traversons plusieurs petites rivières qui vont se jeter dans la Chihombo, que nous laissons à notre gauche; je trouve dans l'un de ces ruisseaux trois fougères (*Cyathea dregei*) les premières de cette espèce que je rencontre en Afrique; leur tige a environ un mètre de hauteur et vingt-cinq centimètres de diamètre. Nous voyons aussi deux variétés de graminées arborescentes, qui atteignent, dans les endroits humides, un peu plus de douze mètres d'élévation.

Nous traversons le Chihombo à douze milles au-dessus de Cabango; le courant est rapide, et l'eau nous monte jusqu'à la ceinture. Avec quel plaisir nous apercevons sur ces bords la trace des buffles et des hippopotames! A peine avons-nous quitté la route suivie par les marchands d'esclaves, que la générosité des Balondas méridionaux commence à reparaître; un vieillard nous apporte une quantité de provisions que nous envoient les habitants de son village, et s'offre de lui-même à nous servir de guide. Toutefois on essaye de nous retenir dans les bourgades nombreuses où nous passons dans l'espérance que nous achèterons de quoi souper; on refuse même, dans l'un de ces villages, de nous indiquer notre chemin si nous n'y restons pas vingt-quatre heures. Cette condition me déplaît, je refuse de m'y soumettre, et nous prenons un sentier qui nous conduit au milieu d'un fourré inextricable; nous choisissons un autre sentier qui s'efface tout à coup au milieu de la forêt : il faut donc revenir au village et subir la volonté de ses habitants. Le lendemain matin ils nous montrent le chemin que nous devons suivre et qui, cette fois, nous permet de franchir en quelques heures la forêt, que nous aurions mis, sans cela, plusieurs jours à traverser.

En sortant de cette forêt nous arrivons au village de Nyakalonga, l'une des sœurs du dernier Matiamvo ; elle nous fait un excellent accueil, et engage plusieurs de ses sujets à nous servir de guides ; mais ceux-ci ne veulent pas y consentir à moins que nous ne leur achetions divers objets. Nyakalonga nous prie alors d'attendre une heure ou deux pour qu'elle puisse réunir de la farine, du manioc, des arachides et une poule dont elle nous fait présent de la meilleure grâce du monde ; puis elle ordonne à son fils de nous accompagner gratuitement jusqu'au prochain village.

On est obligé de faire un détour assez long pour franchir le ruisseau qui passe auprès de la résidence de Nyakalonga, les deux rives étant couvertes de marécages dont la surface, qui a plus d'un mille d'étendue, est desséchée par le vent et le soleil, mais où l'on enfonce à deux mètres de profondeur, lorsque le poids du corps en a brisé la croûte.

28 *mai*. — Nous arrivons au village de Bango, situé par 12° 22′ 53″ latitude sud, et 20° 58′ longitude est ; le chef nous donne une grande quantité de farine et toute la viande d'un pallah. Je fais tuer la dernière des vaches que nous avait données M. Schut, et que je faisais traire encore, bien qu'à chaque fois elle ne donnât plus qu'une petite cuillerée de lait ; mes Zambésiens rient de bon cœur en voyant que je renonce enfin à l'espoir d'en obtenir davantage ; ma persévérance les amusait depuis longtemps.

J'offre un quartier de ma vache à Bango ; mais il me répond que, dans sa tribu, personne ne mange de bœuf, que ses sujets et lui considèrent tout le bétail comme faisant partie de l'humanité, puisque les bœufs vivent avec les hommes dont ils partagent la demeure. Personne effectivement ne s'est présenté pour acheter de notre vache, ce qu'on n'aurait pas manqué de faire dans tous les autres pays. J'ai vu des peuplades qui n'avaient pas de troupeaux, bien qu'elles aimassent la viande, parce que, disaient-elles, les bœufs attirent l'ennemi et sont une cause de guerre ; mais c'est la première fois que je rencontre des gens qui refusent de manger du bœuf, exception tout à fait relative à la domesticité de l'animal, puisque les mêmes individus font leur nourriture des buffles et des antilopes qu'ils ont tués à la chasse.

Les ruisseaux, dans ce pays-ci, ne coulent pas au milieu de vallées profondes, et nous n'avons plus de ces herbes gigantesques dont nos yeux étaient fatigués avant d'arriver à Cabango. La contrée est plate, et la culture du manioc y est très-étendue ; mais la population est fort peu agglomérée ; tous les chefs de famille semblent n'avoir pas d'autre ambition que de former un petit village ; nous en rencontrons un grand nombre qui viennent de très-loin, et qui apportent de la viande de buffle et d'antilope, afin de s'acquitter de la part de tribut qu'ils fournissent à Bango. Nous voilà revenus dans le pays du gibier ; toutefois il est tellement farouche, que nous ne l'avons pas encore aperçu. La plaine est couverte dans ce moment-ci d'une herbe jaunâtre et desséchée ; quelques arbres sont toujours verdoyants ; mais les autres sont en train de perdre leurs feuilles, que les jeunes pousses commencent à remplacer. La végétation, qui dans le midi est suspendue tout l'hiver, ne s'arrête ici que pendant quelques instants ; néanmoins, il arrive parfois qu'un vent glacial se fait sentir jusqu'au près de Cabango, et flétrit tout ce qui lui est exposé ; les bourgeons des arbres verts ont alors, du côté du sud, l'air d'avoir été roussis ; les feuilles de manioc, de citrouille et des autres plantes légumineuses sont frappées de mort, tandis que les mêmes espèces, abritées par la forêt, continuent de verdoyer.

L'intensité du froid varie dans l'intérieur de l'Afrique australe avec le degré de latitude : au centre de la colonie du Cap, l'hiver est souvent très-rigoureux, et le sol y est alors couvert de neige ; à Kuruman la neige est rare, mais la gelée est piquante. Il gèle encore sur les rives du Chobé, et les Barotsés même s'aperçoivent de l'hiver ; mais au nord de la rivière d'Orange le froid et l'humidité ne se réunissent jamais. Il est bien rare, si toutefois cela s'est vu, qu'on y ait une averse en hiver, ce qui fait la salubrité du pays des Béchuanas. A partir de la vallée Barotsé, il est douteux qu'il gèle ; mais lorsque le vent du sud prédomine, le thermomètre descend à 42 degrés (5° centigrades 5/9), et vous éprouvez la même sensation que s'il avait gelé très-fort.

Rien ne surpasse en beauté l'arrivée du printemps à Kolobeng, que fait ressortir le contraste des mauvais jours qui le précèdent. Au moment où les froids sont passés, le vent d'est souffle avec violence et disparaît au soir ; les nuages s'amoncellent et atténuent l'éclat du soleil africain, le vent dessèche tout sur son passage et soulève des flots de poussière ; la température est en général de 96 degrés (24° centigrades 4/9). La pluie tombe, la terre s'imbibe, et la transformation est merveilleuse ; le lendemain tout le paysage verdoie, quatre ou cinq jours après les feuilles nouvelles sont déployées, l'herbe couvre le sol, le printemps est partout. Les oiseaux, jusque-là silencieux, font entendre leurs gazouillements, font éclater leurs chants d'amour et se hâtent de préparer leur nid ; des myriades d'insectes surgissent de toute part ; des milliers de coléoptères resplendissants émergent de l'endroit où ils étaient cachés, et, vers le soir, des légions de fourmis blanches sortent de leur forteresse. Elles ruissellent à flots pressés de l'ouverture par où elles s'échappent, elles s'envolent et redescendent après s'être élevées dans l'air à deux cents mètres de hauteur. L'endroit où elles se posent est-il convenable pour y établir une nouvelle colonie, elles relèvent leur abdomen qu'elles recourbent, détachent leurs ailes, les abandonnent et commencent immédiatement leur travail de mineuses. Si, prenant une de ces fourmis, vous essayez de lui arracher les ailes en tirant celles-ci en arrière, vous déchirez le corps de l'insecte ; mais si vous les repoussez en avant, comme la fourmi le fait elle-même, vous les décrochez avec la plus grande aisance ; elles ne semblent formées que pour transporter l'insecte à sa nouvelle habitation et pour être ensuite immédiatement rejetées. On ne se figure pas avec quelle ardeur ces légions de fourmis blanches se précipitent au dehors et quittent l'endroit où elles sont nées ; il arrive parfois qu'elles surgissent dans une maison ; j'ai vu dans ce cas-là faire du feu sur l'ouverture qu'elles avaient pratiquée, mais la flamme ne les arrêtait pas. On les prendrait, quand elles s'envolent, pour des flocons de neige tourbillonnant dans l'air ; c'est alors une abondante curée pour les chiens, les chats, les faucons, presque tous les oiseaux, qui s'en repaissent avec délices. Les nègres eux-mêmes profitent de l'occasion pour recueillir cette manne dont ils sont très-friands. Les termites ou fourmis blanches ont douze millimètres de longueur : elles sont aussi grosses qu'un tuyau de plume de corbeau et sont très-grasses, elles ressemblent, dit-on, à du riz lorsqu'on les mange grillées. On peut juger de l'estime qu'en font les indigènes par la réponse que je reçus d'un chef bayéyé, sur les rives de la Zouga ; j'étais en train de dîner lorsqu'il vint me faire une visite et je lui donnai un peu de pain avec de la confiture d'abricots ; il parut trouver cela tellement bon que je lui demandai s'il y avait dans son pays quelque chose qui égalât cette friandise : « Oh ! oui, dit-il ; avez-vous jamais mangé des fourmis blanches ? » Et, sur ma réponse négative, il ajouta : « Si vous en aviez goûté, vous sauriez qu'on ne peut rien trouver de meilleur. » La manière de prendre les termites consiste en général à faire un trou à la fourmilière ; on attend que les maçonnes viennent au dehors pour réparer le dommage, et on les balaye rapidement en les entraînant dans un vase comme le fourmilier dans sa bouche.

Mais finissons de décrire la venue du printemps à Kolobeng. La pluie donne aux bestiaux un air de fraîcheur et de santé, leur poil est brillant, leurs mouvements sont plus faciles ; les hommes et les femmes vont gaiement ensemencer leurs jardins ; les animaux sauvages quittent les lieux où la sécheresse les avait contraints de se réunir, ils se dispersent et deviennent plus farouches ; parfois un troupeau de buffles ou d'antilopes évente la pluie à de longues distances, accourt à l'endroit où il a cru la sentir, et s'il a fait quelque méprise, revient au bord de l'eau qu'il avait abandonné.

L'herbe nouvelle qui couvre le sol, à la place où les indigènes ont mis le feu pendant l'hiver, a reparu avec des propriétés rénovatrices ; à peine les animaux, qui la mangent avidement, s'en sont-ils rassasiés, que leur chair se dissout jusqu'à la moelle des os, et ne forme plus qu'une masse rouge et molle qu'il est impossible de manger ; mais bientôt la reconstitution commence, et l'animal recouvre peu à peu son ancien embonpoint.

30 mai. — Nous quittons Bango et nous nous dirigeons vers le Loemboué, qui coule au nord-nord-est et qui est rempli d'hippopotames. Il a maintenant soixante mètres de large et plus d'un mètre vingt centimètres de profondeur ; mais il est probable qu'ordinairement il a beaucoup moins d'eau, car des barrages y sont établis pour former des réservoirs de pêche. Comme toutes les rivières de cette région il a des rives marécageuses ; toutefois, contemplé des hauteurs qui le dominent, le vallon où il serpente est d'une extrême beauté ; son lit est d'une largeur d'environ quatre cents mètres ; on croirait, dans maint endroit, retrouver l'emplacement des plus beaux manoirs d'Écosse, et l'on voit qu'il reste sur terre assez d'espace pour que le nombre des hommes s'accroisse à l'infini.

Les villages sont éloignés les uns des autres et d'un accès difficile à cause des grandes herbes qui couvrent les chemins, et qui permettent tout au plus à un bœuf de suivre les sentiers ; mes hommes en ont les pieds coupés. Nous rencontrons cependant une jeune fille et une femme avec un petit enfant ; elles retournent chez elles, et fléchissent sous un fardeau de manioc ; la vue d'un blanc excite toujours la terreur dans leur sombre poitrine ; aussi les pauvres créatures sont-elles soulagées d'un poids immense lorsque je les ai dépassées sans m'être emparé d'elles. Quand je traverse un bourg, les chiens s'enfuient, la queue entre les jambes, comme s'ils voyaient un lion. Les femmes, cachées derrière la muraille, regardent furtivement par quelque fente jusqu'au moment où j'approche, et se précipitent dans leur cabane ; si un enfant me rencontre, il jette les hauts cris en voyant cette apparition qui l'épouvante, et me fait craindre un accès d'épilepsie. J'ai souvent reproché aux mères, lorsque j'étais chez les Béchuanas, de représenter à ces pauvres petits l'homme blanc comme un spectre, et de leur dire que, s'ils n'étaient pas sages, elles l'enverraient chercher pour les mordre.

Après avoir traversé le Locmboué, nous nous trouvons dans un pays plus découvert, entrecoupé de vallons étroits qui renferment un ruisseau limpide au milieu d'un marécage ; il est toujours difficile de franchir ces vallons, et, comme ils sont nombreux, on a constamment les jambes mouillées. Nous voyons en différents endroits des offrandes votives à l'intention des Barimos : ce sont en général des aliments qu'on leur destine. Chaque village abandonné conserve ses idoles ; on y trouve des pots qui contiennent certains charmes, et qu'un appentis abrite. Nous avons vu, sous l'un de ces hangars, une tête de bœuf qui était un objet d'adoration. Quelques bourgades paraissent plus superstitieuses que les autres, à en juger par le plus grand nombre d'idoles que l'on y aperçoit.

Une vieille femme s'est arrêtée auprès de notre camp, et depuis deux heures elle n'a pas cessé d'accabler d'injures un garçon de bonne mine, qui s'irrite à la fin et qui lui ferme la bouche par quelques mots un peu vifs. Survient un autre jeune homme qui, l'ayant entendu, lui demande comment il ose insulter sa mama. Ils s'empoignent, se tiraillent, se bousculent, et finissent par tomber l'un sur l'autre. La femme qui est la cause de cette lutte me prie d'intervenir, et je crois que les jeunes gens ne seraient pas fâchés d'être séparés ; mais je tiens à rester neutre et à les laisser vider leur querelle comme bon leur semblera. Après s'être roulés par terre pendant quelques secondes, nos deux champions se relèvent, ramassent leurs vêtements qu'ils avaient ôtés pour se battre, et s'enfuient chacun dans une direction différente, en se menaçant d'aller chercher leur fusil et de terminer l'affaire par un combat mortel. Un seul est revenu, et la vieille femme recommence à crier contre lui, jusqu'à ce que mes Zambésiens, irrités à leur tour, lui ordonnent de s'éloigner.

Cette querelle insignifiante est la seule dont j'aie eu l'occasion d'être témoin ; je n'ai jamais vu, pendant tout le temps que je suis resté chez les Béchuanas, deux hommes, qui n'avaient pas d'armes, se frapper mutuellement ; en général leurs disputes se bornent à un flux de paroles entremêlées de jurons sonores, et se terminent presque toujours par de bruyants éclats de rire de la part des deux adversaires.

On essaye de nous retenir dans chaque village, tout au moins de nous y faire passer la nuit; on va jusqu'à nous offrir de grands pots de bière dans l'espérance de nous séduire ; parfois le chef s'en mêle et nous ordonne impérieusement de faire halte sous un arbre qu'il nous désigne ; ou bien encore des jeunes gens s'offrent pour nous servir de guides, et nous conduisent à une fondrière impraticable : tout cela dans l'espoir de nous contraindre à faire du commerce avec eux. Les vivres qu'ils nous offrent sont tellement bon marché, que nous les payons quelquefois sans les prendre, afin de nous débarrasser des vendeurs. Tous les hommes qui possèdent un fusil nous apportent une petite mesure qui tient une charge de poudre et qu'ils nous pressent de remplir : c'est le prix d'une grosse volaille. Toutes les femmes de cette région n'ont sur elles, en guise de robe, qu'un petit tablier d'une étroitesse effrayante, et sans le moindre falbalas ; c'est par pénurie d'étoffe, car on ne se figure pas avec quelle avidité elles se jettent sur l'indienne, et avec quel empressement elles nous offrent une poule et vingt livres de farine pour soixante centimètres de calicot. Malheureusement nos fonds sont tellement bas, que je suis contraint de résister à leurs demandes ; elles vont alors, pauvres mères, chercher leurs petits enfants dont elles me montrent la nudité, en insistant d'une voix suppliante pour que je leur vende seulement un lambeau d'étoffe dont elles puissent les couvrir. « Le feu est leur seul vêtement pendant la nuit, me disent-elles, et ils s'attachent à mon corps pour n'avoir pas trop froid. » Elles font avec l'écorce d'un arbre une tresse d'environ dix centimètres de largeur qu'elles portent en bandoulière et où elles asseyent leurs babys.

Le pays est très-fertile ; les habitants y cultivent beaucoup de manioc et d'arachides ; on n'y voit pas de coton, ni d'animaux domestiques, à l'exception de petits chiens et d'un assez grand nombre de volailles. Le chef possède quelques chèvres ; je n'ai jamais pu savoir pourquoi ses sujets n'en élèvent pas également.

2 juin. — Nous atteignons la résidence de Kawawa, qui est un personnage assez important de cette région. Sa bourgade est située en pleine forêt, et se compose d'une cinquantaine de cases. L'un des habitants du village est mort hier, et quelques femmes épanchent leurs clameurs gémissantes à la porte du défunt, qu'elles interpellent comme s'il pouvait les entendre ; le bruit des tambours ne s'arrête pas de la nuit, et conserve la régularité des coups de piston d'une machine à vapeur. Je remarque une personne couverte de plumes disposées d'une manière fantastique ; au point du jour elle s'enfonce dans la forêt, tandis que les autres se livrent à la danse et aux lamentations, et ne reparaît que le soir pour prendre part aux cérémonies funèbres. Elle représente, me dit-on, l'un des Barimos les plus influents du monde invisible.

Le lendemain matin nous avons la visite de Kawawa ; il s'installe auprès de nous, et la journée se passe à causer amicalement avec lui et quelques-uns de ses sujets. Lorsque je vais le voir à mon tour, je le trouve dans une grande hutte qui lui sert de palais de justice et qui a la forme d'une ruche, mais qui est admirablement construite. Comme je lui ai montré beaucoup d'objets curieux, il me rend cette politesse en m'exhibant une cruche de terre anglaise qui représente un bonhomme tenant une cannette de bière à la main, et qui est la chose la plus précieuse qu'il ait jamais possédée. L'audience est ouverte : on amène devant Kawawa un pauvre homme et sa femme, que l'on accuse de maléfice à l'égard du défunt dont on célèbre en ce moment les funérailles. « Vous avez tué l'un de mes enfants, s'écrie le chef, avant d'avoir entendu la défense ; allez chercher tous les vôtres, que je choisisse parmi eux celui qui doit remplacer le fils que vous m'avez enlevé. » La femme se justifie éloquemment et prouve qu'elle est innocente ; mais c'est bien inutile, car ce genre d'accusation est l'un des moyens employés par les chefs pour s'approvisionner de gens à vendre. Peut-être Kawawa pense-t-il que je suis marchand d'esclaves, malgré l'explication que je lui ai donnée de mes projets.

Le soir, je montre aux habitants ma lanterne magique. Tout le monde en est ravi, excepté Kawawa qui témoigne une certaine frayeur, et qui prendrait la fuite, si la foule qui l'entoure lui en laissait la possibilité. Quelques-uns des assistants doués d'une vive intelligence, comprennent parfaitement l'explication des tableaux ; ils la transmettent aux autres avec chaleur, et nous nous séparons les meilleurs amis du monde. Mais pendant la nuit Kawawa se rappelle qu'il a entendu dire que les Chiboques n'ont contraint de leur donner un bœuf, et il se demande pourquoi il n'en ferait pas autant ; d'où il résulte que le lendemain matin, lorsque je lui fais dire que nous allons le quitter, il répond en style parabolique : « S'il arrive qu'un homme trouve un bœuf sur son chemin, pourquoi ne le mangerait-il pas ? Il en a donné un aux Chiboques, il m'en doit un pareillement ; qu'il y ajoute de la poudre, un fusil, et une robe noire comme celle que j'ai vue sécher hier devant sa maison d'étoffe. Que s'il refuse le bœuf, il le remplace par un homme, et qu'il y joigne un livre où je puisse voir la disposition du cœur de Matiamvo à mon égard, afin que je sois averti, si jamais le grand chef a résolu de me faire couper la tête. »

Immédiatement après m'avoir envoyé ce message, Kawawa se présente en personne et me dit avec une froideur hautaine qu'il a vu toutes mes richesses, et qu'il obtiendra tout ce qui lui plaira de demander, attendu qu'il commande sur les bords du Kasaï, et qu'il défendra qu'on me transporte sur l'autre rive, tant que je ne lui aurai pas donné les objets qu'il réclame. Je lui réponds que tout ce qu'il demande est ma propriété, non la sienne ; que je ne veux pas qu'il soit dit qu'un blanc ait jamais payé tribut à un noir, et que je traverserai le Kasaï malgré tous ses efforts. Il ordonne à ses sujets d'aller prendre leurs armes ; commandement qui s'exécute aussitôt, et qui inspire un certain effroi à quelques-uns de mes hommes. Je donne à mon tour le signal du départ à ma petite troupe, et je lui recommande de ne pas tirer sur l'ennemi, avant que celui-ci ait frappé le premier coup. Je marche à l'avant-garde et je crois que tous mes gens vont me suivre, comme ils l'ont toujours fait, mais plusieurs d'entre eux se disposent à rester en arrière. Je saute à bas de mon bœuf, et je me précipite vers eux, le revolver à la main. Kawawa, de son côté, veut rassembler ses guerriers qui lui tournent le dos ; je crie à mes hommes de prendre leurs bagages et de se mettre immédiatement en marche ; un seul refuse et veut poursuivre les sujets de Kawawa : je le pousse avec la crosse de mon pistolet, il obéit, et je comprends une fois de plus qu'il faut avant tout maintenir la discipline. Nous traversons la forêt, escortés des soldats de Kawawa, qui nous suivent à cent pas, mais qui ne font usage ni de leurs fusils, ni de leurs flèches.

Il est extrêmement désagréable de se quitter ainsi, après avoir eu d'excellentes relations, et dans un pays où l'on est généralement bon ; du reste, ce Kawawa n'a pas une bonne renommée parmi les chefs balondas ; et l'on m'assure qu'ils a certains motifs de craindre que Matiamvo ne lui fasse trancher la tête, précisément pour le mépris qu'il fait du droit des gens.

Notre affaire toutefois n'est pas terminée ; Kawawa entend bien avoir le dernier mot, et tient à son tribut. Nous faisons sans encombre les neuf ou dix milles qui nous séparent du Kasaï ; mais lorsque nous arrivons au bord du fleuve, on nous apprend que les bateliers ont reçu l'ordre de nous refuser le passage, à moins cependant que je ne consente à donner les objets qui ont été mentionnés, et auxquels je dois maintenant ajouter un de mes hommes ; cette dernière demande excite toujours une vive inquiétude parmi mes compagnons. On a eu soin d'éloigner tous les canots, et l'on suppose qu'il nous est impossible de franchir sans eux une rivière de cent mètres de large et d'une grande profondeur. Pitsané est debout sur la rive, et, tandis qu'il regarde avec une feinte indifférence l'eau qui coule à ses pieds, il découvre l'endroit où les pirogues sont cachées dans les roseaux ; les passeurs demandent par hasard à l'un de mes Batokas s'il y a des rivières dans son pays. « Aucune, » répond celui-ci en toute franchise ; et les sujets de Kawawa sont persuadés qu'ils nous tiennent.

Je pensais à traverser le fleuve à la nage une fois qu'ils seraient partis, lorsque Pitsané m'informa de sa découverte, et à la chute du jour nous étions sur l'autre rive. J'ai mis, à l'endroit où les passeurs nous ont quittés, quelques grains de verre en payement de la farine qu'ils nous avaient donnée ; et mes Zambésiens poussent des éclats de rire effrayants en pensant à la surprise que vont avoir nos ennemis, et surtout à la mine qu'ils vont faire quand leur chef les accusera de lui avoir désobéi.

Ce matin, comme nous allions partir, la troupe de Kawawa s'est montrée sur la hauteur, et n'a pu en croire ses yeux en nous voyant sur l'autre bord. « Ah! que vous êtes mauvais! » s'est écrié l'un d'eux. Et Pitsané de lui répondre : « Ah! que vous êtes bons de nous avoir prêté vos canots! »

Nous avons eu grand soin de raconter l'aventure à Katéma et aux autres chefs que nous avons pu voir ; tous nous ont dit que nous avions parfaitement fait, et que Matiamvo approuverait notre conduite ; ils se sont empressés à leur tour de transmettre à leurs collègues les détails que je leur avais donnés ; chose qu'ils ne manquent jamais de faire, lorsque l'un d'eux commet une action blâmable que l'on pourrait leur imputer : car, même dans leur pays, l'opinion publique n'est pas sans influence, et ils tiennent beaucoup à leur réputation.

CHAPITRE XXIV

Vautours et autres oiseaux. — Diversité de couleurs chez des fleurs de même espèce. — Vingt-septième accès de fièvre. — Double direction d'une rivière. — Lac Dilolo. — Disposition des roches. — Particularités de la saison des pluies se rattachant au débordement du Nil et du Zambèse. — Raison probable de la différence qui existe entre la quantité de pluie qui tombe au nord et au sud de l'équateur. — Renseignements donnés par des Arabes sur la région qui est à l'est du Londa. — Arrivée à la ville de Katéma. — Désir de celui-ci de ressembler à un homme blanc. — Choucas. — Passage de la branche méridionale du lac Dilolo. — Petit poisson. — Projet d'établir un village makololo près de l'embouchure de la Liba. — Cordial accueil de Shinté. — Blessure de Kolimbota. — Graines de plantes apportées d'Angola. — Querelle de Limboa et de Masico. — Veuvage de Nyamoana. — Descente de la Liba. — Troupes d'animaux sauvages. — Chasse infructueuse. — Grenouilles. — Sinbad et la tsetsé. — Envoi d'un message à Manenko. — Arrivée de son mari Sambanza. — Cérémonie appelée Kasendi. — Honoraires inattendus. — État social de certaines peuplades. — Désertion de Mboenga. — Stratagème des chasseurs de Mamboué. — Tortues fluviatiles. — Charge d'un buffle. — Accueil de la population de Libonta. — Discours de Pitsané. — Service d'actions de grâces. — Arrivée de mes braves. — Merveilleuse bonté des habitants.

Après avoir traversé le Kasaï, nous retrouvons l'une de ces grandes plaines qui étaient inondées à l'époque de notre passage, et où l'eau séjourne encore dans certaines cavités. Des vautours planent dans l'air et annoncent qu'il y a quelque charogne dans le voisinage; nous apercevons de grosses bêtes, mais elles sont inabordables. De nombreuses chenilles sont attachées aux brins d'herbe, et l'on voit une quantité de libellules et de papillons, bien qu'on soit en hiver; des bandes de martinets, d'engoulevents, de différentes espèces d'hirondelles et de guêpiers d'un rouge de feu, prouvent que l'abaissement de la température n'a pas détruit les insectes dont ils se nourrissent. Des alouettes noires à épaulettes jaunes égayent les matinées de leurs chants joyeux; toutefois leur vol est moins soutenu que celui des nôtres et ne s'élève pas à une aussi grande hauteur. De jolis hérons blancs et d'autres oiseaux aquatiques volent au-dessus des endroits où l'eau s'est conservée ; des canards sauvages apparaissent de loin en loin, mais seulement en quantité suffisante pour rappeler que nous approchons du Zambèse, où tous les oiseaux d'eau sont extrêmement abondants.

Au milieu de ces plaines qui paraissent être sans fin, l'œil se repose agréablement sur une petite fleur dont la terre est couverte. Une large bande d'un jaune magnifique se déploie en travers de notre sentier ; j'examine les fleurs qui composent ce tapis doré, et je trouve parmi elles toutes les nuances, depuis le citron le plus pâle jusqu'à l'orangé le plus vif ; cette bande, d'une largeur de quelques centaines de mètres, est suivie d'une autre composée des mêmes fleurs ; mais cette fois elles sont bleues et présentent la même variété, depuis l'azur le plus tendre jusqu'à l'indigo le plus foncé. J'ai déjà remarqué, en différents endroits, cette diversité de couleurs présentée par la même plante ; une fois, entre autres, j'ai vu un grand nombre de fleurs brunes dont les pareilles étaient jaunes dans un autre district ; parfois même j'ai observé chez les oiseaux une diversité de nuances d'un canton à un autre ; mais jamais un changement aussi prononcé que du bleu au jaune, répété mainte et mainte fois, et surtout dans le même lieu. J'ai trouvé dans ces plaines interminables une petite plante qui m'a tellement frappé que je suis descendu de mon bœuf pour la voir de plus près, et j'ai reconnu avec joie une ancienne connaissance, une drosera qui ressemble énormément à celle que nous avons vue en Écosse, et que nous appelons rosée du soleil (*drosera anglia*) ; sa tige ne s'élève jamais à plus de six ou huit centimètres, et les feuilles en sont couvertes de poils rougeâtres, ayant chacun à leur extrémité une gouttelette d'un fluide gommeux, d'où il résulte que la plante a l'air d'être parsemée de diamants. C'est un matin que je l'ai observée pour la première fois ; j'attribuai alors son éclat à la rosée dont toutes les plantes étaient couvertes ; mais, après lui avoir vu conserver sa parure étincelante jusqu'au soir, j'ai cherché à connaître d'où lui venait sa beauté ; j'ai vu que les poils de ses feuilles exsudent un fluide gommeux très-pur, renfermé dans une sorte de capsule gélatineuse et transparente, qui en prévient l'évaporation. Il est probable que ce fluide a pour but de retenir les insectes qui, en mourant, nourrissent sans doute la plante.

Nous sommes depuis hier dans cette grande plaine, et j'y suis pris de mon vingt-septième accès de fièvre. Qui aurait jamais cru, à l'époque où nous étions ici dans l'eau jusqu'à mi-jambe, que nous y souffririons de la soif? Aujourd'hui, quand la fièvre me dévore, mes compagnons sont obligés, pour me donner à boire, de creuser la terre à quelques pieds de profondeur.

8 *juin*. — Nous traversons la Lotemboua au nord-ouest du lac Dilolo, et nous regagnons le sentier que nous avons suivi l'année dernière.

La Lotemboua peut avoir un mille de large sur un mètre de profondeur ; elle est remplie de papyrus, d'arums, de lotus, de joncs à nattes et d'autres plantes aquatiques. Je n'ai pas remarqué, au moment où nous l'avons traversée, quelle direction prenait son cours ; ayant observé auparavant, de l'autre côté du lac Dilolo, qu'elle se dirigeait vers le sud, j'ai supposé qu'elle prenait sa source dans le grand marais que nous avions vu en allant au nord-ouest, et qu'elle continuait à couler vers le midi ; mais arrivés sur les bords de la Lotemboua méridionale, Shakatouala m'apprend que la partie de cette rivière que nous avons traversée coule vers le nord et ne se jette pas dans le Dilolo, mais bien dans le Kasaï ; ce phénomène d'une rivière présentant deux directions opposées dans son cours a frappé son esprit et lui paraît bizarre. Je ne doute pas de l'exactitude de son assertion, qui d'ailleurs m'a été confirmée par beaucoup d'autres. Il est dès lors certain que le lac Dilolo sert de déversoir entre les rivières qui coulent, d'un côté vers l'orient, et de l'autre vers l'occident.

Je voulais revenir sur mes pas afin d'étudier cette question intéressante ; mais ayant eu dernièrement les pieds gelés en traversant la Lotemboua, je fus pris de vomissements de sang qui m'empêchèrent d'exécuter ce projet ; du reste, je ne vois aucun motif pour révoquer en doute le témoignage des naturels. La distance qui sépare le lac Dilolo du Kasaï est à peu près de quinze milles. Si j'étais retourné sur mes pas, j'aurais vu que ce petit lac, en se déversant d'une part dans le Kasaï et de l'autre dans le Zambèse, envoie ses eaux dans les deux Océans. Je mentionne le fait dans les termes où il s'est présenté à mon esprit ; et c'est depuis lors, seulement, que j'ai saisi, à la fois, la véritable disposition du système fluvial de cette partie du continent et la forme du bassin qu'il arrose. J'ai vu les différentes rivières de l'ouest couler des plateaux vers le centre ; et les indigènes, ainsi que plusieurs Arabes, m'ont affirmé que la plupart des rivières qui coulent à l'est de cette même région, se dirigent également d'une rampe élevée à la partie centrale, où elles se réunissent toutes et déchargent leurs eaux dans deux canaux collecteurs : les unes coulant vers le nord et allant tomber à l'ouest dans le Congo, les autres se dirigeant vers le sud et se jetant par le Zambèse dans l'océan Indien, sur la côte orientale. Je me trouve donc ici au point culminant de ces deux grands systèmes, bien que je sois seulement à douze cents mètres au-dessus du niveau de la mer, c'est-à-dire à trois cents mètres plus bas que le plateau occidental que nous avons traversé ; toutefois, au lieu de grandes montagnes couvertes de neige, qui sembleraient donner plus de consistance à la théorie que je viens d'exposer, nous n'avons rencontré que d'immenses plaines où l'on peut marcher pendant un mois sans rien voir au-dessus du niveau du sol que les arbres et les fourmilières. Je ne savais pas alors qu'un autre eût deviné la forme du centre de l'Afrique, dont la vallée intérieure représente une auge élevée.

J'avais observé que les anciennes roches schisteuses que l'on trouve des deux côtés de l'Afrique, à l'orient et à l'occident, s'inclinent vers le centre du bassin, et que leur développement correspond à peu près au grand axe du continent ; j'avais remarqué en outre que, dans l'endroit où les roches de trapp du dernier soulèvement ont formé des masses tabulaires sur le plateau central, elles contiennent des fragments anguleux des roches de formation antérieure qu'elles ont entraînées au moment de leur éruption. J'en concluais naturellement qu'à une époque reculée, une puissante action volcanique s'était produite de la même façon qu'on le voit encore de nos jours, qu'elle avait eu lieu à trois cents milles du rivage, et que la force ignée, agissant à la fois le long des deux côtes, avait soulevé les roches latérales et leur avait imprimé la direction qu'elles présentent aujourd'hui. La puissance plus grande de cette force à l'époque où le continent lui-même fut formé, et l'étendue de l'action volcanique embrassant toute la côte, avaient donné au littoral africain la simplicité de lignes qu'il a conservée jusqu'à présent ; c'est à ces déductions que j'en étais arrivé.

Mais les roches de trapp qui remplissent aujourd'hui la grande vallée centrale demeurèrent une énigme pour moi, jusqu'au moment où elles me furent expliquées par sir Roderick Murchison ; je vis clairement alors pourquoi ces roches, qui forment d'immenses couches parfaitement horizontales, renferment des fragments anguleux qui contiennent des algues appartenant aux vieux schistes dont le fond du bassin lacustre originaire est constitué : le trapp, en brisant la croûte schisteuse, en a détaché ces fragments qu'il a conservés dans sa substance. On voit en outre, dans cette région centrale, des chaînes de montagnes composées de schistes argileux et siliceux, portant la marque distincte d'un courant neptunien et où l'on n'aperçoit aucune trace de fossiles ; mais, comme elles sont généralement rejetées en dehors des masses de trapp horizontal, on doit supposer qu'elles faisaient également partie du fond primitif et que des fossiles peuvent néanmoins s'y trouver[1].

Les caractères que présente la saison pluvieuse dans cette région, où les pluies sont extrêmement abondantes, expliquent en quelque sorte les débordements périodiques du Zambèse, et peut-être ceux du Nil. La pluie semblerait avoir une étroite corrélation avec le cours du soleil ; elle tombe en octobre et en novembre, et c'est précisément l'époque où le soleil passe au-dessus de la région du Zambèse pour aller vers le sud : il gagne le tropique du Capricorne en décembre, et décembre et janvier sont les mois où la sécheresse se fait le plus cruellement sentir dans le voisinage de ce tropique, depuis Kolobeng jusqu'à Linyanti. Lorsqu'il remonte vers l'équateur, en février, mars et avril, c'est le moment des grandes pluies de l'année ; les plaines, qui en octobre et en novembre se sont imbibées comme des éponges, sont alors saturées d'eau et versent de toutes parts ces nappes d'eau limpide qui couvrent les rives du Zambèse. Le débordement du Nil est sans doute produit par le même phénomène. Ces deux fleuves prennent naissance dans la même région ; et l'époque différente à laquelle ils débordent vient probablement de ce qu'ils dirigent leur cours des deux côtés opposés de l'équateur. C'est au mois de

---

1. Après avoir longtemps médité sur la structure géologique de la colonie du Cap, telle que l'a exposée M. A. Bain, et sur l'existence du lac intérieur que renfermait dans les premiers âges le centre de l'Afrique australe, sir Roderick Murchison s'exprime ainsi :

« Les principaux traits des parties australes de l'Afrique sont encore ce qu'ils étaient durant les siècles sans nombre qui ont précédé la création de la race humaine. Les vieilles roches qui en constituent la lisière renfermaient certainement un marais ou un lac, habité par le Dicynodon, à l'époque où la terre était peuplée d'animaux qui ne ressemblaient à aucun de ceux que nous voyons aujourd'hui. Tous les lacs et les marais que l'on trouve actuellement dans le centre de la région méridionale, depuis le lac Tchad jusqu'au Ngami, et dont les hippopotames habitent les bords, ne sont que les restes modernes de cet âge mésozoïque. Néanmoins il y a une différence énorme entre l'état géologique de ce continent tel qu'il était autrefois, et celui qu'il présente de nos jours; depuis cette époque primitive, le niveau des terrains s'est élevé de beaucoup au-dessus du niveau de la mer, des roches éruptives les ont traversés, de profondes déchirures, des gorges étroites se sont formées tout à coup dans les chaînes de soutènement des plateaux supérieurs où les rivières ont trouvé des issues.

« On saura plus tard, par les découvertes des voyageurs, si la structure en forme de bassin, que nous désignons ici comme étant le principal trait de la conformation de l'Afrique australe, dans le passé et dans le présent, s'étend oui ou non dans la partie septentrionale. Nous avons quelques motifs de supposer, en considérant cette partie infiniment plus large du continent, que les plus hautes montagnes que l'on y rencontre, prises dans leur ensemble, n'en forment que les côtes, ainsi que dans la région du Sud. »

(P. CXXIII, President's adress, *royal geographical Society*, 1852.)

juin que les eaux du Nil deviennent troubles, c'est au mois d'août qu'elles atteignent leur plus grande élévation, à l'époque où nous supposons que les terres qu'il parcourt à son origine sont saturées d'eau pluviale. Ce point mérite d'être examiné par ceux qui explorent la région située entre l'équateur et le 10° latitude sud. Ajoutons que la crue du Nil est peu de chose, lorsque le soleil est arrivé au tropique du Cancer, et que l'inondation s'effectue au moment où le soleil retourne vers l'équateur, précisément comme celle du Zambèse à l'époque où il remonte du Capricorne vers la ligne équinoxiale [1].

D'après les renseignements qui m'ont été fournis par des Arabes de Zanzibar que j'ai rencontrés à Naliélé, au centre du continent, la région qui est située à l'est du Londa ressemblerait beaucoup aux districts de cette province que nous avons traversés. Suivant le rapport de ces Arabes, elle est composée de steppes marécageux, dont quelques-uns sont tellement dépourvus d'arbres que les habitants en sont réduits à entretenir leur feu avec de l'herbe et des tiges de maïs. On y trouve un grand lac nommé Tanganyenka ; ce lac est peu profond, et l'on met trois jours pour le traverser en canot ; il se relie à un autre lac situé plus au nord, que l'on appelle Kalagoué (serait-ce Garagoué ?), et c'est peut-être le Nyanja des Maravims. Du Tanganyenka sortent de nombreux cours d'eau qui forment la Loapula, branche orientale du Zambèse, qui vient du nord-est et qui passe à la ville de Cazembé.

L'extrémité méridionale du lac Tanganyenka est à dix journées de marche au nord-est de la ville de Cazembé, et, comme il faut plus de cinq jours pour s'y rendre de la ville de Shinté, nous en sommes restés à une distance d'environ cent cinquante milles. Ce lac sert probablement de déversoir entre le Zambèse et le Nil, comme le lac Dilolo entre la Liba et le Kasaï. Il est à présumer que les découvertes du capitaine Burton, qui explore actuellement

---

1. Ces observations, que j'ai faites personnellement, m'ont été confirmées par les détails que m'ont communiqués, à cet égard, plusieurs Portugais que j'ai vus dans la province d'Angola, et sont complétement d'accord avec celles qui ont été faites, pendant plusieurs années, par MM. Gabriel et Brand à Saint-Paul de Loanda. Il pleut, dans cette province, du 1er au 30 novembre ; décembre et janvier sont ordinairement chauds et secs ; les grandes pluies commencent le 1er février, elles se prolongent jusqu'à la moitié de mai, et depuis lors, jusqu'au 1er novembre, il ne tombe pas une goutte d'eau. Le terme moyen des eaux pluviales est de 12 à 15 pouces (de 30 à 38 centimètres) par an. Il a été de 12,034 pouces en 1852, et de 15,473 pouces en 1853. Bien que je n'aie pas eu le moyen de mesurer la quantité d'eau qui tombe dans le pays de Londa, je suis bien sûr qu'elle excède de beaucoup la quantité de pluie qu'on a auprès de la côte ; elle y a cessé d'une manière subite le 28 avril, pour recommencer vers le milieu du mois d'octobre.

cette région, nous fourniront des données certaines sur tous les points que nous ne faisons qu'indiquer.

La formation primitive de cette vallée intérieure a déterminé le cours septentrional du Zambèse à se diriger vers le centre; elle a également imprimé aux eaux du Kasaï et du Nil la direction qu'elles ont prise, ainsi qu'à l'ancienne rivière qui coulait autrefois du bassin de Linyanti à la rivière d'Orange. Nous trouvons entre les sixième et douzième degrés de latitude sud, où, suivant toute probabilité, ces rivières prennent leur source, une espèce de cloison élevée, qui divise longitudinalement cette grande vallée intérieure. Si l'on s'en rapporte aux informations données par certains indigènes, qui placent entre ces deux latitudes les plaines humides auxquelles le Zambèse et le Nil doivent sans doute leur origine, on se demande pourquoi la pluie est, dans cette région, beaucoup plus abondante que sous la même latitude au nord de l'équateur; et pourquoi le Darfour ne donne pas naissance à de grandes rivières comme le Londa et la contrée qui est à l'est de cette province. Mais les vents du nord-est et du sud-est prédominent dans l'océan Indien pendant une grande partie de l'année; leurs courants s'étendent de ce côté-ci de l'équateur, jusqu'au centre du continent, et même jusque dans la province d'Angola, où ils rencontrent la brise de l'Atlantique. Si l'on n'a pas oublié l'explication que j'ai donnée page 99 du manque de pluie dont on souffre dans le Kalahari, phénomène qui provient de l'abandon que la masse d'air a fait de son humidité en passant au-dessus de la rampe qu'elle a trouvée sur son passage [1], et qu'on veuille bien jeter les yeux sur la carte, on

---

1. Depuis l'époque où ces lignes furent imprimées, j'ai vu avec plaisir le savant astronome Babinet donner la même explication à l'égard de la France; je cite la version qu'en a publiée le *Times* :

« Dans l'état météorologique normal de la France et de l'Europe, le vent d'ouest, qui est le contre-courant des vents alisés, après avoir touché les côtes occidentales de France et d'Europe, redescend par Marseille et la Méditerranée, passe par Constantinople et l'Archipel, Astracan et la mer Caspienne, afin de se replonger dans le grand circuit des vents généraux, et d'être ainsi porté de nouveau dans le courant équatorial. Quand cette masse d'air, qui s'est imprégnée d'humidité en passant au-dessus de l'Atlantique, rencontre un obstacle, une chaîne de montagnes par exemple, elle gravit la pente qui s'oppose à son passage; arrivée au sommet, elle se trouve soulagée d'une partie de la colonne d'air dont elle subissait la pression, elle se dilate en raison de son élasticité, produit un froid considérable, et les vapeurs dont elle est chargée se précipitent sous forme de brouillards, de nuages, de pluie ou de neige; pareil effet arrive, quel que soit l'obstacle qui l'ait arrêté. Voici maintenant ce qui s'est passé avant 1856 : par une cause ou par une autre, le courant d'air chaud, qui vient de l'ouest, remonta vers le nord, au lieu de passer par la France, et redescendant par la Baltique et le nord de l'Allemagne, il troubla les lois ordinaires des climats européens. Mais, en 1856, il y eut un changement subit dans la direction du vent. Celui-ci repassa tout à coup au centre de la France et rencontra un obstacle dans l'air qui n'avait pas encore

verra que le même effet est produit, à l'égard du Darfour, par les montagnes de l'Abyssinie ; effet d'autant plus puissant, que la chaîne dont il est question est beaucoup plus près de l'équateur que celle dont l'influence se fait sentir au midi de l'Afrique. Le Nil reçoit lui-même, dans la région du Darfour, un très-petit nombre d'affluents.

Observons, d'autre part, que s'il n'existe aucune chaîne latérale de monts abrupts entre le sixième et le douzième degré de latitude sud, il se trouve néanmoins en cet endroit une sorte de cloison élevée, où viennent se réunir deux grands courants atmosphériques ; nous comprendrons alors qu'il y ait, sur les flancs et au sommet de cette rampe, une accumulation d'humidité dont bénéficie la vallée ; tandis qu'au contraire, dans le cas du Darfour et du Kalahari, cette humidité se dépose sur le versant oriental de la chaîne qui les domine. Je soumets humblement cette explication à tous les savants qui font de la météorologie leur étude principale, et j'appelle sur ce point l'attention des voyageurs qui seront en mesure d'étudier cette question d'une manière plus complète.

J'ai souvent remarqué, à l'époque où je me trouvais sur l'un des côtés de cette cloison centrale, que l'air était calme pendant toute la nuit ; mais qu'au moment où les rayons du soleil traversaient la couche de l'atmosphère, une ondée subite s'échappait des nuages accumulés au-dessus de notre tête. Cette pluie torrentielle et instantanée, qui coïncidait avec le moment le plus froid du jour, me rappelait ce phénomène de cristallisation que l'on produit immédiatement, en introduisant une tige de métal dans de l'eau saturée de sulfate de soude.

Nous rencontrons, de ce côté-ci de la Lotemboua, quelques habitants du village de Kangenké ; je profite de l'occasion pour envoyer à leur chef, qui nous a fait bon accueil lors de notre premier passage, une robe de cotonnade rayée ; je lui fais expliquer le motif qui nous empêche d'aller le voir, et nous nous dirigeons vers le lac Dilolo, qui est situé par 11° 32′ 1″ latitude sud, 22° 27′ longi-

repris son cours habituel vers le sud-est ; il en résulta l'arrêt du courant, sa marche ascendante, sa dilatation, l'abaissement de la température, des pluies extraordinaires, et le débordement des fleuves. Maintenant que les choses sont rentrées dans leur état normal, rien ne fait prévoir le retour de semblables désastres, et la régularité des saisons peut être considérée comme rétablie en France pour un certain nombre d'années. Les relations importantes que l'Observatoire impérial établit tous les jours avec les autres contrées de l'Europe, ayant pour but la communication des phénomènes météorologiques, et l'invention d'appareils qui permettent de mesurer la vitesse des courants aériens et des vents prédominants, fourniront bientôt le moyen de pronostiquer les phénomènes climatériques avec assez de certitude pour qu'un gouvernement éclairé puisse prévenir à temps les malheurs qui pourraient en résulter.

tude est. C'est une belle nappe d'eau, de six ou huit milles de longueur, sur un ou deux de large, et dont la forme est légèrement triangulaire; à l'un des angles s'ouvre un canal qui va se réunir à la Lotemboua du sud. La vue de ces eaux bleues et des vagues pressées qui vont fouetter la rive, a sur mon esprit une bien douce influence; mon cœur soupire après la vive émotion qu'il éprouve toujours en face du vieil Océan; que de vie dans les flots de la mer, que de puissance et d'espace! j'étouffais au milieu de ces forêts obscures, de cette région plate et uniforme, d'où la vie est absente.

Moéné Dilolo, ce qui littéralement veut dire, seigneur du lac, est un joyeux compère, vif et dodu, qui se lamente, parce qu'il ne vient personne lorsque la bière abonde, et qu'il en manque toujours quand il a des visites; il nous donne de la farine et un quartier de buffle putréfié; jamais la viande n'est trop faisandée pour lui et pour ses sujets, qui ne l'emploient qu'à très-petite dose et comme assaisonnement à leur manioc insipide. Tous les gens de son village sont occupés à chasser des antilopes, afin d'en envoyer les peaux à Matiamvo, pour s'acquitter de leur tribut. La vie paraît facile pour eux; le lac fournit du poisson en abondance, et l'on trouve une énorme quantité de jeunes oiseaux aquatiques dans les nids dont les roseaux sont pleins.

Nous voyageons sur le pied de deux à trois milles par heures, cinq heures par jour, et cela pendant cinq jours de suite; nous n'avançons pas beaucoup, mais à la sixième journée, hommes et bœufs n'en peuvent plus; les marchands d'esclaves vont encore bien moins vite; leur pas est moins rapide, leurs étapes sont moins longues, et ils n'ont, par mois, que dix jours de marche.

4 juin. — Nous voici arrivés à cette collection de petits villages qui sont soumis à Katéma, et c'est avec joie que nous retrouvons des figures de connaissance. Shakatouala nous apporte, au nom de son maître, d'abondantes provisions; quant à ce dernier, il est à la chasse pour se procurer les pelleteries qui sont dues à Matiamvo.

Toutes les fois qu'on demande des nouvelles de quelqu'un, j'entends répondre : « Il va mieux, il est guéri, il est moins bien, » ce qui me fait voir qu'il y a beaucoup de malades; un grand nombre, en effet, des personnes que nous avions connues sont mortes depuis l'année dernière.

15 juin. — Katéma revient de la chasse; il avait appris notre retour et s'est empressé d'accourir; il m'engage à me reposer, à manger énormément, car je dois être fatigué; et l'excellent homme fait en sorte que je puisse exécuter son conseil. Tous les habitants de cette région sont extrêmement généreux, et Katéma est le premier à nous combler de ses dons. Je lui rapporte de Loanda, suivant ma promesse, un manteau de serge rouge, orné de clinquant d'or qui coûte trente-sept francs cinquante centimes; j'y ajoute une robe de cotonnade, de grosses et de petites perles de verroterie, une cuiller de fer et une boîte d'étain contenant à peu près cent vingt grammes de poudre. Il paraît enchanté, et m'assure que personne ne me causera le moindre ennui sur ma route, s'il est en son pouvoir de l'em-

pêcher. La conversation continue, et Katéma en vient à me demander si je ne pourrais pas lui faire un habit comme le mien, afin qu'il puisse avoir l'air d'un blanc quand il recevra la visite des étrangers; l'un de ses conseillers s'imagine qu'il doit appuyer la demande de son chef; mais celui-ci l'arrête en disant : « Quel que soit le cadeau qui m'ait été fait, je le reçois toujours avec reconnaissance, et je n'importune jamais celui qui me l'a donné pour qu'il y joigne autre chose. » Au moment de nous séparer, il monte sur les épaules de son interprète, ce qui est le mode de transport le plus digne de son rang; le chef a six pieds, il est d'une grosseur proportionnée à sa taille; l'interprète est fort mince, et il faut qu'il ait une grande habitude de la chose pour qu'il n'en résulte pas une culbute qui pourrait être dangereuse. Nous sommes très-contents de la visite de Katéma, qui ne l'est pas moins de notre réception ; nos présents l'ont ravi. D'après ce que me dit Shakatouala, il ne fait jamais usage de ce qu'on lui a donné, sans l'avoir préalablement offert à sa mère, ou à l'esprit qui reçoit ses dévotions.

16 *juin*. — Katéma nous a fait ce matin présent d'une vache pour que nous ayons de la viande à manger avec la farine dont nous sommes abondamment pourvus ; puis il est reparti pour la chasse, après m'avoir dit que tout son village était à ma disposition, que je pouvais le considérer comme à moi, que Shakatouala, son factotum, veillerait à ce que rien ne nous manquât, et nous conduirait ensuite jusqu'au bord de la Liba.

Nous voulons tuer la vache que nous a donnée Katéma ; il faut d'abord la prendre ; elle fait partie d'un troupeau magnifique dont presque toutes les bêtes sont blanches, mais sauvages comme des buffles ; c'est tout au plus si leur bouvier n'en a pas peur. L'un de mes hommes tire sur la vache qui nous est destinée ; il la blesse ; toutes les autres s'enfuient avec elle dans la forêt, d'où il est très-difficile de les faire sortir ; enfin, après l'avoir chassée pendant deux jours, notre bête reçoit une seconde balle qui la tue sur le coup.

J'aperçois une bande de choucas, ce qui est très-rare dans le Londa ; ils sont dans la vallée, où ils cherchent des larves qu'ils dévorent, et que mangent également les habitants de ce pays-ci.

19 *juin*. — Après avoir quitté la ville de Katéma et fait environ quatre milles du côté de l'est, nous passons à gué la branche méridionale du lac Dilolo ; nous sommes mouillés jusqu'à la ceinture, et il nous est très-difficile de traverser le gué, en raison de la quantité de joncs et d'arums dont il est encombré. Le lac doit avoir un mille et quart de largeur (2 kilomètres) ; il se déverse dans la Lotemboua, et paraît être le bassin d'égouttement des plaines environnantes ; il a quelque chose du caractère des fontaines. Trois milles après, toujours à l'est, nous trouvons la Lotemboua, coulant au milieu d'une vallée dont le petit diamètre est d'environ deux milles. La rivière a ici de quatre-vingts à quatre-vingt-dix mètres de large et renferme des îles nombreuses, couvertes de bois épais. A l'époque de la saison des pluies, la vallée est complétement inondée ; lorsque les eaux se retirent, elles laissent à découvert une quantité de poissons dont les habitants s'emparent ; ce fait a lieu dans le pays sur une très-grande étendue, et l'on rencontre partout des espèces de viviers où le produit de la pêche est déposé ; on ramasse alors, à pleins sacs, de pe-

tits poissons de la taille du véron, que l'on fait sécher au soleil et dont le goût aromatique, amer et piquant, ne déplaît pas à mes compagnons, bien que ce soit la première fois qu'ils en mangent. Un lit épais de matières végétales en décomposition forme une couche visqueuse dans tous les endroits où l'eau a séjourné, et occasionne un grand nombre de maladies à la suite des débordements.

Mozinkoua n'habite plus sa charmante habitation du Lokalouéjé; sa femme est morte, et il est allé se fixer ailleurs. Il nous accompagne pendant quelques instants; mais notre retour, en lui rappelant son bonheur d'autrefois, renouvelle tous ses chagrins et il s'éloigne sans pouvoir nous parler.

Nous traversons la grande plaine qui se déploie sur la rive nord de la Liba, et nous passons cette rivière au village de Kanyonké, vingt milles à l'ouest des monts Piri, où nous l'avions franchie la première fois. L'étape suivante nous conduit au bord du Loambo, petite rivière qui passe auprès du village de Chébendé, l'un des neveux de Shinté. Le lendemain nous rencontrons Chébendé, qui revient des funérailles de son père Samoana; il est maigre et défait, en comparaison de ce qu'il était lorsque nous l'avons vu; c'est probablement le résultat des orgies qu'il vient de faire. Mohorisi et Pitsané lui parlent d'un projet qu'ils ruminent depuis quelque temps, et qui aurait pour but d'établir un village makololo sur les bords de la Liba, afin de se rapprocher des comptoirs de la côte; mais il évite prudemment d'énoncer à cet égard l'opinion qu'il peut avoir. Quant à moi, j'approuve entièrement le projet des Makololos; et le point qu'ils me désignent auprès du confluent de la Liba et du Zambèse me paraît très-heureusement choisi. La rive droite de la Liba n'y est jamais inondée; on peut, de cet endroit, communiquer par eau avec le pays des Kanykas, avec celui de Cazembé, ainsi qu'avec toute la région qui est au delà, sans rencontrer sur sa route plus de deux grandes cascades. La rivière, et ensuite le Liambye, n'offrent aucun obstacle jusqu'à la vallée des Barotsés; il est probable que de cette vallée on pourrait, malgré ses nombreuses cataractes, remonter le Kafoué ou Bashoukoulompo, qui traverse une contrée fertile habitée par les Bamasasas, peuplade nombreuse qui cultive largement les produits du pays.

Le température de l'eau (nous sommes en plein hiver) est, le matin, à 47° (8° centigrades 3/9), celle de l'atmosphère à 50° (10° centigrades); l'air est excessivement humide, et la sensation qu'on éprouve est celle d'un froid très-vif; néanmoins le soleil est extrêmement chaud pendant le jour et le thermomètre s'élève, dans l'endroit le plus ombreux et le plus frais que nous puissions trouver, de 88 à 90° (de 31 à 32° centigrades 2/9); le soir il est encore à 76 ou 78° (24 ou 25° centigrades 5/9).

Avant d'arriver à la ville de Shinté, qui est située par 12° 37′ 35″ latitude sud, 22° 47′ longitude est, nous traversons de nombreux villages de Calobalés, qui ont abandonné leur chef Kangenké, pour n'être pas vendus aux Mambaris.

Nous recevons de Shinté l'accueil le plus affectueux; le bon vieillard nous comble de tout ce qu'il a de meilleur. Il est enchanté de la pièce de cotonnade que je lui donne, et qui est un morceau carré qui peut avoir deux mètres; et se plaignant des Mambaris qui le trompent, dit-il, en ne lui apportant que de petites pièces d'étoffe, il ajoute que la première fois que je passerai, il enverra quelques-uns de ses gens avec moi pour faire du commerce à Loanda. Je lui explique l'usage que l'on fait des esclaves qu'il a vendus; et je lui demande s'il est raisonnable d'affaiblir sa nation pour enrichir les Mambaris, en troquant ses sujets contre ces petites pièces d'étoffe d'une valeur si minime. Cet argument lui paraît sans réplique, et lui fait envisager la question sous un nouvel aspect. Il me raconte ensuite tous les embarras que lui a donnés Masiko; non-seulement celui-ci a cherché à le brouiller avec les Makololos, mais il a dépouillé les émissaires qu'il envoyait dans la vallée Barotsé avec Kolimbota. Le bon Shinté me répète mainte et mainte fois que c'est Kolimbota lui-même qui a voulu rester dans le pays, qui s'est mêlé de son propre mouvement aux querelles des uns et des autres, et qu'en voulant s'emparer de l'enfant d'un Balobalé, qui avait dérobé le miel d'une ruche appartenant à un Balonda, il a reçu une balle dans la cuisse; mais que lui, Shinté, l'a guéri de sa blessure, lui a donné une femme, et qu'il a envoyé un morceau d'étoffe à Sékélétou, en lui faisant expliquer toute l'affaire. Il tient énormément à me prouver qu'il n'a aucun tort et qu'il a fait tout ce qui dépendait de lui pour conserver la paix, ainsi que je le lui avais recommandé. Je vois, d'après ce qu'il me dit, que notre ancien guide a trouvé plus prudent de nous abandonner à notre sort, que de partager les périls de notre expédition : il est certain qu'il pensait que nous n'en reviendrions pas, car il s'est approprié l'une des pirogues qui nous appartenaient.

Désirant propager dans l'intérieur quelques arbres à fruits de la province d'Angola, nous avons apporté jusqu'ici un pot contenant du plant d'orangers, d'anacardiers, dattiers (*anona squammosa*), de figuiers, de café, d'araças pommifères et de papayers (*Carica papaya*); nous les destinions à Sékélétou; mais il est à craindre que, si nous les portons maintenant plus au sud, le froid ne vienne à les faire périr ; et nous les plantons dans un enclos appartenant à l'un des notables de la cour de Shinté, avec cette condition qu'il en donnera une partie au chef, lorsque le plant aura poussé. Tous les Balondas apprécient beaucoup les fruits, mais, jusqu'à présent, ils n'en ont eu que de sauvages. Parmi ceux qu'ils mangent, il en est un qui, lorsqu'on le fait bouillir, produit une quantité d'huile considérable, dont ils font grand usage pour se graisser la tête et le corps. J'ai donné à Shinté quelques graines de l'élaïs guineensis ; il les accepte avec joie en apprenant qu'elles sont beaucoup plus oléagineuses que celles de l'arbre dont il extrait son huile et qui est d'une famille toute différente. Les palmiers, du reste, sont très-rares dans ce pays-ci ; néanmoins, auprès de Bango, nous en avons trouvé quelques-uns, d'une espèce particulière, chez laquelle une portion du pétiole reste attachée au stipe et donne au corps de l'arbre une forme triangulaire.

Tous les nègres de l'intérieur de l'Afrique aiment passionnément la culture ; mes Zambésiens ont recueilli une quantité de graines de toute espèce dans la province d'Angola, et les distribuent à leurs amis ; quelques-uns d'entre eux ont emporté de l'ail, des oignons, du piment, qu'ils ont plantés dans de petites caisses et qui commencent à pousser ; je vois dans les enclos des Balondas des plantations de tabac, de cannes à sucre, de plantes aromatiques et potagères, cultivées avec une intelligence qui me fait penser que ma pépinière sera entretenue avec soin.

Le froid augmente, ou du moins la fraîcheur relative des soirées et des nuits vous fait éprouver une sensation pénible ; à midi le thermomètre qui est sous ma tente, placée elle-même à l'ombre d'un arbre excessivement touffu, s'élève à 96° (35° centigrades 5/9) ; le soir il est encore à 70° (21° centigrades), et le matin nous n'avons plus que de 42 à 52 degrés (de 5 à 11° centigrades). Aussi les Balondas ne s'éloignent-ils jamais de leurs feux dans cette saison avant neuf ou dix heures. Il est probable qu'il gèle en ce moment à Linyanti : c'est pour cela que j'ai craint d'y transporter mes arbres fruitiers.

Shinté ne veut pas nous laisser partir avant la réception du message qu'il attend de Limboa, c'est-à-dire du frère de Masiko. Lorsque celui-ci, ne voulant pas accepter la domination de Sébitouané, quitta le pays des Makololos, il vint s'établir sur le territoire de Shinté, qui le reçut généreusement et qui donna l'ordre à tous les chefs de bourgades voisines de lui fournir des vivres. Limboa, de son côté, s'était enfui avec un certain nombre d'individus ; il avait fondé, à l'ouest, un village dont il était devenu le chef, et qu'il avait appelé Nyenko, mais qui reçut des Mambaris et des mulâtres portugais le nom de Mboéla, c'est-à-dire *l'endroit où l'on retourne vers celui d'où l'on vient*. L'un des effets de la polygamie est d'entretenir, entre les enfants des différentes épouses, un état de mésintelligence et de rivalité perpétuel, les fils des unes cherchant à dominer ceux des autres et à leur enlever leurs partisans. Limboa, dont la mère était d'une grande famille, se sentit profondément irrité de ce que la situation qu'avait choisie son frère était meilleure que la sienne ; Masiko se trouvait à peu de distance des monts Soloïsho, où l'on recueille du fer en abondance, qu'une population laborieuse transforme en couteaux et en instruments de diverse nature, auxquels se joint la fabrication de vases en bois, etc., etc. Limboa, pour se procurer ces différents articles, était obligé d'avoir recours à son frère, qu'il regardait comme son inférieur, et ne voulant pas subir plus longtemps une pareille humiliation, il résolut d'aller habiter le même district que Masiko : c'était une déclaration de guerre. Masiko et Shinté m'ont demandé tous les deux d'intervenir pour que la paix fût maintenue ; mais Limboa, confiant dans la force de ses armes, répond à mes conseils qu'il les approuve, qu'il les reçoit comme un ordre, qu'il ne me désobéira qu'un peu, quant à présent ; mais qu'ensuite il ne fera plus la guerre jamais, jamais. Et c'est pour entendre cette réponse que j'ai retardé mon départ ! En outre, Limboa fait demander à Shinté de lui venir en aide pour subjuguer son frère, tandis que Masiko le supplie de lui accorder son secours pour repousser Limboa ; Shinté serait disposé à soutenir celui-ci ; mais je l'engage à ne pas se mêler de cette affaire et il se rend à mon avis.

Nous nous quittons dans les meilleurs termes du monde, et je me dirige vers la résidence de sa sœur Nyamoana ; elle est devenue veuve depuis l'année dernière, et nous reçoit avec attendrissement : « Nous nous établissions dans un nouvel endroit lorsque vous êtes venus, me dit-elle ; j'étais bien loin de me douter que j'y perdrais mon mari. » Elle demeure, depuis cette époque, sur la rive gauche du Lofoujé, car les Balondas ne restent jamais dans les lieux où la mort a visité leur maison. Nyamoana met cinq canots à notre disposition ; nous retrouvons l'un de ceux qui nous appartenaient, et nous descendons la Liba. Cette rivière me paraît être plus large, au moins d'un tiers, que le Coanza à Massangano, et doit avoir plus de deux cents mètres de largeur ; nous voyons d'une manière évidente qu'elle s'est élevée à douze mètres lors de sa dernière crue :

c'est probablement une chose exceptionnelle, car la quantité de pluie qui est tombée cette année dépasse la moyenne ordinaire.

Les Balondas font une espèce de très-petits canots où l'on ne peut tenir que deux personnes ; ces embarcations excessivement légères, taillées pour fendre l'onde avec rapidité, leur servent pour chasser les animaux aquatiques. Mes compagnons en achètent plusieurs ; le prix de chacune de ces pirogues est d'un rang de perles de la longueur de l'esquif. Je conseille à ceux qui les leur vendent d'en conduire chez les Makololos, qui leur donneront des vaches en échange.

De nombreux troupeaux d'animaux sauvages animent les bords de la Liba ; nous remarquons surtout des Tahetsis (*Egoceros equina*), des poutokouanés (*antilope niger*) et deux lions magnifiques ; mais les armes à feu se multiplient chez les Balobalés, et le gibier disparaîtra bientôt de ce pays-ci.

Les habitants d'un village auprès duquel nous passons, nous prient de chasser des buffles qui toutes les nuits s'introduisent dans les enclos et ravagent leur manioc. Comme nous n'avons rien tué depuis longtemps, le désir d'avoir un plat de viande à notre souper, nous fait accéder à la demande qui nous est adressée, et nous suivions la piste de quelques vieux taureaux. Pleins de ruse et d'expérience, ces vieux buffles s'enfoncent dans la forêt, où ils choisissent, pour y passer la journée, les endroits les plus inextricables ; il nous arrive d'être à cinq ou six pas du fourré où ils se tiennent et d'entendre craquer les branches sous leur masse pesante, sans même les entrevoir ; on éprouve une singulière émotion tandis qu'on marche à pas dérobés sur les feuilles sèches, l'œil au guet, l'oreille tendue, et sachant qu'on peut, d'un moment à l'autre, voir fondre sur soi l'un des animaux les plus dangereux de la forêt. Nous avons suivi tous leurs détours pendant plusieurs heures, soutenus par l'âpre désir de nous procurer de la viande, car il y a plus de deux mois que nous sommes entièrement privés de sel ; mais nous n'avons pas même eu l'occasion de décharger nos fusils.

Vous trouvez partout ailleurs sur le bord des rivières, excepté dans le pays des Balondas, des grenouilles vertes qui partent sous vos pieds et qui s'élancent dans l'eau ; sur les bords du Liambye et du Chobé, on voit un grand nombre de ces petites grenouilles (*rana fasciata*, Boié) qui sautent sur les feuilles des grandes herbes, avec une précision remarquable ; mais sur les bords de la Liba, c'est un crapaud d'un vert tendre qui les remplace et qui attire mon attention ; la feuille peut être verticale, peu lui importe, il y adhère comme une mouche à une fenêtre ; il est de la même taille que le brachymerus bi-fasciatus [1] de Smith, que je n'ai rencontré que dans le pays des Bakouains ; ce dernier, qui est d'un noir de jais, tacheté de vermillon, et qui n'a que vingt-cinq millimètres de longueur, est, malgré sa petitesse, d'une laideur repoussante.

Avant d'arriver au Makondo, petite rivière dont l'embouchure est située par 13° 23′ 12″ latitude sud, nous avons trouvé une si grande abondance de tsetsés, que mon bœuf en a reçu de nombreuses piqûres, en dépit des efforts de l'un de mes hommes qui, armé d'une branche, éloignait ces terribles mouches ; le lendemain matin, les endroits où ces insectes avaient introduit leur suçoir étaient marqués par une exsudation dont le poil était mouillé sur un demi-pouce d'étendue. Pauvre Sinbad ! il m'avait porté depuis la Liba jusqu'au Golungo Alto et m'en avait ramené sans perdre aucune de ses bizarreries, et sans avoir pu nous pardonner l'instance que nous mettions à lui faire quitter, chaque matin, les gras pâturages où il s'était rassasié la veille. Je voulais combler la mesure des services qu'il nous avait rendus en le faisant tuer tout de suite, pour satisfaire notre besoin de manger de la viande ; mes hommes n'y ont pas consenti, et nous l'emmenons à Naliélé pour qu'il y finisse paisiblement ses jours.

J'ai envoyé prévenir Manenko de notre arrivée, et nous nous sommes arrêtés en face de son village, qui est à quinze milles de la Liba. Elle nous envoie immédiatement son mari avec de nombreuses provisions, et nous fait dire que, si elle ne vient pas nous voir, c'est parce qu'elle s'est brûlé le pied. Sambanza nous met au courant de toutes les affaires politiques du pays, ainsi que des méfaits de Kolimbota, et pour cimenter nos rapports affectueux, il procède le lendemain matin à la kasendi, formalité qui s'effectue de la manière sui-

---

1. Le docteur Smith raconte ainsi la découverte du brachymerus bi-fasciatus : « Sur les rives de Limpopo, dit-il, dans le voisinage immédiat du tropique du Capricorne, un gros arbre avait été abattu pour servir à la réparation de notre chariot. « Il est creux et ne pourra pas être employé à ce que nous voulons faire, » me dit l'ouvrier qui le sciait dans sa longueur ; néanmoins il continua sa besogne. Lorsqu'il eût séparé l'arbre en deux, nous vîmes que la scie avait traversé un trou dans lequel étaient renfermés cinq crapauds de l'espèce dont je viens de donner la description. Je cherchai alors, par tous les moyens possibles, à découvrir une communication entre l'air extérieur et cette cavité, mais sans le moindre succès ; chaque partie en fut examinée avec le plus grand soin, et l'eau séjourna longtemps, sans la plus légère déperdition. L'intérieur de la cavité, sur une épaisseur de vingt-cinq millimètres, était noir, comme s'il avait été carbonisé ; l'arbre avait cinq mètres cinquante centimètres de longueur et quarante-sept centimètres et demi de diamètre à l'endroit où était située cette cavité. J'avais compté l'âge qu'il devait avoir, malheureusement je ne l'ai pas écrit et je n'en ai pas gardé le souvenir. A l'instant où ils furent découverts, les batraciens dont il est question paraissaient inanimés : l'influence du soleil brûlant auquel ils se trouvaient soumis leur donna bientôt des forces ; et quelques heures après ils changeaient de place avec aisance et faisaient preuve d'une certaine activité.

vante : deux personnes réunissent leurs mains (c'est avec celles de Pisané que Sambanza joint les siennes), de légères incisions sont faites sur les mains croisées des deux parties, au creux de l'estomac, sur la joue droite, et sur le front de chacune d'elles ; l'opérateur recueille, au moyen d'un brin d'herbe, une petite quantité du sang qui s'échappe de ces incisions, et mêle celui de chacun des opérés à de la bière contenue dans des pots différents ; l'un boit le sang de l'autre, et ils sont unis désormais d'une amitié que l'on suppose inaltérable. Pendant cette libation, quelques-uns des assistants frappent le sol avec des gourdins et ratifient, par certaines phrases consacrées, le traité qui se conclut devant eux ; puis, les gens qui composent la suite des deux amis, finissent de boire la bière qui reste dans les pots. Les deux héros de la kasendi, considérés à l'avenir comme parents, sont obligés de s'avertir réciproquement du danger qui les menace. Si les Makololos, par exemple, formaient le projet d'attaquer les Balondas, Pitsané se trouverait dans l'obligation d'en prévenir Sambanza, qui, en pareil cas, devrait faire la même chose à son égard. La cérémonie se termine par l'échange, entre les deux parents, de ce qu'ils ont de plus précieux ; l'époux de Manenko s'en est allé, revêtu de l'habillement complet de serge verte, à parements et à revers rouges, que son ami rapportait de Loanda, et Pitsané a reçu, en outre d'une profusion d'aliments, deux coquillages pareils à celui dont Shinté m'avait fait cadeau lors de ma première visite.

Quelque temps après, le hasard établit les mêmes relations entre une jeune femme et moi ; elle avait au bras une grosse tumeur cartilagineuse qu'elle me pria d'enlever ; pendant l'opération, une des artérioles qui avaient été ouvertes me lança quelques gouttes de sang dans l'œil. « Vous étiez déjà mon ami, s'écria la patiente ; mais désormais nous sommes parents, et, quand vous viendrez de ce côté-ci, faites-moi prévenir, afin que je vous prépare de quoi manger. »

Mes Zambésiens contractent ces engagements dans toute la sincérité de leur âme, et ils ont tous un ami dans chaque village où nous avons été si bien reçus. Mohorisi a épousé une femme du village de Katéma, et Pitsané en a pris une dans la ville de Shinté ; ces alliances sont en grande faveur auprès des chefs balondas, à qui elles garantissent de bonnes relations avec les Makololos.

Je raconte le fait suivant, afin que le lecteur puisse comprendre l'état social de ces tribus. Comme nous attendions l'arrivée de Sambanza, il arriva de Nyenko un certain nombre de Barotsés ; le chef de la bande reconduisait à Limboa le fils que celui-ci lui avait confié, parce que, depuis son départ de Nyenko, les habitants de cette ville, estimant qu'on ne peut gouverner deux territoires à la fois, avaient élu Nananko, l'un des fils de Santourou, à la place de Limboa.

Je serais allé volontiers faire une visite aux deux frères pour les empêcher de se battre ; mais l'état de mon bœuf ne me le permettait pas. Je me contentai de faire dire à Limboa que je protestais contre la guerre qu'il déclarait à Masiko, ajoutant que les Balondas nous avaient laissé franchir librement leur territoire et que rien ne motivait les hostilités, puisqu'on ne mettait aucun obstacle à ses relations avec les monts Soloïsho.

Au moment de partir, nous sommes désertés par un Ambonda qui nous avait accompagnés pendant tout notre voyage. Son père demeure sur le territoire de Masiko, et je trouve bien naturel qu'il éprouve le désir de rentrer dans sa famille ; il me laisse honnêtement un paquet de pierres à fusil dont il était chargé depuis Loanda, et ne m'emporte qu'une belle peau de tari que j'avais reçue de Nyamoana. Je regrette qu'il nous ait quittés de la sorte, je lui fais dire qu'il a eu tort de se sauver, et qu'il sera néanmoins bien accueilli s'il veut rentrer plus tard chez les Makololos. A peu de distance de là, nous rencontrons une troupe nombreuse de Barotsés, qui fuient dans la même direction. Je leur fais entendre qu'ils courent le risque d'être vendus en allant s'établir dans le Londa, tandis qu'ils sont bien sûrs de ne jamais être esclaves dans le pays de Sékélétou ; cette objection les décide à revenir sur leurs pas ; la seule chose dont ils se plaignent, c'est d'être obligés d'habiter Linyanti, où l'on manque de volailles, de poisson, et où les vivres sont en bien moins grande abondance que dans leur vallée fertile.

Un certain nombre de chasseurs appartenant à la tribu des Mamboués, qui vivent sous l'autorité de Masiko, ont établi leur camp un peu au-dessous de l'embouchure de la Liba ; leurs provisions de bouche se composent de chair séchée d'hippopotame, de buffle et d'alligator. Ils se servent, pour traquer les animaux qu'ils chassent, d'un bonnet fait avec de la peau de la tête d'un léché ou d'un pokou dont les cornes ont été conservées, ou bien d'une coiffure représentant la partie supérieure du jabiru (*mycteru senegalensis*), surmontée de la tête de cet oiseau et du bec emmanché d'un long cou. Ainsi coiffés, ils rampent dans l'herbe, où ils peuvent relever la tête sans crainte d'être reconnus par la proie qu'ils poursuivent. Ils nous ont donné trois belles tortues fluviatiles [1], dont l'une avait plus de qua-

---

1. Ces trois tortues appartenaient probablement à une espèce voisine du *Sternotherus sinuatus* du docteur Smith, car elles n'exhalaient aucune mauvaise odeur. La ponte de cette espèce a lieu, chaque année, à une époque déterminée, et qui est tellement

rante œufs. Ces tortues sont très-bonnes à manger; leur foie surtout est un excellent morceau ; leurs œufs ont la coquille flexible et les deux extrémités égales, comme ceux de l'alligator. Nous apprenons par ces chasseurs qu'à l'arrivée de notre message, qui recommandait à Masiko et à Limboa de renoncer aux hostilités, la masse de la population fut tellement contente de penser qu'elle pourrait déposer la lance, que la plupart des habitants coururent en signe de joie se plonger dans la rivière. Masiko avait envoyé les individus qui nous parlent chez les Makololos pour solliciter leur alliance ; mais, n'osant pas s'acquitter de leur message, ils se sont arrêtés à moitié chemin et passent leur temps à chasser. Ils ont eu peur de moi jusqu'au moment où ils apprirent mon nom, et se sont joints à notre bande une fois qu'il m'ont connu. Le lendemain ils ont découvert un hippopotame qu'ils avaient frappé la veille, et qui était mort de sa blessure. Il y a bien longtemps que mes compagnons n'ont pas de viande. Le gibier est d'une abondance miraculeuse ; mais j'ai tellement perdu l'habitude de tirer que je manque à tous les coups. Une fois je prends la détermination d'approcher la bête de si près, qu'il lui soit impossible de m'échapper ; je me couche au fond d'un canot avec deux rameurs, et nous côtoyons la rive sans bruit, jusqu'au moment où nous apercevons dans une clairière un troupeau de zèbres et de pokous ; j'élève un œil au-dessus du bord du canot ; la rive est mouillée, la clairière est battue en certains endroits comme dans les lieux fréquentés par les alligators ; nous avançons toujours, et quand nous sommes à quelques mètres de l'endroit en question, l'un de ces reptiles se précipite au fond de l'eau ; nous approchons encore, et malgré cela je ne fais que briser la jambe de derrière à un zèbre ; mes deux rameurs le poursuivent ; mais la perte de l'un de ses membres de derrière n'empêche pas cet animal de prendre un galop rapide, et j'en suis pour ma poudre. Tandis que je marchais lentement à la suite de mes compagnons, au milieu d'une grande plaine, où l'herbe était couchée par son propre poids, j'aperçois un buffle solitaire qu'ont fait partir quelques-uns de mes hommes, et qui se dirige de mon côté. Je regarde autour de moi ; le seul arbre que je découvre est au moins à cent mètres, et nul refuge ailleurs ; j'arme mon fusil avec l'intention de le décharger dans le front de l'animal quand il n'y aura plus que deux ou trois pas entre la brute et moi. Si le coup allait rater ! Je porte mon fusil à l'épaule, le buffle

---

régulière, que les naturels commencent leurs semailles dès qu'ils voient ces tortues venir sur la rive pour y déposer leurs œufs.

approche à toute vitesse ; le galop de cette masse est affrayant ; qui le soupçonnerait jamais chez un animal dont la marche est si pesante ? Un arbrisseau, puis une touffe d'herbe situés à quinze pas de la place où je me trouve, l'obligent à se détourner ; il me présente l'épaule ; j'entends la balle craquer sur l'omoplate, et je me précipite la face contre terre ; l'animal, égaré par la douleur, bondit, et, me rasant de son sabot, va se précipiter dans le fleuve, où nous le retrouvons sans vie. Je remerciai Dieu avec reconnaissance, et, pendant que je rendais grâce au Seigneur, mes compagnons se reprochaient amèrement de n'avoir pas été là pour me couvrir de leur corps. L'arbre qui se trouvait à cent pas de moi était un acacia de la girafe. Cela me rappelle que nous voici de retour dans la région des plantes épineuses ; celle que venons de traverser est couverte d'arbres verts.

27 juillet. — Nous arrivons à Libonta, où nous sommes accueillis avec des démonstrations de joie dont on n'a pas d'idée. Les femmes accourent au-devant de nous en dansant et accompagnent leurs acclamations bruyantes des gestes les plus singulièrement expressifs. Quelques-unes sont armées d'une natte et d'un bâton en guise de lance et de bouclier ; les autres se précipitent vers nous, elles couvrent de baisers les mains et le visage des amis qu'elles retrouvent, et soulèvent tant de poussière que nous arrivons avec plaisir auprès des hommes, qui, rassemblés dans la kotla où ils sont assis, attendent gravement notre arrivée, d'après les règles du décorum africain. Personne ne croyait plus à notre retour, car les sorciers les plus habiles avaient déclaré que nous étions morts depuis longtemps. Lorsqu'on a exprimé toute la joie qu'on éprouve de nous revoir et que j'ai remercié tout le monde de l'accueil qui nous est fait, j'explique les motifs qui ont prolongé notre absence ; mais je laisse à mes compagnons le plaisir de raconter nos aventures. Pitsané prend la parole, et pendant plus d'une heure il fait le récit de notre voyage, qu'il présente sous le plus heureux aspect ; il s'appesantit sur le bon cœur de M. Gabriel, sur la bonté des blancs en général, et termine en disant que j'ai fait plus que je ne leur avais promis ; que je leur ai non-seulement ouvert un sentier qui conduit chez les blancs, mais que je leur ai concilié tous les chefs que nous avons trouvés sur notre passage. Le plus âgé de l'assemblée prend la parole à son tour, et, faisant allusion au déplaisir que j'éprouve des razzias qui ont eu lieu en mon absence contre Sébolamakouaia et Léchulatébé, il me supplie de ne pas retirer mon affection aux Makololos, de ne pas désespérer d'eux, et de gronder Sékélétou, comme s'il était mon enfant. Un autre vieillard m'adresse la même prière, et la séance est levée.

28 juillet. — Cette journée est consacrée à remercier Dieu de la bonté qu'il a eue de nous ramener tous sains et saufs au milieu de nos amis. Chacun de mes compagnons revêt sa plus grande parure. Malgré la misère qu'ils ont parfois subie en route, ils ont rapporté leur habillement complet fait à l'européenne, et qui, d'une blancheur éclatante, produit avec leur bonnet rouge un effet saisissant. Ils font tous leurs efforts pour marcher comme les soldats qu'ils ont vus à Loanda, ils s'appellent mes braves (*batlabani*), qualification qu'ils ont trouvée d'eux-mêmes, gardent pendant tout le temps du service leur fusil à l'épaule, et s'attirent l'admiration enthousiaste des femmes et des enfants.

Nous recevons des hommes deux bœufs magnifiques, et les femmes nous prodiguent le lait, le beurre et la farine. Je suis confus de n'avoir rien à leur donner en échange; mes compagnons leur disent que nous avons dépensé tout ce que nous possédions, et ils répondent gracieusement : « Peu importe ; vous nous avez rendu le sommeil et ouvert un sentier. » Les étrangers arrivent en foule, quelquefois d'assez loin, et rarement les mains vides.

C'est le même accueil dans toute la vallée Barotsé ; chaque village nous donne un bœuf, quelquefois deux. Cette population est merveilleusement bonne ; j'éprouve la plus vive reconnaissance pour toutes ces créatures généreuses ; et n'ayant à leur donner que mes prières, je demande au Seigneur de permettre qu'on les instruise, et de vouloir bien leur ouvrir le séjour des élus. Je souhaite vivement de retourner parmi ces hommes simples et bons, afin de pouvoir faire quelque chose pour eux en échange de leur libéralité. Ils devaient, à notre premier passage, compter sur les cadeaux que nous leur ferions au retour, car le pays des blancs est la source de tous les objets qu'ils envient ; mais la fièvre et les retards que nous avons éprouvés ont épuisé toutes nos ressources ; nous revenons aussi pauvres que nous l'étions au départ, et cependant leur générosité augmente, et ma misère n'a pas même affaibli mon influence. Ils comprennent que c'est dans leur intérêt seul que j'ai fait cette expédition ; mes Zambésiens me disent eux-mêmes : « Nous ne sommes pas plus riches que quand nous sommes partis ; mais ce n'est pas vainement que nous avons été là-bas. » A peine sont-ils arrivés qu'ils recueillent déjà des défenses d'hippopotame et d'éléphant pour leur second voyage.

CHAPITRE XXV

Colonie d'oiseaux. — Le village de Chitlané. — Meurtre de la fille de Mpololo. — Exécution du meurtrier et de sa femme. — Mes compagnons retrouvent leurs femmes avec d'autres maris. — Une bande de sujets de Masiko. — Liberté de parole. — Canot frappé par un hippopotame. — Gonyé. — Aspect des arbres à la fin de l'hiver. — Sombre atmosphère. — Frêlons. — Paquets envoyés par M. Moffat. — Soupçons des Makololos et réponse aux Matébélés qui les apportent. — Sir Murchison a reconnu la véritable forme du continent africain. — Arrivée à Linyanti. — Grand picho. — Sékélétou en uniforme. — Caravane envoyée à Loanda pour y porter de l'ivoire. — Difficultés commerciales. — Les Makololos font deux razzias pendant l'absence du docteur. — Rapport sur la région du nord-est. — Les Makololos désirent se rapprocher de la côte. — Discussion de ce projet. — Le docteur s'informe du chemin à suivre pour se rendre à la côte orientale. — Attente de la saison des pluies. — Manière dont les naturels passent leur temps pendant les grandes chaleurs. — Avenir favorable préparé aux missionnaires. — Ben-Habib désire se marier. — Choix d'une jeune fille. — Hospitalité de Sékélétou. — Hydrogène sulfuré et malaria. — Conversation avec les Makololos. — Leur conduite et leur caractère. — Désir de Sékélétou d'acheter un moulin à sucre, etc. — Les ânes. — Adieux de Mamiré. — Excuses de Motibé.

J'ai planté des graines de palmiers dans différents villages de la vallée; déjà celles de Libonta commençaient à pousser; malheureusement les souris, qui abondent partout dans ces pays-ci, les ont détruites.

31 *juillet*. — Nous avons quitté Libonta, et nous poursuivons notre route vers Linyanti. A Chitlané, on nous fait présent des jeunes d'une colonie de Linkololos (*anastomus lamelligerus*), échassiers noirs un peu plus gros qu'une corneille, qui se nourrissent de coquillages, surtout d'ampullaires, et qui nichent en société au milieu des roseaux. C'est toujours au même endroit qu'ils élèvent leur couvée; la place qu'ils ont choisie, bien connue des naturels, appartient au chef qui, à certaines époques de l'année, fait prendre la plupart des jeunes. Le produit de la *moisson* qui nous est offert, c'est ainsi qu'on désigne dans le pays cet enlèvement des jeunes

linkololos, s'élève à cent soixante-cinq petits n'ayant pas encore de plumes ; on dit qu'il y en aurait eu deux fois autant si l'on n'avait pas attendu, pour les prendre, l'arrivée de Mpololo, qui remplit les fonctions de chef. Les adultes vont par bandes nombreuses sur les rives du Liambye ; ils sont maigres et dépenaillés ; les jeunes, en revanche, sont très-gras ; mangés rôtis, ils passent pour l'un des mets les plus délicats de la vallée. La récolte de ces oiseaux est une occasion de réjouissance ; il est d'usage que la personne à qui l'on en fait présent les distribue à ses amis : c'est en général ce qui arrive lorsque l'on tue un bœuf ; chacun en a sa part, et nous mangeons dans chaque village celui qui nous y a été donné, afin de le partager avec les habitants.

La bourgade de Chitlané est située, comme toutes celles de la vallée, sur une éminence dont la plate-forme n'est jamais gagnée par les eaux ; elle a été néanmoins bien près d'être inondée à la saison dernière, où la crue a été plus forte qu'on ne l'avait vue de mémoire d'homme. Il y a énormément de malades dans ce moment-ci, comme il arrive toujours lorsque les eaux se retirent ; les variations de température que l'on subit dans la journée doivent être également fort mauvaises pour la santé.

Il existe à Chitlané un véritable figuier banian des Indes qui s'est multiplié, sur un espace considérable, au moyen des coulants qui sortent de ses branches et qui prennent racine dans la terre, ce qui l'a fait nommer, par les indigènes, *more oa maotou*, l'arbre qui a des jambes. Il est assez curieux que tous les arbres de cette famille soient pour les nègres un objet de vénération ; depuis la vallée Barotsé jusqu'à Loanda, on les considère comme un préservatif de tous les maux.

1ᵉʳ *août.* — Nous arrivons à Naliélé, où nous trouvons Mpololo dans la plus grande affliction ; sa fille était accouchée depuis peu de temps ; il lui envoyait une part de tous les bœufs qui étaient tués dans la ville et de tous les aliments qu'il recevait en sa qualité de représentant de Sékélétou. Rien n'était plus naturel ; mais cette conduite excita l'envie d'un méchant homme qui le haïssait pour je ne sais quel motif, et qui, s'étant glissé pendant la nuit dans la hutte de l'accouchée, étrangla la mère et l'enfant. Il espérait cacher son crime en incendiant la hutte ; mais le craquement des bâtons qu'il frotta l'un contre l'autre pour se procurer du feu, réveilla l'un des serviteurs de la victime ; pris sur le fait, il fut jeté à l'eau avec sa femme, que l'on accusait d'avoir connu ses intentions et de ne les avoir pas révélées. La malheureuse prétendit qu'elle avait fait tous ses efforts pour détourner son mari du crime qu'il méditait; il aurait suffi qu'un seul témoin confirmât ses paroles pour que sa vie fût épargnée.

Mes compagnons sont enchantés de l'accueil que nous recevons partout; leur joie de rentrer chez eux couverts de gloire est indicible. Mais, hélas! ils éprouvent une déception à laquelle ils n'avaient pas songé; la plupart de leurs femmes ont pris d'autres maris. « Après tout, s'écrie Mashaouana, dont l'une des épouses s'est mariée avec son voisin, les femmes ne sont pas rares ; il y en a autant que de brins d'herbe, et j'en retrouverai une autre. » Le pauvre garçon fait tous ses efforts pour paraître indifférent, mais il ajoute d'un air passablement irrité : « Si je tenais celui qui l'a prise, comme je lui couperais les oreilles ! » J'essaye de consoler tous ces pauvres maris en leur disant que, malgré la perte de leurs femmes, ils en ont encore plus que moi et qu'ils peuvent s'en contenter; mais la pensée qu'un autre mangeait tranquillement leur maïs, tandis qu'ils supportaient la fatigue et la faim, est pour eux bien amère. Quelques-unes de leurs femmes apparaissent, tenant dans leurs bras de tout petits enfants, nés quinze ou vingt mois après qu'ils furent partis; mais cela n'excite chez eux aucun mécontentement. Ceux qui n'avaient qu'une épouse me prient de demander qu'on la leur rende; je m'adresse au chef, il ordonne aux seconds maris de restituer les femmes qu'on leur réclame, et tout finit par s'arranger.

Dimanche 5 août. — De nombreux auditeurs ont religieusement écouté le sermon que je leur ai fait aujourd'hui ; certes, il en est parmi eux qui se souviendront de mes paroles, qui adresseront leur prière au Créateur, et qui sans cela n'auraient jamais pensé à Dieu. La bonté dont ils font preuve à mon égard, le respect qu'ils m'accordent et que m'ont témoigné toutes les tribus du centre, me permettent d'affirmer qu'on sera toujours bien reçu, bien traité par les indigènes de ces provinces, toutes les fois qu'on aura sincèrement l'intention de leur faire du bien : ils pourront combattre la doctrine, la repousser entièrement; ils n'en seront pas moins respectueux pour celui qui l'apporte.

Nous étions encore à Naliélé, quand nous fûmes rejoints par des sujets de Masiko, chargés de la part de leur maître de nous exprimer tous les regrets qu'il avait eus de ne pas nous voir, et de nous dire qu'il avait respecté mes ordres et vécu en paix avec tout le monde, jusqu'au jour où son frère Limboa était venu enlever ses femmes, tandis qu'elles se rendaient à leurs jardins, et l'avait assiégé. Il avait alors offert à ses hommes de se mettre à leur tête pour repousser les assaillants; mais ceux-ci lui avaient répondu : « Laissez tuer vos serviteurs; vous ne devez pas mourir. » Les jeunes Barotsés qui lui faisaient cette réponse avaient été formés au métier des armes par Sébitouané, et repoussèrent l'ennemi, auquel ils tuèrent dix hommes et en blessèrent autant. Quant à Limboa, rentré dans ses foyers, il s'imposa lui-même une amende de trois esclaves et les envoya à Masiko pour expier la faute qu'il avait faite en lui déclarant la guerre. Les messagers qui me donnaient ces nouvelles, m'apportaient en même temps, de la part de leur chef, une défense d'éléphant, deux calebasses de miel, deux paniers de maïs et une corbeille d'arachides. Les Makololos, qui les regardaient comme rebelles, eurent d'abord de la peine à leur parler sans aigreur; néanmoins je finis par obtenir qu'on les traitât convenablement. « Ils ont quitté Sébitouané qui leur avait donné des bœufs et des vaches, » me disait Mpololo pour justifier l'irritation qu'il ressentait contre ces Barotsés. Il ne pouvait pas comprendre que je pusse les approuver d'avoir recouvré leur indépendance, même au prix de leurs bestiaux, car tous ceux qui, en Afrique, sont habitués au laitage dès leur enfance, souffrent énormément dès qu'ils en sont privés. Je leur ai parlé, à cette occasion, du bénéfice mutuel qu'ils trouveraient à échanger du bétail contre les canots des Balondas.

On trouve encore ici quelques vieux compagnons de l'ancien chef Santourou; protégés par leur âge, ces vieillards s'expriment avec une extrême liberté sur le compte de ces parvenus de Makololos, qui montrent à leur égard la plus grande tolérance. L'autre jour, par exemple, des Makololos influents causaient avec moi de diverses choses : « Ne les écoutez pas, s'écria l'un de ces vieux Barotsés en interrompant celui qui me parlait, ces gens-là ne sont tous que des voleurs. » Cette boutade fit sourire ceux qui en étaient l'objet. Il est à remarquer que pas un des anciens de ce pays-ci n'a conservé la tradition d'aucun tremblement de terre; la promptitude avec laquelle tous les habitants de cette contrée saisissent les événements appréciables par les sens, et leur prodigieuse mémoire, me font supposer qu'il n'y a pas eu de secousse perceptible de la terre au centre de l'Afrique, dans la partie comprise entre le 7e et le 27e degré de latitude sud, depuis au moins deux siècles. On n'y aperçoit aucune déchirure moderne, aucun signe récent de perturbation parmi les roches, si ce n'est aux chutes de Gonyé; on n'y voit même aucune trace d'ouragan, dont la tradition n'existe pas davantage.

13 août. — Nous quittons Naliélé. Vers le milieu du jour, un hippopotame vient heurter du front notre canot et le fait presque chavirer ; la force du coup précipite Mashaouana dans le fleuve ; les autres, dont je fais partie, s'élancent sur la rive, qui est tout au plus à dix mètres ; l'hippopotame reste à la surface de l'eau et regarde attentivement la pirogue ; on dirait qu'il veut estimer les avaries qu'il y a faites : c'est une femelle dont la veille on a tué le petit à coups de javelines. Nous étions huit dans le canot, et la violence du choc que nous avons éprouvé témoigne de la force énorme de l'animal qui l'a produit ; toutefois, le plongeon de Mashaouana, et le bain qu'il nous a fallu prendre, sont les seuls dommages que cet incident ait causés. Il est tellement rare que l'on soit attaqué par l'un de ces animaux, lorsqu'on a la précaution de naviguer près de la rive, que mes compagnons se sont écriés spontanément : « Est-ce que cette bête est folle ? »

Mokouala, le chef de Gonyé, me fait cadeau d'une belle dent d'éléphant ; je la donne à Pitsané, qui rassemble de l'ivoire avec ardeur pour le marché de Loanda. Les roches de Gonyé, formées de grès rouge, sont presque horizontales, et perforées par des madrépores dont les trous annoncent que la marche de ces zoophytes s'est effectuée dans différentes directions. Le grès s'est imprégné de fer, et a contracté, en durcissant, un éclat vitreux, qui est commun à la surface des roches de ce pays-ci.

22 *août*. — Nous voici à la fin de l'hiver ; les arbres qui couvrent les bords du fleuve commencent à boutonner et à fleurir ; la sève nouvelle produit de nombreux bourgeons qui chassent les anciennes feuilles, et qui sont d'un orangé tellement vif, que je les avais pris pour des fleurs. La teinte du feuillage est, du reste, excessivement variée ; on voit des feuilles jaunes, rouges, cuivrées, marron, chocolat ; il y en a même qui sont noires comme de l'encre.

Je suis frappé tout autant qu'à mon premier voyage de la beauté du Liambye ; la vue de ses bords est charmante, en dépit de la teinte fuligineuse de l'atmosphère. J'avais attribué cette teinte particulière, que l'on observe tous les ans à Kolobeng pendant la saison des froids, à l'herbe des pâturages, à laquelle on met le feu sur une étendue qui a souvent plusieurs centaines de milles ; cependant on en brûle plus encore dans la province de Londa, où ce phénomène n'existe pas : il faut donc lui chercher une autre cause ; peut-être, l'abaissement de la température, en condensant les couches supérieures de l'air, produit-il cette teinte brumeuse que j'attribuais à la fumée.

Il y a dans ces lieux une surabondance de vie qui tient du prodige ; à peine le fleuve commence-t-il à grandir, que l'ibis religieux arrive par bandes de plusieurs cinquantaines d'individus, accompagnées d'un nombre incroyable d'oiseaux aquatiques de toute espèce ; il est des bancs de sable dont la couleur disparaît entièrement sous les canards qui les couvrent (*anas histrionica*) ; j'ai ramassé quatorze de ces animaux après un seul coup de fusil. D'autres endroits sont chargés de pélicans ; j'en ai compté jusqu'à trois cents réunis dans un assez petit espace ; les rives sont bigarrées d'oiseaux de diverses couleurs, tandis que les mouettes [1] et bien d'autres encore rasent la surface de l'eau. L'immense quantité d'insectivores qui sillonnent l'air de leur vol capricieux, annonce que les insectes pullulent. Si vous longez le fleuve au milieu des arbrisseaux qui croissent sur ses bords, vous êtes piqué de temps en temps par des frelons qui donnent à leur nid la forme de nos guêpiers, et qui le suspendent à une branche. La passion maternelle est si puissante chez cet insecte, qu'il vous poursuit jusqu'à trente ou quarante pas de son nid, quand par malheur vous avez rasé l'endroit où sa progéniture repose. La piqûre de ce frelon, qu'il cherche à vous infliger auprès de l'œil, produit l'effet d'un coup violent, ou d'une puissante décharge électrique. C'est tout d'abord une insensibilité complète, suivie bientôt d'une douleur excessivement cuisante, à laquelle il est rare que vous puissiez échapper, tant l'ennemi est audacieux dans sa poursuite ; et cependant cet insecte, que les Béchuanas appellent *mourotouani*, est plus que timide lorsqu'il n'a pas de famille à défendre.

Nous trouvons la tsetsé entre Naméta et Sékosi. Un insecte carnivore, de vingt-cinq millimètres de longueur, ayant de grandes jambes, et l'aspect famélique, voltige de tous côtés, et s'abat sur la terre nue ; c'est, dans son espèce, un tigre altéré de sang ; il s'élance sur la tsetsé avec avidité, et rejette le corps dont il a humé tous les fluides.

On m'apprend que des Matébélés de Mosilikatsé ont apporté pour moi, sur la rive gauche du fleuve, près des chutes de Victoria, différents objets de la part de M. Moffat, et que, malgré tout ce qu'ils ont pu dire à cet égard, les Makololos n'ont pas voulu les écouter. Ils se sont imaginé que ces paquets étaient tout simplement un prétexte employé par leurs ennemis pour leur jeter un sort. « Nous vous connaissons bien, ont-ils répondu aux Matébélés qui les priaient de venir chercher les paquets dont ils s'étaient chargés. Comment M. Moffat enverrait-il ici quelque chose au docteur, quand il sait que depuis longtemps il est parti pour le Nord ? — Voici les paquets, avaient répliqué les Matébélés ; nous les déposons sous vos yeux ;

---

[1]. Procellaria turtur, Smith.

notre message est accompli, et si les objets du Naké viennent à se perdre, la faute en retombera sur votre tête. » Lorsque les Matébélés furent partis, les Makololos envisagèrent les choses sous un jour plus favorable ; après avoir consulté mainte et mainte fois les augures, ils vinrent chercher en tremblant les objets que leurs ennemis avaient laissés sur la rive, et les déposèrent avec soin dans une grande île située au milieu du fleuve ; ils construisirent une hutte pour y abriter ces paquets effrayants contre le soleil et la pluie, et je les y ai retrouvés un an plus tard absolument intacts. Les nouvelles qui m'arrivaient ainsi n'offraient plus d'intérêt, elles étaient trop anciennes; quant aux friandises, aux conserves que m'envoyait Mme Moffat, elles se trouvèrent excellentes. Mais quelle ne fut pas ma surprise en apprenant que mon ami, sir Roderik Murchison, avait, du fond de son cabinet, découvert avant moi, qui étais sur les lieux, la véritable forme du continent africain [1] ; en voyant que par l'étude attentive de la carte géologique de M. Bain, jointe à quelques renseignements que nous lui avions fournis, M. Oswell et moi, il ne s'était pas borné à exposer son hypothèse dans un discours prononcé en 1852 à la Société géographique, mais qu'il poussait l'assurance jusqu'à m'envoyer son opinion comme une chose certaine, où je devais trouver la solution d'un problème qui pouvait m'occuper ! Il était impossible de me faire la moindre illusion, la chose était écrite, et je l'avais sous les yeux. J'étais prévenu par celui qui affirma l'existence de l'or en Australie, bien avant que la première pépite y ait été découverte. Tranquillement installé dans son fauteuil, il avait sur moi trois ans de priorité, sur moi qui pendant ce temps-là me débattais contre la fièvre au milieu des jongles et des marais, caressant la douce illusion que je serais le premier à émettre cette idée que l'intérieur de l'Afrique est un plateau humide, dont l'élévation est moins grande que celle des montagnes dont ce continent est flanqué.

On nous envoie les chevaux que nous avons laissés à Linyanti en 1853, et nous arrivons dans cette ville, où je retrouve mon chariot, ainsi que tous les objets qui m'appartiennent, dans un état de parfaite conservation. Tous les habitants sont convoqués pour entendre le rapport que nous avons à leur faire, et pour assister à la réception des cadeaux que le gouverneur et les marchands de Loanda nous ont chargés d'offrir à Sékélétou. J'explique à celui-ci que les présents que je lui apporte ne m'appartiennent pas, que ce n'est pas

---

1. Voy. la note, page 472.

moi qui les lui donne ; mais qu'ils lui sont envoyés par les blancs en témoignage de l'amitié qu'ils ressentent pour lui et du désir qu'ils éprouvent de nouer des relations commerciales avec les Makololos. Je dis ensuite à mes compagnons de raconter ce qu'ils ont vu. Les choses les plus merveilleuses ne perdent rien à passer par leurs bouches. « Enfin, s'écrient-ils pour couronner leurs discours, nous avons été jusqu'au bout du monde et nous ne sommes revenus que lorsque la terre a manqué sous nos pieds. » — « Alors, répond un ancien plein de malice, vous avez vu Ma-Robert [1] ? » Ils sont obligés de confesser que Ma-Robert demeure un peu plus loin que le bout du monde, et qu'ils n'ont pas pu arriver jusqu'à elle.

Les présents furent accueillis avec des transports de joie, et le dimanche suivant, lorsque Sékélétou apparut à l'église en uniforme de colonel, on lui accorda plus d'attention qu'à mon prône. Ils sont du reste si bons, si touchants à mon égard, que je ferme un peu les yeux sur les distractions qu'ils se permettent à l'office.

Mes Zambésiens confirment en particulier ce qu'ils ont dit en public, et tous les jours des Makololos viennent m'offrir de m'accompagner à la côte orientale. « Nous voulons avoir aussi des choses merveilleuses à raconter, me disent-ils, et revenir couverts de gloire comme les braves qui sont allés avec vous. » Pendant ce temps-là, Sékélétou s'arrange avec un Arabe appelé Ben-Habib, qui doit conduire une nouvelle caravane à Loanda. « C'est, lui dit-il, pour qu'ils apprennent le commerce que je vous confie mes hommes ; c'est vous qui disposerez de tout l'ivoire ; ils ne vont là-bas que pour regarder et pour entendre. » Mes compagnons doivent se reposer en les attendant, et repartir pour Loanda quand Ben-Habib en sera revenu.

Depuis mon arrivée en Angleterre, j'ai su, par M. Gabriel, que cette caravane était arrivée jusqu'à Loanda ; l'ivoire avait été vendu par Ben-Habib à quelques marchands portugais de l'intérieur, qui l'avaient fait porter à la côte par les Makololos. Personne n'avait présenté ces derniers à M. Gabriel ; mais, ayant appris qu'ils étaient dans la ville, celui-ci alla les trouver, prononça les noms de Pitsané, de Mashaouana, qui le firent reconnaître, et tous les Makololos se groupèrent autour de lui. « Allez sans crainte, leur avait dit Sékélétou, nommez le docteur, et adressez-vous à son frère. » M. Gabriel avait eu pour eux les mêmes bontés qu'à l'égard

---

1. Mistress Lvinigstone.

de mes Zambésiens, et les Makololos, en partant, lui avaient témoigné la plus sincère affection.

On devait s'attendre à les voir tromper dans leur première entreprise commerciale ; mais je ne crois pas qu'on puise le faire une seconde fois. Néanmoins il est fâcheux qu'il n'y ait pas de règles établies pour fixer le prix des marchandises que les natifs apportent de l'intérieur. Un trafiquant présente une certaine quantité d'objets à l'indigène ; celui-ci demande davantage, on le lui donne ; l'indigène, ignorant la valeur des objets qu'il a reçus, et ne connaissant pas même celle de l'ivoire qu'il apporte, s'adresse à un autre marchand qui lui offre plus que le premier ; survient un troisième qui surenchérit encore ; les indigènes finissent par croire que plus ils demanderont, et plus on leur donnera ; leurs prétentions augmentent, le trafiquant s'irrite, le marché est rompu et se renoue le lendemain matin par une offre supérieure aux offres de la veille ; cela confirme les indigènes dans la pensée qu'on les exploite, et il en résulte des relations commerciales de la plus triste espèce. Il n'est pas rare de voir les naturels passer d'un marchand à un autre, faire le tour du village, et donner leur pratique au plus adroit qui les tente par quelques verres d'eau-de-vie. Si l'on ajoute à cela tous les malentendus qui proviennent de l'ignorance où les marchands sont du langage de l'individu avec lequel ils traitent, il sera facile de comprendre la nature des rapports qui existent entre les indigènes et les Européens.

Pendant notre absence, les Makololos ont fait deux razzias qui leur ont produit une énorme quantité de bestiaux : l'une de ces expéditions a été dirigée contre Léchulatébé, afin de le punir de l'insolence qu'il manifeste depuis qu'il a des armes à feu ; l'autre, qui n'a pas d'excuse, et que tous les Makololos influents ont condamnée, a eu lieu contre un chef dont la demeure, très-éloignée de Linyanti, est dans la direction du nord-est. Ben-Habid, en venant du Zanzibar, avait visité Sébola Makouaia, dont la capitale était gouvernée par une vieille femme du même nom, qui, l'ayant parfaitement reçu, lui avait donné assez d'ivoire d'une qualité magnifique pour lui permettre de se poser comme négociant. Les gens qui accompagnaient Ben-Habib ayant déchargé leurs fusils, peut-être pour faire honneur à Sébola, cette pauvre femme et tous ses sujets furent tellement effrayés qu'ils se seraient tous enfuis, en abandonnant leurs troupeaux, si l'Arabe ne s'était empressé de les rassurer. Ben-Habid en conclut qu'il serait très-facile de dépouiller ces gens timides de tout ce qu'ils possédaient, et en informa l'oncle de Sékélétou, en lui proposant de lui servir de guide, s'il voulait tenter l'entreprise ; l'oncle, à son tour, en dit quelques mots à son neveu, et celui-ci, qui ne connaît pas d'autre gloire que celle des armes et du pillage, se rendit aux conseils de son oncle. Mais il fut moins heureux qu'il ne s'y attendait ; Sébola Makouaia s'était enfuie à l'approche des Makololos, et, comme le pays est entrecoupé de marécages et de rivières, il devenait très-difficile de l'atteindre. L'ennemi, qui la poursuivait en pirogues, remonta plusieurs cours d'eau et traversa un petit lac nommé Shouia ; mais lorsqu'il fut entré dans la Loangoua, rivière qui l'entraînait du côté de l'est, où les tribus sont infiniment plus belliqueuses que la peuplade de Sébola, il jugea qu'il était plus sage de retourner à Linyanti. Au moment où les Makololos se disposaient à revenir sur leurs pas, Ben-Habib leur montra une chaîne de montagnes qui s'élevaient à l'horizon et leur dit : « Toutes les fois que vous apercevrez ces montagnes, vous n'aurez plus qu'à marcher pendant dix ou quinze jours pour arriver à la mer.

D'après les renseignements qu'il me donna plus tard, les Banyassas habiteraient cette chaîne de montagnes, mais beaucoup plus au nord, et les rivières qui en descendent se dirigeraient au sud-ouest ; il me confirma les renseignements que je tenais des autres Arabes, à l'égard de la Loapula qu'il avait traversée à Cazembé, et qui se dirige également vers le sud-ouest pour aller se jeter dans le Liambye.

Plusieurs Makololos influents, qui avaient pris part à cette expédition contre Sébola Makouaia, sont morts depuis notre arrivée : Nokouané a succombé à son étrange maladie ; un vomissement de sang, causé par la fatigue, a emporté Ramosantané, et Lérimo est affecté d'une lèpre qui est particulière à la vallée Barotsé. Je n'ai pas manqué de faire des reproches à mon enfant Sékélétou, ainsi que m'en avaient prié mes amis de Libonta ; mais je l'ai fait avec douceur, car la violence ne produit jamais d'heureux effets. « Grondez-le bien fort, m'avait dit son beau-père, mais faites en sorte que personne ne vous entende. »

La satisfaction que les Makololos éprouvent d'être mis en rapport avec la côte occidentale est si grande que, peu de temps après notre arrivée, un picho fut convoqué pour y examiner les avantages qu'il y aurait à se rapprocher des blancs en allant s'établir dans la vallée Barotsé. Quelques-uns des anciens s'opposèrent à ce projet ; c'était, suivant eux, abandonner la ligne de défense que le Zambèse et le Chobé leur fournissent contre les Matébélés. Un certain nombre de jeunes gens combattirent également la proposition, parce que, disaient-ils, l'air ne fraîchit pas dans la vallée, surtout parce que l'herbe épaisse y entrave la marche et que l'on ne peut pas y courir. En général, d'ailleurs, les Makololos ont une vive répugnance pour cette localité, en raison de la fièvre qui sévit tous les ans lorsque les eaux se retirent.

Quand tout le monde eut parlé, Sékélétou se leva, et s'adressant à moi : « Je suis très-convaincu, dit-il, de l'énorme avantage qu'il y a pour nous à trafiquer directement avec la contrée que vous nous avez ouverte ; et je crois que nous ferions bien d'aller nous établir au milieu des Barotsés, pour faire que le chemin soit plus court entre nous et Loanda ; mais avec qui vivrai-je dans ce pays-là ? Si vous veniez avec nous, je partirais demain sans rien craindre ; toutefois lorsque vous reviendrez du pays des blancs où vous allez chercher Ma-Robert, vous me trouverez à votre retour à la place que vous m'aurez choisie. »

Je ne croyais pas alors qu'il existât dans le pays aucun endroit salubre, et je ne songeais qu'à trouver un lieu central d'où l'on pût communiquer facilement avec les tribus de l'intérieur et avec Loanda, tels que seraient les environs de l'embouchure de la Liba.

La fièvre est à coup sûr un inconvénient très-réel de cette situation, avantageuse sous tous les autres rapports ; l'abondance des pluies, les inondations périodiques, la prodigieuse quantité ne matière en décomposition qui, après chaque débordement, reste exposée aux rayons d'un soleil tropical, l'épaisseur des forêts qui ne permet pas à l'air de circuler, tout cela contribue certainement à rendre le climat de cette vallée fort peu salubre ; mais la fièvre qui en résulta est à peu près la seule maladie qui soit connue dans cette région ; pas de phthisie, de scrofules, à peine quelques exemples d'aliénation mentale ; depuis trente ans on n'y a vu ni rougeole, ni petite vérole, bien que cette dernière maladie ait constamment sévi près de la côte ; je n'ai trouvé qu'un seul cas d'hydrocéphale, très-peu d'épilepsie, pas un seul de choléra ni de cancer ; et les naturels ignorent jusqu'à l'existence d'une foule de maladies qui sont communes en Europe. La fièvre, il est vrai, m'a cruellement traité ; mais je me trouvais placé dans des conditions exceptionnelles ; couchant des mois entiers sur la terre humide, recevant la pluie, traversant les ruisseaux, barbotant dans la boue, couvert d'habits trempés, ne vivant que de manioc et de farine, exposé aux rayons du soleil, quand à l'ombre la plus épaisse, le thermomètre s'élevait à 96° (35° centigrades 5/9) ; c'est une hygiène pitoyable à laquelle ne seraient point obligés de se soumettre les missionnaires qui s'établiraient ici. Je n'ai pas l'intention de faire valoir toutes les fatigues que j'ai pu subir et de les envisager comme autant de sacrifices ; je ne crois pas qu'on puisse appliquer cette expression à rien de ce que l'on fait pour Celui qui est venu mourir pour nous ; mais il m'a paru nécessaire de les mentionner pour que l'on ne s'exagère pas l'insalubrité de ce pays-ci en prenant pour exemple le mauvais état de ma santé.

Suivant moi, l'intérieur de l'Afrique présente au philanthrope une sphère d'action plus engageante que la côte occidentale, où des missionnaires, appartenant aux diverses Églises, ont poursuivi leurs travaux avec un zèle et un dévouement que rien n'a pu affaiblir. Dans l'ouest, les fièvres sont infiniment plus graves et plus meurtrières que dans la région du centre. Ici, depuis le 8e degré de latitude, elles sont, en général, intermittentes, et comme, pour guérir l'hypertrophie de la rate qu'elles produisent, il suffit de changer de climat, le remède est facile en franchissant le 20e parallèle. Toutefois, aucune des peuplades nombreuses qui habitent le centre de l'Afrique n'éprouve a soif de s'instruire en matière de religion ; elles n'ont pas cette curiosité ardente à l'égard des choses divines, que l'on remarque dans certains pays ; elles ne désirent pas connaître l'Évangile dont elles ignorent les bienfaits ; mais elles ne s'opposent point à sa prédication. Il n'est pas de chef qui ne se sente très-fier de la visite d'un Européen et qui ne soit enchanté de le voir s'établir dans son pays ; les missionnaires n'ont rien à craindre dans tout l'intérieur du continent, où la vie et la propriété leur sont parfaitement garanties. C'est l'insalubrité de la côte et le mauvais vouloir des tribus limitrophes qui se sont opposés, jusqu'à présent, à ce que l'on pénétrât dans l'intérieur de l'Afrique. Depuis la dernière époque géologique, la mer s'est complétement éloignée du centre ; pas un golfe profond, pas une déchirure de la côte n'a permis d'approcher du bassin intérieur, et à l'exception des peuplades qui habitent la lisière de cette immense presqu'île, toute la population africaine a été séparée du reste des humains. La différence des races entre pour beaucoup dans la situation respective des peuples ; mais il est probable que l'insalubrité de la côte a réagi sur les hordes qui l'avoisinent, et, en concourant à leur dégradation, a élevé une double barrière entre les habitants de l'intérieur et ceux des autres parties du monde. Espérons que les moyens de transport que l'on possède aujourd'hui auront bientôt renversé les obstacles qui ont maintenu cet isolement séculaire.

M'étant assuré qu'il était impossible de se rendre à Loanda en chariot, je me demandai vers quel point de la côte orientale je devais diriger mes pas. Les Arabes, pour venir de Zanzibar, avaient traversé un pays habité par des tribus paisibles, et m'assuraient que les chefs puissants que l'on rencontre par delà Cazembé, et qui sont à la tête des Batoutous, des Baroros et des Bagogos, ne m'empêcheraient nullement de franchir leur territoire. Ils me disaient que la population, très-divisée, y formait de petits villages comme ceux des Balondas, et qu'on n'éprouvait aucune difficulté à se rendre de l'un à l'autre. A dix jours de marche de Cazembé, leur sentier, disaient-ils, doublait l'extrémité du lac Tanganyenka; ils ajoutaient qu'un peu au nord-ouest du bord inférieur du lac, il était facile de se procurer des canots pour le franchir, et qu'ils allaient coucher dans une île, parce qu'il faut trois jours pour traverser le Tanganyenka d'un bord à l'autre; ce qui suppose une largeur de quarante ou cinquante milles. C'est avec le croc et non avec la rame qu'ils font cette traversée, preuve que les eaux du lac n'ont pas beaucoup de profondeur; leur chemin était coupé, disaient-ils, par des ruisseaux nombreux et par trois grandes rivières. Il me parut dès lors qu'il serait plus sûr et plus facile de voyager par eau; cette pensée une fois admise, la voie la plus favorable était celle du Zambèse; le pays est connu des Makololos jusqu'à l'embouchure du Kafoué, où ils demeurèrent autrefois; suivant eux, cette direction était bien préférable à celle de Zanzibar, et ne présentait d'obstacle sérieux qu'aux chutes de Mosioatounya. Les uns me conseillaient d'aller à Séshéké, de me diriger vers le nord-est pour m'embarquer sur le Kafoué, qui en est à six jours de marche, et de descendre cette rivière jusqu'au Zambèse; les autres me disaient de longer la rive droite du fleuve jusqu'en aval des chutes et de continuer ensuite mon voyage en canot. Tous étaient d'accord relativement aux difficultés que je rencontrerais sur la rive gauche du Zambèse, à cause de la nature rocheuse du terrain et des crevasses qu'il présente à chaque pas. D'ailleurs la présence de la tsetsé, qui est tellement abondante sur les deux rives qu'on ne peut y élever que des chèvres, m'imposait l'obligation de m'éloigner des bords du fleuve, dans toute la partie habitée par cette mouche.

Combien, en réfléchissant à ces divers sentiers, je regrettais M. Oswell! S'il avait été près de moi, l'un de nous deux aurait pris la voie du Zambèse et l'autre la route de Zanzibar. Décidément cette dernière était la plus facile, en raison de l'esprit pacifique et du bon vouloir des peuplades qu'elle traverse, tandis que les tribus qui bordent le Zambèse ont l'humeur plus guerrière, et qu'il en est parmi elles de complétement hostiles à nos Makololos. Mais comme le Zambèse pouvait offrir un moyen de grande communication qui rattacherait plus tard les provinces du centre à la côte orientale, je résolus de le suivre et de longer la rive gauche, parce que Tèté, qui est la station portugaise la plus avancée dans les terres, est, sur la carte de Bowdich, placée du côté nord du fleuve, ce qui est une erreur.

On approchait de la fin de septembre, et chaque jour on s'attendait à avoir de l'eau ; le ciel était couvert de nuages, le vent d'est soufflait avec violence, la chaleur était excessive, tous les Makololos me pressaient d'attendre que la pluie eût rafraîchi la terre ; et, comme il était probable que la fièvre me reprendrait si je partais immédiatement, je consentis à différer mon départ.

Entre le 17e et le 18e degré de latitude, la sécheresse se fait sentir et le pays est poudreux ; c'est au nord de cette région que la zone humide commence, et l'on y éprouve, dans la partie voisine du 17e parallèle, des alternatives de sécheresse et d'humidité. La chaleur y est très-grande ; nous sommes bientôt en octobre, et le thermomètre, qui est à l'ombre et protégé contre le vent, marque 100° au milieu du jour (près de 38° centigrades) ; en plein air, il s'élève à 110° (plus de 43° centigrades) ; quand la nuit approche, il descend à 89° (31° centigrades 6/9) ; à dix heures du soir il est à 80° (26° centigrades 6/9) et descend encore jusqu'au lever du soleil, où il tombe à 70° (20° centigrades) ; c'est en général le moment le plus frais des vingt-quatre heures. Dans le milieu de la journée les indigènes se claquemurent dans leurs cases, où pendant le jour la température est agréable, mais on y manque d'air et l'on y suffoque pendant la nuit. Ceux qui en ont le moyen restent immobiles et ne font pas autre chose que d'absorber de la boyaola, qui est une espèce de bière ; la transpiration abondante qui en résulte produit un certain bien-être par la fraîcheur que l'évaporation occasionne ; les serviteurs du chef, pendant ce temps-là, ne cessent pas de vociférer, de plaisanter, d'éclater de rire, de railler et de jurer ; le soir on danse au clair de lune jusqu'à minuit passé ; les femmes entourent les danseurs en frappant dans leurs mains, et les vieillards les contemplent avec admiration en répétant d'un air convaincu : « C'est vraiment très-beau ! »

Quant à moi, je cause la plupart du temps, ce qui est le meilleur moyen d'instruire ceux qui m'entourent ; ils écoutent maintenant le sermon du dimanche d'une oreille beaucoup plus attentive, et se tiennent mieux à l'office qu'ils ne le faisaient autrefois. Le récit fréquemment répété de la sollicitude miséricordieuse du

Père céleste, qui a donné son propre fils pour nous sauver, finira certainement, avec l'aide du Saint-Esprit, par faire germer l'amour de Dieu au fond de ces âmes païennes.

1er *octobre*. — Au moment de partir pour Loanda, Ben-Habib demande en mariage la fille de Sébitouané. Les Arabes ne manquent jamais de former de ces unions, qui leur donnent de l'influence dans la tribu ; il en est qui, par ce moyen, ont acquis assez d'empire sur l'esprit d'une peuplade pour amener tous ses membres à se faire mahométans ; mais je n'ai jamais entendu dire qu'ils eussent employé la violence pour arriver à ce but, malgré tout le zèle religieux dont ils paraissent animés. Cette fille de Sébitouané, qui est demandée par Ben-Habib, est âgée d'environ douze ans ; elle s'appelle Manchounyané, ce qui veut dire « un peu noire seulement, » et, en effet, la couleur de sa peau n'est pas plus brune que celle des Arabes ; de plus, elle a tous les traits de ces derniers. En ma qualité d'ami de cœur de son père, on me consulte à propos de son mariage avec Ben-Habib, et je m'oppose à ce qu'on l'emmène je ne sais où, avec je ne sais qui, dans un endroit où on ne la reverra plus ; mais Ben-Habib renouvellera sa demande, et je ne doute pas qu'il ne soit plus heureux à la première occasion.

Il est très-rare, dans ce pays-ci, que l'on demande leur consentement aux jeunes filles, quand il s'agit de les marier ; néanmoins, il y a quelque temps, une servante de Sékélétou, qui passe pour très-jolie aux yeux des Makololos, était recherchée par cinq prétendants qui se disputaient sa main. L'un d'eux vint faire sa demande à Sékélétou au moment où celui-ci était auprès de moi, à côté de mon wagon. Le chef ordonna froidement aux cinq amoureux de se mettre en ligne devant la jeune fille, afin qu'elle pût désigner l'objet de sa préférence. Parmi les rivaux, deux refusèrent de subir cette épreuve, qui auraient, très-volontiers, pris la belle sans s'inquiéter de savoir s'ils avaient su lui plaire ; les trois autres dandys, plus confiants en eux-mêmes, se placèrent crânement en face de la jeune fille, qui choisit, sans hésiter, le plus beau garçon des cinq. Rien de plus amusant à voir que le désappointement exprimé par les sombres visages des candidats malheureux, qui furent salués des éclats de rire de tous les spectateurs.

Depuis mon arrivée, Sékélétou n'a cessé de pourvoir à tous mes besoins avec une générosité parfaite ; il a mis à ma disposition tout le lait d'un certain nombre de vaches, et ne manque jamais, toutes les fois qu'il part pour la chasse, de faire tuer un bœuf dont toute la viande m'est destinée. Il le fait de si bonne grâce que l'on supposerait que c'est lui qui me doit de la reconnaissance. Je voulais partir le 20 octobre, il s'y est opposé : « Attendez qu'il ait plu, dit-il ; à la première averse, je vous permettrai de nous quitter. » Il a raison, le thermomètre, exposé au soleil, mais en plein air et sur une boîte de sapin, s'élève à 138° (59° centigrades), à l'ombre il se tient à 108° (un peu plus de 42° centigrades), et quand le soleil se couche il est encore à 96° (35° centigrades 5/9). Si je ne me suis pas trompé dans les expériences que j'ai faites, le sang d'un Européen serait d'une température plus élevée que celui d'un Africain ; la cuvette étant placée sous ma langue, le thermomètre demeure a 100°, il s'arrête à 98 sous la langue des indigènes. Il y a beaucoup de malades, ce qui n'est pas étonnant ; il reste encore au centre de la ville une grande mare qu'y a laissé l'inondation ; l'eau n'a pas entièrement disparu des plaines qui séparent Linyanti de Séshéké ; la crue, beaucoup plus considérable qu'à l'ordinaire, a permis pendant longtemps d'aller en pirogue de l'une à l'autre de ces deux villes, qui, en droite ligne, sont à une distance de cent quatre-vingt-treize kilomètres. Nous y avons rencontré, lors de notre passage, de nombreuses flaques d'eau qu'il nous a fallu traverser et qui exhalaient une forte odeur d'hydrogène sulfuré ; à d'autres époques de l'année, on trouve dans ces bas-fonds des efflorescences de nitrate de soude, ainsi qu'une grande quantité de chaux provenant sans doute de la décomposition des matières végétales ; j'ai souvent remarqué l'existence de ces émanations dans les lieux où abondaient les malades, et je suis persuadé qu'elles ne sont pas étrangères à la fièvre, bien que le docteur Mac William n'ait pu découvrir d'hydrogène sulfuré dans les lieux qu'il traversa, lors de l'expédition du Niger, malgré tous ses efforts, et la sensibilité des réactifs dont il a fait usage.

Je suis extrêmement occupé : non-seulement j'ai beaucoup de malades à voir, mais encore je reçois des visites perpétuelles ; Linyanti renferme sept mille habitants, et chacun pense qu'il peut venir auprès de moi, et tout au moins me regarder. En causant hier au soir avec quelques-uns des plus intelligents, ceux-ci m'adressèrent plusieurs questions au sujet des éclipses de lune et de soleil, et nous en vînmes à parler de ce monde extra-terrestre où est placé le royaume de Jésus-Christ ; cette circonstance m'a montré que mes efforts n'avaient pas été sans produire quelque effet. « Presque tous les enfants, me disaient-ils, parlent des choses étranges dont vous étonnez leurs oreilles ; mais les vieillards secouent la tête en disant: « Pouvons-nous rien savoir des objets dont il nous entretient ? »

« D'où cela peut-il venir ? ajoutèrent quelques-uns d'entre eux.

nous conservons toujours ce que l'on nous dit à propos des autres choses, et quand vous nous parlez de sujets bien plus merveilleux que tout ce que nous avons jamais entendu, vos paroles s'enfuient de nos cœurs sans que nous puissions les retenir? » La masse est beaucoup moins intelligente ; elle admet sans commentaires les vérités qu'on lui annonce et ajoute avec indifférence : « Est-ce que nous savons? Est-ce que nous pouvons comprendre? » Les services que je leur rends, en qualité de médecin, me donnent l'occasion de juger de leur état moral d'une manière beaucoup plus certaine que ne pourrait le faire un simple missionnaire ; ils ne cachent pas leurs défauts à leur précepteur spirituel, comme le font la plupart des hommes, et je n'en trouve pas moins fort difficile de porter sur eux un jugement définitif : je les ai vus accomplir les actions les plus méritoires, et se rendre parfois coupables des faits les plus odieux. m'a été impossible de pénétrer les motifs qui les poussent à faire bien et de me rendre compte de l'endurcissement ou plutôt de l'insouciance qu'ils apportent dans le mal. Après les avoir longtemps observés, j'en suis venu à penser qu'il y a dans leur nature un singulier mélange de bon et de mauvais qu'on retrouve chez tous les hommes. Cette bienfaisance inépuisable du riche envers le malheureux, cette charité à la fois profonde et simple que les pauvres des pays civilisés ont les uns pour les autres, n'existent pas chez eux. Ils font preuve d'une véritable bonté, et mettent de la grandeur et de la délicatesse dans leur manière de donner ; mais ils sont durs envers les pauvres, et ne leur témoignent de bienveillance que pour en retirer quelque service. Lorsqu'un malheureux est sans famille, personne ne s'inquiète de pourvoir à ses besoins, de lui apporter même de l'eau quand il est brûlé par la fièvre ; et, après sa mort, nul ne prend soin d'enterrer son cadavre, qui est abandonné aux hyènes et aux vautours. Il n'y a que les parents d'un trépassé qui condescendent à toucher sa dépouille ; et je pourrais citer de nombreux exemples de l'inhumanité de ces individus, parfois si généreux. Une jeune fille s'approcha un soir de ma tente, elle était nue et réduite à l'état de squelette ; captive chez les Makololos, celui qui l'avait prise ne la nourrissait pas ; j'offris à cet homme, dont en effet la récolte avait manqué, de me charger de cette jeune fille et de pourvoir à ses besoins. « Je veux bien vous permettre de l'engraisser, me répondit-il, mais je la reprendrai ensuite. » Bref, il ne voulut pas se dessaisir de sa prisonnière, qui disparut deux jours après ; la pauvre enfant était sortie de la ville, et trop faible pour y rentrer, on l'avait laissée mourir à l'endroit où elle s'était arrêtée. Je vis un autre jour un petit garçon décharné qui se traînait vers la rivière pour apaiser sa soif ; c'était un Makalaka, et personne ne pensait à le secourir. Il avait tant souffert de la faim, que le froid de la mort l'avait déjà saisi ; je le sauvai en lui faisant prendre un peu de lait quatre ou cinq fois par jour et, à mon départ, je le donnai à Sékélétou, dont les serviteurs sont parfaitement nourris. D'un autre côté, j'ai vu des hommes et des femmes recueillir des orphelins et les élever comme leurs propres enfants ; on pourrait, en choisissant telle ou telle circonstance de la vie des Makololos, les dépeindre comme excessivement bons ou comme extrêmement mauvais.

Il me restait encore du café que j'avais rapporté d'Angola, et un peu de sucre qui s'était conservé dans mon chariot. Tant que le sucre ne fut pas épuisé, Sékélétou honora mes repas de sa visite ; mais tout prend fin dans ce monde, et le sucre ne dura pas toujours, ce qui désola Sékélétou. La canne à sucre lui était parfaitement connue, puisque les Barotsés la cultivent ; mais il ne savait pas qu'on en retirait cette pierre, agréable et fondante qui faisait ses délices ; quand je lui eus expliqué la manière dont on fabrique le sucre, il me demanda si je ne pouvais pas lui acheter les appareils nécessaires pour cette fabrication ; il planterait alors de vastes champs de cannes, et se voyait déjà possesseur d'une quantité de pains de sucre. « Prenez tout l'ivoire qu'il vous plaira, me disait-il, afin que j'aie ce moulin. » J'étais trop heureux de pouvoir lui être agréable, et je lui promis de me charger avec plaisir de la commission qu'il me donnait. Cette réponse l'ayant encouragé, il me pria de lui rapporter, avec son moulin, un assortiment d'habits de toute espèce, de toute couleur, et surtout une jaquette de moire, puis des colliers de perles, du fil de laiton, un excellent fusil, en un mot toutes les belles choses que l'on trouve au pays des blancs. « J'ai peur, lui répondis-je, qu'il ne faille beaucoup d'ivoire pour satisfaire à votre demande. — Tout celui qui est ici vous appartient, répliquèrent ses conseillers d'une voix unanime ; ce sera de votre faute si vous nous en laissez. » Sékélétou désirait aussi avoir des chevaux ; les deux que je lui avais laissés pendant mon absence, et qui vivaient toujours, lui avaient été fort utiles pour chasser la girafe et l'élan, et son ambition était d'introduire la race chevaline dans son pays. Je pensai que l'on pourrait obtenir des Portugais un étalon et quelques juments. Tous les Makololos étaient enchantés des ânes que nous avions ramenés et qui sont vraiment une excellente acquisition pour les districts de l'intérieur, puisqu'ils n'ont pas à craindre la piqûre de la tsetsé. Nos baudets, fringants comme des chevreaux, étaient venus de Loanda, sans la moindre fatigue, jusqu'au moment où il fallut descendre le Lyambie ; arrivés là, nous fûmes entravés par les branches, qui forment au bord du fleuve un lacis tellement serré, que les pauvres ânes, que l'on traînait au milieu des roseaux, des plantes aquatiques de toute espèce, à demi noyés et n'en pouvant plus, seraient morts de fatigue, si je ne les avais pas laissés à Naliélé. Ils avaient, pendant la route, fait l'admiration de mes Zambésiens par le discernement qu'ils avaient montré à l'égard de certaines plantes qui n'existent pas dans leur pays et que, par conséquent, ils n'avaient jamais vues; mais lorsque dans un village ils se mettaient à braire, tous les habitants s'enfuyaient plus terrifiés qu'en entendant la voix du lion.

Il ne faut pas croire que les Makololos témoignent au premier venu la confiance qu'ils m'avaient accordée ; je devais leur affection et leur respect au rapport que les Bakouains leur avaient fait sur mon compte, et surtout à la conduite que j'avais menée depuis qu'ils me connaissaient. Aucun individu n'aura jamais sur eux la plus légère influence, s'il n'a des mœurs irréprochables et un caractère loyal ; tous les actes d'un étranger sont profondément scrutés par eux, et chacun apporte à cet examen une pénétration qui est rarement en défaut, un jugement presque toujours équitable. J'ai vu des femmes parler avec admiration d'un blanc parce qu'il se respectait, disaient-elles, et ne faisait jamais rien d'impur. Toute immoralité est condamnée sévèrement par ces idolâtres, qui flétrissent de leur mépris l'être corrompu et dégradé. Il n'est pas de vice secret dont toute la peuplade ne soit instruite avant peu, et tandis que le coupable, ignorant la langue du pays, s'imagine que sa faute est cachée, elle est aussi patente pour tous qu'elle serait parmi nous s'il en portait l'aveu placardé sur le dos.

27 octobre. — La première pluie continue de la saison a commencé pendant la nuit; le vent soufflait du nord-est, comme il arrive toujours à Kolobeng en pareille circonstance. Je puis donc enfin partir. La mère de Sékélétou me prépare un sac d'arachides qu'elle fait frire dans de la crème avec un peu de sel et qui me serviront pendant le voyage ; c'est un mets qui, dans le pays, est jugé digne de paraître sur la table du chef; d'autres femmes écrasent du maïs pour m'approvisionner de farine, et Sékélétou désigne Sékouébou et Kanyata pour diriger mon escorte. Sékouébou a été fait prisonnier dans son enfance par des Matébélés qui avaient émigré dans le voisinage de Tèté; il a suivi plusieurs fois les deux rives du Zambèse, et connaît parfaitement les dialectes des peuplades qui habitent les bords du fleuve. C'est un homme plein de sagesse et de jugement, dont la perte m'a laissé plus tard des regrets ineffaçables. Il me conseille de nous éloigner du Liambye à cause de la tsetsé, de la nature rocailleuse du terrain, et parce qu'ensuite, au delà des chutes, le fleuve tourne vers le nord-nord-est.

Mamiré, qui a épousé la mère de Sékélétou, vient nous faire ses adieux. « Vous allez, me dit-il, chez des tribus à qui nous ne voudrions pas nous confier, parce que nous avons eu de grands torts à leur égard ; mais vous leur portez des nouvelles que personne n'a jamais entendues, et Jésus vous protégera au milieu de nos ennemis. S'il vous conduit sûrement et que, vous ramenant ici avec Ma-Robert, il me permette de vous revoir, je dirai qu'il a répandu sur moi la plus grande de ses faveurs... Puissiez-vous trouver un sentier qui vous conduise chez les tribus étrangères, et qui amène chez nous les blancs et les peuples des autres pays ! » Je lui dis mes craintes de voir les Makololos continuer leurs maraudages, qui les empêchent d'être en bonnes relations avec les tribus voisines, et je lui reproche d'avoir trempé dans la dernière expédition, qu'il aurait dû prévenir. Il abonde dans mon sens un peu plus vite que je ne l'aurais voulu, mais il paraît néanmoins comprendre tout ce qu'il y a d'injuste dans ces razzias brutales. Motibé, au contraire, emploie tous les subterfuges qu'il peut trouver pour justifier le pillage ; il ne veut pas admettre que les Makololos aient eu le moindre tort dans les guerres qu'ils ont faites ; c'est aux Boërs, aux Matébélés, qu'il faut adresser des reproches, à toutes les tribus, mais non pas à la sienne. Lorsqu'il était enfant, une bande de Boërs avait attaqué sa famille ; il s'était réfugié dans le trou d'un fourmilier, d'où on l'avait fait sortir pour le battre avec une lanière de peau d'hippopotame ; ce souvenir est toujours présent à sa mémoire, et toutes les fois que je lui recommande d'user de son influence pour conserver la paix : « Dites aux Boërs, me répond-il, de déposer d'abord les armes. » Toutefois il paraît sentir la différence qu'il y a entre les véritables chrétiens et ceux qui n'en portent que le nom ; et nous nous sommes toujours séparés en fort bons termes.

CHAPITRE XXVI

Départ de Linyanti. — Orage. — L'auteur est équipé une seconde fois par les Makololos. — Descente du Liambye. — Kotla de Sékoté. — Son tombeau. — Chutes de Mosioatounya. — Fissure gigantesque. — Autels des Barimos. — Le pilon des dieux. — Seconde visite aux chutes. — Jardin au milieu d'une île. — Devins indigènes. — Razzia makololo. — Amende imposée aux maraudeurs. — Mambaris. — Désir des Makololos de réprimer la traite des nègres. — Séparation du docteur et de Sékélétou. — Voyage nocturne. — Le Lékoné. — Anciens lacs d'eau douce. — Formation du lac Ngami. — Traditions indigènes. — Écoulement des eaux de la grande vallée. — Rapport des indigènes sur la région du nord. — Cartes. — Village de Moyara. Coutumes sauvages des Batokas. — Échelles commerciales. — Préservatif contre la tsetsé. — Le puits de la joie. — Premières traces de commerce avec les Européens. — Dégradation des Batokas. — Traversée de l'Ungouési. — Formation géologique. — Ruines d'une ville considérable. — Productions du sol. — Fruits abondants.

3 novembre. — Nous quittons Linyanti, accompagnés de Sékélétou et suivis d'environ deux cents personnes. Tous les hommes les plus influents de la tribu font partie de notre escorte ; nous sommes nourris aux frais du chef qui, pour cela, prend des bœufs à chaque endroit où nous arrivons. Notre caravane traverse pendant la nuit le territoire infesté par la tsetsé ; la plus grande partie de nos compagnons a pris les devants afin de nous préparer notre bivouac. Nous attendons avec quarante jeunes gens, Sékélétou et moi, que la nuit soit arrivée pour franchir l'espace redoutable ; vers dix heures, l'obscurité devient si profonde que les chevaux et les hommes se trouvent complétement aveuglés ; d'immenses éclairs se déploient sur le ciel noir, où ils forment huit ou dix branches pareilles à celles d'un arbre ; à la lueur des nappes de feu qui embrasent l'horizon, j'aperçois tout le pays qui nous environne ; les flammes s'évanouissent et les ténèbres sont plus profondes que jamais ; les chevaux tremblent et hennissent d'effroi ; ils se cherchent réciproquement, et chaque nouvel éclair montre les hommes dispersés dans toutes les directions, ou tombant les uns sur les autres en poussant de joyeux éclats de rire.

Le tonnerre a de ces roulements effroyables qu'il ne fait entendre que dans la zone torride, et qui, d'après le témoignage de certains voyageurs, sont plus forts dans la région africaine que dans toute autre partie du monde ; la pluie arrive et nous flagelle avec une violence qui met le comble au désordre de la caravane. Après la vive chaleur que nous avons éprouvée pendant le jour, nous ne tardons pas à ressentir un froid qui nous glace, et nous nous dirigeons vers un feu qu'on aperçoit au loin. Ce sont des gens qui passent, allant comme nous d'une ville à l'autre, mais dans le sens opposé ; il est rare que l'on ne rencontre pas sur cette route des individus qui aillent de Séshéké à Linyanti, et réciproquement. Tout mon équipage est à la station prochaine, et je me suis couché sur la terre nue et froide, comptant passer une misérable nuit ; mais Sékélétou s'approche, il étend sur moi son propre manteau et n'a plus rien pour se couvrir lui-même. Je suis profondément ému de cet acte de généreuse bonté. Il serait bien dommage que la civilisation dût anéantir de pareils hommes, ainsi qu'on a vu disparaître certaines races d'animaux à l'approche d'espèces nouvelles, destinées à les remplacer. Que Dieu permette au moins, si pareille époque doit venir, qu'ils aient reçu l'Évangile, afin que leur âme soit consolée à leurs derniers moments.

Lorsque nous sommes à Séshéké, Sékélétou me fait présent de douze bœufs, dont trois sont habitués à être montés. Il y ajoute une énorme provision d'excellent beurre, de très-bon miel, un certain nombre de houes et des grains de verre, pour que je puisse acheter un canot lorsque nous aurons passé les chutes. Du reste, sans sa générosité mon voyage devenait impossible ; j'ai dépensé tout ce que j'avais pour me rendre à la côte. A Loanda j'ai touché soixante-dix livres (1,750 francs) qui m'étaient dues pour mon traitement ; j'ai payé les gages de mes hommes, et tout le reste était épuisé lorsque je suis arrivé à Linyanti. Ce sont donc les Makololos, et diverses tribus africaines, qui m'ont donné le moyen de faire une partie de la route de Linyanti à Loanda et qui me fournissent complétement celui d'aller à la côte orientale ; je leur en garderai toujours une vive reconnaissance.

13 *novembre*. — Moriantsané, l'oncle de Sékélétou et celui qui gouverne Séshéké, nous rejoint ici. Quelques-uns de mes gens s'embarquent et descendent le Zambèse ; les autres conduisent les bœufs sur la rive, et nous passons la nuit dans l'île Mparia, qui est située à l'embouchure du Chobé ; cette île est formée de trapp, revêtu

d'une pellicule de cuivre vert et contenant des cristaux de quartz.

14 novembre. — Nous sommes retenus quelques heures par le vent d'est, qui soulève des vagues assez fortes pour submerger nos esquifs. Le Zambèse est très-large et très-profond en cet endroit, et renferme deux îles considérables qui, vues des bords du fleuve, paraissent toucher à l'autre rive. C'est dans ces îles qu'avant d'être vaincus par Sébitouané, les Batokas abandonnaient les malheureux qu'ils s'étaient engagés à passer et qu'ils laissaient mourir de faim après les avoir dépouillés de leurs bestiaux. Les Barotsés croient qu'il existe dans ces parages un monstre caché au fond du Zambèse, et qui, s'attachant aux canots, les empêche d'avancer en dépit des rameurs ; à Naméta, dont les environs passent pour être fréquentés par le monstre, mes canotiers, malgré tout ce que je puis leur dire, quittent le fleuve et suivent une de ses branches, afin d'éviter le péril qui les menace. On est convaincu dans le pays que certaines prières ont le pouvoir de charmer cette hydre effroyable. Il est assez étrange de retrouver au cœur de l'Afrique les mêmes fables que chez les peuples des contrées polaires ; seraient-elles les derniers souvenirs qu'a laissés l'existence de monstres disparus? Les os fossiles que renferme le tuf calcaire de cette région révèleront probablement l'ancienne faune du pays.

Après avoir fait environ dix milles, nous arrivons à l'île de Nampéné, située à l'origine des rapides, qui nous obligent à sortir du fleuve et à marcher sur ses bords. Le lendemain soir, nous campons en face de l'île de Chondo ; le jour suivant, nous traversons le Lé koné, appelé aussi Lékouiné, et nous arrivons de bonne heure à l'île de Kalaï. Cette île appartenait autrefois à Sékoté, le dernier des chefs batokas qui furent détrônés par Sébitouané ; elle est entourée de hautes falaises et protégée par les eaux du fleuve qui, resserrées entre les deux rives, se précipitent avec force dans ce chenal étroit et profond. Confiant dans cette position qu'il croyait inexpugnable, Sékoté eut l'audace de faire traverser le fleuve aux Matébélés, ennemis des Makololos. Sébitouané, avec cette promptitude qu'il mettait dans toutes ses entreprises, descendit le Zambèse ; côtoyant la rive pendant le jour, naviguant toute la nuit au milieu du courant, afin d'éviter les hippopotames, il s'empara de Kalaï, dont le chef s'était sauvé, tua une partie des Batokas, emmena l'autre captive, et depuis cette époque l'île de Sékoté resta soumise à la domination des Makololos. Elle est assez grande pour avoir renfermé une ville considérable ; on y voit au nord la kotla du chef, qui est ornée d'un certain nombre de perches surmontées de crânes humains, et d'un monceau de têtes d'hippopotames garnies de leurs défenses, dont l'ivoire n'a souffert que des injures du temps. A peu de distance de cet ossuaire, et placé à l'ombre de quelques arbres, on trouve le tombeau de l'ancien chef; il est entouré de soixante-dix énormes défenses d'éléphant plantées dans le sol, et dont les pointes sont tournées vers l'intérieur du cercle ; la tombe elle-même est couverte d'une pile de trente dents pareilles qu'y a déposées la famille du défunt ; le soleil et la pluie ont profondément altéré celles qui en ont subi l'influence, mais les autres sont assez bien conservées. J'avais envie de m'emparer de quelques-unes des défenses d'hippopotames que je voyais là et qui sont les plus grosses que j'aie jamais rencontrées; mais j'ai eu peur que cela ne fût considéré comme un sacrilége et que, plus tard, s'il nous arrivait quelque malheur, mon escorte ne l'attribuât à cette violation d'un tombeau. Sékoté passait, parmi ses sujets, pour avoir enterré dans ce lieu funéraire une préparation magique d'où résultait une épidémie, chaque fois qu'il plaisait au chef d'ouvrir le vase où elle était renfermée.

Comme c'est ici que nous devons nous éloigner du fleuve pour aller au nord-est, j'irai visiter demain les chutes que les indigènes appellent Mosioatounya, et qu'ils nommaient autrefois Shongoué. J'en ai souvent entendu parler depuis que je suis chez les Makololos ; et l'une des premières questions que m'a faites Sébitouané est celle-ci : « Avez-vous dans votre pays de la fumée qui fait le bruit du tonnerre ? » Jamais les naturels ne se sont approchés de la cascade ; ils ne l'ont vue qu'à distance, et, frappés de la colonne de vapeur qui s'en élève et du bruit qu'elle répand, ils se sont écriés : « Mosi oa tounya (la fumée tonne là-bas). » Quant au nom de Shongoué, qu'ils donnaient autrefois à cette cascade, je n'ai pas pu en découvrir l'étymologie d'une manière certaine. Le mot qu'ils emploient pour désigner une marmite ressemble beaucoup à celui de Shongoué ; peut-être ont-ils voulu dépeindre l'aspect vaporeux de la cataracte en l'appelant *Chaudière fumante;* mais je n'oserais pas l'affirmer. Persuadé que M. Oswell et moi nous sommes les premiers Européens qui ayons visité les rives du Zambèse au centre de l'Afrique, certain dès lors que cette cascade est inconnue parmi nous, j'ai usé du droit de la baptiser à mon tour et je l'ai appelée : *Chutes de Victoria.* C'est la seule fois que j'aie pris la liberté d'appliquer un nom anglais aux lieux ou aux choses que j'ai trouvés sur ma route. La preuve que le cours du Zambèse est complètement inconnu en Europe, c'est qu'un géographe consommé, qui a étudié tout ce qui s'est écrit sur cette matière depuis Ptolémée jusqu'à nos jours, vient d'affirmer, dans l'une des séances de l'Athénée, que « le Liambye n'a aucun rapport avec le Zambèse, qui prend sa source dans les montagnes du centre et va se perdre au milieu des sables du désert Kalahari » ; c'est absolument comme si un indigène de Tombouctou déclarait, sans avoir vu ni l'un ni l'autre, que la Tamise et le Pool sont deux rivières différentes. Liambye et Zambèse, qui veulent dire : *le Fleuve*, ont exactement la même signification dans la langue des naturels.

Après avoir navigués pendant vingt minutes, depuis Kalaï, nous apercevons les colonnes de vapeur, très-justement appelées fumée, et qui, à la distance où nous sommes, environ cinq ou six milles, feraient croire à l'un de ces incendies d'une vaste étendue de pâturages, que l'on voit souvent en Afrique. Ces colonnes sont au nombre de cinq et cèdent au souffle du vent ; elles paraissent adossées à un banc peu élevé dont le sommet est boisé. De l'endroit où nous nous trouvons, le faîte de ces colonnes va se perdre au milieu des nuages ; elles sont blanches à la base et s'assombrissent dans le haut, ce qui augmente leur ressemblance avec la fumée qui s'élève du sol. Tout le paysage est d'une beauté indicible ; de grands arbres, aux couleurs et aux formes variées, garnissent les bords du fleuve et les îles dont il est parsemé ; chacun a sa physionomie particulière, et plusieurs d'entre eux sont couverts de fleurs ; le massif baobab, dont chaque branche formerait le tronc d'un arbre énorme, se déploie à côté d'un groupe de palmiers dessinant leurs feuilles légères sur le ciel, où elles tracent des hiéroglyphes qui signifient toujours « loin de ta patrie », car ce sont elles qui impriment au paysage son caractère exotique. Le mohonono argenté, qui, dans cette région, est pareil, pour la forme, au cèdre du Liban, fait un heureux contraste avec le sombre motsouri, taillé sur le patron du cyprès, et dont la teinte brune est rehaussée par des fruits écarlates. Quelques-uns de ces arbres ressemblent à nos grands chênes ; il en est d'autres qui rappellent nos ormes séculaires et nos vieux châtaigniers : néanmoins personne ne peut se figurer la beauté de ce tableau d'après ce qui existe en Angleterre. Jamais les regards des Européens ne l'ont contemplé ; mais les anges doivent s'arrêter dans leur vol pour l'admirer d'un œil ravi. Des collines de cent à cent trente mètres de hauteur, couvertes d'arbres qui laissent apercevoir entre eux la nuance rutilante du sol, bornent la vue de trois côtés. Il ne manque au paysage que des cimes neigeuses se confondant avec l'horizon.

A huit cents pas environ de la cascade, je change de canot pour en prendre un beaucoup plus léger, dont les rameurs habiles me font passer au milieu des tourbillons et des écueils, et me conduisent à une île située au bord de la rampe où les eaux viennent tomber. La rivière est basse et nous permet d'atteindre un lieu qu'il est impossible d'approcher lorsque les eaux sont grandes ; mais, bien que nous ne soyons plus séparés de l'abîme que par une très-faible distance, personne, je le suppose, ne pourrait voir l'endroit où cette masse d'eau va s'engouffrer. La lèvre opposée de la fissure où elle disparaît n'est pourtant qu'à cinq mètres de nous tout au plus. Je gravis avec émotion la rampe du précipice, je regarde au fond d'une déchirure qui traverse le Zambèse d'une rive à l'autre, et je vois un fleuve de mille mètres de large, tombant tout à coup à plus de trente mètres de profondeur, où il se trouve comprimé dans un espace de quinze à vingt mètres de large. L'abîme est tout simplement une rupture de la chaussée de basalte, crevasse profonde qui, après avoir croisé le lit du fleuve, se prolonge au nord du Zambèse à travers une chaîne de montagnes, sur un espace de trente à quarante milles. Figurez-vous, immédiatement au delà du tunnel, des collines boisées s'étendant jusqu'à Gravesend ; supposez une couche de basalte à la place du terrain fangeux de la ville de Londres ; imaginez une fissure d'un bout à l'autre du tunnel ; donnez à cette crevasse une longueur de quarante milles, à son ouverture un écartement de vingt-cinq à trente mètres à peine ; représentez-vous la Tamise se précipitant tout entière au fond du gouffre, où elle se détourne et bondit en rugissant à travers les collines qui se déploient à sa gauche, et vous aurez une idée approximative du spectacle le plus saisissant que j'aie contemplé en Afrique. Si l'on regarde au fond de l'abîme du côté de la rive droite, on ne distingue rien qu'un nuage épais dont la masse blanche, à l'instant où je la regarde, est entourée de brillants arcs-en-ciel [1] ; de ce nuage s'élève un jet de vapeur de cent mètres de haut ; à cette élévation la vapeur se condense, devient fuligineuse et retombe en une pluie fine qui a bientôt fait de transpercer mes habits ; elle est surtout sensible de l'autre côté de la fissure ; à quelques mètres de l'abîme se dresse un rideau d'arbres verts dont les feuilles sont mouillées perpétuellement ; une quantité de petits ruisseaux partent de leurs racines et vont se jeter dans le gouffre béant ; mais la colonne de vapeur, qu'ils rencontrent dans leur chute, les fait remonter avec

---

1. Le soleil est sur le méridien, et la déclinaison est presque égale au degré de latitude auquel est située la cataracte.

elle, et jamais ils n'atteignent le fond de l'abîme, où ils se répandent sans cesse.

A gauche de l'île, on peut suivre des yeux la masse écumante du fleuve se dirigeant vers les collines, et mesurer du regard la hauteur de la falaise d'où il se précipite. Les deux murailles de cette crevasse gigantesque sont perpendiculaires et formées d'une masse homogène ; l'eau, en coulant sur la roche, en a usé le bord à un mètre d'épaisseur et l'a dentelé comme une scie ; l'arête opposée est demeurée vive, excepté du côté gauche, où l'on aperçoit une fente, et d'où un quartier de roche paraît vouloir se détacher ; mais la crevasse elle-même se trouve encore dans l'état où elle a dû être à l'époque où elle s'est formée. La roche est d'un brun sombre, jusqu'à trois mètres au-dessus du fleuve, endroit où elle est décolorée par les eaux qui s'élèvent chaque année à cette hauteur à l'époque des inondations. De l'endroit où je suis placé, on voit parfaitement la masse d'eau quitter son lit, tomber au fond du gouffre, en nappe aussi blanche que la neige, se briser en morceaux, si je puis parler ainsi, et lancer des jets d'écume de chacun de ses éclats, absolument comme les tiges d'acier que l'on brûle dans l'oxygène produisent des gerbes d'étincelles : on dirait une myriade de comètes neigeuses, précipitant dans l'abîme leur chevelure rayonnante. Je n'ai jamais vu qu'on ait signalé nulle part cet aspect singulier.

Les colonnes vaporeuses qui jaillissent de cet abîme sont évidemment le résultat de la compression de l'eau, dont la pesanteur, augmentée par la violence de la chute, se joint à la résistance qu'éprouve cette masse énorme. Des cinq colonnes, trois sont plus fortes que les deux autres ; le courant qui produit celles qui surgissent près de la rive gauche est, à l'endroit où il se trouve resserré entre le bord de l'île et celui du fleuve, plus considérable que la Clyde à Stonebyres, quand elle est débordée. Le Zambèse, dont à cette époque les eaux sont basses, a plus de six cents mètres de large à l'endroit où nous sommes, et plus d'un mètre de profondeur au bord du précipice. Je donne ces chiffres comme étant le résultat d'une approximation plutôt que d'un calcul rigoureux, et j'espère que d'autres voyageurs fourniront à cet égard des renseignements plus précis. Le fleuve, au-dessus des chutes, me paraît avoir une largeur de mille mètres ; mais il est fort possible que je me trompe : car, ayant estimé à Loanda qu'il y avait quatre cents mètres d'un point à un autre de la baie, il s'en trouva neuf cents. J'ai essayé de mesurer la largeur du Liambye avec un fil très-fort, qui était la seule ligne que j'eusse à ma disposition ; mais, à deux ou trois cents mètres du rivage, mes hommes se sont mis à causer, et n'ont pas vu, malgré mes avertissements, que le fil s'emmêlait ; ils ont continué de ramer, la ligne s'est rompue et le courant l'a entraînée. J'ai essayé vainement de me rappeler la manière dont on mesure un fleuve au moyen du sextant ; la seule chose qui me soit revenue à la mémoire, c'est que le procédé est fort simple et que je l'ai su autrefois ; j'en suis d'autant plus contrarié. Je me sers néanmoins d'un autre système pour mesurer le fleuve un peu plus bas, et je lui trouve près de mille mètres de large ; c'est également la largeur que les Portugais lui ont reconnue à Tètè, où je le crois moins étendu qu'en amont des chutes. Il est possible que je me trompe, mais ce serait alors en restant au-dessous de la vérité. Quant à la gravure qui accompagne ce volume, elle a été faite d'après une esquisse rapidement croquée sur les lieux, et complétée par le graveur au moyen des explications que je lui ai données. Pour voir l'abîme autant qu'il l'a montré, il faut s'avancer jusqu'au bord du précipice ; les trois colonnes du milieu devraient être moins fortes que les autres, et il aurait fallu donner à toutes les cinq une forme plus conique.

Les Makololos prétendent que, du côté de l'est, la crevasse est beaucoup plus profonde ; il y a là, dit-on, un endroit où la falaise est inclinée au lieu d'être perpendiculaire, et où la pente est si douce que l'on peut y descendre en s'asseyant sur le roc. Il arriva une fois que de malheureux Batokas, poursuivis par les Makololos, ne s'arrêtèrent pas à temps, et furent précipités dans l'abîme, où ils disparurent littéralement broyés. Le fleuve, disent mes rameurs, apparaît là-bas comme une ligne blanche, et si loin, si loin de vos yeux (probablement à cent mètres de profondeur), qu'on se sent défaillir en le regardant, et que l'on s'éloigne bien vite en rampant sur la terre.

Bien que le bord de la crevasse ne présente d'altération visible que sur une épaisseur d'un mètre du côté où l'eau se précipite, et que la base de la muraille opposée m'ait paru intacte, il est probable cependant qu'elle n'a pas résisté à l'action incessante des flots qui la minent, et que la partie inférieure du gouffre est plus large qu'à l'endroit où la surface du fleuve apparaît comme une ligne blanche ; il est possible même qu'il existe des fissures par lesquelles une portion de l'eau du Zambèse filtre au-dessous du rocher.

Si nous en jugeons par le peu d'altération qu'a subie la crête de la roche basaltique, l'époque de la rupture de cette roche ne serait pas très-ancienne, géologiquement parlant. Je regrette de ne pas pouvoir mesurer d'une manière positive sa largeur à l'endroit de la cataracte, afin que plus tard on puisse savoir si elle est demeurée stationnaire, ou de combien elle a varié. Son ouverture ne semble pas aujourd'hui excéder la longueur d'un palmier ; si elle s'élargissait graduellement, ce serait la preuve d'un drainage plus actif des plaines de cette région, que l'on pourrait alors espérer de voir devenir plus salubre. Toujours est-il que l'Afrique a subi, à l'égard de ses lacs, des changements considérables, depuis une époque relativement peu éloignée.

Trois chefs Batokas avaient choisi, pour offrir des prières et des sacrifices aux Barimos, l'île où je me trouve actuellement, et deux autres endroits dans le voisinage de la cascade. Ils se plaçaient pour prier en face du nuage qui s'élève du gouffre, et unissaient leurs invocations au rugissement de la cataracte. Ils devaient, en face de ce tableau saisissant, éprouver une émotion profonde, et c'est peut-être l'effroi religieux qu'ils ressentaient à la vue de ce spectacle sublime, qui leur avait fait choisir cet endroit pour y élever leurs autels. Le fleuve a lui-même pour les habitants de cette contrée quelque chose de mystérieux.

« Nul ne sait d'où il vient, nul ne sait où il va », dit la chanson des rameurs en parlant du Zambèse.

Le double iris qu'ils remarquaient sur la nuée vaporeuse, et qu'ils n'avaient jusqu'alors observé que dans le ciel, pouvait leur faire croire que c'était l'un des tabernacles où la Divinité se renferme. A Gonyé, ceux de mes Zambésiens qui se trouvaient avec moi éprouvèrent une respectueuse frayeur à la vue de l'arc-en-ciel qui brillait sur la cascade. Lorsqu'ils le voient dans les nuages, ils le nomment *Motsé oa Barimo* (le pilon des dieux) ; et ces trois chefs qui le retrouvaient ici près de la terre, immobile au-dessus de la cataracte mugissante, voyaient peut-être en lui le symbole de l'Être suprême, trônant dans son immuabilité au-dessus des choses périssables qu'il renouvelle sans cesse. Toutefois la pensée de Dieu n'éveillait dans leur âme qu'un sentiment de terreur, elle ne modifiait en rien leur nature sanguinaire ; et Sébitouané accomplit une belle action en chassant de leur retraite ces cruels seigneurs des îles.

De retour à Kalaï, après avoir longtemps réjoui mes yeux de la vue sublime de Mosioatounya, j'éveillai tellement la curiosité de Sékélétou, qu'il se décida le lendemain à venir lui-même voir ce merveilleux spectacle. Je l'accompagnai afin de déterminer la position de la cataracte, en prenant le degré de latitude de l'île qui se trouve à quelques pas du gouffre ; mais les nuages s'y opposèrent et je ne peux donner que la position de Kalaï, qui est situé par 17° 51′ 54″ latitude sud, 25° 41′ longitude est. Sékélétou, en approchant de l'île où j'avais été la veille, manifesta la crainte de se voir entraîné dans le précipice ; toutefois, nous arrivâmes sans accident, et je me disposai à prendre mes observations astronomiques ; pendant ce temps-là mes compagnons s'amusaient à jeter des pierres dans l'abîme et s'étonnaient énormément de les voir diminuer de grosseur, et même disparaître à leurs yeux, avant qu'elles fussent arrivées au fond du gouffre.

Un autre but que le désir de relever la situation de la cataracte me ramenait dans cette île : j'avais remarqué la veille qu'elle était couverte d'arbres étrangers, dont le fleuve avait probablement apporté la semence, car je ne les avais rencontrés nulle part ; en outre, grâce à l'humidité constante qu'y entretenait le voisinage de la cascade, le sol y était couvert d'une herbe aussi verte que celle de nos pelouses. Je conçus le projet d'y établir un jardin : je choisis pour cela un endroit assez éloigné de la cataracte, afin de préserver ma pépinière de l'excès d'humidité qui, dans la partie la plus voisine de la chute, produit en abondance des cryptogames charnus de la forme d'un champignon. Une fois l'emplacement déterminé, j'y plantai une centaine de noyaux de pêches et d'abricots, et une quantité de grains de café. J'avais déjà tenté d'introduire chez les Makololos divers arbres fruitiers, mais on avait oublié de les cultiver, et le jeune plant était mort faute de soins. J'ai payé un Makololo pour qu'il entourât d'une haie mon jardin de la cascade ; et, s'il remplit ses engagements, je suis persuadé que ma pépinière réussira. Ma seule crainte à son égard vient des hippopotames, dont j'ai aperçu les pas dans l'île ; sans eux je ne douterais pas que les arbres de ce verger ne devinssent les pères d'une nombreuse lignée de leur espèce. Ma plantation terminée, j'ai gravé sur un arbre mes initiales, et j'ai mis au-dessous 1855 ; c'est la seule fois que je me sois permis cet acte de vanité.

En revenant à Kalaï, nous avons aperçu la hutte où les ballots que m'envoyait M. Moffat avaient été déposés ; elle est placée sous un groupe de palmiers ; et Sékélétou m'assura que personne n'aurait jamais voulu toucher à ces paquets, alors même que je serais mort dans mon voyage, tant la crainte qu'ils avaient inspirée était grande. Les sorciers avaient été si positifs dans leurs déclarations, que les porteurs, en soulevant l'une des caisses, crurent, de bonne foi, y sentir remuer un chevreau. Quel échec pour les devins, qui avaient de plus affirmé que nous avions tous péri avant de gagner Loanda ! Je leur portais malheur ; et, comme j'avais toujours à leur jeter à la face quelque méprise du même genre, ils finirent par refuser de consulter leurs dés en ma présence. J'aurais été plus satisfait encore d'avoir à démasquer l'erreur du sorcier Murchison, dont j'étais obligé de reconnaître la puissance divinatoire ; mais, si je ne pouvais lui contester l'admirable induction dont la preuve écrite avait reposé si longtemps en vue des colonnes de Mosioatounya, j'étais bien sûr au moins que personne ne m'enlèverait la découverte de cette admirable cataracte.

Lorsque les eaux sont basses, on aperçoit les colonnes de vapeur d'une distance de cinq ou six milles ; quand elles sont grandes et que le fleuve est débordé, on voit ce magnifique panache à dix milles au moins de la cataracte, dont le bruit se fait entendre au delà de Kalaï, c'est-à-dire à la même distance ; il est alors impossible d'arriver jusqu'à l'île où j'ai fait mon jardin. Celui qui visitera cette chute après moi devra songer à tout cela, en comparant sa description avec la mienne.

A Kalaï, nous apprenons qu'une razzia vient d'être faite par un Makololo sur l'un des territoires vers lesquels nous nous dirigeons ; le fait est si commun dans ce pays, qu'il ne m'étonne pas ; mais le chef de cette expédition, ayant agi au nom de Sékélétou sans y être autorisé, va être condamné à une assez forte amende : c'est la première fois qu'un homme sera puni chez les Makololos pour s'être livré au maraudage, et cela promet un meilleur avenir. La capture des bestiaux d'autrui est loin d'être assimilée au vol ordinaire par les tribus qui le pratiquent, et chez lesquelles il n'a rien de déshonorant ; avant d'être familiarisé avec les finesses de la langue, il m'arriva un jour en parlant à un chef, de lui dire : « Vous avez volé le bétail de...., etc. — Du tout, s'écria-t-il ; moi voler ! jamais ! j'ai seulement *enlevé* les bœufs et les vaches de cette tribu. » Les anciens Écossais des Highlands employaient, en pareil cas, une expression identique à celle de ces sauvages.

On nous apprend en outre que des Mambaris, ayant pénétré jusqu'ici, ont obtenu de certains Batokas, pour quelques bribes de calicot, la vente d'une énorme défense d'éléphant qui appartenait à Sékélétou ; un peu plus loin, ils ont trouvé d'autres Batokas n'ayant pas de houes en fer ; les Mambaris s'étaient pourvus de bonnes houes dans les environs de Séshéké, et parvinrent à les échanger contre des négrillons. Jusqu'à présent les Batokas avaient refusé de leur donner des enfants pour de l'étoffe ou pour des grains de verroterie ; mais l'agriculture est si pénible avec des houes en bois, qu'à la vue des houes en fer ils n'ont pas résisté au désir de les avoir. Les Makololos, dans leur indignation, se proposaient d'assommer les Mambaris pour les punir de leur infâme trafic ; mais je leur fis observer qu'il serait beaucoup plus sage d'approvisionner eux-mêmes les Batokas d'instruments d'agriculture, en échange de leur ivoire, ce qui détruirait sans retour le commerce des Mambaris ; ils s'emparèrent de cette idée avec empressement, et Pitsané et Mohorisi, après avoir discouru longuement sur la valeur de l'ivoire à Loanda, sur la contrariété que les Mambaris que nous avions rencontrés avaient témoignée de les voir parvenir jusqu'au marché des blancs, déclarèrent qu'ils étaient prêts à retourner à la côte au premier ordre que leur en donnerait Sékélétou ; la chose est d'autant plus méritoire, qu'ils sont riches, et qu'ils ont chez eux une nourriture abondante et une vie toute de loisirs.

20 novembre. — M'ayant donné cent quatorze hommes pour porter notre ivoire, Sékélétou nous fait ses adieux, et nous poursuivons notre voyage en nous dirigeant vers le nord pour gagner le Lékoné. Le pays que nous traversons est admirable ; il renfermait autrefois une population nombreuse de Bakotas, dont les troupeaux étaient immenses ; lorsque Sébitouané fit irruption dans le pays à la tête de sa vaillante poignée de Makololos, tous les Batokas se soulevèrent afin de dévorer l'envahisseur ; mais Sébitouané, toujours victorieux, les mit en déroute, et la quantité de bêtes à cornes, de chèvres et de moutons qui tombèrent au pouvoir des Makololos, fut si grande que ceux-ci ne purent jamais les nombrer. Depuis cette époque, des buffles ont introduit la tsetsé dans plusieurs endroits où jadis le bétail abondait, et cela nous force à voyager de nuit pendant les premières étapes. Je ne puis pas bien juger de la nature du pays à la lueur douteuse du clair de lune ; cependant il me semble que nous côtoyons la rive de l'ancien lit où coulait jadis le Zambèse, avant la déchirure de Mosioatounya ; le Lékonéy serpente aujourd'hui, en suivant une direction opposée à celle que le Zambèse y avait autrefois.

L'Ungouési et le Lékoné se dirigent tous les deux vers le centre de l'Afrique, c'est-à-dire à l'opposé du fleuve où ils se jettent ; il est donc évident que nous montons à mesure que nous avançons vers l'est ; le niveau de la partie la plus basse du Lékoné est à soixante mètres environ, au-dessus du Zambèse, aux chutes de Victoria, et d'une altitude bien supérieure à celle de Linyanti. Par conséquent, à l'époque où le Zambèse coulait dans cet ancien lit, toute la région qui est bornée à l'ouest par la chaîne de montagnes située au delà de Libébé, au sud par le lac Ngami et la Zouga, et qui s'étend à l'est, de l'autre côté de Nchokotsa, formait le bassin d'un grand lac d'eau douce qui occupait tout l'espace compris entre les 17e et 21e degrés de latitude méridionale, et dont l'existence est constatée par une foule de preuves évidentes. Toute cette région est pavée d'une couche de tuf plus ou moins tendre, suivant qu'il est recouvert de terre ou exposé aux influences atmosphériques ; dans tous les endroits où les fourmiliers ont creusé des trous profonds, ils ont ramené à la surface du sol des coquilles fluviatiles, identiquement pareilles à celles qui existent maintenant dans le Zambèse et dans le lac Ngami. La vallée Barotsé fermait un autre lac de même nature ; un troisième existait au delà de Masiko, et il y en avait un quatrième auprès de la rivière d'Orange. Tous ces lacs ont disparu à l'époque du soulèvement de la contrée, où leurs eaux s'écoulèrent par les nombreux déchirements qu'éprouvèrent leurs bassins ; la fissure qui produisit la grande cataracte a donné lieu au dessèchement de cette région, où il est resté, à l'endroit le plus creux de la vallée, une petite nappe d'eau qui forme le lac Ngami. C'est par les chutes de Gonyé que les eaux du lac Barotsé ont pris leur écoulement, et ainsi des deux autres ; le Congo et la rivière d'Orange traversent des failles étroites pour se rendre à la mer. Tous les lacs découverts jusqu'à présent en Afrique ont très-peu de profondeur, parce qu'ils ne sont que les restes de nappes d'eau infiniment plus considérables. On trouve à chaque instant la preuve que l'Afrique renfermait autrefois beaucoup plus d'eau qu'elle n'en contient aujourd'hui. Je ne saurais dire si les progrès de ce dessèchement s'opèrent avec autant de rapidité, sur tous les points du continent, qu'ils s'effectuent dans le pays des Béchuanas, ainsi que je l'ai montré, pour cette dernière région, dans une lettre que j'ai adressée, en 1843, au doyen Buckland ; mais tandis qu'il existe encore chez les Barotsés une tradition confuse de l'écoulement des eaux à travers les montagnes peu élevées qui bornent leur pays au sud, ils n'ont gardé aucun souvenir d'un soulèvement subit accompagné de tremblement de terre. La formation de la fissure gigantesque de Mosioatounya remonte peut-être à une époque trop éloignée pour avoir laissé quelque trace dans la mémoire des indigènes. Néanmoins, le souvenir d'un fait remarquable se transmet chez eux dans les noms qu'ils donnent aux objets, aux individus ou aux localités, et l'on n'en trouve aucun dans leur pays qui rappelle une commotion quelconque du sol. L'une de leurs légendes peut se rapporter à la construction de la tour de Babel ; mais c'est tout bonnement à la chute des maçons qui se brisèrent le crâne en tombant, qu'ils attribuent l'insuccès de l'entreprise. Suivant eux, les constructeurs de cette tour sortaient d'une cave appelée Loéy (serait-ce Noé qu'ils veulent dire?), où ils se trouvaient avec tous les animaux; quand on leur demande où cette cave était située, ils montrent tous sans hésiter le nord-nord-est. Le nom de Loey forme une exception dans leur langue, où ils font usage du masculin dans tous les cas où on emploie le neutre en anglais.

Si nous jetons un coup d'œil sur la grande vallée du centre, il suffira du cours de ses rivières pour nous faire songer à un lac dont les eaux se seraient lentement écoulées; formez de petits sillons dans le fond vaseux d'une mare, et vous aurez la représentation exacte du système fluvial de la contrée dont nous parlons. Peut-être le voyageur n'en sera-t-il pas frappé tout d'abord, mais il est impossible que plus tard cette idée ne se présente pas à son esprit. Aucune des rivières de la vallée du Liambye n'a de collines sur ses rives; leur cours ressemble en général à celui de la Tamise, à l'île des Chiens. Le Liambye, en quelques endroits seulement, est obligé de monter à six ou huit mètres pour inonder les prairies qu'il traverse. Toutes ces rivières ont chacune un lit normal, simple sillon creusé à vive arête dans le tuf calcaire qui constituait jadis le fond du lac, et un autre qu'elles occupent à l'époque du débordement. Elles semblent alors former une chaîne de lacs; on peut s'en faire une idée par le tableau que présente la Clyde lorsqu'elle est rentrée dans son lit, après avoir laissé une partie de ses eaux dans les marécages situés au-dessus du pont de Bothwell; seulement il n'existe pas ici de coteaux s'inclinant vers les rives, car la plus grande partie de cette région ne s'élève pas à quinze mètres au-dessus du niveau des rivières qui l'arrosent. Les bords escarpés du Liambye en aval de Gonyé, les montagnes elles-mêmes qui entourent la vallée Barotsé, n'ont pas plus de soixante à quatre-vingts mètres au-dessus du niveau de la plaine. En général ces rivières sont extrêmement tortueuses, surtout le Chobé et la Simah, et forment ce que les anatomistes appellent des anastomoses, ou, pour parler plus clairement, elles se rejoignent et s'enlacent comme les fils qui constituent les mailles d'un filet. Ainsi les indigènes m'affirment qu'on peut, en remontant la Simah, entrer dans le Chobé, descendre cette rivière jusqu'au Liambye, remonter le fleuve jusqu'à l'embouchure de la Kama, et se retrouver dans la Simah sans avoir mis pied à terre. Pareille chose arrive pour le Kafoué; on prétend qu'il se rattache de la même façon à la partie septentrionale du Liambye, qu'il rejoint par la Loangoua; les Makololos sont allés en pirogue de l'une à l'autre de ces rivières. Il est certain que cette région est tellement plane et le cours des rivières si tortueux, que je ne vois rien d'improbable dans les assertions des natifs. Ils m'ont d'ailleurs prouvé que l'on pouvait avoir confiance dans leurs renseignements topographiques. Lorsque, en 1851, M. Oswell et moi nous découvrîmes le Zambèse dans la région centrale, nous fîmes tracer aux indigènes la carte du bassin arrosé par ce fleuve, d'après les données qui leur étaient personnelles, et nous envoyâmes cette carte en Angleterre à titre de renseignements pour les futurs explorateurs de cette contrée. Lorsque, plus tard, je remontai le Zambèse jusqu'au 14e degré de latitude sud, et que je le descendis, à mon retour d'Angola, je n'eus à rectifier que des erreurs insignifiantes sur la carte des Makololos, malgré tout le soin que j'avais apporté dans mes observations. L'ensemble de cette carte est d'une exactitude merveilleuse, et je n'hésite pas à marquer, sur celle que nous joignons à cet ouvrage, le cours des rivières d'après les détails que les indigènes m'ont fournis, dans l'espérance que cela pourra être utile aux voyageurs qui viendront après moi.

24 novembre. — Notre journée se passe au village de Moyara. Ici la vallée du Lékoné se prolonge vers l'orient presque en droite ligne, et c'est plus au nord-est que nous nous dirigeons. Le pays est rocailleux ; le sol en est formé de sable rouge, couvert de beaux arbres verdoyants et chargés de fruits. Le père de Moyara fut autrefois un chef puissant ; mais le fils trône misérablement sur des ruines, ayant tout au plus quatre ou cinq femmes et à peine quelques sujets. Des pieux entourent cette bourgade, et j'en ai compté cinquante-trois qui supportent des crânes humains. Ces têtes appartenaient à des Matébélés, qui, ne pouvant approcher de l'île de Loyéla, occupée par Sébitouané, revenaient chez eux malades et mourants de faim ; le père de Moyara profita de leur faiblesse pour les faire mettre à mort, et se fit de leurs crânes, un trophée à la manière des Batokas. Le vieillard qui s'est rendu coupable de cette horrible action repose au milieu des cabanes de son fils, dans un tombeau recouvert d'une pile d'ivoire littéralement pourri. On éprouve un sentiment de reconnaissance pour l'homme qui a fait cesser le règne de pareils misérables.

En examinant ces crânes, je fis remarquer à Moyara qu'il s'en trouvait dans le nombre qui avaient appartenu à des enfants ; il en convint sans hésiter et m'en désigna plusieurs.

« Comment votre père a-t-il pu exterminer ces innocents ? lui demandai-je.

— Pour montrer sa puissance, me répondit Moyara.

— Vous êtes bien sûr, repris-je, que les Matébélés vous tueront à leur tour, lorsqu'ils reviendront ici.

— A leur approche, répliqua mon farouche interlocuteur, je cacherai les os de leurs parents. »

Il est certain qu'il se glorifie de la férocité de son père; et l'on m'assure qu'il ne manque jamais de faire voir cet abominable trophée aux personnes qui viennent dans son hameau. Lorsqu'un Batoka voulait gagner quelque faveur, il s'informait de l'instant où un étranger devait partir, allait l'attendre à peu de distance de la ville, le faisait tomber dans un guet-apens et rapportait sa tête au chef, qui la plantait au bout d'une perche et en augmentait son ossuaire, rivalisant de férocité avec ses voisins, qui se disputaient à qui posséderait le nombre de crânes le plus considérable.

Si les Portugais avaient eu, ainsi qu'on l'a décrit, une série de stations commerciales échelonnées de Tèté à Caconda, elles auraient traversé le territoire des Batokas; mais l'ignorance complète où sont les Portugais de la direction du Zambèse dans la région centrale, de son existence dans cette partie de l'Afrique, le silence absolu gardé sur la prodigieuse cataracte de Mosioatounya, qui remplit d'étonnement les naturels eux-mêmes, l'absence de tradition relative à ces échelles commerciales, tout me porte à croire que ces stations n'ont jamais existé que sur le papier. Lorsque les Portugais ont réclamé dernièrement l'honneur d'avoir traversé l'Afrique de la mer des Indes à la baie de Loanda, ils n'ont pu citer que le voyage des deux marchands nègres dont j'ai parlé plus haut. Si les stations commerciales dont il s'agit avaient existé autrefois, c'est par centaines qu'ils auraient pu produire les noms des voyageurs qui auraient fait cette traversée; et la passion du trafic est tellement forte chez les peuplades du centre, que, si elles avaient eu dans le voisinage un débouché pour leur ivoire, celui qui décore la sculpture des chefs n'y serait plus aujourd'hui.

25 novembre. — Au moment de notre départ, Moyara m'apporte une racine qui, réduite en poudre et semée sur la peau des bœufs, passe pour avoir la vertu d'éloigner la tsetsé. Il me promet de me montrer la plante à laquelle cette racine appartient, si je veux lui donner un bœuf; mais j'ai été si souvent trompé par les docteurs du pays, dont les drogues merveilleuses ont presque toujours été bien loin de produire l'effet annoncé, que n'ayant pas le temps nécessaire pour expérimenter le préservatif de Moyara, je n'accepte pas la proposition qui m'est faite, et je remets à plus tard l'examen de cette précieuse racine, dont l'efficacité n'est probablement qu'éphémère. Moyara est aujourd'hui dans la dépendance complète des Makololos, et mes hommes, qui ne sont pas encore habitués à la règle de conduite que je cherche à leur imposer, l'avaient contraint à venir avec eux et lui avaient donné une partie de leur ivoire à porter. Lorsque je l'eus déchargé de cette obligation, qui lui déplaisait fort, il s'est confondu en remercîments et s'en est allé, tout joyeux, se reposer au milieu de son ossuaire.

26 *novembre*. — Nous arrivons à une petite citerne qui est creusée sous un énorme figuier, et dont l'eau est d'une fraîcheur délicieuse. On l'appelle Namilanga, c'est-à-dire *puits de la joie,* parce que jadis, en revenant de leurs expéditions, les maraudeurs s'asseyaient autour de cette fontaine, où ils étaient régalés de bière et de musique, et salués des acclamations de toutes les femmes des villes voisines. La température de la journée est à l'ombre de 104° (40° centigrades), et de 94° (34° centigrades 6/9) après le coucher du soleil; mais il y a de l'air, et la chaleur est supportable.

Autrefois tout ce pays-ci, qui est aujourd'hui morne et désert, était habité par une population nombreuse. Le vieux chef de Namilanga nous raconte que, lorsqu'il était enfant, son père était parti pour Bambola, où demeuraient des hommes blancs; il avait dix ans lorsque celui-ci revint au pays, pour repartir de nouveau jusqu'à l'époque où le moment fût arrivé d'arracher les dents à son fils. Comme cette opération se pratique ordinairement à l'âge de puberté, chaque absence du père avait duré à peu près cinq ans.

Presque tous ceux qui partaient pour aller à Bambola, nous dit encore notre interlocuteur, aimaient mieux le pays des blancs que celui-ci, et ne revenaient plus dans leurs villages; ils abandonnaient leur famille, et l'on a vu des enfants se laisser flatter par les beaux habits qu'on leur donnait là-bas, et renier leurs parents pour en adopter d'autres. L'endroit que ce vieillard nous désigne sous le nom de Bambola est probablement Dambarari, qui est situé près de Zumbo. C'est la première fois que nous entendons parler d'anciennes relations avec les blancs. Il n'existe chez les Barotsés aucune tradition de ce genre ; les tribus du centre n'ont pas même le souvenir d'avoir été visitées jadis par un marchand quelconque.

Tous les Batokas ont la singulière coutume de s'arracher les dents de devant de la mâchoire supérieure lorsqu'ils arrivent à l'âge de puberté. Cet usage est suivi par les deux sexes, et, bien que les dents de la mâchoire inférieure, n'étant plus soumises au contact de celles qui les auraient maintenues, s'allongent et s'inclinent en repoussant la lèvre de la façon la plus laide, il n'est pas de jeune femme qui se trouve accomplie tant qu'elle ne s'est pas fait extirper les incisives de la mâchoire supérieure. Cela donne l'air vieux à tous les Batokas, leur sourire en devient d'une affreuse laideur, et ils sont néanmoins tellement attachés à cette coutume, que Sébitouané lui-même n'a jamais pu les y faire renoncer, malgré les ordres sévères qu'il avait donnés à cet égard. Lorsqu'on leur demande qui est-ce qui a pu donner lieu à cette pratique étrange, ils répondent que leur but est de ressembler aux bœufs, tandis que les individus qui conservent leurs dents de devant ressemblent aux zèbres. Que ce soit là le véritable motif qui ait fait naître cette coutume, c'est ce que je ne saurais dire ; mais il est à remarquer que la vénération qui existe chez la plupart de ces tribus pour la race bovine est associée à une haine profonde pour le zèbre, que cette extirpation des incisives est pratiquée chez les Batokas, au même âge que la circoncision parmi d'autres peuplades, et que chez les uns comme chez les autres c'est une cérémonie secrète. Les Makololos donnent à cette coutume une origine plus facétieuse : d'après eux, la femme d'un chef ayant mordu son mari à la main, en se querellant avec lui, fut condamnée à perdre ses incisives, et la mode en fut adoptée par tous les membres de la tribu ; mais cela n'explique pas comment cette coutume s'est perpétuée jusqu'à présent.

Les Batokas, riverains du Zambèse, sont en général d'une nuance très-foncée, d'un type extrêmement inférieur, et portent le cachet nègre dans ce qu'il a de plus dégradé ; mais on trouve fréquemment la teinte café au lait chez eux qui habitent les plaines élevées où nous arrivons maintenant. J'ai beaucoup de Batokas de Mokouiné parmi les hommes de mon escorte ; ils sont bien moins sensés, bien moins impressionnables que tout le reste de la bande, et par conséquent bien plus difficiles à conduire ; c'est probablement à la brutalité féroce des anciens chefs de ces peuplades qu'il faut attribuer la dégradation de la race.

Outre Sékouébou et Kanyata, les deux individus que j'ai mentionnés plus haut comme chefs de la caravane, nous avons été rejoints à Mosioatounya par un autre Makololo, appelé Monahin, à qui est réservé le commandement des Batokas. J'ai quelques Banajoas conduits par Mosisinyané, et enfin un petit groupe de Barotsés et de Bashubias sous les ordres de Touba Mokoro ; ces derniers m'ont été donnés par Sékélétou, en raison de leur habileté comme nageurs ; ils sont chargés de pagaies et sauront fort bien, disent les Makololos, s'emparer pendant la nuit des pirogues que l'on pourrait nous refuser. Chacun de ces groupes forme une compagnie distincte sous le commandement de son chef, qui lui transmet les ordres que j'ai donnés et qui lui distribue les vivres ; tous ont leur endroit séparé, à l'intérieur du camp ; ils se chargent tour à tour d'arracher de l'herbe pour faire mon lit, s'en acquittent en conscience, et je suis admirablement couché.

26 *novembre.* — Dans la crainte que la tsetsé n'existe dans ce pays-ci, je vais à pied d'une station à l'autre, et les bœufs restent en arrière avec leurs gardiens, qui les amènent pendant la nuit. En arrivant aux villages gouvernés par Mariba, vous traversez l'Ungouési, petite rivière qui, ainsi que le Lékoné, se dirige vers le centre et va se jeter dans le Zambèse, un peu au-dessus des rapides.

Les couches de gneiss, qui constituent la roche sous-jacente de la plus grande partie de cette région, s'inclinent vers l'intérieur du continent ; elles sont fréquemment assez élevées pour qu'on en voie presque les bords, et supportent des roches de trapp augitique diversement placées ; l'inclinaison générale de ces strates a lieu du nord au sud ; mais, près de la fissure basaltique de Mosioatounya, elles s'étendent de l'est à l'ouest et plongent vers le nord, direction qui leur fut probablement imprimée par la force éruptive du basalte.

Nous passons au milieu des restes d'une très-grande ville qui a dû être longtemps habitée ; les meules de gneiss, de trapp et de quartz que l'on y trouve encore, sont usées sur une épaisseur de plus de six centimètres ; quant à l'ivoire des tombeaux, il a disparu depuis longtemps ; celui qui recouvre la sépulture du père de Moyara est déjà presque réduit en poussière, et c'est à peine s'il y a douze ans qu'il y a été placé. Nous avons remarqué cette rapide altération de l'ivoire dans toute la contrée des Batokas. Le pays qui entoure ces ruines est garni de bois entremêlés de pâturages découverts. A mesure que nous nous élevons au-dessus du niveau des basses terres, l'herbe devient plus courte et présente un aspect différent des jongles impénétrables de la vallée Barotsé.

Chose remarquable, nous retrouvons ici les mêmes arbres que nous avons rencontrés en descendant vers la côte occidentale. Le boabab et une espèce de sterculier, l'arbre le plus commun des environs de Loanda, prospèrent et abondent dans cette région ; le moshouka, que nous avons trouvé auprès de Tala Mungongo, est maintenant couvert de fruits pareils à de petites pommes ; ces fruits ont le goût de la poire, une écorce très-dure et renferment quatre gros pepins ; nous en trouvons partout des quantités prodigieuses, et les naturels nous en apportent d'énormes panerées.

L'arbre qui les donne parvient à une hauteur de quatre à six mètres; ses feuilles, dures et lustrées, sont aussi larges que la main; on ne le trouve jamais sur les terrains bas; il est cité avec éloge à la fin de l'ouvrage de Bowich, et non sans raison; mes hommes, pendant une période assez longue, n'ont presque pas eu d'autre nourriture que ses fruits.

La pluie n'est pas encore tombée partout; dans certains endroits le sol est desséché et les feuilles s'inclinent tristement vers la terre; toutefois les arbres fruitiers ne souffrent pas de la sécheresse, à moins qu'elle n'arrive au moment de leur floraison. Mes Batokas affirment que personne n'est jamais mort de faim dans ce pays-ci. Nous nous procurons des manékos : c'est un fruit curieux, de la grosseur d'une noix, et dont l'enveloppe cornée se divise en cinq parties contenant une matière glutineuse extrêmement douce et fort agréable; on en jette les pepins, qui sont couverts d'un duvet jaune et soyeux. Nous avons aussi en abondance des mamoshos et des motsouris. Je vois les Batokas manger la pulpe qui renferme la noix vomique, des motsintsélas et des fèves qu'ils appellent *njou* et qui sont contenues dans une grande cosse de forme carrée. Cette région produit encore d'autres fruits qui ne sont pas mûrs : ceux du motsikiri, par exemple, qui est un arbre oléifère de la plus grande beauté, dont le feuillage est extrêmement touffu, persistant et d'un vert sombre. Je crois sans peine que l'on ne meurt pas de faim dans ce pays-ci. Nous voyons également des arbres dont l'espèce est introduite dans nos jardins, et que les Batokas eux-mêmes ont plantés dans les leurs, chose que je n'ai vu pratiquer nulle part chez les autres peuplades. Nous trouvons à chaque pas un leucodendron qui, dans tous les endroits où il n'y a pas encore eu de pluie, tourne ses feuilles de manière qu'elles ne présentent que leur tranche aux rayons du soleil; les acacias et le bauhinia replient, en pareille circonstance, les deux moitiés de leurs feuilles l'une contre l'autre, de façon à présenter le moins de surface possible aux rayons qui les dévorent, imitant ainsi les eucalyptes d'Australie.

CHAPITRE XXVII

Collines. — Fourmis noires. — La plâtrière. — Fourmis blanches. — Chanvre fumé. — Frontières. — Plateaux salubres. — Structure géologique. — Cigales. — Arbres et fleurs. — Le Kalomo. — Topographie. — Sanatoria. — Oiseau du buffle. — Oiseau du rhinocéros. — Chefs de troupeaux. — Coucou indicateur. — La montagne blanche. — La Mozuma. — Ancienne demeure de Sébitouané. — Village hostile. — Frénésie prophétique. — Nourriture de l'éléphant. — Fourmilières. — Mépris de tout vêtement. — Manière de saluer. — Fruits sauvages. — Libération d'un captif. — Aspiration à la paix. — Conquêtes de Pingola. — Village de Monzé. — Aspect de la contrée. — Stations salubres. — Bienveillance de la population à l'égard des blancs. — Fertilité du sol. — Coiffure des Bashoukoulompos. — Bonté de la sœur de Monzé. — Inclinaison des roches. — Végétation du pays. — Générosité des habitants. — Coqueluche. — Oiseaux et pluie.

27 *novembre*. — Nous sommes toujours chez Marimba. Les palmiers abondent, mais pas un seul de l'espèce qui fournit l'huile de palme ; je n'ai encore trouvé l'élaïs guineensis que près de la côte occidentale ; le sol est rugueux et crevassé ; néanmoins, en dépit de la sécheresse qui est excessive, les arbres déploient leurs feuilles nouvelles comme si la pluie était venue, et forment un fond d'un vert tendre sur lequel se détache le feuillage brunâtre du mola, qui étend sa ramée à la façon de nos chênes. L'horizon est fermé au loin par des montagnes peu élevées : les Kanjélés au nord, à l'est celles de Kaonka, vers lesquelles nous devons nous diriger demain matin. Nous avons fait un détour considérable dans la direction du nord, afin d'éviter la tsetsé et de faire une visite aux habitants de cette région ; ceux de Kaonka sont les derniers Batokas, amis des Makololos, que nous rencontrerons sur notre passage.

En traversant la forêt, après avoir quitté Marimba, je remarque de nombreuses fourmis noires qui reviennent de faire la guerre ; je les ai souvent observées dans différentes parties de l'Afrique, et notamment à Kolobeng. D'un noir légèrement lavé de gris, elles ont à peu près douze millimètres de longueur et marchent trois ou quatre de front; quand on les dérange, elles font entendre un sifflement distinct ou profèrent un cri particulier ; elles sont guidées par un petit nombre de chefs qui ne portent jamais rien, et dont elles paraissent suivre la trace au moyen de l'odeur que ceux-ci répandent sur le sol. Un jour, m'habillant derrière un buisson, il m'arriva de jeter l'eau de ma cuvette sur le sentier qu'un régiment de fourmis noires avait suivi quelques instants avant ; quand, à leur retour, celles-ci arrivèrent à l'endroit qui avait été mouillé, elles furent complétement égarées : ce n'est qu'après une demi-heure de recherches, qu'ayant fini par tourner la place où l'eau avait été répandue, elles retrouvèrent leur chemin et purent rentrer chez elles. Jetez une poignée de sable au milieu du régiment, les fourmis qui sont à l'arrière garde ne savent pas de quel côté donner de la tête ; elles semblent alors ne se rappeler qu'une chose, c'est qu'elles ne doivent pas reculer ; c'est un fourmillement incroyable autour du monticule malencontreux, que pas un de ces soldats égarés n'a l'idée de franchir pour continuer sa route. Ils vont reprendre leur sentier à quelques pas en arrière, examinent de nouveau la butte, qui n'a pas un quart de pouce d'élévation, cherchent de tous côtés, mais ne songent pas un instant à retourner à leur fourmilière ou à l'endroit d'où ils viennent ; enfin, après un quart d'heure de désordre et de sifflement, l'une des fourmis fait un détour qui, par hasard, la ramène sur la piste des premières qui ont passé ; toutes les autres décrivent exactement la même courbe, et la tête de la colonne est bientôt rattrapée.

Lorsque les fourmis noires vont assiéger les fourmis blanches, on voit les termites se précipiter au dehors dans un état de confusion impossible à décrire ; les chefs des assaillants, que l'on distingue de la plèbe à leur taille beaucoup plus développée, surtout dans la partie postérieure, saisissent les fourmis blanches une à une, les piquent de leur aiguillon, et les jettent de côté ; mais en les piquant elles ont versé dans la blessure un fluide dont les effets sont pareils à ceux du chloroforme, et qui, sans tuer les termites, ne leur permet plus de mouvoir qu'une ou deux pattes de devant ; à mesure que les noirs capitaines rejettent les termites engourdis, les soldats s'en emparent et s'éloignent en les emportant.

Un matin, je vis sortir une colonne de fourmis noires qui me paraissaient aller au combat et je me mis à les suivre ; elles passèrent auprès d'un bâton qui, enfoncé dans une galerie de termites, contenait un certain nombre de ces insectes ; mais à ma grande surprise elles ne s'arrêtèrent pas ; j'arrachai le bâton en brisant la voûte de la galerie, et je le posai en travers de la colonne de fourmis noires ; les termites que j'avais découverts s'enfuirent rapidement, se cachèrent sous les feuilles et n'attirèrent pas tout d'abord l'attention des guerrières ; mais l'un des capitaines du régiment noir les ayant enfin aperçus, il se précipita vers eux, les chloroforma comme je l'ai décrit plus haut, et les livra aux soldats qui les emportèrent immédiatement. Je croyais à cette époque, sur la foi de Brougham's Paley, que les termites allaient devenir les esclaves de leurs vainqueurs ; mais, ayant sauvé quelques-uns des captifs, je ne pus pas les faire sortir de l'état d'insensibilité où les avait mis la piqûre de leurs ennemis. Je supposai d'abord que les soldats, qui les saisissent par le cou avec leurs mandibules, les avaient trop serrés ; mais les larves de termites que j'enlevai aux fourmis noires ne se développèrent nullement, bien que je les eusse placées dans des conditions favorables ; de plus, en examinant l'ouverture qui sert de porte à ces bandes rapaces pour rentrer dans leurs casernes, j'y ai toujours trouvé un monceau de têtes et de pattes de fourmis blanches, qui prouve que ces noirs bandits, plus féroces que les ravisseurs d'esclaves, descendent au niveau des cannibales.

Ailleurs j'ai surpris une bande de ces fourmis noires emportant leurs larves d'un endroit où l'inondation était à craindre ; leur nombre s'élevait à douze cent soixante ; elles franchissaient une certaine distance, déposaient les larves qu'elles tenaient et que les autres fourmis venaient prendre immédiatement pour les transporter plus loin. Toute la fourmilière était en rumeur, et je ne vis pas une seule fourmi blanche parmi cette population, qui émigra tout entière. Par une froide matinée d'hiver, j'observai des fourmis noires d'une autre espèce, qui rentraient dans leurs quartiers, rapportant chacune un captif dont le sort n'était pas douteux, car la soldatesque brutale avait déjà privé de leurs pattes les fourmis blanches dont elle était chargée. Le fluide qu'émet cette espèce est d'une saveur acide extrêmement prononcée.

J'avais souvent remarqué l'état de stupeur que certains insectes produisent chez la proie qu'ils réservent à leurs larves ; il est facile de l'observer chez un hyménoptère appelé vulgairement la plâtrière (*pelopœus eckloni*) et qui, par ses habitudes, se rapproche un peu de l'abeille maçonne. D'environ trente et un millimètres de longueur et d'un noir de jais, la plâtrière entre dans les maisons, tenant avec ses pattes de devant une petite boule de mortier de la grosseur d'un pois ; elle dépose cette petite boule à la place qu'elle a choisie pour y établir sa construction, et forme une cellule de la même longueur que son corps, en ayant soin de bien étendre le plâtre sur les murs, de manière que l'intérieur du petit édifice soit parfaitement poli. Lorsque cette besogne est terminée, elle va chercher sept ou huit chenilles, ou bien des araignées qu'elle engourdit au moyen du fluide que son aiguillon leur inocule, et emmagasine, dans la petite maison qu'elle vient de bâtir, ces insectes qui fourniront de la chair fraîche à l'une de ses larves dont elle va déposer l'œuf à côté d'eux ; elle finit de clore ce garde-manger, où la vie s'entretenant chez les insectes qu'elle a seulement paralysés, empêchera qu'ils ne se corrompent ou ne se dessèchent. Lorsque sa larve aura accompli sa dernière métamorphose, elle détachera l'opercule dont sa mère a fermé sa retraite, prendra sa volée, vivra un instant pour elle-même, et à son tour construira l'asile de sa progéniture. On voit souvent la plâtrière traîner, au moyen de ses pattes et de ses ailes, une chenille ou un grillon beaucoup plus gros que son corps, mais qui est parfaitement immobile sous l'influence de l'espèce de chloroforme qu'elle lui a inoculé.

Pour en revenir à nos fourmis, il est heureux que les noires dévorent les blanches, car les termites auraient bientôt fait d'envahir tout le continent, sans les nombreux ennemis qui s'acharnent à les détruire. Néanmoins d'une activité que rien ne surpasse, ils jouent un rôle important dans la nature et font disparaître les matières végétales avec la même rapidité que les fourmis rouges dévorent les matières animales. La plus grande partie de l'existence des termites se passe dans des galeries souterraines construites pendant la nuit et où ils circulent à l'abri des oiseaux ; toutefois, à un signal donné, je n'ai jamais pu savoir lequel, les termites sortent par milliers de leur retraite, et le bruit qu'ils font, avec leurs mandibules, en coupant les brins d'herbe par morceaux d'une certaine longueur, produit l'effet de la brise murmurant dans les arbres ; ils traînent ces solives herbacées jusqu'aux portes de leur forteresse, les y amoncellent et restent près d'un mois sans reparaître, mais non pas sans travailler, car ils ne sont jamais inactifs. Une fois, mon lit d'herbe avait été préparé dans un endroit complétement dépourvu de végétation ; les fourmis blanches sonnèrent aussitôt l'appel, et toute la masse accourut aux fourrages. Pendant toute la nuit, elles coupèrent les brins d'herbe, et les transportèrent sans s'arrêter une seconde ; elles poursuivirent leur besogne avec la même énergie pendant toute la journée du lendemain et toute la nuit suivante, et ne disparurent qu'après avoir emporté le dernier fétu ; il y avait rente-six heures qu'elles travaillaient sans relâche, et rien, dans leurs allures, n'annonçait la moindre fatigue. Presque toutes les fois que nous séjournions quelque part, elles dévoraient l'herbe de ma couche, et auraient mangé la natte sur laquelle je reposais, si l'on n'avait pas eu le soin de faire un lit d'herbe assez épais pour les empêcher d'y arriver. Je les ai entendues opérer dans certains cas, avec un ensemble, une précision véritablement singulière ; plusieurs centaines d'ouvriers, par exemple, sont entrain de construire un tunnel dont il ne reste plus qu'à polir la surface inférieure ; un signal est donné, et tous les maçons frappent trois ou quatre fois, avec une mesure parfaite, l'enduit qu'ils viennent de poser. Le bruit qu'ils produisent alors est analogue à celui qu'on obtient en faisant tomber à terre les gouttes de pluie dont une branche d'arbre est couverte.

On ne saurait mettre en doute l'utile concours des termites ; nous avons déjà fait observer la fertilité spéciale des monticules élevés par ces insectes, et il est certain que les forêts des tropiques seraient bien autrement impénétrables et pestilentielles, si les fourmis blanches ne travaillaient sans cesse à les déblayer du bois mort et des matières végétales en décomposition dont elles sont encombrées.

Les Batokas de cette région sont d'un type extrêmement inférieur, et il n'est pas probable que l'on puisse améliorer leur état physique et moral, tant qu'ils fumeront du chanvre avec autant d'excès. La toux violente dont le fumeur est saisi, après avoir aspiré deux ou trois bouffées de ce narcotique, ne les guérit point de cette fatale habitude. On ne s'imagine pas le dégoût qu'ils inspirent à celui qui les regarde ; ils prennent une gorgée d'eau qu'ils rejettent avec la fumée, toussent, crachent, suffoquent, et entremêlent ces quintes dégoûtantes de phrases sans suite et presque toujours à leur propre louange. L'ivresse qui résulte de cet usage pernicieux, excessivement répandu dans toutes les tribus de l'intérieur, conduit à la frénésie ; les soldats de Sébitouané fumaient du chanvre au moment d'assaillir l'ennemi, afin d'augmenter leur ardeur belliqueuse. Il m'a été impossible de faire abandonner cette coutume aux jeunes Makololos, bien que tous les anciens fussent de mon opinion, car il n'est pas un seul vieillard, dans toute la tribu, qui ait adopté l'usage du chanvre. Je ne serais pas surpris que cette fatale coutume, qui occasionne parfois l'inflammation des poumons, eût causé la mort prématurée de Sébitouané.

Comme je n'en ai pas l'expérience, je ne peux pas décrire les délices que procure cette ivresse ; mais ses effets doivent avoir beaucoup de rapport avec ceux du hachshish, qui est un extrait de chanvre, et qui produit, ainsi que l'opium, des phénomènes différents, selon la nature des individus. Quelques-uns des fumeurs voient les objets beaucoup plus éloignés qu'ils ne le sont réellement, d'autres infiniment plus gros, et pour passer au-dessus d'un brin de paille, ils lèvent le pied comme s'ils avaient à franchir un tronc d'arbre. Les Portugais sont tellement convaincus des effets délétères du chanvre, que, dans la province d'Angola, tout esclave qui en fait usage est sévèrement puni.

28 novembre. — Les habitants du dernier village de Kaonka se plaignent d'être continuellement pillés par les Batokas indépendants. Les Makololos regardent ceux-ci comme des rebelles, et j'ai promis d'user de mon influence pour engager ces révoltés à modifier leur conduite ; j'ai, en même temps, imposé à Kaonka l'obligation de ne leur donner aucun sujet de mécontentement. D'après les ordres de Sékélétou, il leur a envoyé le tribut d'arachides et de maïs qu'il devait faire porter à Linyanti ; ce qui a épargné aux habitants de sa province un voyage à la capitale.

Mes Batokas ont emporté de chez eux une telle masse de provisions, que les vivres sont loin de nous manquer.

En sortant de chez Kaonka, nous traversons un district inhabité, mais admirable, dont le territoire légèrement ondulé sert de limite entre les Batokas soumis à l'autorité des Makololos et ceux qui refusent de la reconnaître. La plaine offre aux yeux l'aspect de grandes vagues courant du nord au sud, et réciproquement. On n'y trouve pas de rivière, mais des étangs assez nombreux. C'est ici qu'habitait Sébitouané avant d'avoir été vaincu par les Matébélés ; d'après le témoignage de mes hommes, cette région est un véritable paradis ; ses pâturages, sa fertilité, son air salubre, tout concourait à la rendre précieuse aux Makololos, chez qui l'agriculture et l'élève du bétail sont fort en honneur. Le terrain est sec et formé en grande partie de sable rougeâtre. Il y a peu de bois ; mais de grands arbres touffus apparaissent çà et là, dans les endroits où jadis étaient situés les villages des Makololos. J'ai mesuré l'un de ces arbres qui appartenait à l'espèce des figuiers ; il avait un peu plus de douze mètres de circonférence ; le cœur en avait été brûlé, et quelqu'un y avait établi son logement, car j'y ai trouvé les restes d'un lit et la place d'un foyer. La vue de cette plaine découverte, l'élévation croissante des lieux et l'air pur qu'on y respire, nous procurent un bien-être infini. La grosse bête abonde ; on voit au loin des buffles, des élans, des gnous, des bubales, des éléphants qui ne connaissent pas la crainte, n'ayant personne qui les chasse. Les lions, qui suivent partout les grands animaux, rugissent autour de nous; mais il fait clair de lune et nous ne courons aucun danger. Hier au soir, comme j'étais debout sur une masse de granite, l'un d'eux a rugi après moi, bien qu'il fît encore jour.

La pluie, sans être universelle, est tombée en maint endroit, et la température est des plus agréables; le thermomètre, à six heures du matin, marque 70° (21° centigrades); à midi, 90° (32° centigrades 2/9), et le soir, 84° (29° centigrades). Le temps est couvert et empêche toute observation astronomique.

Les différentes roches que l'on trouve à l'ouest du pays de Kaonka, gneiss talcaire et micaschite blanc, s'inclinent généralement du côté de l'ouest; de grandes masses de granite arrondies, renfermant du mica noir, commencent à paraître dans le district de Kaonka; la surface de ces roches est disposée à s'écailler, et d'énormes cristaux se projettent à l'extérieur de la partie qui est à l'air.

Dans quelques-unes des localités où la pluie est tombée avec abondance, on est littéralement assourdi par le chant des cigales, dont les notes stridentes vous écorchent les oreilles; un grillon, vêtu de brun, jette au milieu de ce cœur diabolique un son aigu, d'une monotonie égale au bourdonnement d'une cornemuse écossaise. Je ne peux pas comprendre qu'une aussi petite créature puisse produire un son d'une telle puissance; on dirait que le sol tremble sous cette vibration mordante. Lorsque les grenouilles, les cigales et les grillons s'en mêlent, c'est à n'y pas tenir; et cette musique vous poursuit à plus d'un quart de mille.

Mon attention est attirée par un arbre qui me paraît nouveau; ses feuilles sont les mêmes que celles de l'acacia, mais l'extrémité des branches d'où elles sortent ressemble exactement à une pomme de pin oblongue. On voit partout des coquelicots; et une grande partie des arbres et des plantes que l'on rencontre sont absolument les mêmes que ceux du Pungo Andongo. Une fleur aussi blanche que la neige apparaît çà et là, et finit par couvrir la plaine d'un tapis d'une blancheur immaculée, et qui se renouvelle chaque matin; lorsque le ciel est couvert, cette fleur ne dure pas même jusqu'au milieu du jour; elle se penche sur sa tige et périt une heure ou deux après qu'elle est éclose. Les indigènes l'ont nommée *Tlakou ea pitsé*, ou pied de zèbre, en raison de la forme de sa corolle; j'ai porté jusqu'à l'île Maurice quelques racines de cette jolie fleur, qui est légèrement bulbeuse.

30 novembre. — Nous traversons le Kalomo, rivière d'environ cinquante mètres de large, et qui, dans cette région, est la seule que l'on ne voie jamais tarir. Le Kalomo est rapide, et va tomber dans le Zambèse un peu au-dessous des chutes de Victoria. L'Ungouési et le Lékoné se dirigent vers l'ouest, ainsi que leurs affluents; le Kalomo, du côté du sud, et toutes les rivières que nous allons rencontrer maintenant prennent leur cours vers l'est. Nous sommes ici au point culminant des hautes terres; l'eau entre en ébullition à 202° (94° centigrades 4/9). Nous nous trouvons ainsi à mille cinq cent vingt-cinq mètres au-dessus du niveau de l'Océan. Le granite se montre de nouveau par de grandes masses arrondies qui font virer l'inclinaison des roches de gneiss et de micaschiste de l'occident à l'orient. J'ai mentionné, à propos de la chaîne de l'ouest, la formation de schiste argileux dont nous avons une section dans la vallée du Quango; là-bas le gisement des strates est presque horizontal, mais ici le granite semble avoir été l'agent actif du soulèvement, car c'est contre lui que s'abutent les roches de gneiss et micaschiste, à l'est comme à l'ouest. Ces plateaux, soit à l'occident, soit à l'orient, sont beaucoup plus salubres que le reste de la zone où ils se trouvent, et ressemblent, à cet égard aussi bien que par l'aspect général de la contrée, à cette partie de la région orientale qui confine au désert Kalahari. On ne rencontre au sommet du plateau où nous sommes, ni fontaine, ni marécage; et nous n'apercevons, à l'est du Kalomo, que des plaines ondulées, dépourvues d'arbres et tapissées d'une herbe courte. Aux environs des chutes de Victoria le sillon se dirige en mourant vers le nord-est, et l'on aperçoit, dans cette direction, des plaines élevées également dénuées d'arbres. On dit qu'un autre sillon, commençant aussi à la cataracte, s'incline au sud-est, car les montagnes du pays des Mashonas s'aperçoivent, d'après M. Moffat, à quatre journées environ à l'est de Matlokotloko, résidence actuelle de Mosilikatsé[1]. Il est impossible de dire jusqu'où s'étend cette chaîne du côté nord; mais tout porte à croire que le bassin intérieur, bien qu'il conserve sa forme générale, n'est pas flanqué de montagnes abruptes depuis le 12e degré de latitude sud jusqu'à l'équateur. Cette question mérite d'être étudiée par ceux qui, plus tard, visiteront le centre de l'Afrique; d'autant plus qu'on ne saurait trop recommander ces hautes terres

---

1. M. Moffat, à propos de ces montagnes, fait la remarque suivante : « J'y ai vu un certain nombre de chèvres angoras, dont la plupart étaient blanches, et qui étaient couvertes de poils tellement longs et tellement fournis, que l'on ne distinguait pas leurs pieds. »   (Moffat, Visite à Mosilikatsé, *Journal de la société royale de Géographie*, XVIe vol., p. 96.)

aux personnes que la science ou le commerce amèneront dans cette partie du monde ; les Makololos, que la fièvre a décimés dans la vallée, n'ont jamais éprouvé ici un mal de tête. On peut arriver, par eau, du centre même du continent jusqu'au pied de la chaîne, endroit où se rencontre le seul obstacle qui s'oppose à la navigation ; en profitant de la saison favorable pour franchir la vallée, on pourra, nous le répétons, s'établir sans crainte sur le plateau. Nous ignorons quelle peut être son étendue ; mais l'inclinaison des roches semble annoncer qu'au nord-nord-est, à quelques degrés de latitude au delà du champ de mes explorations, il ne doit pas être à plus de trois cents ou trois cent cinquante milles de la côte (de quatre cent quatre-vingts à cinq cent soixante kilomètres). Il en est de même à l'ouest, où le littoral de l'Océan est bien moins salubre que les districts de l'intérieur, et surtout de la frontière de la province d'Angola.

La distance qui sépare les deux plateaux de l'est à l'ouest peut être d'environ 10° de longitude ou six cents milles géographiques (onze cents kilomètres). D'après toutes les réponses que j'ai obtenues à cet égard, il n'existerait pas une seule montagne sur l'un ou sur l'autre de ces plateaux, et c'est à peine si l'on en trouve quelques-unes dans l'espace dont ils forment l'enceinte ; le Monakadzé, qui est la plus haute de tout ce bassin, n'a guère que trois cents mètres au-dessus du fond de la vallée. Cette absence de montagnes, dans cette partie du continent, m'a fait emprunter à l'agriculture le terme de *sillon* pour désigner ces coteaux prolongés qui vous conduisent, par des ondulations successives, à une hauteur de mille cinq cent vingt-cinq mètres au-dessus du niveau de la mer. Nous verrons plus tard que les montagnes situées en dehors de ces sillons ne forment qu'une chaîne peu élevée, dont l'altitude, en maint endroit, ne dépasse pas celle du fond de la grande vallée centrale. Si nous laissons de côté l'endroit le plus large du bassin intérieur, et que nous n'envisagions que la partie constituée par le versant occidental des hautes terres de l'est, nous pourrons dire que la forme de cette région est une gorge étroite creusée entre deux plateaux, ayant chacun environ deux cents milles de largeur (trois cent vingt-deux kilomètres), et dont la rampe descend ensuite jusqu'à la mer. Si j'ai raison de croire que c'est au soulèvement du granite qu'est due la formation de ces plateaux élevés, on peut induire de l'inclinaison des roches, dirigée vers le nord-nord-est, que la structure géologique de cette contrée s'étend plus loin vers le nord, que les deux ou trois lacs situés dans cette région sont de la même nature que le lac Ngami, et qu'ils ont été réduits à leur dimension actuelle par un phénomène analogue à celui qui a formé les chutes de Victoria.

Nous rencontrons, sur les bords du Kalomo, un éléphant qui n'a pas de défenses, chose aussi rare dans ce pays-ci que le contraire à Ceylan. Il prend la fuite dès qu'il nous aperçoit ; n'est-il pas étrange que la vue d'un homme puisse inspirer de la crainte à une bête aussi formidable? Les buffles abondent ; on les voit paître, pendant le jour, par troupeaux nombreux, et dans toutes les directions ; hier, j'étais parvenu, en rampant dans l'herbe, à m'approcher de l'une de leurs bandes et j'avais tiré un magnifique taureau, qui était tombé sous mon coup de fusil ; les autres n'apercevant pas d'ennemi, regardaient avec surprise autour d'eux, se demandant qui avait pu frapper leur camarade, lorsque mes hommes se montrèrent ; à cette vue, les buffles, qui s'étaient approchés du blessé, le relevèrent avec leurs cornes et le portant à moitié, le placèrent au centre de la bande et l'entraînèrent. En général, quand l'un de ces animaux reçoit une blessure ou tombe malade, ses pareils le frappent de leurs cornes et l'expulsent du troupeau ; les zèbres, dans ce cas-là, mordent l'infortuné qu'ils chassent en lui lançant des ruades ; instinct qui a pour but de ne permettre qu'à l'animal sain et vigoureux de concourir à la propagation de l'espèce. Nos buffles se disposaient tout simplement à obéir à cet instinct, quand la vue de mes compagnons leur fit prendre la fuite ; ils donnèrent, tout en se sauvant, des coups de cornes au malheureux blessé ; et mes hommes, prenant le change, crurent, au contraire, qu'ils l'aidaient à s'enfuir. Il avait été frappé entre la quatrième et la cinquième côte ; la balle lui avait traversé les poumons et s'était logée sous la peau ; malgré cela, et bien que la balle pesât deux onces, il franchit une assez grande distance en courant, et mes hommes ne purent s'en emparer qu'en lui faisant prendre l'eau dans un étang, où ils le tuèrent à coups de lance. Le troupeau dont il faisait partie se dirigea vers notre camp et passa auprès de nous avec un galop rapide ; du sommet de la fourmilière où nous nous étions réfugiés tous, je vis parfaitement que le troupeau était conduit par une vieille vache ; elle dépassait les autres bêtes d'une demi-longueur, et avait sur le garrot une vingtaine d'oiseaux du buffle (*textor erythrorhynchus*), qui sont les bons génies de sa race. Tandis que les buffles paissent tranquillement, ces oiseaux cherchent pâture en sautillant autour d'eux, ou, perchés sur leur échine, les débarrassent des insectes dont ils sont infestés ; à l'approche d'un danger quelconque, les textors, dont la vue est beaucoup plus perçante que celle des buffles, s'envolent immédiatement ; ceux-ci lèvent la tête pour découvrir le motif qui a causé la fuite de leurs gardiens, et s'éloignent dans la direction qu'ont prise les oiseaux, qui continuent de les accompagner soit au vol, soit perchés sur eux comme dans le cas dont nous parlions tout à l'heure.

Le *buphaga africana* remplit le même office auprès du rhinocéros ; les Béchuanas l'ont nommé *kala*, et celui qui chez eux veut parler d'un individu à qui son appui est nécessaire, l'appelle mon rhinocéros, sous-entendant qu'il est son buphaga. On ne peut pas dire que ce soit par intérêt que cet oiseau accompagne le quadrupède auquel il s'est dévoué : car à l'exception de quelques tiquets ponctués, il n'y a pas d'insectes sur le cuir épais et nu du rhinocéros ; mais le buphaga paraît avoir pour cet animal le même attachement que le chien a pour son maître. C'est par la fuite de son gardien que le buffle est averti de l'approche de l'ennemi, tandis que le rhinocéros, dont l'oreille est fine et la vue mauvaise, apprend le danger qui le menace par la voix de son buphaga ; chaque matin celui-ci fait entendre son cri d'appel en cherchant son affreux compagnon, qui a pâturé toute la nuit. On voit, dans la province d'Angola, un autre oiseau de la même famille, le *buphaga erythrorhyncha*, dont le bec, en forme de pinces recourbées et figurant un forceps, lui permet d'arracher les tiquets profondément enfouis dans la peau du rhinocéros ; grâce à la pointe acérée des ongles qu'il possède, l'érythroryncha se suspend aux oreilles de l'animal, dont il débarrasse l'intérieur des parasites qui s'y trouvent, sans produire plus d'effet sur le tissu cutané de la bête, qu'une capsule de bardane sur le nôtre.

J'ai vu, dans les endroits où il n'y avait pas de grands quadrupèdes, ces deux buphagas chercher leur nourriture au milieu des roseaux.

Le chef d'un troupeau est en général le plus prévoyant et le plus craintif de toute la bande ; s'il est frappé de mort, ceux qu'il dirigeait paraissent ne plus savoir que faire et s'arrêtent, complétement déroutés ; ils cherchent alors à se suivre mutuellement, et il en résulte une confusion plus ou moins prolongée. Il m'arriva un jour de tuer la bête qui conduisait une troupe de zèbres ; c'était une jeune femelle qui mordue autrefois à la jambe de derrière par un carnivore, en était devenue tellement prudente, qu'elle avait été choisie pour diriger le troupeau. Chaque fois qu'un animal sauvage prend la fuite, tous ceux qui l'aperçoivent, alors même qu'ils sont d'une autre espèce, se sauvent immédiatement ; c'est donc le plus timide qui mène les autres. Le surcroît de prudence que la nature a donné à la mère, chargée de pourvoir à la sécurité des jeunes, fait qu'à l'époque où les femelles ont des petits, c'est parmi elles qu'est choisi le conducteur de la horde. Il est probable que la séparation des sexes provient, chez beaucoup d'espèces d'antilopes où elle se remarque tous les ans, de ce que les femelles, continuellement sur le qui-vive, ne sont suivies dans leurs fugues perpétuelles que par les jeunes mâles ; je suis d'autant plus porté à le croire, que, bien qu'on les rencontre fréquemment par troupes distinctes, on ne voit jamais les femelles expulser les mâles qui les accompagnent. Il doit y avoir un autre motif chez les éléphants pour que les deux sexes ne soient jamais réunis : les jeunes mâles restent bien avec leurs mères jusqu'à l'époque où ils sont complétement développés ; mais ensuite la séparation est tellement absolue, qu'en voyant un tableau où des mâles seraient mêlés à des femelles, celui qui aurait vécu dans un pays où les éléphants sont communs, en conclurait que ce tableau n'a pas été fait d'après nature.

2 *décembre*. — Nous sommes arrêtés auprès d'une petite montagne appelée Maoundo, et nous recevons l'invitation fréquente du coucou indicateur. J'ai entendu dire, par certains indigènes, que cet oiseau vous conduit quelquefois auprès d'une bête sauvage, au lieu de vous mener à côté des abeilles. Voulant prendre à cet égard des informations plus précises, je demande à chacun de mes hommes si jamais il a été trompé dans son attente lorsqu'il a suivi ce cher petit indicateur ; sur les cent quatorze individus qui composent mon escorte, un seul a été conduit auprès d'un éléphant, ainsi que je l'ai été moi-même auprès d'un rhinocéros ; tous les autres sont arrivés à la ruche qui leur avait été promise ; et je suis persuadé que la majorité des personnes qui se laisseront guider par cet oiseau ne manqueront pas de trouver du miel et y seront amenées directement.

3 *décembre*. — Après avoir traversé un pays où les pâturages sont magnifiques et où le terrain forme des plis admirables, nous avons passé la Mozouma ou rivière de Dila. Au midi de cette rivière, et à l'est de l'endroit où nous l'avons franchie, s'élève le mont Taba Chéou[1], qui tire son nom d'une roche blanche, disposée en masse (probablement de la dolomite), et qui en forme le sommet. Lorsque j'avais entendu parler de cette montagne à Linyanti, je m'étais figuré que la substance brillante dont on me faisait la description devait être de la neige, d'autant plus que mes interlocuteurs me présentaient

1. Mont Blanc.

leur mont Blanc comme excessivement élevé ; j'oubliais alors que je parlais aux habitants d'un pays de plaine à qui les hautes montagnes sont inconnues ; mais lorsque, en passant dans les environs, je demandai aux indigènes quelle était la substance blanche qui couronnait le Taba Chéou, ils me répondirent que c'était de la pierre ; et cette fois je suis persuadé que leur témoignage est exact. De l'endroit où nous sommes, la vue embrasse parfois un espace de vingt à trente milles, borné par la côte élevée qui se prolonge au sud-est, parallèlement au Zambèse ; l'herbe qui tapisse la terre est fine et courte, et l'on apprécie d'autant mieux les beautés de ce vaste horizon et de cette prairie où la marche est facile, quand on a voyagé pendant plusieurs mois de suite au milieu des forêts épaisses du Londa et parmi les herbes inextricables de la vallée des Barotsés.

La Mozouma est le premier cours d'eau qui nous annonce que nous descendons maintenant vers la côte orientale ; je découvre sur ses rives des morceaux de lignite ; ils peuvent indiquer la présence de la houille, qui manque essentiellement dans la région du centre. Nous passons fréquemment auprès des ruines de grandes cités, où l'on ne trouve d'autre souvenir des habitants que les meules usées par l'usage, et les billes de quartz au moyen desquelles s'opérait la mouture, seuls hiéroglyphes que renferme le pays. Ces boules gisent en grande quantité, çà et là, parmi les décombres, ce qui prouve que c'est la guerre qui a dépeuplé ces lieux ; car il est probable que, si les habitants avaient émigré paisiblement, ils auraient transporté ces billes dans leur nouvelle demeure.

Nous voyons sur les bords de la Mozouma l'endroit qu'habitait jadis Sébitouané. On me fait remarquer les piles d'ossements des bœufs et des vaches que les Makololos avaient enlevés à l'ennemi et qui, ayant été piqués par la tsetsé, furent tués immédiatement. Leurs troupeaux étaient encore si nombreux, qu'après l'attaque victorieuse des Matébélés, Sébitouané engagea les Batokas à reprendre leurs bestiaux, car il était impossible aux Makololos d'emmener avec eux tous ceux qu'ils possédaient. Non-seulement cette région offre d'excellents pâturages, mais la terre y convient parfaitement aux cultures du pays ; car, située sur le versant oriental du coteau, elle reçoit une plus grande quantité de pluie que le versant opposé. Sékouébou a été chargé par les Makololos, qui regrettent toujours ce pays-ci, de m'en faire valoir les avantages afin de me déterminer à y construire un établissement ; je n'avais pas besoin de cela pour apprécier toute la valeur d'une pareille situation.

La vue de ce beau pays, que j'admire en un jour de bonne

santé, remplit de joie et de bien-être mon esprit et mes sens. Rien ne manquerait à cette contrée si elle avait des habitants; les Batokas, dont elle était peuplée, se sont enfuis dans les montagnes; nous serons bientôt chez eux, et mes hommes ne sont pas sans inquiétude sur la manière dont ils nous accueilleront.

4 décembre. — Je me suis arrêté à un quart de mille de leur première bourgade, et j'ai envoyé deux de mes hommes prévenir les habitants de notre arrivée et leur faire part de nos intentions pacifiques. Le chef est venu me voir un instant après, et m'a traité avec beaucoup d'égards; mais, à l'approche de la nuit, toute la population d'un village voisin est arrivée, et s'est conduite d'une façon bien différente. Du cercle d'hommes farouches dont nous étions entourés, se détacha un illuminé en poussant des cris frénétiques; les yeux lui sortaient de la tête, ses lèvres étaient couvertes d'écume et tous ses muscles frémissaient. Il s'approcha de moi en brandissant une petite hache d'armes, et, sans la défense positive que je leur avais faite de porter le premier coup, mes hommes lui auraient certainement cassé la tête; ils tremblèrent pour moi, et je ne fus pas sans crainte; mais ne voulant pas témoigner d'effroi devant des étrangers, et surtout en face des gens de ma suite, je fixai un regard ferme sur la petite hache du forcené. Je me disais que ce serait une sotte manière de quitter ce monde, que d'avoir la tête fendue par un sauvage en fureur, ce qui, après tout, vaut encore mieux que de mourir d'hydrophobie ou du delirium tremens. Sékouébou avait pris sa lance, comme pour s'amuser à percer un morceau de cuir; mais en réalité pour la plonger au cœur du fou, si par hasard il me menaçait de plus près. Dès que j'eus fait preuve suffisante de courage, je priai, d'un signe, le chef qui nous avait témoigné de la bienveillance, d'éloigner ce misérable, ce qu'il fit immédiatement. J'aurais voulu tâter le pouls de notre frénétique, pour savoir si le tremblement convulsif qui agitait ses membres n'était pas une chose feinte; mais je trouvai plus sage de me tenir à distance de sa hache. Néanmoins, il était couvert d'un flot de sueur qui coula pendant trente à quarante minutes, après quoi son accès diminua peu à peu, et finit par se calmer. Cette fureur extatique est l'opposé direct du somnambulisme, et je suis étonné qu'on ne l'ait pas essayée en Europe comme on l'a fait du magnétisme.

Nos derniers visiteurs ne prenaient pas la peine de cacher le mépris qu'ils faisaient du petit nombre de mes compagnons, et s'écriaient d'un air triomphant : « C'est Dieu qui nous les donne ! — Ils viennent se perdre au milieu de nos tribus. — C'est pour être mis à mort qu'ils sont venus jusqu'ici. Comment se défendraient-ils contre nous tous? Ils n'ont pas même de boucliers! » Effectivement Sékélétou avait défendu à mes hommes d'emporter cette arme défensive, comme il l'avait fait à mes Zambésiens lors de mon voyage à Loanda. Nous nous attendions à être attaqués pendant la nuit, et nous avions fait nos préparatifs en conséquence, rechargé nos fusils qui étaient toujours au nombre de cinq, disposé nos munitions, etc., etc. ; mais la nuit fut très-calme, et l'ennemi n'osant pas nous assaillir, malgré ses fanfaronnades, essaya de nous pousser vers les Bashoukoulompos, qui passent pour être la race la plus féroce de cette partie de l'Afrique. J'ai refusé les guides qu'ils ont voulu nous faire prendre; et le bon chef, étant venu avec nous, a dispersé les groupes assez nombreux qui se formaient sur notre passage, et qui nous suivaient dans la forêt; grâce à lui, nous sommes arrivés sans encombre hier au soir à un petit village situé au pied d'une chaîne de montagnes peu élevées, et qu'on appelle Chizaména. Cette région-ci est plus boisée que le plateau que nous laissons derrière nous, mais on y trouve peu de gros arbres ; beaucoup de ceux que l'on y rencontre ont été brisés par les éléphants à quarante ou cinquante centimètres du sol, et ont formé des têtards. En général, pourtant, ces animaux produisent très-peu de dégâts dans les forêts, j'en ai toujours été frappé ; ils se nourrissent principalement de tubercules, de racines et de fruits ; parfois néanmoins, ils courbent des arbres de la grosseur d'un homme et les brisent pour en dévorer les pousses nouvelles ; on dit qu'ils réunissent leurs efforts quand ils veulent arracher de gros arbres. Les indigènes des provinces de l'intérieur prétendent que jamais l'éléphant ne mange d'herbe ; en effet, c'est dans les environs de Tèté que j'ai vu paître cet animal pour la première fois, et je ne lui ai vu tondre l'herbe que parvenue à sa maturité, herbe dont la graine est tellement farineuse que les indigènes la récoltent et s'en nourrissent eux-mêmes.

Que de fourmilières dans ce pays-ci ! elles couvrent la plaine exactement comme les tas de foin dans une prairie, ou les tas de fumier dans un champ où l'on va semer du blé. Au fond des bois elles atteignent des dimensions considérables : jusqu'à douze ou quinze mètres de diamètre à la base, et six ou sept mètres de haut pour le mois. Comme ailleurs, la fertilité de ces petites collines est beaucoup plus grande que celle du terrain qui les environne, et c'est au flanc de ces fourmilières que l'on cultive ici le maïs, les giraumonts et le tabac.

Nous avons franchi les frontières des Batokas indépendants qui sont hostiles aux Makololos, et ceux que nous trouvons ensuite, et qui se donnent le nom de Catongas, nous accueillent à merveille ; ils viennent en foule des villages environnants, chargés de masukas et de maïs dont ils nous font cadeau, et nous expriment la satisfaction qu'ils éprouvent de voir pour la première fois un homme blanc qui leur apporte la paix. Les femmes sont un peu plus vêtues que dans le pays des Balondas ; mais les hommes vont et viennent *in puris naturalibus* ; ils ont même perdu la feuille de vigne traditionnelle, et ne paraissent point en ressentir la privation. J'ai demandé à un gros vieillard s'il ne croyait pas qu'il serait mieux d'être un peu plus couvert ; il m'a regardé d'un air de pitié, et s'est mis à rire en pensant que je le trouvais peu convenable : il est évident que l'usage de se vêtir, si peu que ce soit, lui paraît une superstition, et qu'il est au-dessus d'une telle faiblesse. Je lui ai dit qu'à mon retour j'aurais ma famille avec moi, et que personne ne paraîtrait devant elle dans l'état où je le voyais.

« Comment nous couvrir, s'écria-t-il, puisque nous n'avons pas d'habits ? » Je lui répondis qu'à défaut d'autre chose on avait toujours une poignée d'herbe à mettre ; ce qui lui parut une excellente plaisanterie.

Plus nous avançons, plus les habitants sont nombreux ; ils viennent tous regarder l'homme blanc, phénomène qu'ils n'ont jamais contemplés, et nous apportent des masukas et du maïs. Rien n'est plus étrange que leur manière de saluer ; dès qu'ils sont devant vous, ils se jettent sur le dos, se roulent par terre, et se frappent la partie extérieure des cuisses en exprimant la satisfaction qu'ils éprouvent de votre visite et en répétant les mots *kina bomba*. Cette méthode m'est particulièrement désagréable, et je m'égosille à leur crier : « Finissez donc ; je n'ai pas besoin de tout cela. » Mais ils s'imaginent que je ne me trouve pas assez bien accueilli et, plus ils me voient mécontent, plus ils se roulent avec fureur et se frappent les cuisses avec violence. Je ne saurais dire le sentiment pénible que j'éprouve de leur dégradation. Mes propres Batokas, ceux qui font partie de mon escorte, sont d'une nature bien inférieure à celle de mes Barotsés, et j'ai beaucoup plus de peine à les conduire ; il faut les surveiller continuellement pour les empêcher de commettre des vols dans les endroits que nous traversons, et pour leur imposer silence afin de n'être pas compromis sans cesse par des phrases comme celles-ci : « J'ai brisé tous les pots de ce village, » ou bien : « j'ai tué un homme près de cette cabane. » Ils aiment beaucoup à raconter les prouesses qu'ils ont faites à l'époque où ils se battaient dans les rangs victorieux des Makololos ; mais c'est nous faire courir un véritable danger, au milieu des populations qui ont été victimes des hauts faits qu'ils racontent. Je les fais venir, je leur montre l'indiscrétion de leurs propos, je leur défends de les continuer, et je leur signifie que j'emploierai tous les moyens pour maintenir la discipline ; heureusement qu'ils ont peur et que cette menace, renouvelée de temps en temps, les fait rentrer dans l'ordre.

L'état moral de ces Batokas me rappelle toujours la population de Kuruman, qui n'était pas moins avilie ; un homme qui aurait versé des pleurs y aurait été méprisé ; on y regardait l'attendrissement comme une transgression à la loi ; et pourtant j'ai vu Baba, un grand chasseur, l'interprète du capitaine Harris, écouter l'Évangile dans l'église de Kuruman, et, touché de la parole du Christ, fondre en larmes sans souci de l'opinion de l'auditoire, dont plusieurs membres s'agenouillèrent en pleurant à la tour. Plus tard Baba, qui fut tué par un rhinocéros, ne versa pas une larme tandis qu'il agonisait, broyé par la bête furieuse, et pria d'un air tranquille, jusqu'au moment où il perdit connaissance. Je ne m'attribue pas la gloire de cette transformation, elle appartient à Dieu ; et, si les Batokas viennent jamais à lui ressembler, ce qui est possible, l'influence qui aura changé leur cœur sera certainement divine.

Une grande partie de cette contrée est couverte de masukas, et le sol est tellement jonché des fruits de ces arbres, que mes hommes ne cessent pas un instant d'en manger ; un arbre du même genre, mais plus petit, et que les indigènes appellent *molondo*, porte des fruits de la grosseur d'une belle cerise, dont la peau est tendre, la pulpe sucrée et légèrement acidulée. Le fruit du combo est également très-bon, à ce que disent les naturels ; mais il n'est pas mûr à l'époque où nous sommes.

6 *décembre*. — Nous avons campé dans les environs d'une série de villages. A peine étions-nous arrivés qu'un homme est accouru vers nous, les mains attachées derrière le dos, et m'a supplié de le délivrer ; le chef de la bourgade s'avança au moment où je mettais pied à terre, car je n'étais pas encore descendu de mon bœuf, et je lui demandai quelle était la faute que cet homme avait commise. Il me répondit que c'était un fugitif de la tribu des Bashoukoulompos qu'il avait bien voulu recevoir ; qu'il lui avait donné une femme, un jardin et des graines pour l'ensemencer; mais qu'ayant refusé de satisfaire à toutes les demandes du proscrit, celui-ci l'avait menacé de mort et avait été vu, la nuit précédente, rôdant à la dérobée au-

tour du village, probablement dans l'intention d'exécuter son projet. Là-dessus je répondis au fugitif qu'il fallait, avant tout, faire amende honorable et promettre qu'il renoncerait à ses projets de violence ; il refusa d'abord de s'engager à ne pas frapper son beau-père, et finit cependant par consentir à tout ce que je lui demandais. Le beau-père promit à son tour de délivrer son gendre dès qu'il serait rentré chez lui ; mais celui-ci n'en voulut rien croire et s'écria d'un air désespéré : « Il me tuera s'il m'emmène ; homme blanc, ne me quittez pas ! » Je fis prendre un couteau à l'un des individus qui étaient là, et j'ordonnai qu'on le délivrât sur-le-champ ; les cordes qui le garrottaient lui étaient entrées dans les chairs, et les coups qu'il avait reçus l'avaient rendu boiteux.

Les habitants de ces villages nous apportent d'énormes quantités d'arachides, de sorgho et de maïs. Tous ces pauvres gens m'expriment la joie qu'ils éprouvent de ces paroles de Jésus-Christ : « Paix sur la terre aux hommes de bonne volonté ! » et me répondent en s'écriant : « Nous sommes fatigués de fuir ; donnez-nous le repos et le sommeil. » Ils sont bien loin de comprendre toutes les vérités que je leur annonce, mais il n'est pas étonnant qu'ils saisissent avec ardeur tout ce qui leur parle de paix.

Depuis cinquante ans des guerres continuelles ont décimé leur tribu, et les malheureux sont maintenant dispersés et dépouillés. Les troupeaux innombrables que Sébitouané leur enleva, n'étaient que les restes de ceux qu'avait détruits leur précédent vainqueur. Un homme poussé par l'amour de la guerre, un de ces conquérants qui, de temps immémorial, surgissent dans l'intérieur de l'Afrique deux ou trois fois par siècle, et qu'on appelait Pingola, fondit tout à coup du nord-ouest ; il balaya le territoire de ces peuples amis du bétail, livrant à ses hordes barbares jusqu'aux dernières vaches des troupeaux, et s'empara des villes en faisant rougir le fer de ses flèches au moyen des soufflets de forge dont il s'était fait suivre.

Sébitouané vint ensuite et fut obligé de fuir, à son tour, devant les Matélébés, de Mosilikatsé, qui réduisirent les Batokas à la condition où ils se trouvent maintenant.

10 décembre. — C'est aujourd'hui dimanche ; nous passons la journée au village de Monzé, qui est considéré comme le chef de tous les Batokas dont nous avons traversé le territoire. Sa résidence est située près du mont Kisékisé, d'où l'on découvre un espace d'au moins trente milles, offrant des plis de terrain nombreux, et qui, tapissé d'une herbe courte, est presque entièrement dépourvu d'arbres. Ces immenses pâturages étaient autrefois couverts de troupeaux ; mais les Batokas ne possèdent plus qu'un petit nombre de chèvres et quelques oiseaux de basse-cour ; avant la guerre ils habitaient ces grandes villes dont nous avons vu les débris, et maintenant ils occupent de petits villages disséminés dans la plaine, où ils cultivent de grands enclos.

Au loin, vers le sud-ouest, l'horizon est borné par de sombres chaînes de montagnes qui courent le long des rives du Zambèse. On dit qu'à cet endroit du fleuve, il existe un rapide qui entrave la navigation, et qu'on appelle Kansala ; en amont de ce rapide, le Zambèse coule paisiblement depuis le territoire de Sinamané, chef batoka dont la domination s'étend sur les deux rives et commence immédiatement après les chutes de Victoria ; Kansala est, dit-on, le seul rapide que l'on rencontre sur le Zambèse jusqu'à celui de Kébrabasa, qui est à vingt ou trente milles au-dessus du Tèté. Les montagnes que, d'ici, l'on voit s'élever au-dessus de l'horizon, du côté du nord, se trouvent sur les rives du Kafoué.

Nous avons eu ce matin la visite de Monzé ; il était enveloppé d'un grand manteau et s'est roulé par terre en criant Kina Bomba, comme ils font tous. La vue de ces hommes, complétement nus, qui se vautrent dans la poussière, avec l'intention de me faire honneur, m'est toujours très-pénible, et m'inspire une vive reconnaissance pour le ciel, qui m'a fait naître dans un milieu si différent de celui où croupissent tant de pauvres créatures.

Le chef était accompagné de l'une de ses femmes, qui aurait été jolie si elle avait conservé ses dents ; elle tenait à la main une petite hache d'armes, et joignait aux vociférations pompeuses de son mari des cris d'autant plus enthousiastes, qu'elle n'avait jamais vu d'homme blanc et qu'elle ne se sentait pas de joie. Les salutations accomplies, Monzé, qui est d'une excellente nature, fut bientôt à l'aise avec nous, et la plus grande partie du jour s'est passée en conversation. Tous les chefs des environs sont arrivés les uns après les autres, chacun nous apportant du maïs, du sorgho et des arachides. Monzé nous avait fait présent d'une chèvre et d'une poule, et fut ravi des quelques madras que je lui ai donnés en échange ; on ne peut pas se figurer l'admiration qu'a éveillée cette cotonnade, lorsqu'ayant plié en fichu le plus criard de ces mouchoirs éclatants, je le posai comme un châle sur les épaules de sa fille ; Monzé me déclara qu'il allait convoquer tous ses sujets pour que l'on dansât autour de l'enfant couvert de cette magnifique parure.

Après avoir expliqué à tous ceux qui étaient là que mon intention était de leur ouvrir un sentier afin qu'ils pussent échanger leur ivoire contre les objets qui leur seront nécessaires, et s'épargner le crime de trafiquer de leurs semblables, je leur ai demandé s'ils verraient avec joie l'établissement d'un missionnaire dans leur pays. Tous m'ont témoigné la satisfaction la plus vive de l'espérance que je leur donnais du séjour d'un homme blanc parmi eux, et se sont engagés à protéger sa vie et ses propriétés. Je leur faisais cette demande, parce qu'il serait d'une grande importance de pouvoir établir des stations dans un pays salubre, où les Européens, affaiblis par le climat du littoral, pourraient venir se retremper, et qui serviraient de points de communication entre la côte et les provinces de l'intérieur. Je sais que la réponse des cent cinquante hommes qui accompagnaient Monzé ne garantit pas autre chose qu'un bon accueil au missionnaire qui voudra venir dans cette contrée; mais c'est déjà beaucoup : s'il a du *bon sens*, il est sûr de n'avoir rien à craindre, ni pour sa vie, ni pour ses biens ; et, s'il est loyal dans sa conduite et sincèrement dévoué aux intérêts des habitants, il passera bientôt parmi eux pour le bienfaiteur du pays. Les Batokas n'éprouvent certainement pas le besoin de connaître la foi chrétienne, puisqu'ils n'en ont aucune idée; mais la défaite et la ruine ont brisé leur orgueil, et leur âme, abattue par les maux qu'ils ont soufferts, paraît disposée favorablement à recevoir l'Évangile. Quelle influence n'acquerrait pas sur leur esprit l'homme intelligent et dévoué qui, tout en les instruisant, favoriserait leur bien-être et leur rendrait peu à peu leur ancienne prospérité, en les aidant à reconstituer leurs troupeaux. La langue qu'ils parlent est un composé des divers idiomes des peuplades du centre ; et, comme il y a parmi les Batokas, soumis aux Makololos, beaucoup d'individus qui comprennent ces différents langages et qui parlent le sichuana, il serait facile aux missionnaires d'apprendre en peu de temps le dialecte du pays.

Monzé n'a jamais reçu la visite d'un blanc ; tous les marchands qu'il a vus étaient nègres, et venaient, dit-il, pour lui acheter de l'ivoire et non pas des esclaves ; mais il a entendu dire que des blancs étaient passés bien loin de son village, du côté de l'est, allant chez Cazembé ; il fait sans doute allusion à Lacerda et à Pereira, qui ont été voir ce chef.

Les rivières de ce pays-ci manquent d'eau pendant une partie de l'année ; je n'en ai pas trouvé une seule qui pût servir à l'irrigation des terres. Il y a peu de bois ; çà et là de grands arbres isolés, de petits bouquets d'arbres verts ; mais la quantité de maïs et d'arachides que nous rencontrons sur notre passage montre qu'ici la pluie est moins rare que dans le pays des Béchuanas, où l'on ne peut cultiver le maïs que dans les bas-fonds humides ou sur le bord des rivières. Les pâturages sont excellents pour les moutons et, pour les bêtes à cornes ; le sol est rarement pierreux, et, d'après l'opinion de mes Makololos, très-compétents en cette matière, le terrain est partout d'une qualité supérieure et permet d'y obtenir, sans leur donner le moindre soin, les plantes qui exigent le sol le plus riche.

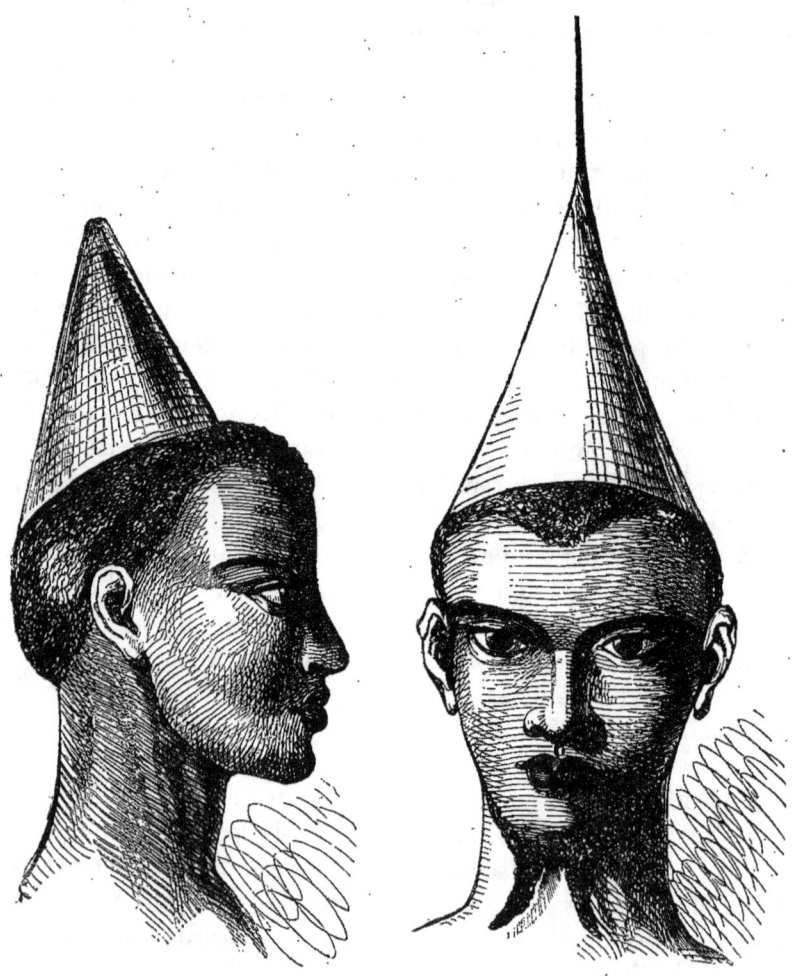

Coiffure des Bashoukoulompos.

Nous recevons la visite des habitants d'un village qui portent la coiffure des Bashoukoulompos ; c'est là la première fois que j'ai l'occasion d'examiner cette mode bizarre : les cheveux qui recouvrent le sommet de la tête sont tressés de manière à former un cône obtus ayant à la base vingt centimètres de large et vingt ou vingt-cinq de hauteur. Les proportions varient fréquemment : quelques-uns de ces cônes n'ont pas plus de huit à dix centimètres de diamètre ; les autres sont inclinés en avant et figurent le cimier d'un casque ; celui du chef, au lieu de se terminer simplement par un sommet tronqué, s'allonge en pointe aiguë, formant une baguette dressée comme un paratonnerre, et qui n'a pas moins d'un mètre à partir de la base ; mais la structure de l'édifice est exactement la même. Il paraît qu'il entre dans sa confection du poil de différents animaux ; toujours est-il que l'extérieur en est travaillé comme un panier ou comme un tissu dont les fils auraient la grosseur d'une petite corde ; le reste de la chevelure, ou, pour mieux dire, de la toison, est coupé très-ras tout autour de la tête, ce qui donne aux individus qui portent cette coiffure l'air d'avoir un bonnet phrygien perché au sommet du crâne. On dit que les tiraillements exercés par ce système sur le cuir chevelu sont extrêmement pénibles, mais qu'on finit par s'y habituer. Monzé me dit qu'autrefois ses sujets étaient coiffés de la même façon, et qu'il était parvenu à leur faire abandonner cette mode, qui a de nombreux inconvénients ; je lui réponds qu'il devrait bien les déshabituer de s'arracher les dents de devant ; mais il sourit en hochant la tête et ajoute que la mode serait, dans ce cas-là, plus forte que lui, puisque Sébitouané lui-même n'a pu en triompher.

11 décembre. — Au moment où nous allions partir, Monzé nous donne un des quartiers d'un buffle qui a été déchiré hier au soir par des lions. Nous traversons le Makoé, petite rivière qui va tomber dans le Kafoué, en se dirigeant à l'ouest, et nous nous détournons vers le nord pour aller faire une visite à Sémalemboué, qui jouit d'une grande influence de ce côté-là.

Nous passons la nuit au village de la sœur de Monzé ; elle porte le même nom que son frère, et tous deux ont des traits féminins qui seraient assez jolis, mais ils sont complétement défigurés par cette folle coutume de s'édenter.

Il est rare qu'on ait à se louer du gibier de potence ; toutefois, la première personne qui vient nous souhaiter la bienvenue au village de Monzé-sœur, est le prisonnier que j'ai fait mettre en liberté la semaine dernière. Il nous apporte du sorgho et de la farine, et, après avoir fait notre éloge aux personnes qui nous entourent : « Finirez-vous de les regarder? s'écrie-t-il ; ne savez-vous pas qu'ils ont la bouche comme tout le monde? » Il s'éloigne et revient peu de temps après, chargé de gros fagots d'herbe pour organiser mon lit, et m'apporte du bois et une marmite de terre pour faire cuire nos aliments.

12 *décembre*. — Nous avons eu de l'eau pendant toute la matinée ; la pluie venait du nord, et c'est la première fois que cela arrive depuis que je voyage sous cette latitude. Dans la province d'Angola, au contraire, ainsi que dans le pays de Londa, c'est toujours de ce point de l'horizon que viennent les pluies continues ; à Pungo-Andongo, par exemple, le crépissage des maisons est complétement enlevé du côté du nord, tandis que chez les Béchuanas la pluie ne vient jamais que de l'est ou du nord-est.

Le temps s'éclaircit vers le milieu du jour, et la sœur de Monzé nous fait la conduite pendant un mille ou deux. Elle me dit, au moment de nous séparer, qu'elle a envoyé des ordres à un village éloigné, pour que l'on nous portât des vivres à l'endroit où nous passerons la nuit, et répond, aux remercîments que je lui adresse, en m'exprimant la joie que lui fait éprouver l'espérance de vivre en paix : « Il serait si bon, dit-elle, de pouvoir dormir sans rêver de quelqu'un qui vous poursuit avec une lance ! »

En face de nous s'étend une chaîne de montagnes boisées qu'on appelle Chamaï. Nous traversons le Nakachinta, petite rivière qui va rejoindre le Zambèse en coulant dans la direction de l'est, et nous franchissons des côtes élevées, formées d'un micaschiste pareil à celui qui abonde dans le Golungo Alto ; celui que nous trouvons ici est couvert de porphyre et de grès feldspathique finement laminé, auquel se mêle du trapp. Ces roches, toutefois, ne se dirigent pas vers l'intérieur du continent comme celles de la province d'Angola ; depuis que nous avons passé les masses de granites que l'on trouve sur les bords du Calomo, les roches, et surtout le micaschiste, prennent une direction différente et s'inclinent du côté de l'est. Un nouveau changement s'opère un peu plus loin dans l'inclinaison des roches ; nous en parlerons plus tard, lorsque nous serons à l'endroit où nous l'avons remarqué. Les montagnes qui longent le Zambèse forment, à notre droite, un rideau sombre et ininterrompu, tandis qu'à notre gauche, celles qui se déploient dans le voisinage du Kafoué nous apparaissent comme une rampe bleuâtre, beaucoup moins haute et brisée à différents intervalles.

Nous passons deux petites rivières qui ne tarissent jamais et qui ont leur embouchure dans le Kafoué. Le pays est très-fertile, mais ne présente nulle part cet excès de végétation qui vous rend ailleurs la marche si pénible.

L'eau entre en ébullition à 204° (95° centigrades 5/9) : c'est une preuve que nous ne sommes pas encore descendus au niveau de Linyanti ; mais nous avons laissé derrière nous les masukas et divers autres arbres qui nous étaient devenus familiers. L'orseille et les lichens, si communs dans les forêts de l'Angola et du Benguela, commencent à paraître sur les arbres, et les mousses à tapisser la terre ; toutefois nous ne rencontrons pas de ce côté-ci du continent, ces fougeraies épaisses que l'on trouve partout dans la province d'Angola ; l'orseille et les mousses n'y sont elles-mêmes qu'en assez petite quantité.

Partout les habitants continuent à nous approvisionner de vivres, qu'ils nous fournissent en abondance ; ils ont appris d'une façon ou de l'autre, que j'avais des médicaments, et, au grand déplaisir de mes hommes, qui voudraient garder pour eux toutes mes drogues, ils m'amènent leurs enfants pour que je les soigne ; quelques-uns de ces pauvres petits ont la coqueluche : c'est l'une des rares maladies épidémiques dont on ait à souffrir dans ce pays-ci.

En passant auprès des arbres, je viens d'entendre, pour la première fois, le cri du *mokoua-reza* ; est-ce le *micropogon sulphuratus?* Les indigènes, qui ont appelé cet oiseau *gendre de Dieu*, prétendent que son cri est formé de la répétition du mot *poula*, qui veut dire pluie ; et l'on m'assure qu'il ne le profère qu'au moment des grandes averses. On dit encore qu'il va pondre dans le nid de la corneille du Sénégal à dos blanc, dont il commence par jeter les œufs, procédé qui ferait croire qu'il appartient à la famille des coucous. Cette habitude, jointe à la bonne nouvelle qu'il apporte en annonçant la pluie, a gagné au mokouareza l'affection des naturels ; par contre la corneille à dos blanc est fort mal notée dans leur esprit : ils s'imaginent que c'est elle qui empêche de pleuvoir, et, pendant la sécheresse, ils cherchent son nid avec ardeur pour le détruire, afin de rompre le charme qui, suivant eux, s'oppose à *l'ouverture des nuages*.

Tous les oiseaux réunissent leurs voix chaque matin ; et deux de ces chanteurs ont des notes puissantes et mélodieuses.

CHAPITRE XXVIII

Admirable vallée. — Mes hommes tuent deux éléphants. — Moyen de mesurer la hauteur de ces animaux. — Leur nourriture. — Sémalemboué. — Coiffure de ses sujets. — Leur manière de saluer. — Ancienne résidence de Sébitouané. — Passage du Kafoué. — Hippopotame. — Villages et montagnes. — Formation géologique. — Prodigieuse quantité de grands animaux. — Pluies. — Charge d'un éléphant. — Afflux de vie animale sur le Zambèse et sur ses bords. — Décoloration de l'eau. — Une île habitée par des hommes et des buffles. — Ruses de chasse des indigènes. — Agriculture. — Un albinos tué par sa mère. — Coupable de tlolo. — Femmes visant à faire ressembler leurs lèvres aux mandibules d'un canard. — Premiers symptômes de la traite des nègres de ce côté-ci du continent. — Hostilité de Sélolé. — Mystification d'une bande armée. — Assassinat d'un maraudeur italien. — Vitalité de l'éléphant. — Conseil aux jeunes sportmen. — Village de Mbourouma. — Conduite suspecte de ses sujets. — Les guides essayent de nous retenir. — Village et peuple de Mbourouma. — Réputation que nous font nos guides.

13 *décembre*. — Le pays est sillonné de vallées profondes de la plus grande beauté ; les roches sous-jacentes, de formation plutonique, ont produit un sol excessivement fertile ; la grosse bête y abonde, et pendant le jour des troupes de buffles couvrent les clairières et souvent les hauteurs.

Nous franchissons le Mbaï, et je trouve dans son lit des roches de marbre rose. Quelques petites montagnes des environs de cette rivière sont coiffées de marbre d'une blancheur admirable qui est supporté par des roches de nature volcanique. Des pluies torrentielles tombent fréquemment sur ces montagnes et font déborder les ruisseaux avec une telle promptitude, que cinq de mes hommes, qui viennent de passer presque à pied sec pour aller chercher du bois sur l'autre rive, sont obligés de revenir à la nage. La température a considérablement baissé par l'effet de ces pluies quotidiennes ; plusieurs fois, au point du jour, le thermomètre est descendu à 68° (20° centigrades), et n'en marquait alors pas plus de 74 (23° centigrades 3/9) au coucher du soleil ; nous en avons généralement de 72 à 74 le matin, de 90 à 96 à midi (de 32 à 35° centigrades 5/9), et de 80 à 84 à la fin du jour (de 26 à 30° centigrades); toutefois la sensation produite par ce changement de température n'est pas désagréable.

14 *décembre*. — Hier nous sommes entrés dans la plus belle vallée qu'il soit possible de voir, et où abondait le gros gibier. Apercevant un buffle couché dans l'herbe, je me dirigeai vers lui dans l'espérance de nous procurer de la viande, et il reçut trois de mes balles; comme il se retournait pour nous charger, nous courûmes vers des roches qui pouvaient nous offrir un abri. Avant que nous y fussions arrivés, trois éléphants, probablement attirés par le bruit qu'ils avaient entendu, nous coupèrent la retraite, puis se détournèrent brusquement et nous permirent de gagner les rochers. Le buffle, pendant ce temps-là, s'éloignait d'une allure fringante; pour n'être pas complètement frustré dans notre espoir, j'envoyai de très-loin une balle au dernier des éléphants qui, à la grande joie de mes hommes, eut l'une des jambes de devant brisée. Les plus jeunes de mes compagnons l'eurent bientôt contraint de s'arrêter, et un coup de feu dans la tête l'expédia immédiatement. La joie que manifestèrent mes hommes à la vue de cette abondance de viande me rendit très-heureux.

Ce matin, pendant qu'ils dépeçaient l'éléphant, un grand nombre de villageois vinrent prendre part à la fête et s'inviter au festin. Nous étions sur la pente d'une vallée délicieuse, parsemée d'arbres et arrosée dans tous les sens par de nombreux ruisseaux. Je m'étais éloigné du bruit pour examiner quelques roches formées de grès schisteux, quand je vis à l'extrémité de la vallée c'est-à-dire à une distance d'environ deux milles, une éléphante et son petit; elle était debout et s'éventait avec ses grandes oreilles, tandis que l'éléphanteau se roulait joyeusement dans la vase. A l'aide de ma longue-vue je distinguai une partie de mes compagnons qui, sur une longue file, arrivaient auprès des deux éléphants. « Ils sont « partis en disant : Notre père verra aujourd'hui de quelle nature « sont les hommes qui l'accompagnent, » me dit Sékouébou qui était venu me retrouver. Je montai alors sur le haut du coteau pour suivre la chasse du regard et voir de quelle manière s'y prendraient les chasseurs. L'excellente bête ne se doutait pas de l'approche de l'ennemi, et se laissait téter par son petit, qui pouvait avoir deux ans. Tous les deux allèrent ensuite dans une fosse remplie de vase où il se barbouillèrent de fange; le petit folâtrait gaiement, il agitait ses oreilles et balançait sa trompe à la mode éléphantine; sa mère, de son côté, remuait la queue et les oreilles pour exprimer sa joie. Tout à coup retentirent les sifflements de ses ennemis, dont les uns soufflaient dans un tube, les autres dans leurs mains jointes, et qui s'écrièrent pour éveiller l'attention de l'animal :

> O chef ! nous sommes venus pour vous tuer;
> O chef ! ainsi que bien d'autres, vous allez mourir;
> Les dieux l'ont dit, etc., etc.

Les éléphants relevèrent les oreilles, écoutèrent ce bruit étrange et sortirent de la fosse au moment où leurs assaillants se précipitaient vers eux. Le jeune s'enfuit d'abord en se dirigeant devant lui ; mais apercevant les chasseurs à l'extrémité de la vallée, il revint auprès de sa mère, qui se plaça entre lui et le danger, et lui passa mainte et mainte fois sa trompe sur le dos afin de le rassurer. Tout en s'éloignant, la pauvre mère s'arrêtait souvent pour regarder ses ennemis, qui continuaient leur musique infernale, puis elle se retournait vers son éléphanteau, le rejoignait bien vite, ou marchait de côté en hésitant, comme si elle avait été partagée entre le besoin de protéger son fils et le désir de châtier ses audacieux persécuteurs. Ceux-ci étaient environ à cent pas derrière elle, quelques-uns sur le côté, mais à pareille distance, jusqu'au moment où elle fut obligée de traverser un ruisseau. Le temps qu'elle mit à le franchir et à remonter sur l'autre bord permit aux chasseurs de gagner du terrain ; lorsqu'ils ne furent plus qu'à une vingtaine de pas, ils lui lancèrent leurs javelines. Tout rouge du sang qui coulait de ses blessures, la mère prit la fuite sans plus paraître songer à son enfant; j'avais dépêché Sékouébou aux chasseurs pour leur porter l'ordre de ne pas attaquer l'éléphanteau. Le pauvre petit s'éloignait aussi vite que possible ; toutefois, les éléphants, vieux ou jeunes, ne prennent jamais le galop, une marche très-rapide est leur plus vive allure ; et Sékouébou n'était pas arrivé que le petit éléphant s'était réfugié dans l'eau, où mes hommes l'avaient tué. Le pas de la mère se ralentit par degrés ; puis, se retournant en poussant un cri de rage, elle se précipita sur les chasseurs, qui se dispersèrent en se jetant à droite et à gauche ; elle suivit une ligne droite, et passa au milieu de la bande éparpillée, ne s'approchant que d'un homme qui avait un morceau d'étoffe sur les épaules (les habits de couleur voyante sont toujours dangereux en pareil cas). Elle recommença trois fois cette charge, et ne parcourut pas plus de cent mètres dans les deux dernières ; ayant traversé un ruisseau, elle s'arrêta plusieurs fois pour regarder les chasseurs, malgré de nouvelles javelines qui lui étaient envoyées ; enfin, après avoir perdu considérablement de sang, elle chargea une dernière fois ses ennemis, tourna sur elle-même en chancelant, et mourut agenouillée.

Je n'avais pas suivi tous les détails de la chasse ; mon attention en avait été détournée par le soleil et la lune qui apparaissaient ensemble au milieu d'un ciel pur; d'ailleurs je souffrais de voir détruire ces nobles animaux qui pourraient rendre de si grands services en Afrique, et le sentiment pénible que j'en éprouvais n'était pas atténué par la pensée que j'étais possesseur de l'ivoire que cette mort me faisait acquérir. Je regrettais qu'on eût tué ces pauvres bêtes, surtout l'éléphanteau, puisque pour le moment nous n'avions pas besoin de viande ; mais il est juste de dire que je n'avais pas éprouvé ces nausées lorsque la veille, chassant moi-même, j'avais le sang échauffé par l'ardeur de la poursuite. Nous devons peut-être juger les actions que nous ne sommes pas tentés de commettre avec plus d'indulgence que nous ne le faisons généralement. Si, d'abord, je ne m'étais pas rendu coupable du même fait, je me serais enorgueilli de ma sensibilité, lorsque j'aurais senti mon cœur défaillir en voyant mes compagnons exterminer ces éléphants.

Celui que j'avais tué la veille était un mâle non encore parvenu au terme de sa croissance ; il mesurait au-dessus de l'épaule deux mètres cinquante-quatre centimètres ; la circonférence du pied de devant était d'un mètre dix centimètres, qui, multipliés par deux, égalent deux mètres vingt centimètres. La femelle avait atteint son complet développement, et mesurait deux mètres soixante-quatre centimètres de hauteur; la circonférence du pied de devant était d'un mètre vingt-deux centimètres, qui, multipliés par deux, égalent deux mètres quarante-quatre centimètres. La hauteur des mâles adultes que l'on rencontre dans cette région est en général de trois mètres, ainsi que plus tard nous avons pu le constater; la circonférence du pied de devant était alors de un mètre quarante-six centimètres, qui, multipliés par deux, égalent deux mètres quatre-vingt-douze centimètres. Nous donnons ces détails parce qu'il a été observé que deux fois la circonférence de l'empreinte laissée par le pied de devant sur la terre, forme la hauteur de l'animal. Comme en effet cette empreinte est un peu plus large que le pied lui-même, elle semble fournir un moyen exact de mesurer la taille des éléphants qui ont passé ; toutefois les chiffres que nous venons de citer montrent que cette méthode est surtout applicable aux adultes. Dans le sud de l'Afrique, il suffit de la taille de l'éléphant pour le distinguer de celui des Indes : ici la différence est beaucoup moins sensible, la femelle y étant à peu près de la même grosseur qu'un mâle ordinaire de l'espèce asiatique ; mais l'oreille de la race africaine est un signe distinctif qui empêche de s'y méprendre, même en voyant une gravure. Celle de la femelle dont nous avons raconté la mort avait un mètre trente-cinq centimètres de longueur et un mètre vingt-deux centimètres de large. J'ai vu un nègre s'abriter complétement de la pluie en se glissant sous l'une de ces oreilles ; celle de l'espèce indienne n'a pas plus du tiers de cette dimension. Les éléphants représentés sur les médailles antiques prouvent que ce caractère important n'avait pas échappé aux anciens ; Cuvier a même avancé qu'il était mieux connu d'Aristote que de Buffon.

Je désirais vivement savoir si l'éléphante d'Afrique peut être apprivoisé ; je dois à la bienveillance de l'amiral Smyth, mon ami, de pouvoir donner au lecteur une solution satisfaisante de la question qui m'occupait. Deux médailles tirées du catalogue descriptif que

l'amiral a fait de son cabinet de médailles romaines, prouvent, par la dimension des oreilles, qu'elles représentent de véritables éléphants d'Afrique. Ceux-ci étaient même plus dociles que l'espèce asiatique et on leur apprenait à danser, à marcher sur la corde, etc. Ces médailles ont été frappées l'an 197 après Jésus-Christ : l'une est de Faustina Sénior, l'autre de Septime Sévère ; les éléphants qu'elles représentent venaient d'Afrique, d'où ils avaient été conduits à Rome. Aucune tentative n'a été faite au Cap pour domestiquer cet animal si utile ; jamais on ne l'a même exhibé en Angleterre, où il n'en existe qu'un très-jeune de cette espèce au Musée britannique.

L'abondance de nourriture que fournit cette région, comparativement à celle du Sud, ferait supposer que les animaux doivent y être plus grands que dans le Midi ; mais l'impression que j'en avais gardée, à première vue, a été confirmée par les mesures que j'ai prises et qui m'ont prouvé qu'au nord du vingtième degré de latitude les animaux sont plus petits que ceux de la même race que l'on rencontre au midi de ce parallèle. Les premiers éléphants mâles adultes que nous vîmes sur les bords de la Zouga, M. Oswell et moi, ne nous semblèrent pas plus gros que les femelles (toujours plus petites que les mâles) que nous avions vues auprès du Limpopo, où les éléphants atteignent plus de trois mètres soixante-six centimètres de hauteur; l'un de ceux que j'ai mesurés sur les rives de la Zouga avait trois mètres quarante-cinq centimètres, et dans ce pays-ci je ne leur trouve plus que trois mètres. Les défenses, toutefois, augmentent de dimension à mesure qu'on se rapproche de l'équateur. Malheureusement je n'avais pas mesuré les autres animaux du Sud; mais ils me produisirent également l'effet d'être d'une taille moins élevée dans le Nord que dans le Midi. La première fois que dans ce pays-ci nous vîmes des coudous, ils nous parurent si petits en comparaison de ceux que nous avions l'habitude de rencontrer dans le Sud, que nous nous demandâmes si ce n'était pas une nouvelle espèce d'antilopes. Le léché, qui ne se trouve pas au midi du vingtième degré, est remplacé par le pokou dans la région qui est au nord de la partie qu'il habite; le pokou n'est, il est vrai, qu'une variété du léché, et ne se distingue de celui-ci que par sa petitesse et sa couleur tirant plus sur le rouge. Une grande différence de taille se remarque aussi chez les animaux domestiques des deux régions. Toutefois l'influence des lieux est moins sensible chez ces derniers que chez les animaux sauvages. L'espèce bovine des Batokas, par exemple, très-jolie, très-douce, ayant le caractère enjoué et presque toujours une grande distance entre les yeux, est infiniment plus petite que la race aborigène que l'on trouve dans le Midi. Ajoutons cependant que le bétail de la vallée des Barotsés est de grande taille, bien qu'il soit placé sous la même latitude que celui des Batokas; mais il est possible que la race des bêtes à cornes des Barotsés vienne de l'Ouest, car celle que l'on voit sur la côte, où elle subit l'influence de la mer, comme à la baie du petit poisson, à Ambriz et à Benguéla, est d'une taille fort élevée. C'est du même endroit, probablement, qu'est venue la race à grandes cornes qui mesure deux mètres de haut, et qu'on trouve sur les bords du lac Ngami. Les chèvres et les volailles sont également fort petites dans toute la région tropicale; même les chiens, excepté dans les lieux où la race a pu être améliorée par des croisements d'origine portugaise. De même que leurs bêtes bovines, les chiens des Barotsés font exception à cette règle; ce sont de grands animaux à l'air farouche, bien qu'en réalité ils soient très-lâches. C'est une chose surprenante que cette décroissance de taille, précisément dans un pays où la nourriture abonde; mais le climat des tropiques ne semble pas plus favorable au développement des animaux qu'à celui de l'homme. Ce n'est pourtant pas défaut de soin relativement à la perpétuation de la race; les naturels choisissent toujours pour la reproduction le mâle le plus fort et le plus grand du troupeau; et la même chose arrive dans la nature, puisque les mâles sauvages n'obtiennent la possession des femelles qu'après avoir vaincu leurs rivaux. Il n'en est pas qui ne portent les cicatrices des blessures qu'ils ont reçues dans le combat. L'éléphant que nous avons tué hier avait une hernie ombilicale de la grosseur de la tête d'un enfant, et qui était sans doute produite par les coups d'un rival. Quant à la femelle, ses blessures lui avaient été faites par des chasseurs; elle portait au côté deux plaies non fermées et avait, à trente centimètres de l'extrémité de la trompe, une ouverture béante de quinze centimètres de longueur, qui devait l'empêcher de puiser de l'eau.

Dans l'estimation qu'on a faite de la quantité de nourriture nécessaire pour les grands animaux, on n'a pas apporté une attention suffisante au genre d'aliments qu'ils choisissent. L'éléphant, par exemple, est un mangeur des plus délicats; il affectionne particulièrement les arbres et les fruits à saveur douce : le mohonono, le mimosa, tous ceux qui contiennent beaucoup de matière saccharine, de mucilage et de gomme. On lui voit secouer les grands palmyras pour en faire tomber toutes les semences qu'il ramasse et qu'il mange une à une; ou bien on le trouve à côté du masuka, ou d'autres arbres fruitiers, dont il cueille patiemment les fruits, et toujours un à un. Il se nourrit aussi des bulbes et des tubercules de certaines plantes qu'il déterre, mais il ne les digère pas complétement. Bruce a dirigé l'attention des naturalistes sur les morceaux de bois non digérés, qu'il avait vus dans la fiente de l'éléphant; il doit avoir observé que ni les feuilles, ni les graines ne changent de nature en traversant l'appareil digestif de cet animal; les fibres ligneuses des racines et des branches qu'il a mangées sont rendues à l'état d'étoupes, la partie nutritive seule en a été extraite. Ce choix de matières mucilagineuses et la faculté d'en absorber complétement toute la portion alimentaire, expliquent le peu d'influence que de nombreux troupeaux d'éléphants produisent sur la végétation d'un pays, leur goût délicat exigeant la qualité plutôt que la quantité des aliments qu'ils absorbent. La masse de graisse que renferme leur corps les fait vivement apprécier des naturels, qui sont tous très-friands de cette matière, et qui l'emploient, non-seulement comme nourriture, mais aussi pour s'en barbouiller l'épiderme.

Le pays que nous traversons après être sortis de la vallée aux éléphants est très-beau, mais fort peu habité. La roche sous-jacente, qui est formée de trapp, contient des filons de gneiss talcaire ; on voit souvent le trapp saillir sur ses bords ou s'incliner un peu, soit au nord, soit au sud ; mais la direction en est généralement au nord-ouest ; dans les environs du Losito, la hornblende, le micaschiste et diverses roches schorlacées remplacent le trapp.

Autour de nous l'aspect des roches témoigne d'une force volcanique ayant agi simultanément sur toute cette partie de la région du Zambèse. En face de la dislocation des roches sur les deux rives, j'en suis venu à penser qu'à l'époque de la formation de la cataracte de Victoria, la puissance qui a opéré la fissure dont elle résulte avait en même temps changé le cours du fleuve en lui ouvrant tout à coup un autre lit depuis cet endroit jusqu'en aval de la gorge de Lupata.

18 *décembre*. — Après avoir traversé le Losito et franchi la montagne, nous atteignons la résidence de Sémalemboué, dont le hameau est bâti sur le bord du Kafoué, au pied de la chaîne de montagnes où cette rivière s'ouvre un passage. Le Kafoué s'appelle quelquefois Kahowhé ou rivière des Bashoukoulompos ; il a plus de deux cents mètres de large à l'endroit où nous sommes, et l'on y voit une énorme quantité d'hippopotames dont les petits sont juchés sur les épaules de leur mère. Nous nous trouvons ici à peu près à la même hauteur que la ville de Linyanti.

A peine étions-nous arrivés, que Sémalemboué s'est empressé de venir nous faire sa visite ; il m'a dit qu'il avait souvent entendu parler de moi, et que, maintenant qu'il avait le plaisir de me voir, il n'avait plus qu'une crainte, c'est que je ne m'endormisse ayant faim, et que je ne vinsse à passer une mauvaise nuit dans son village. Cette formule était une manière délicate de nous offrir des vivres, et Sémalemboué termina sa phrase en nous présentant six paniers de farine et de maïs, et une énorme corbeille d'arachides. Ce matin il nous a fait donner vingt autres paniers de farine ; je ne peux lui faire qu'un bien pauvre cadeau en échange ; mais il accepte mes excuses avec politesse, trouvant fort naturel que je n'aie point d'étoffes ou de grains de verre, puisque je viens d'un pays où il n'en existe pas. D'ailleurs la joie que lui donne l'espérance de vivre en paix avec ses voisins lui paraît d'une valeur bien plus grande que tous les présents qu'il peut nous faire : « Je vais cultiver beaucoup de maïs, ajoute-t-il, puisque nous pourrons manger et dormir sans inquiétude. » Une chose digne de remarque, c'est qu'aux yeux de tous les indigènes, la paix semble devoir résulter de la prédication de l'Évangile. L'existence de Dieu leur est familière, et il est inutile de la leur expliquer. Le mot *Réza*, dont Sékouébou fait usage pour désigner la divinité, est parfaitement compris et ne soulève aucune objection. Comme presque tous les nègres, les habitants de ce pays-ci ont beaucoup de penchant à suivre un culte quelconque ; Sémalemboué en profite pour tirer des peuplades voisines une grande quantité d'ivoire, sous prétexte qu'il est doué d'une puissance surnaturelle. Il transmet cet ivoire à d'autres chefs qui vivent sur le bord du Zambèse, et reçoit en échange des tissus de coton fabriqués en Angleterre, et qui viennent de Mozambique par le canal des marchands babisas ; les hommes de ma suite commencent ici à vendre leurs anneaux et leurs colliers, qu'ils troquent pour de l'indienne.

Sémalemboué est accompagné dans la visite qu'il nous fait par quarante hommes vigoureusement taillés. Ils ont la tête couverte d'une toison fort épaisse, qui est relevée chez quelques-uns au sommet du crâne et attachée de manière à former un cône ; chez les autres, elle est divisée en deux portions, dont la plus considérable est tordue en petites cordes et figure un chapeau coquettement placé sur l'oreille, tandis que l'autre partie, abandonnée à sa frisure naturelle, produit l'effet d'une touffe de cheveux s'échappant d'un bonnet de laine.

C'est en frappant dans leurs mains que les gens de ce pays-ci nous accostent. Des femmes viennent me voir de tous les villages des environs, et la frayeur que je leur inspire, et qu'il m'est très-difficile de calmer, leur fait battre des mains avec plus de vigueur que jamais.

Sékouébou est le seul des Makololos qui connaisse cette partie du continent ; d'après lui, nul endroit ne convient mieux à l'établissement d'une tribu, et il démontre avec beaucoup d'éloquence toutes les ressources que cette contrée fertile offrirait aux Makololos, dont elle satisferait tous les besoins. Il est certain qu'elle pourrait nourrir une population mille et mille fois plus nombreuse que celle qui l'occupe aujourd'hui.

Nous traversons, auprès de Losito, un endroit où jadis ont campé les Matébélés, chez qui Sékouébou a longtemps été captif ; en voyant les os des bœufs qu'ont dévorés les vainqueurs, et l'endroit où ceux-ci ont exécuté leurs danses sauvages, le pauvre garçon entonne un chant de guerre contre les Matébélés. Il me désigne, à l'ouest et à deux jours et demi de la résidence de Sémalemboué, un district où demeura Sébitouané. Les montagnes y renferment une source d'eau chaude, appelée Nakalombo, et dont la vapeur se distingue d'assez loin.

« Si votre Molékané vivait encore, me dit Sékouébou en parlant de Sébitouané, c'est là qu'il vous conduirait pour y vivre avec lui; vous seriez au bord du fleuve, et, en descendant le Zambèse, vous arriveriez chez les blancs qui sont auprès de la mer. »

Ce district est l'un des endroits favoris des Makololos, et l'on pourrait sans doute y établir un centre de civilisation. Au nord, s'étend une plaine immense peuplée, dit-on, par les Bashoukoulompos et diverses tribus qui récoltent une énorme quantité de grains, de patates douces, d'arachides, etc.; ils ont également des plantations de cannes à sucre, et je suis persuadé qu'ils se livreraient volontiers à la culture du coton, s'ils en avaient le débouché. Toutes ces peuplades ont la passion du trafic; malheureusement elles ne connaissent pas d'autre commerce que celui qu'elles font de leur ivoire et de leurs esclaves.

Le Kafoué entre dans une gorge étroite, aux environs du village de Sémalemboué. J'ai donné à cette gorge, située par 15° 48′ 19″ latitude sud, 28° 22′ longitude est, le nom de Bolengoué, qui est celui de la montagne dont elle est formée du côté du nord. Sémalemboué nous accompagne jusqu'à un défilé qui est à peu près à un mille au sud de son village, et à peine sommes-nous dans la montagne que nous nous trouvons à l'endroit où l'on franchit le Kafoué. Au moment de quitter Sémalemboué, je lui passe une de mes chemises, et il s'éloigne en paraissant enchanté de mon cadeau.

La rivière a au moins deux cent vingt-cinq mètres de large en cet endroit, mais elle est rocailleuse et peu profonde; après l'avoir traversée, nous en suivons la rive gauche, et nous sommes complétement enfermés entre de hautes montagnes.

Les moindres langues de terre placées entre le Kafoué et la rampe de la gorge ont été mises en culture; de l'autre côté de la montagne, le sol est fertile sur une immense étendue; mais une partie de la population est venue ici chercher un asile contre la rapacité de ses ennemis. La quantité d'hippopotames que renferme la rivière oblige les habitants à creuser des trappes nombreuses pour protéger leurs récoltes. Dans l'ignorance où ils vivent des armes à feu, ces hippopotames sont tellement peu farouches qu'ils ne font pas la moindre attention à nous; les jeunes, un peu plus gros que des bassets, et montés sur le cou de leurs mères, nous regardent entre les oreilles de celles-ci, et ne paraissent nullement s'inquiéter de notre présence; quand ils sont d'une taille un peu plus forte, ils se posent sur le dos de la femelle. Ayant besoin de viande, nous tuons l'un des adultes, et sa chair, comme toujours, ressemble énormément à celle du cochon. C'est une femelle qui mesurait un mètre quarante-sept centimètres de hauteur et trois mètres vingt centimètres de l'extrémité du mufle à la racine de la queue. Les hippopotames de cette rivière paraissent d'une humeur querelleuse, à en juger par les blessures dont les femelles, aussi bien que les mâles, portent des cicatrices; nous avons eu, auprès des chutes, l'exemple d'un jeune qui fut tué par un vieux mâle, chose qui arrive fréquemment.

Pendant que mes hommes sont en train de dépecer l'hippopotame, je gravis une montagne appelée Maboué asoula, dont le nom signifie *pierres qui sentent mauvais;* ce n'est pas la plus haute de celles que j'aperçois, mais elle n'a pas trente mètres de moins que la plus élevée de toute la chaîne; sa hauteur est de deux cent soixante-quatorze mètres cinquante centimètres au-dessus de la rivière, qui se trouve au même niveau que la ville de Linyanti.

Mes hommes qui, en fait de montagnes, n'ont jamais vu que des fourmilières, trouvent celle-ci d'une élévation prodigieuse; quand je leur dis qu'il y a des monts qui percent les nuages, ils suspendent leur haleine et portent les mains à leur bouche. Les montagnes qui nous entourent paraissent, il est vrai, beaucoup plus élevées qu'elles ne le sont réellement, à cause de leurs flancs abrupts; mais leur altitude est bien moins grande que le plateau que nous laissons derrière nous; elles forment une sorte de corniche inférieure à la rampe orientale, exactement comme les montagnes du Golungo Alto, dans la province d'Angola. Je suis continuellement frappé de la similitude que présentent la formation et la nature des roches que l'on trouve des deux côtés de l'Afrique; mais ainsi qu'on peut le voir par la coupe idéale dont le tableau est ci-joint, les rampes inférieures sont d'une structure différente.

Du Maboué asoula, on découvre cinq chaînes distinctes, dont celle des Bolengos est la plus éloignée du côté de l'ouest, et celle des Komangas la plus orientale; entre ces deux points extrêmes se trouvent les deux chaînes de Sékonkaména et de Funzé. Des pics nombreux se détachent de la rampe et sont généralement couverts de forêts; leur cime est couronnée de belles roches de quartz blanc, ou revêtue d'une couche de dolomite; sur le versant occidental de la Sékonkaména, se trouvent de grandes masses de cyanithe ou disthène, et, sur les flancs de la quatrième et de la cinquième sierra, il existe une grande quantité de minerai de fer spéculaire magnétique et des morceaux arrondis de minerai de fer noir, également très-magnétique, et renfermant une proportion considérable de métal. De petites rivières, qui tarissent pendant une partie de l'année, coulent entre les flancs abrupts de ces montagnes, dont beaucoup ont été formées par le soulèvement du granite de la même manière que celles du Kalomo. Des chaussées de ce granite, en surgissant, ont repoussé des masses énormes de micaschiste et de quartz ou de grès schisteux, qui se sont repliées sur elles de chaque côté comme des draps suspendus sur une corde ; la strate supérieure est toujours composée de dolomite ou de quartz blanc d'un vif éclat.

Sémalemboué aurait voulu nous faire prendre un peu au nord-est ; nous aurions, de cette manière, traversé le territoire des Babimpés, dont quelques-uns nous avaient engagés à prendre cette route comme étant moins rocailleuse ; mais le désir que j'avais de regagner le Zambèse m'a décidé à traverser la montagne aux environs de l'embouchure du Kafoué. La distance que nous avions à franchir, et, qui à vol d'oiseau, est très-peu de chose, nous a demandé trois jours de marche. Nos bœufs ont été si fatigués, par l'ascension et la descente de ces masses rocheuses et abruptes, qu'il a fallu en tuer plusieurs, dont l'un était une bête magnifique, ornée de plus de trente lanières flottantes, détachées de son propre cuir, et que Sékélétou, dont il faisait l'orgueil, voulait montrer aux blancs comme un spécimen de son troupeau. Nous voyons beaucoup d'éléphants en traversant la montagne, et mes hommes en ont poursuivi trois qu'ils ont tués.

Du sommet de la rampe extérieure, le tableau qui se déroule à nos yeux est splendide. A peu de distance du pied de la montagne, le Kafoué serpente au milieu d'une plaine couverte de forêts et s'enfuit pour s'unir au Zambèse qu'on aperçoit au loin, flanqué des sombres montagnes qui ferment l'horizon. Au moment où je regarde ces montagnes, leur base est voilée de nuages floconneux qui courent le long du fleuve ; sur la rive gauche du Kafoué, des centaines de zèbres et de buffles paissent au milieu des clairières, de nombreux éléphants pâturent et ne paraissent mouvoir que leurs trompes. Je voudrais être à même de photographier ce tableau qui disparaîtra devant les armes à feu, et qui s'effacera de la terre avant que personne l'ait contemplé.

Tous ces animaux sont d'une extrême confiance ; nous voilà descendus de la montagne, et les éléphants, arrêtés sous les arbres, s'éventent de leurs grandes oreilles comme si nous n'étions pas à deux cents mètres de l'endroit où ils se trouvent ; de grands sangliers fauves (*potamochoerus*), nous regardent avec surprise et leur nombre est immense. La quantité d'animaux qui couvre la plaine tient du prodige ; il me semble être à l'époque où le mégatherium paissait tranquillement au sein des forêts primitives.

Les habitants de la montagne n'ont pas de fusils et vont bien rarement à la chasse ; à l'exception de quelques marchands babisas, ils n'ont jamais reçu la visite de personne, pas même celle des mulâtres portugais.

Nous sommes retenus par la pluie sur les rives du Chiponga, et malheureusement le pays est infesté par la tsetsé. Je dois à l'obligeance de M. Gray, du Musée britannique, la gravure ci-jointe, qui représente cet insecte, dont les ravages m'ont été trop connus [1].

L'insecte est représenté, au n° 1 de la gravure, un peu plus petit qu'il ne l'est réellement, ce qui tient à ce que l'échantillon qui a

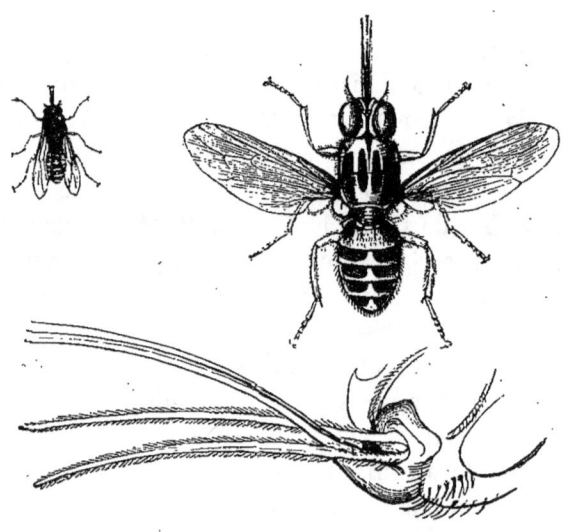

1. La tsetsé. — 2. La même grossie. — 3. Trompe de la tsetsé.

servi de modèle s'était contracté en se desséchant, car la tsetsé est un peu plus grosse que notre mouche ordinaire. Le n° 3 fait voir l'appareil dont elle est munie pour opérer la piqûre qu'elle inflige et pour aspirer le sang de l'animal, après avoir introduit dans sa peau le fluide vénéneux contenu dans la glande qui est située à la base de la trompe.

Nous avons voulu partir ; mais la pluie nous a bientôt contraints

---

1. Voy., pour la description de la tsetsé, la page 83.

de retourner sur nos pas. Les nuages viennent de l'est et se rassemblent au-dessus des montagnes, absolument comme la nappe sur le mont de la Table, auprès de la ville du Cap.

C'est la première fois que nous sommes mouillés depuis notre départ de Séshéké. Autrefois je bravais la pluie, et, comme je ne consentais pas à me laisser porter lorsqu'il fallait passer les rivières, ce qui arrivait continuellement, j'étais toujours trempé ; mais j'ai acquis de l'expérience, et aujourd'hui, quand je vois venir une averse, je ne manque jamais de faire halte ; mes hommes coupent de l'herbe qu'ils placent sur un buisson de manière à former une espèce de hangar où ils s'abritent, je m'installe sur mon pliant, un peu d'herbe sous mes pieds, mon parapluie à la main, et nous restons parfaitement secs ; l'averse finie, mes compagnons font un bon feu, se réchauffent complétement, et nous nous remettons en route dans les meilleures dispositions du monde. Il en résulte que j'ai beaucoup moins de malades que lors de mon voyage à Loanda, bien que mes compagnons actuels soient quatre fois plus nombreux. L'expérience m'a également fait améliorer mon régime ; en partant pour l'Angola je n'avais pris qu'un peu de sucre et de café, dans la crainte de surcharger mes hommes, et je comptais sur la générosité des indigènes et sur ma chasse pour nous alimenter pendant le voyage ; mais cette fois j'ai de la farine de froment dont une partie était restée dans mon chariot ; j'ai trouvé l'autre portion dans l'envoi qui m'a été fait par M. Moffat, et je cuis mon pain dans un four que j'improvise en renversant ma marmite ; grâce à toutes ces précautions et à la salubrité de ce pays-ci, je me porte admirablement.

30 *décembre*. — Après avoir quitté le Chiponga, nous suivons une chaîne de montagnes qui est placée à notre gauche et qui est composée de mica et de schiste argileux. Je trouve au fond de la vallée une forêt de gros arbres silicifiés, dont le gisement paraîtrait annoncer que la chaîne de montagnes, en se soulevant, les a précipités de l'endroit qu'ils occupaient vers la rivière. J'ai mesuré l'un de ces arbres qui est encore debout ; je lui ai trouvé un mètre soixante-cinq centimètres de circonférence et douze couches ligneuses dans vingt-cinq millimètres d'épaisseur. Ces couches sont très-faciles à compter, en raison d'une lamelle de silice pure, qui les sépare et que le temps a moins altérée que l'écorce elle-même ; les zones concentriques sont dès lors très-distinctes. M. Quekett, ayant bien voulu examiner quelques échantillons de ces arbres, a déclaré qu'ils appartenaient à la famille des araucarias ; il ajoute que, de tous les échantillons de bois qu'il connaît, ceux qui se rapprochent le plus des spéci-

meus que je lui ai soumis, ont été trouvés dans la Nouvelle-Galles du Sud, où ils se rencontraient de même à l'état fossile.

Je n'ai jamais vu d'éléphants aussi peu farouches que sur les rives du Chiponga ; nous passons littéralement à côté d'eux, sans même qu'ils changent de position. Dans les endroits, au contraire, où les armes à feu ont pénétré, ils s'inquiètent et s'éloignent dès qu'ils vous aperçoivent, y aurait-il entre eux et vous plus d'un mille de distance, et la détonation d'un fusil leur fait immédiatement prendre la fuite. Mes hommes en ont tué un qu'ils ont partagé avec les riverains du Chiponga, en échange de la farine que ceux-ci leur avaient donnée.

Nous passons la nuit sous un baobab qui est creux, et dont l'intérieur peut contenir vingt hommes ; il a servi de logement à un certain nombre de Babisas.

La terre se couvre de buissons à larges feuilles ; ils sont de plus en plus épais à mesure que nous approchons du Zambèse, et plusieurs fois nous avons été obligés de pousser des cris pour éloigner les éléphants qui obstruaient le passage. Comme nous traversions une clairière, un troupeau de buffles s'est mis à courir vers nous pour regarder nos bœufs de plus près, et ce n'est qu'en tuant l'un des leurs que nous avons pu les renvoyer. Leur chair a infiniment de ressemblance avec le bœuf, et nous la trouvons excellente.

Au milieu de tous ces animaux, dont la quantité prodigieuse est toujours pour moi un nouveau sujet d'étonnement, le seul danger que nous ayons couru a été de la part d'une femelle d'éléphant suivie de trois jeunes de différente taille, et qui s'est précipitée au centre de mon escorte ; en la voyant s'approcher, mes hommes jetèrent immédiatement leurs fardeaux, et son audace fut punie d'un coup de lance. Je n'avais jamais vu plus d'un jeune suivre la femelle de l'éléphant.

La quantité d'oiseaux d'eau que nous rencontrons nous annonce que nous ne sommes pas loin du Zambèse. Je viens de tuer quatre belles oies sauvages de mes deux coups de fusil, et rien ne serait plus facile que d'en fournir un souper copieux à mes cent quatorze hommes. Je ne crois pas qu'il existe de rivière où les animaux soient aussi nombreux, et, comme disent les Barotsés : « Le poisson et les oiseaux du Zambèse sont toujours des plus gras. »

Le fleuve réjouit enfin mes yeux et sa largeur m'étonne ; elle est beaucoup plus grande ici qu'en amont des chutes de Victoria, et le courant, plus rapide en cet endroit qu'aux environs de Séshéké, donne une vitesse de quatre milles et demi à l'heure. Je suis frappé de la coloration de l'eau, qui est ici d'un rouge brunâtre, phénomène qui ne se produit jamais dans la vallée barotsé. Nous avons déjà dit comment il se fait qu'à l'époque même de leur débordement, la transparence du Liambye et des rivières de l'intérieur n'est jamais altérée ; l'herbe épaisse qui couvre leurs bords, depuis l'endroit où ils prennent leur source, empêche la dégradation des terrains qu'ils traversent, et leurs eaux conservent leur limpidité ; mais ici l'herbe est courte, la pente beaucoup plus forte, et le fleuve entraîne une portion des terres qui l'avoisinent ; il charrie actuellement une quantité considérable de branchages, de débris de roseaux, jusqu'à des arbres même. J'ai observé pareille chose dans la province d'Angola ; une fois qu'on est arrivé sur le versant occidental, on remarque l'altération des eaux du Quango qui deviennent limoneuses, absolument comme celles du Liambye à l'endroit où nous sommes.

Nous gagnons les bords du fleuve à peu près à huit milles au-dessous de l'embouchure du Kafoué ; je regrette de n'avoir pas vu le confluent de ces deux magnifiques rivières. Le ciel est tellement nuageux, qu'il ne m'est pas possible d'établir notre latitude ; nous poursuivons donc notre voyage, et côtoyant la rive gauche du fleuve, nous arrivons en face de l'île de Ményé Makaba ; les îles que renferme le Zambèse sont nombreuses et parfois d'une assez grande étendue ; celle-ci a environ deux milles de longueur (un peu plus de trois kilomètres) et plus d'un quart de mille de largeur. Outre les hommes qui l'habitent, elle possède un troupeau de buffles qui ne s'en éloigne jamais ; bêtes et gens paraissent se comprendre à merveille ; lorsque les uns se préparent à venger les licences que les buffles se sont permises dans leurs jardins, ceux-ci, d'ordinaire très-paisibles, n'attendent pas qu'on les chasse, et vont fièrement proposer la bataille. La seule époque où les habitants parviennent à décimer le troupeau est celle de l'inondation, alors qu'une partie de Ményé Makaba est submergée, et c'est en canot qu'ils attaquent leur redoutable ennemi. La permanence du séjour de ces animaux sur ce territoire peu étendu, comparativement à leur nombre qui m'a paru excéder soixante têtes, prouve combien cette île est féconde ; si les pâturages n'y suffisaient pas amplement aux besoins du troupeau, comme les buffles savent très-bien nager et qu'ils n'auraient pas plus de deux cents mètres à franchir pour gagner la rive du fleuve, ils ne manqueraient pas d'émigrer toutes les fois que le moment arriverait où l'herbe deviendrait rare.

La chaîne de montagnes que l'on voit courir parallèlement au Zambèse doit être environ à quinze milles de la rive ; celle qui se trouve au nord du fleuve s'en éloigne beaucoup moins. Les Batongas habitent la rive gauche, et les Banyaïs la rive opposée. Les buffles abondent dans la montagne, les éléphants y sont nombreux et les indigènes en tuent beaucoup sur les deux rives ; pour cela ils dressent un échafaudage sur des arbres élevés dont les branches se déploient au-dessus du chemin que parcourent les éléphants ; ils s'arment d'une lance dont le fer a cinquante centimètres de long sur cinq de large, et la hampe un mètre cinquante centimètres de longueur ; quand l'animal vient à passer au-dessous d'eux, ils lui jettent cette lance entre les côtes ; la force du coup, les mouvements imprimés à la hampe par les arbres auxquels se heurte l'éléphant dans sa fuite occasionnent d'affreuses blessures qui ne tardent pas à causer la mort de l'animal. Ils se servent également d'une lance insérée dans une poutre qu'ils suspendent à une branche au moyen d'une corde fixée à une espèce de trébuchet placé sur la voie de l'éléphant ; le pied de l'animal, en touchant le piége, fait tomber la poutre, dont le fer empoisonné cause une blessure qui est toujours mortelle.

La pluie nous retient pendant plusieurs jours à l'île de Ményé Makaba ; les nuages, poussés par le vent d'est, s'accumulent à la cime des montagnes, où ils s'arrêtent, et fondent en averses diluviennes sur la vallée où nous sommes. Aussitôt que nous pouvons partir, le chef de l'île, Tomba Nyama, nous prête un canot pour traverser une petite rivière, nommée le Chongoué, qui peut avoir de cinquante à soixante mètres de large et qui est actuellement débordée. Toute cette région est familière à Sékouébou, qui l'a traversée lorsqu'il était enfant; à cette époque, me dit-il, les habitants possédaient de nombreux troupeaux et la tsetsé était inconnue dans le pays. La présence de cet insecte prouve qu'il peut être apporté d'un lieu à un autre par les animaux sauvages.

La rive est couverte d'une végétation tellement luxuriante que la marche y est très-difficile ; les animaux seuls y ont ouvert des sentiers ; heureusement qu'ils abondent : partout des zèbres, des pallahs, des buffles, des waterbocks[1], des sangliers, des koudous et des antilopes noires. Je viens de tuer un buffle qui se roulait dans un étang vaseux ; il avait au flanc une énorme blessure qui lui avait été probablement faite par un alligator.

Chose assez remarquable, depuis que nous sommes placés entre les montagnes de la rive gauche du Zambèse, la pluie semble augmenter la chaleur ; au lever du soleil, nous avons de 82 à 86° (de 27

---

1. Egoceros ellipsiprimus.

à 30° centigrades). A midi, sous ma tente, qui est elle-même à l'ombre la plus épaisse que nous puissions trouver, le thermomètre s'élève à 98° (36° centigrades 6/9), et le soir il est encore à 86°. Dans la région du centre, le mercure est toujours descendu en pareille circonstance à 72 et parfois même à 68° (20° centigrades). Nous avons ici un petit scarabée noir qui fait une piqûre analogue à celle des moustiques, mais un peu moins cuisante; cela me rappelle qu'il n'y a pas de moustiques sur les hautes terres que nous laissons derrière nous.

6 *janvier* 1856. — Dans chaque village on nous donne une couple d'hommes pour nous conduire à la bourgade prochaine; ces guides nous sont fort utiles au milieu des jongles, dont ils nous font éviter les endroits impraticables. Aux environs de tous les hameaux, nous trouvons les hommes, les femmes et les enfants occupés à esherber leurs jardins; les hommes sont vigoureux, bien musclés et ont de grandes mains excellentes pour conduire la charrue. Leur couleur varie du brun foncé à l'olivâtre, ainsi que chez les Balondas; ils se font, en relief, une cicatrice linéaire, qui va de la pointe du nez à la racine des cheveux; bien qu'ils aient les lèvres épaisses et le nez épaté, la physionomie nègre ne se rencontre parmi eux que chez les êtres les plus dégradés. D'après ce que m'avaient dit les Portugais de la faveur dont les albinos jouissent auprès de certains chefs, en qualité de médecin, je m'attendais à en rencontrer sur ma route; je n'en ai pas vu un seul depuis que je traverse l'Afrique. J'en avais trouvé deux il y a quelques années : un homme dans la colonie du Cap et une femme à Kuruman; leur épiderme était beaucoup plus tendre que celui des noirs, et tous les endroits de leur corps qui se trouvaient exposés au soleil étaient couverts d'ampoules. La femme habita Kolobeng pendant quelque temps; elle cherchait tous les moyens de se noircir; mais le nitrate d'argent, pris à l'intérieur ne produisit même pas son effet ordinaire. Une fois, à Mabotsa, je reçus la visite d'une femme dont l'enfant était albinos; il avait la pupille rose, la vue faible et indécise, les cheveux, ou plutôt la laine jaune, les mêmes traits que la plupart des Béchuanas, et une intelligence remarquable pour son âge. Le père avait ordonné à sa femme de se défaire du pauvre petit; elle refusa d'y consentir pendant plusieurs années, mais on m'a dit qu'après mon départ elle s'était fatiguée de l'isolement où elle vivait, et que pour rentrer avec son mari elle avait fini par tuer son fils dans les environs de Mabotsa. Les autorités du pays n'ont pas considéré cette action comme un crime. L'absence d'albinos dans la province de Loanda me fait soupçonner que les ha-

bitants de cette région les tuent dès leur naissance, comme ils détruisent en général tous les nouveau-nés dont la conformation est vicieuse. Je n'ai rencontré qu'une naine chez les Makololos, et un nain parmi les Balondas : encore était-il esclave. Du reste, le genre de vie de ces peuplades est très-propre au développement du corps ; leur nourriture est généralement saine, et quant à leur nudité, si elle les expose à toutes les intempéries des saisons, elle a du moins l'avantage de ne pas accumuler tous les miasmes que renferment des habits malpropres ; dans les épidémies de petites véroles et de rougeoles qui sévissent près de la côte, on a observé que les mulâtres, qui tous ont des vêtements, fournissaient les cas les plus nombreux et les plus graves.

Dans plusieurs tribus, l'enfant qui est déclaré *tlolo*, c'est-à-dire qui contrevient à la loi, est toujours mis à mort, et cette contravention est parfois assez curieuse ; ainsi le pauvre baby, dont les incisives paraissent à la mâchoire supérieure avant d'en avoir en bas, est impitoyablement détruit chez les Bakaas, et je crois aussi chez les Bakouains ; ailleurs, deux jumeaux éprouvent le même sort. Un animal peut également se rendre coupable de transgression et mériter le dernier supplice ; un bœuf qui, étant couché, bat la terre de sa queue, est tué immédiatement pour avoir appelé la mort dans la tribu. En revenant de Loanda mes hommes rapportaient, comme je l'ai dit, une quantité de volailles de belle race, qu'ils voulaient introduire dans le pays des Makololos ; si par hasard l'un de ces coqs précieux venait à chanter avant minuit, il se trouvait en contravention ; et le lendemain matin il était égorgé ; ces volatiles étaient perchés sur le fusil de leur maître, et lorsque, en traversant la forêt, l'un d'eux entonnait son chant pour se désennuyer, il était immédiatement battu pour lui apprendre à ne pas chanter hors de propos.

Ici les femmes ont l'habitude de se percer la lèvre supérieure et d'élargir graduellement l'ouverture qu'elles y ont pratiquée, de manière à pouvoir y introduire un coquillage ; cet ornement leur fait saillir la lèvre bien au delà du nez et les rend d'une laideur épouvantable ; Sékouébou prétend qu'elles ont éprouvé le besoin d'avoir un bec de canard ; et en effet elles sont parvenues à réaliser cet idéal presque aussi bien que l'ornithorynque. Cette coutume est générale dans toute la contrée des Maravis, et il faut avouer que la mode n'a jamais obtenu des femmes un trait de folie plus extravagant.

Nous avons de la pluie tous les jours et, quand elle cesse, le temps n'en est pas moins couvert ; le soleil paraît alors entre les nuages et nous brûle au point que mes compagnons le maudissent en invoquant la pluie. Jamais sur les hautes terres ils ne se plaignaient de la chaleur, non plus que mes Zambésiens sur la crête de Golungo ; mais, en descendant au fond de la vallée d'Angola, ces derniers commencèrent à trouver le soleil insupportable, comme nous le faisons de ce côté-ci ; j'éprouve en effet, au milieu de cette atmosphère étouffante, un malaise que je ne ressentais pas sur les hauteurs.

Nous sommes nombreux, le gibier abonde : aussi la chasse occupe-t-elle une partie de mes journées. Nos rapports sont toujours excellents avec les chefs des villages que nous trouvons sur notre chemin, et c'est à qui nous offrira de la farine et d'autres aliments. Aujourd'hui on m'apporte une corbeille de riz : c'est le premier que je vois dans cette région ; il n'en existe pas dans les provinces du centre, celui qui m'en fait cadeau l'appelle le blé des hommes blancs ; je le prie de m'en donner davantage en lui promettant de le lui payer, il me demande un esclave en échange. Nous voilà revenus au pays de la traite des nègres ; plus de ces bons chefs qui nous ont si bien reçus ; en disant adieu à Mobala, nous n'avons plus rien à espérer des autres. Quelques heures après l'avoir quitté, nous arrivons chez Chilolé ou Sélolé, qui, nous considérant comme ennemis, vient d'envoyer un exprès à Mbourouma pour l'engager à nous déclarer la guerre. Toutes les femmes de Sélolé ont fui, et les quelques habitants que nous rencontrons manifestent la plus vive terreur. Mbourouma, en réponse au message de Sélolé, envoie une partie de ses guerriers sous la conduite de son frère ; mais celui-ci, voulant savoir à quoi s'en tenir, vient me trouver tout d'abord, et me met au courant de l'aventure ; je lui explique mes intentions, il les comprend à merveille, et il m'assure que Mbourouma nous recevra parfaitement. J'ai su plus tard ce qui avait motivé la panique de Sélolé ; un Italien appelé Simoens, et que les naturels avaient surnommé Siriatomba, c'est-à-dire qui ne mange pas de tabac, s'était marié avec la fille d'un chef dont la résidence est au nord de Tètè ; il remonta le Zambèse jusqu'au delà de Méya Makaba, et, secondé par cinquante esclaves armés de mousquets, il attaqua les habitants de plusieurs îles, fit un grand nombre de prisonniers et s'empara de beaucoup d'ivoire. A son retour, les chefs des bords du fleuve se réunirent contre lui, à l'instigation de Sékokolé son beau-père, détruisirent sa petite armée, et le tuèrent au moment où il prenait la fuite. Sélolé s'était figuré que j'étais un autre Italien. « Siriatomba est revenu de chez les morts, » fit-il immédiatement savoir à Mbourouma, ajoutant que nous avions tout détruit sur notre passage et que Mobala n'existait plus ; mais l'apparition de Mobala, qui vient précisément d'arriver pour juger de la manière dont nous sommes accueillis, fait comprendre au frère de Mbourouma que c'est une mystification, et tout s'arrange. Néanmoins ce diable de Sélolé a failli nous mettre dans une cruelle position.

Le frère de Mbourouma possède un fusil, le premier que nous ayons vu depuis que nous avons quitté le pays des Makololos.

Nous manquons de viande et mes hommes sont allés attaquer des éléphants. Au moment où ceux-ci ont commencé à fuir, l'un d'eux est tombé dans une fosse où il a reçu plusieurs javelots de chacun des soixante-dix hommes qui étaient à sa poursuite ; quand il est sorti de cette fosse, il ressemblait à un immense porc-épic, et mes hommes, n'ayant plus de javelines, m'ont fait prier de venir achever leur éléphant. Dans l'intention de mettre fin d'un seul coup aux tortures du pauvre animal, je me suis placé à vingt pas de lui, sur une éminence qu'il lui aurait été difficile de gravir, et, appuyant sur une fourmilière le canon de mon fusil afin de viser plus juste, je lui ai tiré douze balles de deux onces qui n'ont pas réussi à le tuer. Comme il faisait presque nuit, j'ai engagé mes hommes à revenir au camp, bien persuadé qu'il serait mort le lendemain sans avoir pu s'éloigner ; mais, quoique nous l'ayons cherché partout et que nous ayons fait plus de dix milles, nous n'avons jamais pu le retrouver. Je signale ce fait aux jeunes chasseurs qui croient pouvoir chasser l'éléphant à pied, et le tuer d'une balle dans le cerveau, d'après la méthode des habitants de Ceylan ; je suis persuadé qu'en Afrique, celui qui se placerait en face d'un éléphant avec l'espoir de le tuer du premier coup, irait à une mort certaine. J'ajouterai qu'il est impossible d'avoir des chevaux sur les bords du Zambèse, où la tsetsé infeste les deux rives, et que la chasse est tellement fatigante dans ce pays-ci, que le sportman le plus intrépide ne tarderait pas à s'en lasser. J'étais enchanté pour ma part d'avoir épuisé mes dernières balles afin d'abandonner la partie à mes hommes, qui eux-mêmes ne se décident à chasser que lorsqu'ils y sont obligés par la faim. Quelques-uns d'entre eux m'ont demandé si mon assiette n'était pas en plomb ; c'était m'insinuer que je pourrais bien la fondre ; j'en avais deux en étain ; j'ai profité de leur conseil et je viens d'en faire des balles. J'ai aussi dépensé tout le reste de mes mouchoirs pour leur acheter des lances. Ils s'approchent des troupeaux de buffles et en tuent beaucoup de jeunes ; quant à moi, avec mon mauvais bras qui m'oblige à tirer de la main gauche, je suis un pauvre chasseur ; la légèreté de mes balles, jointe à ma maladresse, me fait revenir souvent tel que j'étais parti ; et plus nous manquons de vivres, plus la chasse est mauvaise.

Que l'on me permette de raconter ici une aventure de chasse arrivée à un homme qui a couru plus de dangers que personne au monde, et qui est trop modeste pour jamais rien publier de ce qui a rapport à lui. En 1850, à l'époque où nous étions sur les rives de la Zouga, M. Oswell poursuivait un éléphant au milieu du fourré impénétrable qui borde cette rivière, et où les animaux que l'on pourchasse vont chercher un asile ; en relevant les branches et se frayant un passage à travers le hallier, en faisant plier les buissons épineux sous le poids de sa monture, il se trouva tout à coup dans un endroit moins épais et vit l'éléphant, dont jusqu'alors il n'avait entrevu que la queue, se précipiter vers lui. Obligé de fuir sans prendre le temps d'écarter les branches, il lui devint impossible de revenir sur ses pas ; il lui fallut mettre pied à terre, mais, en descendant de cheval, sa jambe fut accrochée par les broussailles et l'éperon laboura les flancs de sa monture ; l'animal bondit, et le cavalier tomba par terre, le visage tourné vers l'éléphant qui approchait. M. Oswell vit l'énorme pied de la bête gigantesque près de se poser sur ses jambes, il les écarta et s'attendit à être écrasé par les pieds de derrière qui allaient retomber sur son corps ; il retint son haleine et vit passer au-dessus de lui toute la masse du géant. Il n'est arrivé à ma connaissance qu'un autre exemple d'un éléphant qui, pourchassé, ait franchi le corps d'un homme sans lui faire aucun mal. Celui qui connaît les lieux se sent pâlir en songeant à la rencontre d'un ennemi aussi formidable en un pareil endroit ; les épines que l'on trouve dans ce hallier, tranchantes comme une lame de poignard, sont distribuées par couples opposées, de manière à se tourner toujours vers l'intrus qui se presse contre le buisson qu'elles défendent. Il est peu de chevaux qui osent affronter ces broussailles effroyables.

Comme nous approchions du village de Mbourouma, nous avons trouvé le frère de celui-ci qui venait à notre rencontre ; il m'a dit que nous inspirions des craintes assez vives à la population, qui tremble toujours au nom de Siriatomba. « Ce dernier, ajoute-t-il, s'était présenté comme vous en prononçant des paroles de paix ; il n'en a pas moins capturé les enfants, pris tout l'ivoire, et l'on est persuadé que vous allez faire la même chose. — Ai-je un seul esclave parmi les hommes qui m'accompagnent et voyez-vous des enfants au milieu d'eux ? » lui demandai-je. Il m'a paru de nouveau convaincu de la pureté de nos intentions, et l'entretien s'est prolongé sur différents sujets, entre autres sur la déception que j'avais éprouvée la veille à propos de notre éléphant. « Les habitants du village où vous étiez ont été bien coupables à votre égard, m'a répondu mon interlocuteur; ils n'avaient qu'à venir ici, Mbourouma leur aurait donné un peu de farine, et l'ayant semée sur la terre en offrande aux esprits, vous auriez retrouvé tout de suite votre éléphant. » Les chefs de cette région se sont revêtus d'une espèce de sacerdoce, et le peuple s'imagine que, par leur entremise, on peut se rendre la divinité favorable. Lorsque j'étais au village de Sémalemboué, plusieurs individus, ayant appris que j'avais donné quelques médicaments à des malades, vinrent me trouver en me demandant une drogue qui les fît réussir dans leur métier; l'un était chasseur d'éléphants, l'autre d'hippopotames, celui-ci creuseur de trappes, etc. Tous les Africains ont une foi sans bornes dans l'efficacité des préparations magiques, et pour eux tous les médicaments sont des charmes. Je leur réponds que c'est à Dieu, et non à moi, qu'ils doivent adresser leurs prières et demander protection; mais il est probable qu'ils n'en sont pas convaincus. Mbourouma n'est pas venu me voir, et les habitants de son village nous témoignent une défiance excessive; ils nous ont pourtant donné du maïs, de la farine et du sorgho, mais ils ne s'approchent de nous que par bandes nombreuses et armés jusqu'aux dents. Toutefois je ne m'inquiète pas beaucoup des embarras que nous avons aujourd'hui; si, comme je l'espère, nous parvenons au but de notre voyage sans être obligés de nous défendre, la confiance se rétablira bien vite, et nous ne rencontrerons plus à notre retour ces regards voilés et soupçonneux. Le sol, partout brillanté de mica, est très-fertile; et dans les vallées, qui sont toutes mises en culture, le maïs est maintenant en épis et le grain en est mangeable.

Les montagnes se rapprochent du Zambèse sur les deux rives, et forment une gorge étroite qui porte le nom de Mpata, comme toutes celles du même genre. Il y a bien, tout au bord du fleuve, un sentier que nous pourrions suivre; mais je lui préfère un chemin beaucoup plus large qui traverse la chaîne du côté de l'est, et qu'on trouve dans un défilé qui s'appelle Mohango. Les montagnes y sont couvertes d'arbres, et leur élévation est d'environ deux cent trente à trois cents mètres. Les roches se composent de micaschiste de nuances diverses; une large bande de gneiss, renfermant des grenats et traversée par plusieurs coulées de basalte, mêlé de dolérite, suit une direction parallèle au Zambèse.

Mbourouma nous envoie deux guides pour nous conduire à la Loàngoua. Lorsque nous sommes à peu près à six milles du village, ces hommes nous désignent un arbre et nous disent que leur chef désire que nous nous arrêtions là pour y passer la nuit; je ne tiens pas compte de cette espèce d'injonction, et nous poursuivons notre route. Aux environs de la prochaine bourgade, on nous annonce que l'on doit nous apporter des provisions et que nous devons les attendre; mais personne ne vient, et, au bout d'une heure, je fais continuer la marche. Cette détermination paraît contrarier nos guides; bientôt l'un d'eux nous quitte et s'enfuit dans la direction de Mbourouma. Ils avaient d'abord essayé de nous diviser, en insistant pour nous faire descendre le Zambèse, nous offrant, à Sékouébou et à moi, de nous prêter un canot, tandis que mes hommes continueraient à suivre le chemin de la montagne. Je ne sais pas s'ils ont vraiment des intentions hostiles; mais je sais qu'une caravane de Babisas, qui venait de Mozambique, a été pillée dans ces parages, et, sans manifester le moindre soupçon à mes guides, je refuse poliment d'accepter leur canot et de faire halte aux endroits qu'ils me désignent.

Les éléphants abondent toujours; mais ils sont plus farouches et s'éloignent rapidement dès qu'ils nous aperçoivent.

Notre marche est très-pénible; c'est tout au plus si nous faisons dix milles par jour (seize kilomètres). Au village de Ma Mbourouma [1], nous sommes rejoints par celui de nos guides qui nous avait abandonnés, et, tous les deux ayant fourni de bons renseignements sur notre compte, les femmes et les enfants nous regardent sans effroi. Les habitants m'ont pris tout d'abord pour l'un des marchands qui ont l'habitude de venir ici et qu'ils appellent *bazungas*. Je suppose que ces négociants, qui pénètrent dans cette région par le Zambèse, et qui, d'après les naturels, ont la peau et les cheveux différents des miens, sont des mulâtres portugais.

Ma Mbourouma nous offre des canots pour traverser la Loangoua; ses sujets viennent sans défiance regarder ma montre, mes livres, mon miroir, mes revolvers, etc., etc. Ils sont forts et musculeux, et les hommes cultivent la terre ainsi que les femmes. Le sol renferme une si grande proportion de talc et de mica pulvérisés, provenant des montagnes voisines, qu'il semble avoir été mêlé avec du blanc de baleine.

Il est d'un usage à peu près général dans ce pays-ci de ne man-

---

1. La mère de Mbourouma.

ger le sorgho ou le maïs qu'après l'avoir fait germer en le faisant tremper dans l'eau. Toutes les femmes ont une coquille dans la lèvre, ce qui les rend affreuses; et jamais je ne les ai vues sourire. Les habitants de cette région comprennent très-vite ce qu'on leur dit au sujet de Dieu; ils écoutent mes paroles avec une grande attention et m'exposent en échange leurs idées sur l'immortalité de l'âme et sur l'existence des esprits.

Le village de la mère de Mbourouma, entouré de hautes montagnes entrecoupées de vallons cultivés où la végétation est luxuriante, est dans une situation admirable. Nous passons le plus vite possible au milieu de ces vallées fécondes, cherchant à fuir la tsetsé qui infeste aujourd'hui les pâturages où Mpakané et tant d'autres maraudeurs ont capturé naguère des troupeaux si nombreux. Sékouébou se le rappelle encore; il me raconte ces razzias dévastatrices, auxquelles il a pris part, et baisse la voix pour que nos guides n'entendent pas qu'il était avec leurs ennemis. Toutefois, malgré cette précaution, il est très-évident qu'ils ne sont pas rassurés à notre égard. « Ils ont à la bouche des paroles de paix, disent-ils en parlant de nous aux gens près desquels nous passons. Beau langage! mais grands menteurs, comme tous les Bazungas. »

Ils croient que nous ne comprenons pas ce qu'ils disent; mais Sékouébou n'en perd pas une syllabe; et, sans paraître avoir entendu leurs observations peu flatteuses, nous avons grand soin d'expliquer tout d'abord que je suis un Makoa, c'est-à-dire un Anglais, et que je n'ai rien de commun avec les Bazungas.

CHAPITRE XXIX

Embouchure de la Loangoua. — Hostilités apparentes. — Ruines d'une église. — Traversée de la rivière. — Séparation amicale. — Ruines de maisons construites en pierre. — Situation de Zumbo. — Jardins. — Visite du docteur Lacerda à Cazembé. — Tentative infructueuse de relations commerciales avec les sujets de Cazembé. — L'un de mes compagnons est jeté en l'air par un buffle. — Rencontre d'un homme ayant une jaquette et un chapeau. — Marécages et terrasses sur les bords du Zambèse. — Succès de la danse de mes compagnons. — Pays d'une admirable beauté. — Hostilité de Mpendé. — Sortiléges. — Perspective de combat. — Visite de deux vieux conseillers de Mpendé. — Leur opinion sur les Anglais. — Mpendé renonce à nous attaquer. — Il nous accorde son affection. — Paysages. — Patates douces. — Confirmation de la théorie pluviale des Bakouains. — Tonnerre sans nuages. — Désertion de l'un de nos hommes. — Opinion des indigènes sur les Anglais. — Dalama. — Haine des habitants pour les marchands d'esclaves. — Rencontre de trafiquants indigènes colporteurs de calicot américain. — Lois sur la chasse. — Sel extrait du sable. — Fertilité du sol. — Hyène tachetée. — Politesse et libéralité des habitants. — Avarice d'un marchand de race blanche. — Observations des indigènes à cet égard. — Changement de direction du vent et de la pluie. — Rareté du bois à brûler. — Bois de construction. — Boroma. — Inondations. — Chicova. — Configuration géologique. — Rapides aux environs de Tété. — Guide loquace. — Nyampungo, docteur ès pluie. — Un vieillard. — Lavage de l'or. — Absence de bétail.

14 janvier. — Nous atteignons l'embouchure de la Loangoua, et le remercie Dieu d'avoir permis que nous pussions y arriver sans coup férir. Les sujets de Mbourouma nous ont témoigné tant de défiance, que nous devions craindre à chaque instant d'être attaqués ; nous les voyions çà et là, réunis en grand nombre, à distance de notre camp ; et, malgré leurs protestations affectueuses, nous n'avons jamais pu en obtenir plus de deux canots, bien qu'ils en aient beaucoup. D'après eux, les Bazungas auraient autrefois habité ce pays-ci ; quant au motif qui les aurait éloignés, les naturels conservent à cet égard un silence absolu.

J'ai découvert, en me promenant, les ruines d'un édifice en pierre ;

ce sont les restes d'une église. J'y ai trouvé dans l'herbe une cloche avec les initiales J. N. S., accompagnées d'une croix, mais n'ayant aucune date ; pas d'inscriptions nulle part, et les habitants n'ont jamais pu me dire quel nom les Bazungas donnaient à leur résidence. J'ai su plus tard que ces ruines étaient celles de Zumbo.

Vers le soir, je me suis senti profondément troublé en pensant que tous mes efforts seraient perdus si le lendemain, comme je devais m'y attendre, l'un de ces malheureux sauvages venait à me briser le crâne. Ce serait bien le cas de dire qu'ils ne savent ce qu'ils font, car je n'ai pas d'autre pensée que leur salut et leur bien-être. Et cette immense région qu'ils habitent! Ne serait-il pas bien dommage que ces deux plateaux, à la fois salubres et fertiles, que j'ai découverts fussent longtemps encore ignorés de la chrétienté? Mais en prenant ma Bible, je suis tombé sur ces paroles : « Toute puissance vous est donnée en mon nom dans le ciel et sur la terre ; allez et enseignez les nations... je serai toujours avec vous jusqu'à la fin des siècles. » Confiant en cette promesse, je suis sorti pour aller prendre la situation des ruines de l'église [1], et j'ai tout lieu de croire à l'exactitude de mes calculs.

15 janvier. — Ce matin, tous les hommes du voisinage se sont réunis autour de nous ; ils étaient armés et renvoyaient les femmes et les enfants qui cherchaient à nous voir. L'une des épouses de Mbourouma, qui demeure dans les environs, et qui était venue tout exprès pour me faire une visite, n'eut pas même la permission d'approcher. Les habitants ne voulurent nous prêter qu'un seul de leurs canots, bien qu'il y en eût deux autres amarrés au même endroit. C'est à un mille à peu près de son embouchure que nous avons traversé la rivière ; elle m'a paru avoir plus de huit cents mètres de large, mais elle est débordée. Nous avons déposé d'abord nos bagages dans une île située au milieu de la Loangoua ; j'ai fait ensuite passer le bétail, puis les hommes de mon escorte, et je suis resté le dernier sur la rive, ainsi que je le fais toujours.

Un certain nombre d'individus assistaient à notre passage, j'ai tâché de les distraire en leur montrant ma montre et divers objets qui les intéressent vivement ; ils se sont éloignés peu à peu, et je me suis trouvé seul avec les hommes qui devaient ramener le canot après m'avoir conduit sur l'autre bord, où je suis enfin arrivé sans encombre. Peut-être l'attitude menaçante de la population n'était-elle motivée que par la crainte d'une attaque de notre part ; je ne

1. 15° 37′ 22″ latitude sud. 30° 32′ longitude est.

saurais l'en blâmer, car elle a de bonnes raisons pour se défier des blancs.

Nos guides ont passé la rivière à leur tour pour nous faire leurs adieux, et nous avons été nous asseoir sous un mangoustan qui a près de cinq mètres de circonférence. Je les ai trouvés beaucoup plus communicatifs qu'ils ne l'avaient jamais été ; ils me dirent qu'autrefois le pays, sur les deux rives, appartenait aux Bazungas, qui l'avaient quitté depuis fort longtemps à l'approche de Changaméra, de Ngaba et de Mpakané. Sékélétou, qui était avec ce dernier, prétendit qu'il n'était jamais venu jusqu'à l'embouchure de la Loangoua, ce que nos guides confirmèrent. Il sait le véritable nom du mangoustan, et nous en fit voir sept autres à peu près au même endroit, ainsi que plusieurs tamarins. Mbourouma envoie chaque année des hommes recueillir les fruits de ces arbres ; mais, comme tous les naturels que j'ai connus, il n'a pas la patience d'en propager l'espèce. J'ai fait présent de quelques bagatelles à nos guides, et je les ai priés de remettre de ma part à Mbourouma une jaquette de serge rouge que Sékélétou m'avait donnée pour acheter un canot ; ils parurent enchantés, et je me suis trouvé fort heureux de nous quitter bons amis.

16 *janvier*. — En passant au pied d'une chaîne de montagnes que l'on appelle Manzanzoué, je découvre les ruines de huit ou dix maisons construites en pierre et à mi-côte, de façon à dominer le Zambèse ; elles avaient toutes été bâties sur le même plan : un corps de logis au fond d'une grande cour, dont les murs étaient formés comme ceux de la maison, d'un grès tendre de couleur grise cimenté avec de la vase. Ces constructions ont été faites par des esclaves ignorant l'art de bâtir, car souvent les pierres ne recouvrent pas les joints de l'assise inférieure, et, en certains endroits, elles sont posées directement au-dessus les unes des autres, de façon à présenter une suture qui va de la base au sommet de l'édifice ; on avait autrefois dissimulé ces défauts sous une couche épaisse d'argile, dont on voit encore les vestiges ; elle est remplacée aujourd'hui par des figuiers qui croissent sur ces murailles, dont ils retiennent les fragments. La pluie, à différentes places, a délayé la terre et fait écrouler des pans de mur qui se sont détachés en blocs ; une partie de la charpente s'est effondrée, mais les poutres et les chevrons sont encore tout entiers, bien qu'il y ait assez longtemps que ces maisons soient en ruine pour que des arbres de la grosseur d'un homme aient poussé entre leurs murs. De l'autre côté du fleuve on aperçoit une muraille, qui, d'après son élévation, de-

vait appartenir à un fort; ainsi l'église, placée entre la rive droite de la Loangoua et la rive gauche du Zambèse, se trouvait au centre de la ville.

La situation de Zumbo était admirablement choisie. Derrière nous s'élève une masse de hautes montagnes, couvertes d'arbres, d'où se détachent les Manzanzoués, qui s'étendent au nord sur la rive gauche de la Loangoua, tandis qu'au sud-est la vue plonge sur un immense tapis de verdure, où l'on aperçoit au loin une petite montagne ronde qu'on appelle Tofoulo. De leurs vérandahs, les marchands de Zumbo jouissaient de la vue magnifique du confluent des deux rivières, entre lesquelles s'élevait leur église, et de celle de tous les terrains où ils récoltaient du froment qui, sans irrigation, était deux fois plus grand que celui des plaines de Tètè. De Zumbo, les trafiquants pouvaient pénétrer au nord-nord-ouest par la Loangoua, au sud-ouest par le Zambèse, et à l'ouest par le Kafoué. Néanmoins, c'était avec le nord qu'ils avaient le plus de relations, et leur commerce portait principalement sur l'ivoire et sur la traite des nègres. Mais les colonies portugaises étant essentiellement militaires, et la paye des officiers très-minime, ceux-ci, obligés pour vivre de se livrer au négoce, emploient tous les moyens qui sont en leur pouvoir à concentrer les affaires dans les villages qu'ils commandent, et il en résulte que, dans le pays, les entreprises commerciales ont toujours été fort restreintes.

Plusieurs caravanes, néanmoins, ont pénétré dans le nord, jusqu'à la résidence de Cazembé, où se rendit lui-même le docteur Lacerda, qui commandait Tètè; malheureusement il mourut pendant le séjour qu'il fit dans cette ville, et ses papiers, dont s'empara un jésuite qui l'accompagnait, ne furent jamais publiés; il est probable que ce jésuite avait l'intention de les faire paraître; mais il fut frappé de mort lui-même peu de temps après son retour, et les papiers du docteur ne se sont jamais retrouvés. Celui-ci désirait vivement établir une voie de communication entre Angola et Tètè, comme moyen plus rapide de correspondre avec le Portugal que par la voie du Cap; mais, depuis que la traversée a lieu par l'isthme de Suez pour aller dans les Indes, l'Afrique orientale communique avec Lisbonne par la mer Rouge et la Méditerranée.

Péreira, qui est allé visiter Cazembé, a fait de la puissance de ce chef une peinture brillante que j'ai tout lieu de croire exagérée. Les sujets de Matiamvo m'ont tous parlé de Cazembé comme du vassal de leur chef; et, d'après ce que m'ont dit tous les indigènes qui sont allés le voir, il serait sur la même ligne que Shinté et Katéma, bien que ses sujets soient un peu plus nombreux. Le titre d'empereur, qui lui a été donné, ne paraît nullement lui convenir; et le fait que lui raconte Péreira, de vingt individus exécutés en un jour dans la ville de Cazembé, n'a été confirmé par personne; toutefois, il a pu assister à l'une de ces hécatombes qui, au nord du 20ᵉ degré de latitude, ont lieu à la mort d'un chef pour que l'âme de l'auguste défunt ne soit pas isolée dans l'autre monde; ou bien encore il a pu voir l'un de ces sacrifices, alors bien moins nombreux, que font les nègres de cette région pour se procurer certaines parties du corps des victimes, qu'ils emploient à des préparations magiques.

La dernière tentative qui fut faite auprès de Cazembé pour établir des relations commerciales avec son peuple a complétement échoué. Il avait envoyé quelques-uns de ses sujets à Tèté, pour engager les Portugais à venir le voir; ses messagers avaient voulu profiter de l'occasion pour faire un peu de trafic; mais il ne leur avait pas été permis de vendre et d'acheter à qui bon leur semblait, et Cazembé ne voyait pas pourquoi il accorderait aux Portugais la liberté commerciale qui n'existait pas chez eux; en conséquence, il défendit à ses sujets de fournir aux marchands étrangers des vivres au-dessous de la taxe qu'il avait fixée; et les marchands, à moitié morts de faim, s'éloignèrent en disant pis que pendre de lui.

Nous supposions qu'après avoir passé la Loangoua nous n'aurions plus de montagnes à franchir, mais on en trouve encore derrière les Manzanzoués, à cinq ou six milles de la rivière. La tsetsé et les fatigues de la route ont déjà fait périr deux de nos bœufs de selle, et bientôt le petit que je monte actuellement n'aura plus la force de me porter. Nous traversions hier un fourré très-épais, lorsque trois buffles que nous n'avions pas aperçus, nous ayant sentis, se précipitèrent au milieu de nous. Mon petit bœuf prit immédiatement le galop en dépit des broussailles; lorsque je pus parvenir à me retourner, je vis l'un de mes hommes à un mètre et demi ou deux en l'air, au-dessus d'un buffle qui fuyait en perdant un flot de sang. Je courus à mon pauvre compagnon: il venait de retomber sur le ventre, après avoir été porté pendant trente mètres sur les cornes du buffle, et, malgré cela, il n'avait ni plaie ni fracture; au moment où les buffles avaient débouché, il s'était débarrassé du fardeau qui le gênait et avait percé d'un coup de lance le premier qui s'était approché de lui; c'est alors que la bête furieuse l'avait enlevé sur ses cornes avant qu'il ait eu le temps de se réfugier sur un arbre. Nous l'avons massé vigoureusement, et nous nous sommes remis en route; je suis sûr que dans huit jours il n'y paraîtra plus et qu'il chassera avec autant d'ardeur que si jamais rien ne lui était arrivé.

A Zumbo nous avons trouvé un ancien grès de couleur grise, dont l'inclinaison est généralement dirigée vers le sud ; il contient des cailloux roulés, et forme le lit du fleuve. Le Zambèse est ici d'une très-grande largeur et renferme beaucoup d'îles qui sont toutes habitées ; le 16, nous campons à la hauteur de l'une de ces îles, que l'on nomme Shibanga. Les nuits sont chaudes ; le thermomètre ne descend pas au-dessous de 80° (26° centigrades 6/9) ; et nous en avons 91 (32° centigrades 7/9) au coucher du soleil. Nous ne pouvons pas nous procurer d'eau fraîche, même en entourant le vase qui la contient d'un linge mouillé ; celle que nous buvons est chaude et par conséquent peu agréable ; nous n'en absorbons pas moins une énorme quantité. Je remarque sur les buissons de petites masses d'une substance pareille à de l'écume et de la grosseur d'une balle, dont je ne peux pas m'expliquer la nature.

17 *janvier*. — Ce matin nous voyons sortir de l'île de Shibanga un homme vêtu d'une jaquette et portant un chapeau ; il est tout à fait noir et il arrive de Tété. Je comprends, pour la première fois, que les Portugais sont établis sur la rive droite du Zambèse et que depuis deux ans ils sont en hostilités avec les indigènes. Ainsi je vais tomber au milieu de la guerre, sans avoir de préférence pour l'un ou l'autre parti. Le nègre en jaquette et à chapeau nous conseille de traverser immédiatement le fleuve, afin d'éviter Mpendé. Les guides que nous tenions de Mbourouma nous avaient déjà prévenus contre ce chef, qui, disaient-ils, est bien résolu à ne pas permettre à un blanc de franchir son territoire. J'accepte donc le conseil du nègre et je lui demande de vouloir bien nous prêter ses canots pour effectuer notre passage ; mais il craint de déplaire aux seigneurs du Zambèse, et nous sommes obligés de rester sur la rive gauche et d'affronter l'ennemi.

La première île que nous rencontrons appartient à un bel et brave homme, nommé Zungo, qui nous apporte immédiatement une quantité de grain renfermé dans une espèce de bourriche faite avec de l'herbe et confectionnée d'une façon particulière. Il reçoit de la meilleure grâce du monde les excuses que je lui fais de n'avoir rien à lui donner en échange, et nous envoie recommander à son beau-frère Pangola par un exprès qu'il lui dépêche immédiatement.

Le pays que traverse le fleuve est couvert de buissons épineux enchevêtrés les uns dans les autres, qui me forcent à me baisser jusqu'à terre ou bien à attendre que mes hommes en écartent les branches, afin que je puisse passer. L'herbe est épaisse et grande, mais moins impénétrable et moins haute que celle de la province d'Angola ; quant au maïs, il est pareil à celui que les Américains envoient pour semence aux habitants du Cap.

Le bord immédiat du Zambèse est, en général, marécageux et parsemé de villages entourés de champs cultivés ; sur la limite du marais s'élève un plateau où les arbres abondent, et je crois en apercevoir un autre qui formerait derrière celui-ci un étage supérieur ; mais je ne trouve nulle part de ces terrasses qui, en d'autres lieux, révèlent l'existence d'anciennes baies maritimes. Notre sentier, fort pénible de toute manière, rend la possession d'un canot indispensable ; malheureusement je n'ai pas le moyen d'en acheter, ils sont trop chers, et, lorsque la chose m'était possible, je n'ai pas voulu me séparer de mes compagnons au moment où nous pouvions être attaqués.

18 *janvier*. — Hier nous avons campé sous un énorme figuier. De grands troupeaux de buffles et d'antilopes couvraient la plaine, où ils paissaient tranquillement. S'il y avait des armes à feu dans le pays, ils n'auraient pas tant de calme et de confiance. Pangola vient nous voir et nous apporte des vivres. Il y a peu de contrées où cent quatorze vagabonds, jeunes et vigoureux, seraient nourris par les villageois avec cette générosité pleine de délicatesse. Mes hommes, depuis quelque temps, ont eu l'idée d'entrer dans les villages près desquels nous passons, et de se mettre à danser ; leur succès est vraiment incroyable ; les jeunes femmes, surtout, sont ravies des pas nouveaux qu'ils exécutent ; je soupçonne mes artistes d'en inventer pour la circonstance et de se livrer à toute la fougue de leur imagination. « Dansez pour moi et je moudrai du grain pour vous, » s'écrient les femmes émerveillées. « Je vous le disais bien, que ces gens-là ont un cœur, » répète Sékouébou à chaque nouveau témoignage de libéralité. Mes hommes conviennent qu'il a parfaitement raison ; et satisfaits de leur voyage et d'eux-mêmes : « Regardez plutôt, disent-ils ; nous sommes bien loin de chez nous, et malgré cela nous n'avons pas maigri. » Le fait est que la chasse nous a toujours fourni de la viande, et que nous avons été largement approvisionnés de farine.

Pangola nous avait dit qu'il nous ferait passer de l'autre côté du fleuve, mais il ne tient pas sa promesse ; il craint d'irriter son voisin en nous aidant à le fuir, et nous continuons à suivre la rive gauche du Zambèse. Malgré l'inquiétude que m'inspire la manière dont Mpendé nous accueillera, je ne peux pas m'empêcher d'admirer le pays que nous traversons, et de comparer cette vallée fertile aux terres de Kolobeng, où, après plusieurs mois d'attente, nous n'avons qu'une pluie d'orage, aussitôt absorbée. Je n'oublierai jamais la souffrance que l'on éprouve pendant ces longs jours de sécheresse, la chaleur brûlante des vents d'est qui soufflent dans cette région, le ciel jaunâtre et sans nuages, l'atmosphère étouffante, l'herbe flétrie, les fleurs inclinées sur leur tige, les feuilles ridées et pendantes, le bétail amaigri, les habitants découragés, nos propres cœurs abattus et notre espoir trompé. Que de fois alors, dans le morne silence des nuits, j'ai entendu le sifflement aigu du docteur invoquant les nuages qui ne paraissaient même pas, tandis que je m'endors ici aux grondements du tonnerre et que je vois à mon réveil les vallées fécondes luxuriantes de fraîcheur! Je suis dans cette heureuse disposition d'esprit où sont les gens qui arrivent au port après une longue traversée; la terre me paraît bien belle, et je vois le paysage sous son plus heureux jour.

Puisque personne ne veut nous prêter de canots, il faut, en dépit de nos appréhensions, arriver chez Mpendé. On aperçoit au nord-nord-est une haute montagne qui me paraît plus élevée que toutes celles que j'ai trouvées dans ce pays-ci; vue de différents points, on dirait qu'elle est formée de deux cônes réunis; celui du nord domine celui du sud. Au nord-est s'élève une autre montagne dont la cime ressemble à une hache, et qui pour cette raison est appelée Motemwa. De l'autre côté de cette montagne s'étend, vers l'est, le territoire de Kaïmboua, qui, d'après la version des gens du pays, s'est battu avec les Bazungas, dont il aurait été vainqueur. Les montagnes que l'on voit sur la rive gauche du fleuve portent le nom de Kamoenja.

A peine sommes-nous arrêtés près de son village, que Mpendé fait demander qui nous sommes et ordonne aux guides qui nous ont accompagnés de retourner immédiatement chez eux et de ramener leurs chefs; mais il ne me fait rien dire. Nous voyageons avec une lenteur désespérante; les bœufs qui ont été piqués par la tsetsé ne font pas deux milles par heure; en outre, il faut nous arrêter à chaque village, faire avertir le chef de notre arrivée, le recevoir, lui expliquer nos intentions et attendre qu'il nous ait fait préparer de la farine. Je me console en pensant que toutes ces conversations préparent l'avenir et faciliteront la voie à ceux qui viendront après nous.

23 janvier. — Ce matin, au lever du soleil, un certain nombre des sujets de Mpendé se sont approchés de notre bivouac en poussant des cris étranges et en agitant vers nous un objet rouge; ils ont fait ensuite un grand feu, y ont brûlé des amulettes et se sont éloignés en proférant les mêmes vociférations qu'à leur arrivée. Tout ce manége avait pour but de neutraliser notre puissance et de nous intimider. Depuis lors des bandes d'individus armés se rassemblent de tous les points de l'horizon, et quelques-unes d'entre elles passent auprès de nous à la dérobée. Si nous nous dirigeons vers le fleuve, ce serait témoigner de la crainte ; et je suis résolu d'attendre ce qui doit advenir, confiant en celui qui dispose du cœur de tous les hommes.

Les sujets de Mpendé ont évidemment à notre égard des intentions hostiles ; aucun message ne nous a encore été envoyé, et les trois hommes qui sont allés hier au soir dans le village pour y demander des vivres ont été suivis par des individus qui hurlaient comme des bêtes fauves ; on les a forcés de rendre hommage au chef, et, quand ils eurent obéi, Mpendé leur a fait donner quelques épis dont le grain avait été enlevé. Comme il paraît certain que nous aurons à nous battre, j'ai fait tuer un bœuf dont mes hommes se distribuent la viande ; c'est un moyen que Sébitouané employait toujours pour donner du courage à ses guerriers. Je suis sûr que nous serons victorieux, et mes compagnons, qui connaissait leur supériorité militaire sur tous les riverains du Zambèse, se réjouissent à la pensée de se battre et de se procurer de l'ivoire. « Nous aurons avec cela, disent-ils, du grain et des habits. » Pauvres gens ! il est certain que leur garde-robe n'est pas brillante ; leur jaquette de cuir tombe en lambeaux, et ne remplit que bien maigrement l'office de tablier ; aussi les Zambésiens de Mpendé, grassement nourris et cossument vêtus, les regardent-ils avec un air de dégoût et de hauteur méprisante. Tout cela n'inspire à mes hommes qu'un désir un peu plus vif de se mesurer avec ces dédaigneux ; loin d'être intimidés par les sortiléges de nos ennemis, ces vétérans de la maraude m'ont déjà fait demander la permission d'aller prendre les épouses de Mpendé. Les quartiers de bœuf sont à la broche ; ils rôtissent à grand feu, peut-être bien un peu vite, et les jeunes gens de la bande attisent le brasier en me disant : « Vous nous avez vus en face des éléphants et des buffles, mais vous ne savez pas ce que nous sommes capables de faire en combattant des hommes. » Si Mpendé engage la lutte, il verra bientôt qu'il a fait une grave méprise.

Toute la tribu est réunie à huit cents pas de notre bivouac, mais les arbres nous empêchent de distinguer ses mouvements ; de temps en temps quelques individus viennent espionner les nôtres ; je les interroge, impossible d'obtenir de réponse. Je leur donne un cuissot de bœuf en les priant de le porter à Mpendé ; longtemps après deux vieillards apparaissent ; ils viennent, disent-ils, pour demander qui je suis ; je leur réponds que je suis Anglais : « Nous ne connaissons pas cette tribu, reprennent-ils ; et nous pens ns que vous appartenez à celle des Bazungas, avec qui nous nous sommes battus autrefois. » Je suppose qu'ils parlent des mulâtres [1], et je leur montre ma tête et ma poitrine en leur demandant si les Bazungas ont la peau et les cheveux pareils aux miens. « Oh ! non, s'écrient les deux vieillards, leur peau est moins blanche ; vous êtes donc alors de cette tribu qui a un cœur pour les noirs ? — Certainement, » leur dis-je avec effusion. Ils partirent, et je viens d'apprendre qu'une longue conférence a eu lieu entre le chef et ses conseillers. « L'arrêtera-t-on au passage après qu'il a traversé le territoire de tant de nations qui n'ont jamais eu à s'en plaindre ? » s'écrie le chef d'un village voisin, avec qui j'ai causé hier, et qui s'appelle Sindésé Oaléa. Grâce à l'insistance de notre bienveillant avocat, Mpendé se laisse enfin convaincre, et, puisque j'appartiens à la blanche tribu amie des noirs, il consent à nous laisser passer. Dès que j'apprends cette décision du conseil, j'envoie Sékouébou négocier l'achat d'un canot, l'un de mes hommes étant fort malade et ne pouvant pas continuer la route à pied. Sékouébou n'avait pas fini d'exposer son affaire que Mpendé s'écria en l'interrompant : « Cet homme est vraiment l'un de mes amis, puisqu'il me met au courant de ses afflictions ! — Ah ! si vous le connaissiez comme nous qui vivons avec lui, continua Sékouébou, profitant avec adresse de la tournure que prenait l'entretien, vous sauriez quel prix il attache à l'amitié de Mbourouma, et surtout à la vôtre ; et comme il est étranger dans le pays, il compte sur vous et il espère que vous lui indiquerez sa route. — Il faut qu'il traverse la rivière, répondit vivement le chef ; le sentier de ce côté-ci est rude, la montagne difficile, et le chemin bien plus long pour aller à Tèté. — Mais comment passer le Zambèse, si vous ne nous aidez pas ? répliqua Sékouébou. — C'est vrai, lui dit Mpendé ; je regrette que vous ne soyez pas venus plus tôt ; mais soyez tranquille, vous passerez la rivière. » J'ai su depuis que c'était son magicien qui l'avait empêché de venir me voir, et même de manger la viande que je lui avais envoyée, ce qu'il regrettait vivement. Il a fait plus tard tout ce qu'il pouvait pour nous être utile, et nous nous sommes séparés dans les meilleurs termes du monde.

---

1. J'ignorais alors que ce sont les Portugais qu'ils désignent ainsi.

24 janvier. — Mpendé envoie deux de ses notables porter aux habitants d'une île qui se trouve en aval de son village, l'ordre de nous passer de l'autre côté du Zambèse. Le fleuve est si large que malgré l'habileté de nos rameurs notre passage n'est terminé qu'après le coucher du soleil. Le Zambèse a ici mille mètres d'une rive à l'autre et sept à huit cents d'une eau profonde, coulant avec une vitesse de trois milles trois quarts par heure (cinq mille trois cent soixante mètres).

25 janvier. — Nous avons bivouaqué dans une île et abordé ce matin sur la rive droite du fleuve. L'eau a baissé de 50 centimètres; bien qu'elle dépose encore au fond du vase où elle a séjourné quelques heures, elle est moins rouge qu'elle ne l'était dans les environs de la Chiponga, et l'on ne voit plus autant de débris à la surface du fleuve. Ce n'est pas encore l'époque où il déborde dans la vallée du centre; la crue qu'il vient d'avoir provenait des pluies qui sont tombées sur les flancs extérieurs du plateau oriental.

Les habitants de cette région paraissent abondamment pourvus de calicot et d'indienne fabriqués en Angleterre; ces marchandises pénètrent jusqu'ici par le moyen des Babisas, dont la cupidité est si grande que l'on m'affirme qu'ils vont jusqu'à troquer leur nouvelle épouse contre une défense d'éléphant.

Nous ne sommes pas très-éloignés de la latitude de Mozambique, et j'ai eu de nouveau la pensée de me diriger vers cette ville au lieu d'aller au sud-est; mais le désir de m'assurer des moyens de communication offerts par le Zambèse a prévalu cette fois encore et je poursuis ma route vers Tèté, bien qu'elle me conduise chez les ennemis des Portugais. La région qui s'étend au nord des montagnes que nous laissons à notre gauche, est appelée Senga, du nom de ses habitants, les Basengas; le minerai de fer y abonde et renferme, dit-on, des veines de métal pur; les Basengas ont la réputation de travailler le fer à merveille. Au delà du territoire de Senga est située une chaîne de montagnes appelée Mashinga, où jadis les Portugais allaient chercher de l'or; et de l'autre côté de ces montagnes demeurent des tribus nombreuses, que l'on désigne sous le nom général de Maravis.

Tout le pays qui est au nord du Zambèse est, dit-on, beaucoup plus fertile qu'au midi; les Maravis, par exemple, récoltent des patates douces d'une grosseur énorme, qui dégénèrent bientôt sur la rive droite du fleuve. Les tubercules de cette plante (*convolvulus batata*) ne se gardent pas plus de deux ou trois jours, à moins qu'on ne les ait coupés par tranches et fait sécher au soleil; toutefois, les Maravis les conservent pendant plusieurs mois dans des silos où ils les enterrent avec des cendres de bois. Malheureusement tous les Maravis sont en hostilité avec les Portugais, et comme c'est dans les ténèbres qu'ils attaquent leur ennemi, il est très-dangereux de traverser leur territoire.

Les vastes plaines que l'on trouve au nord-est du fleuve sont dénuées d'arbres, mais couvertes d'herbe, et marécageuses en différents endroits.

29 janvier. — J'éprouve une joie sincère d'être enfin sur la rive méridionale du Zambèse, et n'ayant pas autre chose à donner à Mpendé pour lui témoigner ma reconnaissance, je lui envoie une chemise et l'une de mes cuillers.

La première île que nous rencontrons appartient à un homme appelé Mozinkoua; nous y sommes retenus pendant plusieurs jours par une pluie incessante, qui me confirme la théorie pluviale des Bakouains; deux rangées de nuages flottaient rapidement de l'est à l'ouest; dès qu'elles se sont trouvées dans une direction opposée l'une à l'autre, nous avons immédiatement de la pluie. Les habitants d'une région aride comme celle de Kolobeng sont presque tous fort habiles en météorologie, et, quand on reste quelque temps au milieu d'eux, on finit par examiner les nuages avec un intérêt aussi vif que celui qu'ils y apportent. M. Moffat, pour qui l'état du ciel est un sujet d'observations incessantes, a noté le curieux phénomène de coups de tonnerre sans qu'il y eût un seul nuage; mistress Livingstone l'a remarqué elle-même dans une autre circonstance, et M. de Humbold a vu de la pluie également sans apparence de nuages, ce qui n'est pas moins bizarre. Quant à moi, je n'ai jamais eu cette bonne fortune; mais j'ai été, par hasard, témoin de la chute de trois aérolithes, que malheureusement je n'ai jamais pu retrouver: l'un d'eux tomba dans le lac Kumadau, avec une détonation pareille au bruit sec de certains éclats de tonnerre; c'était vers le milieu du jour, et les femmes des villages bakouroutsés voisins du lac en poussèrent toutes un cri d'effroi. Un autre, dont la descente fut très-visible, tomba également avec le bruit de la foudre dans un endroit que l'on appelle le Grand Chouaï; la chute du troisième eut lieu près de Kuruman : c'était le soir, et les habitants de Daniel's Kuil et de Motito, qui se trouvaient à plus de soixante-quatre kilomètres de côtés opposés, prirent cet aérolithe pour une étoile filante; le bruit dont il était accompagné me produisit l'effet d'un coup de canon, et j'entendis, deux ou trois secondes après, un son mat analogue à celui d'un corps qui rebondit sur le sol. Est-ce à la chute de pareils aérolithes que l'on doit attribuer l'éclat du tonnerre, par un ciel d'une pureté absolue ?

Il y a si longtemps que la pluie nous retient ici, que ma tente recommence à tomber en lambeaux. L'un de mes hommes vient de mourir après une longue maladie, que je n'ai jamais pu comprendre. C'était l'un des Batokas, et j'ai eu beaucoup de peine à décider ses compagnons à le porter lorsque la marche lui fut devenue impossible ; ils voulaient l'abandonner aussitôt qu'ils le virent dans un état désespéré. Un autre me prévient qu'il veut rester avec Mozinkoua, sous prétexte que, les Makololos ayant tué son père et sa mère, il ne voit pas pour quel motif il continuerait à voyager avec eux ; je lui réponds qu'il est libre de faire ce qui lui convient, que si par hasard il changeait d'avis il n'aurait qu'à nous rejoindre, et qu'il sera toujours le bienvenu parmi nous ; je recommande ensuite à Mozinkoua de ne pas le vendre comme esclave. Nous recevons la visite de plusieurs personnes qui sont allées à Tèté ; elles nous disent que nous ne sommes plus qu'à dix jours de marche de cette ville. L'une d'elles, un Mashona qui arrive de très-loin du côté du sud-ouest, me témoigne le plus vif désir de nous accompagner jusqu'au pays des blancs ; il me dit avoir entendu parler dans ses voyages de la tribu des Anglais, et de la haine qu'ont les blancs de cette nation pour les marchands d'esclaves : « Ce sont des *hommes*, » dit-il à Sékouébou. La manière dont il appuie sur ce mot prouve qu'il regarde les traitants, ainsi qu'il le dit lui-même, comme de simples *animaux*.

Du reste, cette opinion à l'égard des Anglais est générale depuis la ville de Mpendé jusqu'à la côte ; elle influe sur mes compagnons, et je sens que je grandis chaque jour dans leur estime. Les esclaves eux-mêmes ont la plus haute idée de la nation anglaise. « C'est notre frère qui approche, et nous vous quitterons tous pour aller avec lui, » dirent en riant les serviteurs du commandant de Tèté, lorsqu'ils apprirent que j'arrivais. Toutefois il nous restait encore quelques obstacles à vaincre pour parvenir jusque-là.

Un peu avant notre départ, le Mashona qui désirait tant nous accompagner vint me dire que sa femme ne voulait pas le lui permettre, et bientôt l'épouse elle-même nous confirma cette décision. Les femmes n'ont ici qu'une légère ouverture à la lèvre supérieure, ouverture qu'elles obtiennent par la pression d'un anneau brisé dont les deux bords enserrent la lèvre et finissent par la percer ; on rencontre les petites filles avec cet anneau qui n'a pas encore perforé les chairs ; lorsque l'ouverture est formée, on y insère un petit bouton d'étain ; ce sont les Portugais qui fournissent le métal avec lequel ce bijou est fabriqué. On rapporte que jadis on a trouvé de l'argent dans cette province, et pourtant il n'est personne dans le pays qui sache le distinguer de l'étain ; mais l'or, dont l'existence est complétement ignorée dans la région centrale, est connu des habitants de cette contrée, qui l'appellent *dalama;* c'est la première fois que je lui trouve un nom dans la langue des indigènes.

En causant avec les uns et les autres dans les villages où nous passons, je vois qu'ils ont fort peu d'estime et d'affection pour les marchands d'esclaves ; à leurs yeux, tous les traitants qui leur en ont acheté, leur ont fait par cela même un tort considérable. « Les esclaves de Nyoungoué (c'est ainsi qu'ils appellent Tèté) sont nos enfants, disent-ils ; et les Bazungas ont bâti leur ville avec notre chair. » Ils avouent bien qu'ils ont accepté les valeurs qui étaient le prix du marché ; mais ils n'en pensent pas moins que les Bazungas sont coupables de les avoir amenés à conclure un pareil arrangement. D'après ce qu'ils me disent à l'égard de l'ancienne ville de Zumbo, dont les terres appartiennent encore aux Portugais, ceux-ci les auraient achetées, et l'acquisition d'une partie de leur territoire ne serait pas envisagée par les habitants sous le même jour que l'achat des esclaves.

1er *février.* — Nous rencontrons quelques marchands indigènes, et, comme la plupart de mes compagnons sont maintenant tout à fait nus, j'achète du calicot américain portant la marque suivante : « Lawrence Mills, Lowel ; » je donne en échange deux petites défenses d'éléphant, et je distribue l'étoffe aux plus nécessiteux.

Après avoir quitté Mozinkoua, nous arrivons sur les bords du Zingési, petite rivière de sable actuellement débordée, que nous atteignons par 15° 38′ 34″ latitude sud, 31° 1′ longitude est ; et qui a cinquante ou soixante mètres de large sur plus d'un mètre de profondeur ; comme toutes les rivières du même genre, elle est à sec pendant la plus grande partie de l'année ; mais en creusant le sable à trente centimètres, on rencontre l'eau, qui coule sur un lit d'argile au-dessous de la couche sableuse : c'est là le phénomène que l'on a désigné par le nom pompeux de rivière souterraine. Nous essayons de passer à gué le Zingési ; des myriades de parcelles de roches nous frappent les jambes, et chacun de nos pas creuse dans le sable un trou profond, élargi bientôt par le courant, qui est très-rapide dans ces sortes de rivières ; il en résulte que celui qui me précède n'est dans l'eau que jusqu'à la ceinture, mais que j'en ai jusqu'aux épaules et que ceux qui viendraient après moi en auraient par-dessus la tête ; aussi nous empressons-nous d'abandonner l'entreprise. Quant à nos bœufs, je les avais fait conduire par le Zambèse. La quantité de gravier que charrient ces rivières, à l'époque où elles débordent, doit être excessivement considérable, à en juger par celui qu'entraîne le Zingési. Le frottement continuel de l'eau sur les rochers en détache sans cesse des parcelles plus ou moins grosses ; quand on plonge au fond des rivières où ce phénomène a lieu, on entend de la manière la plus distincte des myriades de cailloux qui se heurtent les uns contre les autres, comme dans le Vaal, par exemple, où ce bruit m'a frappé pour la première fois.

A la hauteur du village de Mosouas, trois éléphants se sont réfugiés dans une île, deux mâles adultes et un jeune qui est à peine de la taille d'une femelle ; c'est le premier exemple que j'aie trouvé d'une semblable réunion. Fort ennuyés de la visite de ces animaux qui ravagent leurs récoltes, les habitants sont venus prier mes hommes de les en délivrer. Ceux-ci ne demandaient pas mieux ; mais à leur approche les éléphants se sont enfuis à l'extrémité de l'île, et traversant le fleuve en nageant la trompe en l'air, ils ont gagné la rive, où, n'ayant pas de canots, les chasseurs n'ont pas pu les aller rejoindre. Pour ma part, je ne tenais pas du tout à les voir tuer ces éléphants : car depuis le village de Mpendé nous sommes dans un pays où les lois sur la chasse sont extrêmement rigoureuses. Chaque territoire est strictement déterminé (ce sont, en général, les petites rivières, qui sur les deux rives coulent perpendiculairement au Zambèse, qui servent de limites à ces peuplades) ; quand un éléphant, poursuivi et blessé sur le territoire d'un chef, va mourir chez un autre, le propriétaire du sol a droit à la moitié de la bête ; le chasseur, avant de toucher à son gibier, doit faire prévenir le chef et attendre que celui-ci ait envoyé quelqu'un qui le représente et qui préside au partage. Si l'animal est entamé lorsque le délégué arrive, il appartient tout entier au seigneur de la terre ; s'agit-il d'un buffle, le chasseur, qui a déjà partagé la bête avec le chef de l'endroit où elle est morte, doit en outre le quartier de derrière au chef du territoire où il a chassé l'animal. Lorsque c'est un élan, dont la chair est estimée partout morceau de roi, la part du chef est encore plus grande, et par conséquent celle du chasseur presque réduite à rien. Si l'on ne retrouvait pas cette loi chez les Bamapélas, dont la demeure est très-loin d'ici vers le sud, j'attribuerais cet abus de la force au même principe qui, chez les peuplades de la côte occidentale, fait payer aux voyageurs un droit de passage, véritable exaction, née du trafic des esclaves.

Dans les provinces de l'intérieur, le premier qui blesse un animal, ne lui eût-il fait qu'une simple égratignure, est considéré comme le possesseur de la bête ; celui qui a porté le second coup a droit à un quartier de derrière, et le troisième à une épaule ; le chef reçoit en général un morceau qui lui est donné comme tribut ; en certains endroits c'est la poitrine, ailleurs, toutes les côtes et l'un des quartiers de devant ; je me suis presque toujours conformé à cet usage, bien que l'on n'y soit pas obligé toutes les fois que l'animal est tué à coups de fusil. Cette coutume d'adjuger la bête au premier qui l'a frappée stimule d'une manière incroyable l'activité des chasseurs ; ils font ensuite leurs conventions particulières. L'un de mes hommes, qui passe auprès de ses compagnons pour connaître un charme d'une puissante efficacité dans la chasse à l'éléphant, va reconnaître d'abord les animaux qu'il s'agit d'attaquer : s'il déclare que la chasse doit avoir lieu, toute la bande le suit aveuglément ; si au contraire il décide que l'on doit s'abstenir, chacun dépose les armes. Une certaine partie de l'éléphant lui appartient de droit pour l'office qu'il remplit ; et telle est la confiance des nègres de ce pays-ci dans l'efficacité des charmes, que tous les chasseurs que nous rencontrons offrent à notre sorcier de le payer largement, s'il veut leur donner la recette de sa préparation magique.

Près du village de Mosousa, nous traversons une petite rivière appelée Chowé ; elle ne coule aujourd'hui que par l'effet des pluies récentes. Lorsqu'elle est à sec, les gens qui habitent ses bords extraient, du sable qu'elle renferme, un peu de sel que viennent leur acheter les tribus du voisinage. On n'en trouve pas dans tout le pays des Barotsès et des Balondas, et depuis Angola c'est la première fois que j'en rencontre. La petite provision que j'avais achetée à Mpololo étant épuisée, il y a plus de deux mois que je me passe de ce condiment, et je n'en ai pas souffert, si ce n'est parfois d'un violent besoin de manger de la viande lorsque nous en manquions, et de boire du lait dont nous n'avons pas une goutte.

D'un brun rougeâtre, le sol est tellement compacte, que la marche est fort pénible ; mais en revanche ces terres grasses sont excessivement fécondes, et les gens de ce pays-ci cultivent des quantités surprenantes de maïs, de millet, de sorgho, d'arachides, de giraumons et de concombres. Lorsqu'une plante ne réussit pas dans un endroit, ils la repiquent dans un autre ; j'observe même qu'ils font des semis dans les îles dont le sol est plus humide que celui de la plaine, et qu'ensuite ils transportent le jeune plant dans leur enclos. C'est une preuve que la pluie est moins fréquente dans cette région que dans le pays des Balondas, où j'ai vu les céréales présenter à la fois tous les degrés de maturité.

Ici, les habitants construisent leurs cabanes sur des échafaudages élevés qu'ils placent dans leurs enclos, afin de se protéger contre l'hyène tachetée, qui, d'après leur témoignage, est extrêmement redoutable ; c'est un animal très-lâche, mais qui s'approche souvent des personnes endormies et qui leur déchire la figure.

Une hyène a enlevé à Mozinkoua la lèvre supérieure, d'un coup de dent ; j'ai entendu dire que des hommes étaient morts des blessures que leur avait faites cette vilaine bête, car, bien qu'il suffise de la voix humaine pour la mettre en fuite lorsqu'elle approche, une fois que ses dents sont enfoncées dans la chair, elle tient bon et fait preuve d'une puissance de mâchoire surprenante ; on lui voit écraser avec la plus grande facilité des tibias et des fémurs de bœuf, dont les nègres ont enlevé la viande et la moelle. J'ai ouï dire que des enfants avaient quelquefois disparu, emportés par des hyènes.

Nous voici retombés au milieu d'une population extrêmement généreuse ; mes hommes ne reviennent jamais d'un village sans avoir les mains pleines, et la manière dont on vous offre des vivres, dans presque toutes les provinces de l'intérieur qui n'ont pas eu de relations avec les Européens, est tellement remplie de délicatesse, que l'on accepte avec un vrai plaisir. C'est à qui nous fera des excuses de ne pas nous donner davantage ; ce sont des regrets continuels de n'avoir pas été avertis de notre arrivée ; ils auraient moulu plus de farine, préparé plus d'arachides ; quant à nous qui n'avons rien à leur offrir, ils trouvent cela tout naturel, puisque nous venons d'un pays où il n'y a pas de marchandises fabriquées par les blancs.

Toutes les fois que je l'ai pu, j'ai donné quelques objets ayant une certaine valeur ; les présents que j'ai faits à Shinté, à Katéma et à plusieurs autres m'avaient coûté deux livres (50 francs) et ne manquaient pas d'utilité. Mais il est des gens riches qui, pouvant faire autrement, ne craignent pas d'offrir trois boutons en échange de l'hospitalité qu'ils ont reçue : je n'ai jamais pu les comprendre ; bien certainement, en écrivant cela dans leurs livres, ils ne se doutent pas qu'ils ont compromis l'honneur du nom anglais. Mais les hommes qu'ils rémunèrent de la sorte en sont confus pour eux ; les femmes en rient comme des folles et se hâtent de donner à leurs serviteurs le cadeau qu'elles dédaignent. « Il y a donc aussi des avares parmi les blancs, disent-elles, des gens qui n'ont pas de cœur ? » Un marchand qui avait donné un vieux mousquet à un chef était devenu l'objet de la risée générale : « Ce

blanc, disaient les femmes, qui fait cadeau d'un fusil qui était neuf à l'époque où son grand-père têtait son arrière-grand'mère ! »
Il en résulte que les indigènes, en voyant se renouveler de pareils traits d'avarice, trouvent nécessaire de rappeler aux gens qu'il leur est dû quelque chose ; et les voyageurs se plaignent ensuite d'être harcelés par ces mendiants éhontés. Je n'ai jamais souffert des exigences et de l'importunité des indigènes que sur les confins de la civilisation.

4 février. — La pluie nous retarde beaucoup ; tous les matins au point du jour il tombe une averse, bien qu'il n'y ait pas le moindre vent ; les nuages se dissipent, nous faisons quelques milles, et la pluie recommence pour durer cette fois plus longtemps. Jusqu'ici le vent a toujours été de l'est ; mais à présent il est si fréquemment de l'ouest, qu'il a fallu changer complétement l'orientation de nos bivouacs, afin de ne pas l'avoir en face de nous.

Les bords du Zambèse sont ici couverts de très-beaux arbres ; mais la population y est tellement nombreuse, que tout le bois sec est enlevé immédiatement et qu'il est fort difficile d'avoir du feu. Dans certains villages, les habitants nous prient de ne pas couper les arbres qui croissent dans tel ou tel endroit qu'ils nous désignent, et où sont placées les tombes de leurs parents. On y trouve un grand nombre de tamarins et un arbre qui leur ressemble beaucoup, le motondo, qui porte des fruits de la grosseur d'une petite prune et que les éléphants mangent avec avidité ; les Portugais vantent l'excellence de son bois pour la construction des barques, en ce sens qu'il ne pourrit pas dans l'eau.

6 février. — Nous arrivons au village de Boroma, situé au milieu de beaucoup d'autres, qui sont tous environnés de cultures étendues. Sur la rive opposée du fleuve s'élève un groupe de montagnes coniques appelées Chorichori. Boroma ne vient pas nous voir, mais il m'adresse un délégué très-convenable. Quelques instants après, je lui envoie Sékouébou pour lui annoncer notre départ ; la mère de Boroma nous fait répondre qu'elle espérait que nous resterions jusqu'au lendemain matin, et qu'elle n'a malheureusement pas de farine ; mais l'excellente femme nous envoie une poule et un panier de maïs, et nous fait dire en même temps que, si Boroma ne s'est pas présenté pour nous voir, c'est parce qu'il est ce matin au pouvoir des Barimos, ce qui veut dire probablement que Sa Seigneurie est ivre.

Nous suivons le Zambèse jusqu'à la hauteur du mont Pinkoué, situé sur la rive gauche par 15° 39' 11" latitude sud, et 31° 48' longitude est. Les dernières pluies ont été si abondantes, que le fleuve a débordé de nouveau et qu'il charrie une quantité d'arbres et de débris de toute espèce.

La fréquence de ces inondations, causées par les eaux pluviales qui tombent de ce côté-ci du plateau, a sans doute empêché les Portugais de reconnaître la nature particulière du débordement qui s'observe dans l'intérieur, et leur a fait croire qu'il avait lieu aussitôt que la saison des pluies est commencée. Le cours du Nil, étant opposé à celui du Zambèse, ne doit pas avoir de ces crues secondaires, ce qui a permis de constater la périodicité de son débordement annuel, depuis sa naissance jusqu'à son embouchure. Si le Zambèse se dirigeait vers le sud et venait se jeter dans la mer au Cap de Bonne-Espérance, son débordement serait identique à celui du Nil, et rien n'en dérangerait la régularité ; il ne recevrait aucun affluent du Kalahari, qui ne renferme pas de rivières, ainsi que la partie correspondante de la région traversée par le Nil. Rappelons-nous qu'autrefois l'ancien fleuve, qui se jetait dans le lac à Bouchap, suivait exactement cette direction, et il est probable qu'il déborda tous les ans jusqu'à l'époque où se produisit le phénomène qui amena la fissure de Mosioatounya.

La crue ne se fait pas seulement sentir sur le Zambèse ; toutes les petites rivières qu'il reçoit sont également débordées, et nous perdons un temps si considérable à les remonter pour les passer à gué, puis à les redescendre pour regagner le bord du fleuve, que je me décide à m'éloigner du Zambèse et à me diriger au sud-est. C'est en face du mont Pinkoué que nous prenons cette direction, et nous entrons sur un terrain plus ferme, où croissent les mopanés (*bauhinias*). Un écureuil (*sciurus Cepapi*) a déposé, dans une cavité que présente l'un de ces arbres, une provision de graines qu'il a cachées sous un monceau de feuilles vertes. Ce n'est pas pour vivre pendant la saison des frimas qu'il amasse toutes ces graines, mais pour se préserver de la disette pendant l'été, où les amandes de toute espèce ont disparu. A chaque pas nous rencontrons des arbres silicifiés : les uns, restés debout, n'ont plus de cime ; les autres gisent par terre, ou sont brisés par morceaux ; l'un d'eux a un mètre quarante centimètres de diamètre : il devait être d'un bois tendre comme celui du baobab, car il ne présente que six zones concentriques par vingt-cinq millimètres. Le rayon étant de soixante-dix centimètres, ce gros arbre n'avait que cent soixante-huit ans lorsqu'il a cessé de vivre. Je trouve également un morceau de palmier transformé en oxyde de fer, et dont les pores sont remplis de silice pure. Tous ces arbres fossiles reposent sur un grès tendre de couleur grise, contenant des bancs de cailloux roulés, et qui forme la roche sous-jacente depuis Zumbo jusque dans les environs de Lupata. On le rencontre également à Litoubarouba et dans la province d'Angola, où il renferme des galets absolument pareils à ceux que l'on voit aujourd'hui sur la plage de Loanda ; mais je n'ai pas trouvé une seule coquille à l'endroit où nous sommes. Je remarque sur cette roche une quantité de nodules et des tertres composés d'argile durcie, présentant des zones de différentes nuances, et dont les lignes sont ondulées, ce qui me fait croire qu'ils ont été constitués par les tourbillons formés autour du pied de ces vieux arbres fossiles ; un peu de marne calcaire se trouve au-dessus du grès tendre.

Comme on a dit qu'il existait autrefois des mines d'argent dans le district de Chicova, où nous voici arrivés, j'en étudie la structure géologique avec attention ; la base en est généralement formée de ce grès tendre, de couleur grise, dont j'ai parlé plus haut. Sur les bords de la Bangoué nous trouvons une chaussée de basalte ayant cinq mètres et demi de large, et courant du nord au sud ; depuis, nous en avons rencontré plusieurs qui se dirigeaient un peu à l'est. Le grès est disloqué dans le voisinage de ces éruptions basaltiques ; sur les rives de la petite rivière du Naké, il est même soulevé tout à fait, et présente une section composée, à l'étage supérieur, de grès en poudingues, puis, en descendant, de grès schisteux, de schiste argileux, et enfin d'une veine de houille assez mince ; il disparaît à peu de distance, coupé par une nouvelle chaussée de basalte qui court à l'est-nord-est, dans la direction de Chicova.

Ce territoire de Chicova n'est pas un royaume, comme on l'a rapporté ; c'est une plaine très-unie, dont une portion est inondée tous les ans par le Zambèse, et qui convient à merveille à la culture des céréales. J'ai été bien heureux de cette découverte d'un filon de houille, mais je n'ai pas aperçu la moindre trace d'argent. S'il est vrai qu'autrefois on en ait exploité des mines dans cette province, il est bien étrange que les habitants en aient perdu complètement le souvenir, au point de confondre ce métal avec l'étain. Quant à ces couches de basalte, j'ai appris plus tard qu'il existait des rapides dans le Zambèse, précisément aux environs de Chicova. Si je l'avais su plus tôt, je ne me serais pas éloigné du fleuve sans les avoir examinés. Ces rapides, que l'on appelle Kébrabasa, m'ont été dépeints comme étant formés par des rochers qui traversent le lit du fleuve, et qui apparaissent au-dessus de l'eau. Je ne doute pas qu'ils n'aient été soulevés par l'une ou l'autre de ces chaussées de basalte, qui toutes se dirigent vers ce point. En quittant les rives du Zambèse, j'avais l'intention d'éviter différents chefs qui prélèvent de lourds tributs sur les étrangers, à propos du droit de passage.

Nous avons suivi pendant quelque temps les bords du Naké, dont les rives sont couvertes de fourrés impénétrables; les villages n'y sont pas nombreux, mais au moins nous y avons été bien reçus. Les habitants se donnent le nom de Bambiris, et l'ensemble de leurs diverses tribus forme la nation des Banyaïs.

L'un de nos guides est un bavard sempiternel qui s'arrête à chaque instant pour demander qu'on le paye, afin qu'il puisse, dit-il, avoir le cœur joyeux. Je suppose qu'il nous conduit à dessein aux endroits les plus inextricables du fourré, dans l'intention de nous faire sentir qu'il nous est nécessaire. Nous ne sortons d'un hallier que pour entrer dans un autre, et chaque fois nous retombons dans le Naké, dont le lit est plein de gravier tranchant. Nous n'avons de l'eau que jusqu'à la cheville, mais elle est véritablement brûlante, et nous sommes exténués; de plus, notre homme, tout en causant, nous présente aux habitants sous un jour des moins flatteurs, disant dans chaque village que nous sommes un tas de vauriens qui ne valons pas qu'on nous accueille. Sékouébou en est révolté, et, comme cela devient intolérable, je congédie mon bavard, en lui donnant un morceau de calicot de un mètre quatre-vingts centimètres, et en lui conseillant d'être à l'avenir un peu plus réservé. Il est bon, quand on a une mercuriale à faire, de l'accompagner d'un cadeau; l'on gagne toujours à se quitter à l'amiable. Notre causeur s'éloigne en souriant, et mes hommes prétendent que sa langue est raccourcie.

Les environs du Naké sont montagneux, les vallées couvertes de jongles, et les champs cultivés y ont été pris sur la forêt, dont le sol est extrêmement fertile.

A son origine, le Naké se dirige vers le nord, et ensuite du côté de l'est; il a cinquante ou soixante mètres de large, mais la plupart du temps on ne peut y puiser de l'eau qu'en faisant un trou dans le sable qui le recouvre. Je trouve dans son lit des roches volcaniques, absolument de la même nature que celles que j'ai rencontrées plus tard à Aden.

13 *février*. — Le chef de cette région s'appelle Nyampoungo; je lui envoie mes derniers mètres d'indienne, en le priant de nous donner un guide qui nous conduise jusqu'à la résidence du chef voisin. Après en avoir délibéré longtemps avec son conseil, il me renvoie mon étoffe, en me promettant de satisfaire à ma

requête, et me demande seulement quelques grains de verroterie.

Nyampoungo a la réputation de posséder le moyen de faire pleuvoir, et les tribus voisines lui adressent des messages pour le prier d'évoquer la pluie. Tout cela me confirme dans cette opinion, qu'il pleut beaucoup moins dans ce pays-ci que dans la province de Loanda.

La conduite de Nyampoungo à notre égard est des plus généreuses ; il m'envoie du riz et fait dire à mes hommes d'aller dans tous ses villages, et de se faire donner les aliments dont ils auront besoin.

En regardant mes livres, son beau-père me dit qu'il en a déjà vu, mais qu'il en ignore l'emploi. Comme il me paraît avoir beaucoup d'intelligence, je l'interroge à l'égard de l'argent ; il ne connaît pas du tout ce métal : « Nous n'en avons jamais tiré de la terre, me dit-il ; mais nous avons trouvé de l'or en lavant le sable de la Louia et du Mazoé, rivières qui vont rejoindre la Louénya. » On peut, je crois, affirmer que les habitants de ce district n'ont jamais exploité de mines d'argent. Ils invoquent les trépassés ; toutefois l'idée de prier Dieu leur paraît étrangère ; ils écoutent néanmoins avec révérence les paroles que je leur dis à ce sujet.

Nyampoungo est affligé d'une maladie appelée *sésenda* par les docteurs indigènes ; c'est une espèce de lèpre, assez commune dans ce pays-ci, bien que les habitants soient très-propres. Ils n'ont jamais eu de troupeaux ; lorsque je demande à leur chef pourquoi ils n'ont pas de bestiaux : « Qui nous donnera le charme qui permet de les retenir ? » me répond Nyampoungo. Je découvre que la tsetsé est dans le pays ; mais il n'en sait rien, et suppose qu'il lui est impossible d'avoir des vaches et des moutons, parce qu'il n'a pas la drogue qui permet de les charmer.

CHAPITRE XXX

Chasse à l'éléphant, offrande et prières aux Barimos pour qu'elle soit heureuse. — Résultat des lois sur la chasse. — Festin. — Hyènes rieuses. — Nombreux insectes. — Notes singulières d'oiseaux chanteurs. — Chenilles. — Papillons. — Silice. — Le fruit du mokoronga. — Aventure avec un rhinocéros. — Le Koroué. — Miel et cire des abeilles. — Superstitions à l'égard du lion. — Raisin. — L'Oué. — Village de Monina. — Noms indigènes. — Gouvernement des Banyaïs. — Chef électif. — Instruction de la jeunesse. — Danse guerrière. — Folie et disparition de Monahin. — Recherches infructueuses. — Sympathie de Monina. — Le Tangoué. — Épreuve du Mouavi. — Un homme déraisonnable. — Droits de la femme. — Présents. — Température. — Détour pour éviter les villages. — Couleur et chevelure des Banyaïs. — Champignons. — Mokouris. — Le Shékabakadzi. — Aspect de la contrée. — Le docteur et son escorte sont poursuivis par une bande d'indigènes. — Menace déplaisante. — Réveil causé par une compagnie de soldats. — Déjeuner civilisé. — Arrivée à Tèté.

14 février. — Nous avons quitté ce matin Nyampoungo, et nous suivons le Molingé, rivière de sable qui va tomber dans le Naké. Une fois sortis des jongles qui couvrent les bords de ces petites rivières, nous rentrons dans la région des bauhinias, où le chemin est plus facile. Après quelques heures de marche, nous apercevons un éléphant, et mes hommes sont bientôt à sa poursuite. Comme depuis plusieurs jours ils n'ont mangé que du maïs, le désir de se procurer de la viande les anime, et, bien que cet éléphant soit un vieux mâle, il ne tarde pas à être tué. Les sujets de Nyampoungo n'ont jamais vu de pareils enragés; l'un d'eux s'est jeté sur la bête et lui a coupé les jarrets d'un coup de hache. Quelques chasseurs du pays ont assisté par hasard à cette attaque furieuse; le plus âgé a tiré sa tabatière et l'a vidée au pied d'un arbre, comme offrande aux Barimos, afin que la chasse fût couronnée de succès. Aussitôt que l'animal est tombé, toute ma bande s'est mise à danser avec frénésie autour de cette proie gigantesque; les Banyaïs les ont regardés avec stupeur. « J'ai bien vu, me dit l'homme à la tabatière, que vous voyagez avec des gens qui n'ont jamais su prier; c'est pour cela que j'ai offert à leur intention la seule chose que je possédais ; et l'éléphant ne s'est pas même défendu. » Dès le commencement de la chasse, l'un des compagnons de ce vieillard s'est avancé de quelques pas vers le lieu du combat, et a prié d'une voix fervente pour que l'issue en fût heureuse. J'admire la foi profonde de ces pauvres gens dans l'existence des êtres invisibles, et je prie à mon tour afin qu'ils puissent connaître le Dieu souverainement bon, qui est le père de tous les hommes. Quant aux gens de mon escorte, dont les sentiments religieux n'ont pas grande élévation, ils ont néanmoins leurs croyances ; et, à propos de cet éléphant qu'ils ont tué d'une manière si vaillante, ils me disaient tout en causant : « C'est Dieu qui nous l'a donné ; il a dit à cette vieille bête : « Va là-bas, « il y a des hommes qui ont besoin de toi pour te manger. »

La rigueur des lois sur la chasse nous oblige à envoyer prévenir Nyampoungo, afin que celui-ci informe de notre succès un certain individu chargé de veiller au partage des animaux qui sont tués dans le district où nous sommes, et dont le propriétaire demeure près du Zambèse. C'est le côté sur lequel l'animal est tombé, qui appartient au possesseur de la terre, et les naturels nous font observer combien nous sommes heureux ; l'une des défenses de notre éléphant est brisée près de la mâchoire, et c'est à l'autre que nous avons le droit de prétendre. Les hommes que j'ai dépêchés hier à Niampoungo viennent seulement de revenir : ce sont des Banyaïs ; ils nous rapportent du grain, une poule et quelques rangs de perles de verre d'une fort belle qualité, qu'ils nous offrent à l'occasion de la chasse que nous avons faite la veille ; ils nous disent que les Barimos ont été remerciés de notre succès, et ajoutent : « Voici la bête, mangez-la et réjouissez-vous. » Ils ont amené avec eux une société nombreuse pour partager leur festin, et nous y invitent généreusement. Mes compagnons y font honneur, bien que la venaison me paraisse très-faisandée ; il aurait fallu faire la curée beaucoup plus tôt ; mais, si nous avions touché à l'animal avant de remplir les formalités d'usage, nous eussions tout perdu. Cette odeur nous attire une quantité surprenante d'hyènes, qui, pendant ces deux nuits n'ont pas cessé de se faire entendre ; leurs cris imitent assez bien des éclats de rire, et mes hommes prétendent qu'elles se réjouissent, parce qu'elles savent bien qu'ils ne mangeront pas tout leur éléphant et qu'elles en auront une part.

L'herbe est tellement haute qu'elle me rappelle la vallée de Cassangé. Aussitôt que la saison des pluies commence, les insectes pullulent ; pendant que nous attendions que le délégué fût arrivé pour découper notre éléphant, j'en ai remarqué des myriades d'une petitesse infinie, qui s'agitaient sur mes caisses ; en les examinant à la loupe, j'en ai taouvé de quatre espèces différentes : les uns, d'un beau vert rehaussé d'or, lustraient leurs ailes qui brillaient d'un éclat métallique ; les autres avaient la transparence du cristal ; une troisième espèce était d'un rouge vif, et la quatrième, noire comme du jais. Ces infiniment petits dévorent toutes les graines ; chaque plante a son insecte particulier, et, quand la saison des pluies est terminée, il reste bien peu de semences qui n'aient pas été plus ou moins attaquées, les plus vénéneuses tout aussi bien que les plus inoffensives ; le kongouané lui-même est rongé par un insecte écarlate ; les euphorbes ont les leurs ; et le piment à baies, dont la saveur brûlante éloigne tous les autres, est dévoré par une larve. Les myriapodes abondent ici, comme dans plusieurs districts où leur nombre m'avait déjà frappé ; ceux que je vois, dans ces parages, ont le corps rougeâtre et les pattes bleues ; ils sont inoffensifs et vous inspirent néanmoins un dégoût insurmontable. Peut-être produisons-nous le même effet à l'éléphant et au rhinocéros, dans les lieux où on leur fait une chasse active ; il est certain qu'ils éprouvent une horreur profonde pour l'affreux bipède qui détruit leur repos.

Dans les endroits les plus retirés de la forêt, un léger bourdonnement témoigne de la joie des insectes ; on les voit par millions voltiger au soleil, et raser de leur aile brillante les feuilles inondées de lumière. Que de myriades dont la vue nous échappe et qui agitent dans l'ombre leurs suçoirs avides, leurs mandibules infatigables, qui vivent dans l'intérieur des tiges, l'épaisseur des tissus, la chair des fruits, la moelle des arbres, sous l'écorce des racines et l'épiderme des tubercules ! Partout la jouissance à plein bord, la vie organique enveloppant la terre d'un tissu d'existences heureuses, nées du sourire de l'Être bienfaisant qui a créé tous les mondes.

On dit en général que les oiseaux des tropiques ne chantent pas ; j'étais déjà d'une opinion contraire dans la province de Loanda, où pourtant les oiseaux sont très-rares ; mais ici les chœurs de la gent ailée ne sont pas moins nombreux et moins retentissants qu'en Angleterre. J'avoue cependant que les oiseaux de ce pays-ci n'ont pas la voix aussi mélodieuse que les nôtres ; on croit toujours qu'ils chantent dans une langue étrangère. Quelques-uns me rappellent le chant des alouettes, dont je rencontre effectivement plusieurs espèces. Je retrouve quelques notes de la grive ; l'un me fait penser au chardonneret, et tel autre au rouge-gorge ; mais leurs chants sont entremêlés de notes bizarres qui éclatent de la façon la plus inattendue : celui-ci profère délibérément un pic, poc, poc, d'un singulier effet, tandis que son voisin jette un son isolé qui ressemble au pizzicato d'un violon ; le mokoua réza fait entendre un sifflement analogue au chant du merle, et le termine par un cri plusieurs fois répété, que les indigènes traduisent par le mot poula, poula, et qui, suivant moi, serait beaucoup plus exactement traduit par ouip, ouip. Ajoutons à cette mêlée de cris sonores qui traversent la mélodie, l'appel retentissant des francolins, le roucoulement des colombes, le tchik, tchik, tchik, tcheur, tcheur, de l'oiseau du miel, et, aux environs des villages, le cri des pintades, le chant du coq, en un mot toutes les voix de la basse-cour, imitées par le moqueur. Bref, ce sont bien moins les chants qui manquent aux oiseaux de ces forêts, qu'un poëte qui les exalte à son tour ; les nôtres, que l'on vante depuis Aristophane, ont une réputation à la fois classique et moderne à soutenir, et font de nobles efforts pour augmenter leur gloire.

Quant tout languit par la sécheresse et qu'un soleil dévorant brûle la plaine et flétrit la feuillée, tout est silencieux autour de nous ; mais qu'une ondée arrive, toutes les voix éclatent, et c'est un concert infini de chansons joyeuses et de doux propos d'amour. Les collectionneurs ayant choisi les plus beaux d'entre tous, on a cru que les oiseaux des tropiques avaient nécessairement des couleurs resplendissantes, ce qui est vrai pour les oiseaux du Brésil ; mais ici leur tenue est décidément fort modeste, du moins quant à la majorité ; on en voit de très-brillants, mais ils font exception.

15 *février*. — Plusieurs de mes compagnons ont été mordus par des araignées et par différents insectes. La piqûre ou la morsure a été quelquefois très-douloureuse ; mais, à part la souffrance, elle n'a été suivie d'aucun accident. Nous rencontrons souvent une grosse chenille appelée lézountabouéa ; elle est brune et couverte de longs poils gris qui la font ressembler à un porc-épic en miniature ; si par hasard on vient à la toucher, ces poils vous entrent dans la peau, s'y attachent et vous causent une douleur cuisante. Plusieurs chenilles sont pourvues du même moyen de défense ; lorsqu'on pose la main sur elles, ce qui arrive fréquemment en passant au milieu des buissons où elles se trouvent, leur contact produit le même effet que la piqûre des orties. Il résulte de toutes ces chenilles une grande variété de papillons ; l'un d'eux a le vol de l'hirondelle ; je n'en vois pas dont les couleurs soient remarquables.

Nous traversons les monts Voungoué ou Mvoungoué, qui sont composés de plusieurs roches éruptives. J'y rencontre des brèches, formées d'ardoise et de marne altérée contenue dans du quartz, et différentes amygdaloïdes.

Il est curieux d'observer la variété de formes que présente la silice; nous la trouvons ici en roches porphyroïdes, en poudre globuleuse de la grosseur des graines de navet, ou cristallisée à l'intérieur de cavités formées tout à coup par l'expansion de l'air ou d'un gaz quelconque, et où ces cristaux sont réunis par masses de différentes couleurs, jaune, rouge, verte; de plus elle y compose des touffes d'asbeste jaune, ou des lamelles disposées de manière à figurer du bois fossile.

Les monts Voungoué constituent le déversoir où prennent naissance les rivières sableuses que nous avons mentionnées plus haut, rivières qui coulent vers le nord-est pour aller se jeter dans le Zambèse ou dans ses affluents; il se forme également, sur le versant opposé, d'autres rivières du même genre, telles que l'Oué, le Kapopo et la Doué, qui se dirigent vers le sud et tombent dans la Louia.

Un grand nombre d'éléphants sont venus ici manger un fruit qu'on appelle mokoronga : c'est une baie noire, remplie d'un suc violet et que je trouve délicieuse; la seule chose que je lui reproche est la dimension exagérée du noyau, comparativement à la grosseur de la pulpe; c'est au reste le défaut principal de tous les fruits sauvages. Le mokoronga est très-commun dans tout ce pays-ci, et les naturels en mangent les fruits avec avidité : « C'est de la graisse toute pure ! » s'écrient-ils avec enthousiasme; pompeux éloge, car, suivant eux, la graisse est l'aliment par excellence. Bien que ces fruits ne soient pas plus gros qu'une cerise, j'ai vu des éléphants les cueillir avec patience et les manger un à un pendant une heure de suite.

Nous remarquons les empreintes d'une femelle de rhinocéros noir [1] accompagné d'une jeune. Nous n'en avons trouvé qu'une seule fois depuis notre départ, dans les montagnes de Sémalemboué : car cet animal est excessivement rare dans tout le pays qui est au nord du Zambèse. Le rhinocéros blanc, *rhinoceros simus* de Burchell, qui est le mohohou des Béchuanas, a complétement disparu de cette région et sera bientôt inconnu dans le Sud; il ne mange à peu près que de l'herbe; son caractère doux et confiant le livre à la merci des chasseurs, et, depuis l'introduction des armes à feu dans le pays, l'espèce en a considérablement diminué. Le rhinocéros noir est beaucoup plus sauvage [2], et, comme toutes les bêtes

---

1. Rhinocéros bicornis, Linn.
2. Toutes les fois que l'on rencontre des empreintes de Rhinocéros, on aperçoit en même temps que l'animal a fouillé la terre et les buissons avec sa corne puissante; on a cru y trouver la preuve qu'il était sujet à des accès de fureur indomptable; mais c'est avec joie, et non avec rage, qu'il se livre à cet exercice, et comme dans l'expan-

d'un méchant naturel, jamais on ne lui trouve une once de graisse sur le corps, double motif pour qu'il survive à son congénère, plus timide et plus gras. M. Oswell poursuivait un jour deux de ces animaux qui se retournèrent tout à coup et revinrent lentement sur lui ; sachant combien il est difficile de frapper d'une seule balle le petit cerveau du rhinocéros, il attendit que celui des deux qui s'avançait le premier lui présentât l'épaule et ne fût plus qu'à une distance de quelques mètres pour lâcher la détente ; il pensait échapper ensuite à la bête furieuse en se rejetant de côté ; mais, bien qu'il eût déchargé son fusil presque à bout portant, il fut lancé en l'air avec force et retomba sans mouvement aux pieds de la brute. Quand il reprit connaissance, il trouva son corps et ses membres couverts de larges blessures ; j'ai vu, longtemps après, celle qu'il avait reçue à la cuisse : elle était toujours béante sur une longueur de quinze centimètres. Les rhinocéros blancs, eux-mêmes, ne sont pas toujours inoffensifs ; l'un d'eux, blessé mortellement par M. Oswell, posa sa corne sous le ventre du cheval de son ennemi, et jeta en l'air du même coup monture et cavalier.

D'après les naturalistes, il y aurait quatre espèces de rhinocéros ; mes observations personnelles m'ont amené à conclure qu'il n'en existe pas plus de deux ; les différences qui ont motivé la création des deux autres espèces résultent de l'âge où ces animaux ont été observés ; quant à la direction des cornes, elle ne saurait former chez le rhinocéros, pas plus que chez le bœuf, un caractère spécifique. Néanmoins, le docteur Smith, qui est le meilleur juge que nous ayons en cette matière, admet trois ou quatre variétés de rhinocéros. Il suffit à la plupart des lecteurs de savoir qu'il y a, parmi ces animaux, deux espèces bien distinctes et bien déterminées, qui diffèrent entre elles d'aspect et d'habitudes. Nous comprenons parfaitement qu'il n'y ait pas de rhinocéros dans la vallée du centre, où, pendant l'inondation, ils seraient trop facilement poursuivis par les indigènes au milieu du réseau fluvial qui couvre le pays ; mais je ne m'explique pas l'absence complète de girafes et d'autruches dans les grandes plaines élevées des Batokas ; à moins d'admettre, avec les indigènes, qu'on trouve au nord de cette région un autre lacis de rivières dans le voisinage du lac Shouia, rivières qui auraient empêché ces animaux de se diriger vers le sud. Il n'existe pas de mots dans la

---

sion d'une force exubérante. Il lui arrive également de s'adosser à des broussailles et de labourer le sol avec ses pieds, sans doute pour se nettoyer les sabots, de la même façon qu'on le voit faire aux chiens sur les touffes d'herbe : ce qui n'est certainement pas de la rage.

langue des Batokas pour désigner la girafe et l'autruche. La première est néanmoins très-commune sur le delta formé par le Liambye et le Chobé, ce qui permet de croire qu'elle y est venue du nord en suivant le plateau de l'ouest ; on peut même supposer qu'elle y est arrivée du sud, le Chobé n'étant pas assez large pour lui avoir fait obstacle ; mais le Zambèse paraît avoir opposé une barrière infranchissable à la girafe et à l'autruche, qui abondent au pays des Mashonas et dans le désert Kalahari.

Nous traversons de grands bois de mopanés (*bauhinia*), où mes compagnons prennent une énorme quantité de koroués (*tockus erythrorhyncus*), dont les nids sont creusés dans ces arbres. Hier, en passant à côté de l'un de ces nids, qui était prêt à recevoir la femelle, je l'ai soigneusement examiné ; l'orifice du trou, muré des deux côtés, conservait une ouverture en forme de cœur, et tout juste assez grande pour que l'oiseau pût y entrer. L'arbre était creusé au-dessus de cette ouverture, de manière à offrir une espèce de chambre supérieure où se réfugie la femelle en cas de surprise. Un peu plus loin il y avait un œuf dans l'un de ces nids ; il était blanc et ressemblait beaucoup à celui du pigeon : au moment où la femelle fut saisie par mes hommes, elle en pondit un second, et nous lui en avons trouvé quatre autres dans l'ovaire.

C'est à Kolobeng que je vis cet oiseau pour la première fois ; j'étais allé dans la forêt pour abattre des arbres, et je m'étais arrêté auprès de l'un de ceux que j'avais choisis, lorsqu'un indigène, qui se trouvait avec moi, s'écria : « Un nid de koroué ! » Je n'aperçus qu'une fente d'environ douze millimètres de large et de huit ou dix centimètres de longueur, qui me parut être l'ouverture d'une cavité peu profonde ; je pensai que le koroué était un animal de petite taille, et j'attendis avec intérêt ce que mon homme allait extraire du creux de l'arbre ; il démolit la muraille qui se trouvait de chaque côté de la fissure et, plongeant son bras dans le trou, il en tira un tock à bec rouge, qu'il tua immédiatement. Une fois, me dit-il, que la femelle commence à couver, elle est soumise à une réclusion absolue ; l'entrée du nid est murée par le mâle, qui ne réserve que l'ouverture strictement nécessaire pour y introduire le bec afin de nourrir la femelle ; celle-ci dépose ses œufs sur une couche de plumes qu'elle s'est arrachées, et demeure avec ses petits jusqu'à l'époque où ils sont en état de voler ; pendant tout ce temps, c'est-à-dire pendant deux ou trois mois, le père nourrit toute la famille. La recluse devient alors si grasse qu'elle constitue pour les indigènes un morceau très-recherché, tandis que le pauvre mâle arrive à un tel état d'épuisement et de maigreur, que lorsque la température baisse tout à coup, ainsi que cela arrive souvent après un orage, il est saisi par le froid et ne tarde pas à mourir.

Étant repassé huit jours plus tard auprès de l'arbre où mon compagnon avait pris le koroué, je vis l'orifice du trou muré de nouveau : était-ce l'époux inconsolable qui s'était déjà remarié? Je ne touchai pas au nid, dans l'intention de constater l'époque où la femelle en sortirait; mais ayant eu beaucoup à travailler, il me fut impossible de retourner à l'endroit où je l'avais vu. C'est à présent que l'incubation commence; beaucoup de nids sont déjà murés, et l'on me dit ici, comme à Kolobeng, que la femelle ne sort de l'arbre qu'au moment où les jeunes ont toutes leurs plumes, ce qui arrive à l'époque de la maturité du sorgho. L'apparition des jeunes koroués est, pour les indigènes, le signal de la moisson : et, comme c'est vers la fin d'avril que les grains sont recueillis, la durée de l'emprisonnement de la femelle serait alors de deux à trois mois. On dit que parfois elle couve d'abord deux œufs, qu'au moment où les deux jeunes qui en résultent sont prêts à la suivre, les deux autres sortent de leur coquille et sont alors nourris par le père et la mère, qui ont rétabli la cloison à l'entrée de leur demeure. J'ai remarqué plusieurs fois la branche où le mâle vient se percher pour nourrir sa famille; les indigènes observent avec soin la fiente qui est déposée à un mètre de l'orifice du nid, et qui leur fait découvrir la retraite de ces oiseaux.

Le coucou indicateur remplit son office avec beaucoup de zèle, et fait trouver à mes compagnons une énorme quantité de miel. Les abeilles sont excessivement nombreuses; mais les indigènes n'en récoltent pas la cire, qui dans la province de Loanda est l' bjet d'un commerce étendu; et je n'ai pas découvert une seule ruche artificielle dans ce pays-ci, où nous trouvons toutes les abeilles dans le creux des mopanés. C'est sans doute au débouché avantageux que le Brésil offre à la cire d'Angola, qu'il faut attribuer le développement de cette branche de commerce chez les Balondas; j'ai vu payer la livre de cire jusqu'à cent cinquante reis (60 centimes) sur la rive du Quango. Il y a beaucoup d'abeilles dans certains districts du pays des Batokas; ceux-ci payent souvent avec leur miel le tribut qu'ils doivent à Sékélétou; mais ils rejettent la cire comme inutile, n'ayant pas de marché où ils puissent la vendre : la même chose existait au lac Ngami à l'égard de l'ivoire, avant que nous y eussions pénétré.

Les rapports que mes Zambésiens ont faits de la valeur de la cire à Loanda, suggérèrent à mes compagnons actuels l'idée d'en porter un peu à Tèté comme essai ; mais ne sachant pas la manière de la préparer, la leur est tellement brune qu'ils n'ont pas pu la vendre ; j'en ai vu plus tard à Kilimané qui avait été récoltée par les indigènes des environs de ce pays-ci.

Bien que nous approchions des établissements portugais, nous voyons toujours beaucoup de gibier. Mes hommes viennent de tuer six jeunes buffles qui faisaient partie d'un énorme troupeau ; l'abondance de ces animaux, et celle des antilopes, démontre qu'il ne suffit pas de l'arc et des flèches pour en diminuer le nombre. Il y a également ici une grande quantité d'hyènes et de lions qui se multiplient, sans que personne ne pense à détruire ces derniers ; les habitants s'imaginent que l'âme de leurs chefs décédés habite le corps de ces animaux ; ils croient même qu'un chef a le pouvoir de se métamorphoser en lion quand il a envie de tuer quelqu'un, et qu'il reparaît ensuite sous sa forme ordinaire : c'est pour cela que, toutes les fois qu'ils rencontrent un lion, ils frappent dans leurs mains, ce qui est leur manière de saluer. Il en résulte que ces félins se sont tellement multipliés que, lorsque les indigènes s'égarent, ils sont obligés de passer la nuit sur les arbres afin d'échapper aux dents et aux griffes de ces terribles animaux ; aussi nous voyons dans les bois de petites huttes construites au milieu des branches, et qui ont été faites par des gens que la nuit avait surpris dans la forêt ; nos guides s'effrayent continuellement de voir mes hommes se séparer les uns des autres pour suivre le coucou indicateur ou pour aller à la recherche des koroués, et ils ne cessent de les avertir du danger qu'ils courent de rencontrer des lions. Je suis souvent obligé d'attendre ma suite vagabonde pendant une heure ou deux ; mais le soleil est si brûlant que je ne suis pas fâché d'avoir un prétexte pour me reposer. Il est impossible d'accomplir dans cette région les marches prodigieuses des voyageurs qui parcourent la zone boréale ; quand nous avons franchi dix ou douze milles (quinze ou vingt kilomètres), nous en avons assez, non pas que nous ne puissions en faire davantage ; mais c'est de recommencer tous les matins qui nous fatigue. Nous faisons d'ailleurs beaucoup plus de chemin qu'il ne serait nécessaire, parce que nous voulons éviter de passer dans les villages ; et puis la température est suffocante ; on boit énormément et l'on ne prend pas la peine d'épurer l'eau qu'on absorbe avec avidité ; je n'ai jamais été aussi fatigué de la chaleur que dans les bas-fonds qui avoisinent le Zambèse, et cependant elle y est moins vive que sur les hautes terres que nous avons traversées.

Nous venons de franchir le Kapopo et l'Oué, qui ont de l'eau dans ce moment-ci; mais ils sont presque toujours à sec. La vigne est très-commune dans toute cette région ; elle abonde partout sur les rives du Zambèse; on en trouve, dans le pays des Batokas, une variété dont les feuilles sont larges et dures pour résister à l'action du soleil, et qui donne un raisin noir excessivement doux ; mais les espèces que l'on rencontre le plus fréquemment, l'une à feuilles rondes et à fruits verdâtres, l'autre à feuilles palmées ressemblant beaucoup à celles de l'espèce cultivée, et à grappes violettes ou brunes, ont de gros pepins qui produisent un sentiment d'astriction des plus désagréables. Les Portugais font du vinaigre avec le raisin de cette espèce ; quant aux indigènes, ils mangent indistinctement celui de toutes les variétés. Il est probable qu'un pays où la vigne croît spontanément avec autant d'abondance et de vigueur conviendrait à merveille à la production du vin ; notre sentier en est tellement obstrué qu'il faut faire grande attention pour ne pas tomber en se prenant les pieds dans le réseau de sarment qui le tapisse. La terre en outre est couverte de galets dissimulés dans l'herbe, et qui rendent la marche excessivement pénible ; je suis persuadé de l'avantage que retirerait d'un pareil exercice un individu affligé d'obésité ; mais pour un malheureux qui a sué toute sa chair et qui est de la maigreur d'une arête, je ne vois à cela d'autre bénéfice que de faire faire à un honnête homme l'expérience du tread-mill.

Bien que la saison des pluies ne soit pas tout à fait terminée, beaucoup de mares sont déjà taries, et le sol est couvert, en maint endroit, de petites plantes vertes de la famille des cryptogames qui ont une odeur très-forte et qui lui donnent l'air d'être moisi. Dans les parties qui sont tapissées de grandes herbes, il s'échappe de cette végétation épaisse, que vous écartez sur votre passage, des bouffées de chaleur nauséabonde qui vous montent jusqu'au front ; tout paraît malsain autour de nous, et cependant nous n'avons pas de fiévreux.

La petite rivière d'Oué coule dans un lit profond dont les bords, d'une hauteur de trois mètres cinquante centimètres, sont formés de tuf et de grès rouge tendre, bigarré de blanc et de formation alluvienne. Nous trouvons également dans cette région des cavités argileuses de deux mètres de profondeur sur plus d'un mètre de diamètre ; elles forment dans certains endroits d'excellentes citernes ; ailleurs elles sont remplies de terre et les habitants y ont parfois déposé la dépouille de leurs chefs.

20 *février*. — Nous arrivons au village de Monina, situé auprès d'une rivière de sable, nommée Tangoué, par 16° 13' 38" latitude sud et 32° 32' longitude est. Monina est très-populaire chez toutes

les tribus du voisinage, en raison de sa générosité ; il reconnaît, ainsi que Boroma, Nyampoungo, Jira, Souza, Katolosa ou Monomotapa, la suprématie de Nyatéwé, qui règle toutes les disputes de ces chefs relativement à la délimitation de leurs territoires. Nous avons observé la même confédération dans plusieurs parties de l'Afrique, et notamment dans la province de Loanda. Katolosa est l'empereur Monomotapa des récits historiques ; mais c'est aujourd'hui un assez pauvre sire. Les Portugais fournissaient autrefois à ce monarque des subsides et une garde qui avait pour mission d'honorer les funérailles de tous ses sujets d'une décharge de mousqueterie. Un sérail de cent femmes est le seul vestige que son successeur ait conservé de sa puissance ; toutefois son héritage, à la mort de celui qui le possède, n'en est pas moins l'occasion d'un combat acharné. Motapé, l'un des prédécesseurs de Katolosa, était le chef des Bambiris, tribu de la race des Banyaïs ; il avait sans doute plus d'énergie que son successeur, mais sa puissance était insignifiante. Quant au nom sonore de Monomotapa, il faut se rappeler que Mono, Moéné, Mona, Mana ou Moréna, signifient tout simplement chef, et qu'une grande confusion est résultée, dans la dénomination des différentes tribus, de ce qu'on les a désignées sous le nom de leur chef, dont on a fait un pluriel. Dire, par exemple, les Monomoïzès ou les Monomotapistas est absolument la même chose que si l'on appelait les Écossais des lords Douglasses. L'expression de Monomoïzès se compose de Moïza ou Mouïza, dont le pluriel, Babisa ou Aïza, est le nom d'une grande tribu du Nord ; on a commis dans sa construction la faute que je signalais tout à l'heure. Certaines méprises sont venues également de la prédilection pour la lettre *r* que l'on a souvent substituée à l'*l*; c'est ainsi, par exemple, que l'on a dit Arroangoa pour Loangoua, Rouanha pour Luényo. On désigne les Bazizoulous, ou Mashonas, sous le nom de Mourourourous.

Le gouvernement des Banyaïs est assez remarquable en ce qu'il présente une sorte de république féodale. Le pouvoir est électif, et c'est le fils de la sœur du chef décédé que l'on choisit de préférence à l'héritier du défunt. Si par hasard ce candidat ne satisfait pas les électeurs, ceux-ci vont en chercher un autre jusque dans les tribus du voisinage : c'est presque toujours un parent de celui qu'ils ont à remplacer, mais jamais le fils ou la fille du chef qui vient de mourir. Lorsqu'on annonce sa nomination à l'élu du peuple, il est d'usage qu'il refuse le pouvoir, comme n'étant pas à la hauteur des obligations qu'impose l'autorité suprême ; on insiste, il accepte, prend possession des biens de son prédécesseur et en adopte les femmes et les enfants, qu'il a soin d'entretenir dans une position dépendante. Il n'est pas rare que, fatigués de ce vasselage, ceux-ci aillent s'établir un peu plus loin et fondent quelque bourgade ; le chef ne manque pas alors d'envoyer quelques-uns des jeunes gens qui l'entourent pour visiter, de sa part, le vassal qui l'abandonne ; et si l'on ne reçoit pas ses mandataires avec toute l'humilité convenable, si l'on ne frappe pas des mains avec assez de vigueur ou pendant assez longtemps, la bourgade est immédiatement brûlée. La nation se divise en deux ordres, celui des hommes libres, qui ne peuvent jamais être vendus, et celui des esclaves, dont l'extérieur est aussi dégradé que leur position est abjecte. Les enfants du chef appartiennent nécessairement à la classe des hommes libres, mais leurs priviléges ne sont guère plus étendus que ceux des personnes du même ordre.

Monina est entouré d'un grand nombre de jeunes garçons de douze à quinze ans, et qui appartiennent tous à des familles libres. La même chose a lieu dans les tribus voisines : tous les enfants parvenus à l'âge de puberté sont réunis autour d'un homme influent qui est chargé de les instruire. J'ai demandé quel est le genre d'instruction qu'on leur donne, on m'a répondu tout simplement : « Banyaï, » ce qui équivaut, j'imagine, à ce que serait l'américanisme pour un Américain. Ils sont soumis à une discipline rigoureuse, et ne peuvent se marier que lorsqu'ils sont remplacés par une nouvelle génération. Leurs familles donnent de l'ivoire à Monina pour que celui-ci leur en achète des vêtements ; elles pourvoient à leur nourriture, en les faisant accompagner de serviteurs qui font venir des grains et des légumes pour leurs jeunes maîtres et pour eux. Lorsque ces jeunes gens reviennent dans leurs villages, on leur donne une thèse à soutenir en public, et leurs parents sont très-glorieux de leurs succès oratoires.

J'ai fait dire à Monina que je n'avais pas autre chose à lui donner que des houes en fer ; il a répondu qu'il n'en avait pas besoin, qu'il était tout-puissant dans le pays que nous avons à franchir, et que, s'il lui plaisait de nous empêcher de passer, personne ne lui en ferait des reproches. Boromo, son petit garçon, est venu me voir ; je lui ai fait présent d'un couteau ; il est parti et m'a rapporté un pot de miel. J'ai eu, peu de temps après, la visite de Monina, et je lui ai donné l'une de mes chemises. « Évidemment cet homme n'a rien, a-t-il dit à ses conseillers ; s'il avait quelque chose, il achèterait des vivres, et je ne vois pas ses gens aller aux provisions. » Mais le conseil n'est pas du même avis ; il est persuadé que je possède des valeurs et que je les dissimule ; je trouve un peu dur d'être accusé de mensonge. C'est probablement pour nous intimider qu'on a exécuté, le soir de notre arrivée, une danse guerrière à cent pas de l'endroit où nous campons ; quelques-uns des danseurs avaient des fusils, mais la plupart étaient armés de grands arcs et de lances ; ils battaient du tambour avec fureur, et de temps en temps déchargeaient un fusil ; la danse armée indique toujours des intentions hostiles, et mes hommes comptaient bien être attaqués. C'est avec cette perspective que nous nous sommes couchés, bien résolus à nous défendre chaudement si l'on venait nous assaillir ; mais, une heure ou deux après la fin du jour, les danseurs s'éloignèrent et, n'entendant plus rien, nous nous sommes endormis. Pendant la nuit, Monahin, l'un de mes chefs de section, quitta sa couche et, se tournant du côté du village, dit à son voisin qui n'était qu'à demi réveillé : « N'entends-tu pas ce qu'ils disent? Viens et écoute ! » Il sortit du camp et s'éloigna dans la direction opposée à celle de l'ennemi. Tous mes hommes étaient couchés la lance au poing, et nous n'avions pas de sentinelle ; celui à qui Monahin avait parlé crut probablement rêver, il ne donna pas l'alarme, et ce matin seulement, à mon réveil, je me suis aperçu de la disparition de Monahin ; nous l'avons cherché partout sans découvrir sa trace. Il avait eu, dans ces derniers temps, une attaque de pleurésie dont il était parfaitement guéri ; mais, depuis quelques jours, il se plaignait de la tête : cependant il était de bonne humeur, et, m'ayant pris dans ses bras hier matin pour me faire passer un ruisseau, il me plaisanta sur ma légèreté croissante ; le soir, il demeura près de moi jusqu'à la nuit sans paraître effrayé de la démonstration du peuple de Monina, et je ne peux m'expliquer sa fuite que par un trait de folie soudaine. Peut-être, s'étant éloigné du camp, a-t-il été dévoré par un lion ; mais je crois plutôt à un accès d'aliénation mentale ; il commandait mes Batokas de Mokouiné, qui le regardaient avec horreur, ainsi que tous leurs compatriotes. « Mokouiné, disaient-ils, a été tué par l'ordre des Makololos, mais c'est de la main de Monahin qu'il a été frappé. » Les homicides que les membres de ces différentes tribus commettent sur le champ de bataille ne chargent pas leur conscience ; personne d'ailleurs ne songe à les leur reprocher ; mais celui qui, dans une razzia particulière, tue un personnage influent, se le voit rappeler sans cesse par les propos continuels dont son crime est l'objet ; il en résulte une obsession poignante qui amène quelquefois la perte de la raison ; et jamais, dans une contrée comme celle-ci, on ne retrouve un fugitif. Si Mohanin est allé dans quelque village, on prendra soin de lui, je n'en doute pas; mais sa perte m'est extrêmement douloureuse; c'était un homme plein de bon sens et d'une extrême obligeance : pauvre Monahin ! J'ai immédiatement averti Monina du malheur qui m'arrive; il a fait chercher dans tous les environs, battre tous les jardins et ordonné à quiconque apercevrait mon Makololo de me le ramener tout de suite; il est évident qu'il sympathise avec mes regrets; de plus, il craint d'être soupçonné de rapt, car il m'a fait dire que l'on n'enlevait jamais personne dans sa tribu, que ce n'était pas l'usage, et que tous les Banyaïs considèrent comme un crime la capture d'un étranger. Après trois jours de recherches inutiles, je me dispose à continuer notre route, et Monina nous laisse partir sans y apporter le moindre obstacle.

En quittant son village, nous entrons dans une rivière de sable d'une largeur de quatre cents mètres, et qu'on appelle Tangoué; il est tout aussi fatigant de marcher sur cette couche profonde de gravier que de voyager dans la neige. Le pays est plat, mais de hautes montagnes se dressent dans le lointain; celles de Lobalé s'aperçoivent du côté du sud; la plaine est couverte de forêts peu élevées, et tellement infestée de lions, que les naturels ne s'y hasardent jamais seuls. Je me suis écarté un instant du sentier, et, bien que ce fût au milieu du jour, à peine étais-je à quelque distance de mes hommes, qu'un animal s'est enfui en bondissant au milieu des grandes herbes qui s'élevaient au-dessus de ma tête; ce n'était certainement pas une antilope; toutefois je n'ai pas pu distinguer si c'était une hyène ou un lion. Cette abondance de grands carnivores me fait perdre l'espoir de retrouver Monahin.

On voit des empreintes nombreuses de zèbres, de buffles et de rhinocéros noirs.

Après deux heures de marche, nous arrivons au village de Nyakoba. Les deux hommes que nous avait donnés Monina pour nous servir de guides ne veulent pas admettre que je me trouve sans grains de verre. Il est vexant de voir sa véracité mise en doute; je leur ouvre mes caisses pour leur montrer que je n'ai rien qui puisse leur être utile; et quand ils en sont bien convaincus, ils finissent par accepter quelques verroteries que Sékouébou détache de sa ceinture; je promets en outre de leur envoyer trois mètres et demi d'indienne lorsque nous serons à Têté.

Comme nous sortions du village, arrivait un docteur-sorcier, connaissant des cas de magie, et toutes les femmes de Monina se rendaient à jeun dans la plaine. Elles vont y subir une épreuve que l'on appelle *mouavi*, et qui se pratique de la manière suivante : quand un homme s'imagine que l'une ou l'autre de ses femmes lui a jeté un sort, il envoie chercher un docteur dont la spécialité est de préparer une infusion de goho; toutes les femmes du prétendu ensorcelé vont dans les champs, où elles ne prennent rien jusqu'au moment où le docteur a fini de préparer son breuvage. L'opération terminée, chacune des épouses, la main tendue vers le ciel, boit la dose voulue de cette drogue tant soit peu vénéneuse; celle qui la vomit est considérée comme innocente, et revient chez elle tuer un coq, dont elle fait hommage à ses bons génies pour les remercier de leur protection; mais la malheureuse que la drogue a purgée est déclarée coupable et brûlée vive sur-le-champ. Cette procédure sommaire excita d'autant plus ma surprise, que, d'après tout ce que j'avais vu dans ce pays-ci, les hommes me paraissent tenir les femmes en trop grande estime pour oser les expédier de la sorte. On m'a répondu que c'étaient les femmes elles-mêmes qui, jalouses de prouver leur innocence, réclamaient cette épreuve dans laquelle elles ont une foi profonde. L'ordalie est fréquente chez tous les nègres qui habitent au nord du Zambèse. J'ai vu dans la province d'Angola un mulâtre dont la mère, qui était parfaitement libre, se rendit de son propre mouvement à Cassangé, pour y subir l'épreuve du poison, dont elle mourut immédiatement. Son fils, l'un des négociants les plus riches du pays, n'avait pas même eu l'idée de s'opposer à cette folie mortelle. La même coutume existe chez les Barotsés, les Bashubias et les Batokas, mais avec quelque variante. Chez les premiers, par exemple, la drogue est administrée à un coq ou à un chien, et le juge prononce l'acquittement ou la condamnation de l'accusé d'après l'effet que produit sur l'animal cette médecine judiciaire. A ce propos, j'ai raconté à mes hommes qu'autrefois, dans le pays où je suis né, lorsqu'une femme était accusée de sorcellerie, on la jetait dans un lac, après lui avoir attaché es pieds et les mains avec des cordes; si elle venait à surnager, on la déclarait coupable et on la livrait aux flammes; si elle coulait à fond, elle se noyait, mais son innocence était clairement prouvée; et mes auditeurs ressentent de la sagesse de mes aïeux la même impression que fait naître en moi leur épreuve du mouavi.

L'individu qui avait été choisi par Nyakoba pour nous guider jusqu'au prochain village, est venu débattre le prix de ses services, et m'a demandé une houe; j'ai accepté ses conditions, et je lui ai montré la houe que je lui donnerais: il en a été ravi et l'a emportée pour la faire voir à sa femme; un instant après il est revenu en me disant qu'il aurait été bien content de venir avec moi, mais que sa femme n'y avait pas consenti. « Rendez-moi la houe que vous avez prise, lui dis-je alors. — J'en ai besoin, répondit-il. — Dans ce cas-là, conduisez-nous. — Mais puisqu'elle ne veut pas ! — Avez-vous jamais vu un pareil imbécile ? demandai-je à mes hommes. — Oh ! répliquèrent mes compagnons, c'est que dans ce pays-ci les femmes sont les maîtresses. » Sékouébou m'apprit qu'il était allé chez notre guide, et que ce dernier lui avait dit en lui montrant sa femme : « Pensez-vous que je puisse quitter cette jolie créature ? N'est-ce pas qu'elle est jolie ? » « D'après tout ce que l'on a répondu à mes questions, ajouta-t-il, je vois bien que les femmes ont ici un pouvoir extraordinaire. » Le guide que nous finissons par obtenir, un jeune homme intelligent, dont les traits ont beaucoup du type arabe, me confirme dans cette opinion. « Celui, nous dit-il, qui vient à aimer une jeune fille d'un autre village, et qui est agréé par la mère de celle-ci, quitte sa famille pour aller vivre chez sa femme ; il est dès lors obligé de rendre à sa belle-mère certains services, comme, par exemple, de l'approvisionner de bois pour l'entretien de son feu ; devant la vieille dame, il lui est interdit de s'asseoir autrement qu'en se mettant à genoux et en s'accroupissant sur les talons, car ce serait une grave offense que de lui présenter les pieds. S'il est fatigué du genre de vie qu'on lui impose, il peut retourner dans sa famille ; mais il est obligé, dans ce cas-là, de renoncer à ses enfants, qui appartiennent à sa femme. Cette coutume est la confirmation du fait que les Européens qualifient d'achat de l'épouse, et qui sur les lieux est envisagé d'une manière différente. C'est moins la jeune fille que l'on paye, en donnant tant de chèvres ou tant de bêtes bovines à ses parents, que le transfert de sa lignée à la famille où elle entre. Toutes les fois que le mari n'a rien donné pour l'avoir, les parents de la jeune fille ont le droit de réclamer ses enfants, comme appartenant à leur maison ; et c'est la renonciation à ce droit que l'époux achète en donnant une somme quelconque à son beau-père au moment du mariage. Ici les hommes ne payent rien à cet égard, et c'est un système que mes compagnons approuvent, non pas comme époux, mais en leur qualité de pères ; ils seraient très-contents de marier leurs filles sous ce régime, qui augmenterait la population de leur village. D'autre part, la bravoure qu'ils déploient en chassant l'éléphant excite l'admiration des Bambiris, qui voudraient bien les avoir pour gendres, aux conditions précitées ; mais aucun ne se laisse séduire. Ils voudraient bien ne pas vendre leurs filles, mais ils veulent acheter leurs femmes, et garder leurs enfants.

Un mulâtre portugais a eu un fils dans l'une de ces tribus ; jamais il n'a pu obtenir qu'il lui fût restitué : l'enfant vit toujours avec sa mère, et personne ici ne reconnaît les droits paternels. Tout ce que j'ai vu dans cette province m'a fait concevoir la plus haute idée de la position que les femmes y occupent, et les Portugais m'ont affirmé la même chose. Toutes les fois qu'il leur est arrivé de réclamer un service d'un Banyaï, celui-ci leur a toujours répondu : « Je veux bien, et je vais aller demander la permission à ma femme. » Si elle y consent, le mari vient retrouver le Portugais et s'acquitte fidèlement de sa tâche ; mais si la femme refuse, aucune séduction ne peut lui faire accomplir ce qu'elle ne lui permet pas. On m'avait fait l'éloge du physique des Banyaïs, et l'on ne m'avait pas trompé ; il est certain qu'ils sont d'une fort belle race.

Nous nous en tirons beaucoup mieux avec Nyakoba que je ne l'aurais espéré. J'ai montré tout de suite à son mandataire que je n'avais rien à lui donner. Comme tous les autres, ce dernier doutait de ma bonne foi ; mais Nyakoba lui a reproché vivement sa défiance, et m'a envoyé tout de suite deux paniers de sorgho et de maïs, en me faisant dire qu'il croyait à mes paroles, et qu'il me donnerait des guides pour me conduire à Tèté directement, sans que je sois obligé de traverser d'autres villages.

Les oiseaux de ce pays-ci ont des chants pleins de douceur, et je crois entendre les canaris, comme dans la province de Loanda.

Une forte averse que nous avons eue dans la matinée a fait descendre le thermomètre de 14° (7° centigrades 7/9) en une heure. Du reste, depuis le commencement de février, la température a baissé d'une manière sensible. Au mois de janvier, le terme moyen des degrés de chaleur au point du jour était de 79° (26° centigrades), et le chiffre le plus bas auquel le thermomètre soit descendu a été de 75° (24° centigrades). Nous avions 90° (32° centigrades 2/9) à trois heures de l'après-midi, et 82° (27° centigrades 7/9) au coucher du soleil. En février la température est tombée à 70° (21° centigrades), pendant la nuit, et le terme moyen de la chaleur fut de 88° (31° centigrades) ; elle s'est élevée une fois seulement à 94° (34° centigrades 4/9), et un orage éclata presque immédiatement. Malgré cela, nous avons aujourd'hui beaucoup plus chaud qu'à l'époque où nous étions sur les hauteurs.

Notre guide évite plusieurs villages en faisant un détour à travers la forêt. Nous voyons les restes d'un lion qui a été tué par un buffle, et les belles cornes d'un poutokouané[1] qui a été dévoré par un lion.

Le bruit du tambour, que nous avons entendu toute la nuit, prouve

---

1. Antilope noire.

qu'il y avait un mort dans quelque village des environs. Il est assez dangereux pour les marchands de passer au moment des funérailles d'un chef. L'exécution de la loi est alors suspendue jusqu'au moment où le défunt est remplacé et parfois quelques vauriens en profitent pour piller les ballots des voyageurs.

Nous continuons à faire de grands circuits pour nous éloigner de Katolosa, qui prélève, dit-on, des valeurs considérables sur les étrangers qui tombent en son pouvoir.

Nos guides sont chargés de viande de buffle séchée, qu'ils ont l'intention de vendre à Tèté; l'un d'eux est un beau jeune homme, qui ressemble tout à fait à l'Arabe Ben-Habib.

Un grand nombre de Banyaïs sont d'une couleur café au lait de nuance pâle, ce qui est considéré dans tout le pays comme une très-grande beauté. La blancheur relative de la peau est au moins aussi estimée chez eux qu'elle peut l'être parmi nous. Ils divisent leur toison en petites mèches d'environ trente centimètres de longueur, qu'ils entourent de l'écorce d'un arbre trempée dans une teinture rougeâtre. Ainsi coiffés, ils me rappellent les anciens Égyptiens. La masse de laine dont leur tête est couverte retombe sur leurs épaules; mais en voyageant ils relèvent tous leurs tortillons et les rassemblent en nœud sur le sommet du crâne. Ils sont généralement d'une très-grande propreté.

Comme nous n'entrons pas dans les villages, et que nous marchons moins longtemps que d'habitude, à cause de l'état de maladie d'un de mes compagnons, j'ai l'occasion d'observer les expédients qu'emploient mes hommes pour suppléer aux vivres qui nous manquent; ils recueillent sur les fourmilières de grands champignons blancs d'excellente qualité; ils découvrent le mokouri, très-commun dans la région des Mopanés, en percutant le sol avec des pierres. Ils se procurent également, de la même façon et au même endroit, une autre racine tuberculeuse, de la dimension d'un navet, et qu'ils appellent *bonga*. Cette racine ne détermine pas de douleur dans les articulations, comme le fait le mokouri, et prend en hiver un goût de sel très-sensible. Nous avons en outre un fruit que les Makololos appellent *ndongo*, et les Bambiris *dongolo;* c'est une petite drupe qui devient noire en mûrissant, et qui est d'autant meilleure, comme aliment, que le noyau en est petit. Mes hommes connaissent assez bien la plupart des arbres que nous rencontrons, et l'on obtient de curieux détails en les questionnant sur telle ou telle espèce; le shékabakadsi, par exemple, s'allume beaucoup mieux par le frottement que les autres arbres de la forêt. Comme son nom l'indique, une femme surprise par la nuit peut aisément se procurer du feu avec le bois qu'elle en obtient.

Cette région est couverte de galets parfaitement arrondis, et de gravier de micaschiste, de granite, de gneiss, contenant beaucoup de talc, et d'autres roches que nous avons vues entre le Kafoué et la Loangoua ; on y trouve de grandes terrasses de sable rouge, offrant une légère cohésion, et qui s'émiette sous les doigts avec facilité. L'eau pénètre si aisément cette couche de sable et de gravier, que la végétation y souffre de la sécheresse une grande partie de l'année ; aussi n'y voit-on pas de ces grands arbres qui croissent sur les bords du Zambèse. Toutes les rivières ont des lits sablonneux, et nous traversons de grands espaces où l'on ne trouve pas une goutte d'eau en dehors de la saison des pluies. Près de nous s'élèvent, à une hauteur considérable, les montagnes de Lokolé, situées au sud de l'endroit où nous sommes et qui nous séparent du Mazoé, dont le sable est aurifère. Le grand nombre de cavités circulaires et aux parois unies que présente la falaise de grès, lorsqu'on le rapproche des bancs de cailloux roulés et de sable lavé que nous trouvons dans cette région inférieure, semblerait annoncer qu'autrefois les vagues de la mer battaient les flancs du plateau oriental. Une grande partie des monts qui se trouvent placés entre le Kafoué et la Loangoua affectent, du côté de l'est, la forme des bancs de vase que la marée découvre en se retirant. Les excavations tubulaires, dont nous venons de parler, sont plus abondantes que partout ailleurs au versant des sillons peu élevés de grès à teinte grise que l'on rencontre ici ; comme les galets sont composés des mêmes roches que les montagnes qui sont à l'ouest de Zumbo, tout fait présumer qu'un courant s'est précipité du sud-est dans la direction où ces cavités apparaissent, et que, détourné par ces montagnes vers le territoire des Maravis, au nord de Tèté, il a creusé ces cavernes circulaires, où ces peuplades emmagasinent leurs grains, et où elles vont se réfugier pour échapper à leurs ennemis. Je n'ai pas vu de terrasses dans cette partie de la contrée ; mais, si je ne me trompe, cette région doit offrir les mêmes ondulations que la partie méridionale du continent américain. C'est dans les gorges qui sont au sud-est, au sud, au sud-ouest et à l'ouest de celui-ci, que se trouvent les principaux gîtes aurifères ; et la ligne du courant qui, dans mon hypothèse, aurait été frapper contre les montagnes de Mbourouma, renferme les lavages d'or qui sont au nord-est de Tèté.

Nous avons passé la nuit au versant des monts Zimika, où nous avons trouvé en abondance de l'eau pluviale contenue dans des puisards nombreux et profonds. J'y ai vu, pour la première fois, des montagnes au sommet nu et lisse, et nous avons traversé de larges chaussées de gneiss et de porphyre syénitique se dirigeant du nord au sud.

Nous approchons de Tèté, et je me félicitais d'avoir échappé aux vexations qui nous attendaient sur la route, lorsque, le lendemain matin, quelques individus nous aperçurent et allèrent prévenir de notre passage les habitants de la bourgade voisine. Ceux-ci nous poursuivirent immédiatement, et nous menacèrent de nous dénoncer à Katolosa, dont nous traversions le territoire sans qu'il nous l'eût permis. Nous leur avons donné deux petites défenses d'éléphant : car, s'ils avaient exécuté leur menace, il est probable qu'il aurait fallu céder tout notre ivoire.

2 *mars*. — Nous venons de franchir une contrée pierreuse, où nous sommes entrés immédiatement après notre dernière aventure. Nous n'avons pas trouvé de sentier au milieu de ces rocailles, et je m'arrête à huit milles de Tèté, que l'on écrit quelquefois Tetté, et qu'on appelle aussi Nyungoué. Mes compagnons me demandent de continuer notre route ; mais je suis trop fatigué pour cela. J'envoie au commandant les lettres d'introduction qui m'ont été données dans la province d'Angola, et je me couche dès que mon lit est préparé. Depuis longtemps nous n'avons plus de provisions, et mes hommes ne vivent que du miel et des racines que nous trouvons sur notre passage.

Vers deux heures du matin, nous avons été réveillés par deux officiers et une compagnie de soldats, qui apportaient tous les matériaux d'un déjeuner civilisé, et de plus une mashila pour me porter à Tèté[1]. Mes compagnons s'imaginèrent que l'on venait nous attaquer, et m'appelèrent avec effroi. Je n'avais pas pu dormir, tant j'étais accablé de fatigue ; mais après ce bon déjeuner mes forces étaient revenues : c'est le meilleur repas que j'aie jamais fait de ma vie. Nous sommes partis immédiatement pour Tèté ; je ne me suis pas même aperçu de la difficulté du chemin, qui était pourtant si rude, que l'un des officiers prétendait qu'il y avait de quoi vous démolir.

La seule chose qui ait égalé pour moi le plaisir que m'a procuré ce déjeuner, est la jouissance que j'ai éprouvée en me couchant dans le lit de M. Gabriel, à Saint-Paul de Loanda ; mais cette fois mon plaisir a été vivement rehaussé par la nouvelle que Sébastopol était pris et la guerre terminée.

---

1. Maison du commandant, située par 16° 9′ 3″ latitude sud, 33° 28′ longitude est.

CHAPITRE XXXI

Réception du commandant. — Sa générosité envers mes hommes. — Le village de Tèté. — Sa population. — Spiritueux. — Le fort. — Cause de la décadence de l'autorité portugaise. — Esclaves employés au lavage de l'or. — Insuffisance du nombre des laboureurs provenant de la traite des nègres. — Estacade du rebelle Nyaudé. — Révolte de Kisaka. — Plantations de cannes à sucre. — Filons de houille. — Source chaude. — Contrée pittoresque. — Voie fluviale pour se rendre aux mines de charbon de terre. — Salaire des ouvriers. — Prix des denrées. — Visite aux lavages d'or. — Méthode employée pour se procurer ce précieux métal. — Houille dans les environs d'un gîte aurifère. — Présent du major Sicard. — Culture du froment par les indigènes. — Libéralité du commandant. — Renseignements géographiques du señor Candido. — Tremblements de terre. — Idées des naturels sur l'Être suprême, sur l'immortalité de l'âme et ses transmigrations. — Goût prononcé pour les funérailles pompeuses. — Restrictions commerciales. — Anciens établissements des jésuites. — État de la religion et de l'éducation à Tèté. — Débordement du Zambèse. — Culture du coton. — Plantes textiles. — Le docteur est retenu par la fièvre. — Écorce du kumbanzo. — Médicaments indigènes. — Qualité du fer. — Disette à Kilimané. — Mort d'une dame portugaise, ses funérailles. — Désintéressement et bonté des Portugais.

Le commandant Tito Augusto d'Araujo Sicard m'a parfaitement accueilli ; il fait tous ses efforts pour me sortir de l'état de maigreur où je me trouve réduit ; il insiste pour que je reste avec lui pendant tout le mois prochain, de manière à être assez vigoureux pour braver les effets du pays insalubre qu'il me reste à franchir ; il a généreusement approvisionné de millet tous mes hommes, et en les hébergeant dans l'une de ses maisons, en attendant qu'ils aient construit leurs cases, il les a préservés de la piqûre des tampans que l'on appelle ici *carapatos*[1]. J'ai entendu raconter par les Banyaïs d'effroyables effets produits par cet insecte. M. Sicard me

---

[1] Un autre insecte, qui ressemble à un ver blanc, s'introduit dans le pied des indigènes et leur suce le sang. « Le tampan, dit M. Westwood, est une grosse mite ayant beaucoup de rapport avec l'argos refluxus, appelé aussi punaise venimeuse de

les confirme et ajoute que, chez les étrangers surtout, la fièvre déterminée par les carapatos est extrêmement dangereuse. Les homœopathes apprendront avec plaisir que les indigènes écrasent le tampan et le font entrer dans le médicament qu'ils emploient contre la piqûre de cet insecte.

Le village de Tèté est bâti sur une pente qui descend jusqu'au bord du Zambèse ; la roche qui constitue la rive est un grès teinté de gris et entamé par l'eau du fleuve ; la strate en est profondément ridée et chacune de ces rides compose l'une des rues du village, car les maisons sont construites sur la crête du pli formé par la roche. Le fort, situé sur la rive même, est dominé par le sommet du coteau. Une grande vallée s'ouvre au midi de la ville, et par delà cette vallée s'élève une montagne oblongue qui s'appelle Karouéira. Tout le pays environnant est rocailleux et profondément déchiré, mais l'on a mis en culture les moindres endroits qui pouvaient l'être. Les maisons de Tèté sont couvertes d'herbe et de roseaux ; la pluie a délayé la vase qui en cimentait les murs, et toutes ces constructions dégradées ont un aspect misérable et malpropre. On ne trouve de chaux que dans les environs de Mozambique ; toute celle qui a été employée pour faire les bancs de certaines verandahs fut tirée de cet endroit. Il est évident que les Portugais ignorent l'existence des marbres blancs et roses que j'ai trouvés sur les bords du Mbaï et de l'Ungouési, et dont je rapporte quelques échantillons. Ils ne connaissent pas davantage la dolomite, qui se trouve auprès de Zumbo, sans quoi ils ne seraient pas allés aussi loin quérir la chaux qui leur était nécessaire. Tèté compte à peu près trente maisons européennes ; le reste est composé de cases habitées par les indigènes, et construites avec des branches et du pisé. La ville est entourée d'une muraille qui peut avoir trois mètres de hauteur, mais la plupart des natifs ont préféré s'établir en dehors du mur d'enceinte. On peut évaluer la population de Tèté à quatre mille cinq cents âmes, dont une partie seulement est fixée dans la ville, qui n'a guère que deux mille résidents. La majorité s'occupe d'agriculture et habite les environs. Comparativement à ce qu'elle était jadis, Tèté n'est plus maintenant qu'une ruine. Le nombre des Portugais, en dehors de la garnison, y est à peine de vingt individus ; celui des militaires est beaucoup

---

Perse, dont on raconte des choses surprenantes, que les observations qui ont été faites sur le tampan confirment en partie. » M. Westwood croit également que la larve porte-venin, appelée n'goua, est celle d'une espèce de chrysomèle. La larve de l'espèce britannique exsude en cas d'alarme un fluide jaune, épais et fétide, mais on n'a pas entendu dire qu'il eût des propriétés vénéneuses.

plus nombreux. Cent cinq hommes avaient été envoyés du Portugal à Senna; mais au bout d'un an, vingt-cinq étaient morts de la fièvre, et l'on a transféré les autres à Tèté, qui est beaucoup plus salubre. Toutefois, l'usage des spiritueux [1], dont ils abusent, joint à la nourriture malsaine qu'ils partagent avec les gens du pays, ne permet pas d'espérer qu'ils profiteront longtemps du bénéfice de ce changement de localité. A Kilimané, la fièvre est tenace et continue; ici, elle guérit, dit-on, au bout de trois jours; on commence par administrer des médicaments très-anodins; mais, si le quatrième jour la fièvre n'a pas cédé, on fait subir au malade un traitement des plus énergiques.

Le fort de Tèté n'est qu'un petit édifice carré, attenant à une caserne couverte en chaume, et où est logée la troupe. Il renferme peu de canons, mais en bien meilleur état que ceux d'aucune des forteresses de la province d'Angola; et c'est à ce point de défense que les Portugais doivent d'avoir conservé les possessions qu'ils ont dans ce pays-ci, où leur puissance a considérablement diminué. Autrefois ils tiraient de cette région, non-seulement de la poudre d'or et de l'ivoire, mais une quantité considérable de froment, de millet, de maïs, de café, de sucre, d'huile, d'indigo, qu'ils exportaient en Europe. La poudre d'or se recueillait en différents endroits, au nord, au sud, et à l'ouest de Tèté. Un marchand conduisait tous ses esclaves au lieu du lavage, emportant avec lui autant d'indienne et d'autres marchandises qu'il pouvait s'en procurer. Il faisait au chef du territoire où il arrivait, un cadeau de la valeur de vingt-cinq francs, et partageait ses hommes en plusieurs escouades, ayant chacune à leur tête un domestique de confiance qui surveillait leur travail, et qui, de plus, achetait aux indigènes la poudre d'or qu'ils avaient pu recueillir. Plusieurs marchands se réunissaient parfois sur un point donné; ils formaient alors ce qu'on nommait un *bara*, et construisaient une église où venait officier l'un des missionnaires du voisinage. Les naturels et leurs chefs se montraient favorables à ces établissements, qui leur offraient un débouché pour leur maïs et leur millet, et tous les ans cent trente livres d'or étaient récoltées par ce moyen. On en obtenait probablement davantage, mais nous citons le chiffre de l'or qui était officiellement déclaré pour être soumis à la taxe. Aujourd'hui la quantité d'or que lavent les Portu-

---

1. Les indigènes extraient des céréales, de plusieurs fruits sauvages et de diverses plantes, une énorme quantité de spiritueux qu'ils distillent au moyen de canons de fusil et d'une certaine quantité de pots de terre remplis d'eau pour les maintenir dans un état de fraîcheur convenable.

gais ne s'élève pas annuellement à plus de huit ou dix livres. Au début de la traite des nègres, les négociants crurent y voir un moyen plus prompt et plus facile de s'enrichir que par l'agriculture ou par la recherche du métal, et ils exportèrent leurs esclaves tant et si bien, qu'il ne resta plus de bras pour cultiver leurs champs ni pour défendre le pays. C'était l'histoire de la poule aux œufs d'or; une fois les travailleurs exportés en Amérique, plus de café, de cannes à sucre, d'indigo, de produits d'aucune espèce. Les maîtres finirent par suivre leurs esclaves, et le gouvernement fut obligé de rendre une loi pour arrêter l'émigration. A la même époque, un Asiatique, ayant du sang portugais dans les veines, et qui s'appelait Nyaudé, construisit une estacade au confluent de la Louénya et du Zambèse. Le commandant de Tèté lui envoya un officier à la tête d'une compagnie pour le sommer de se rendre en sa présence; l'Asiatique demanda seulement la permission d'aller changer de vêtements; l'officier y consentit et donna l'ordre à ses hommes de déposer leurs armes. Le tambour s'entendit tout à coup, les soldats s'inquiétèrent, l'officier ne voulut pas écouter leurs craintes, et, quelques minutes après, lui et ses hommes étaient, pieds et poings liés, au pouvoir de l'ennemi. Le commandant de Tèté arma tout le corps des esclaves et marcha contre l'estacade de Nyaudé; mais, tandis qu'il traversait la Louénya, le fils du rebelle, nommé Bonga, suivait la rive gauche du Zambèse avec une troupe nombreuse de gens déterminés, et attaquait Tèté, qu'il trouvait sans défense. Il mit le feu à la ville, qui brûla tout entière, à l'exception du fort, de quelques maisons, de celle du commandant, et de l'église, où les femmes et les enfants se réfugièrent, et où ils furent épargnés, car il n'est pas un des natifs de cette région qui ose attaquer la maison du Seigneur. La nouvelle de ce désastre étant parvenue au commandant, la terreur s'empara de sa petite armée, qui prit la fuite; et Katolosa, qui jusqu'ici avait protesté de son dévouement aux Portugais, n'en fit pas moins prisonniers tous les fuyards qu'il put saisir, et en tua beaucoup d'autres pour s'emparer de leurs armes. Cette version est à la fois celle des indigènes et celle des Portugais.

Un autre mulâtre de Macao, nommé Choutama ou Kisaka, se révolta également de l'autre côté du Zambèse. Son père étant mort, il s'imagina que les Portugais l'avaient ensorcelé, et mit le feu, par vengeance, aux plantations que les négociants de Tèté avaient sur la rive gauche du fleuve. Ainsi que je l'avais déjà remarqué, cette rive est beaucoup plus fertile que celle où nous sommes, et les Portugais y avaient des villas où ils revenaient tous les soirs [1]. L'expédition de Kisaka porta le dernier coup à la fortune des trafiquants de Tèté. On essaya en vain de châtier l'auteur du mal, à qui le gouvernement de la métropole vient même d'accorder une entière amnistie.

Les Portugais se trouvèrent ainsi placés entre deux feux : Kisaka, sur la rive gauche, et Nyaudé, sur la rive droite; celui-ci, en outre, ayant placé son estacade de l'autre côté de la Louénya, pouvait à son gré leur interdire toute communication avec la côte. La Louénya se précipite dans le Zambèse avec tant de force qu'on est obligé, quand on remonte le fleuve en canot, à l'époque où les eaux sont basses, de franchir cette rivière séparément, un peu en amont de son embouchure, afin de n'être pas jeté par le courant sur la rive gauche du Zambèse, où l'on se briserait contre les rochers. Cette obligation conduisait donc tous les canots à l'estacade de Nyaudé qui, embusqué au passage, ne manquait pas de les piller; il a tenu pendant deux ans les Portugais en échec dans leur fort de Tèté, les contraignant à faire le voyage de Quilimané en suivant la rive gauche du fleuve, afin de se procurer les valeurs nécessaires à l'achat de leur nourriture; et le commerce, qui languissait depuis le commencement de la traite des nègres, fut entièrement interrompu. Le commandant actuel de Tèté, le major Sicard, a mis fin à la guerre par la seule influence que lui a donnée sur les indigènes sa conduite généreuse et loyale. « C'est un homme que nous n'attaquerons jamais, parce qu'il a un bon cœur, » me disaient les Banyaïs toutes les fois qu'ils me parlaient du commandant.

Si en 1853 j'étais venu ici au lieu d'aller à Loanda, je me serais trouvé au milieu des fureurs de la guerre, dont probablement j'aurais été victime. Nous arrivons juste au moment où la paix vient de se conclure. A l'époque où les autorités portugaises reçurent, par l'entremise de lord Clarendon et du comte de Lavradio, la nouvelle que je me rendais à la côte en suivant les bords du Zambèse, tous ces messieurs déclarèrent que, dans l'état des choses, il était impossible à un Européen de traverser le territoire des Bambiris.

Néanmoins quelques indigènes, qui avaient descendu le fleuve jusqu'à Tèté, ayant, sans doute à propos du sextant et de l'horizon artificiel, dit que le fils de Dieu avait traversé leur village et que,

---

[1]. D'après les détails qui m'ont été donnés sur cette expédition, quatre mille hommes auraient mâché des cannes à sucre pendant deux jours sans être parvenus à détruire toutes celles de la plantation où ils étaient campés; cet incident peut faire juger de l'importance de la culture des Portugais à l'époque dont il s'agit.

détachant le soleil, il le mettait sous son bras, le major Sicard ne douta pas que ce voyageur ne fût celui qui était annoncé par la dépêche de lord Clarendon.

Lorsque j'ai parlé au commandant de la veine de charbon de terre que j'avais découverte, il m'a dit que les Portugais en connaissaient neuf, dont cinq étaient situées sur la rive gauche du fleuve. Dès que j'ai été reposé de mes fatigues, je suis allé voir ces filons précieux. Nous avons descendu le Zambèse jusqu'à l'embouchure du Lofoubou, que l'on appelle aussi Révoubou ; c'est une belle rivière aux eaux rapides et transparentes, et qui se jette dans le Zambèse, à deux milles au-dessus de Tète. Après avoir fait quatre milles en remontant le Lofoubou, nous avons abordé près d'une petite cataracte, et nous avons fait deux milles à travers des jardins d'une grande fertilité, qui nous ont conduits au but que nous voulions atteindre. La veine de houille est placée dans le Mouatizé ou Motizé, l'un des affluents du Lofoubou ; elle se montre dans la rive taillée à pic, et s'enfonce dans la rivière en se dirigeant vers le nord ; elle présente, en commençant, une veine de vingt-cinq centimètres d'épaisseur ; vient après cela une couche de calcaire compacte qui sépare cette première veine d'une seconde beaucoup plus épaisse, dont on aperçoit un mètre quarante-cinq centimètres, et qui peut en avoir davantage sous la surface de l'eau ; cette partie de la veine a vingt-sept mètres de longueur ; mais, à cent mètres à peu près, en remontant la rivière, on distingue des veines très-minces de trap noir vésiculaire qui pénètrent dans le calcaire compacte ; elles le transforment en porcellanite, et cristallisent en partie la houille qui les touche. Un autre filon de houille plus considérable apparaît dans la berge du Morongonzi, autre affluent du Lofoubou, qui a son embouchure sur la rive droite de cette rivière, à peu de distance de celle du Mouatizé. L'Inyavou et le Makaré, qui tombent également dans le Lofoubou, renferment aussi plusieurs veines de charbon de terre ; il en existe, me dit-on, dans le pays des Maravis, où la houille se présente à la surface du sol : il est évident qu'elle y a été soulevée par l'action volcanique, à une époque plus récente que celle de la formation des terrains carbonifères.

Nous avons remonté le Zambèse pour visiter une source chaude, nommée Nyamboronda, qui est située dans le lit d'une petite rivière qu'on appelle Nyaondo, et qui prouve que la force ignée agit encore dans cette région. Pour arriver à cette source nous avons débarqué à l'embouchure d'une petite rivière appelée Mokorozi, et, nous dirigeant à l'est, nous avons trouvé la source chaude, après avoir fait environ deux milles. Cette source, placée au pied d'une haute montagne, bouillonne sur l'un des côtés du Nyaondo ; une vapeur très-abondante, et d'une grande âcreté, s'élève du terrain environnant sur un espace de trois à quatre mètres carrés, et la surface du sol est tellement chaude en cet endroit qu'il fut impossible à mes compagnons d'y rester avec leurs pieds nus. L'eau sort par plusieurs petites ouvertures ; mais le jet principal s'échappe d'un bassin de un mètre de circonférence et de trente centimètres de profondeur ; des bulles de gaz s'élèvent constamment du fond de la source ; le gaz qui s'en dégage prend à la gorge, mais n'est pas inflammable. Le mercure plongé dans le bassin marque immédiatement 158° (70° centigrades), et s'arrête, un instant après, à 160, où il se fixe (71° centigrades 1/9) ; même après avoir coulé pendant quelque temps sur les pierres, l'eau est encore trop chaude pour que l'on puisse y tenir la main ; de petits poissons viennent fréquemment tomber dans cette eau brûlante où ils sont bientôt morts ; une grenouille, à qui j'ai vu tenter l'expérience, a été cuite en un instant. L'eau a déposé sur la pierre une croûte de sel blanc, et les indigènes ont fait des trous auprès du bassin pour en extraire le sel que contient l'eau qu'il renferme. Cette fontaine est située parmi de puissantes chaussées de porphyre syénitique, bordées de masses de gneiss, et qui se dirigent au nord-est. On y trouve de nombreux échantillons de pierre-ponce à demi formée, et des laves ; quelques-unes des couches de grès ont été disloquées par l'éruption du basalte et de la hornblende ; le grès qui touche au basalte est converti en quartz.

Tout le pays est couvert de montagnes boisées jusqu'à la cime, et le paysage est des plus pittoresques ; les vallées sont fécondes, bien cultivées, et l'exploitation des houillères ne présenterait pas de difficultés sérieuses. Le Lofoubou a cinquante et quelques mètres de largeur ; il ne tarit jamais ; et, en octobre, époque où les eaux sont le plus bas, il a encore une profondeur de quarante-cinq centimètres, qui suffirait pour la navigation des bateaux plats ; si l'on pouvait éviter la petite cascade dont j'ai parlé plus haut, il ne resterait plus que deux milles à franchir par terre pour arriver aux mines. On approcherait encore plus facilement des veines de charbon qui se trouvent après la cataracte ; celle du Mouatizé offrirait de plus cet avantage, que la mine serait naturellement drainée par la rivière. D'après les renseignements qui m'ont été donnés, il existerait aussi des filons de houille dans le territoire des indigènes indépendants, mais je ne les ai pas visités. Je suis persuadé que tout l'espace compris entre Zumbo et Lupata renferme une houillère dont la largeur est au moins de deux degrés et demi de latitude, y compris de nombreuses failles qui ont été produites autrefois par l'action volcanique. La roche de grès à teinte grise, sur laquelle se trouvent les arbres silicifiés que nous avons rencontrés sur notre passage, a la même étendue.

Les Portugais estiment que la plantation où est située l'une de ces veines de charbon de terre vaut à peu près soixante dollars (300 francs); il est probable que l'on en demanderait davantage; mais, si le propriétaire avait des prétentions exagérées, il serait facile d'acheter des indigènes les parties de leur territoire qui contiennent de la houille : ils les céderaient à des conditions avantageuses.

Les ouvriers libres que l'on emploie aux travaux agricoles, à ceux des mines, et au lavage de l'or, reçoivent par jour, à titre de salaire, un mètre quatre-vingts centimètres de calicot écru; on peut les avoir à bien meilleur marché lorsqu'on les engage pour toute la lune; ils sont alors payés à raison de quatorze mètres et demi de calicot par moi. La journée des maçons et des charpentiers est également d'un mètre quatre-vingts de calicot, mesure qui forme ce qu'on appelle une *braça*. Les marchands de Quilimané demandent quatre braças (sept mètres vingt centimètres) par jour. Le calicot écru de fabrique anglaise ou américaine est la seule monnaie courante du pays; le transport des marchandises de Quilimané à Têté par le Zambèse ajoute dix pour cent à leur prix d'achat; il se fait en général au moyen d'énormes canots et de chaloupes que l'on construit à Senna.

La valeur totale des marchandises qui ont remonté le Zambèse pendant les cinq derniers mois s'est élevée à trente mille dollars (150,000 francs). Le trafic emploie annuellement, comme objets d'échange, pour soixante-quinze mille francs de calicot, de fil de laiton, de grains de verroterie, de poudre et d'armes à feu; ce dernier article a été prohibé pendant la guerre et ne se vend même aujourd'hui qu'en très-petite quantité. Ces marchandises ne rapportent qu'un bénéfice de dix pour cent dans le voisinage de la colonie; elles sont échangées pour de l'ivoire et de la poudre d'or; on exporte en outre un peu d'huile et de froment, mais pas autre chose. Le commerce avec les tribus éloignées est bien autrement profitable; trente anneaux de laiton se payent à Senna douze francs cinquante centimes, vingt-cinq francs à Têté, et cinquante chez les tribus qui demeurent au delà des frontières. La culture du café, qui faisait autrefois l'un des objets importants de l'exportation, est complétement abandonnée depuis la traite des nègres ; il serait même difficile de trouver un seul caféier dans cette province. On rencontre partout l'indigotier argenté, qui croît spontanément en Afrique ; la casse[1] abonde à Tèté même, et dans les environs ; mais on n'y recueille ni l'indigo ni le séné. Les Américains achètent ces racines de colombo, qui sont très-communes depuis Tèté jusqu'à la côte, et ils en extraient, dit-on, une matière tinctoriale. Une espèce de salsepareille pousse avec abondance depuis Loanda jusqu'à Senna ; mais elle n'a jamais fait partie des objets exportés.

Les denrées, bien qu'elles soient toujours à bas prix, sont maintenant beaucoup plus chères qu'elles ne l'étaient il y a deux ans ; on avait alors vingt-quatre volailles pour un mètre quatre-vingts centimètres de calicot ; on n'en a plus que six aujourd'hui pour la même quantité d'étoffe. Le grain est vendu dans de petits sacs nommés *panjas* et qui sont faits avec des feuilles de palmyra, comme les ballots dans lesquels le sucre nous arrive. Le panja de froment vaut de cinq à six francs à Tèté ; mais, dans les îles qui sont au-dessous de Lupata, on achète le sorgho, au prix d'un mètre quatre-vingts centimètres de calicot les trois panjas. Les objets de consommation les plus chers sont le café et le thé, principalement, qui monte parfois à vingt-deux francs cinquante centimes la livre. La nourriture est meilleur marché en aval de Lupata ; mais avant la guerre, les îles qui parsèment le Zambèse étaient toutes habitées, et, grâce à la fertilité du sol, on avait sur toute la rive du grain et des volailles littéralement pour rien. Depuis la paix, les insulaires commencent à revenir dans leur ancienne demeure ; la tsetsé néanmoins les empêche d'avoir des bestiaux ; le district de Tèté est le seul de cette région où cette mouche fatale n'existe pas.

J'ai profité de ma visite à la source chaude pour examiner les anciens lavages d'or situés dans la petite rivière de Mokorosé, qui est tout près du 16° degré de latitude. Les rives sont couvertes de beaux mangostans au milieu desquels vivaient les Portugais pendant la récolte du précieux métal. Le procédé de lavage qu'ils emploient encore aujourd'hui est long et fatigant : il consiste à mettre de l'eau chargée de sable aurifère dans une sébile de bois, à laquelle on imprime un mouvement qui lui fait décrire un demi-cercle ; le gravier le plus lourd, qui s'est déposé au fond de la sébile, est enlevé soigneusement avec la main, et l'opération recommence jus-

---

1. Elle paraît être la cassia acutifolia qui fournit le véritable séné du commerce, et que l'on trouve dans différentes parties de l'Afrique et des Indes.
(*Docteur Hooker.*)

qu'à ce que l'or reste seul dans l'écuelle de bois ; on l'y trouve sous formes de paillettes excessivement ténues, que j'aurais prises pour du mica, si l'on ne m'avait pas affirmé que je me trompais. L'or étant d'une pesanteur beaucoup plus grande que le sable, j'aurais supposé qu'il allait au fond de l'eau, mais c'est précisément le contraire qui arrive dans l'opération que j'ai vu pratiquer ici. Malgré l'infériorité du procédé qu'ils emploient, les Portugais ont du bénéfice à chercher de l'or ; et je suis persuadé que, s'ils traitaient leurs sables par le mercure, ils y gagneraient beaucoup. Il existe, à l'est et au nord-est de Tèté, six lavages aurifères bien connus, ceux de Mashinga, de Shindundo, de Missala, de Kapata, de Mano et de Jawa. D'après la description qui m'a été faite du terrain où il se trouve, je suppose que l'or se rencontre à la fois dans le schiste argileux et dans le quartz. Au nord-nord-ouest, dans les montagnes Mushinga, la roche est tellement tendre, que les femmes l'écrasent dans des mortiers de bois avant d'opérer le lavage.

Les vieux Portugais désignent du côté de l'ouest, dans les environs de Zumbo, une station appelée Dambarari, qui se trouve sur la rivière Panyamé, et dont les environs fournissaient autrefois une grande quantité d'or. Plus loin et toujours à l'ouest, est situé le royaume d'Aboutoua, célèbre jadis par son commerce de poudre d'or, et qui aujourd'hui nous est complétement inconnu. A l'est nous avons les lavages de Mashona, de Bazizoulou, et enfin celui de Manica, où l'or est plus abondant que partout ailleurs, et qui, suivant certains individus, aurait été l'Ophir de Salomon. L'or que j'ai vu provenant de ce lavage était de la grosseur d'un grain de blé. En posant la pointe d'un compas sur Tèté, si nous décrivons un cercle de trois degrés et demi de rayon, en nous dirigeant du nord-est au sud-est de la ville, en passant par l'ouest, nous aurons compris toute la région aurifère qui soit connue dans cette partie de l'Afrique. Les parcelles d'or que l'on trouve à la circonférence du cercle formant des grains beaucoup plus volumineux qu'au centre du circuit, je suppose que les véritables gîtes aurifères sont situés autour des filons de houille ; on aurait, dans ce cas-là, deux mines précieuses, placées dans un pays bien arrosé, où le bois et les vivres abondent, circonstances favorables qu'il est bien rare de trouver réunies. Les habitants verraient avec plaisir le lavage de l'or se développer de nouveau et reprendre l'importance qu'il avait autrefois ; accuellement, ils ne recueillent de poudre d'or que quand ils ont besoin d'étoffe ; mais ils connaissent parfaitement la valeur de ce métal, qu'ils apportent dans des tuyaux de plume d'oie et dont ils demandent vingt et un mètres et demi de calicot par tuyau de plume.

Quand, après avoir débordé, les rivières qui roulent de l'or sont rentrées dans leur lit, les indigènes fouillent le sol aux endroits où la couche de limon déposée par les eaux commencent à sécher la première; ils ne creusent jamais à plus d'un mètre et demi de profondeur, et s'imaginent que la terre leur manquerait sous les pieds s'ils y pénétraient davantage; viennent-ils par hasard à trouver une pépite, ils l'enterrent soigneusement, dans la persuasion qu'elle se multipliera et que c'est le noyau précieux d'où proviennent les paillettes qu'ils recherchent. Cette coutume m'a tellement étonné de la part d'individus qui apportent la poudre d'or dans des tuyaux de plume et qui la mélangent de certaines graines enchantées, afin de n'en pas perdre un atome, que j'ai révoqué en doute le récit qui m'en était fait; mais tous les Portugais, à qui les habitants et le langage des indigènes sont familiers, m'ont confirmé la chose. En supposant qu'elle existe vraiment, cette coutume doit avoir eu pour origine le désir de frauder les chefs, qui autrefois s'attribuaient la propriété de ces pépites.

Le major Sicard, dont la bonté pour moi et pour mes gens a été sans bornes, m'a fait cadeau pour ma fille d'un rosaire fait avec de l'or du pays par un indigène de Tété; il y a joint des échantillons de poudre d'or de trois différents lavages, que l'on peut voir au Musée de géologie pratique de Londres, où je les ai déposés avec les morceaux de houille que j'ai recueillis à Mouatizé et à Morongozé.

La houe des indigènes est le seul instrument aratoire qui soit employé dans toute la province; on y cultive néanmoins d'énormes quantités de sorgho (*Holcus sorghum*), de lotsa (*Pennisetum typhoideum*), de millet, de riz et de froment, des citrouilles, des concombres, des melons, diverses espèces de haricots et de fèves, dont une variété, que les Béchuanas appellent *litloo*, se développe sous la terre, de même que l'arachide. On sème le blé dans les bas-fonds que le Zambèse submerge tous les ans; dès que les eaux se retirent les femmes déposent quelques grains de froment dans un creux qu'elles font avec la houe et qu'elles recouvrent en ramenant la terre avec leurs pieds; un sarclage est donné un peu plus tard, et cela représente nos labours profonds, notre chaulage, notre fumure et nos hersages; quatre mois après la plantation du grain, la moisson attend la faucille et rapporte cent pour un.

Le blé réussissait encore mieux dans les environs de Zumbo, où il tombe, en hiver, une pluie fine et douce que l'on y désigne sous le nom de pluie de froment, et qui est inconnue dans les provinces du centre.

La partie la plus ténue de la farine donne un pain beaucoup moins blanc que celui qui est fait avec la seconde qualité ; c'est avec la bière indigène que les habitants de Tèté font lever la pâte ; leur pain est excellent, mais à Quilimané, où le cocotier abonde, on emploie du toddy pour le même usage, et le pain est encore plus léger.

Comme je devais laisser à Tèté la plupart de mes hommes, le commandant leur a donné des terres, où ils vont récolter de quoi vivre, et les a généreusement approvisionnés de blé en attendant la moisson ; il a permis en outre aux plus jeunes de chasser l'éléphant avec ses domestiques, afin qu'ils pussent, en en vendant l'ivoire et la viande, acheter différents objets pour emporter dans leur pays ; ils ont tous été ravis de la générosité du major, et soixante-dix d'entre eux en ont immédiatement profité. Il m'avait été impossible de trouver de l'indienne pour vêtir mes hommes ; mais le commandant a eu la bonté de leur fournir des vêtements, et de m'équiper moi-même des pieds jusqu'à la tête ; j'ai insisté pour qu'il acceptât en échange une certaine quantité d'ivoire ; il a refusé jusqu'au moindre dédommagement, et c'est avec une profonde reconnaissance que je me rappelle toutes ses bontés. J'ai reçu de ses nouvelles depuis mon retour en Angleterre ; mes hommes avaient tué quatre éléphants dans les deux mois qui avaient suivi mon départ.

Le jour de mon arrivée, j'ai reçu la visite de tous les principaux habitants de la ville, y compris celle du curé. Pas un d'eux ne se doutait de l'endroit où le Zambèse prend sa source ; ils envoyèrent chercher les naturels qui avaient le plus voyagé ; mais aucun n'avait remonté le fleuve même jusqu'à la hauteur de Kansala. Le père de l'un des rebelles qui dernièrement ont fait la guerre aux Portugais, avait été assez loin au sud-est pour entendre parler de notre voyage au lac Ngami, et cependant il ignorait, comme les autres, que le Zambèse coulât au centre de l'Afrique. Mais ils connaissent beaucoup mieux que moi la région qui est au nord de Tèté. L'un d'eux, qui avait accompagné le major Montéiro chez Cazembé, nous dit qu'il avait vu le Luapura ou Loapula se diriger vers le Luaméji ou Liambye, où cette rivière avait son embouchure, bien plus loin que la ville de Cazembé ; mais il s'imaginait que, d'une manière ou de l'autre, le Luapara traversait la province d'Angola. Cette direction de plusieurs rivières qui prennent leur cours vers le centre, a fait supposer aux géographes que l'intérieur de l'Afrique était composé de plateaux sablonneux où ces rivières allaient disparaître.

Le señor Candido a visité un lac situé à quarante-cinq jours de marche, au nord-nord-ouest de Tèté ; c'est probablement le lac Maravi des géographes, puisque pour y arriver il a passé chez les tribus qui portent ce nom. Les habitants de la côte méridionale de ce lac s'appellent Shivas, ceux de la rive du nord, Mujaos, et donnent au lac, dont ils habitent les rives, le nom de Nyanja ou Nyanjé, qui signifie simplement grande eau, ou lit d'une grande rivière. Au milieu de cette nappe d'eau s'élève une montagne appelée Mourombo ou Mourombola, qui est habitée, et dont la population a beaucoup de bêtes bovines. Le señor Candido a traversé le Nyanja dans l'une de ses parties les plus étroites, et il lui a fallu trente-six heures pour en effectuer le passage. Les pirogues furent manœuvrées pendant toute la traversée avec des crocs, et, si nous admettons qu'elles aient franchi deux milles par heure, cela ferait supposer que le Nyanja pouvait avoir en cet endroit soixante-dix milles ou à peu près (plus de cent douze kilomètres). Ce lac est situé au milieu de très-vastes plaines herbeuses, où les voyageurs marchèrent pendant sept ou huit jours sans rencontrer un arbre, et où ils furent obligés d'employer de l'herbe et des tiges de sorgho pour alimenter leur feu. Tous les habitants de cette région possèdent des bestiaux qu'ils vendent presque pour rien. Il s'échappe deux rivières de l'extrémité méridionale du Nyanja : l'une, qui s'appelle comme le lac et va se jeter dans la mer sur la côte orientale, où elle change de nom ; et le Shiré, qui, à son origine, porte le nom de Shiroua, et se dirige vers le Zambèse, où il a son embouchure un peu en aval de Senna. D'après les renseignements que le señor Candido a recueillis sur les lieux mêmes, le lac Nyanja serait tout simplement une expansion de la rivière dont il porte le nom, et qui, venant du nord, se diviserait pour entourer le Mourombo[1], nommé ainsi par allusion aux deux branches du fleuve qui se réunissent à sa base. Le Shiré traverse un pays plat et marécageux, mais qui renferme une population nombreuse et, dit-on, d'un grand courage. Les Portugais ont vainement essayé de remonter cette rivière ; le cours en est obstrué par une plante aquatique[2] qui n'a pas besoin de terre pour végéter, et que les Portugais ont nommée alfacinya, à cause de sa ressemblance avec la laitue. En descendant le Zambèse, j'y ai moi-même trouvé, au confluent du Shiré, une énorme quantité de ces plantes que la rivière y charrie, et que le fleuve rejette sur ses rives, où elles gisent desséchées.

1. Mourombo signifie jonction, réunion.
2. Pistia stratiotes.

Le señor Candido m'apprend que de légers tremblements de terre ont eu lieu plusieurs fois dans la contrée des Maravis, à peu de distance de l'endroit où nous sommes ; l'ébranlement paraissait venir de l'est, et n'a jamais duré plus de quelques secondes. La même chose est arrivée sur la côte de Mozambique[1]. A Senna, également, une secousse isolée s'est fait ressentir à différentes reprises ; les portes, les fenêtres et les glaces en ont vibré d'une manière sensible. On trouve des eaux chaudes dans le voisinage de Senna et de Tèté, mais elles paraissent étrangères aux secousses dont il est question ; celles-ci venaient de l'est, et il est probable qu'elles se rattachaient aux volcans de l'île Bourbon, qui sont toujours en activité.

La croyance à un Être suprême, créateur de l'univers, est profondément enracinée chez tous les habitants de cette région. Le señor Candido, qui remplit ici l'office de juge et qui connaît parfaitement l'idiome des naturels, me donne ce fait comme avéré. Ils nomment l'Être suprême Morimo, Réza, Molungo, Mpambé, suivant le dialecte qu'ils parlent ; les Barotsés l'appellent Nyampi, et les Balondas Zambi ; toutes ces peuplades le considèrent comme le souverain ordonnateur de toutes choses. Ces nègres croient également à l'existence de l'âme une fois séparée du corps, et visitent les tombes de leurs parents, où ils déposent comme offrande de la bière et des vivres. Au moment de subir l'épreuve du poison, ils étendent les mains vers le ciel, comme pour supplier le maître de l'univers d'attester leur innocence. S'ils échappent à un danger quelconque, ils offrent une volaille ou un mouton en sacrifice à quelque parent décédé. Ils ont foi dans la transmigration des âmes, et s'imaginent qu'un individu peut se métamorphoser en lion ou en alligator, puis rentrer dans la dépouille humaine qu'il occupait auparavant.

Le fils de Monomotapa, qui s'appelle Mozungo, c'est-à-dire l'homme blanc, est venu faire une visite au major Sicard pendant que j'étais à Tèté. Ce prétendu blanc a le front déprimé, la tête conique, et ne paraît pas avoir l'intelligence et l'énergie de son père, dont il était le favori ; Monomotapa comptait bien que ce fils préféré lui succéderait ; mais à la mort de ce chef, un parti nombreux donna le pouvoir à Katalosa, dont Mozungo devint l'enfant adoptif, selon l'usage du pays.

Les tribus voisines ont souvent offert aux Portugais de leur céder une partie de leur territoire, s'ils voulaient envoyer des troupes aux funérailles de leurs chefs, afin qu'il y eût une décharge de mousqueterie sur la tombe du trépassé, et pour donner en même temps plus

---

[1]. Ce phénomène est désigné par le mot *shiwo* dans la langue des Maravis, et les habitants de Tèté l'appellent *shitakotéko*, c'est-à-dire tremblement.

d'éclat à l'avénement de son successeur. La présence des Portugais influerait sans aucun doute sur l'élection, et le candidat, pour s'assurer le pouvoir, donnerait volontiers des terres considérables. Quoi qu'il en soit, les marchands de la colonie fournissent à Katalosa trente mètres de calicot et divers autres objets toutes les fois qu'ils veulent franchir son territoire ; il leur faut en outre payer une certaine quantité d'étoffes aux chefs subalternes, et la loi sur la chasse leur est appliquée dans toute sa rigueur. Ils sont ainsi entourés d'un cercle de tribus qui les empêchent de communiquer avec les peuplades du centre. N'est-il pas étrange qu'à l'époque où ils étaient tout-puissants, ils n'en aient pas profité pour assurer la libre navigation du Zambèse ! Je ne peux m'expliquer ce fait singulier que par le motif qui leur fait subir dans l'Ouest les exactions des chefs, dont ils se rendent tributaires. Ces trafiquants, suivis d'un troupeau d'esclaves qui les dominent au fond par les nécessités qu'ils leur imposent, ont toujours manqué du courage moral que possède un homme libre, associé à des serviteurs volontaires sur lesquels il peut compter. Le système actuel apporte de sérieux obstacles au développement de la richesse du pays, et maintient un état d'hostilités qui pourrait être fatal à une caravane désarmée. Si jamais cette région féconde s'ouvre aux entreprises des Européens, il faudra nécessairement adopter un autre système. Je ne crois pas d'ailleurs qu'il soit difficile de faire comprendre aux naturels qu'une voie de communication qui n'a pas été créée de main d'homme appartient à tout le monde, et que personne n'a le droit de la confisquer à son profit. Ils reconnaissent, même aujourd'hui, que tous ceux qui ne font pas le commerce d'esclaves ont le droit de naviguer librement sur le fleuve ; et, si l'on joignait à une conduite pleine de franchise et de fermeté un léger subside pour le chef suprême de ces tribus, on obtiendrait bientôt le consentement de tous ses subordonnés.

Je suis allé voir le 1ᵉʳ avril un ancien couvent de jésuites, qui est environ à dix milles au sud-est de Tèté, et qu'on appelle Micombo. Ainsi que tous les établissements des révérends Pères, la situation en est choisie avec infiniment de goût. L'eau d'une source minérale a été conduite dans une citerne et distribuée dans la maison, devant laquelle se trouvait un petit jardin où l'on cultivait des légumes pendant la saison sèche. Il est maintenant caché sous l'ombre épaisse d'un bosquet de mangoustans. J'étais accompagné dans cette visite par le capitaine Nunes, dont le grand-père, également capitaine dans ce pays-ci à l'époque du marquis de Pombal, reçut un jour une dépêche scellée qu'il ne devait ouvrir qu'à un certain moment. C'était l'ordre d'aller saisir tous les jésuites de Micombo, et de les conduire à la côte en qualité de prisonniers. Les révérends Pères étaient d'habiles trafiquants ; tout entiers à l'objet de leurs entreprises, qu'elle qu'en fût la nature, ils avaient accaparé la plus grande partie du commerce de la province, et leurs succès devaient exciter la jalousie des laïques. Outre l'énorme quantité d'or qu'ils avaient fait passer à leur supérieur, résidant à Goa, ils possédaient à Micombo des richesses immenses, dont le gouvernement prit alors possession. Du reste, ils n'ont pas laissé dans ce pays-ci les bons souvenirs que l'on conserve de leurs frères dans la province d'Angola. Aucun des indigènes ne sait lire, et, bien que les prières de l'Église aient été traduites par les révérends dans le dialecte de la contrée, je n'ai pas pu en trouver un seul exemplaire. Il n'existe maintenant dans cette région que deux ecclésiastiques, tous les deux hommes de couleur et natifs de Goa. Celui qui réside à Tèté, et qui se nomme Pedro Antonio d'Araujo, est gradué en théologie dogmatique et en philosophie morale. Il n'y a qu'une école dans la ville ; les enfants des Portugais sont les seuls qui apprennent à lire et à écrire ; on ne s'y inquiète pas du tout de l'éducation des noirs. Tous les dimanches, les soldats sont conduits militairement à l'église ; mais, en dehors de la garnison, très-peu de personnes vont à la messe. On a donné pendant mon séjour à Tèté une espèce de représentation théâtrale de la passion et de la résurrection de Notre Seigneur Jésus-Christ. Les images et tous les objets de la mise en scène étaient d'une grande richesse ; mais le trésor de l'église n'est plus rien aujourd'hui en comparaison de ce qu'il a été jadis. Le commandant est obligé de serrer les vases d'or et d'argent dans la forteresse pour plus de sécurité ; ce n'est pas néanmoins dans la crainte qu'ils soient volés par les gens du peuple ; car ceux-ci n'oseraient point commettre un sacrilége.

La situation religieuse et intellectuelle des habitants est, je regrette d'avoir à le dire, aussi peu florissante que celle de leur commerce. Toutefois les Européens apprécient hautement la valeur de l'éducation, et ne manquent pas d'envoyer leurs enfants à Goa, ou dans toute autre école, pour y étudier les branches les plus élevées des sciences. Néanmoins il n'y a pas un seul libraire dans les deux colonies portugaises de l'Afrique orientale et occidentale ; Saint-Paul de Loanda même avec ses douze ou quatorze mille âmes, n'a pas une seule boutique où l'on puisse acheter un livre.

Le 2 avril, le Zambèse a grandi subitement de quelques pieds ; c'est la quatrième fois de cette année qu'il déborde ; du reste, il produit tous les ans plusieurs inondations. La couleur de ses eaux est profondément altérée. Ce sont les pluies abondantes tombées sur le versant oriental du plateau qui auront amené cette crue subite. Le fleuve était également débordé à l'époque où nous avons franchi le Kafoué ; les eaux baissèrent alors de soixante centimètres, et grandirent ensuite par l'effet des pluies, de manière à nous forcer de quitter le fleuve à la hauteur du mont Pinkoué. Le 10 mars, l'eau du Zambèse, qui était complétement trouble, monta de quelques pieds ; elle devint d'une transparence relative, et continua de grandir jusqu'au 21, en s'éclaircissant chaque jour, ce qui prouve que cette crue, la plus importante de l'année, provenait des eaux du bassin intérieur. L'altération de la couleur du fleuve qui se fit remarquer le 2 avril, montrait que cette fois encore le débordement était causé par les pluies, et que le Zambèse ne commençait à sortir de son lit qu'en deçà du plateau qui sépare la vallée centrale de la côte.

Les indigènes indépendants cultivent le coton, mais en moins grande quantité que les habitants d'Angola, et surtout d'une qualité bien inférieure à celui de ces derniers. Ici, le duvet est court, et adhère tellement à la graine qu'il faut, pour l'en détacher, faire usage d'un rouleau en fer. Le sol n'est cependant pas moins bon que dans l'ouest, et les fruits et les plantes de cette région ne le cèdent en rien à ceux de la côte occidentale ; mais les indigènes n'ont pas été stimulés par la vente de leur coton, et l'espèce en est restée défectueuse. Je n'ai pas rencontré d'*élaïs guineensis ;* le peu d'huile qu'on exporte de ce pays-ci est tirée de l'arachide. L'un des marchands de Tèté broie cette amande au moyen d'un moulin d'une construction primitive et qui est mû par des ânes ; c'est l'unique échantillon que j'aie pu donner à mes hommes du mécanisme et de la puissance des machines. On extrait des graines de concombre une huile excellente, dont les indigènes font grand usage dans leur cuisine.

Le *Times* ayant institué un prix pour la découverte d'une plante quelconque propre à la fabrication du papier, j'ai demandé au commandant s'il ne connaissait pas un végétal qui pût remplir les conditions voulues ; il m'a procuré des fibres d'une espèce d'aloès appelé *congé*, quelques-unes de la racine d'une espèce de dattier sauvage, et la filasse d'une plante nommée *bouazé*, qui offrirait probablement tous les avantages du lin. J'ai soumis des échantillons de ces fibres à MM. Pye frères, de Londres, qui ont trouvé un moyen supérieur à tous les autres de traiter la filasse des plantes textiles. On peut voir dans la note ci-jointe l'opinion favorable qu'ils ont émise sur les spécimens que je leur ai présentés [1].

Je n'ai pas pu me procurer la fleur ni le fruit du bouazé ; mais, comme cette plante n'a pas été reconnue par l'éminent voyageur et savant botaniste, le docteur J. D. Hooker, on peut en conclure, sans crainte de se tromper, qu'elle est complétement ignorée des savants. Les Portugais assurent qu'elle est très-commune sur le territoire des Maravis, situé au nord du Zambèse ; elle n'y est pas cultivée, et les indigènes emploient ses fibres pour en composer de petites cordes sur lesquelles leur barbe est enroulée ; ailleurs, ce sont les tendons de certains animaux qui servent au même usage. Au reste, le fil du bouazé n'est pas moins résistant que ces fibres animales ;

---

[1]. 80, Lombard street. — 20 mars 1857.

« Cher monsieur, nous vous renvoyons les échantillons de plantes fibreuses que vous avez rapportées des bords du Zambèse et sur lesquelles vous avez désiré voir les effets de notre traitement ; vous trouverez ci-joint :

« N° 1. Le bouazé dans l'état où vous nous l'avez présenté.
« 1 A. *Dito*, après avoir subi notre préparation.
« 1 B. L'étoupe que le peigne en a obtenue.
« N° 2. Le congé dans l'état où nous l'avons reçu.
« 2 A. *Dito*, après avoir subi notre préparation.

« Nous devons d'abord établir, à l'égard de ces deux substances, que la très-petite quantité de chaque espèce qui nous a été remise, nous a empêchés de leur appliquer notre procédé d'une manière complète, et que dès lors nous ne pouvons donner de leur valeur qu'une idée approximative.

« Le bouazé possède évidemment une fibre très-fine et très-forte, et qui a tous les caractères du lin ; nous croyons même que, traitée en quantité suffisante par le procédé que nous employons, cette fibre serait à la fois plus belle et plus forte que celle du lin ; je répète que l'action de notre rouleau a été complètement inefficace sur une quantité aussi minime ; que les sucs gommeux n'ont pas pu en être extraits suffisamment, et que par conséquent la fibre, moins bien ouverte, est loin d'avoir la qualité qu'elle est susceptible d'acquérir.

« Cet inconvénient est encore plus marqué à l'égard du congé, dont la fibre, naturellement dure et pleine de gomme, requiert toute la puissance des moyens que nous employons et qui ne sauraient agir sur un aussi faible échantillon. Nous ne considérons donc cette fibre que comme ayant reçu un demi-traitement, ce qui fait qu'elle a conservé une roideur et une grossièreté comparative qu'elle n'aurait plus si elle avait été convenablement préparée.

« Supposant que vous seriez satisfait d'avoir à cet égard l'opinion des hommes les plus pratiques et les plus compétents en cette matière, nous avons pris la liberté de soumettre vos échantillons à MM. Marshall de Leeds, qui nous ont renvoyé à leur sujet les lignes suivantes :

« Le congé ou fibre d'aloès, que nous avons reçu hier de votre part, ne saurait nous
« convenir pour notre fabrication ; mais la fibre du bouazé, préparée par vous, pourrait
« être d'un prix égal à celui du lin, de cinquante à soixante livres la tonne (1,250 à
« 1,500 francs les 1,000 kilogrammes). Toutefois, il nous serait impossible d'en dé-
« terminer la valeur d'une manière positive, à moins d'en avoir essayé un ou deux
« quintaux avec nos machines. Nous pensons néanmoins que l'on pourrait tirer de
« cette plante un parti avantageux, et nous espérons que de nouvelles recherches
« seront faites à cet égard. »

« Nous sommes, cher Monsieur,
« Vos très-obéissants serviteurs,
« Pye frères. »

produit à la main le même effet qu'une corde à violon ; et i. offre une telle résistance que l'on se couperait les doigts plutôt que de parvenir à le rompre.

La saison où l'air de Quilimané est salubre était enfin arrivée, et je serais parti au commencement d'avril, si je n'avais voulu attendre la lune pour relever la situation des lieux que je traverserais en descendant le Zambèse. Le 4, un changement subit de température s'étant manifesté[1] avec la nouvelle lune, presque toutes les personnes de la maison, y compris le major Sicard et moi, furent saisies d'un violent accès de fièvre. La quinine m'eut bientôt rétabli, mais le commandant et son petit garçon restèrent couchés beaucoup plus longtemps ; je m'estimai très-heureux de pouvoir leur être utile, bien que cela ne me donnât pas l'occasion de témoigner la dixième partie de la gratitude que je ressentais des bontés croissantes du commandant.

Le Bouazé.

Je n'avais presque plus de médicaments, et il m'était impossible de m'en procurer d'autres ; il n'y a pas de médecins à Tèté, et l'unique pharmacien de la ville, qui est celui de la garnison, était des plus mal approvisionnés. Sur ces entrefaites, les Portugais m'informèrent qu'il y avait des cinchonas dans le pays, quelques-uns à Tèté même, et des forêts entières de cet arbre à Senna et dans les environs de Quilimané, arrangement providentiel qui met précisément les fébrifuges à l'endroit où la fièvre sévit avec violence. Je reconnus aux feuilles que ce n'était pas le cinchona longifolia, qui fournit, dit-on, la quinine du commerce ; mais les propriétés de l'écorce de cet arbre ne m'en firent pas moins supposer qu'il appartenait à la famille des cinchonées. Il me fut impossible de m'en pro-

1. Depuis le milieu du mois de mars la température avait baissé de 4° (2° centigrades 2/9) ; la plus grande chaleur était alors de 90° à midi (32° centigrades 2/9), de 84° à neuf heures du matin (29° centigrades), de 87 à neuf heures du soir (30° centigrades 5/9), et de 81 au lever du soleil (27° centigrades 2/9).

surer la fleur ; et les jeunes plants que j'avais recueillis à Senna, dans l'intention de les rapporter en Europe, étaient morts avant d'arriver à Quilimané. J'ai soumis néanmoins quelques feuilles et plusieurs gousses de cet arbre au docteur Hooker : « Selon toute apparence, m'a répondu celui-ci, les feuilles et les graines que vous m'avez envoyées appartiennent à une apocynée très-voisine de la malouetia Heudlotii de Decaisne, originaire de la Sénégambie.... Diverses plantes de cette famille, ajoute le docteur, ont la réputation d'être de puissants fébrifuges, et d'agir avec autant d'efficacité que le cinchona lui-même.

Cet arbre, qui est appelé kumbanzo par les naturels, porte, dit-

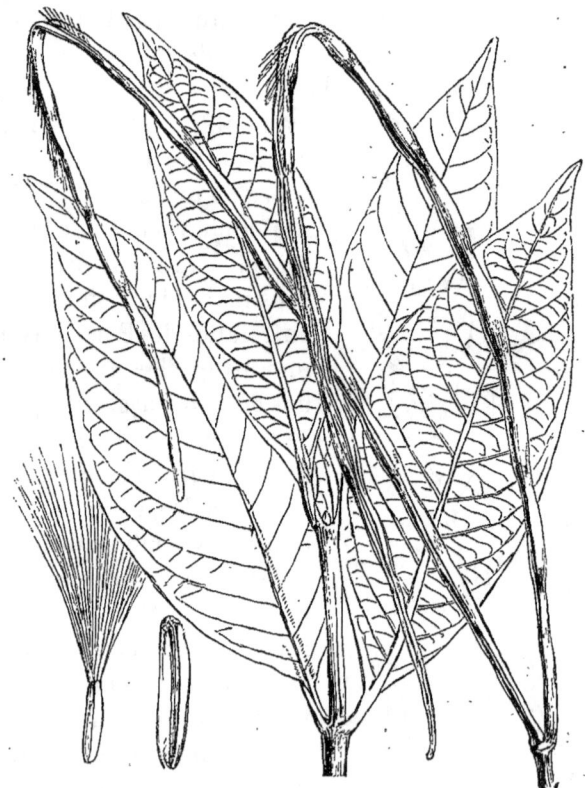

Feuilles, gousses et semences du kumbanzo.

on, des fleurs blanches ; ses semences, munies d'une aigrette, sont renfermées dans des gousses ayant de trente à trente-huit centimètres de long, disposées par paires, et profondément sillonnées sur leur face intérieure.

Je fis immédiatement bouillir l'écorce épaisse et molle de la racine qu'emploient les indigènes (les Portugais font usage de l'écorce de l'arbre); mes hommes s'en trouvèrent tellement bien qu'ils en recueillirent dans de petits sacs pour en emporter chez eux ; quelques-uns m'assurèrent qu'il y avait des kumbanzos dans leur pays, mais je ne m'en suis jamais aperçu. On administre cette décoction après que le premier accès est terminé ; les Portugais attribuent au kumbanzo les mêmes propriétés qu'à la quinine ; il peut être considéré comme un succédané de ce médicament inappréciable.

Les naturels font usage de beaucoup d'autres plantes médicinales ; malheureusement je n'ai jamais eu le loisir de les expérimenter. J'ai trouvé parfois la même plante usitée chez des peuplades qui vivaient à neuf cents milles de distance ; il fallait nécessairement qu'elle possédât quelque vertu réelle. Il y a dix ans, les Boërs étaient allés pour la première fois visiter la baie de Delgoa dans le but de s'assurer d'un port sur la côte orientale ; ils venaient d'une province de l'intérieur où il existe parfois des épidémies de croup ; aucun d'entre eux n'avait cette maladie au moment de leur visite, et néanmoins ils la transmirent aux habitants de Delgoa ; plusieurs adultes moururent de l'angine striduleuse, ou de l'une des formes que cette maladie affecte. Pareille chose est arrivée dans les îles de la mer du Sud : plusieurs vaisseaux y ont porté des affections que personne n'avait à bord. Le croup faisait donc de nombreuses victimes à Delgoa, lorsqu'un médecin indigène se mit à gratter fortement la base de la langue de ses malades avec une certaine racine dont il donnait ensuite un morceau à mâcher au patient; peut-être la guérison qui s'ensuivait était-elle produite par le seul effet de la scarification, mais les Portugais l'attribuent à la racine même et en ont toujours sous la main.

Certaines plantes sont employées par les indigènes dans le traitement de la fièvre, et il en est quelques-unes qui produisent en peu de temps des sueurs très-abondantes. N'oublions pas que c'est aux Indiens de l'Amérique du Sud que nous devons le fébrifuge le plus actif de notre pharmacopée. Nous n'avons point de remède contre le choléra et bien d'autres maladies ; pourquoi ne chercherait-on pas en Afrique, ou ailleurs, les moyens de guérison qui nous manquent[1] ?

---

1. Voici les noms de quelques médicaments en usage parmi les Africains; je les donne ici pour faciliter les recherches des voyageurs dont l'attention se dirigera de ce côté : Le moupanda-panda, employé dans la fièvre pour amener la transpiration; les feuilles de cette plante sont appelées chiroussa, les racines produisent une teinture rouge et sont très-astringentes. Le goho, éméto-cathartique, usité dans les ordalies. Le moutouva ou moutoumboué, plante oléifère contenant une si grande quantité d'huile que les Balondas la brûlent pour s'éclairer; ils en font une infusion émolliente contre la toux, et ils se lavent la tête avec les feuilles broyées, qui, dans ce cas-là, font l'office

Le fer abonde dans cette région, où il est d'excellente qualité ; c'est, avec l'or dont nous avons parlé plus haut, le seul métal qu'on y ait trouvé jusqu'à présent ; il s'y rencontre en certains endroits sous la forme de fer spéculaire et d'oxyde noir : celui-ci a été bien grillé par la nature et renferme une proportion considérable de métal ; c'est généralement en larmes qu'il se présente ou en lingots arrondis ; il est peu magnétique. Les indigènes reconnaissent son existence dans les rivières à la quantité d'oxyde qui flotte à la surface de l'eau, et se le procurent, en pareil cas, sans difficulté, en creusant le sol avec des bâtons pointus. J'ai vu plus d'une fois leurs javelines se fausser en tombant sur le crâne d'un hippopotame et le fer se rouler sur lui-même comme la trompe d'un papillon ; il suffisait, pour le redresser, de le battre à froid entre deux pierres. J'ai rapporté en Angleterre quelques houes des Makololos et plusieurs que

de savon. Le nyamoucou-oucou produit un effet curieux sur les graines desséchées, qu'il ramollit. Le moussakasi neutralise, dit-on, les effets du goho. Le moudama, un puissant vermifuge. Le mapoubouza, dont on extrait une matière colorant en rouge. Le mousikisi, plante oléagineuse. Le shinkondo, poison virulent, usité chez les Maravis dans le jugement de Dieu. Le kanounka outaré dont l'odeur pénétrante, qui n'est pas désagréable à l'homme, a, dit-on, la vertu d'éloigner les serpents et les rats ; il est probable que c'est une espèce de zanthoxylon, peut-être le zanthoxylon-melacantha de la côte occidentale, où celui-ci est employé contre les rats et les serpents. Le moussonzoa, dont on se sert pour teindre les étoffes en noir. Le moussio, dont les fèves donnent une matière tinctoriale colorant en noir. Le kangomé, dont les fleurs et les graines ressemblent à celles du caféier de Moka ; les feuilles ont beaucoup d'analogie avec celles du prunier sauvage ; on fait une espèce de café avec les graines, ou bien on les mange comme les fèves. Le kanembé-embé, dont les feuilles broyées servent de colle pour raccommoder les vases brisés. Le katoungourou, qui est employé pour tuer le poisson. Le moutavea-nyéréré, violent caustique. Le moudiacoro, également caustique et dont l'usage est à la fois externe et interne. Le kapandé, qui sert dans les épreuves, et qu'on emploie aussi pour provoquer la transpiration. Le mounyazi, plante oléagineuse, qui entre dans la composition des remèdes pour les blessures produites par les flèches empoisonnées. L'ouomboué, grosse racine employée pour tuer le poisson. Le kakoumaté dont on se sert pour combattre la fièvre intermittente. Le moushéteko, s'applique aux ulcères, et l'infusion est donnée à l'intérieur contre l'aménorrhée. L'inyakanyanya, petite racine crochue et brune, ayant une odeur agréable et aromatique et possédant une légère amertume, est très-vantée comme fébrifuge ; on la trouve dans le Manica. L'eskinencia s'emploie contre le croup et les maux de gorge. L'itaka, diaphorétique usité dans la fièvre ; cette racine, apportée à Quilimané par les Arabes, est très-recherchée des indigènes. Le moukoundoukoundou s'emploie en décoction dans le traitement de la fièvre, et agit de la même façon que le quinquina ; le bois de cet arbre, qui est très-commun à Shoupanga, sert à faire des mâts de chaloupe.

Je joins, à cette liste de plantes médicamenteuses, la recette du frère Pedro de Zumbo pour guérir les blessures qui proviennent des flèches empoisonnées. Il est probable qu'il l'avait empruntée aux indigènes des bords du Zambèse ; on verra combien elle offre de similitude avec celle des Bushmen du Kalahari : mettez parties égales de racines de colombo, de moushétého, d'aboutoua, de batalinya, de parégékanto, ditaka ou de kapandé, dans une bouteille et couvrez d'huile de ricin ordinaire. Je crois, ainsi que je l'ai déjà fait observer, que c'est à la matière oléagineuse qu'est due l'efficacité de ce liniment, qui devra être employé par quiconque aurait le malheur de recevoir la flèche d'un Bushman ou celle d'un Banyaï.

j'avais achetées à Quilimané ; la qualité du métal a paru tellement supérieure à l'un de mes amis de Birmingham qu'il s'en est fait faire une carabine[1].

Je n'ai pas rencontré de pierre à chaux dans le voisinage immédiat du minerai de fer. Autant que j'ai pu m'en assurer, il n'existe pas dans ce district de mine de cuivre ou d'argent. Les sujets de Cazembé travaillent, dit-on, la malachite ; mais ne l'ayant pas vu, il m'est impossible de rien dire à cet égard. On trouve quelques pierres précieuses dans cette région, dont certaines parties sont littéralement couvertes d'agates ; néanmoins, les produits minéralogiques de ce pays-ci n'ont jamais été étudiés par aucun homme compétent.

Aussitôt que le major Sicard fut rétabli et que j'eus moi-même repris des forces, je me préparai à descendre le Zambèse. Une partie de mes hommes étaient occupés à chasser l'éléphant, et les autres avaient établi un commerce actif de bois de chauffage, ainsi que l'avaient fait leurs compatriotes à Saint-Paul de Loanda. Je choisis parmi eux seize rameurs pour effectuer la descente du fleuve. Un bien plus grand nombre aurait voulu m'accompagner ; mais je savais que la sécheresse ayant fait manquer la récolte des céréales à Quilimané, plusieurs milliers d'individus étaient morts par suite de la disette, et je craignais que mes hommes ne vinssent à souffrir de la faim. Je n'ai pas entendu dire qu'on eût même essayé d'atté-

---

1. La note suivante est due à l'un des armuriers les plus habiles et les plus expérimentés. N'oublions pas qu'on emploie dans la fabrication des armes à feu diverses qualités de fer spécialement appropriées à tel ou tel usage, et qui sont choisies avec le plus grand soin.

« Le fer des deux houes africaines présente beaucoup de ressemblance avec le fer de Suède ou celui de Russie, et contient une grande quantité de carbone.

« La trempe lui donne toutes les propriétés de l'acier. (Voy. la pièce qui porte le n° 1, et dont une partie a été trempée, l'autre laissée dans son état naturel.)

« Battu à chaud, il est très-malléable, mais à froid il est cassant et brise net sous le choc.

« La grande irrégularité que présente le fer de ces deux houes témoigne de l'inexpérience de ceux qui l'ont préparé.

« On le voit principalement dans la courbe de la plus petite des deux lames ; la portion épaisse est restée cristallisée tandis que la partie la plus mince a été transformée par l'action du marteau.

« Ce fer est trop cassant pour en fabriquer des armes à feu ; il pourrait éclater. Mais chauffé et battu plusieurs fois, il se décarboniserait et posséderait alors toutes les qualités que présente le fer de la lance qui, après avoir été faussé, a repris sous le marteau sa force primitive sans avoir subi la moindre altération.

« Le morceau de fer qui porte le n° 2 convient parfaitement à la fabrication des armes à feu ; de nature fibreuse, il plierait sans se briser.

« Le n° 3 est de nature cristalline et a été soumis à un traitement qui a produit l'échantillon n° 5.

« Le fer des houes a subi le même procédé, mais on n'en n'a obtenu aucun effet analogue. »

nuer les ravages de la famine par des envois d'aliments des autres parties de la contrée. La plupart de ceux qui périrent étaient des esclaves, et les habitants pensèrent que c'était à leurs maîtres qu'il appartenait de veiller aux besoins de ces malheureux et d'y pourvoir. C'est surtout parmi les naturels qui habitent le delta que la faim s'est fait le plus cruellement sentir ; on évalue à huit mille le nombre des victimes qu'elle y a faites. Cette population du delta est soumise aux Portugais, qui la maintiennent dans l'esclavage ; mais elle est disséminée dans les fermes et traitée avec infiniment de douceur. Pour beaucoup des individus qui la composent, la servitude se borne à payer comme fermage, au propriétaire du sol, une quantité de grains déterminée ; ils sont complétement libres sur tous les autres points.

Une dame portugaise, qui avait accompagné son frère à Tèté, mourut d'un accès de fièvre, le 20 avril, à trois heures du matin. Comme à six heures le corps de la défunte ne s'était pas refroidi, on m'envoya chercher ; la poitrine avait toujours la même température que pendant l'accès de fièvre, et la conserva pendant trois heures encore. Je n'avais jamais vu persister la chaleur aussi longtemps après le décès, et je fis retarder les funérailles jusqu'au moment où des symptômes de décomposition apparurent d'une manière évidente. Cette dame, qui avait perdu son mari, n'était âgée que de vingt-deux ans ; il y en avait dix qu'elle habitait l'Afrique. J'ai assisté à son enterrement qui eut lieu dans la soirée, et j'ai été frappé de la consommation de poudre que l'on a faite à cette occasion ; de nombreux esclaves précédaient le cortége et faisaient partir des pièces d'artifices rondes, qu'ils tiraient en face du cercueil. Lorsque la personne qu'on enterre occupait un rang élevé, ou jouissait d'une grande popularité, les chefs du voisinage envoient des députations pour tirer des coups de fusil sur sa tombe. On a vu, en pareil cas, brûler jusqu'à trente barils de poudre.

Le lendemain des funérailles, au lever du soleil, les esclaves du frère de la défunte se promenèrent autour de la ville en poussant des lamentations, et les tambours battirent toute la journée, suivant la coutume des idolâtres.

Le major Sicard me prêta un bateau qui avait été construit dans le pays et me fit accompagner jusqu'à Quilimané par le lieutenant Miranda ; non-seulement il m'approvisionna de tout ce qui pouvait m'être nécessaire, mais il donna des ordres au lieutenant pour que je n'eusse rien à payer jusqu'à la côte, et envoya dire à ses amis les señors Ferrao, Isidore, Asévèdo et Nunes, de me recevoir comme ils le recevraient lui-même. Tous m'ont donné des preuves de la plus généreuse bonté; je suis heureux de le reconnaître, et je me souviendrai toujours avec reconnaissance de l'hospitalité portugaise. J'insiste d'autant plus sur cet accueil bienveillant et désintéressé, que les Portugais ne jouissent pas en Angleterre d'une excellente réputation; cela vient probablement de l'opiniâtreté avec laquelle certains d'entre eux ont persisté à faire la traite des nègres, et du contraste qu'ils offrent aujourd'hui avec leurs illustres ancêtres, qui ont été les premiers navigateurs du monde. Je m'estimerais personnellement récompensé de mes efforts, si la déclaration que je fais ici de la générosité dont ils m'ont donné tant de preuves, faisait concevoir à mes compatriotes une idée plus haute du caractère portugais.

CHAPITRE XXXII

Départ de Tété. — Descente du Zambèse. — Estacade de Bonga. — Gorge de Lupata. — L'épine du monde. — Largeur du fleuve. — Iles. — Navigation. — Arrivée à Senna. — Amendes imposées aux habitants de cette ville par les Landines. — Couardise de la milice indigène. — État des recettes. — Efforts tentés pour ranimer le commerce dans l'Afrique orientale. — Environs de Senna. — Gorongozo. — Manica. — Ses gisements d'or, les plus riches de toute cette partie de l'Afrique. — Construction de bateaux à Senna. — Départ de cette ville. — Prise de l'estacade d'un rebelle. — Alfacinya et Néfou au confluent du Shiré. — Opinion des Landines sur les blancs. — Opinion du capitaine Parker sur la navigation du Zambèse depuis l'Océan jusqu'à Mazaro. — Observations du lieutenant Hoskins sur le même sujet. — Effets de la fièvre. — Accueil du colonel Nunes à Quilimané. — Prévoyance et bonté du capitaine Nolloth et du docteur Walsh. — Joie profondément troublée. — Ressources que peut offrir l'intérieur du continent. — De la nécessité de choisir un lieu salubre pour l'établissement des missions. — Revue rétrospective. — Influence probable des découvertes sur l'esclavage. — Culture du sucre, du coton, etc., par le travail libre. — Stations commerciales. — Situation de Quilimané. — Insalubrité du pays. — Destruction, par la fièvre, de l'équipage d'un vaisseau naufragé. — Le capitaine est sauvé par la quinine. — Arrivée du *Frolic*. — Désir de l'un de mes hommes de venir en Angleterre. — Difficultés de notre abordage. — Alarme de Sékouébou. — *Le Frolic* fait voile pour l'île Maurice. — Bonté du major général C. M. Hay. — Arrivée en Angleterre.

22 avril. — Nous descendons le Zambèse en compagnie de trois pirogues qui ont apporté récemment des marchandises de Senna ; elles sont beaucoup plus grandes et plus fortes que toutes celles que j'ai vues dans les provinces du centre, et pourraient se heurter violemment contre un écueil sans se briser ; les rameurs sont assis à l'arrière, où une espèce de hangar les abrite du soleil. La même chose existe dans la barque où je me trouve, et j'y suis installé trèsconfortablement. Il était midi lorsque nous avons quitté la ville ; nous sommes arrivés quelques heures après au jardin du señor Manoël de Gomes, qui est à la fois gendre et neveu de Bonga, et que son beau-père a chargé de nous recevoir. Bonga est bien loin d'égaler son père Nyaudé, qui était un homme d'une capacité remarquable ; il est, à ce que l'on dit, excessivement superstitieux, et se défie des Portugais, qui, de leur côté, ne l'ont pas en bonne odeur, parce qu'il donne asile à tous les esclaves fugitifs et à tous les condamnés. Son gendre Manoël nous a parfaitement accueillis : c'est, je crois, un homme d'une vive intelligence ; nous l'avons trouvé dans son jardin, qu'il a quitté presque aussitôt pour aller s'habiller d'une façon fort convenable, et il nous a offert un très-bon dîner suivi d'excellent thé.

23 *avril*. — Après le déjeuner, qui s'est composé de thé, d'œufs à la coque et de biscuits le señor Manoël nous a donné six volailles et trois chèvres, et nous nous sommes dit adieu. Au confluent de la Lounéya nous avons aperçu l'estacade de Bonga, dont nous nous sommes éloignés autant que possible pour ne pas inquiéter le beau-père de Manoël, qui est extrêmement soupçonneux ; je n'ai pas même fait d'observations astronomiques, pour ne point éveiller par mes instruments ses terreurs superstitieuses. Les fortifications de Bonga renferment quelques maisons de bonne apparence, dont les murailles sont composées d'arbres vifs qui ne brûleraient pas si l'on y mettait le feu. Il est étrange de voir une misérable estacade menacer tout le commerce d'une région, et paralyser la navigation d'un grand fleuve, à un endroit où les canons d'un vaisseau en auraient immédiatement raison ; mais c'est tout autre chose pour des gens qui ne possèdent que des mousquets. A l'époque où Nyaudé fut assiégé par Kisaka, on se battit avec acharnement pendant plusieurs semaines ; Nyaudé en fut réduit à faire des balles avec ses anneaux de cuivre, mais l'estacade résista parfaitement.

24 *avril*. — Après avoir navigué pendant trois heures, comme nous l'avions fait la veille, nous nous somme trouvés auprès d'une île située à l'ouest de l'entrée de la gorge de Lupata ; suivant ce que j'avais entendu dire, le docteur Lacerda l'aurait appelée île de Mozambique, parce qu'il la croyait sous le même parallèle que cette ville, c'est-à-dire par 15° 1' latitude sud. J'ai voulu vérifier le fait, et nous avons couché dans l'île ; mais ceux qui m'avaient dit cela étaient dans l'erreur, car l'endroit où nous sommes est situé par 16° 34' 46" latitude sud, et 33 51' longitude est.

Quelques écrivains portugais ont représenté les monts Lupata comme étant composés de marbre et comme atteignant une si grande hauteur que leur cime était couverte de neige. Ils ne me semblèrent pas aussi élevés que les monts Campsie vus des bords de la Clyde ; le versant occidental, qui se dresse perpendiculairement à deux cents mètres au-dessus du fleuve, fait croire à une élévation beaucoup plus grande qu'elle ne l'est en réalité ; mais de l'île du Zambèse, où nous avons passé la nuit, ces montagnes ne paraissent certainement pas plus élevées que le siége d'Arthur, regardé de la rue du Prince, à Édimbourg. La roche est composée d'un schiste siliceux compacte, légèrement rougeâtre, et disposé par couches très-minces ; l'île où nous sommes a l'air d'avoir été violemment séparée de la gorge qui s'ouvre en face d'elle, car des deux côtés les strates sont tordues et déchirées dans tous les sens ; le versant oriental, beaucoup plus incliné que celui de l'ouest, et couvert de forêts, donne une idée bien moins grande de la hauteur de ces monts. La chaîne s'étend très-loin vers le nord, dans le pays des Maganjas, puis elle décrit une courbe, se rapproche du Zambèse et va rejoindre les hautes montagnes des Morumbalas, situées de l'autre côté de Senna ; la partie méridionale est plus droite, et se termine, dit-on, au Gorongozo, montagne qui est un peu plus au sud que les Mozumbalas, mais à l'ouest de Senna. Celui qui a donné à cette chaîne de montagnes le nom d'épine du monde, n'a certes pas eu l'intention de traduire le nom Lupata, qui signifie tout simplement : défilé entre deux murailles. On ne comprend pas le motif qui lui a fait choisir cette désignation, à moins qu'il n'ait supposé que le monde devait avoir l'échine tortueuse et composée de fort petites vertèbres.

Il nous a fallu deux heures pour franchir cette gorge, qui m'a paru avoir de deux à trois cents mètres de large. On dit que le fleuve est toujours très-profond dans cet endroit ; il m'a semblé qu'un steamboat y passerait à toute vapeur. A l'entrée de la gorge du Lupata, du côté de l'est, s'élèvent deux montagnes coniques, appelées Moenda en Goma, ce qui signifie empreinte des pas d'une bête sauvage, et qui sont formées de porphyre contenant de grands cristaux carrés ; un autre pic est situé sur la rive opposée : on l'appelle Kasisi, qui veut dire prêtre, parce que le sommet en est chauve.

Nous suivons le courant qui nous entraîne avec rapidité, et dont la largeur a plus de trois kilomètres. Le fleuve est parsemé d'îles nombreuses généralement couvertes de roseaux ; avant la guerre elles étaient habitées, et produisaient une énorme quantité de grains ; il y a certainement assez d'espace entre ces îles pour qu'un vaisseau puisse virer de bord et naviguer à pleines voiles : le vent d'est lui ferait remonter le courant. Je regrette de ne pas voir le fleuve à l'époque où les eaux sont basses ; toutefois, le témoignage du capitaine Parker et du lieutenant Hoskins ne permet pas de douter des ressources que le Zambèse offre au commerce en toute saison. A l'époque de la plus grande sécheresse, il renferme toujours, au dire des Portugais, un chenal profond, mais sinueux, et dont la direction est souvent altérée par la formation d'îles nouvelles; je crois cependant qu'un steamer à fond plat pourrait le remonter toute l'année, au moins jusqu'à Tèté, où le Zambèse a mille mètres de large.

Cette nappe d'eau émaillée d'îles verdoyantes produit un effet des plus imposants. A droite, une plaine immense se déploie sur la rive; à gauche se dressent les montagnes qui bornent l'horizon, mais je n'aperçois les bords du fleuve ni d'un côté ni de l'autre; j'ai supposé qu'il avait ici deux milles de large, il a probablement davantage.

25 *avril*. — Après avoir navigué pendant huit heures et demie, depuis la gorge de Lupata, nous abordons à Shiramba, où nous déjeunons; c'était autrefois la résidence d'un brigadier portugais, qui dépensa beaucoup d'argent pour embellir sa maison et pour créer des jardins; nous n'y avons trouvé que des ruines. Son fils, un mulâtre, non-seulement a détruit tout ce que le brigadier avait fondé, mais encore il s'est révolté contre les Portugais, et, moins heureux que Nyaudé et Kisaka, il a été envoyé dans les prisons de Mozambique peu de temps avant notre arrivée. Toute la rive méridionale a été ravagée dernièrement par les Cafres, que l'on appelle ici Landines; et la plupart des habitants reconnaissent aujourd'hui l'autorité de Bonga. Tandis que nous déjeunions, le tambour a fait entendre une marche guerrière; le lieutenant, à qui les usages du pays sont familiers, a fait mettre immédiatement tous nos soldats sous les armes; puis il a demandé aux indigènes pourquoi le tambour battait pendant que nous étions dans la bourgade. Il n'a reçu qu'une réponse évasive, et probablement notre vigilance aura déjoué leurs projets, car ce rappel a ordinairement pour but de réunir les voisins, afin de procéder au pillage des canots.

26 *avril*. — Nous bivouaquons dans une île appelée Nkouési, précisément sous le 17ᵉ degré de latitude, et en face d'une montagne dont le sommet a la forme d'une selle. Nous glissons rapidement sur le fleuve, et la température est délicieuse; mais la rive est tellement plate et si loin de nous, que le paysage n'offre aucun intérêt.

Le 27 nous déjeunons à Pita. Quelques mulâtres sont venus s'y établir pour échapper aux bandes de Kisaka, en ce moment occupées sur l'autre rive à dévaster le pays des Maganjas.

Dans l'après-midi, nous arrivons à Senna[1]. Il ne nous a fallu que vingt-trois heures et demie de navigation pour revenir de Tèté;

---

1. Maison du commandant Isidore, à deux cent soixante-dix mètres du fort situé sur la rive du Zambèse, par 17° 27′ 1″ latitude sud, 35° 10′ longitude est.

mais nous avons vu de grands canots qui remontaient le fleuve, et dont les hommes luttaient avec peine contre la force du courant. Ils se servent du halage et mettent trois semaines pour franchir la distance que nous avons parcourue en quatre jours. Le salaire que l'on donne aux canotiers est considéré dans le pays comme très-élevé : aussi une partie de mes compagnons ont-ils accepté avec joie la proposition que leur a faite le lieutenant de ramener pour lui un canot de marchandises à Tèté.

Je trouvais déjà cette ville dans un état déplorable, et la situation de Senna est dix fois plus mauvaise. Il y a encore un peu de vie à Tèté, mais ici pas l'ombre de mouvement; partout la stagnation et la ruine; le fort, construit en briques séchées au soleil, s'écroule en maint endroit; l'herbe croît sur les murs, et les brèches sont fermées avec des pieux. Il est rare qu'un marchand indigène vienne visiter Senna; mais en revanche les Landines y font des incursions périodiques, frappent des impôts sur les habitants, et considèrent les Portugais comme une tribu conquise. Le commandant señor Isidore, qui est un homme d'une extrême énergie, a décidé que le village serait entouré d'une palissade pour le protéger contre ces Cafres; et les habitants ont dû se mettre à la besogne le lendemain de notre départ. Mais les mulâtres paraissent se liguer avec les ennemis des Européens; toutes les fois que les Portugais ont combiné un plan d'attaque ou de défense contre les rebelles, ceux-ci en ont toujours été informés; et, loin de s'opposer aux exactions des Landines, les mulâtres leur payent avec empressement la part de tribut que viennent réclamer ces audacieux, à la barbe de l'autorité portugaise.

Pendant que j'étais à Senna, une partie des hommes de Kisaka ravagèrent l'admirable pays qui s'étend sur la rive gauche du fleuve; ils revinrent avec les prisonniers qu'ils avaient faits, et les mulâtres du village accoururent aussitôt pour leur acheter des esclaves. Encouragés par cette démonstration, les maraudeurs se présentèrent dans Senna, tambour battant et l'arme au poing, et furent hébergés par un mulâtre portugais. Tout le village était à leur merci, et pourtant douze policemen [1] auraient suffi pour les chasser. Le commandant ne pouvait que dévorer son amertume. Il avait bien des soldats; mais il est notoire que la milice indigène s'enfuit invariablement quand il s'agit de combattre, et qu'elle abandonne ses officiers à l'ennemi; elle n'est brave qu'avec les gens pacifiques. L'un de ces miliciens avait été envoyé de Quilimané au commandant de Senna;

---

1. Sergents de ville de Londres.

en qualité d'exprès; on lui avait dit de remettre ses dépêches dans le plus bref délai possible, l'affaire étant pressée; mais le commandant était allé à Quilimané, y était resté quinze jours, et en était revenu avant l'arrivée de l'estafette. Il est impossible de se figurer l'état de décadence où les possessions portugaises sont tombées sur la côte de Mozambique. Les recettes n'arrivent point au niveau des dépenses, et tous les officiers m'ont dit n'avoir pas reçu un denier depuis quatre ans; ils sont tous obligés de trafiquer pour nourrir leurs familles. Le señor Miranda, qui depuis le commencement de la guerre a toujours été en campagne, tenant tête à l'ennemi avec les faibles moyens dont il pouvait disposer, a reçu du commandant les éloges les plus pompeux; les dépêches les plus flatteuses ont signalé sa conduite au cabinet de Lisbonne, et quand il a demandé au gouverneur une partie de la solde qui lui était due pour ses quatre années de guerre, il n'a pu obtenir que vingt dollars (108 fr.), et a donné sa démission. Les soldats qu'on envoie d'Europe reçoivent une certaine paye sous forme de calicot. Ils se marient dans le pays, et, grâce à la fécondité du sol, leurs femmes peuvent les nourrir sans trop de difficulté. Il n'y a pas de commerce direct avec le Portugal. Tous les ans un nombre considérable d'Indiens apportent de Bombay des marchandises provenant d'Angleterre et des Indes. On a essayé dernièrement à Lisbonne de ranimer le commerce de la côte de Mozambique, au moyen de compagnies commerciales. L'une d'elles avait offert de s'organiser sur la même base que la compagnie des Indes; les forts, les forteresses lui auraient été concédés, avec retour au gouvernement après la fin du bail, à condition par elle de développer les ressources que présente le pays, de construire des écoles, de faire des routes, d'améliorer les ports, etc.

Le cabinet de Lisbonne, d'autre part, avait tenté de rendre un peu de vie à cette région, en concédant à toutes les compagnies qui l'auraient désiré, le privilége d'exploiter les mines que possède le pays; mais le gouvernement colonial est trop faible pour donner aux spéculateurs les garanties de protection nécessaires à une pareille entreprise; d'ailleurs la condition, qui avait été imposée aux compagnies, de transporter sur les lieux et à leurs frais des habitants de Madère et des Açores, afin d'augmenter le nombre des Portugais en Afrique, n'était guère acceptable. Les minéraux exportés auraient payé des droits, et tout cela s'est réuni pour mettre obstacle au projet du gouvernement. Il est à remarquer que toutes les compagnies qui ont essayé de se former à cet égard ont eu soin de déclarer qu'elles se constituaient pour telle et telle chose, et *pour l'abolition du commerce inhumain des esclaves.* Ceci prouve que les hommes d'État portugais sont à la fois éclairés et philanthropes, ou bien qu'on a cherché à séduire les capitalistes anglais. Je suis porté à croire que c'est à la première de ces deux raisons qu'il faut attribuer cette déclaration honorable. Mais si les Portugais veulent sincèrement développer les ressources que renferment les provinces dont ils occupent la lisière, ils doivent engager tous les peuples civilisés à prendre part à cette œuvre, et accorder aux étrangers les mêmes droits qu'à leurs nationaux. Que le chemin qui conduit au centre de l'Afrique soit ouvert à tout le monde, et qu'au lieu de misérables fort entourés tout au plus de quelques acres de terre, on fonde des colonies réelles ; que les casernes soient remplacées par des établissements civils, qu'il vienne ici des producteurs avec leurs femmes, leurs charrues et leurs semences, au lieu de convicts militaires, n'apportant d'Europe que leurs tambours et leurs trompettes, et la prospérité renaîtra dans cette région féconde.

Le village de Senna est situé sur la rive droite du Zambèse. Le fleuve à cette hauteur contient des îles nombreuses où abondent les roseaux, et les terrains environnants sont couverts de broussailles. Le sol est fertile ; mais les mares d'eau stagnante que renferme le village rendent cette localité fort insalubre. La roche qui constitue l'assise fondamentale est formée de l'arkose de Brongniart, et traversée par plusieurs montagnes coniques de trapp, dont l'une est située à quatre cents pas à l'ouest du village et s'appelle Baramouana, ce qui veut dire porter un enfant sur son dos ; elle a été nommée ainsi, parce qu'elle a derrière elle une montagne plus petite et du même genre. Sa hauteur est d'environ cent mètres ; elle est armée, à son sommet, de deux pièces de canon démontées, dont la mission est d'effrayer les Landines, qui dans une seule affaire ont tué cent cinquante habitants de Senna. Le paysage que l'on découvre de l'endroit où ces canons sont placés est d'une beauté remarquable ; à vos pieds se déploie le Zambèse, et la vue s'étend du côté de l'ouest jusqu'à vingt ou trente milles de distance où l'on aperçoit le Morumbala, qui doit avoir de mille à douze cents mètres de hauteur ; cette montagne est oblongue, et il est évident qu'elle est d'origine volcanique ; le sommet en est couvert d'un sol fertile, cultivé par de nombreux habitants ; on y trouve de l'eau courante et une source chaude et sulfureuse, à l'extrémité septentrionale ; mais je n'ai pas pu l'examiner, parce que les Portugais sont en hostilité avec la population qui l'entoure. Au nord du Morumbala s'étendent les montagnes de Maganjas, qui viennent toucher le fleuve à la hauteur de Senna ; beaucoup d'entre elles sont coniques. D'après ce qui m'a été rapporté, le Shiré les traverserait pour aller ensuite arroser la base du Morumbala, sur le versant occidental, avant de rejoindre le Zambèse.

Lorsque, plus tard, je suis arrivé à l'embouchure de cette rivière, située près d'une chaîne de montagnes peu élevées, que l'on trouve à l'est du Morumbala, j'ai douté du rapport qui m'avait été fait; il faudrait, pour qu'il fût exact, que le Shiré coulât parallèlement au Zambèse, dont le Morumbala n'est pas à plus de trente milles. Tout le pays qui s'étend au sud-est est plat et couvert de forêts; mais dans le voisinage de Senna, une quantité de petites montagnes coniques, aux flancs abrupts, diversifient le tableau. A l'ouest et au nord, la plaine, également boisée, forme un sombre tapis; et au sud-ouest s'élèvent, au milieu des vapeurs de l'horizon, les hautes montagnes de Nyamonga. Lorsque le ciel est pur, on aperçoit derrière celles-ci une autre chaîne, où les jésuites avaient jadis un établissement; c'est le Gorongozo, renommé pour la fraîcheur de ses sources limpides et pour son climat salubre. Il existe au sommet de la montagne des inscriptions gravées sur de grandes dalles, et qui sont probablement dues aux jésuites. Comme elles se trouvent dans la direction du district où l'on a placé l'Ophir de Salomon, l'idée me vint un instant qu'elles pouvaient être d'une origine bien antérieure à la domination portugaise; mais plusieurs personnes, qui les ont vues, m'ont dit qu'elles étaient tout bonnement en caractères romains, et dès lors elles ne méritaient pas que je fisse un voyage de six jours pour aller les examiner.

Manica, le gîte aurifère le plus riche de toute l'Afrique orientale, est situé à trois journées de marche à l'ouest du Gorongozo. On a trouvé à Sofala, qui est le port le plus voisin de ce district, des morceaux d'or travaillé, dont la date a paru fort ancienne; et c'est là ce qui a fait supposer aux Portugais que la province de Manica était l'Ophir de la tradition hébraïque. On dit également qu'il existe de grandes pierres taillées dans le voisinage de Sofala; mais elles ne doivent pas être très-nombreuses : car les pierres dont le port est construit viennent, dit-on, du Portugal. Des habitants de Manica ou Manoa, que j'ai rencontrés chez les Makololos, m'ont dit qu'il y avait dans leur pays plusieurs caves, ainsi que des murailles, dont les pierres sont taillées; ils en attribuaient la construction à leurs ancêtres. D'après les Portugais, quelques Arabes se seraient établis dans cette province et n'offriraient plus aucune différence avec les naturels. Le territoire de Manica est arrosé par le Motirikoué et la Sabia ou Sabé, qui vont se jeter dans la mer. Les Portugais ont été chassés du pays par les Landines, mais ils parlent de l'occuper de nouveau.

Ce qui m'a été le plus agréable à Senna, ce fut de voir les nègres du señor Isidore construire des bateaux d'après un modèle européen, sans que personne dirigeât leur travail ; ils ont fait leur apprentissage sous un constructeur portugais, et, maintenant qu'ils sont livrés à leurs propres lumières, ils vont dans la forêt, choisissent les motondos qui leur conviennent, et construisent des chaloupes et des barques très-proprement faites, qui valent de cinq cents à deux mille cinq cents francs.

Quelques-uns d'entre eux, qui ont appris l'état de charpentier à Rio-Janeiro, ont fait au commandant la plus jolie maison de Quilimané, avec certains bois du pays susceptibles d'acquérir un poli très-remarquable, et qui, dit-on, ne pourrissent jamais.

Le commandant m'ayant consulté à propos de l'emplacement à choisir pour y transférer le village, dont la situation actuelle est des plus insalubres, j'ai conseillé d'imiter les jésuites qui avaient fixé leur demeure dans les montagnes du Gorongozo, et d'aller s'établir sur le Morumbala ; on y serait en bon air, l'eau y est pure, abondante, et le Shiré, qui serpente à sa base, est d'une profondeur qui peut suffire à la navigation. Enfin, j'ai proposé, comme établissement immédiat, le havre de Mitilone, situé à l'une des bouches du Zambèse, qui convient beaucoup mieux que le port de Quilimané, et où les Portugais seraient plus en position d'être utiles au pays. Quand on pense qu'il n'y a pas même un village à l'entrée de ce fleuve admirable, pas un être qui puisse vous en indiquer le chemin !

Le 9 mai, seize de mes hommes repartaient pour Tèté, où ils conduisaient en canot les marchandises du gouvernement ; ils étaient ravis d'avoir trouvé de l'ouvrage. Le 11, tous les habitants de Senna, y compris le señor Isidore, nous accompagnaient jusqu'aux bateaux et assistaient à mon départ ; les gens de Kisaka étaient alors dans le village, où ils se conduisaient de la manière la plus insolente.

Nous étions munis de provisions de toute espèce que nous avaient données le commandant et le señor Ferraro, et nous descendions le Zambèse par le plus beau temps du monde.

Environ à trente milles de Senna, nous avons trouvé, sur la rive droite, l'embouchure du Zangoué, qui, plus près de sa source, porte le nom de Poungoué ; à cinq milles du confluent de cette rivière, le Shiré vient tomber dans le Zambèse, qu'il rejoint sur la rive gauche : il m'a paru avoir deux cents mètres de large. Non loin du confluent du Shiré, un peu dans les terres, est une estacade dont s'est emparé l'enseigne Rebeiro, à la tête de trois soldats européens ; les vaincus furent désarmés et leurs fusils jetés dans le fleuve. Cet enseigne et le lieutenant Miranda avaient offert de disperser les hommes de Kisaka, dont les habitants de Senna ont tant à souffrir ; mais les Portugais n'ont pas accepté cette proposition, dans la crainte de se voir trahis par les mulâtres.

Ici l'immoralité et l'esclavage ont accompli leur œuvre ; nulle part le nom européen n'est tombé aussi bas : mais que pouvait-on espérer? Peu de femmes portugaises viennent dans les colonies, et je n'ai pas retrouvé ici, à l'égard des enfants, l'affection et les soins paternels que j'avais remarqués dans la province d'Angola ; le fils de l'un des derniers commandants de Tèté est réduit à la condition d'esclave et en a toutes les habitudes. Il n'y a ni prêtre ni école à Senna, bien qu'on y trouve des ruines de couvents et d'églises.

Nous avons vu, ainsi que je l'ai dit plus haut, une énorme quantité d'*alfacinya* flotter sur le Zambèse, au confluent du Shiré. Cette lentille d'eau gigantesque est probablement la *Pistia stratiotes*; elle était accompagnée d'une autre plante aquatique appelée *njéfou* par les Barotsés, et dont les pétioles renferment une amande d'un goût très-agréable. Sébitouané l'estimait tellement qu'il avait imposé aux peuplades conquises de joindre une certaine quantité de ces amandes au tribut qu'elles devaient lui payer. Le docteur Hooker me dit que « le njéfou est sans doute une espèce de *trapa* dont on mange les fruits dans le midi de l'Europe et dans l'Inde. Ces noix constituent pour le gouvernement de Kashmir un revenu de 128,000 charges d'ânes, qui représentent une valeur de 3 millions de francs ; les anciens Thraces mangeaient, dit-on, une grande quantité de ces amandes qui, dans le midi de la France, portent le nom de châtaignes d'eau. »

Nous avons trouvé le njéfou et l'alfacinya dans toutes les parties dormantes du Liambye, où se trouve également l'*Azolla nilotica*, jolie petite plante flottante que l'on rencontre dans les eaux du Nil supérieur[1].

A quelques milles du Shiré, nous sortons des montagnes et nous glissons entre des plaines immenses ; on aperçoit, dans le lointain, les bords du fleuve qui sont couverts d'arbres élevés.

Après avoir couché dans une grande île habitée, nous arrivons à l'entrée du Moutou, dont le point de départ, appelé Mazaro, est

---

1. L'existence de ces plantes, que l'on ne voit jamais dans l'eau vive, et qui abondent dans le Shiré, prouvent que cette rivière découle d'un grand amas d'eau dormante.

situé sous le 18° 3′ 37″ latitude sud, et le 35° 46′ longitude est. Les habitants qui vivent au nord de cette branche du Zambèse se nomment Baroros, et leur pays Bororo. Toute la rive droite est sous la domination des Landines; nous pensions qu'ils nous imposeraient la taxe qu'ils prélèvent ordinairement sur tous les étrangers, mais ils n'en ont rien fait; j'ai regretté de ne pas les rencontrer; j'aurais voulu faire connaissance avec eux, savoir s'ils appartiennent à la famille des Zoulous ou à celle des Mashonas, et leur entendre exprimer leur opinion sur les blancs; d'après Sékouébou et quelques autres, ils en feraient très-peu de cas et les envisageraient comme une tribu conquise.

Le Zambèse, à Mazaro, est toujours un fleuve magnifique; il a, en cet endroit, plus de huit cents mètres de large, et ne renferme pas une île; la rive gauche est couverte d'arbres fournissant un excellent bois de construction; mais le delta qui commence à l'entrée du Moutou est un immense bas-fond, couvert d'herbes grossières et de roseaux, où l'on ne voit çà et là qu'un petit nombre de cocotiers et de mangoustans. J'avais le plus vif désir de suivre le Zambèse et de m'assurer de l'endroit où cet énorme cours d'eau va se jeter dans l'Océan; mais les Portugais m'ayant dit que le capitaine Parker, mort si malheureusement à l'embouchure de la Sulina, avait remonté le fleuve jusqu'à Mazaro, je ne doutais pas qu'il n'eût consigné son opinion dans un rapport officiel. Effectivement, dès mon arrivée en Angleterre, je m'adressai au capitaine Washington, hydrographe de l'amirauté, qui me procura, peu de temps après, le document que je désirais connaître. Le lecteur pourra donc juger du Zambèse depuis Mazaro jusqu'à la mer, d'après le témoignage d'un homme beaucoup plus compétent que je ne puis l'être en pareille matière.

Extrait du journal du capitaine Hyde Parker, commandant le brick Pantaloon *de la marine royale.*

« Le Louabo est la principale issue du grand Zambèse. Dans la saison des pluies, surtout en janvier et en février, tout le pays est inondé et l'eau s'écoule par différentes rivières jusqu'à la hauteur de Quilimané; mais, pendant la saison sèche, ni Quilimané ni Olinda ne sont en communication avec le Louabo.

« La position du Zambèse est incorrecte sur la carte de l'amirauté; il y est indiqué à six milles au sud de l'endroit où il devrait être placé, et beaucoup trop à l'ouest; toute la côte elle-même, depuis le Louabo jusqu'à Tongamiara, est placée, sur cette carte, à l'ouest de la situation qu'elle occupe.

« L'entrée du Louabo est d'une largeur d'environ deux milles, et se reconnaît facilement, lorqu'on est en face d'elle, à une espèce de morne, si je puis m'exprimer ainsi, formé par de grands arbres qui s'élèvent sur la rive orientale.

« La barre est formée de deux séries de bancs de sable ; celle qui part de la pointe de l'est décrit une diagonale de manière à traverser presque entièrement l'entrée ; son extrémité occidentale dépasse d'environ deux milles la pointe du côté de l'ouest.

« Le banc qui vient de la pointe occidentale se projette vers le sud, à trois milles et demi, et croise le précédent à une distance d'un quart de mille ; cet espace de quatre cents mètres forme le passage de la barre. Quand les eaux sont basses, les bancs sont découverts en grande partie et s'élèvent en différents endroits à deux mètres quarante centimètres au-dessus de l'eau.

« Ces bancs offrent un passage en toute saison ; lorsque la marée est haute et que le temps est beau, on peut les franchir en barque auprès de la pointe orientale ; mais il s'y trouve peu d'eau, et, par endroits, un lit de marée bourbeux et bouillonnant, qui exige de grandes précautions. D'après l'expérience que j'ai acquise, le meilleur moyen à prendre, pour entrer dans la passe, est de gouverner à l'est du passage, afin d'éviter la partie avancée des bas-fonds de l'ouest, où la mer est généralement mauvaise. Quand on arrive auprès de l'endroit où se croisent les bancs qui forment la barre, il faut longer la croisée jusqu'au moment où vous avez au nord-ouest le morne d'arbres situé à l'ouest de l'entrée du Louabo ; gouvernez droit sur le morne, vous arriverez à l'extrémité de la croisée de la barre et vous entrerez immédiatement ; l'eau est calme, la mer la plus mauvaise est généralement en dehors de la passe.

« La rivière s'élargit d'abord entre les deux caps et se rétrécit de nouveau ; à peu près à trois milles du morne d'arbres se trouve une île ; le passage est à droite, et le chenal est profond. Le plan rendra tout ceci plus facile à comprendre. La hauteur des grandes marées, à l'entrée de la rivière, étant de six mètres, tout navire peut y pénétrer à cette époque ; mais en dépit de tous les avantages que cette voie présente au commerce, jusqu'à présent elle ne profite à personne.

« L'eau est douce jusqu'à la barre, au moment du reflux ; dans la saison des pluies elle est douce à la surface jusqu'au delà des bancs de sable. Quand, à cet époque, la lune est pleine ou qu'elle viene à changer, il arrive souvent que le Zambèse inonde ses bords, et forme un lac immense où l'on n'aperçoit que de loin en loin de petits mamelons à la surface de l'eau. Les cases qui l'avoisinent sont construites sur des piles, et l'on communique de de l'une à l'autre en canot pendant l'inondation, qui ne dure pas plus de trois ou quatre jours de suite.

« Le premier village que l'on rencontre est situé sur la rive occidentale, à huit milles de l'entrée du Louabo, en face d'une autre branche du fleuve qui s'appelle Mouselo, et qui va se jeter dans la mer à cinq milles directement à l'est.

« Ce village est très-étendu, et le territoire qui l'entoure est cultivé sur un très-grand espace ; on y récolte principalement des calavances ou haricots de plusieurs espèces, du riz et des citrouilles. J'ai trouvé dans les environs du coton sauvage, qui m'a paru de très-bonne qualité ; mais je n'en ai pas vu de cultivé. Le sol est tellement fertile qu'il produit toutes choses, sans exiger beaucoup de travail.

« Il existe dans ce village une très-grande maison bâtie en pisé, et précédée d'une cour ; je suppose qu'elle est employée au baraquement des esclaves, plusieurs cargaisons de nègres ayant été exportées de cette rivière.

« J'ai remonté le Louabo jusqu'à sa jonction avec le Quilimané, appelé aussi Boca da Rio, jonction qui, d'après mes calculs, serait à soixante-dix ou quatre-vingts milles[1] de la barre. L'influence des marées se fait sentir à vingt-cinq ou trente milles[2] de l'embouchure ; en amont de ce point, la vitesse du courant, pendant les eaux basses, est d'un mille et demi à deux milles et demi[3] par heure ; elle est beaucoup plus grande dans la saison des pluies.

« Durant les premiers trente milles, les bords du Louabo sont garnis de bois épais entremêlés çà et là de clairières ; on trouve sur les deux rives un grand nombre de villages, de huttes éparses, et beaucoup de champs cultivés. Dans l'un de ces villages, situé à peu près à dix-sept milles de l'entrée de la rivière, et qui est entouré d'une immense quantité de bananiers de plusieurs espèces, on cultive des pois excellents et en grande abondance, des choux, des tomates, des oignons, etc. Les habitations deviennent plus rares sur la rive gauche à partir de cet endroit, bien que le pays soit couvert de cocotiers infiniment plus beaux que sur la rive droite, où la plaine est aride et sablonneuse ; cela tient à l'effroi qu'inspirent les

1. De 112 à 129 kilomètres.
2. De 40 à 48 kilomètres.
3. De 2 kilomètres et demi à 4 kilomètres.

Landines. Il y a quelques années, ces Cafres ont ravagé tout le pays, tuant les hommes et s'emparant des femmes ; depuis cette époque, les naturels n'ont plus osé habiter la rive occidentale, et les Portugais, propriétaires des différents prasos, les ont virtuellement perdus. Les bords de la rivère deviennent de plus en plus sableux et les arbres plus rares, jusqu'à l'extrémité dionirméale de la grande plantation de Nyangoué, formée par le Louabo à peu près à vingt milles de Marourou. Ici la population est plus nombreuse et le pays plus cultivé ; la race est plus belle, les cases sont plus grandes et beaucoup mieux construites. Marourou appartient au señor Asévèdo de Quilimané, dont l'hospitalité est bien connue de tous les officiers anglais qui ont visité la côte de Mozambique.

« La température est moins chaude ici qu'au bord de la mer, et le señor Asévèdo y cultive avec succès la plupart des légumes européens en même temps que les plantes des tropiques ; la canne à sucre y prospère aussi bien que le coton et le café ; l'indigotier y croît partout spontanément ; la race bovine y est fort belle, et quelques-uns des bœufs que l'on y rencontre figureraient avec avantage parmi les bêtes à cornes d'une exposition anglaise. Les indigènes sont intelligents, et ce beau pays acquerrait énormément de valeur, s'il était bien administré.

« A trois milles de Marourou se trouve le charmant village de Mesan, situé au milieu des mangostans et des palmiers ; on y voit une maison bien construite qui appartient au señor Ferrao, et près de laquelle passe le Moutou, qui est navigable pendant la saison des pluies et fait communiquer le Zambèse avec le Quilimané. Je l'ai visité dans le mois d'octobre, qui est le moment le plus sec de l'année : c'était alors un canal desséché d'environ trente ou quarante mètres de large, rempli d'arbres et d'herbe, et dont le fond se trouvait au moins à quatre ou cinq mètres au-dessus du niveau du Zambèse. D'après les signes que j'ai observés, le fleuve s'élèverait d'environ neuf mètres dans la saison des pluies, et le volume d'eau qu'il roulerait à la mer serait énorme à cette époque.

Au-dessus de Marourou, le pays devient montagneux ; on distingue parfaitement les montagnes de Borourou, qui commencent a s'apercevoir au-dessous de Nyangoué : il faut pour cela qu'elles soient d'une hauteur considérable, puisqu'elles sont à plus de quarante milles de distance. On dit qu'elles renferment de grandes richesses minérales, et qu'on y trouve de l'or, du cuivre et de la houille. Les Landines, qui forment la population du pays, sont une race indépendante et fière, qui ne reconnaît pas l'autorité des

Portugais et qui va même jusqu'à leur faire payer un droit de passage lorsque ceux-ci veulent traverser leur territoire.

« Les hippopotames abondent dans toute l'étendue de la rivière ; les naturels s'emparent de ces animaux en les harponnant au moyen d'une lance barbelée qui est attachée par une corde de six ou sept mètres de longueur à une vessie remplie d'air ; ils poursuivent l'hippopotame en canot, lui jettent un harpon à chaque fois qu'il vient respirer, et, lorsqu'ils le voient épuisé, ils l'achèvent à coups de lance ; cette chasse se rapproche beaucoup de la pêche de la baleine. Les éléphants et les lions sont également très-nombreux sur la rive occidentale ; ces derniers sont très-redoutés des nègres, dont ils dévorent chaque année un certain nombre ; on dit que la rivière renferme beaucoup d'alligators ; toutefois je n'en ai pas vu un seul.

« Nous avons mis sept jours pour remonter jusqu'à Marourou, mais je n'ai pas fait ramer les hommes de l'équipage ; on pourrait faire ce transit en quatre jours ; nous sommes revenus à la barre en soixante heures.

« Un autre bras du Zambèse, dont l'embouchure est à sept milles à l'ouest du Louabo, a été visité par la pinasse du *Castor*; le lieutenant Hoskins m'a dit que la barre était meilleure que celle que nous avons eue à franchir. »

Le lieutenant Hoskins, dont les observations confirment celles du capitaine Parker, et qui visita les lieux en même temps que ce brave officier, me fournit la note suivante :

« Le Zambèse paraît avoir cinq branches principales, dont le Louabo est à la fois la plus méridionale et la plus navigable ; le Coumana, et deux autres dont j'ignore le nom, se trouvent placées entre le Louabo et le Quilimané ; les grandes marées, à la barre du Louabo, s'élèvent à six mètres soixante-dix centimètres ; et, comme il n'y a jamais dans la passe moins d'un mètre vingt-deux centimètres d'eau, ce que je puis affirmer, l'ayant franchie à la basse marée en temps de sécheresse, on aurait toujours une moyenne suffisante pour les opérations du commerce. Le passage est plus étroit, beaucoup mieux défini, par conséquent plus profond et plus aisément reconnu que celui du Quilimané, et la hauteur de la marée y est de deux mètres plus grande.

« Au-dessus de la barre, la rivière est très-sinueuse, mais profonde ; l'influence de la marée s'y fait sentir beaucoup plus haut que dans les autres bras du Zambèse ; dans la Catrina et le Coumana j'ai rencontré l'eau potable à très-peu de distance de l'embouchure ; et, à soixante-dix milles au-dessus de la barre du Louabo, je n'ai pas trouvé que la salure de la rivière eût sensiblement diminué. Cette influence faciliterait la navigation, et je pose en fait qu'un navire à vapeur, de la dfmension et de la force de la canonnière que j'ai commandée dernièrement, remonterait sans peine jusqu'à Mazaro, c'est-à-dire à l'embranchement de Quilimané, qui, dans la saison sèche, est de plusieurs mètres au-dessus du Louabo, et qui, d'après ce que m'ont dit les Portugais, est rempli en décembre et en mars par les débordements du Zambèse. Le fleuve est alors d'une profondeur beaucoup plus grande, et l'eau est douce à plusieurs milles de la côte.

« La population du Delta est fort éparpillée, excepté toutefois dans le voisinage immédiat des Portugais. Les hippopotames sont très-nombreux ; les antilopes abondent, elles ne sont pas farouches ; on les approche et on les tue facilement.

« J'ai demandé souvent aux Portugais si les négriers avaient l'habitude de remonter les bras du Zambèse pour y charger leurs cargaisons : cela leur est arrivé plusieurs fois dans le Quilimané ; mais je n'ai pas pu savoir si la même chose avait eu lieu dans les autres branches du fleuve.

« Avec quelques précautions, le séjour de ces rivières n'est pas malsain. Pendant les dix-huit mois que j'y ai passés, presque toujours absent du vaisseau, dans des barques ouvertes, parfois pendant six semaines de suite et dans toutes les saisons, je n'ai eu, sur les quatorze hommes qui composaient mon équipage, que deux cas de fièvre, et encore de fièvre bénigne. C'est à l'emploi de la quinine, dont le commodore Wyvill, notre commandant, nous avait complétement approvisionnés, que j'attribue l'immunité dont nous avons joui. On ne saurait trop accorder d'importance à ce médicament précieux.

« J'espère que cette note pourra servir à confirmer les vues que vous avez émises relativement à l'utilité que pourrait avoir le Zambèse. « A. H. H. Hoskins. »

Le témoignage de ces deux gentlemen a d'autant plus de valeur, qu'ils ont visité le fleuve à l'époque de l'année où les eaux étaient basses et où le Zambèse, qui se déverse aujourd'hui dans le Moutou, coulait à quatre mètres quatre-vingts centimètres au-dessous du lit de ce canal.

Au moment où nous y sommes arrivés, le Moutou n'avait que dix mètres de large, et très-peu de profondeur ; il était encombré de plantes aquatiques, et ses bords se trouvaient tellement obstrués par les arbres et les roseaux, qu'il nous a été impossible d'y pénétrer, et qu'il nous a fallu transporter nos bagages par terre, sur un espace d'environ quinze milles. Le Moutou est complétement à sec pendant la plus grande partie de l'année, et, Quilimané étant désigné dans tous les documents portugais sous le nom de capitale des rivières de Senna, il m'a paru étrange que cette ville fût bâtie sur un point où, précisément, elle ne se trouve pas en communication directe avec le fleuve admirable dont elle porte le nom; mais il m'a été répondu qu'autrefois de grandes chaloupes circulaient en toute saison de Quilimané à Senna, et que c'était depuis lors que le lit du Moutou avait fini par se combler.

La fièvre tierce m'a pris à Mazaro; je n'en ai pas moins suivi la rive droite du Moutou au nord-nord-est et à l'est. A quinze milles de son point de départ, le canal reçoit les eaux du Pangazi, rivière qui descend du nord et qui le rend navigable; le Louaré, qui suit la même direction, le grossit encore, et enfin le Likouaré, se joignant à la marée, forme le Quilimané. A Mazaro, le Moutou es simplement un canal de jonction, comme on en rencontre si souvent en Afrique; et l'état dans lequel il se trouve, qu'il soit à sec ou plein d'eau, n'a aucune influence sur le Quilimané.

Les eaux du Pangazi, lorsque nous les avons vues, étaient limpides, comparativement à celles du Zambèse [1].

---

1. Je dois encore les détails suivants à l'obligeance du capitaine Washington : ils sont d'une époque beaucoup plus récente que les observations du capitaine Parker et du lieutenant Hoskins :

« Le sloop de Sa Majesté, *Grecian,* visita la côte en 1852-53; le chef des manœuvres observa que l'entrée du Louabo est par 18° 51' latitude sud et 36° 12' longitude est; qu'elle peut se reconnaître à une chaîne de monticules situés à l'est, et aux basses terres qui la bordent au sud-ouest; elle est étroite et, comme il arrive pour toutes les rivières de cette côte, elle présente une barre qui rend la navigation très-dangereuse, surtout pour les barques, toutes les fois que le vent souffle du sud-est ou du sud-ouest. Nos canots ont fait vingt milles en remontant la rivière; nous avons trouvé deux brasses de profondeur sur la barre, puis deux et demie, et successivement quatre, six et sept brasses. La rivière était navigable beaucoup plus haut que le point où se sont arrêtées les embarcations : un navire de moyenne grandeur peut très-bien franchir la barre pendant les grandes marées, s'enfermer dans les terres et se cacher parmi les arbres.

« Le Maioudo, par 18° 52' latitude sud et 36° 12' longitude est, n'est pas mentionné par Horsburgh, ni marqué sur la carte de l'amirauté; il paraît être néanmoins l'une des principales stations où les négriers embarquent les esclaves; nos canots y ont trouvé deux baracons à vingt milles en remontant la rivière; on y voyait les traces d'une occupation récente, et l'on a de fortes raisons pour supposer qu'un brick sous pavillon américain, nommé *le Cauraigo,* y avait pris une cargaison peu de temps auparavant. A trois ou quatre milles en face du Louabo, se trouve une partie des bas-fonds de l'éléphant. La rive orientale est une falaise de rochers unis, assez élevée pour cette partie de la côte : c'est du moins ainsi qu'elle apparaît du vaisseau. Sur la rive occidentale se dresse un bois épais qui se termine par des arbres morts, d'où nous avons appelé son extrémité pointe du bois mort. De l'autre côté de la barre, le Maioudo se divise en deux branches, l'une se dirigeant à l'ouest, l'autre au nord-ouest; celle-ci étant la plus importante, les canots l'ont remontée jusqu'à trente milles, c'est-à-dire à dix milles au delà des baracons. On peut se procurer de l'eau douce presque immédiatement au-dessus de l'embouchure, la rivière coulant avec beaucoup de rapidité par le jusant. La plus petite quantité d'eau que nous ayons trouvée au-dessus de la barre (eau basse,

La marche en plein soleil, au milieu des grandes herbes qui s'élèvent comme deux murailles de chaque côté de l'étroit sentier, a rendu ma fièvre infiniment plus grave ; la violence du pouls est extraordinaire ; il semble qu'il frappe contre le crâne et que la tête va se briser. L'estomac et la rate sont énormément gonflés et me prêtent pour la première fois cet extérieur, qui chez les Portugais m'a toujours donné envie de rire.

A Interra, nous avons rencontré le señor Asévèdo, excellent homme, qui est bien connu de tous ceux qui ont visité Quilimané ; l'amirauté lui a fait présent d'un chronomètre en or, pour reconnaître ses bontés à l'égard des officiers de la marine anglaise. Il m'offrit immédiatement une grande chaloupe, ce qui fut pour moi un véritable bienfait ; il s'y trouve une cabine à l'arrière, où je suis enfin à l'abri des moustiques, dont la quantité sur toute la surface du Delta est quelque chose d'effrayant. Bien installés dans cette chaloupe, nous arrivons à Quilimané le 2 mai 1856, par 17° 53′ 8″ latitude sud, 36° 40′ longitude est. Je reçois l'hospitalité dans la maison du colonel Galdino José Nunes, l'un des hommes les meilleurs et les plus estimés du pays.

Dans quelques jours il y aura quatre ans que je suis parti du Cap ; et je n'ai pas eu de nouvelles de ma famille depuis trois longues années ; il ne m'est arrivé qu'une seule fois d'apprendre qu'elle se portait bien par une lettre de l'amiral Trotter, que je reçus avec plusieurs journaux, et ce fut pour moi l'occasion d'une véritable fête. Le brick de Sa Majesté, le *Frolic*, est venu ici en novembre dernier, pour savoir si l'on avait entendu parler de moi ; le capitaine Nolloth, qui en est le commandant, a eu la bonté de laisser à mon intention une caisse de vin, et le docteur Walsh, devinant ce qui m'était le plus nécessaire, a joint une once de quinine au vin du capitaine ; cette attention m'a profondément ému. Je n'ai pas pris une goutte de liqueur depuis que je suis en Afrique ; réduit au der-

---

grandes marées) a été d'une brasse et demie ; la sonde nous a donné en cet endroit de deux à cinq brasses, nous en avons eu sept pendant presque toute la route.

« La Catrina est par 18° 50′ latitude sud, 36° 24′ longitude est. L'aspect de cette rivière est tellement semblable à celui du Maïoudo, qu'il est difficile de distinguer ces deux branches l'une de l'autre ; la longitude est le meilleur moyen de les reconnaître, et, si l'observation n'est pas possible, peut-être les angles contenus par les pointes de la côte à l'embouchure pourraient-ils y suppléer. Ainsi, à neuf milles du Maïoudo, l'angle contenu est de sept points du compas, la direction étant nord-est, ouest à nord-ouest ; tandis que pour la Catrina, à la même distance du rivage (neuf milles), l'angle est seulement de trois points et demi à quatre points, la direction étant nord à nord-ouest.

« Comme cette rivière n'a pas été remontée par nos canots, nous n'avons aucun renseignement à son égard. »

nier degré d'épuisement à mon arrivée à Loanda, j'ai retiré le plus grand bénéfice d'un peu de vin qui m'a été donné par M. Gabriel. En quittant la côte, j'avais emporté une bouteille d'eau-de-vie, avec l'intention d'en faire usage si je retombais dans le même état; mais l'individu qui portait la caisse où je l'avais placée, fit tant et si bien, qu'il brisa la bouteille, et j'ai perdu l'occasion de me prononcer pour ou contre l'emploi des spiritueux.

Mais une amertume profonde devait se mêler au bonheur que j'éprouvais d'avoir atteint la côte orientale.

Le capitaine Mac Lune, commandant la brigantine *le Dart*, qui était venu pour me prendre à Quilimané, avait péri sur la barre avec le lieutenant Woodruffe et cinq hommes de l'équipage. Je n'ai jamais ressenti de douleur plus poignante; il m'aurait été plus facile de mourir pour eux que de supporter l'idée qu'ils avaient été enlevés à toutes les joies de ce monde en cherchant à me rendre service. J'offre ici l'expression de ma reconnaissance au comte Clarendon, à l'amiral gouverneur du Cap, et à toutes les personnes qui m'ont donné tant de preuves de leur sollicitude; je comprends dans le nombre le gouverneur de Mozambique pour l'offre généreuse qu'il m'a faite de mon passage gratuit sur le schooner *le Zambèse*, appartenant à la province qu'il gouverne; et je me souviendrai toujours de l'hospitalité que j'ai reçue chez le colonel Nunes et chez son neveu. L'une des découvertes les plus précieuses que j'aie faites est celle du grand nombre d'excellentes gens qu'il y a sur terre; et je rends grâces à l'Être souverainement bon qui a veillé sur moi et qui a disposé en ma faveur le cœur des noirs, aussi bien que celui des blancs.

D'après les témoignages du capitaine Parker et du lieutenant Hoskins, joints à mes propres observations, il est évident que le Zambèse remplit parfaitement toutes les conditions nécessaires aux besoins du commerce. Les Portugais, qui réclament la possession du Delta jusqu'à la rive gauche du Louabo, se trouveront ainsi placés à l'entrée principale de cette grande voie du centre; et comme, en déclarant la franchise du port de Mozambique, ils ont prouvé leur désir de développer les ressources que présente cette province, on peut espérer qu'ils faciliteront par tous les moyens dont ils disposent les entreprises industrielles ou commerciales que l'on voudrait tenter au delà du territoire qu'ils occupent. Ils ne sauraient mieux témoigner de la sincérité de leurs intentions qu'en érigeant un phare pour guider les navires qui s'approcheraient de la côte et en établissant des pilotes zambésiens dans un village qu'ils fonderaient au havre de Mitilone.

Les Portugais seraient les premiers à profiter de cette mesure, qui donnerait un nouvel essor à leur commerce ; et les bontés qu'ils ont eues pour moi me font vivement désirer le retour de leur ancienne prospérité.

Le jeune roi de Portugal a envoyé des ordres pour que mes compagnons fussent nourris aux frais de la province de Mozambique jusqu'à l'époque de mon retour. Cette conduite généreuse me fait espérer que les tentatives qui seraient faites pour améliorer le sort des indigènes, pour développer leur intelligence, étendre le commerce et abolir la traite des nègres, seraient encouragées par Sa Majesté don Pedro.

Quant à moi personnellement, je me féliciterai de l'ouverture des provinces du centre, que si je peux y voir dans l'avenir l'élévation morale des peuples qui les habitent. Comme je l'ai dit ailleurs, la découverte géographique obtenue, la tâche du missionnaire commence. J'emploie ce titre de missionnaire dans sa plus large extension, et je comprends dans l'œuvre que je désigne chaque effort tenté pour l'amélioration de notre race, et pour la propagation des moyens que Dieu a donnés à l'homme, afin de l'amener au glorieux achèvement de sa destinée. Chacun à la place qu'il occupe, soit qu'il le sache ou qu'il l'ignore, accomplit la volonté du Père qui est aux cieux : l'homme de science, en découvrant les lois cachées dont l'application rapproche les peuples et concourt à leur union, comme le télégraphe électrique ; le soldat, en se battant pour le droit contre la tyrannie ; le marin, en arrachant de nombreuses victimes à l'avidité insatiable des trafiquants sans âme ; le commerçant, en faisant circuler les produits et en apprenant aux nations qu'elles dépendent les unes des autres ; en un mot tous ces travailleurs, dont l'action, aussi bien que celle du missionnaire, prépare la fin glorieuse pour laquelle toutes les forces ont été distribuées.

En supposant que le lecteur m'ait accompagné jusqu'ici, peut-être s'intéressera-t-il au but que je me propose, si Dieu m'accorde l'honneur de pouvoir être utile à mes semblables. La première chose à faire est d'assurer des voies de communication permanentes des bords de l'Océan aux plateaux salubres qui forment la limite du bassin intérieur, afin que les Européens puissent franchir rapidement la région malsaine qui avoisine la mer. A l'époque où j'ai descendu le Zambèse, il renferme assez d'eau pour porter un navire de fort tonnage, et cela dure pendant quatre ou cinq mois de l'année ; le reste du temps on peut encore le parcourir en chaloupe, et de petits navires pareils aux steamers de la Tamise pourraient le remonter dans l'endroit le plus profond. Si un bateau à vapeur est envoyé pour explorer le Zambèse, je recommanderai qu'il tire le moins d'eau possible, et qu'on choisisse les mois de mai, de juin et de juillet pour franchir le Delta, dans la crainte que, s'il venait à engraver sur un banc de sable ou de vase, la santé de l'équipage ne fût compromise par son séjour dans cet endroit insalubre.

Pendant les trois mois que je viens d'indiquer, on est sûr de ne rencontrer aucun obstacle depuis la côte jusqu'à Tèté ; à vingt ou trente milles en amont de ce village, est situé un rapide dont je ne peux rien dire, puisque je ne l'ai pas examiné ; mais depuis la mer jusque-là, nous avons trois cents milles (483 kilomètres) de rivière navigable, et au-dessus du rapide trois cents autres milles, renfermant, il est vrai, des sables, mais pas de bancs de vase, et qui nous conduiraient au pied de la terrasse qu'il s'agirait d'atteindre. Ne rêvons pas, néanmoins, qu'il suffirait de pénétrer jusque-là pour rapporter infailliblement une cargaison d'ivoire et de poudre d'or ; les Portugais de Tèté ramassent toutes les marchandises que l'on trouve dans le voisinage ; et, bien que j'aie pu sans trop de difficultés franchir le territoire des peuplades qui étaient en guerre avec les Portugais, il n'en résulte pas que la route puisse être parcourue sans danger avec des valeurs que j'étais loin de posséder, et qui tenteraient vivement la cupidité des riverains. Mais au delà de cette population hostile, habite une race bien différente, et c'est sur elle que tout mon espoir repose, du moins quant à présent. Tout le pays convient à merveille à la culture du coton, et je suis persuadé qu'en distribuant aux indigènes des graines de meilleure espèce, et en ouvrant à leurs produits un débouché certain, nous pourrions établir avec eux des relations qui, en nous étant avantageuses, tourneraient au bénéfice matériel et moral de ces peuples enfants. Si les habitants de Kolobeng avaient fourni des matières premières au commerce de la Grande-Bretagne, les désastres que leur ont fait subir les Boërs et la dispersion momentanée de leur tribu, auraient été ressentis par les Anglais comme un outrage personnel qui aurait été sévèrement châtié ; mais les habitants de Kolobeng ne fournissent rien à l'exportation, et personne n'a pris part à leurs malheurs ; si, du reste, ils avaient des produits à échanger, ils seraient pourvus d'armes à feu, comme les Basutos de Moshesh ou les habitants de Kuruman, et les Boërs ne les auraient pas attaqués. Encourageons donc les Africains à cultiver leurs terres fécondes, de manière à fournir des produits à nos marchés, comme étant, avec la parole évangélique, le meilleur moyen de les faire entrer dans la voie du progrès.

C'est avec l'espoir de réaliser cette idée que je propose de former des stations sur le Zambèse, au delà du territoire portugais ; stations qui communiqueraient avec la côte, au moyen des comptoirs et des ports qui appartiennent à ces derniers. La Société des missions de Londres a résolu de fonder un établissement sur la rive gauche, dans le pays des Makololos, et un autre sur la rive opposée, chez les Matébélés ; les Wesleyens, les Anabaptistes, et principalement le corps énergique de Free-Church[1], trouveraient d'excellentes localités pour y établir des missions parmi les Batokas et les tribus voisines; le pays est si vaste, que les disputes et les froissements n'y sont pas à craindre ; l'esprit de secte d'ailleurs disparaît complétement chez les hommes sincères, une fois qu'ils se trouvent au milieu des païens. Que l'on cherche seulement un endroit salubre, que l'on s'y établisse, et tous les missionnaires, quelle que soit la direction qu'ils prennent, travailleront à l'œuvre commune, sans qu'on ait à regretter les pertes nombreuses qui résultent de l'habitation des côtes. Je soumets respectueusement cette idée aux sociétés influentes que je viens de nommer, et j'affirme que la vie et la propriété sont parfaitement garanties dans l'intérieur de l'Afrique, où l'on trouve des populations capables d'écouter et de comprendre.

Huit de mes hommes demandèrent à m'accompagner jusqu'à Quilimané ; c'était une occasion de leur faire voir l'Océan, et j'y consentis, malgré la disette qui devait leur imposer d'assez rudes privations. Ils auraient bien voulu venir à Londres avec moi, car Sékélétou leur avait dit au départ d'aller trouver Ma-Robert, et de ne pas revenir sans elle ; j'avais expliqué à leur chef les difficultés de la traversée ; mais il avait répondu : « Ils doivent vous suivre partout où vous irez. » Comme je ne savais pas comment je reviendrais moi-même en Europe, je leur conseillai de retourner à Tète, où les vivres étaient abondants et où ils pourraient s'occuper en attendant mon retour ; j'échangeai contre du calicot et du fil de laiton les dix plus petites défenses qui m'avaient été confiées par Sékélétou, et je leur donnai ces marchandises, afin que ceux de mes compagnons qu'ils allaient rejoindre pussent avoir des vêtements. Il me restait vingt défenses que j'ai déposées entre les mains du colonel Nunes, pour que l'on ne pût pas supposer dans le pays que j'étais parti en emportant l'ivoire du chef des Makololos ; je priai le colonel, dans le cas où je viendrais à mourir, de vendre ces défenses et de remettre à mes hommes les valeurs qu'il obtiendrait en échange ; mais si je conserve la vie, mon intention est d'acheter en Angleterre les objets que Séké-

---

1. Église libre.

létou m'a demandés, et à mon retour, de me rembourser de la dépense que j'aurai faite à cet égard, avec le prix de l'ivoire que j'ai laissé au colonel. J'ai clairement expliqué à mes hommes toutes les dispositions que j'avais prises. « Non, père, m'ont-ils répondu, vous ne mourrez pas et vous viendrez nous retrouver pour nous reconduire à Sékélétou. » Ils m'ont promis de m'attendre, et la mort seule pourrait m'empêcher d'aller les rejoindre. Je leur en ai donné l'assurance, malgré la lettre que je venais de recevoir des directeurs de la Société des missions, qui, disaient-ils, « se voyaient dans l'impossibilité de s'associer à aucun projet dont le but ne se rattacherait pas uniquement à la prédication de l'Évangile, ajoutant que l'état des finances de la société ne leur permettait point d'entrevoir l'époque où ils seraient en position de fonder un établissement dans un pays inconnu. »

Ces paroles avaient été écrites sous l'impression d'une gêne pécuniaire momentanée, ainsi que je l'ai appris plus tard ; quant à moi, plein de confiance en mes amis makololos, j'étais, même à cette époque, bien déterminé à revenir et à me fier à leur générosité, et je sentais se réveiller dans toute sa force cet amour de l'indépendance qui me dominait autrefois avant que je fisse partie de la Société des missions ; mais lorsque je fus arrivé, les directeurs comprirent immédiatement l'importance de la voie qui venait de leur être ouverte, et prirent à cœur de faire pénétrer l'Évangile dans une région nouvelle. Espérons que leurs projets pourront acquérir tout le développement dont ils sont susceptibles, et qu'ils ne seront pas entravés par le reflux d'une bienfaisance spasmodique, laissant échouer tout à coup l'œuvre qu'elle aurait donné le moyen d'entreprendre dans un moment d'enthousiasme.

J'espère également continuer avec la société les rapports affectueux qui ont caractérisé nos relations ; mais différents motifs m'obligent désormais à ne plus accepter aucun salaire d'une société quelconque. J'ai rendu quelques services aux païens, mais je n'ai rien fait pour ma vieille mère, dont les droits sont encore plus sacrés ; je n'ai rien fait pour elle, parce que je ne l'ai pas pu, et si je restais attaché à la Société des missions, je perpétuerais cette impossibilité de pourvoir aux besoins de sa vieillesse ; la mort de mon père m'impose de nouvelles obligations, et le moyen de remplacer mon traitement par un revenu plus fort m'ayant été offert sans que je l'aie sollicité, je l'accepte avec empressement, puisqu'il me permettra de remplir mon devoir à l'égard de ma vieille mère, sans nuire aux services que je peux rendre aux sauvages.

Si le lecteur se rappelle de quelle manière je fus conduit à commencer mes explorations pendant que j'étais chez les Bakouains, il y reconnaîtra, je suppose, le doigt de la Providence. Avant cette époque, la grande charte des droits et des priviléges qui constituent la civilisation moderne, l'Évangile avait été donné aux Béchuanas par M. Moffat, tandis que Sébitouané, se dirigeant vers le nord, répandait, dans une région plus grande que la France, la langue où les oracles sacrés avaient été traduits; il dispersait, en outre, ces hordes sanguinaires chez lesquelles un blanc n'aurait pu pénétrer sans y laisser son crâne, dont se serait enrichi quelque trophée de village. Il m'a ouvert les provinces du centre; espérons que c'est à l'Évangile qu'il a frayé la route. Et cependant, tandis que je travaillais à Kolobeng, n'apercevant qu'un point du cycle providentiel, je maudissais la sécheresse, et, ne pouvant la comprendre, j'étais parfois tenté de l'attribuer à l'esprit du mal; mais lorsque, forcé par la famine et par l'attaque des Boërs de quitter le Sud où les missions sont nombreuses, et de me tourner vers le Nord, cherchant l'endroit où je pourrais m'établir, la Providence disposa l'esprit des païens en ma faveur, j'aperçus de nouveau la main divine. C'est alors que, poursuivant mes explorations, j'appris que des mulâtres portugais, ayant voulu se rendre sur la côte orientale, avaient été obligés de revenir sur leurs pas sans avoir pu atteindre leur but, et que je me dirigeai vers la province d'Angola. Eussé-je commencé par me tourner vers Quilimané, ainsi que m'y invitait le Zambèse, j'aurais trouvé la guerre dans toute sa fureur aux environs de Tètè, au lieu d'y arriver quand la paix fut conclue; et de même, jusqu'à Loanda, résistant au désir de retourner en Angleterre, je revins à Linyanti, l'accomplissement de ce devoir m'empêcha de partager le sort de mes papiers, qui se perdirent par le naufrage du *Forerunner*. Enfin, tandis que j'ouvrais une partie de l'intérieur de l'Afrique à la chrétienté, l'œuvre que j'avais abandonnée pour explorer cette région avait été reprise par Séchélé, qui, de son propre mouvement, s'était fait le missionnaire de son peuple. J'ai fini par sentir la main invisible qui n'a cessé de me conduire; et j'espère humblement qu'elle continuera de me guider pour que je puisse accomplir le bien dans la mesure de mes forces.

Il est impossible d'envisager l'ouverture de cette nouvelle région sans être frappé de l'influence qu'elle doit avoir sur la question de l'esclavage. Nos demandes de sucre et de coton s'accroissent tous les jours, et nous réprouvons en même temps les moyens que nos frères d'Amérique emploient pour satisfaire à nos besoins. C'est sur la race anglo-américaine que repose l'espoir du progrès et de la liberté ; n'est-il pas affligeant de voir qu'une partie de cette race pratique l'esclavage, et que l'autre portion perpétue ce monstrueux régime par la demande croissante des produits qui exigent le travail des esclaves? L'île Maurice, un point imperceptible au milieu de l'Océan, fournit à elle seule, au moyen du guano, des machines perfectionnées et du travail libre, le quart du sucre dont la Grande-Bretagne a besoin pour sa consommation ; la terre y est d'un prix élevé ; aucune récolte ne s'obtient sans fumure, et c'est de l'Inde que viennent les travailleurs. En Afrique, le sol est pour rien, il est riche, et les bras nécessaires à la culture se trouvent sur les lieux mêmes. Si donc le projet d'établir des stations commerciales dans les endroits salubres était réalisé, tous les produits de l'intérieur se réuniraient dans ces stations, l'esclavage cesserait de paraître indispensable en Amérique, aux yeux même des possesseurs d'esclaves. C'est par l'entremise des indigènes, et par eux seuls, que les produits des hameaux dispersés peuvent être recueillis et apportés dans les différents comptoirs, ainsi qu'ils le sont avec succès dans la province d'Angola. Si la Grande-Bretagne avait possédé cette langue de terre, l'activité des colons anglais aurait développé les ressources qu'elle présente, et l'exportation, au lieu d'être aujourd'hui de cent mille livres, serait au moins d'un million. L'établissement du système que je propose exigera certainement des années, et rencontrera plus d'obstacles sur la côte de Mozambique, où la traite des nègres est le seul commerce du pays, que sur la côte occidentale, où l'influence des missionnaires et celle de la grande expédition du Niger ont laissé des traces profondes, et où la Grande-Bretagne s'est attiré de vives sympathies par sa haine de l'esclavage et par son activité commerciale. Mais à l'est se trouve un fleuve magnifique, pénétrant au cœur d'une population amie des blancs; si donc nous parvenons à nous concilier les peuplades qui habitent les bords du Zambèse et à introduire parmi elles un commerce légitime, nous aurons porté le dernier coup à la traite des nègres dans cette partie de l'Afrique; et en nous attachant les noirs par un intérêt commun, nous pouvons espérer, comme résultat inévitable de cette entreprise, le progrès moral de la race africaine. Mon frère Charles Livingstone arrive d'Amérique et vient me rejoindre, après dix-sept ans de séparation, pour me seconder dans cette œuvre, qui, avec du tact et de la prudence, peut devenir si féconde.

La petite ville de Quilimané repose sur un grand banc de vase situé au milieu de vastes marécages et de rivières étendues; les racines des mangliers qui croissent le long des bords fangeux du fleuve, sont alternativement exposées au soleil et baignées par la marée ; si l'on creuse à soixante ou quatre-vingts centimètres dans n'importe quelle partie de la ville, l'eau vient immédiatement; il en résulte que les murs des maisons, bâties en briques cimentées avec de la chaux qu'on a tirée de Mozambique, s'enfoncent graduellement et qu'il a fallu scier une partie des portes afin de pouvoir les ouvrir. Il est inutile après cela d'ajouter que cette résidence est malsaine ; tout pléthorique est sûr d'y avoir bientôt la fièvre, et lorsqu'il arrive un homme vigoureux, on entend dire à propos de lui : « C'est un homme perdu ; il ne vivra pas longtemps. »

Un vaisseau de Hambourg avait échoué sur la barre un peu avant notre arrivée, ce qui me donna l'occasion d'étudier les progrès de la fièvre sur les hommes de l'équipage ; plus sobres et d'habitudes plus régulières que les matelots anglais, ils n'éprouvèrent d'abord que du malaise ; puis ils pâlirent peu à peu, devinrent anémiques, s'émacièrent par degrés et s'éteignirent dans un état voisin de celui des bœufs qui ont été piqués par la tsetsé. Le capitaine, jeune et robuste, conserva pendant trois mois une santé parfaite, puis il fut saisi tout à coup de cette affreuse maladie, qui la terrassa immédiatement ; il avait conçu, par malheur, une folle prévention contre la quinine, dont l'usage est si précieux en pareil cas. Bien que ce sujet soit complétement médical, et par conséquent étranger à la plupart de mes lecteurs, que l'on me permette de protester ici contre un préjugé qui n'est nullement fondé : la quinine est un remède d'une valeur inapplicable dans la fièvre, et qui ne produit jamais de résultats fâcheux à aucune époque de la maladie, *si on l'administre concurremment avec un apéritif;* le capitaine fut sauvé par la quinine, sans savoir à quel moyen il devait sa guérison ; et je fus heureux d'acquérir ainsi la preuve que ce traitement, si efficace à l'égard des indigènes, ne perdait rien de sa puissance lorsqu'on l'appliquait à des Européens.

Après six semaines d'attente, pendant lesquelles je me guéris à peu près de ma fièvre tierce, grâce aux bons soins de mes hôtes, le brick de Sa Majesté, le *Frolic*, arriva dans les eaux de Quilimané. Comme le village est à douze milles de la barre et que la mer était mauvaise, il resta pendant dix jours à l'ancre à sept milles de l'entrée du port, avant que nous fussions avertis de sa présence ; le capitaine était chargé pour moi de tous les objets qui pouvaient m'être utile et d'une somme de trois mille sept cent cinquante francs destinée à payer mon passage en Angleterre et que m'envoyait mon excellent ami, M. Thompson, agent de la Société des missions à la ville du Cap. L'amiral me faisait en même temps offrir le passage gratuit jusqu'à l'île Maurice, proposition que j'acceptai avec reconnaissance. Je n'avais plus auprès de moi qu'un serviteur et mon fidèle Sékouébou. Celui-ci était fort intelligent, plein de sens et de tact; il possédait parfaitement tous les dialectes des tribus que nous avions rencontrées sur notre passage, et il m'eût été bien difficile d'atteindre la côte, s'il ne m'avait pas accompagné. Je désirais, en l'emmenant en Angleterre, reconnaître les services importants qu'ils nous avait rendus : c'était d'ailleurs répondre au désir de Sékélétou, qui aurait voulu que tous mes compagnons vinssent en Europe avec moi ; je pensais aussi à l'heureuse influence que pourrait avoir sur ses compatriotes le récit que leur ferait Sékouébou des merveilles de la civilisation. Presque tous les hommes de ma suite avaient insisté pour venir ; j'avais eu beaucoup de peine à leur faire comprendre qu'il m'était impossible de les emmener ; et c'est avec un vif regret que je me vis dans l'obligation de résister aux prières du dernier qui m'eût suivi jusqu'à la côte. « Vous ne pouvez pas m'accompagner, lui disais-je, le froid qu'il fait dans mon pays vous tuerait. — Cela m'est égal, répétait-il, laissez-moi mourir à vos pieds. »

A notre départ de Quilimané, la mer était si grosse que le passage de la barre effrayait même les marins ; le capitaine avait envoyé deux chaloupes en cas d'accident ; les vagues étaient si hautes que, lorsque nous étions dans l'entre-deux des lames, elles nous cachaient entièrement les mâts du navire ; l'instant d'après nous nous trouvions au sommet des flots, d'où nous étions précipités immédiatement avec une violence qui faisait croire que nous allions toucher le fond de la mer. Il faut que les embarcations soient singulièrement bien construites pour résister à de pareils chocs ; trois brisants fondirent sur nous, les rameurs suspendirent leurs efforts, une lame enveloppa toute la chaloupe, et il me sembla que cette fois nous avions disparu dans l'abîme. Nous n'avons fait que descendre la vague, et un homme rejetait avec une écope l'eau qui se trouvait dans notre embarcation. Pauvre Sékouébou ! c'était la première fois qu'il voyait la mer ; à chaque vague qui se précipitait sur la chaloupe, il me regardait en me disant d'un air surpris : « Est-ce là votre manière de voyager ? — Certainement, » lui répondais-je avec un sourire, afin de lui donner du courage. Il connaissait bien le maniement des pirogues ; mais il n'avait rien dans ses souvenirs qui fût comparable à ce qu'il voyait alors. Cependant nous atteignîmes le vaisseau, un beau brick de seize canons, monté par cent trente hommes d'équipage, et dont nous apercevions une partie de la carène, tant le roulis avait de force. Il était complétement impossible à des terriens de monter à bord par les moyens ordinaires ; une chaise fut descendue à notre intention, et nous fûmes hissés comme on le fait habituellement pour les femmes. Le capitaine Peyton nous accueillit d'une manière si franche et si cordiale que je me sentis immédiatement à l'aise, excepté dans ma langue maternelle, dont j'avais perdu l'usage ; elle m'était toujours bien connue, mais les paroles me manquaient et ne venaient pas à mon appel. En quittant l'Angleterre, je croyais n'y plus revenir, et j'avais depuis lors dirigé toute mon attention vers les dialectes africains ; à l'exception des quelques jours que j'avais passés à Loanda, il y avait quatre années que je n'avais entendu un mot d'anglais ; depuis bientôt dix-sept ans je ne me servais plus de cette langue, et je me trouvais fort embarrassé au milieu de l'équipage du *Frolic*.

Nous avions quitté Quilimané le 12 juillet 1856, et un mois après, jour pour jour, nous arrivions à l'île Maurice. Sékouébou, qui était le favori des officiers, comme des simples matelots, commençait à comprendre l'anglais, dont il savait déjà quelques phrases. Il semblait un peu désorienté ; mais sur un vaisseau de guerre tout était pour lui si neuf et si étrange, que cela n'avait rien d'étonnant. « Quel singulier pays ! me disait-il parfois ; rien que de l'eau, et toujours, toujours de l'eau ! » Cependant il paraissait heureux, et me répétait souvent, à propos des attentions dont il était l'objet : « Vos compatriotes sont extrêmement aimables. » Tout ce qu'il voyait semblait l'intéresser, et il comprenait, me disait-il, pourquoi je me servais du sextant. A notre arrivée à l'île Maurice, nous fûmes remorqués par un steamer qui nous conduisit au port. L'étonnement de Sékouébou fut au comble ; mais cette tension d'esprit continuelle avait été trop forte, et dans la nuit il perdit la raison. Je crus au premier instant qu'il s'était enivré ; il était descendu dans la chaloupe, et, quand j'avais voulu le suivre pour le ramener à bord, il s'était enfui à l'arrière en s'écriant : « Non, non ! je dois mourir seul ! Vous ne devez pas mourir, vous ! Ne venez pas, ou je vais me jeter à l'eau ! » Voyant alors qu'il n'avait plus sa tête : « Sékouébou, lui dis-je, nous allons trouver Ma-Robert. » Ces mots retentirent dans son cœur. « Oh ! oui, dit-il d'une voix émue, où est-elle, où est Robert ? » et il parut avoir recouvré la raison. Les officiers me proposèrent de nous assurer de sa personne en lui mettant les fers ; mais comme il était l'un des principaux personnages de sa tribu, et que les fous se rappellent quelquefois les mauvais traitements qu'on leur a fait subir, je ne voulus pas que Sékélétou pût me reprocher un jour d'avoir enchaîné l'un de ses hommes les plus respectables, et de l'avoir traité comme un esclave. J'essayai de ramener le pauvre malade sur le rivage, mais il refusa d'y venir. Il fut pris dans la soirée d'un nouvel accès de folie, voulut frapper de sa lance un des matelots et s'élança dans la mer. Bien qu'il sût parfaitement nager, il suivit la chaîne qui retenait le navire sans essayer de lutter contre les vagues ; et nous n'avons pas retrouvé le corps du pauvre Sékouébou.

Je fus accueilli à l'île Maurice de la façon la plus hospitalière par le major général C. M. Hay, qui me força généreusement de rester auprès de lui jusqu'au jour où, grâce à l'influence du climat, et à celle d'une vie confortable et paisible, je me débarrassai d'une hypertrophie de la rate que m'avait donnée la fièvre.

Au mois de novembre, j'échappai dans la mer Rouge à un naufrage imminent dont nous sauva l'admirable manœuvre du capitaine Powel, commandant la *Candia,* vaisseau de la Compagnie orientale, et le 22 décembre je me retrouvai dans la vieille Angleterre.

La Compagnie m'a restitué généreusement la somme que j'avais donnée pour mon passage. Je n'ai pas mentionné la moitié des faveurs qui m'ont été faites, des bontés dont on m'a comblé en tout lieu ; mais je termine en disant que personne n'a plus de motifs que moi de se sentir reconnaissant envers ses semblables et de rendre grâces au Créateur des hommes. Puissé-je en être plus humblement dévoué aux intérêts de mes frères, et au service de Celui de qui tous les biens procèdent !

FIN.

APPENDICE

SITUATION DES LIEUX

VISITÉS

PAR LE DOCTEUR LIVINGSTONE

Situation des lieux visités par le docteur Livingstone.

NOMS DES LIEUX	LONGITUDE MÉRIDIONALE.	LONGITUDE orientale du MÉRIDIEN de Greenwich.	DATES	SÉRIES des DISTANCES lunaires.		OBSERVATIONS
	° ′ ″	° ′ ″		O.	E.	
Gorge de Manakalongoué.	22 55 52	»	1853. 26 janv.			
Létloché.	22 38 0	»	28 janv.			
Kanné.	22 26 56	»	31 janv.			
Lotlochané, où l'on rencontre les premiers Palmyras, et où l'on prend le sentier de Nchokotsa qui se trouve au N.-N.-O., d'où le docteur est allé à Kobé, situé au N.-O.	21 27 47		11, 12 fév.			
Kobé (1er groupe).	20 53 14	24 52 0	18, 19 fév			
Kama-Kama, d'où le docteur a suivi le méridien magnétique (1er groupe).	19 52 31	»	2 mars			
Étangs marécageux (1er groupe).	19 15 53	24 26 0	11, 28 mars			
10 milles au sud du mont N'goua (1er groupe).	18 38 0	24 55 0	14 avril			
Mont N'goua (occultation centrale de B. A. C. Gémeaux 2364).	18 27 50	24 13 36	15, 16 avril			
Vallée N'goua, à 800 mètres au N. de la montagne.	18 27 20	24 13 36	17 avril			
A l'est de l'endroit où les wagons du docteur stationnèrent en 1851.	18 20 0	»	17 avril			
Station sur le Chobé, 3 milles au S. de la ville de Sékélétou.	18 20 0	23 50 0	13 juin			Point de l'ébullition de l'eau, 96° 4/9¹; altitude, 1,074 mètres.
Ville de Sékélétou (1er groupe).	18 17 20	23 50 9	14, 17 juil.			
Ile Mahonta. Le Chobé coule ici par.	17 58 0	(21 6)	26 avril			
Rives du Sanshureh, branche du Chobé (1er groupe).	18 4 27	24 6 20	26 avril			A un baobab très-connu, situé à 9′ au S. de l'île de Mahonta.
Séshéké sur le Zambèse.	17 31 38	25 13 0	1855. 31 août		1	
Ville de Sékhosi sur le Zambèse, à 25 milles environ à l'O. de Séshéké.	17 29 13	»	1853. 26,27 juil.			
Cataracte de Namboué.	17 17 16	»	31 juil.			
Confluent du Njoko et du Zambèse.	17 7 31	»	1855. 22 août		1	
Cataracte de Bomboué.	16 56 33	»	1853. 1er août			

Cataracte de Kalé....................................	16 49 52	»	1855.	21 août	 1
Chutes de Gonyé....................................	16 38 50	23 55 0	1853. 1855.	2 août 19 août	1 2
Naméta..	16 12 9	»		17 août	 2
Séori sa Méi, ou île d'eau	16 0 32	»	1853.	5 août	
Ville de l'île de Litofé	15 55 0	»		6 août	
Loyéla, extrémité sud de cette île, ville de Mamochisané..	15 27 30	»		9 août	
Naliéné ou Nariélé, capitale des Barotsés (occultation de ♄, 1er groupe)...................	15 24 17	23 5 54		10, 13 août	
Linangalo, ancienne ville de Santourou, presque entièrement submergée.................	15 18 40	»		19 août	
Katongo, près de l'estacade des marchands d'esclaves..	15 16 33	»		30 août	
Point de jonction de la branche de Nariélé avec le cours principal du fleuve.................	15 15 43	»		29 août	
Village de Quando....................................	15 6 8	»		28 août	
Libonta..	14 59 0	»		21 août	
Ile de Tongané......................................	14 38 6	»		23 août	
Ile Caurie..	14 20 5	»		24 août	
Jonction du Loéti avec le Liambye	14 18 57	»		»	..... Point d'ébullition de l'eau,95°; altitude, 1446 mètres.
Confluent de la Liba ou Lonta avec le Liambye (1er groupe)....................................	14 10 52	23 35 40		25 août	
Kabompo, près de la Liba.........................	12 37 35	22 47 0	1851. 1855.	1er janv. 3 juil.	 3
Village environ à 2' N.-O. de la Liba, en quittant la ville de Kabompo, le mont Piri étant au S.-S.-E. à une distance d'à peu près 6'...	12 6 6	22 57 0	1854.	1er fév.	
Village de Soana Molopo, 3' du Lokalouéjé.....	11 49 22	22 42 0		7 fév.	
Village de Quendendé, environ à 2' S.-E. du gué de la Lotemboua et 9' de la ville de Katéma..	11 41 17	»		11 fév.	
Rives de la Lovoa...................................	11 40 54	»	1855.	20 juin	2
Confluent de la Lofoujé et de la Liba ; village de Nyambana....................................	12 52 35	32 49 0		7 juil.	 3
Confluent du Makondo et de la Liba............	13 23 12	»		10 juil.	
Ville de Katéma, 5' S. du lac Dilolo, source de la Lotemboua, l'un des principaux affluents de la Liba..	11 35 49	22 27 0	1854.	17 fév.	 2

1. Toutes les observations ont été marquées dans ce tableau d'après le thermomètre centigrade.

Situation des lieux visités par le docteur Livingstone. (Suite.)

NOMS DES LIEUX	LONGITUDE MÉRIDIONALE.	LONGITUDE orientale du MÉRIDIEN de Greenwich.	DATES	SÉRIES des DISTANCES lunaires.		OBSERVATIONS
	° ′ ″	° ′ ″		E.	O.	
Lac Dilolo (station environ à 80 mètres du lac)......	11 32 1	»	1855. 13 juin	......	2	Point d'ébullition, 95; altitude, 1446 mèt.
Village près du gué de Kasaï ou Loké (latitude du gué, 11° 17′)......	11 15 55	»	1854. 28 fév.			
Village de Bango, environ 10′ O. du Loemboué.	10 22 53	20 58 0	1855. 28 mai	3		
Rives du Chihuné......	10 57 30	(20 53)[1]	1854. 8 mars	......	......	Longitude douteuse.
Village de Jonga Panza......	10 25 0	20 15 0[2]	20 mars			
Gué du Quango......	9 50 0	(18 27 0)	5 avril			
Cassangé, environ 40 ou 50 milles O. du Quango, situé dans une vallée profonde......	9 37 30	17 49 0	13, 17 avril	3	2	
Tala Mungongo, 2′ E. de la station suivante....	9 42 37	(17 27)	11, 14 janv.	......	......	Longitude non observée. Eau bouillante, au sommet, 96° 6/9, altitude, 961 mètres; au pied de la côte, 97° 7/9, altitude, 6 9ᵐ,50.
Rives de Quizé, auprès de la source, 2′ O. de la descente abrupte qui forme la vallée de Cassangé......	9 42 87	17 25 0	1855. 18 janv.	......	1	Au pied de la côte, à l'est, 96° 1/9; altitude, 1122ᵐ,40; sommet, 94° 4/9; altitude, 1609ᵐ,80.
Sanza sur le Quizé, dont la largeur est d'environ 14 mètres......	9 37 46	16 59 0	7 janv.	......	4	
Pungo Andongo sur le Coanza......	9 42 14	15 30 0	1854. 11 déc.	......	4	Sommet des rochers, 95° 5/9; altitude, 1284 mètres.
Rives du Coanza, 2′ O. de Pungo Andongo....	9 47 2	»	22 déc.			
Candomba, 15 milles E. de Pungo Andongo, 270 mètres au N. du Coanza......	9 42 46	»	1855. 2 janv.			
Confluent du Lombé et du Coanza, 8 ou 10′ E. de Candomba; latitude prise à 800 mètres environ au nord de l'embouchure......	9 41 26	»	3 janv.	......	......	Ici le Coanza prend son cours vers le sud.
Golungo Alto, à mi-chemin d'Ambaca à Loanda......	9 8 30	14 51 0	1854. 14 mai 27 oct.			
Aguaes doces, province de Cassangé, 10′ O. du Colungo Alto......	9 15 2	»	6, 7 oct.	....	......	Au confluent de la Luinha et de la Luce.

Lieu	Latitude	Longitude	Année	Date			Observations
Confluent de la Luinha et de la Lucalla	9 26 23	»		»			
Confluent de la Lucalla et du Coanza, ville et fort de Massangano	9 37 46	»	1854.	11, 12 oct.			Le mont Zanga, situé dans le Cazengo, environ 6′ S. S.-O. d'Aguaes doces, porte N.-E. par E. de la maison du commandant de Massangano.
Ambaca, chef-lieu du district	9 16 35	15 23 0		6 déc.			
Kalaï, près des chutes de Mosioatounya	17 51 54	25 41 0	1855.	18 nov	2	3	Eau bouillante à 96°. Altitude, 1203 mèt.
Petite rivière du Lékoné	17 45 6	25 55 0		20 nov.	4	1	Entre le Lékoné et le Kalomo, à Marimba, elle bout à 95° 2/9. Altitude 1405ᵐ,44.
Rives du Kalomo	(17 3 0)	»		30 nov.		1	Latitude et longitude douteuses; crête de la rampe : point d'ébullition, 94° 4/9. Altitude, 1609ᵐ,80.
Mozuma (petite rivière de Déla)	16 56 0	26 45 0		2 déc.		3	
Montagnes Kisé-Kisé	16 27 30	»		3 déc.			
Petite rivière de Nakachinto	16 11 24	»		11 déc.			Versant oriental de la chaîne, ébullition de l'eau à 95° 5/9. Altitude, 1284 mètres.
Tombe de l'Éléphant	(16 3 0)	(28 10)		14 déc.	1		Latitude non observée.
Monts Kénia, petite rivière de Losito, sur le versant occidental	(15 56 0)	(28 1)		16 déc.	3		Latitude non observée.
Rives du Kafoué, 6′ E. de la gorge de Bolengoué	15 48 19	28 22 0		18 déc.	3	3	
7 ou 8′ N.-E ou N.-N.-E. du confluent du Kafoué et du Zambèse, sur les bords d'une petite rivière appelée Kambaré	(15 49 0)	(28 34)³		29 déc.		4	Latitude non observée. Ébullition de l'eau à 96° 5/9; altitude, 1041ᵐ,57.
Embouchure du Kafoué	15 53 0	»		»			Sommet des monts Sémalemboué. Ébullition de l'eau : 96° altitude, 1243ᵐ80 à la base; ébullition, 96° 7/9; altitude, 1002ᵐ,84.
Rives du Zambèse, 8 ou 10′ au-dessous de l'embouchure du Kafoué	15 50 49	»		30 déc.			Ébullition de l'eau, 98° 3/9; altitude, 479ᵐ,15.
Village de Ma-Mbourouma, environ à 10 milles Zumbo	15 36 57	30 22 0	1856.	12 janv.	1	1	
Zumbo, ruines de l'église, sur la rive droite de la Loangoua, environ à 270 mètres du confluent de cette rivière avec le Zambèse	15 37 22	30 32 0		13 janv.	2	3	Ébullition de l'eau, 98° 6/9 altitude, 439ᵐ,20.

1. Probablement 20° 25′. John Arrowsmith.
2. Probablement 20° 10′. John Arrowsmith.
3. Probablement 28° 56′. John Arrowsmith.

Situation des lieux visités par le docteur Livingstone. (Suite.)

NOMS DES LIEUX	LONGITUDE MÉRIDIONALE	LONGITUDE orientale du MÉRIDIEN de Greenwich.	DATES	SÉRIES des DISTANCES lunaires.		OBSERVATIONS
				O.	E.	
	° ′ ″	° ′ ″				
Village de Chilonda, à 400 mètres au N. du Zambèse, près du mont Kabanka...........	15 38 24	30 52 0	1856. 20 janv.	3		
En face du mont Pinkoué...................	15 39 11	(32 5)[1]	7 fév.	....	1	Longitude douteuse ; altitude de la lune seulement de 4°.
Petite rivière de Moshoua.................	15 45 33	32 22 0[2]	9 fév.	1	2	
Rives du Tangoué, rivière de sable, 400 mètres de large...........................	16 13 38	32 29 0	20 fév.			
Tété ou Nyoungoué (maison du commandant)...........................	16 9 3	33 28 0	2, 17 mars	4	8	
Source chaude de Mokorosi, environ 10 milles en remontant la rivière....................	15 59 35	»	13 mars			
Ile de Mozambique, au-dessous de Tété (Zambèse).................................	16 34 46	32 51 0	23 avril	1		
Ile de Nkouésa..........................	17 1 6	»	25 avril			
Senna (à 300 mètres du fort sur les rives du fleuve).................................	17 27 1	34 57 0[3]	27 avril	2	6	
Petite île de Shoupanga....................	17 51 38	»	8, 9 mai			
Ilot du Zambèse, 6 ou 8 milles en aval de Shoupanga............................	17 59 21	»	13 mai			
Mazaro ou Moutou, endroit où le Zambèse se divise pour former le Quilimané...........	18 3 37	34 57 0	14 mai	2	2	
Quilimané, maison de señor Galdino José Nunes colonel de la milice......................	17 53 8	36 40 0[4]	13, 25, 27 juin	1	6	

1. Probablement 31° 46′ 30″. John Arrowsmith.
2. Probablement 31° 56′. John Arrowsmith.
3. Probablement 35° 10′ 15″. John Arrowsmith.
4. Probablement 36° 56′ 8″. John Arrowsmith.

TABLE DES MATIÈRES

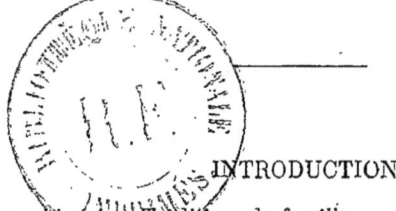

INTRODUCTION

Esquisse biographique. — Traditions de famille. — Premiers travaux. — Impressions religieuses. — Études médicales. — Société des missions de Londres. — Diplôme de médecin. — Études théologiques. — Départ pour l'Afrique.............. 1

CHAPITRE Ier

Pays des Bakouains. — Idées des naturels sur les comètes. — Station de Mabotsa. — Noms des différentes tribus de Béchuanas. — Séchélé. — Polygamie. — Relations avec les habitants. — Sécheresse prolongée. — Médication de la pluie. — Chasse au hopo. — Devoirs d'un missionnaire.................................... 10

CHAPITRE II

Les Boërs. — Traitement des naturels. — Espionnage. — Attaque des Bakouains par les Boërs. — Manière de bâtir et intérieur des Africains. — Sauterelles. — Grenouilles comestibles. — Bousier. — Voyage vers le Nord. — Le désert Kalahari. — Les Bushmen et les Bakalaharis. — Leur aspect, leur caractère et leur manière de vivre.. 31

CHAPITRE III

Départ de Kolobeng. — Traversée du désert. — L'élan du Cap. — Animaux du Kalahari. — L'hyène. — Le chef Sékomi. — Salines de Nchokotsa. — Mirage. — Arrivée sur les bords de la Zouga. — Découverte du lac Ngami. — Les Bamangouatos et leur chef. — Fosses pour prendre le gibier. — Arbres du district. — Éléphants. — Nouvelle espèce d'antilopes. — Poissons de la Zouga...................... 56

CHAPITRE IV

Nouveau départ de Kolobeng. — La mouche tsetsé. — Retour à Kolobeng. — Troisième départ de cette ville. — Arrivée à Nchokotsa. — Sources. — Bushmen. — Les Banajoas. — Détails sur la tsetsé. — Les Makololos. — Histoire de Sébitouané. — Découverte du Zambèse au centre de l'Afrique. — Les Mambaris. — Traite des nègres. — Retour au Cap en avril 1852................................. 77

CHAPITRE V

Départ de la ville du Cap. — Division naturelle du midi de l'Afrique. — Le désert Kalahari. — Colonisation des districts du centre. — Boërs hollandais. — Nouvelles plantes. — Animaux du désert. — Maladie des chevaux. — Les Boërs envisagés comme cultivateurs. — Migrations des Sprinboks. — Ruse des animaux. — La rivière d'Orange. — Les Griquas. — Progrès des indigènes. — Articles de commerce du pays des Béchuanas... 98

CHAPITRE VI

Kuruman. — Végétation du pays. — Poison végétal. — Traduction de la Bible par M. Moffat. — Langage des indigènes. — Attaque des Bakouains par les Boërs. — Destruction de la maison du docteur à Kolobeng. — Départ en novembre 1852. — Vent brûlant du désert. — État électrique de l'atmosphère. — Bandes nombreuses de martinets. — Arrivée à Litoubarouba. — Esclavage. — Attachement des Bakouains pour leurs enfants. — Petit nombre des maladies chez les Bakouains. — Inhumations précipitées. — Docteurs indigènes. — Salubrité du climat........ 114

CHAPITRE VII

Départ du pays des Bakouains. — Grosses fourmis noires. — Tortues terrestres. — Maladies des animaux sauvages. — Buffles et lions. — Souris. — Serpents. — Cérémonies du séchou et de la boyalé. — Montagnes des Bamangouatos. — Rareté de l'eau. — Aventures de chasse de Gordon Cumming. — Autruche, ses habitudes, ses œufs, sa nourriture... 138

CHAPITRE VIII

Résultat des efforts des missionnaires. — Idées religieuses des Bakouains. — Salines. — Lait caillé. — Nchokotsa. — Soif endurée par les animaux sauvages. — Ntouétoué. — Baobabs. — Bauhinias. — Moralas. — Superstitions des Bushmen. — Chasse à l'éléphant. — Supériorité des chasseurs civilisés sur ceux des pays sauvages. — Beauté du pays à Ounkou. — Le Mohonono. — Vignes fructifères. — Difficulté de traverser la forêt. — Bushmen. — Poison. — Montagne isolée. — Arrivée au Sanshureh. — Prairies inondées. — Le Chobé. — Arrivée au village de Morémi... 162

CHAPITRE IX

Arrivée à Linyanti. — Réception. — Complot de Mpépé. — Cour de justice. — Dispositions prises à l'égard des veuves d'un chef décédé. — Femmes makololos. — Docteurs indigènes. — Commerce d'ivoire. — Races de bétail indigène. — Ornementation des bœufs. — Manière de préparer les peaux de bœuf pour en faire des boucliers et des manteaux. — Jet de la lance.................................. 183

CHAPITRE X

La fièvre. — Traitement des docteurs indigènes. — Hospitalité de Sékélétou et de son peuple. — Etendue de la culture chez les Makololos. — Les Makalakas. — Produits du sol. — Tribut. — Les Béchuanas. — Trois divisions de la grande famille des Africains du Sud.. 200

CHAPITRE XI

Départ de Linyanti pour Séshéké. — Fourmilières. — Datiers sauvages. — Troupeaux d'antilopes. — Nouvelles espèces : léchés et nakongs. — Réception dans les villages. — Canne à sucre. — Construction des huttes makololos. — Traversée du Liambye. — La Cianyané, petite espèce d'antilope inconnue dans le Midi. — Chasse à pied... 209

CHAPITRE XII

Le docteur remonte le Liambye. — Paysage. — Adresse et industrie des Banyétis. — Rapides. — Chutes de Gonyé. — Débordements annuels. — Fertilité de la grande

TABLE DES MATIÈRES.

vallée des Barotsés. — Naliélé. — Santourou le grand chasseur. — Position meilleure des femmes. — Sentiment religieux plus développé. — Poissons, fruits et gibier. — Chasseurs d'hippopotames. — Lions, buffles et élans. — Arrivée chez Ma-Sékélétou. — Réception. — Retour à Séshéké.................................. 217

CHAPITRE XIII

Préparatifs de voyage. — Un picho. — Effets de la fièvre. — Départ de Linyanti le 11 novembre 1853. — Hippopotames. — Rives de Chobé. — L'île Mparia. — Châtiment infligé aux voleurs. — Discours publics à Séshéké. — Rapides. — Oiseaux. — Poissons. — Hippopotames... 233

CHAPITRE XIV

Beauté croissante du pays. — Emploi des journées du docteur et de ses compagnons. — Chutes de Gonyé. — Politesse et libéralité des habitants. — Pluies continues. — Oiseaux d'eau. — Alligator. — Gros gibier. — Oiseaux chanteurs. — Fruits sauvages. — Pigeons verts. — Banc de poissons. — Hippopotames............... 248

CHAPITRE XV

Navigation du Liambye. — Ressources de la contrée. — La Liba. — Fleurs et abeilles. — Chasse au buffle. — Jeunes alligators. — Chef féminin. — Mambaris. — Dents limées. — Entrevue avec Nyamoana, autre chef féminin. — Étiquette de la cour. — Manière de saluer. — Manioc. — Lanterne magique. — Chasse au zèbre.... 266

CHAPITRE XVI

Charmes. — Une idole. — Armes des Balondas. — Pluie. — Disette. — Forêts épaisses. — Ruches artificielles. — Champignons. — Villages où les habitants prêtent le toit de leur maison. — Arrivée dans la ville de Shinté. — Réception à la cour. — Fertilité du sol. — Étiquette des Balondas. — Vente des enfants. — Lanterne magique. — Preuve de l'affection de Shinté............................ 284

CHAPITRE XVII

Départ de la ville de Shinté. — Manioc. — Idoles, superstitions et vêtements des Balondas. — Villages. — Pluies nocturnes. — Plaines inondées. — Affection des Balondas pour leur mère. — Herbe des plaines. — Source des rivières. — Fertilité du pays arrosé par le Lokalouéjé. — Poisson omnivore. — Transparence des rivières débordées. — Village de Quendendé. — Caractère et conduite de Matiamvo. — Bétail. — Gouvernement de Katéma. — Vent froid du nord. — Canaris et autres oiseaux chanteurs. — Araignées, leurs nids et leurs toiles. — Lac Dilolo. — Prévoyance des fourmis... 306

CHAPITRE XVIII

Déversoir entre les rivières du Midi et celles du Nord. — Pont rustique. — Fontaines au versant des coteaux. — Village de Kabinjé. — Le Kasaï. — Absence de gibier. — Droit de péage sur un pont. — Vallées inondées. — Différence de couleur chez les Africains. — Arrivée chez les Chiboques. — Changement de route. — Été. — Fièvre. — Ruches et coucous indicateurs. — Instinct des arbres. — Embarras croissants. — Découragements des compagnons du docteur.................... 333

CHAPITRE XIX

Canots d'écorce. — Erreurs à l'égard du Coanza. — Commerçants indigènes. — Vallée de Quango. — Larve blanche employée comme aliment. — Insolence des Bashinjés. — Le Quango. — Arrivée dans la province d'Angola. — Habileté des

686 TABLE DES MATIÈRES.

métis portugais de cette province à lire et à écrire. — Arrivée à Cassengé. — Jour de Pâques. — Absence de préjugés contre les gens de couleur. — Vente de l'ivoire de Sékélétou. — Mont Kasala. — Village de Tala Mungongo. — Civilité des Basongos. — Véritables nègres. — Porteurs. — Entrée dans le district d'Ambaca. — Résultats féconds de l'enseignement de l'Évangile. — Le Tampan. — Hospitalité des Portugais. — Paysage. — District de Golungo Alto. — Fertilité du sol. — Arbres gigantesques. — Charpentiers indigènes. — Café. — Moustiques. — Accueil de M. Gabriel à Saint-Paul de Loanda.. 358

CHAPITRE XX

Maladie. — Conduite des Makololos. — Ils visitent un vaisseau de guerre. — Saint Paul de Loanda. — Traite des nègres. — Convicts militaires. — Départ de Loanda. — Sucrerie. — Géologie. — Manière de filer le coton. — Marchés. — Cazengo. — Plantations de café. — Arbres de l'Amérique du Sud. — Ruines d'une forge. — Rives de la Lucalla. — Tabac. — Massangano. — Excellent terrain pour le coton. — Ancienne importance de Massangano. — Les Kisamas. — Retour à Golungo Alto.. 390

CHAPITRE XXI

Couvent abandonné. — Les jésuites. — Organisation sociale des indigènes. — Effets désastreux du toddy. — Mariages et funérailles. — Procédure. — Idées sur le travail libre. — Éclipse de soleil. — Eau distillée par des insectes. — Punition infligée aux fonctionnaires délinquants. — Pungo Andongo. — Prix d'un esclave. — Un prince marchand. — Anciens cimetières. — Situation de l'agriculture dans la province d'Angola. — Le prince de Congo. — Absence de prêtres dans l'intérieur de la province d'Angola... 409

CHAPITRE XXII

Départ de Pungo Andongo. — Fourmis rouges. — Descente du Tala Mungongo. — Arbres à fruits de la vallée de Cassengé. — Moule comestible. — Oiseaux. — Cassengé. — Quinine et Cathory. — Superstitions. — Pouvoir des chefs. — Pombeiros. — Fièvres succédant au vent d'ouest. — Ressources du royaume d'Angola. — Caravanes pour le trafic de l'ivoire. — Un enterrement. — Traversée du Quango. — Coutumes des Bashinjés. — Arrivée sur le territoire de Sansawé. — Affluents du Congo ou Zaïre. — Traversée de la Loajima. — Extérieur et coiffure des habitants... 426

CHAPITRE XXIII

Détour vers le sud. — Détails sur les habitants. — Forêts. — Structure géologique. — Funérailles à Cabango. — Renseignements des indigènes sur le Kasaï et le Quango. — Commerce avec Luba. — Système fluvial de la province de Loanda. — Pays et gouvernement de Matiamvo. — Manière dont les Balondas passent leur temps. — Ardeur des habitants pour le commerce. — Bango et son peuple. — Hiver dans l'intérieur. — Le printemps à Kolobeng. — Fourmis blanches. — Vallée du Loemboué. — Avidité pour l'indienne. — Rites funèbres. — Relations avec Kawawa... 450

CHAPITRE XXIV

Oiseaux. — Diversité de couleurs chez des fleurs de même espèce. — Double direction d'une rivière. — Lac Dilolo. — Disposition des roches. — Particularités de la saison des pluies se rattachant aux débordements du Nil et du Zambèse. — Renseignements donnés par des Arabes sur la région qui est à l'est du Loanda. — Arrivée chez Katéma. — Passage de la branche méridionale du lac Dilolo. — Accueil de Shinté. — Graines de plantes apportées d'Angola. — Descente de la Liba. — Troupes d'animaux sauvages. — Grenouilles. — Cérémonie appelée Kasendi. — État social de certaines peuplades. — Tortues fluviatiles. — Arrivée à Libonta. — Merveilleuse bonté des habitants.. 469

CHAPITRE XXV

Colonie d'oiseau. — Chitlané. — Les compagnons du docteur retrouvent leurs femmes avec d'autres maris. — Canot frappé par un hippopotame. — Gonyé. — Aspect des arbres à la fin de l'hiver. — Teinte fuligineuse de l'atmosphère. — Frelons. — Sir Murchison a reconnu la véritable forme du continent africain. — Arrivée à Linyanti. — Grand picho. — Caravane envoyée à Loanga pour y porter de l'ivoire. — Razzias des Makololos. — Rapport sur la région du nord-est. — Manière dont les indigènes passent leur temps pendant les grandes chaleurs. — Avenir favorable préparé aux missionnaires. — Hydrogène sulfuré et malaria. — Conversations avec les Makololos; leur conduite et leur caractère.. 491

CHAPITRE XXVI

Départ de Linyanti. — Un orage. — Descente du Zambèse. — Kotla de Sékoté. — Chutes de Mosioatounya. — Razzia des Makololos. — Séparation du docteur et de Sékélétou. — Le Sékoué. — Anciens lacs d'eau douce. — Formation du lac Ngami. — Renseignements des indigènes sur la contrée qui est au nord du Zambèse. — Village de Moyara. — Coutumes des Batokas. — Premières traces de commerce avec les Européens. — Traversée de l'Ungouési. — Formation géologique. — Rnines d'une grande ville. — Produits du sol pareils à ceux de la province d'Angola.. 511

CHAPITRE XXVII

Montagnes peu élevées. — Fourmis guerrières. — Fourmis blanches. — Effets du chanvre employé comme tabac à fumer. — Salubrité des plateaux. — Formation géologique. — Arbres et fleurs. — Le Kalomo. — Topographie. — L'oiseau du buffle. — Guides des troupeaux. — Le coucou indicateur. — Rivière de Mozuma. — Ancienne résidence de Sébitouané. — Village hostile. — Nourriture de l'éléphant. — Fourmilières. — Mépris de tout vêtement. — Manière de saluer. — Fruits sauvages. — Résidence de Monzé. — Aspect de la contrée. — Dispositions favorables des indigènes à l'égard d'un résident européen. — Fertilité du sol. — Coiffure des Bashoukoulompos. — Inclinaison des roches. — Végétation. — Coqueluche. — Oiseaux et pluie.. 531

CHAPITRE XXVIII

Vallée admirable. — Chasse à l'éléphant. — Commerce, coiffure et manière de saluer des sujets de Sémalemboué. — Gué du Kafoué. — Hipppopotames. — Montagnes et villages. — Formation géologique. — Quantité prodigieuse de gros animaux. — Pluie. — Meilleure santé du docteur et de son escorte par suite d'une meilleure hygiène. — Décoloration de l'eau du Zambèse. — Ile habitée par des hommes et par des buffles. — Agriculture. — Albinos. — Coutume des femmes de s'introduire un coquillage dans la lèvre supérieure. — Premiers symptômes de la traite des nègres de ce côté-ci de l'Afrique. — Hostilité de Sélolé. — Ténacité de la vie chez l'éléphant. — Village de Mbourouma. — Soupçons et conduite de ses sujets à l'égard du docteur.. 555

CHAPITRE XXIX

Confluent de la Loangoua et du Zambèse. — Ruines de Zuombo. — Visite du docteur Lacerda à Cazembé. — Assertion de Peirara. — Terrasses et marécages sur les bords du Zambèse. — Beauté du pays. — Hostilité de Mpendé. — Confirmation de la théorie des Bakouains sur la pluie. — Tonnerre sans nuages. — Pour la première fois le docteur rencontre dans la langue des indigènes un mot désignant l'or. — Lois sûr la chasse. — Sel extrait du sable. — Fertilité du sol. — Politesse et libéralité des indigènes. — Changement de direction du vent et de la pluie. — Rareté du combustible. — Excellent bois pour la construction des bateaux. — Boroma. — Inondations. — Chicova, détails géologiques. — Petit rapide aux environs de Tête. — Nyampoungo. — Ignorance des indigènes à l'égard de l'argent. — Lavage de l'or. — Absence de bétail.. 580

CHAPITRE XXX

Chasse à l'éléphant. — Prodigieuse quantité d'insectes. — Chant des oiseaux. — Silice. — Le Koróué (*Tockus erythrorynchus*). — Superstition à l'égard du lion. — Raisin. — L'Oué. — Village de Monina. — Gouvernement des Banyaïs. — Disparition de Monahin. — Le Tangoué, rivière de sable. — L'épreuve du mouavi. — Droits des femmes. — Température. — Aspect de la contrée. — Un déjeuner civilisé. — Arrivée à Tête.. 602

CHAPITRE XXXI

Réception du commandant. — Le village de Tête. — Cause de la décadence de l'autorité portugaise. — Commerce d'autrefois. — Estacade du rebelle Nyaudé. — Révolte de Kisaka. — Filons de houille. — Source chaude. — Contrée pittoresque. — Salaire des ouvriers. — Exportation. — Prix des denrées. — Lavage d'or. — Produits agricoles. — Renseignements géographiques. — Tremblements de terre. — Idées des indigènes sur l'Être suprême. — Funérailles. — Ancien établissement des jésuites. — État moral des habitants. — Débordement du Zambèse. — Culture du coton. — Le Congé et le Bouazé, plantes textiles. — Écorce fébrifuge du Kumbanzo. — Médicaments indigènes. — Qualité du fer. — Générosité des Portugais.. 622

CHAPITRE XXXII

Départ de Tête. — Descente du fleuve. — Gorge de Lupata. — Arrivée à Senna. — Landines. — Décadence de Senna. — Efforts pour ranimer le commerce sur la côte orientale de l'Afrique. — Environs de Senna. — Manica (lavage d'or). — Alfacinya et Njéfou, plantes aquatiques. — Mazaro. — Rapport du capitaine Parker sur la navigation du Zambèse depuis l'embouchure de ce fleuve jusqu'à Mazaro. — Note du lieutenant Hoskins sur le même sujet. — Effets de la fièvre. — Arrivée à Quilimané. — Ressources que présente l'intérieur de l'Afrique. — Travail libre. — Stations commerciales. — Situation de Quilimané. — Efficacité de la quinine. — Arrivée du *Frolic*. — Embarquement du docteur et de Sékouébou. — Traversée. — Retour en Angleterre... 647

SITUATION DES LIEUX visités par le docteur Livingstone..................... 677

FIN DE LA TABLE DES MATIÈRES.

CORBEIL. — TYP. DE CRETÉ FILS.